EMPIRE OF PAIN

The Secret History of the Sackler Dynasty

萨克勒家族秘史

Patrick Radden Keefe

[美] 帕特里克·拉登·基夫 著

沈瑞欣 译

格致出版社 上海人民出版社

萨克勒家族主要成员关系图

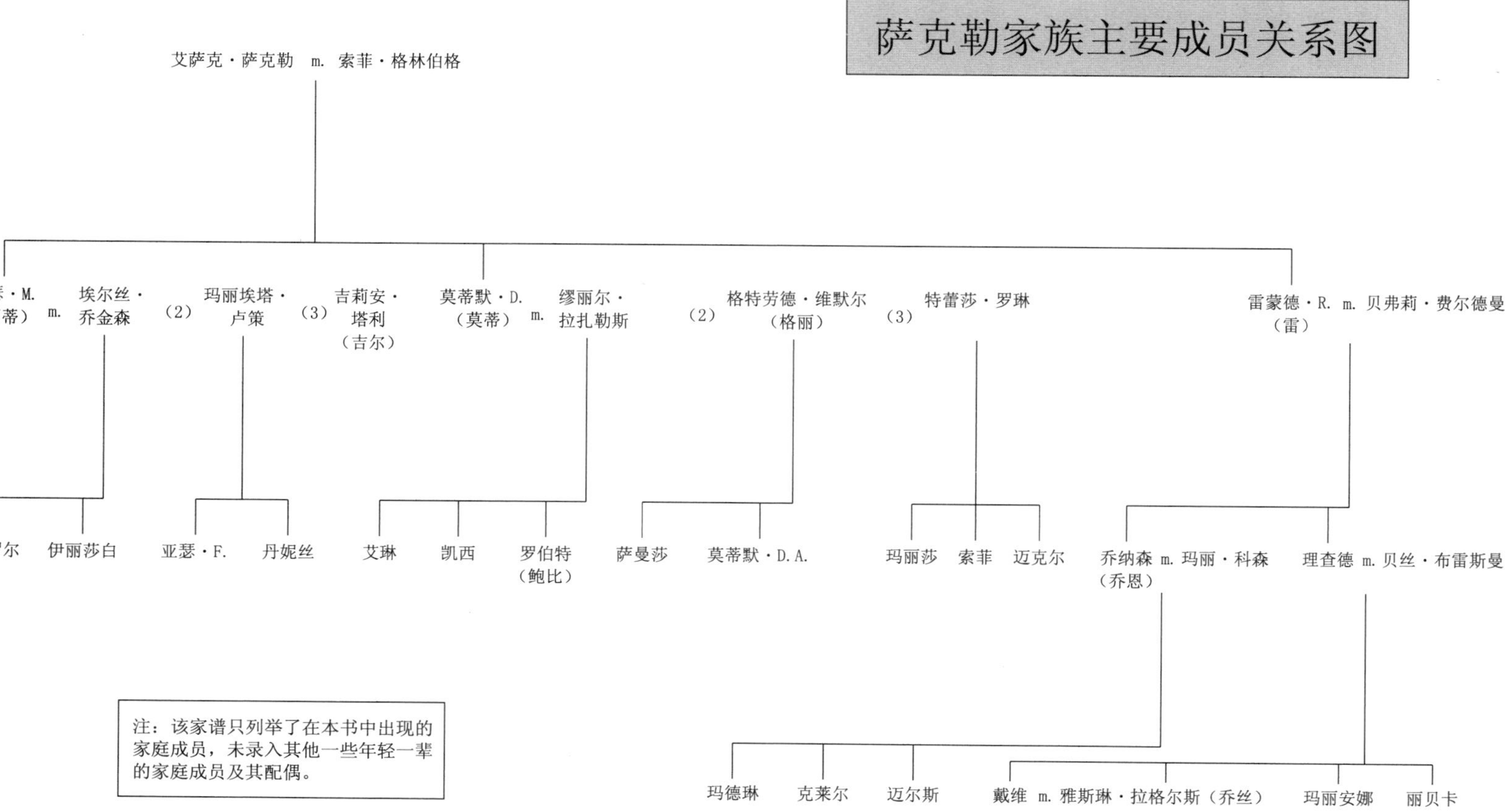

注：该家谱只列举了在本书中出现的家庭成员，未录入其他一些年轻一辈的家庭成员及其配偶。

献给比阿特丽斯和特拉斯特里姆
以及所有因这场危机痛失至亲的人

中世纪贵族以为，只要他们把土地上交给教会，就没人会记得他们干过抢劫的勾当，为此我们常常嘲笑他们的迷信和怯懦。然而，现代资本家似乎也秉持着同样的理念。这些资本家比中世纪贵族技高一筹，当资本家假仁假义，他们劫掠百姓的记忆就真的一笔勾销了。

——G. K. 切斯特顿（1909 年）

医生，求你了，再给点儿药吧。

——滚石乐队（1966 年）

目　录　CONTENTS

第二部 王 朝

第三部 遗 产

序 章
根 源

在曼哈顿的中心城区，摩天大楼林立，一座气派的黑色办公楼坐落其间。这座办公楼有 10 层都属于德普律师事务所的纽约总部。德普律师事务所是一家国际律师事务所。1931 年，两个出身名门的律师从华尔街的老牌公司离职，合伙创办了德普律师事务所。几十年来，这家事务所不断扩张，声誉日隆，目前已拥有 800 名律师和稳定的客户群，年收入近 10 亿美元，俨然成为全球行业龙头。[1] 尽管德普律师事务所是一家"蓝血"企业，但在曼哈顿市中心的办公室，却丝毫不显奢华。恰恰相反，这些办公室的布置都十分老套：铺着地毯的走廊、透明会议室和立式办公桌，看上去和其他现代公司的办公室没什么两样。在 20 世纪，权力招摇过市。到了 21 世纪，真正的权力往往深藏不露。

2019 年春天一个晴朗而寒冷的早晨，当云影滑过办公楼立面的黑色玻璃，玛丽·乔·怀特走进大楼，乘电梯来到德普律师事务所的办公室，在一间充斥着窃窃私语的会议室落座。[2] 怀特当时 71 岁，她的体态证明了权力的深藏不露。她身材娇小——身高只有 5 英尺，棕色的头发剪得短短的，饱经岁月的眼睛有些枯涩，说话的方式直率而朴实。但她是个可怕的诉讼律师。怀特有时开玩笑说，她的专长是接"烂摊子"业务：她可不便宜，不过，要是你发现自己麻烦缠身，而你碰巧又很有钱，那她正是你要找的律师。[3]

在怀特职业生涯的早期，她曾担任纽约南区的联邦检察官，一干就是近 10 年。任职期间，她起诉了 1993 年世贸中心爆炸案的凶手。贝拉克·奥巴马曾任命她为美国证券交易委员会主席。不过，没在政府任职的时候，怀特总会回到德普律师事务所。她加入了这家事务所，成为一名年轻的合伙人，而且是事务所创办以来的第二名女性合伙人。她代理的巨头有威瑞森电信、摩根大通、通用电气和美国职业橄榄球大联盟。[4]

会议室里挤满了律师，不只是德普律师事务所的律师，还有其他事务所的律师。他们一共 20 多人，都随身带着笔记本、手提电脑和贴满便签的大号三孔活页夹。桌上放着一部免提电话，另有 20 名来自美国各地的律师与现场进行了电话连线。这支律师小分队之所以在此集结，是为了听取一个离群索居的亿万富豪的证词。该富豪是玛丽·乔·怀特的长期客户，此人正面临着铺天盖地的官司，被推上了风口浪尖。按原告的说法，该富豪的敛财之举导致了几十万人的死亡。

当怀特还是检察官时，她发现自己的工作很简单："做正确的事。你在打击坏人。你每天都在为社会做好事。"[5] 这些日子，她的情况却变得更加复杂。像怀特这种高端公司律师都是业务娴熟的专业人士，享有一定的社会地位，但归根结底，他们还是要为客户服务。许多背负着房贷和助学贷款的律师都经历过这样的转换：在职业生涯的前半段打击坏人，在职业生涯的后半段却成了他们的代言人。

那天早晨提问的律师是个年近七旬的男子，名叫保罗·汉利。他的样子跟别的律师都不一样。汉利是集体诉讼原告方的律师。他偏爱色彩大胆的定制西装，定制衬衫的衣领笔挺，与整件衣服花色迥异。他的头发是钢灰色的，向后梳成大背头，锐利的眼睛在角质框眼镜的衬托下显得更加锐利了。如果说怀特是深藏不露的权力玩家，那汉利正好相反：他看起来就像漫画《狄克·崔西》里的律师一样浮夸。但他拥有不输于怀特的竞争力，而且，他觉得怀特之流表面上彬彬有礼，受理的却是些亏心业务，他打心眼儿里瞧不起这种做派。咱们就别自欺欺人了，汉利想。在他看来，怀特的客户都是"傲慢的混蛋"。[6]

那天早晨被安排作证的亿万富豪是个 70 来岁的女人，医学博士，虽说她从未真正行过医。她一头金发，宽脸庞，高额头，大眼睛。她的态度十分生硬。她的律师曾竭力阻止此次作证，她也并不想到场。有个出席会议的律师觉得，她表现得正像一个从不排队登机的人，漫不经心，很不耐烦。

"你是凯西·萨克勒？"汉利问道。

"我是。"她回答说。

凯西是纽约著名慈善王朝萨克勒家族的一员。几年前，《福布斯》杂志将萨克勒家族列为美国最富有的20个家族之一，其财富估值高达140亿美元，“把布希、梅隆和洛克菲勒这样的传奇家族从富豪榜上挤了出去”[7]。萨克勒的姓氏装点着世界各地的艺术博物馆、大学和医疗机构。要是凯西从会议室出去，往市中心走上20个街区，她就到了位于纽约大学医学院的萨克勒生物医学科学研究所。要是她朝上城的方向走上10个街区，那她就到了洛克菲勒大学的萨克勒生物医学和营养研究中心；再走远一点儿，她会来到古根海姆博物馆的萨克勒艺术教育中心。要是她沿着第五大道往前走，她到达的则是大都会艺术博物馆的萨克勒侧厅。

过去60年间，凯西·萨克勒的家族照着范德比尔特或卡内基家族的法子在纽约留下了自己的印记。如今的萨克勒家族，比那些镀金时代发迹的“老钱”家族更加富有。他们的慈善版图远远超出了纽约的范围，得到他们馈赠的机构包括：哈佛大学的萨克勒博物馆、塔夫茨大学的萨克勒生物医学科学研究院、牛津大学的萨克勒图书馆、卢浮宫的萨克勒侧厅、特拉维夫大学的萨克勒医学院、北京大学赛克勒考古与艺术博物馆①。“在我成长期间，”凯西告诉汉利，“我的父母一直在成立基金会。”她说，他们为“社会事业”做出了贡献。

萨克勒家族曾捐赠了数亿美元。几十年来，在公众心目中，萨克勒的姓氏与慈善事业紧密相连。一位博物馆馆长将这个家族比作美第奇家族，后者是15世纪佛罗伦萨的贵族，他们对艺术的赞助促成了文艺复兴。[8]美第奇家族依靠银行业发家，相形之下，萨克勒家族财富的确切来源一直颇为神秘。萨克勒家族的成员热衷于把自己的姓氏与艺术、教育机构绑定在一起。“萨克勒”的大名被刻在大理石上，印在黄铜牌匾上，就连彩绘玻璃上也出现了这个姓氏。还有以萨克勒命名的教授职位、萨克勒奖学金、萨克勒系列讲座和萨克勒奖。不过，若非仔细观察，你很难发现到底是哪些企业为萨克勒家族挣下了万贯家财。[9]社交场上的熟人看到萨克勒家族的成员出席晚宴和汉普顿的筹款活动，看到他们在加勒比海的游艇上度假，或是在瑞士的阿尔卑斯山滑雪，这时候，熟人们总是满腹狐疑，悄声议论他们家产的来源。这确实很奇怪，因为萨克勒家族的大部分财富不是在贵族大肆劫掠的时代囤积的，而是在最近几十年积攒下来的。

① “萨克勒”又译“赛克勒”。——译者注

“1980 年，你从纽约大学本科毕业，”汉利发问，“这是真的吗？”

“是真的。”凯西·萨克勒回答。

“1984 年，你从纽约大学医学院毕业？”

“是的。”

汉利接着问凯西，在经历了两年外科住院医师实习之后，她是否真的去普渡·弗雷德里克公司工作了。

普渡·弗雷德里克公司是一家制药公司，后来被称作“普渡制药”。它位于康涅狄格州，萨克勒家族的绝大多数财富都来源于此。萨克勒家族往往利用精心设计的“冠名权”合同，坚决要求所有接受他们慷慨捐助的画廊或研究中心挂上萨克勒的名字，但他们的家族企业却并没有以家族姓氏来命名。事实上，你把普渡制药的网站搜个遍，也找不到任何有关萨克勒家族的信息。普渡是一家私人控股公司，完全归凯西·萨克勒和她家族的其他成员所有。1996 年，普渡推出了一种开创性药物——一种名叫“奥施康定”的强效阿片类止痛药，人们将其誉为治疗慢性疼痛的革命性方法。该药物成为制药史上最大的爆款之一，创造了约 350 亿美元的收益。[10]

不过，奥施康定也导致成瘾和滥用的现象大量涌现。当凯西·萨克勒出席作证时，阿片类药物已经席卷了整个美国，在全国的每个角落都有人发现自己对这些强效药物上了瘾。许多一开始滥用奥施康定的人，最后转向街头毒品寻求寄托，如海洛因或芬太尼。受害者的数量是惊人的。根据美国疾病控制与预防中心的数据，在奥施康定上市后的四分之一个世纪里，约有 45 万名美国人死于过量服用阿片类药物。[11] 如今，在美国，过量服用阿片类药物是导致意外死亡的主要原因，它比车祸导致的死亡人数还要多——甚至，比美国最常见的枪击案导致的死亡人数还要多。事实上，死于阿片类药物过量的美国人超过了第二次世界大战以来美国历次战争中死亡的总人数。

● ● ●

玛丽·乔·怀特有时发现，法律有种特别的功效，能迫使你“提炼出事物的本质”，这也是她喜欢法律的原因之一。[12] 阿片类药物大流行是一场极其复杂的公共卫生危机。但是，当保罗·汉利向凯西·萨克勒发问时，他试图找出这场史诗级人类悲剧的根源。在奥施康定上市之前，美国没有阿片类药物危机。在奥施康定上市之后，这种危机却发生了。如今，萨克勒家族和他们的公司正面临超过 2500 起诉讼，这些诉讼的原告包括市、州、县、美洲原住民部落、医院、学区，还有其他许多诉讼当事人。受托于公众和个人的律师合力发起了民事诉讼，就推销强效药物、误导公众成瘾一事向制药公司追责，萨克勒家族被卷入了这场轰轰烈烈的诉讼中。类似的事情以前也发生过一次，当时，由于烟草公司刻意淡化香烟带来的健康风险，人们要求烟草公司就它们的不当决策做出回应。烟草公司的高管被迫去美国国会作证，终于，在 1998 年，烟草行业同意赔付 2060 亿美元用于和解。[13] 此次事件具有里程碑式的意义。

怀特的任务是防止同样的清算落在萨克勒家族和普渡制药头上。纽约州总检察长正在起诉普渡制药，而且已经把凯西和萨克勒家族的其他七名成员列为被告。他在起诉书中声称，奥施康定是“阿片类药物大流行的根源”[14]。这种止痛药开风气之先，改变了美国医生开止痛药的方式，并带来了毁灭性的后果。马萨诸塞州总检察长也起诉了萨克勒家族，坚称“阿片类药物大流行在很大程度上应归咎于一个家族做出的抉择”[15]。

怀特持不同意见。她辩称，那些起诉萨克勒家族的人正在歪曲事实，把她的当事人当成替罪羊。他们犯了什么罪？他们所做的不过是销售一种完全合法的药物——一种已经获得美国食品药品监督管理局批准的产品。怀特争辩说，这整出戏就是“一场打着法律旗号的甩锅游戏”，她坚持认为阿片类药物大流行“不是我的当事人或普渡制药造成的危机”。[16]

但在那天作证时，她什么也没说。做完自我介绍（“来自德普律师事务所的玛丽·乔·怀特，萨克勒博士的代理律师”）后，她只是坐下来倾听，让其他同事加入辩论，提出反对，打断汉利的发问。她的功能不是发声，而是在凯西身边充当一把配有枪套的手枪，安静却不容忽视。怀特及其团队对他们的当事人进行了有力的指导。无论怀特平时怎么谈论法律触及事物的“本质”，当她的当事人在听证会上处境尴尬时，最要紧的却是避免触及本质。

“萨克勒博士，普渡制药对阿片类药物危机是否负有责任？”汉利问道。

“反对！”其中一名律师插话说。“反对！”另一名律师附议。

“我不认为普渡制药有法律责任。”凯西回答说。

汉利指出，这不是他问的问题，他想知道的是“普渡制药的行为是否导致了阿片类药物的流行”。

“反对！”

“我认为这是由一系列非常复杂的因素造成的，要综合考虑全国各州的不同情况、社会问题、医疗问题和监管差异，”她回答道，“我是说，这非常、非常、非常复杂。”

不过，凯西·萨克勒接下来的举动却让人大吃一惊。考虑到奥施康定造成的负面影响，你可能觉得她会尽量和这种药物撇清关系。但当汉利向她发问时，她拒绝接受对方问话的前提。她一口咬定，萨克勒家族没什么好羞愧的，也用不着道歉——因为奥施康定没有任何问题。“这是一种很好的药物，也是一种非常安全有效的药物。”她说。当一名公司高管被卷入涉案金额高达数十亿美元的诉讼，不得不出庭作证时，拒不认罪倒也在意料之中。然而，凯西这样回答并不是为了自保，而是出于**骄傲**。她说，事实上，她应该受到称赞，因为是她想出了奥施康定这个“点子”。指控她的人表示，阿片类药物大流行是现代历史上最致命的公共卫生危机之一，而奥施康定就是这场危机的根源。凯西·萨克勒却跳出来自豪地宣称，自己正是奥施康定的根源。

“你是否意识到成千上万的美国人已经对奥施康定上瘾了？”汉利问。

“反对！”两名律师脱口而出。凯西犹豫了。

“你只用回答，”汉利说，“‘是’还是‘不是’。”

“我不知道。”她说。

● ● ●

有一回，汉利问起了东62街的某座建筑，那里离他们所处的会议室只有几个街区。凯西纠正说，那里其实有两座建筑。从外部看，它们像是在两个不同的地址，但从内部看“它们彼此相连”，凯西解释道。“它们是一体的。”这两座石灰岩建筑都是漂亮的联排别墅，位于中央公园近旁远离尘嚣的富人区。对于这样不受时间侵蚀的建筑，“速食年代”的地产业艳羡不已，它们让人联想到更早的时代。“那儿是我父亲和叔叔的办公室，”凯西发现自己说错了，连忙改口，“曾经是他们的办公室。”

她解释说，萨克勒家族一开始有三兄弟。亚瑟、莫蒂默和雷蒙德。莫蒂默是凯西的父亲。他们三个都是医生，但萨克勒兄弟“非常有创业精神”，她继续说道。考察萨克勒兄弟的传奇人生、他们后来建立的王朝，可以窥见百年来美国资本主义的发展史。三兄弟在 20 世纪 50 年代买下了普渡·弗雷德里克公司。“起初它是一家小得多的公司，”凯西说，“一个小型的家族企业。”

注释

［1］“Debevoise & Plimpton Posts Record Revenue, Profits,” Yahoo Finance, March 12, 2019.

［2］除非另有注释，凯西·萨克勒的证词均来自两名在场者的记录，以及 2019 年 4 月 1 日凯西·萨克勒的证词记录：*In Re National Prescription Opiate Litigation*, MDL No. 2804, Case No. 1:17-MD-2804, April 1, 2019（后文再次引用该文献时仅标注为“凯西·萨克勒的证词”）。

［3］“Interview with Mary Jo White,” *Corporate Crime Reporter*, Dec. 12, 2005.

［4］Mary Jo White Executive Branch Personnel Public Financial Disclosure Report, Feb. 7, 2013.

［5］“Street Cop,” *New Yorker*, Nov. 3, 2013.

［6］“A Veteran New York Litigator Is Taking On Opioids. They Have a History,” STAT, Oct. 10, 2017.

［7］“The OxyContin Clan,” *Forbes*, July 1, 2015.

［8］“Convictions of the Collector,” *Washington Post*, Sept. 21, 1986.

［9］Thomas Hoving, *Making the Mummies Dance: Inside the Metropolitan Museum of Art* (New York: Simon & Schuster, 1993), 93.

［10］“OxyContin Goes Global,” *Los Angeles Times*, Dec. 18, 2016.

［11］“Understanding the Epidemic,” CDC website.

［12］玛丽·乔·怀特的口述史 , ABA Women Trailblazers Project, Feb. 8 and March 1, 2013, July 7, 2015.

［13］“Cigarette Makers and States Draft a $206 Billion Deal,” *New York Times*, Nov. 14, 1998.

[14] First Amended Complaint, *State of New York v. Purdue Pharma LP et al.*, Index No.: 400016/2018, March 28, 2019（后文再次引用该文献时仅标注为“纽约州起诉书”）。

[15] First Amended Complaint, *Commonwealth of Massachusetts v. Purdue Pharma LP et al.*, C.A. No. 1884-cv-01808 (BLS2), Jan. 31, 2019（后文再次引用该文献时仅标注为“马萨诸塞州起诉书”）。

[16] “Purdue’s Sackler Family Wants Global Opioids Settlement: Sackler Lawyer Mary Jo White,” Reuters, April 23, 2019.

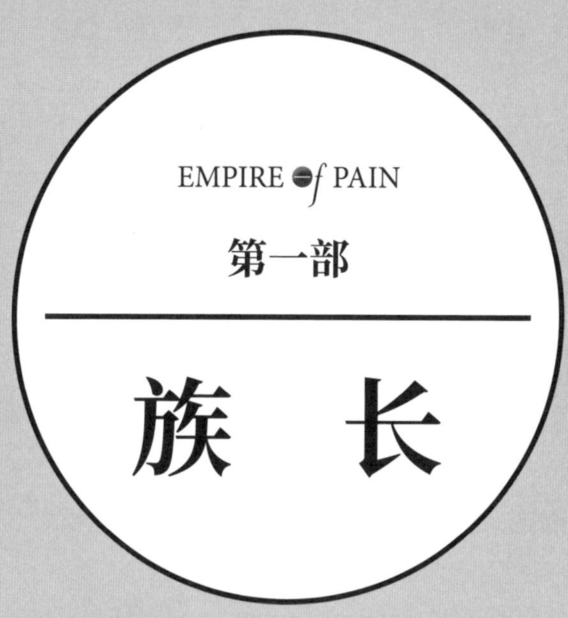

EMPIRE of PAIN

第一部

族　长

第一章
好名声

1913年夏天，亚瑟·萨克勒出生于布鲁克林。[1]其时，来自旧大陆的移民潮水般涌进，布鲁克林随之呈现出蓬勃发展的势头。每天都有新面孔，街角飘荡着陌生的外语歌，房前屋后冒出许多新建筑，为这些新来者提供了工作的去处。到处都给人一种眼花缭乱、欣欣向荣的感觉——一切都在**生成**中。作为移民家庭的长子，亚瑟生来就怀有那一代新美国人所特有的梦想和雄心，理解他们的活力和渴望。几乎还在摇篮里，他就与美国梦同频共振。他本来叫亚伯拉罕，但他后来抛弃了这个属于旧大陆的名字，换了更美国化的名字“亚瑟”。[2]有一张1915年或是1916年拍摄的照片，照片上的亚瑟还是个蹒跚学步的幼儿，他坐在一片草地上，身子挺得笔直，而他的母亲索菲像母狮一样斜倚在他身后。索菲黑头发，黑眼睛，一看就不好惹。亚瑟直勾勾地盯着镜头，这是个穿短裤的小天使，长着一对招风耳，目光沉稳，异常严肃，就好像他已经洞悉世事似的。[3]

几年前，索菲·格林伯格离开波兰，移居海外。[4]她是在1906年抵达布鲁克林的，那时她才十几岁，在这里，她遇到了一个比她年长20岁的温和男子，也就是艾萨克·萨克勒。艾萨克本人也是移民，他的家乡加利西亚当时还归属于奥地利帝国；1904年，他随父母和兄弟姐妹乘船来到纽约。[5]艾萨克是个骄傲的男人。[6]他是某个犹太拉比世家的后裔，宗教法庭当道的年代，他的祖先从西班牙逃往中欧[7]；如今，他和他年轻的新娘将在纽约建设新的滩头堡。艾萨克和兄弟一道做生意，在威廉斯堡的蒙特罗斯大街83号开了家小杂货店。他俩给这家杂货店取名叫“萨克勒兄弟”。[8]萨克勒一家住在大楼的一间公寓房里。亚瑟出生三年后，艾萨克和索菲有了二儿子莫蒂默，又过了四年，三儿子雷蒙德也出世了。亚瑟对弟弟们很上心，尽力护他们周全。他们小时候有段时间，三兄弟共享一张床。[9]

艾萨克把杂货店生意经营得十分红火，萨克勒一家很快搬到了弗拉特布什。[10] 布鲁克林的移民通常居住在布朗斯维尔和卡纳西这样的边远地区，相形之下，弗拉特布什地区一派繁华，感觉像是行政区的中心地带。人们认为住在弗拉特布什的都是中产阶级，甚至是**上层**中产阶级。[11] 哪怕是在当时的纽约，地产也已经是衡量一个人地位的重要标杆，萨克勒一家的新住址表明他们在新大陆有所成就，过上了比较安稳的日子。弗拉特布什给人一种校园的感觉，这里的街道绿树成荫，公寓坚固而宽敞。有个和亚瑟同时代的人甚至评论说，对于那个年代布鲁克林的大多数犹太人来说，生活在弗拉特布什的犹太人才像是“真正的外邦人”。[12] 艾萨克用杂货店的收入来投资地产，购买了一些住宅，把里面的房间都租了出去。[13] 不过，艾萨克和索菲对亚瑟三兄弟寄予厚望，希望他们的发展不限于弗拉特布什，甚至也不限于布鲁克林。他们感觉这是命中注定的。他们希望萨克勒兄弟在世界上留下印记。

● ● ●

亚瑟拥有远超常人的生命浓度，其经历之丰富，别人穷尽一生也无法企及，这跟他起步早有关。在他还是个孩子的时候，他就去杂货店帮父亲干活。[14] 他从小展现出非凡的品质——精力过人、头脑灵活、野心勃勃，这些品质足以推动并塑造他的人生。索菲很聪明，但没有受过教育。17 岁那年，她去了一家服装厂工作。她始终没能完全掌握书面英语。[15] 艾萨克和索菲在家里说意第绪语[16]，但他们鼓励三个儿子融入美国社会。他们按犹太教规吃洁食，却很少去犹太教堂。[17] 索菲的父母与萨克勒一家同住。[18]“移民飞地”的常见现象是，长辈会把毕生的希望和抱负寄托在出生于美国的后代身上。对于长辈沉甸甸的期望，亚瑟深有体会：他是先驱，是在美国出生的长子，每个人都把梦想寄托在他身上。[19]

教育是萨克勒一家借以实现梦想的工具。1925 年秋天，阿蒂·萨克勒（当时人们管亚瑟叫阿蒂）来到坐落于弗拉特布什大道的伊拉斯谟霍尔高中。[20] 经过测验后，他被分到了“火箭班”，尽管他刚满 12 岁，在班里算年纪小的。[21] 阿蒂并非胆小鬼，但伊拉斯谟霍尔高中的威慑力也不容小觑[22]。这所学校由荷兰人兴建，其历史可以追溯到18世纪，初始结构是两层的木制校舍。20世纪初，学校围着那座古老的校舍进行了扩建。新建成的方形庭院跟牛津大学一个风格：仿佛城堡一般的新哥特式建筑，墙上覆盖着常春藤，还有石像鬼作为点缀。在那个时期，布鲁克林的移民儿童激增，正是为了满足他们的教育需求，校方才进行了此次扩建。伊拉斯谟霍尔高中提供一流的公共教育，这里的教职工和学生自认为是美国实验的先锋，注重"向上流动"和"同化"的理念。学校设有科学实验室，教授拉丁语和希腊语。[23]部分教师拥有博士学位。[24]

与此同时，伊拉斯谟霍尔高中也颇具规模。它是美国最大的高中之一，在校学生大约有8000人[25]，其中大多数学生就像亚瑟·萨克勒——他们都是新移民充满热望的后代、"咆哮的20年代"的孩子，他们的眼睛闪闪发亮，头发在发油的润泽下熠熠生辉。他们蜂拥到走廊，男孩们穿西装，系红领带，女孩们穿裙子，头发上系着红丝带。[26]午餐时间，当他们来到餐厅入口处的拱门，在那个巨大的拱顶下相遇时，用亚瑟的某个同学的话来说，这活脱脱就是一场"好莱坞鸡尾酒会"。[27]

亚瑟喜欢伊拉斯谟霍尔高中。[28]在历史课上，他发现自己钦佩美国的开国元勋，并且能在他们身上找到共鸣。他尤其敬爱托马斯·杰斐逊。阿蒂和杰斐逊一样兴趣广泛——艺术、科学、文学、历史、体育、商业，一切他都想尝试——伊拉斯谟霍尔高中非常重视课外活动。伊拉斯谟霍尔高中肯定有一百个社团，而它自己，就像一个涵盖了几乎所有领域的超级社团。在冬天的傍晚，当一天的课程结束，暮色四合，整个学校亮起灯光，方形庭院外围的窗子都明晃晃的。这时，如果你从走廊经过，你会听到这个或那个社团集会的声音："主席先生！程序性问题！"[29]

在后来的岁月里，当亚瑟谈到自己早年在伊拉斯谟霍尔高中的生活时，他会讲一讲"伟大的梦想"。[30]伊拉斯谟霍尔高中是美国精英统治的一座宏伟石庙，大多数时候，亚瑟可以尽情幻想，大胆追梦，能给他的梦想设限的也许只有一样东西，那就是他个人打算为此做出的投入。索菲会督促他认真完成学业："你今天有没有提出一个好问题？"[31]亚瑟成长为一名瘦长身材、宽肩膀的青年，他的脸型是方的，满头金发，蓝眼睛有些近视。他极富耐力，而这也正符合他的需要。学习之余，他加入了校报社，在那里担任编辑，他还在学校出版社找到了一个空缺，为学校的出版物接广告。[32]亚瑟没有接受一般的工资标准，而是向校方提出，他每卖出一个广告位，就要拿到一小笔佣金。学校的管理部门同意了，没过多久，亚瑟就开始赚钱了。

亚瑟·萨克勒早早学会了靠自身努力谋利，这也对他此后的人生产生了深远影响：他喜欢把赌注押在自己身上，不遗余力地制定计划，好让自己过人的干劲得到回报。[33]他也不满足于只做一份工作。他启动了自己的小生意，负责学校年鉴的摄影。他把广告位卖给了德雷克商学院——一家专门从事文职类大专教育的连锁企业，随后他向该公司提议，让他——一名高中生——出任他们的广告经理。[34]对方照做了。

亚瑟拥有永不枯竭的热情和无穷无尽的创造力，面对新创意和新点子，他似乎总是激动不已。伊拉斯谟霍尔高中向 8000 名学生发放了“课程卡片”，还有另外一些枯燥的课程资料。[35]既然如此，何不把它们背面的广告位卖出去？如果德雷克商学院制造一批带有自家公司商标的尺子，再把它们赞助给伊拉斯谟霍尔高中的学生，又会怎么样呢？[36]等亚瑟长到 15 岁，他已经从各式各样的营生中赚了不少钱，足够贴补家用了。[37]他手头的活儿越接越多，分身乏术，于是，他开始把其中一些活儿托付给弟弟莫蒂默。[38]起初，亚瑟觉得雷蒙德是家里最小的孩子，不应该干活。“让孩子痛痛快快地玩吧。”[39]他会这样说。不过，雷蒙德最后也找了工作。亚瑟安排两个弟弟为伊拉斯谟霍尔高中的学生刊物《荷兰人》接广告。在他们的游说下，契斯特菲尔德香烟决定以他们的同学为目标客户，在《荷兰人》上投放广告。这笔交易的佣金相当可观。[40]

伊拉斯谟霍尔高中不仅放眼未来，也深深植根于过去。在阿蒂·萨克勒推崇备至的开国元勋中，有些人就曾是他现在就读的学校的支持者：亚历山大·汉密尔顿、阿伦·伯尔和约翰·杰伊都向伊拉斯谟霍尔高中捐过款。[41]这所学校以 15 世纪荷兰学者德西德里乌斯·伊拉斯谟的名字命名，图书馆的彩色玻璃窗重现了他往日的生活场景。亚瑟入学前没几年，这扇窗户才完工，为的是献给“我们传承其大名 124 年之久的那位伟人”。[42]学校每天都在向亚瑟和他的同学们灌输这样一种思想：自美国建国以来，伟人辈出，他们也终究会跻身于美国伟人之列。他们哪怕蜗居在狭小的宿舍里，日日衣衫褴褛，从不添置新衣，他们的父母不说英语，这些都没关系。这个国家掌握在他们手中，终其一生，他们可以成就真正的伟业。他们在伊拉斯谟霍尔高中度过了青葱岁月，身边环绕着先贤的遗迹、影像、名字和永垂不朽的精神遗产。

在方形庭院的正中央，摇摇欲坠的荷兰老校舍依然矗立着，它见证了布鲁克林的旧日光景，那时，这一带只有大片的农田。北风过处，老屋的木梁吱吱作响，亚瑟的同学们开玩笑说，这是维吉尔的鬼魂，一听到大家用布鲁克林腔朗诵他那些优美的拉丁诗句，他就唉声叹气。[43]

● ● ●

高中这几年，亚瑟之所以孜孜不倦地工作，部分原因在于他很焦虑：他在伊拉斯谟霍尔高中读书时，他父亲的运势开始走下坡路。[44]由于地产投资失利，萨克勒一家不得不搬到租金更便宜的住处。艾萨克在格兰德街买下一家鞋店，却把生意做砸了，鞋店最终关门大吉。为了筹钱投资地产，艾萨克卖掉了自己的杂货店，这时只好去给别人的杂货店打杂，靠微薄的薪水负担家里的开销。

亚瑟后来回忆说，他上高中时经常受冻，却从没挨过饿。伊拉斯谟霍尔高中有家职业介绍所，能帮学生在校外找到工作，于是亚瑟开始接一些额外的活儿，好赚钱养家。他经常送报纸。他也送花上门。[45]他既没空约会，也没空参加夏令营和派对。他一直在工作。直到 25 岁，才头一回休假：他以此为荣。[46]

即便如此，在有限的闲暇时刻，亚瑟依然瞥见了另一个世界——一种比他在布鲁克林的生活层次更高的生活，一种不一样的，却又似乎可以企及的生活。他偶尔会从繁忙的日程安排中抽出身来，快步走上布鲁克林博物馆的石阶，穿过伊奥尼亚式样的柱群，进入宽敞的大厅，为那里展出的艺术品惊叹不已。[47]有时候，他去曼哈顿送货，从上城一路走到公园大道富丽堂皇的豪宅。圣诞节时，他有许多花束需要配送，当他沿着宽阔的大街往前走，他会透过亮着灯的窗户打量临街的寓所，看屋里的圣诞灯饰熠熠闪光。[48]当他怀抱鲜花，从寒冷的人行道来到配有门卫的大楼，笼罩在前厅天鹅绒般的温暖里，他乐在其中。[49]

1929年，美国进入经济大萧条时期，艾萨克·萨克勒遭遇了更大的不幸。[50] 他把所有的钱都押在用于出租的房产上，现在这些房产变得一文不值：他仅有的一点儿财产也打水漂了。在弗拉特布什的街道上，面色凄凉的男男女女加入了排队领救济粮的队伍。伊拉斯谟霍尔高中的职业介绍所以前只受理学生的求职申请，这时开始帮他们的父母找工作。[51] 一天，艾萨克把三个儿子叫到跟前。出于世家子弟的骄傲，他不服气地告诉儿子们自己不会破产。他负责任地清理了自己少得可怜的资产，这些钱好歹能付清账单。除此之外他已经一无所有了。艾萨克和索菲迫切希望儿子们继续接受教育——上大学，实现阶层跃升，做一个雄心勃勃的美国年轻人应该做的一切。可是艾萨克没钱供他们继续读书。如果萨克勒家的男孩要接受教育，他们就得自己掏学费。

艾萨克说这话时一定很痛苦。但他坚持说，自己并不是什么都没留给孩子。恰恰相反，他给了他们比金钱更宝贵的东西。艾萨克告诉亚瑟、莫蒂默和雷蒙德："我留给你们的是一个父亲所能给予的最重要的东西。"他说，他留给孩子的是"好名声"。[52]

● ● ●

在亚瑟三兄弟小时候，索菲·萨克勒会亲吻他们的额头，用嘴唇测量他们的体温，看他们有没有生病。[53] 索菲比她丈夫干劲更足，也更有主意，孩子们还很小的时候，她就对他们的人生有了清晰的设想：她希望他们成为医生。[54]

"我4岁的时候，就知道自己会当医生，"亚瑟后来说，"我父母反复向我灌输，我应该当个医生。"[55] 索菲和艾萨克认为医生是个高尚的职业。[56] 在19世纪，许多医生被视为兜售万金油的骗子或是江湖郎中。不过亚瑟三兄弟出生的年代，正好是美国医学的黄金时代——20世纪初，由于人们新发现了许多疾病的病源，并找到了最佳疗法，医疗效果显著提升，医学专业也远比从前值得信赖。[57] 因此，许多犹太移民家庭都希望自家孩子学医。大家普遍觉得，医生品行端正，这一职业服务于公共利益，而且往往受人尊重，收入稳定。

股市崩盘那一年，亚瑟从伊拉斯谟霍尔高中毕业，到纽约大学读医学预科。[58]

他喜欢大学。他没有钱，用的书要么是二手书，要么是借来的，经常用着用着就散架了。[59]但他用橡皮筋把散落的书页捆在一起，努力学习，熟读古代医学思想家的生平。这些医学思想家包括克罗顿的阿尔克迈翁，他认为大脑是思想和感觉的器官；还有被誉为医学之父的希波克拉底，他要求医生严守职业道德，其著名箴言“首要之务是不伤害患者”被后世奉为圭臬。[60]

尽管课业负担很重，亚瑟还是设法参与课外活动，发展自己的兴趣爱好。他为大学报纸、幽默杂志和年鉴工作。晚上，他抽空到库伯联盟学院上艺术课，并尝试了具象绘画和雕刻。[61]在这段时间的一篇社论中，亚瑟写道，学习之余兼顾课外活动“有助于学生认识人生及其存在的问题，这样一来，学生就能有效利用自己从正式课程中习得的技术和知识，将它们落到实处”[62]。午餐时间，他在校园里的学生咖啡馆当服务员。课间时，他在糖果店卖冷饮。[63]

亚瑟把钱寄回布鲁克林，寄给索菲和艾萨克。之前他把一些工作转交给两个弟弟，现在他还会指导他们怎样保住工作。[64]对亚瑟来说，莫蒂默和雷蒙德永远是他的“小弟弟”。[65]萨克勒家的危机很可能是美国经济大萧条一手造成的，在这场危机中，亚瑟被迫供养自己的父母。他之所以这样做，也许是因为他身为长子，在家中地位更高，也许只是因为他天生的掌控欲。但他确实给人这样一种感觉：与其说他是莫蒂默和雷蒙德的哥哥，倒不如说他是他们的家长。

在那个时期，纽约大学的校园位于城北布朗克斯的住宅区。但亚瑟鼓足勇气，怀着激动的心情踏入了大都市纽约。他参观了博物馆，他的脚步声在那些以伟大实业家命名的大理石展厅中回荡。他带着约会对象去剧院，虽然他只买得起站票，他们只能站着看完整场演出。不过，在经费有限的情况下，他最喜欢的约会方式是在斯塔滕岛渡轮上度过夜晚，和约会对象一起乘船游览曼哈顿下城的风光。[66]

1933 年亚瑟本科毕业时，他已经赚到了足够的钱（在失业率创纪录的年代），可以为父母另买一间商住两用的店铺。[67]他一毕业就被纽约大学医学院录取。[68]他入了学，完成了全部课程，并且编辑了学生杂志。有一张亚瑟在这个时期的照片，照片上他穿着考究的西装，泰然自若，一本正经，手里拿着一支笔。虽然这张照片很明显是摆拍的，但他看上去像是在思考过程中被人打断了。[69]他喜欢医学——医学充满奥秘，拥有无限可能，而且，医学可能会向勤奋的研究者展示其奥秘。[70]这些都是他喜欢医学的原因。他评价说，“医生无所不能”，医学是“技术和人类经验的融合”。[71]

然而，他也意识到，医学责任重大，医生决策的正确与否可能关系到病人的生死。亚瑟大四那年参加外科实习时，科室主任是一位受人尊敬的前辈，他正在迅速衰老，在亚瑟看来，他似乎已经显示出了老迈的迹象。这个人对卫生规范毫无概念，手术前他洗完手，还会弯腰系鞋带。更令人担忧的是，他的开刀技术大打折扣，病人甚至会死于他做的手术。这种情况发生的频率很高，以至于有些工作人员已经开始在背后叫这位外科医生“死亡天使”。

一个星期二，亚瑟陪同外科医生查房。他们来到一个 30 多岁的年轻女人病床前，她患了消化性溃疡穿孔，溃疡已经被脓肿封住了。亚瑟为这个病人做检查时，发现她并没有迫在眉睫的危险。但外科主任宣布：“我会在星期四给那个病例做手术。”

亚瑟担心这场不必要的手术可能会给女人带来丧命的风险，于是他直接向女人暗示，她的病情不要紧，应该出院观察。他告诉她，她的孩子需要她，她的丈夫也需要她。不过，让亚瑟有所顾虑的真正原因，在他看来是不能透露给女人的；要是他这样做，人们会认为他严重违反行规。女人不愿意出院。所以亚瑟又去游说她丈夫。但他也不听劝，不愿说服妻子出院。许多没学过医的人都有一种本能的冲动，他们相信医生的专业知识和良好的判断力，将自己和亲人的生命交到医生手中。那个丈夫告诉亚瑟：“教授要动手术了。”

到了定好的日子，死亡天使为这个女人动了手术。他撕裂了溃疡周围的脓肿，她死了。亚瑟是否任由职业野心蒙蔽了自己的双眼，赌上了女人的性命？如果他挑战上级的权威，和死亡天使正面对峙，说不定还能救那女人一命。他允许这场手术继续进行，对此他将抱憾终身。然而，正如他后来表示的那样，“医学是一种等级制度，也许它非如此不可”。[72]

除了行医所担负的重大责任，亚瑟还有其他挥之不去的顾虑。如果仅仅当一名执业医师，他会满足吗？在过去，当医生似乎总是意味着收入稳定。但在当时，在大萧条时期，布鲁克林的一些医生沦落到在街上卖苹果。[73]撇开物质财富不谈，他还得考虑什么才能激发他的才智。亚瑟从没想过要当艺术家，那太不切实际了。

但他始终保有创业的敏感度，对商业怀着浓厚的兴趣，不管他对医学许下了怎样的誓言，都无法改变这一点。而且，他在医学院期间找到了一份有趣的兼职，为一家名叫“先灵”的德国制药公司撰写广告文案，这是他的又一份副业。亚瑟发现，在他的众多才能中，有一样他特别擅长，那就是向人们推销商品。

注释

[1] 亚瑟生于 8 月 22 日。“Dr. Arthur Sackler Dies at 73,” *New York Times*, May 27, 1987.

[2] Entry for Abraham M. Sackler, U.S. Census, 1920.

[3] 照片来自 Marietta Lutze, *Who Can Know the Other? A Traveler in Search of a Home* (Lunenberg, Vt.: Stinehour Press, 1997), 167。

[4] Entry for Sophie Sackler, U.S. Census, 1930.

[5] 根据 1910 年的一份人口普查表格，艾萨克于 1904 年抵达美国。他的父母和几个兄弟姐妹比他早一年到美国；他的兄弟马克于 1897 年移居至此。Entry for Isaac Sackler, U.S. Census, 1910.

[6] Lutze, *Who Can Know the Other?* 166.

[7] Miguel Angel Benavides Lopez, *Arthur M. Sackler*(New York: AMS Foundation, 2012), 11.

[8] Isaac Sackler World War I Draft Registration Card, 1917–1918; “Food Board Fines Bakers and Grocers,” *Brooklyn Daily Eagle*, Nov. 2, 1918.

[9] “Raymond Sackler: Obituary,” *Times* (London), July 21, 2017.

[10] Lutze, *Who Can Know the Other?* 166.

[11] Beth S. Wenger, *New York Jews and the Great Depression: Uncertain Promise* (Syracuse, N.Y.: Syracuse University Press, 1999), 89.

[12] Alfred Kazin, *A Walker in the City* (New York: Harcourt, 1974), 9.

[13] Lopez, *Arthur M. Sackler*, 12.

[14] Lutze, *Who Can Know the Other?* 167.

[15] 出处同上。

[16] Entries for Isaac and Sophie Sackler, U.S. Census, 1920.

[17] Lopez, *Arthur M. Sackler*, 11.

[18] Lutze, *Who Can Know the Other?* 166.

[19] 出处同上，第 110 页。

[20] Lopez, *Arthur M. Sackler*, 12.

[21] Lutze, *Who Can Know the Other?* 167.

[22] Janna Malamud Smith, *My Father Is a Book: A Memoir of Bernard Malamud* (Berkeley, Calif.: Counterpoint, 2013), 40. 伯纳德·马拉默德是亚瑟在伊拉斯谟霍尔高中的同学，尽管他

们后来才成为朋友。

[23] Herbert Jacobson, "How I Rigged the Elections at Erasmus Hall," fragment of an unpublished memoir (1976), in Bernard Malamud Papers, 11.7, Harry Ransom Center, University of Texas.

[24] Malamud Smith, *My Father Is a Book*, 40.

[25] Jacobson, "How I Rigged the Elections at Erasmus Hall."

[26] Philip Davis, Bernard Malamud: *A Writer's Life* (Oxford: Oxford University Press, 2007), 34.

[27] Jacobson, "How I Rigged the Elections at Erasmus Hall."

[28] Lopez, *Arthur M. Sackler*, 11.

[29] Jacobson, "How I Rigged the Elections at Erasmus Hall."

[30] "An Open Letter to Bernard Malamud," *Medical Tribune*, Nov. 14, 1973.

[31] Lopez, *Arthur M. Sackler*, 11.

[32] 出处同上，第 12 页；"The Name of Arthur M. Sackler," *Tufts Criterion* (Winter 1986)。

[33] Lopez, *Arthur M. Sackler*, 12.

[34] 出处同上。

[35] 出处同上。

[36] Lutze, *Who Can Know the Other?* 168; "Name of Arthur M. Sackler."

[37] Lopez, *Arthur M. Sackler*, 12.

[38] 出处同上，第 168 页。

[39] Lutze, *Who Can Know the Other?* 14.

[40] "Raymond Sackler: Obituary," *Times* (London), July 21, 2017.

[41] *The Chronicles: A History of Erasmus Hall High School from 1906 to 1937* (Brooklyn: Erasmus Hall High School, 1937), 17.

[42] 出处同上，第 49 页。

[43] Jacobson, "How I Rigged the Elections at Erasmus Hall."

[44] Lopez, *Arthur M. Sackler*, 12.

[45] "Erasmus Hall Jobs Bureau Now Helps Parents Find Work," *Brooklyn Daily Eagle*, May 10, 1932; Lopez, Arthur M. Sackler, 12.

[46] Lopez, *Arthur M. Sackler*, 11.

[47] 出处同上，第 13 页。

[48] "Art Collector Honored Guest at Philbrook Opening," *Tulsa World*, Dec. 8, 1975; Lopez, *Arthur M. Sackler*, 12.

[49] Lopez, *Arthur M. Sackler*, 12.

[50] Lutze, *Who Can Know the Other?* 167.

[51] "Erasmus Hall Jobs Bureau Now Helps Parents Find Work."

[52] "Name of Arthur M. Sackler."

[53] "The Temple of Sackler," *Vanity Fair*, Sept. 1987.

[54] Lopez, *Arthur M. Sackler*, 11.

[55] "Name of Arthur M. Sackler."

[56] "Raymond Sackler: Obituary," *Times* (London), July 21, 2017.

[57] John C. Burnham, "American Medicine's Golden Age: What Happened to It?" *Science*, March 19, 1982.

[58] Lopez, *Arthur M. Sackler*, 13.

[59] "Name of Arthur M. Sackler."

[60] Lopez, *Arthur M. Sackler*, 11.

[61] "Name of Arthur M. Sackler."

[62] Arthur M. Sackler, editor's note, *Medical Violet*, New York University College of Medicine, 1937.

[63] Lopez, *Arthur M. Sackler*, 13.

[64] 出处同上。

[65] Lutze, *Who Can Know the Other?* 168.

[66] Lopez, *Arthur M. Sackler*, 15.

[67] 出处同上，第 14 页。

[68]《医学公报》1936 年 5 月卷在报头将亚瑟列为编辑。Medical Bulletin 1, no. 3 (May 1936).

[69] 这张照片附有亚瑟的编者按。*Medical Violet*, the school yearbook, in 1937.

[70] 这句话出自亚瑟 1972 年 8 月 2 日发表在《医学论坛报》上的专栏序言。*Medical Tribune*, Aug. 2, 1972.

[71] "Of Dreams and Archaeology, of Methylmercury Poisoning," *Medical Tribune*, Oct. 24, 1973.

[72] 关于这个插曲的描述参见亚瑟撰写的一篇专栏文章。"We Are Our Brother's Keeper," *Medical Tribune*, Sept. 17, 1975.

[73] "Raymond Sackler: Obituary," *Times* (London), July 21, 2017; Lutze, *Who Can Know the Other?* 167.

第二章
精神病院

1945年，当玛丽埃塔·卢策从德国来到纽约，她感觉自己前途渺茫。说得委婉些，当时的美国对德国公民并不怎么热情。几个月前，苏联军队涌入柏林，希特勒在地堡中饮弹自尽。玛丽埃塔抵达美国时26岁[1]，高挑纤细，富于贵族气质，她有一头金色的卷发，明亮的眼睛闪烁着快乐的光芒。战争期间，她在德国取得学位，当上了医生，但到了美国，她发现自己还得先实习两次，才能加入纽约州医疗委员会。[2]于是她在皇后区法洛克卫镇的一家医院找了份工作。她经历了一段艰难的过渡期。听到这个新来者浓重的德国口音，人们就有些信不过她。再说她还是个女医生——女医生在当时可不多见，这也让人们更加怀疑她的专业水平。玛丽埃塔刚开始在法洛克卫镇实习时，好像没人把她当回事，她的病人、把病人送进医院的急救人员经常小看她，就连她的同事也是如此。当她在医院查房时，身边总有不少质疑声。[3]

但她工作很卖力。她觉得这份工作虽然累，但很振奋人心。她还交了两个朋友——两个来自布鲁克林的年轻实习医生，他们碰巧是兄弟俩，分别叫做雷蒙德·萨克勒和莫蒂默·萨克勒。[4]哥哥莫蒂默生性快活，喜欢唠叨，脸上挂着狡黠的微笑。他满头卷发，有一双锐利的黑眼睛。弟弟雷蒙德发色较浅，头发有些稀疏。他的眼睛是绿色的，五官柔和，为人和善。[5]

和玛丽埃塔一样，兄弟俩也没有在美国境内接受过医学培训。从纽约大学拿到本科学位后，莫蒂默和雷蒙德都申请了医学院。但在20世纪30年代，美国的许多医学项目对于符合入学条件的犹太学生设置了招生人数上限。30年代中期，美国医学院60%以上的申请者都是犹太人，为了避免犹太学生占比过高，这些医学院严格限制犹太人入学。[6]有些学校，比如耶鲁大学，在犹太报名者的入学申请书上标记“**H**”（Hebrew 的首字母，代表希伯来人）。[7]先一步申请医学院的莫蒂默发现，他真的被列入了这份以种族为依据的黑名单。他在美国找不到一所愿意录取他的医学院。所以，他在 1937 年登上了一艘航船的三等舱，前往苏格兰，到格拉斯哥大学安德森医学院学习。[8]一年后，雷蒙德也走上了这条路。

许多被本土大学拒之门外的美国犹太人出国学医。不过，萨克勒家族几十年前之所以离开欧洲，是为了在美国寻找机会，在一代人的时间内，他们却不得不回到欧洲，以求得平等的教育机会——这不免有些讽刺，像是命运在故意和他们作对。玛丽埃塔以后会明白，雷蒙德和莫蒂默在苏格兰的留学费用是由他们的哥哥承担的。因为缺煤，他们的住处很冷，而且他们天天只有烤豆子可吃。但兄弟俩渐渐喜欢上了苏格兰人的热情和智慧。[9]无论如何，他们并没有待太久：1939 年德国入侵波兰后，兄弟俩在苏格兰的学业被迫中断，最后他们进了米德尔塞克斯大学。[10]这所医学院位于马萨诸塞州沃尔瑟姆市，没有经过官方认证。它对犹太学生的入学人数没有限制。后来，它被并入布兰迪斯大学。

就这样，战争结束后，莫蒂默和雷蒙德一起来到法洛克卫镇的医院实习。兄弟俩聪明伶俐，雄心勃勃。玛丽埃塔喜欢他们。按理说，紧张的实习生活可能会压得人喘不过气来，但萨克勒兄弟总能找到生活的乐趣，这一点让玛丽埃塔很欣赏。兄弟俩的性格截然不同：莫蒂默容易激动，急脾气，喜欢说尖刻的俏皮话，雷蒙德则更加平和冷静。有个认识他俩的人回忆说：“雷蒙德是个和事佬，莫蒂默是个挑事精。”[11]尽管兄弟俩肤色不同，但他们五官相似，所以在医院的时候，他们偶尔会交换岗位，轮班工作。[12]

一天晚上，在结束了高强度工作以后，实习医生们决定在医院的空房间里开一个小型派对。[13]他们脱下白大褂，盛装打扮，带着饮料去参加这场聚会。玛丽埃塔穿着一条黑色的针织连衣裙，在这条裙子的衬托下，她的皮肤白得发光。实习医生们都在喝酒聊天。那天晚上有一刻，人们开始唱歌。玛丽埃塔平时很害羞，但她喜欢唱歌。于是，她站到狂欢的人群面前，鼓起勇气唱起了一首她在柏林唱过的歌。这是一首法国歌曲——《对我细诉爱语》。玛丽埃塔还没反应过来，就发现自己已经沉浸在表演中，用一种低沉性感、卡巴莱式的嗓音轻声吟唱。[14]

在她唱歌时，她注意到人群中有一个陌生男人。他静静地坐着，聚精会神地看着她。他留着灰金色头发，戴着无框眼镜，这赋予他一种学者派头。他就那么盯着她。玛丽埃塔刚唱完那首歌，男人就走到她跟前，告诉她自己非常喜欢听她唱歌。他有一双清澈的蓝眼睛，嗓音很柔和，周身散发着自信。他说，他也是一名医生。他的名字叫亚瑟·萨克勒。[15]他是莫蒂默和雷蒙德的哥哥。他们三个都是医生。亚瑟喜欢开玩笑说，他们父母的梦想“实现了三分之三”。[16]

第二天，玛丽埃塔接到亚瑟的电话，他想和她约会。[17]但她拒绝了。[18]实习让她心力交瘁；她没空约会。

有一年时间，玛丽埃塔没再见过亚瑟·萨克勒，也没有听到他的消息。她专注于自己的工作。当她的第一次实习即将结束时，她开始谋划第二次实习。她对克里德莫尔医院很感兴趣，这是皇后区的一家州立精神病院。她问雷蒙德·萨克勒在那儿有没有熟人，雷蒙德说他确实有：他哥哥亚瑟就在克里德莫尔医院工作，她曾在派对上见过他。于是，玛丽埃塔给亚瑟·萨克勒打了电话，约好和他见面。[19]

● ● ●

克里德莫尔精神病治疗中心成立于 1912 年，这是一座隶属于布鲁克林州立医院的生态疗养院。到了 20 世纪 40 年代，克里德莫尔精神病治疗中心已经发展为占地 300 英亩、由 70 栋建筑组成的大型精神病院。[20]自古以来，如何对待精神病患者，一直是人类社会极力想解决的问题。在某些文化中，人们会像对待女巫那样对待精神病患者，驱逐他们，或者把他们烧死。其他文化假定那些受精神问题困扰的人拥有特殊的智慧，转而向他们寻求灵感。但在美国，从 19 世纪开始，医疗机构倾向于把这些患者都关起来，精神病院也越建越多。到了 20 世纪中叶，大约有 50 万美国人被关在精神病院里。而且，他们接受的并不是短期的住院治疗：在克里德莫尔这种地方登记入住的人通常不会离开。他们一待就是几十年，过着坐牢一样的日子。结果，精神病院人满为患：有的精神病院只有收容 4000 多人的资格，现在却容纳了 6000 人。[21]这类机构阴森可怖。有些患者只是不省人事，他们闷声不响，大小便不能自理，无法沟通，其他患者却动不动发疯。[22]参观者会看到病人穿着白色拘束服在院子里游荡，就像戈雅蚀刻画里的场景。[23]

亚瑟·萨克勒头一回去克里德莫尔是在 1944 年，当时他已经从纽约大学拿到了医学学位，并且在布朗克斯区的一家医院实习了几年。[24]在那次实习中，他曾连续在岗 36 小时，接生，乘着救护车到处跑。[25]他总在学习，总是热情高涨，享受不断接触新疾病和新疗法的乐趣。实习过程中，亚瑟对精神病学特别着迷。他跟着约翰·范·奥菲森学习，约翰是一位白发苍苍的荷兰精神分析学家[26]，就像亚瑟总爱吹嘘的那样，他是“弗洛伊德最喜欢的弟子”[27]。亚瑟管他叫“范诺”[28]。他和亚瑟是一类人：文艺复兴式的通才。他给病人诊断，做研究，写论文，说几国语言，业余时间还练拳击，弹管风琴。亚瑟很尊敬范诺，称这位老人是他的“导师、朋友和父亲”[29]。

那时，在人们的认知中，精神病学不属于医学的重点领域。恰恰相反，有个和亚瑟同时代的人说过，这是一个“相当冷门的职业”[30]。精神科医生不如外科医生和全科医生挣钱多，享有的社会和学术声望也比较低。[31]实习期结束后，亚瑟想继续研究精神病学，但他无意以此为业，他还是觉得自己需要挣钱养家；毕竟，他得支付弟弟们学医的费用。于是亚瑟在制药行业找了份工作，他任职的公司正好是先灵制药，学生时代他曾在那里做过自由撰稿人，负责他们的广告文案。[32]亚瑟在先灵制药既担任医学研究员，又为公司的广告部工作，每年能拿到 8000 英镑的薪水。[33]美国加入第二次世界大战后，亚瑟因为视力不好没有参军。不过，他在克里德莫尔医院找了份新的实习，用来替代兵役。[34]

几千年来，医生们一直试图理解精神疾病的奥秘。他们提出过大量理论，其中许多理论拙劣而荒谬：在古代，许多人认为发疯是“体液”（如黑胆汁）失衡的结果；在中世纪，医生认为某些精神疾病是恶魔附身导致的。尽管 20 世纪上半叶，其他医学领域取得了重大进步，但在亚瑟来到克里德莫尔医院时，美国医生仍然对人脑的功能及其功能障碍所知甚少。他们能识别出精神分裂症这样的疾病，但他们只能猜测病因，更不要说治疗了。就像小说家弗吉尼亚·伍尔夫（她本人因精神疾病饱受折磨）曾经观察到的那样，当谈及某些疾病时，人们会暴露出“语言的贫乏”。“当一个再普通不过的女学生坠入爱河时，有莎士比亚、多恩、济慈为她倾吐心声；但是，当一个患者试图向医生描述自己的头痛时，他却词穷了。”[35]

当亚瑟到了做医生的年纪时，关于精神疾病的起源，主要流行着两种截然不同的理论。许多医生认为精神分裂症和其他一些病症（如癫痫或智力障碍）是遗传性的。患者生来就有精神问题，因此，这些疾病是先天性的，不可逆转也无法治愈。对医学界来说，最好的做法是将这些令人遗憾的病例与其他社会成员隔离开，而且要对患者进行绝育，防止他们将疾病遗传给下一代。[36]

弗洛伊德学派的看法正好相反。他们认为，精神问题**不是**先天性的，不会在患者出生时就出现，相反，是患者的童年生活经历导致了精神问题。像范诺这样的弗洛伊德信徒认为，许多精神疾病可以通过治疗和分析得到改善。不过，谈话疗法是一种为患者量身定制的昂贵疗法，对于克里德莫尔这种大型医疗机构来说并不实用。[37]

历来的精神疾病诊断往往暴露出明显的性别失衡：在克里德莫尔医院，女性患者的数量几乎是男性患者的两倍。[38]亚瑟来克里德莫尔医院后，被分配到了R号楼，那里是为“暴力女”设置的特殊病房。[39]那是个可怕的地方。有时，为了约束病人的行为，亚瑟只好把她们放倒。另一些时候，她们则向他发起了攻击。曾经有个女人用金属勺子袭击了他，她以为这是一把匕首。[40]即便如此，亚瑟还是对他的病人深表同情。这些神经过敏、痛苦不堪的人被关在高墙内，与世隔绝，在亚瑟看来，他们落入了“活死人的地狱”。[41]他想知道，把精神病患者关起来对于美国社会意味着什么。社会有义务减轻精神病患者的痛苦，把他们送进精神病院在某种程度上解除了整个社会（尤其是医生）的义务，所以大家满足于把他们关起来——但这种观念是愚蠢的。回忆起那个时代，亚瑟这样说道：“社会似乎自欺欺人地以为，这种强烈的个人痛苦和对人类才能的严重破坏是不存在的——因为我们把它关在了医院的高墙后面。”[42]范诺和亚瑟一样厌恶公立的精神病院。范诺认为，美国正在经历一场精神疾病的大流行。[43]通过监禁病人——把他们“藏”在精神病院——的方式来解决问题，无异于把他们丢给死亡。[44]

亚瑟的大脑每时每刻都在分析，当评估精神病患者的困境时，他得出结论：当前存在的实际问题是，政府建造精神病院的能力赶不上精神疾病流行的速度。[45]倘若你在克里德莫尔人满为患的病房逛一圈，就会发现亚瑟所言非虚。亚瑟想找到一个行之有效的解决方案。治疗精神疾病所面临的挑战在于对疗效的评估：做外科手术，你通常能在不久后判断手术是否成功。然而，病人的大脑有没有被治好，却更难评判。事实上，精神疾病的治疗结果难以判别，这也引发了一些相当古怪的实验。就在几十年前，新泽西一家州立医院的院长确信，治疗精神错乱的方法是拔掉病人的牙齿。[46]有些病人拔完牙，精神也没有好转，院长就继续动手，切除病人的扁桃体、结肠、胆囊、阑尾、输卵管、子宫、卵巢、子宫颈。到头来，这些实验没能帮他治好任何一个病人，但他确实杀死了 100 多个病人。[47]

这个时期，在克里德莫尔医院最受欢迎的是一种非侵入性疗法：电击疗法。但亚瑟对此不屑一顾。几年前，有个意大利精神病专家发明了电击疗法，他是在参观一家屠宰场后冒出这个主意的。[48]工人在杀猪前先用电击的方式将猪击晕，通过对这一过程的观察，精神病专家设计了一种疗法，将电极放置在人类患者的太阳穴上，以便向颞叶和大脑中处理记忆的其他区域注入电流。在电击的作用下，患者会抽搐，然后陷入昏迷。当她苏醒过来时，她经常会晕头转向，感到恶心。有些患者丧失了记忆。其他患者经过治疗后惊慌失措，不知道自己是谁。[49]尽管电击疗法会让人变得迟钝，但对许多患者来说，它好像确实能减轻痛苦。[50]它似乎可以缓解重度抑郁症，安抚那些经历过精神病发作的人；它可能无法治愈精神分裂症，但通常可以缓解症状。[51]

电击疗法也许能奏效，但没人明白个中**缘由**。他们只知道这种疗法真的管用。在克里德莫尔医院这样的地方，管用就够了。1942 年，克里德莫尔医院首次使用了电击疗法，最后，他们用这种疗法对数千名患者进行了治疗。[52]当然，也有一些副作用。当电脉冲通过患者的头部时，患者会经历痛苦的抽搐，场景极为可怖。这一时期，诗人西尔维娅·普拉斯在马萨诸塞州的一家医院接受了电击治疗。她曾这样描述电击的感觉，仿佛“一阵剧烈的颠簸击打着我，直到我感觉自己的骨头会断裂，汁液从我身上飞溅而出，就像一株被撕裂的植物”[53]。1959 年，歌手卢·里德在克里德莫尔医院接受了电击治疗。因为这场折磨，他有段时间很虚弱，用他姐姐的话说，电击疗法让他“神志恍惚”，无法行走。[54]

电击疗法自有其捍卫者，即便是在今天，它仍然被广泛用于治疗重度抑郁症。[55]但亚瑟·萨克勒讨厌电击疗法。不久以后，克里德莫尔医院的每座住院楼都配备了电击设备。[56]亚瑟被迫一次又一次实行电击治疗。有时患者的病情会好转。有时他们的病情没有任何起色。不过，这种治疗似乎过于残忍：将患者紧紧捆住，这样一来，他们因为疼痛而乱动时，就不会伤害到任何人；像好莱坞电影里疯狂的科学家那样调整电流。接受治疗的患者通常会经历严重的精神创伤。

亚瑟一直敦促弟弟们追随他的脚步——在伊拉斯谟霍尔高中，他为弟弟们找到了各种兼职，后来又让弟弟们学医。现在，他动员莫蒂默和雷蒙德到克里德莫尔医院，跟他一起工作。很快，莫蒂默和雷蒙德也开始对病人进行电击治疗。三兄弟实行了数千次电击治疗，这段经历让他们灰心丧气。他们深恨自己所掌握的医学知识还远远不够，因为他们明白自己无法提供更人性化的治疗方案。[57]

一种更残酷的医疗手段——前额叶白质切除术——也开始流行，就好像电击疗法还不够糟糕似的。实行前额叶白质切除术需要切断患者的脑神经。这种疗法看似能使患者的精神状态稳定下来，但事实上，它会把人变成傻子。由于前额叶白质切除术快捷有效，它在克里德莫尔这种挤满病人的公立医院很有吸引力。“这没什么难的，”1952年，有个医生一边演示手术的过程，一边解释说，“我拿起一把医用冰锥，像这样握着它，从眼球上方的骨头缝隙穿进去，把它推进大脑，搅动它，像这样切开脑纤维，就是这么回事。病人什么也感觉不到。”[58]手术真的进行得那么快。一般情况下，患者几个小时后就能回家了。你能认出这些刚离开医院的患者，因为他们的眼睛黑乎乎的。[59]有些患者——其中许多人都是女性——之所以接受前额叶白质切除术，不是因为精神分裂症或精神错乱，而是因为患上了抑郁症。[60]手术是不可逆的，它通过把病人变成行尸走肉的方式，让他们变得柔顺。

面对一系列可怕的医疗手段，亚瑟·萨克勒和他的弟弟们开始确信，对于精神疾病，更好的解决方案势在必行。优生学派认为，精神失常不可改变，也无法治疗，亚瑟并不相信他们的论断。不过，虽然他深受弗洛伊德学说的熏陶，但他也觉得，精神疾病不完全是患者的生活经历导致的，还存在生化方面的原因，要治疗精神疾病，必须采取比弗洛伊德式的精神分析更有力的疗法。[61]亚瑟开始努力寻找答案，寻找那把可能解开精神疾病之谜、让患者获得自由的钥匙。[62]

克里德莫尔医院的负责人是个名叫哈利·拉伯特的医生[63]，他不是那种特别乐于接受新观念的人。拉伯特享受着作为精神病院院长的特权。他住在医院空地上的一座豪宅里，这座豪宅被称为“院长公馆”。他在行政楼有间办公室，房门总是紧锁着：如果你想见他，必须等他按电铃叫你进去。[64] 拉伯特有时看起来不太像医生，倒更像个监狱长。亚瑟在克里德莫尔医院的一个同事将此地描述为“有6000张床位的监狱”。[65] 拉伯特安于现状，似乎无意探索创新性的解决方案，将病人从他统治的封闭王国释放出来。克里德莫尔医院的一份年度报告称：“看到电视对患者的益处，董事会大为满意。”[66] 对于亚瑟·萨克勒这种不安分的野心家来说，医院的故步自封只会让他感到愤怒。亚瑟和拉伯特的关系并不好。[67]

不过，跟弟弟们聊天时，亚瑟开始认真思考精神疾病的问题。如果优生学派和弗洛伊德学派都弄错了呢？如果精神疾病不是患者的基因或生活经历导致的，而是因为大脑中化学物质的紊乱呢？[68]

● ● ●

事实证明，玛丽埃塔·卢策用不着克里德莫尔医院的工作：她在皇后区的另一家医院找了份实习。但当她去拜访亚瑟·萨克勒，向他询问克里德莫尔医院的情况，他利用这个机会再次约她出去。这一回，玛丽埃塔答应了。亚瑟碰巧要去芝加哥参加一个医学会议，他问她是否愿意陪他一起去。玛丽埃塔自从来到纽约，一直专注于工作，还没有去过美国的其他地方。所以她接受了邀请。约会当天，她穿上黑色西装，戴上宽边帽，前往曼哈顿中城。他们约好在中央车站见面。但他们不打算坐火车。相反，玛丽埃塔发现亚瑟在车站外面的街道上等她，开着一辆宽敞漂亮的午夜蓝别克路霸敞篷车。[69]

在去芝加哥的长途车程中，玛丽埃塔跟亚瑟讲了她的身世。她在一个富裕家庭长大；他们拥有一家知名的德国制药公司，名叫“卡德博士”。[70] 玛丽埃塔还讲了她在第二次世界大战期间的经历。她坚称，尽管她曾在柏林学医，但她对周围发生的恐怖事件几乎一无所知。[71] 许多美国人得知她新近从德国移民，都变得充满敌意，质疑她的个人经历。[72] 但亚瑟不一样。在她描述那场战争时，就算他对她的话有所怀疑，他也没有表达出来。相反，他全神贯注地倾听。

不过，玛丽埃塔并非与战争毫无瓜葛。事实上，她嫁给了一名德国海军军官。他的名字叫库尔特。他是个外科医生，年纪比她大得多；他们在战争期间相遇并结婚，但在库尔特出征之前，他们只共同生活了一个月。他在布雷斯特被美军俘虏，并被送往战俘营。有一段时间，库尔特给她写了几封信，他在香烟纸上匆匆写下几行字，设法将它们偷偷送出了监狱。但他被关押的时间太长了，这段婚姻最终宣告破裂。[73]

玛丽埃塔的故事在亚瑟听来应该很奇怪。作为一名亲身经历过反犹主义的美国犹太人，亚瑟还在上学的时候，就反对希特勒掌权。和其他美国人一样，萨克勒全家也痛恨德国人，也许恨意比一般人还要深上几分。但前不久，亚瑟曾在德资公司先灵制药工作。[74]玛丽埃塔本人可能也有某种异国风情，这个满头金发的日耳曼美女长得像《卡萨布兰卡》里的英格丽·褒曼，而且她还是医生。战后的美国仇外情绪高涨，但亚瑟·萨克勒一直有个特点，那就是对陌生的人和文化怀有强烈的好奇心。玛丽埃塔注意到，亚瑟在开车去芝加哥的路上很少谈到自己，他更喜欢用柔和的嗓音提问。她之前遇到过的美国男性，似乎很少有人把她当人看，更不要说把她当成医生了，亚瑟的态度与他们形成了鲜明的对比。亚瑟一心一意地听她的故事。当时，玛丽埃塔以为，亚瑟之所以安静地倾听，纯粹是出于好奇。直到后来她才意识到，亚瑟少言寡语，是因为内心有所保留。[75]

在他们从芝加哥返回，玛丽埃塔回到皇后区总医院以后，大捧大捧的鲜花开始涌进她负责的病房。每天都有新的花束出现，无穷无尽的花，多得**放不下**。亚瑟，这个曾经的鲜花配送员，送给她精美的胸花，尽管玛丽埃塔是不可能在查房时戴这种东西的。为了表达他的热情，他在医院时也会随时给她打电话，打断她的工作。[76]

“我得见你——现在，马上。”他会在半夜打来电话。

“不行，”玛丽埃塔表示反对，“我累坏了。”

“我非见你不可，”他步步紧逼，“什么时候？”

他的专注劲儿让人难以抗拒。[77]亚瑟·萨克勒还是有些特别之处的——他的生命力、他不接受拒绝的韧劲、他的远见。和亚瑟待在一起，玛丽埃塔有种感觉，仿佛一切皆有可能。世上没有不可逾越的障碍。事实上，当玛丽埃塔得知和她约会的男人——亚瑟·萨克勒——已经有了妻子和两个孩子时，亚瑟却仅仅把这件事当成一个微不足道的细节，一个小小的程序问题。在他看来，他俩不必为此放慢恋爱节奏。

● ● ●

在克里德莫尔医院工作的时候，有一天，萨克勒兄弟每人凑了几美元，买下一只兔子。既然电击疗法是有效的——至少在某些时候有效，三兄弟就想搞清其中的原因。患者的大脑受到电击后，其症状会得到一定程度的缓解，这是为什么呢？他们把兔子绑在克里德莫尔医院的电击设备上，给它一只下垂的耳朵连上电极。然后他们实行了电击。通过对兔子的观察，三兄弟注意到那只被电击的耳朵立刻出现了充血的情况。几秒钟后，他们注意到兔子另一只耳朵——没有受到电击的耳朵——的血管也在膨胀。电流似乎释放了某种化学物质，一旦它通过血液循环到达另一只耳朵，那里的血管也会随之扩张。这时，三兄弟回想起一种名为组胺的身体激素，他们知道当身体组织受到损伤时会释放这种化学物质，导致血管扩张。组胺在电击作用下被释放到血液中，促使血管扩张，增加大脑的含氧量，如果这就是电击疗法生效的原因呢？[78] 如果这种设想成立，那能不能跳过电击的步骤，直接给患者注射组胺呢？

萨克勒兄弟开始在克里德莫尔医院的病人身上做实验。[79] 从临床角度看，庞大的收治规模是克里德莫尔医院一直存在的弊端：病人太多，医护人员又太少，而且总有一些紧急情况需要处理。但是，如果你不仅治疗精神疾病，还对此进行研究，那么患者众多就成了一种优势。大量的患者样本组成了**数据集**。这项研究的前景让亚瑟兴奋不已，他说服年迈的导师范诺来到克里德莫尔医院，加入三兄弟的研究团队。

他们给 40 名被诊断为精神分裂症的患者注射组胺，近三分之一的患者病情好转，可以出院回家。[80] 有些患者对其他任何治疗都毫无反应，但组胺疗法却在他们身上取得了疗效。[81] 萨克勒兄弟凭借这项研究，发表了 100 多篇医学论文。正如他们所说，他们的目标是追踪“精神失常的化学原因”[82]。亚瑟当过编辑、营销总监和广告人，根据自己独特的工作经验，他深谙如何炮制吸引眼球的新闻报道。《费城问询报》宣称：“这些医生认为自己找到了治疗精神疾病的方法，接受治疗的病人甚至不用住院。”[83] 萨克勒兄弟预测，他们的发现可能会让出院的精神病患者翻一番。[84]《美好家园》上的一篇文章则夸大其词：“萨克勒兄弟的化学活性理论像爱因斯坦的相对论一样具有革命性，而且几乎同等复杂。”[85]

有关萨克勒兄弟的报道给人一种感觉，三兄弟在皇后区一家精神病院的偶然发现，也许可以解答困扰人类社会数千年的医学谜题。如果说大脑化学物质是引发精神疾病的罪魁祸首，那么化学大概也能提供解决方案。要是有一天，精神失常可以通过服药治愈，那会是怎样的情景呢？《布鲁克林鹰报》赞美了萨克勒兄弟，将他们当作邻家男孩获得成功的典范。“这正是三名伊拉斯谟霍尔高中毕业生的真实事例，他们是三兄弟，走上了同样的人生道路，”该报称，同时也不忘添上一句，“如今他们都在曼哈顿有办公室。”[86]

这些媒体报道很少对三兄弟加以区分，只是笼统地将他们称作“萨克勒兄弟”，但亚瑟仍然是他们中间的主心骨——艾萨克·萨克勒去世后，亚瑟的权威地位更加稳固了。[87]艾萨克心脏病发作的消息传来后，三兄弟马上从克里德莫尔医院冲到了他的床边。[88]在生命的最后时刻，艾萨克依然头脑清醒，还能和家人告别。他告诉索菲，他还记得两人初见时她穿的那条蓝色连衣裙。他告诉儿子们，自己很抱歉没能给他们留下任何遗产，除了好名声。这句话已经成了艾萨克的口头禅。他指出，要是你失去了一笔财富，总能再赚回一笔。要是你失去了好名声，你可就再也无法挽回了。

父亲去世后，亚瑟开始用自己的钱支持他和雷蒙德、莫蒂默的研究，在他们发表的许多论文中，都写上了这样的献词——该研究是“为了纪念艾萨克·萨克勒的贡献”。[89]亚瑟通常是论文的第一作者，也是研究的主要推动者。《纽约先驱论坛报》上有张照片捕捉到了三兄弟领奖的画面：雷蒙德作为三人中的小弟弟，笑得有点儿傻气，皮肤柔嫩；莫蒂默戴着厚厚的黑框眼镜，黑发梳成大背头，噘着厚嘴唇，手指间夹着香烟；亚瑟被拍到的是侧影，他穿着一件戗驳领西装，和蔼地看着两个弟弟。[90]萨克勒兄弟看上去地位超然。他们告诉人们，他们的研究最终有可能“防治精神失常”。[91]

● ● ●

1934年，亚瑟结了婚，当时他还在医学院读书。[92]他的妻子埃尔丝·乔金森是移民，是一个丹麦船长的女儿。[93]他俩是经亚瑟的大学朋友介绍认识的。[94]根据医学院的政策，在校学生不得结婚，所以一开始，亚瑟隐瞒了自己结婚的事。[95]埃尔丝在纽约大学读了两年，但因为需要赚钱而辍学了。他们搬进了圣玛丽广场一间带家具的单元房，就在布朗克斯区，林肯医院附近，后来又搬到了曼哈顿西25街的高档公寓。[96]1941年，他们的第一个女儿卡罗尔出世了。1943年，他们又有了另一个女儿伊丽莎白。

虽然玛丽埃塔得知了亚瑟有家室，过着完全不同的生活，她还是情难自已，相信他心里眼里都是她。他们从芝加哥回来后不久，一天晚上，他带她去了小意大利区桑树街的意大利餐馆"蓝色洞穴"。[97]这是个浪漫的地方。亚瑟告诉玛丽埃塔，他想多和她见面。

"我太累了，"她拒绝说，"医院正在夺走我的一切。"

这不是亚瑟想要的答复。毕竟，他也在努力工作——同时打好几份工，他还要养家糊口。但他设法为玛丽埃塔腾出了时间，他想得到更进一步的回应。

"我想和你在一起，永生永世。"他告诉她。

"你知道，亚瑟，你是我愿意嫁的那种男人，"玛丽埃塔说，"但我不想破坏你的婚姻。"

亚瑟没有气馁。1949年夏天，他在情书里提议说，他们应该"开始全新的生活"，一种"充满希望、欢乐和激情"的生活。亚瑟向玛丽埃塔提出的是一种合作关系，一种具有鲜明的公共精神的合作关系。"我们会齐心协力地工作，帮助人们，开拓新领域……为人类做贡献。"最后，他在信里的语气变得更加迫切。"如果没有你，我简直没法活下去，"他写道，"我爱你，只爱你……我属于你，只属于你一人。"[98]

尽管如此，他们都感到有些矛盾。玛丽埃塔专注于自己的医学事业，还挂念着回到德国的家人。她的祖母最近去世了。玛丽埃塔继承了家族的制药公司。[99]她开始意识到亚瑟很容易优柔寡断，凡事喜欢顺其自然。他总是什么事都做，什么课都上，什么工作都从事。遇到需要二选一的情况，他倾向于两个都选。在选择受限时，他无法处之泰然。亚瑟有妻子，有孩子，有好几项方兴未艾的事业。也许在某种意义上，他可以安心地将玛丽埃塔纳入其中。"对他来说，做出明确的选择总是很难，"很久以后她回忆说，说着又补充道，"但我怀孕了，他不得不做出决定。"[100]

注释

[1] Lutze, *Who Can Know the Other?* 65.

[2] 出处同上，第 95—97 页。

[3] 出处同上，第 98 页。

[4] 出处同上，第 99 页。

[5] 依据《信息自由法》从美国联邦调查局获取的文件：FBI file for Raymond Raphael Sackler, June 23, 1945, Federal Bureau of Investigation file 100-NY-73194-1。

[6] Leon Sokoloff, "The Rise and Decline of the Jewish Quota in Medical School Admissions," *Bulletin of the New York Academy of Medicine* 68, no. 4 (Nov. 1992).

[7] "In a Time of Quotas, a Quiet Pose in Defiance," *New York Times*, May 25, 2009.

[8] "Biography of Mortimer Sackler," University of Glasgow website. 关于三等舱的细节参见 "Dr. Mortimer Sackler," *Telegraph*, April 28, 2010。

[9] "Raymond Sackler," Obituary, *Herald* (Glasgow), July 28, 2017.

[10] Lopez, *Arthur M. Sackler*, 16.

[11] 对理查德·莱瑟的采访。

[12] Lutze,*Who Can Know the Other?* 100.

[13] 在医院举行派对一事出处同上，第 206 页。

[14] 出处同上，第 99 页。

[15] Lutze, *Who Can Know the Other?* 168.

[16] Lopez, *Arthur M. Sackler*, 11.

[17] 出处同上，第 99 页。

[18] 出处同上，第 100 页。

[19] 出处同上。

[20] "The Lost World of Creedmoor Hospital," *New York Times*, Nov. 12, 2009.

[21] Susan Sheehan,*Is There No Place on Earth for Me?* (New York: Vintage, 1982), 9. 克里德莫尔医院 1947 年度报告称，20 世纪 40 年代末，该医院的患者有近 6000 人。克里德莫尔医院 1950 年度报告提到了患者人满为患的问题。

[22] Lutze,*Who Can Know the Other?* 124.

[23] 关于拘束服的细节参见 Sheehan, *Is There No Place on Earth for Me?* 9。

[24] "New Hope for the Insane," *Pageant*, Oct. 1951. 此处所说的医院即林肯医院。Lopez, *Arthur M. Sackler*, 15.

[25] Lopez,*Arthur M. Sackler*, 15.

[26] "New Hope for the Insane." 另见 "From Waltzing Mice to MBD," *Medical Tribune*, July 6, 1977 以及 "*A Sentimental Journey*," *Medical Tribune*, Aug. 9, 1978。

[27] "Breaking Ground at the Site Where American Psychoanalysis and the Space Age Were Launched," *Medical Tribune*, July 13, 1983.

[28] Lopez, *Arthur M. Sackler*, 16.

[29] H. P. J. Stroeken, "A Dutch Psychoanalyst in New York (1936–1950)," *International Forum of*

Psychoanalysis 20, no. 3 (2011).

[30] 这个和亚瑟同时代的人是加拿大精神病学家海因茨·莱曼。参见 Andrea Tone, *The Age of Anxiety: A History of America's Turbulent Affair with Tranquilizers* (New York: Basic Books, 2009), 89。

[31] 出处同上。

[32] Lopez, *Arthur M. Sackler*, 16.

[33] 依据《信息自由法》从美国联邦调查局获取的文件：FBI Memo on the Schering Corporation, June 23, 1942, Federal Bureau of Investigation, 65-HQ-4851, v. 3 Serial 73。

[34] Lopez, *Arthur M. Sackler*, 16.

[35] Virginia Woolf, "On Being Ill," *Criterion*, Jan. 1926.

[36] Anne Harrington,*Mind Fixers: Psychiatry's Troubled Search for the Biology of Mental Illness* (New York: Norton, 2019), 48–50.

[37] Robert Whitaker, *Mad in America: Bad Science, Bad Medicine, and the Enduring Mistreatment of the Mentally Ill* (New York: Basic Books, 2002), 84, 147.

[38] 克里德莫尔医院 1952 年度报告。

[39] "New Hope for the Insane"; Lopez, *Arthur M. Sackler*, 18.

[40] Lopez, *Arthur M. Sackler*, 18.

[41] Testimony of Arthur M. Sackler, Hearing Before the Subcommittee of the Committee on Appropriations, U.S. Senate, March 15, 1950（后文再次引用该文献时仅标注为"亚瑟·M. 萨克勒 1950 年的证词"）。

[42] 出处同上。

[43] 出处同上。

[44] Testimony of Johan H. W. van Ophuijsen, Hearing Before the Subcommittee of the Committee on Appropriations, U.S. Senate, March 15, 1950.

[45] 亚瑟·M. 萨克勒 1950 年的证词。

[46] Harrington, *Mind Fixers*, 48–49.

[47] Whitaker, *Mad in America*, 80–82.

[48] Harrington, *Mind Fixers*, 65–68; Whitaker, *Mad in America*, 96–97; Edward Shorter, *A History of Psychiatry: From the Era of the Asylum to the Age of Prozac* (New York: Wiley, 1997), 219.

[49] Whitaker, *Mad in America*, 99.

[50] Shorter, *History of Psychiatry*, 207–208.

[51] 出处同上，第 221 页。

[52] 克里德莫尔医院 1947 年度报告和 1948 年度报告。

[53] Sylvia Plath, *The Bell Jar* (New York: Harper, 2006), 143.

[54] Anthony DeCurtis, *Lou Reed: A Life* (New York: Little, Brown, 2017), 32.

[55] Shorter, *History of Psychiatry*, 208.

[56] 克里德莫尔医院 1952 年度报告。

[57] "New Hope for the Insane."

[58] Shorter, *History of Psychiatry*, 228.

[59] Whitaker, *Mad in America*, 132.

[60] 1952 年，克里德莫尔医院引进了前额叶白质切除术。Sheehan, *Is There No Place on Earth for Me?* 9.

[61] Lopez, *Arthur M. Sackler*, 18.

[62] "New Hope for the Insane."

[63] 1943 年，拉伯特成为克里德莫尔医院院长，直到 1969 年才卸任。"Harry A. LaBurt, 91, Ex-chief of Creedmoor," *New York Times*, Oct. 6, 1989.

[64] Sheehan, *Is There No Place on Earth for Me?* 13.

[65] Donald F. Klein, interview in *An Oral History of Neuropsychopharmacology: The First Fifty Years, Peer Interviews*, ed. Thomas A. Ban and Barry Blackwell (Brentwood, Tenn.: ACNP, 2011), 9:205.

[66] 克里德莫尔医院 1953 年度报告。

[67] 对蕾切尔・克莱因的采访。

[68] 亚瑟・M. 萨克勒 1950 年的证词。

[69] Lutze, *Who Can Know the Other?* 100.

[70] 出处同上。

[71] 出处同上，第 72—73 页。

[72] 出处同上，第 97 页。

[73] 出处同上，第 79—81 页。

[74] FBI Report on the Schering Company, with Arthur Sackler's name listed in the leadership, July 18, 1941, Federal Bureau of Investigation, 65-HQ-4851 v. 1 Serial 21.

[75] Lutze, *Who Can Know the Other?* 100.

[76] 出处同上，第 101 页。

[77] 出处同上，第 100 页。

[78] "New Hope for the Insane."

[79] "Recoveries Double in Mental Cases Using Histamine," *Globe and Mail*, May 12, 1949.

[80] "New Treatment with Hormones Aids Psychotics," *New York Herald Tribune*, May 15, 1950.

[81] "New Hope for the Insane."

[82] 出处同上。

[83] "Biochemical for Emotional Ills," *Philadelphia Inquirer Public Ledger*, June 12, 1949.

[84] "If You Live to Be a Hundred," Maclean's, Dec. 1, 1951.

[85] "A Shot You Take to Help You 'Take It,' " *Better Homes and Gardens*, April 1950.

[86] "Three Brothers, Doctors All, Join in Winning Award," *Brooklyn Daily Eagle*, May 21, 1950.

[87] Lopez, *Arthur M. Sackler*, 25.

[88] 关于艾萨克之死的记录出处同上，第 18 页。另见 "To Live and Die with Dignity," *Medical Tribune*, March 10, 1976。

[89] 参见 "A Three-Year Follow-Up Study of Nonconvulsive Histamine Biochemotherapy, Electric Convulsive Posthistamine Therapy, and Electric Convulsive Therapy Controls," *Psychiatric Quarterly* 27 (Jan. 1953)。

[90] "Three New York Brothers Honored for Medical Research," *New York Herald Tribune*, May 13, 1950; "New Treatment with Hormones Aids Psychotics."

[91] "New Hope for the Insane."

[92] Deposition of Else Sackler, *Matter of Sackler*, Surrogates Court, Nassau County, N.Y.（后文再次引用该文献时仅标注为"埃尔丝·萨克勒的证词"）。我从法院找到的这份证词没有标注日期。

[93] Petition for Naturalization of Jans Jorgensen (Else's father), U.S. District Court, Los Angeles, No. 123391 (1945).

[94] Emma Zakin Affidavit, Dec. 5, 1990, *Matter of Sackler*, Surrogates Court, Nassau County, N.Y.

[95] Lopez, *Arthur M. Sackler*, 15.

[96] 埃尔丝·萨克勒的证词。

[97] Lutze, *Who Can Know the Other?* 101.

[98] 亚瑟·萨克勒致玛丽埃塔·卢策的信，出处同上，第 106—107 页。

[99] Lutze, *Who Can Know the Other?* 103–105.

[100] 出处同上，第 107 页。

第三章
医药狂人

1949年，一则独特的广告开始出现在许多医学杂志上。广告是绿底的，上面印着棕色的粗体字“Terra Bona”。关于这个词，广告并没有给出确切的解释，而且，读者也搞不清这则广告是否意在推销某种特定的产品。“大地给予人类的不只有面包，”广告文案这样写道，并指出从土壤中发现的新型抗生素成功地延长了人类的寿命，“在分离、筛选和生产这种重要药物的过程中……**辉瑞**居功至伟。”[1]

查尔斯·辉瑞公司位于布鲁克林，近一百年来，它一直是个不起眼的化学品供应商。[2]直到第二次世界大战之前，像辉瑞这样的供应商还没有商标，仅仅以散装的形式将化学品批发给其他公司或是药剂师（药剂师会利用化学品自己调配药物）。[3]20世纪40年代初，青霉素的发明开启了抗生素的新时代——抗生素属于强效药，可以防止细菌感染。战争爆发后，美国军方需要大量青霉素用于军队医疗，辉瑞这类公司便响应号召，为军方生产青霉素。[4]到了战争结束的时候，化学品公司的商业模式已经永久地改变了：这时，公司不只批量生产化学品，还生产可以直接销售的成品药物。[5]青霉素是一种革命性药物，但它没有取得专利，这意味着任何人都可以生产。没有一家公司拥有青霉素的生产垄断权，所以它一直很便宜，利润也不是特别丰厚。[6]在这种情况下，辉瑞放手一搏，开始寻找其他**可以**申请专利的药物，打算以更高的价格出售。[7]

这是“特效药”的时代：战后那几年，制药行业欣欣向荣。[8]人们普遍很乐观，认为科学发明有望带来前所未闻的灵药，从而征服死亡，战胜疾病，为制药商带来不可估量的利润。在克里德莫尔医院，萨克勒兄弟也开出了同样的空头支票——终有一日，任何人类疾病皆有良药可医。对医药的追捧开始成为一种文化潮流。到了 20 世纪 50 年代，美国制药业几乎每周都会推出各式各样的新药。[9]

这些新药有个令人宽慰的名字——“处方药”。在过去，你从马车后座就能轻易买到巫婆捣鼓出来的汤药，但处方药只面向医生销售，必须由医生开给病人。新产品层出不穷，为了让患者和医生注意到自家产品，制药公司便向广告商求助，请他们提供一些富有创意的营销方案。辉瑞的总裁名叫约翰·麦基恩，年富力强。[10]他的公司最近开发了一种名为土霉素（Terramycin）的新型抗生素。[11]土霉素得名于印第安纳州的特雷霍特市（Terre Haute），据说辉瑞的科研人员就是从那里的土壤中分离出这种化学物质的。麦基恩认为，如果营销得法，土霉素可能会大卖特卖。[12]他想向批发商和医院大力推销土霉素，于是他联系了一家专门从事医药广告策划的小公司。[13]公司的名字虽然是威廉·道格拉斯·麦克亚当斯，但它的所有者却是亚瑟·萨克勒——负责辉瑞这单业务的也是他。

“你给我钱，”亚瑟告诉麦基恩和他的同事，“我会让土霉素和你们公司的名字家喻户晓。”[14]

威廉·道格拉斯·麦克亚当斯以前是伊利诺伊州温尼特卡市的一名新闻记者，曾为《圣路易斯邮报》撰稿。[15]1917 年，他从新闻界转战广告业。起初，他开了一家传统的广告公司，给各种产品打广告，从“妈妈燕麦”到“范坎普豆”，不一而足。但他有一单业务做的是鱼肝油，这种鱼肝油是由施贵宝制药公司生产的。[16]麦克亚当斯有个主意：如果针对医生精准投放产品广告，施贵宝可能会卖出更多鱼肝油。[17]于是他在医学杂志上登了一则广告。广告生效了，销量颇为可观。到了 20 世纪 30 年代末，麦克亚当斯决定专为制药行业策划广告。[18]1942 年，他雇用了亚瑟·萨克勒。[19]

亚瑟当时还不满 30 岁。不过，他在大萧条时期大步跨入了成年阶段，他读高中、本科和医学院的学费都是靠自己跑销售、撰写广告文案赚来的，当麦克亚当斯雇用他时，他已经在这一行干了半辈子了。[20]亚瑟不仅接受过医疗培训，视觉感受能力也很强，而且他能说会道。此外，他还很擅长从导师那里学习经验。在研究精神病学时，他曾拜范诺为师，如今，他又跟着麦克亚当斯（亚瑟管他叫“麦克”）学习广告策划。[21]亚瑟也许本来就是做这份工作的模范人选，但他很感激麦克雇用了他，因为他觉得麦迪逊大道上的广告业“在很大程度上是一个不对犹太人开放的俱乐部”。[22]亚瑟有着浅色的眼睛和金色的头发，人们可能认不出他是犹太人，这种情况偶尔也发生过。[23]但在那个时代，即便是在纽约，反犹主义仍普遍存在，亚瑟对此十分敏感。[24]

从职务上看，亚瑟在麦克亚当斯公司做的是兼职，因为他已经在克里德莫尔医院有了一份全职工作。广告公司的办公室设在市中心，他会利用晚上和周末的时间在那里待很久。[25]事实证明，这份兼职融合了亚瑟在医学、市场营销和制药领域的兴趣，对他来说极具诱惑力，他在麦克亚当斯公司干得风生水起。与其他类型的消费者广告相比，处方药的营销历来四平八稳。广告经理为香烟、汽车和化妆品设计了时髦的营销活动，相形之下，以往的大多数处方药没有专利和品牌名称，产品同质化严重。[26]再说，药物也并不吸引人。你要怎么做才能把药卖出去呢?

亚瑟给出的答案是采用传统广告那种炫目撩人的形式——抢眼的文案、醒目的图像，直接向处方医师这个富有影响力的群体推销。亚瑟从父母那里继承了对医疗行业的崇敬。他总爱说：“我更相信经过专科培训的医生，而不是政府机关，要是我自己和家人有健康方面的问题，我宁愿接受医生的诊断，谨遵医嘱。”[27]因此，在销售新药时，他设计了一系列营销活动，以便直接吸引临床医生。他在医学期刊上刊登抓人眼球的广告，并向医生的办公室分发宣传资料。当他发现医生受同行影响最深，他就请来知名医生为他的产品背书。对医生来说，这相当于把棒球明星米奇·曼托印在一盒“小麦干”牌麦片上。在亚瑟的授意下，制药公司援引科学研究（这些研究通常是制药公司自己赞助的）作为每种新药功效和安全性的依据。亚瑟任职于麦克亚当斯公司期间，约翰·卡利尔曾在他手下工作了 10 年，他回忆说：“萨克勒的广告看起来一本正经，不乏学理性——像是一个医生在和另一个医生讨论专业问题。但它们本质上就是广告。”[28]

亚瑟或许有些自命不凡，尤其是在谈到医学的崇高时。但他才思敏捷，把源源不断的创意带到工作中，令人目不暇接。有一则土霉素广告被他设计得像是验光师办公室里的视力表：

广
谱土
霉素对
于眼部感
染颇有疗效[29]

亚瑟入职麦克亚当斯公司两年后，麦克任命他为公司总裁。[30]辉瑞是个大客户，由亚瑟亲自对接。他动身前往位于布鲁克林巴特利街11号的辉瑞总部，去见约翰·麦基恩本人（亚瑟私下把这类短途旅行称作“深入虎穴”[31]）。有个和亚瑟同时代的人说：“亚瑟是个无与伦比的创意大师。”[32]土霉素是一种新型抗生素——一种“广谱”药物。最早的抗生素是所谓的窄谱药物，也就是说它们只能治疗特定的疾病。不过，人们正在研发新药，试图以一种药物对付更多疾病。对于制药公司来说，这是个有利可图的营销策略：你不想为产品选择细分市场；你想把它卖给尽可能多的病人。“广谱”这个词听起来很专业，但事实上，它是广告商杜撰的：它首次进入医学文献，就是因为亚瑟的土霉素广告。[33]

最初那版绿棕相间的“Terra Bona”广告，压根儿没提土霉素。亚瑟真正推销的是关于某种新药的**承诺**，而这种新药即将由辉瑞推出。亚瑟凭直觉意识到，公司的品牌名称与药物的名称一样重要，他曾承诺要让辉瑞的名字家喻户晓，尽管这名字是个外来词，首字母P不发音①。其他类型的消费者广告曾用过“悬念广告”的营销手段——在新产品面世之前，先大张旗鼓地进行预热。但在亚瑟·萨克勒推出土霉素广告之前，制药行业从未将悬念广告用于营销。[34]

随后，亚瑟与麦基恩联手发起了一场史无前例的营销闪电战。在营销活动中打头阵的是所谓的新药推销员——这些仪表堂堂的年轻销售代表带着宣传资料到办公室拜访医生，向他们介绍药物的价值。起初，推广土霉素的只有8名新药推销员。但他们的推广力度极大，据当时的媒体报道，他们创下了新药“从实验室走向广

---

① 辉瑞（Pfizer）得名于公司的德裔创始人，德语单词中的pf组合在英语中只发f的音。——译者注

泛临床应用的速度记录”[35]。18 个月内，辉瑞将销售人员从这 8 个人增至 300 人。1957 年，他们的销售人员达到了 2000 人。[36]土霉素并不是一种特别富有开创性的产品，但由于它的销售方式在制药行业前所未有，因而大获成功。亚瑟·萨克勒不仅圆满完成了此次宣传，也在整个医药广告领域掀起了变革。他在麦克亚当斯公司的一个长期雇员说，在医药营销方面，“亚瑟独树一帜”[37]。

从此以后，销售人员在向医生推销药物时，多少会借鉴向普通消费者推销泳衣或汽车保险的手段。为了销售广谱抗生素，亚瑟会通过广告输出广谱的概念。除了在医学期刊上大肆宣传，新药推销员还会造访医生的办公室，主动向他们提供免费餐饮，并且留下一些看起来像医学文献的文章。大量邮件雪片般涌向医生，告知他们新产品的情况。“制药公司怀着热恋的激情，盛情款待医生，对他百般讨好，”有个评论员发现，“这个行业觊觎他的灵魂和处方笺，因为他处于独特的经济地位；他告诉消费者该买什么。”[38]

很早以前，制药公司就开始使出浑身解数，对医生施展诱惑。亚瑟曾向伊拉斯谟霍尔高中的学生分发免费尺子，尺子上印着他的客户德雷克商学院的商标，早在那个时候，礼来制药就开始向医学院的学生免费提供听诊器了。另一家名为罗氏制药的公司免费提供教材，教材的内容涉及睡眠问题、酒精中毒、焦虑——所有这些健康问题，罗氏制药碰巧都有法子解决。[39]辉瑞最终着手组织高尔夫球赛，比赛中所有的球都印着该公司的名字。[40]这种推销模式的转变和品牌差异化战略取得了立竿见影的成功。亚瑟发起土霉素营销活动后，没过几年，《纽约时报》评论说：“越来越多的医生在开处方时会指明药物的品牌或是制造商的名称。”[41]

不是每个人都乐于看到医疗与商业捆绑。哥伦比亚大学医学院的知名教授查尔斯·梅表示疑惑：“如果执业医师和医学教育工作者在履行职责的同时，要面对追逐药物销量的商人的恳求和拉拢，那么公众是否会从中受益？”按他的原话，他担心给我们开药的人与生产、销售药物的人“沆瀣一气”。[42]

但亚瑟对这种批评充耳不闻，他认为自己的所作所为根本不是打广告。他所做的一切都是为了教育。市面上的新药层出不穷，医生需要增进对市场情况的了解。制药公司研发了新的救命药，广告人向医生介绍这些药，医生为了救死扶伤再把这些药开给病人——在这场公益循环中，亚瑟只不过是个推进者。亚瑟辩称，没有谁想利用或欺骗别人。毕竟在他看来，医生无可指摘。有人觉得，医生可能会被医学期刊上的光鲜版面所吸引，就像家庭主妇可能会被杂志上的花哨广告所吸引一样，但亚瑟坚持认为这种想法很可笑。在一篇未发表的辩驳论文中，亚瑟指出医生的本职工作就是照顾病人，无论是医生还是病人，都不需要辩护人、仲裁者来保护他们免受广告误导，因为他们不会“迟钝到一直上当受骗”。[43]

亚瑟感到未来可期，在未来，制药公司和医药广告公司将为公众带来不可思议的创新，与此同时，他们也会赚得盆满钵满。唱反调的人似乎想阻止周遭正在发生的振奋人心的医学进步。亚瑟认为，他们真正想做的是“让时光倒流”[44]。

当亚瑟发起土霉素营销活动时，他已经从麦克亚当斯手中买下了公司。[45]有个认识他俩的员工说，麦克“垂垂老矣，精疲力竭”，而亚瑟才华横溢，精力充沛。[46]半个世纪后，当亚瑟入选“医药广告名人堂”，入选理由是“就打造富有特色的医药广告而言，多才多艺的亚瑟·萨克勒博士成就卓绝”，正是亚瑟“为医药营销注入了广告宣传的全部力量”。[47]

● ● ●

1950年2月的一天，随着土霉素营销全面铺开，亚瑟、莫蒂默和雷蒙德联合导师范诺，成立了他们自己的研究中心——克里德莫尔精神生物学研究所。[48]新成立的研究所设在克里德莫尔医院的H号楼内[49]，其中62个房间将用于治疗患者[50]，研究组胺以及休克疗法的其他替代方案[51]。这是属于亚瑟的胜利。毫无疑问，研究所的成立是亚瑟一手促成的，但他选择让范诺当所长，代表研究所在公开场合露面。亚瑟自己的职位没那么显要——研究总监。亚瑟这样做，也许仅仅出于对导师的敬重。不过，他在市中心有一家广告公司要经营，在皇后区还有州立精神病院的事务，为了兼顾这两份全职工作，他已经耗费了大量心力。而且亚瑟觉得，他所做出的医学承诺潜藏着不确定因素，有时候，最谨慎的做法是退居幕后。[52]

尽管如此，这一回他想高调一点儿，他也知道应该如何让人们记住某个重要时刻。参加研究所落成典礼的有400人。[53]联合国大会主席在典礼上致辞。[54]专横乏味的哈利·拉伯特是克里德莫尔医院的院长，以前他一直与亚瑟不合，就连他也不得不出面给年轻有为的下属捧场。[55]范诺发表演说，公布了他和萨克勒兄弟为研究所设计的宏伟蓝图。他们将研究出如何及早诊断精神疾病，如何利用生物化学治疗精神疾病。范诺承诺，随着研究所的成立，他们将开启“精神病学的黄金时代”。[56]

几英里外，在曼哈顿下城纽约医院的一间病房里，玛丽埃塔·卢策正在分娩。[57]在亚瑟的人生中，有太多事情需要处理，眼下他面临着不幸的巧合——这一头，他的研究所要举办落成典礼，那一头，他的孩子即将诞生，他必须从二者之中做出选择。他选择了研究所。得知玛丽埃塔怀孕后，亚瑟决定离开妻子埃尔丝。他们举家前往墨西哥度假，在那里匆匆离了婚。（在家族基金会自行出版的实录中，收入了亚瑟个人的回忆。实录将此次离婚描述为和平分手，并暗示说埃尔丝“认为萨克勒成就非凡，自己配不上他”[58]。）

亚瑟从墨西哥回来后，急忙和玛丽埃塔在 1949 年 12 月低调成婚。他们搬到长岛郊区，在艾伯森的西尔温顿路买了房子。他们花了一段时间才找到新家，因为司空见惯的东西无法入亚瑟的眼：他想要的住宅应该是独一无二、让人耳目一新的，再说，他的广告事业蒸蒸日上，所以钱不成问题。[59]他们发现了一座古老的荷兰农舍，这座房子建于 1700 年前后，最初选址在法拉盛，后来被迁到艾伯森。[60]房子的横梁裸露在外，配有两扇荷兰式的门，地上铺的宽木板都是手工钉的，房前屋后环绕着黄杨树。[61]玛丽埃塔觉得这个地方有点儿昏暗，但它肯定唤起了亚瑟昔日的浪漫回忆。亚瑟的新家与伊拉斯谟霍尔高中霍尔高中的荷兰老校舍是在同一个年代建成的。

玛丽埃塔很高兴能和亚瑟在一起，但她刚结婚的时候，日子并不好过。亚瑟的母亲索菲强烈反对这桩婚事，因为它毁了亚瑟的第一段婚姻，也因为玛丽埃塔是个德国的异教徒。[62]很久以后，在亚瑟朋友的描述中，玛丽埃塔“逃离了德国纳粹的魔爪”[63]，这种想当然的说法把她塑造成了某种反抗者或是受迫害的犹太人。但在当时，人们很难相信玛丽埃塔与纳粹无关。玛丽埃塔婚后的头几年，索菲拒绝与她交谈，也拒绝承认她的存在。玛丽埃塔跟莫蒂默和雷蒙德很要好，她认识他俩的时候，还没和亚瑟恋爱，但她依然觉得自己是个入侵者，闯进了亲密团结的萨克勒家族。“我被当成强迫他结婚的入侵者，”她后来写道，“大家对我的祖国深恶痛绝、嗤之以鼻，这让我的处境雪上加霜。”[64]

玛丽埃塔分娩那天，亚瑟开车送她去医院，但研究所落成典礼快开始时，他向她告别，匆匆赶往皇后区。她放他离开了；她知道研究所对他的重要性。那天她生下一个男婴。[65]他个头很小，长了一双长腿，浑身皱巴巴的。犹太家庭很少用父亲的名字给儿子取名，但玛丽埃塔却挑了亚瑟·费利克斯这个名字。她希望能让大家认出这孩子是亚瑟的，以便把好名声传下去。玛丽埃塔之所以选中这个名字，也许是为了证明这孩子来得名正言顺，她害怕有人会质疑第二任妻子的孩子不是血统纯正的萨克勒，所以预先准备好了对策。玛丽埃塔觉得，儿子出生后，她似乎变得重要了，因为她为家族传承发挥了作用，生下第一个儿子仿佛提高了她的家庭地位。研究所落成典礼结束后，亚瑟跑回医院迎接他的孩子。雷蒙德和莫蒂默也来了。他们是带着鲜花来的。

在怀孕以后，玛丽埃塔选择放弃工作，对于这个决定，亚瑟举双手赞成，玛丽埃塔自己却心存疑虑。[66]她回家照顾孩子，亚瑟则开车进城，在克里德莫尔医院待上一整天，然后在麦克亚当斯公司度过漫漫长夜。晚上，等孩子睡着了，玛丽埃塔会为丈夫准备晚餐，更衣打扮——亚瑟喜欢看她为了晚餐特意换装，点燃蜡烛，然后等他回家。[67]

亚瑟并没有减少工作量，为新组建的小家庭腾出时间，相反，他手头的业务比以往任何时候都要多。[68]他当上了《临床与实验精神生物学杂志》的编辑。他创办了一家医学出版公司。他推出了针对医生群体的新闻服务，成为医学广播电视协会的会长，并开通了由制药公司赞助的 24 小时广播服务。他在长岛的布鲁克林药学院开设了一个治疗性研究实验室。[69]他对这类社会活动极为热衷；每周似乎都有关于他的新闻，宣布他又把某项新业务纳入自己的事业版图。他建立这些宣传渠道的理由是，萨克勒兄弟在克里德莫尔医院取得了如此出色的研究成果，人们却对此一无所知。亚瑟力求借助自己新开辟的出版事业，向公众宣扬他们三兄弟的丰功伟绩。[70]他以一贯的夸张语调告诉大家，他遵循了希波克拉底的传统，不仅给病人诊断，同时也是一名教育家。[71]玛丽埃塔觉得自己的新婚丈夫就像阿特拉斯[72]——在洛克菲勒中心外矗立着一座巨大的阿特拉斯铜像，他用肌肉发达的肩膀支撑着世界。

那个成长于大萧条时期外行政区①的少年似乎已经脱胎换骨。现在的亚瑟·萨克勒是一位颇有建树的研究者和广告人，对自己的重要性心知肚明。麦克亚当斯公司的一些老员工，还有那些在他上学时就认识他的人，仍然管他叫阿蒂，但是对于世上大多数人来说，他是以“萨克勒博士”的面貌出现的。他穿着考究的西装，不怒自威。他踏着权力和赞美飞黄腾达，仿佛从中汲取了新的能量——就好像他掌握了某种独门秘法，能够消化利用别人对他的敬慕。[73]他基本摆脱了布鲁克林腔，换上刻意练过的大西洋中部口音。[74]他的声音依然柔和，但蕴含着一种不动声色、教养十足的自信。

亚瑟的儿子出生一个多月后，有一天，他和范诺一起前往华盛顿的国会听证会作证。在国会山的一间大厅里，两名医生来到参议院小组委员会面前，请求对方为克里德莫尔精神生物学研究所提供赞助。[75]“把精神疾病当作生化疾病来治疗，有助于提高精神病患者的出院率，”亚瑟向参议员们承诺，“不仅如此，生化治疗还能让更多患者一开始就不用进精神病院。”他雄辩地说，为什么不在医生的办公室里把这些问题都解决掉呢？“和一味建造精神病院相比，预防当然是种更好的办法。”

来自新墨西哥州的参议员丹尼斯·查韦斯担任小组委员会主席，他并没有被亚瑟说服。他纠结的是，如果联邦政府为精神生物学研究拨款，资助克里德莫尔的医生参加这项有益培训，但学成的医生却私自开诊所牟利，那该怎么办？“开展这个项目是为了全人类的利益，还是为了精神病专家的利益？”

亚瑟坚信，诚实正直是医疗行业的基石，他对查韦斯发问的前提表示异议。他说：“医生的基本职能是维护全人类的利益。”

“没错，”查韦斯回答，“但我认识的有些医生经常表现得像是威尼斯商人。”

有一瞬间，亚瑟感觉天旋地转。在20世纪50年代的美国社会，经常有人用种种暗语表达反犹思想，甚至在美国参议院也是如此。可**威尼斯商人**呢？它几乎算不得暗语。委员会是不是把亚瑟当成了夏洛克，认为他想骗取他们的宝贵经费？

“我一直很幸运……”亚瑟开口说。

---

① 纽约最繁华的行政区是曼哈顿，曼哈顿的精英阶层常常用“外行政区”（outer borough）指代曼哈顿以外的行政区，也就是皇后区、布鲁克林区、布朗克斯区和斯塔滕岛。——译者注

但查韦斯没有领会他的意思，打断了他的话。“这是种不幸！”他咆哮道。

“我一直很幸运，”亚瑟尽可能地保持尊严，继续说道，“因为我从没见过这种人。”

● ● ●

不管亚瑟在外面遭遇了怎样的偏见，只要回到麦克亚当斯公司，他就是国王。广告圈流传着这样的消息：在萨克勒的领导下，令人兴奋的事情正在发生。[76]有个在麦克亚当斯公司待过的员工说，这家公司成了吸引人才的“磁石”。亚瑟慧眼识珠，开始把其他公司的文案撰稿人和艺术家挖到自己这儿来。以当时的标准来看，他是个思想异常开明的雇主。只要你有才华和干劲，他并不怎么在乎别的先决条件。在那个时候，其他广告公司都不招犹太人，但亚瑟雇用了许多犹太员工。艺术家、设计师鲁迪·沃尔夫曾在20世纪50年代为麦克亚当斯公司工作。他回忆说：“萨克勒喜欢雇用欧洲来的难民。”[77]这些难民中既有纳粹大屠杀的幸存者，也有因为贫困和动乱背井离乡的人。“其中有些人是医生，”沃尔夫继续说，“有些拿了博士学位的人本来是不会为广告公司工作的，但亚瑟把他们招来了。还有那些因为口音问题不好找工作的人。我们有黑人员工。有些作家是麦卡锡听证会的受害者，在别处找不到工作，但亚瑟雇用了他们。”有一回，一个信奉共产主义的瑞典设计师在办公室耍脾气，把麦克亚当斯公司自家的广告一把火烧掉了，以示他对这种“资本主义垃圾”的厌恶。沃尔夫回忆说：“艺术总监把他训了一顿，我们都觉得很搞笑。但他一直没有被辞退。”

20世纪30年代，亚瑟似乎对共产主义颇有好感。[78]他在医学院就读期间曾参与劳工组织的活动，后来还加入了一个反法西斯组织。对于大萧条时期在布鲁克林长大的年轻人来说，这一点儿也不奇怪：那些年，人们普遍认为资本主义已经破产了。莫蒂默好像就是这么认为的。至于雷蒙德，据美国联邦调查局的解密文件显示，他在1944年与贝弗莉·费尔德曼结婚，夫妻俩都是持有党员证的正式共产党员。[79]约翰·卡利尔曾在这一时期为亚瑟工作，他回忆说，“麦克亚当斯公司有很多政治上可疑的人，”说着他做了个鬼脸，“这一点吸引了我。”[80]

在西 43 街 25 号的一栋楼里，麦克亚当斯公司占据了好几层。这个地方有种随心所欲的波希米亚氛围。《纽约客》杂志社就在麦克亚当斯公司楼下。有一天，卡利尔和他的同事们兴奋地发现，创作惊悚漫画集《亚当斯一家》的著名漫画家查尔斯·亚当斯，也在自家公司楼下工作。[81] 于是几个艺术家就想开个玩笑，他们打印了一张婴儿的照片，把它拴在绳子上，从窗口放下去，让它像鱼饵一样吊在那里，这样一来，它就能进入亚当斯的视线了。几分钟后，他们感觉到绳子被轻轻拉了一下，就把绳子收了回来，结果发现亚当斯在婴儿的额头上打了个弹孔。

鲁迪·沃尔夫回忆说："我们舍得为艺术品砸钱，艺术家会带着他们的作品集上这儿来。"有个登门拜访的年轻艺术家正是安迪·沃霍尔。"身为艺术总监，手头又有这么大一笔钱，我会说，'安迪，画 10 幅儿童头像，好好画'，"沃尔夫接着说，"他画得很漂亮。"[82] 沃霍尔喜欢画猫。麦克亚当斯公司把他画的猫咪图片用在厄普约翰公司的一则广告上。[83]

亚瑟或许营造了一种富有创造力的宽松氛围，但这并不意味着当他的员工很轻松。另一名前雇员托尼·多诺弗里奥说，他"喜欢争论，令人不安，难以取悦"[84]。他本人是个工作狂，也强迫周围的人跟他一样玩命工作。因为自己有文案写作的经验，他毫无顾忌地插手员工的工作，事无巨细都要一管到底。[85] 亚瑟曾经出于好心聘用了不少犹太人，但他甚至把这一善举也变成了压榨员工的利器。当犹太员工找到他，要求加薪，亚瑟会以广告业反犹主义盛行为由拒绝对方："除了这里，你还能到哪儿去？"[86] 有个文案撰稿人被礼来制药聘用了，亚瑟对他冷嘲热讽："礼来？他们可不喜欢犹太人。不出一个月，他们就会让你卷铺盖走人。"[87]

"我们的薪水并不是特别高，"鲁迪·沃尔夫回忆说，"但没人离职。"[88]

沃尔夫本人也是犹太人，并且严格遵守犹太教规吃洁食。沃尔夫订婚后，亚瑟在西尔温顿路的家中为他举办了庆祝派对，这让沃尔夫大吃一惊。亚瑟和玛丽埃塔负责派对的餐饮，亚瑟贴心地准备了犹太洁食，这些食物都插着标志性的小旗，上面印有大卫之星。沃尔夫很感动，但与此同时，他也看出亚瑟的示好别有用心。"他多少也是为了美化自己。"他回忆说。亚瑟借助"亲民"行为，扮演着体恤下情、善良仁义的老板角色。"我可不傻，"沃尔夫说，"他确实为我举办了派对，但这场派对也是为他自己举办的。"[89] 哈利·泽伦科当年也在麦克亚当斯公司工作过，他回忆说："阿蒂也许很迷人，但他本质上是个自私自利的人。"[90]

亚瑟刚来麦克亚当斯公司时，有个众所周知的竞争对手：一个名叫海伦·哈伯曼的年轻女子，她是麦克亚当斯的另一个门生。[91]有些人认为，等麦克退休后，她会接管公司。哈伯曼写过一部以真人真事为原型的小说，讲述了在曼哈顿广告公司打拼的一个年轻女性的生活。小说塑造了一个雄心勃勃的纽约年轻人，这个人每次提起自己正在做的激素和生化实验就兴奋不已，"他一年 365 天都在忙活实验，周围没多少人像他这样加班加点地干活，也没多少人能承受如此高强度的工作"。[92]但在 20 世纪 40 年代，对女性而言，想要晋升为广告主管已经够困难的了，更不要说接管公司。"阿蒂比她精明，当上了公司的接班人，"哈利·泽连科回忆说，"他是个狠角色。"[93]

"他不喜欢跟别人太亲近，"麦克亚当斯公司的另一名前雇员菲尔·科伊施说，"如果你感觉他把你当自己人，这其实是你凭实力赢来的。"不过，广告界的每个人似乎都意识到，他们正在见证一颗新星冉冉升起，像亚瑟这样的天才，几十年才能出一个。"如果你让我定义'天才'这个词，我会说他就是，"科伊施接着说，"跟厄普约翰公司、罗氏制药这些客户会面时，我能见到他。他总有一天会接管公司。这些业务到头来还是要指望他。围坐在桌边的人很多，其中很多身居高位。但他是最有才干的。我觉得他是我见过的最聪明的人。归根结底，他开辟了广告业的新天地。"[94]

● ● ●

亚瑟在广告业似乎有个劲敌。麦克亚当斯公司并不是唯一一家专做医药营销的广告公司。它与 L.W. 弗罗里奇公司明争暗斗，都想成为行业龙头。L.W. 弗罗里奇公司得名于其神秘莫测的总裁路德维希·沃尔夫冈·弗罗里奇，这位总裁又叫比尔。麦克亚当斯公司没拉到的大客户，好像都在跟 L.W. 弗罗里奇公司合作。比尔·弗罗里奇是个温文尔雅的德国移民，住在东 63 街的富人区。[95]他的公司占据了东 51 街的一栋九层砖砌办公楼。弗罗里奇吹嘘说，在所有专做医药营销的广告公司中，他的公司"可能是最大的一家"[96]。但他和亚瑟·萨克勒一样讳莫如深，拒不透露营业额，所以他的话也无从查证。弗罗里奇是个口若悬河的医药广告鼓吹者，他喜欢强调这个行当摄人心魄的魅力。“我们生活在一场药理学革命中，”他会说，“针对特定疾病，我们可以有目的地研发出特效药……这个想法引起了所有人的兴趣。”[97]

事实上，弗罗里奇曾经为萨克勒工作过。[98]亚瑟早年在先灵制药任职时，曾聘请弗罗里奇设计字体。1937 年前后，亚瑟的第一任妻子埃尔丝·萨克勒头一回见到弗罗里奇，后来她回忆说：“一开始，他给别人打工，当艺术总监。[99]他给别的广告公司做设计。他天生就是吃这碗饭的。”当时，弗罗里奇刚从德国来到美利坚。他不像亚瑟那样是个医生，但他很有眼光。1943 年，他创办了自己的广告公司。[100]不久以后，弗罗里奇公司和麦克亚当斯公司发现双方处于零和博弈中：凡是制药行业的大客户，只要没有跟弗罗里奇公司合作，就一定请了麦克亚当斯公司帮忙营销，反之亦然。

弗罗里奇是出了名的会享受：他是歌剧院里的常客[101]，也经常在长岛的海滨别墅开派对[102]。但他自控能力很强，相当自律。[103]他曾评价制药行业的特点是“竞争热情高涨”，这会让“亚当·斯密深感欣慰”。弗罗里奇郑重其事地说，做医药广告，你必须“在你的营销手段过时之前”把钱赚到手。[104]

亚瑟·萨克勒也承认竞争的存在。[105]他曾评论说：“我们在一个竞争异常激烈的领域开展业务。”他指出，要想拉到一个客户，并且和对方长期合作，他必须阻挡“20 个竞争对手”。但最大的竞争对手似乎是弗罗里奇。《广告时代》描述了这场较量，称他们是“该领域的两位顶尖选手”[106]。约翰·卡利尔直言不讳地说：“弗罗里奇公司和麦克亚当斯公司二分天下。”[107]

一些认识弗罗里奇的人认为，他身上肯定隐藏着不为人知的秘密。由于他的德国口音和严谨作风，有人怀疑他以前是纳粹分子。事实上，为了搞清弗罗里奇与希特勒政权之间的关系，美国联邦调查局在战争期间对他进行了调查。[108]但那是子虚乌有。恰恰相反，弗罗里奇是犹太人。[109]亚瑟只是偶尔会被认作外邦人，但弗罗里奇自打来到美国，就一直表现得像是个外邦人，对于自己的犹太身份要么闪烁其词，要么矢口否认。直到他死后很久，他的许多亲密朋友和同事才得知他是犹太人。[110]他们也不知道他是同性恋，小心翼翼地过着“深柜”生活。[111]不过，这种情况在20世纪中叶倒算不上特别罕见：弗罗里奇的圈子里，确实有些男人过着多重生活，明面上是一副样子，私底下却有着不同的面孔。

● ● ●

1954年，亚瑟给一个朋友写信说：尽管从账面上看不出来，但公司的发展势头格外迅猛。他指出，自己的责任似乎在成倍增加："有一大堆事情正在发生。"[112]萨克勒三兄弟肯定会觉得，他们在克里德莫尔医院做出的研究假设如今都得到了证实。史克公司近期推出的新药氯丙嗪，正是三兄弟所设想的那种能抑制精神病的良方。一些病人以前有攻击性，服用氯丙嗪以后就变得温顺了。精神病院这才敢重新购入火柴，供病人点烟用，不再担心他们会把医院烧掉。[113]亚瑟没有负责氯丙嗪的广告策划，虽然这种可能性本来是存在的：史克公司的广告语是氯丙嗪让"患者远离精神病院"[114]。1955年，美国精神疗养机构的年收治人数25年来首次减少。[115]接下来的几十年里，随着克里德莫尔等精神病院的病房逐渐清空，美国精神病治疗实现了大规模的"去机构化"[116]。氯丙嗪的成功并不是推动这一重大变化的唯一因素，但它似乎证实了亚瑟所认同的理论——引发精神疾病的是大脑化学物质，而非不可逆的遗传倾向、童年创伤以及人格缺陷。事实上，氯丙嗪为科学家们创造了一个全新的研究议程：如果你可以通过平衡大脑化学物质的方式摆平精神疾病，那么肯定还有其他疾病也可以通过类似方式治愈。正如一位历史学家所言："救助精神分裂症患者仅仅是个开始。"[117]新时代的帷幕刚刚拉开，在这个时代，针对任何疾病的特效药都有可能被研发出来。

面对大好形势，亚瑟激动万分，制药科学与商业协同并进似乎是他的毕生夙愿。辉瑞公司在《纽约时报》周日版增设了16个版面的彩色副刊，亚瑟便协助他们推出了初具形态的"原生广告"——把付费广告包装成类似社论的东西。（后来《纽约时报》坚称，辉瑞的副刊"显然"是在打广告，但另一方面，《纽约时报》也承认副刊的"目的是让普通读者把它当成社论来读"[118]。）在光明磊落的人看来，亚瑟倾向于为了自己（或是客户）的利益涂抹真相。而且他总是如此。

在这个时期，他抓住一切机会隐藏自己插手的痕迹，试图退居幕后。接管麦克亚当斯公司后，他把一半股份转让给第一任妻子埃尔丝。[119]这是份礼物，相当于他给的分手费。但与此同时，这也是个障眼法。埃尔丝对于公司管理毫无建树，但她的正式所有权为亚瑟提供了推卸责任的可能性，亚瑟可以声称，他个人持有的股份不足以左右公司的决策。只要他不用出面承担责任，他很乐意放弃自己本该享有的荣誉。

其实亚瑟还有更重要的秘密要保守——他会把这个秘密带入坟墓。不过，在他有生之年，他与比尔·弗罗里奇分享了这个秘密：虽然 L.W. 弗罗里奇公司表面上是他的劲敌，但他暗中持有这家公司的股份。在外界看来，萨克勒和弗罗里奇是竞争对手。但事实是，亚瑟帮助弗罗里奇创办了公司，在他的公司投资入股，为他输送客户，最终，两人秘密串通，瓜分了医药营销业务。迈克尔·索南雷希曾长期担任亚瑟的律师，几十年后，他解释说："在那个时候，拉到尽可能多的生意是重中之重。"但广告公司往往会面临这样一个挑战：如果两个客户的产品是竞品，存在利益冲突，那么这两个客户就不会选择同一家广告公司进行合作。索南雷希表示："他们的应对策略是创办两家广告公司。"他坚持认为，这种安排"不违法"，但他也承认，之所以创办弗罗里奇公司，就是为了规避明显的利益冲突。[120]

亚瑟·萨克勒和比尔·弗罗里奇是终生好友。[121] L.W. 弗罗里奇公司里的一些高管怀疑萨克勒持有该公司的股份。但亚瑟本人一直拒不承认。[122]事实上，他确实持有股份，而且他还不是话语权有限的小股东。按照索南雷希的说法，亚瑟是弗罗里奇公司背后的掌控力量：弗罗里奇的公司实际上属于亚瑟。[123]

尽管如此，他俩的关系仍越来越紧密。跟比尔·弗罗里奇走得近的不只亚瑟一人：莫蒂默·萨克勒和雷蒙德·萨克勒也成了这个德国广告人的知交好友。他们也许在弗罗里奇身上看到了自己的影子：一个活跃于 20 世纪中叶的骗子，这个骗子粉饰一新，正踌躇满志，想要征服世界。他们四人——萨克勒兄弟和弗罗里奇——自称"火枪手"，就像大仲马小说中的三个火枪手和达达尼昂一样。[124]在玛丽埃塔看来，三兄弟和比尔·弗罗里奇的亲密关系似乎"非同寻常"——其他任何人，甚至是他们的妻子都被排除在这个小团体之外。四个男人会坐到深夜，讨论他们的工作，盘算未来的计划。[125]大仲马笔下的火枪手有个座右铭："我为人人，人人为我。"在 20 世纪 40 年代末的一个雪夜，三兄弟和比尔·弗罗里奇站在曼哈顿街角，达成了类似的协议。后来，他们四人的代理律师理查德·莱瑟起草了正式协议，据莱瑟说，他们承诺合并各自持有的公司股份。他们会在生意上互帮互助，并且愿意分享他们所有的公司资产。其中一人去世后，剩下三人将继承公司管理权。第二人去世后，剩下两人将继承公司管理权。第三人去世后，最后一个“火枪手”将接管全部生意。最后一人去世后，全部生意将悉数交由慈善信托打理。[126]

这项承诺意义重大。[127]比尔·弗罗里奇没有孩子，但萨克勒兄弟都结婚生子了。[128]莫蒂默娶了一个在苏格兰出生的女人，名叫缪丽尔·拉扎勒斯。他俩搬到了长岛大颈湾，生下凯西和艾琳两个女儿，还有儿子罗伯特。雷蒙德和贝弗莉搬到了同样位于长岛的东山，他俩有两个儿子——理查德和乔纳森。萨克勒兄弟和比尔·弗罗里奇达成协议时，亚瑟已经和埃尔丝生了两个女儿——卡罗尔和伊丽莎白。不久之后，他又和玛丽埃塔生了一儿一女。在签署协议时，“火枪手们”约定，他们自己的孩子不会继承公司。相反，每人都有权将一笔数额合理的款项留给他的继承人，剩余款项最终将转入慈善信托。“到了 1950 年，我挣的钱已经足够养活我的子孙了，”亚瑟后来说，“剩下的要交给公益信托。”从“火枪手们”的承诺可以看出他们对社会福利的关注，这可能是因为三兄弟都信奉社会主义哲学：他们会创造财富，但不会囤积财富。

● ● ●

萨克勒兄弟不该对意识形态的问题掉以轻心。事实上，没过多久，他们不得不为自己的政治立场付出代价。朝鲜战争爆发后，美国原子能委员会向克里德莫尔医院求助，请他们研究放射性烧伤的危害。[129]也许正是因为与联邦政府过从甚密，克里德莫尔医院才会备受关注，但也就是从这个时候起，人们开始怀疑医院里有“共产党组织”。[130]当时的美国深陷“红色恐惧症”中，事实证明，美国联邦调查局一直在暗中调查萨克勒兄弟，并发现了他们亲共的证据。[131]1953 年，莫蒂默和雷蒙德拒绝签署对美国的“效忠誓言”，因为该誓言要求他们举报参与“颠覆活动”的危险分子，于是他们被克里德莫尔医院解雇了。[132]

亚瑟最终引咎辞职，离开了克里德莫尔医院。往后余生，他常常谈到麦卡锡时代对身边人的伤害。[133]但事实上，三兄弟已经着眼于进一步扩大他们的投资领域，不再只盯着广告业和精神病学研究。《纽约时报》有篇文章报道了雷蒙德和莫蒂默被解雇的消息，文章指出，兄弟俩在曼哈顿上东区东 62 街 15 号的大楼里设立了办公室，地址紧挨着中央公园。[134]

“亚瑟是莫蒂默和雷蒙德的坚实后盾，”律师理查德·莱瑟说，“他不仅仅是哥哥；他是真正意义上的家长。”[135]早在莫蒂默和雷蒙德被赶出克里德莫尔医院之前，亚瑟就动手为萨克勒家族制定了另一套计划。1952 年，他为两个弟弟收购了一家小型制药公司。从官方文件来看，这家公司将由他们合伙经营，三兄弟每人持有三分之一的股份，但开公司的钱是亚瑟出的，他实际上是个隐名股东：莫蒂默和雷蒙德负责公司的日常运营，亚瑟隐藏在幕后。他们用 5 万美元买下了公司。[136]相对于他们花的钱，他们得到的并不算多：只有一些普通产品的专利药公司、每年 2 万美元的营业额、格林威治村克里斯托弗街上的一座红砖小楼。但它有一个经久不衰的高贵名字——普渡·弗雷德里克。[137]三兄弟决定保留这个名字。

注释

[1] *Medicine Ave.: The Story of Medical Advertising in America* (Huntington, N.Y.: Medical Advertising Hall of Fame, 1999), 23.

[2] Joseph G. Lombardino, “A Brief History of Pfizer Central Research,” *Bulletin of the History of Chemistry* 25, no. 1 (2000).

[3] David Herzberg, *Happy Pills in America: From Miltown to Prozac* (Baltimore: Johns Hopkins University Press, 2010), 22.

[4] Federal Trade Commission, *Economic Report on Antibiotics Manufacture* (Washington, D.C.: U.S. Government Printing Office, 1958), 6.

[5] Herzberg, *Happy Pills in America*, 22.

[6] Scott H. Podolsky, *The Antibiotic Era: Reform, Resistance, and the Pursuit of a Rational Therapeutics* (Baltimore: Johns Hopkins University Press, 2015), 19.

[7] 出处同上。

[8] Lopez, *Arthur M. Sackler*, 18.

[9] L. W. Frohlich, “The Physician and the Pharmaceutical Industry in the United States,” *Proceedings of the Royal Society of Medicine*, April 11, 1960.

［10］Tom Mahoney, *The Merchants of Life: An Account of the American Pharmaceutical Industry* (New York: Harper, 1959), 237–238.

［11］Podolsky, *Antibiotic Era*, 23.

［12］Mahoney, *Merchants of Life*, 243.

［13］Podolsky, *Antibiotic Era*, 25.

［14］"Becker, Corbett, Kallir: An Industry Comes to Life," *Medical Marketing and Media*, Jan. 1997.

［15］"W. D. M'Adams, 68, Advertising Man," *New York Times*, Aug. 16, 1954.

［16］Herzberg, *Happy Pills in America*, 29–30.

［17］"McAdams Forms Division to Focus on Latest Drugs," *New York Times*, Dec. 16, 1991.

［18］"Advertising: Generic Drugs and Agencies," *New York Times*, Sept. 12, 1985; Herzberg, *Happy Pills in America*, 29–30.

［19］亚瑟·萨克勒准备的个人陈述和生平介绍，Hearings Before the Subcommittee on Antitrust and Monopoly of the Committee on the Judiciary, U.S. Senate, Jan. 30, 1962。

［20］"The Name of Arthur M. Sackler," *Tufts Criterion* (Winter 1986).

［21］亚瑟·萨克勒 1954 年 8 月 27 日致费利克斯·马蒂–伊瓦涅斯的信，引自 Félix Martí-Ibáñez Papers, Sterling Memorial Library, Yale University（后文再次引用该文献时仅标注为"费利克斯·马蒂–伊瓦涅斯档案"）。

［22］Lopez, *Arthur M. Sackler*, 18.

［23］杰拉尔德·波斯纳在其 2020 年出版的《制药》一书中，引用了亚瑟的律师迈克尔·索南雷希对亚瑟说的话："如果有一场大屠杀，不管你告诉他们你是什么人，你都会和我待在同一辆运畜拖车里。别要花招……只要你愿意，你可以和任何一个基督教女孩结婚，但这是行不通的。他们还是会把你押上火车。" Gerald Posner, *Pharma: Greed, Lies, and the Poisoning of America* (New York: Avid Reader, 2020), 287.

［24］"The Temple of Sackler," *Vanity Fair*, Sept. 1987.

［25］Lopez, *Arthur M. Sackler*, 18.

［26］*Medicine Ave.*, 16.

［27］Arthur M. Sackler, *One Man and Medicine: Selected Weekly Columns (1972–1983) by the International Publisher of "Medical Tribune"* (New York: Medical Tribune, 1983), 29.

［28］对卡利尔的采访。

［29］Adam Tanner, *Our Bodies, Our Data: How Companies Make Billions Selling Our Medical Records* (Boston: Beacon Press, 2017), 23–24.

［30］亚瑟·萨克勒准备的个人陈述和生平介绍，Hearings Before the Subcommittee on Antitrust and Monopoly of the Committee on the Judiciary, U.S. Senate, Jan. 30, 1962。

［31］亚瑟·萨克勒 1954 年 8 月 27 日致费利克斯·马蒂–伊瓦涅斯的信，引自费利克斯·马蒂–伊瓦涅斯档案。美国国家档案和记录管理局存有美国参议院司法委员会反托拉斯与垄断小组委员会关于垄断药品定价的调查档案，档案中包括约翰·麦基恩的信件，从信头可知巴特利街 11 号的地址（后文再次引用该档案时仅标注为"基福弗档案"）。

［32］这个和亚瑟同时代的人是威廉·G. 卡斯塔尼奥利。"Remembrance of Kings Past,"

Medical Marketing and Media, July 1996.

[33] 斯科特・波多尔斯基说："'广谱'一词似乎最早是由 1950 年 7 月辉瑞公司的土霉素广告进入医学文献的。此前，华盛顿大学的威廉・柯比在 1950 年 6 月的美国医学协会科学大会上谈到了'这种新型抗生素的广谱活性'。" 参见 Scott H. Podolsky, "Antibiotics and the History of the Controlled Clinical Trial, 1950–1970" , *Journal of the History of Medicine and Allied Sciences* 65, no. 3 (2010)。

[34] *Medicine Ave.*, 22. 这个例子也许能说明需求是发明之母，当时亚瑟尚未提及土霉素的名字，因为他还没有得到美国医学协会的正式批准。参见 Podolsky, Antibiotic Era, 206n70 和 Federal Trade Commission, *Economic Report on Antibiotics Manufacture*, 141。

[35] "Pfizer Put an Old Name on a New Label," *Business Week*, Oct. 13, 1951; Podolsky, *Antibiotic Era*, 25.

[36] Podolsky, *Antibiotic Era*, 25.

[37] "Advertising: Generic Drugs and Agencies," *New York Times*, Sept. 12, 1985.

[38] John Pekkanen, *The American Connection: Profiteering and Politicking in the "Ethical" Drug Industry*(Chicago: Follett, 1973), 89.

[39] 出处同上。

[40] 出处同上，第 91 页。

[41] "News of the Advertising and Marketing Fields," *New York Times*, Feb. 28, 1954.

[42] Charles D. May, "Selling Drugs by 'Educating' Physicians," *Journal of Medical Education* 36, no. 1 (Jan. 1961).

[43] 亚瑟・萨克勒未发表的文章："Freedom of Inquiry, Freedom of Thought, Freedom of Expression: 'A Standard to Which the Wise and the Just Can Repair' : Observations on Medicines, Medicine, and the Pharmaceutical Industry," 引自费利克斯・马蒂–伊瓦涅斯档案。

[44] 出处同上。另见 Jeremy A. Greene and Scott H. Podolsky, "Keeping the Modern in Medicine: Pharmaceutical Promotion and Physician Education in Postwar America," *Bulletin of the History of Medicine* 83 (2009)。

[45] "Advertising: Generic Drugs and Agencies."

[46] 哈利・泽伦科的电子邮件。

[47] *Medicine Ave.*, 18.

[48] Lutze, *Who Can Know the Other?* 112. 小亚瑟出生于 1950 年 2 月 9 日，也就是新研究中心正式成立的那一天。

[49] 克里德莫尔医院 1951 年度报告。

[50] 亚瑟・M. 萨克勒 1950 年的证词。

[51] "Psychobiologic Institute Is Dedicated," *Psychiatric Quarterly* 24, no. 1 (Jan. 1950).

[52] 出处同上。

[53] "UN President Dedicates New Unit at Creedmoor," *Long Island Star-Journal*, Feb. 10, 1950.

[54] 克里德莫尔医院 1950 年度报告。

[55] "Psychobiologic Institute Is Dedicated."

［56］“UN President Dedicates New Unit at Creedmoor.”
［57］Lutze, *Who Can Know the Other?* 112.
［58］Lopez, *Arthur M. Sackler*, 25. 这本书由亚瑟·M. 萨克勒艺术、科学和人文基金会出版，基金会的管理者是亚瑟的第三任妻子吉莉安·萨克勒。埃尔丝的孩子们八成不会同意此处的描述。
［59］*Lutze, Who Can Know the Other?* 115.
［60］出处同上，第 116 页。许多记载表明，这座房子实际上建于 20 世纪 20 年代，使用了法拉盛一座 18 世纪农舍的木材、门和其他元素，这座农舍在一场火灾中被烧毁。参见“Rare in Nassau: A Large Tract with Right Zoning,” *New York Times*, July 27, 1997; Michael J. Leahy, ed., *If You're Thinking of Living In ...* (New York: Times Books, 1999), 255。
［61］Lutze, *Who Can Know the Other?* 115.
［62］出处同上，第 108 页。
［63］这句话出自洛佩兹《亚瑟·M. 萨克勒》第 25 页。尽管这本书的作者是洛佩兹，但它是由亚瑟·M. 萨克勒艺术、科学和人文基金会出版的，在很大程度上参考了亚瑟的一名追随者的描述，他说书中内容都是从亚瑟本人的言论和他写过的东西中摘取的。
［64］Lutze, *Who Can Know the Other?* 108.
［65］出处同上，第 113 页。
［66］出处同上，第 109 页。
［67］出处同上，第 117 页。
［68］Lopez, *Arthur M. Sackler*, 23.
［69］出处同上，第 20 页。
［70］亚瑟·M. 萨克勒 1950 年的证词。
［71］Lopez, *Arthur M. Sackler*, 23.
［72］Lutze, *Who Can Know the Other?* 110.
［73］出处同上，第 125 页。
［74］约翰·卡利尔是在 20 世纪 50 年代认识亚瑟的，他告诉我：“我完全没发现他有布鲁克林口音。他的声音柔和悦耳。”我还在 1984 年的电视节目《史密森尼世界》中听到了亚瑟的声音，这一期节目的标题是《填补空白》。Smithsonian Institution Archives, Accession 08-081, box 10.
［75］亚瑟·M. 萨克勒 1950 年的证词。
［76］“Becker, Corbett, Kallir: How It Began,” *Medical Marketing and Media*, Nov. 1996.
［77］对沃尔夫的采访。
［78］Lopez, *Arthur M. Sackler*, 15; Sam Quinones, *Dreamland: The True Tale of America's Opiate Epidemic* (New York: Bloomsbury, 2015), 28.
［79］依据《信息自由法》从美国国家档案馆获取的文件：FBI File No. 100-HQ-340415。
［80］对卡利尔的采访。
［81］出处同上。
［82］对沃尔夫的采访。
［83］“Becker, Corbett, Kallir: An Industry Comes to Life.”

[84] "Remembrance of Kings Past."
[85] 哈利・泽伦科的电子邮件。
[86] 对约翰・卡利尔的采访。当约翰・卡利尔离开麦克亚当斯公司时，亚瑟起诉他违反合同，这场官司最终庭外和解。我证实了卡利尔的回忆。亚瑟的另一名前雇员哈拉・埃斯特罗夫・马拉诺告诉了我一个非常相似的故事，讲的是亚瑟雇用共产主义者的事。"所有被列入黑名单的作家，"她说，"萨克勒雇用了他们，然后对他们进行压榨。"
[87] 对卡利尔的采访。
[88] 对沃尔夫的采访。
[89] 出处同上。
[90] 哈利・泽伦科的电子邮件。
[91] 出处同上。哈利・泽伦科是副艺术总监，他进入麦克亚当斯公司工作时，麦克亚当斯本人还在负责该公司的运营。他告诉我，哈伯曼"希望掌管这家公司"，但亚瑟"把这个女人赶了出去"（参见对泽伦科的采访）。
[92] Helen Haberman, *How About Tomorrow Morning?* (New York: Prentice-Hall, 1945), 11, 13.
[93] 泽伦科的电子邮件。
[94] 对科伊施的采访。
[95] "L. W. Frohlich, the Gay Jewish Immigrant Whose Company Sells Your Medical Secrets," *Forward*, Jan. 12, 2017.
[96] 弗罗里奇 1959 年 7 月 28 日致约翰・塔尔博特的信，引自基福弗档案。
[97] Frohlich, "Physician and the Pharmaceutical Industry in the United States."
[98] Tanner, *Our Bodies, Our Data*, 23; *Medicine Ave.*, 18.
[99] 埃尔丝・萨克勒的证词。
[100] *Medicine Ave.*, 22. 关于他是在 1943 年还是 1944 年开了这家公司，说法不一。
[101] 对卡利尔的采访。
[102] "L. W. Frohlich, the Gay Jewish Immigrant Whose Company Sells Your Medical Secrets."
[103] 对卡利尔的采访。
[104] Frohlich, "Physician and the Pharmaceutical Industry in the United States."
[105] 亚瑟・萨克勒的证词，Hearings Before the Subcommittee on Antitrust and Monopoly of the Committee on the Judiciary, U.S. Senate, Jan. 30, 1962。
[106] "Critics Fail to Inhibit Ethical Drug Ad Growth," *Advertising Age*, Feb. 1, 1960.
[107] 对卡利尔的采访。
[108] Tanner, *Our Bodies, Our Data*, 26.
[109] "L. W. Frohlich, the Gay Jewish Immigrant Whose Company Sells Your Medical Secrets."
[110] 出处同上。
[111] 出处同上。
[112] 亚瑟・萨克勒 1954 年 8 月 27 日致费利克斯・马蒂–伊瓦涅斯的信，引自费利克斯・马蒂–伊瓦涅斯档案。
[113] Sheehan, *Is There No Place on Earth for Me?* 10.
[114] Thorazine advertisement, *Mental Hospitals* 7, no. 4 (1956).

[115] Tone, *Age of Anxiety*, 80.

[116] Harrington, *Mind Fixers*, 103. 哈林顿对精神病治疗去机构化的解释更为复杂，她认为药物是造成这种趋势的原因，甚至是主要原因。她还提到了其他因素，比如新的法规、成本和社区治疗模式的替代方案。出处同上，第 113 页。

[117] Tone, *Age of Anxiety*, 80–81.

[118] "1957| When Pfizer and the Times Worked Closely," *New York Times*, Nov. 27, 2015.

[119] 埃尔丝・萨克勒的证词。

[120] Tanner, *Our Bodies, Our Data*, 24.

[121] 对理查德・莱瑟的采访。

[122] Tanner, *Our Bodies, Our Data*, 25. 另见 "An Art Collector Sows Largesse and Controversy," *New York Times*, June 5, 1983。

[123] Posner, *Pharma*, 618n10.

[124] 对理查德・莱瑟的采访。

[125] Lutze, *Who Can Know the Other?* 117.

[126] 对理查德・莱瑟的采访。

[127] 对莱瑟的采访。

[128] "2 Doctors to Be Privates," *New York Times*, May 8, 1953.

[129] 克里德莫尔医院 1952 年度报告。

[130] 对卡利尔的采访。

[131] FBI Files for Raymond and Beverly Sackler, 100-NY-73194-1.

[132] "2 Doctors Dismissed over Oath," *New York Herald Tribune*, May 8, 1953; "2 Doctors to Be Privates."

[133] 路易斯・拉萨尼亚关于亚瑟・萨克勒的回忆, *Studio International* 200, supplement 1 (1987)。

[134] "2 Doctors to Be Privates."

[135] 对莱瑟的采访。

[136] 在近 70 年后的一次宣誓作证中，理查德・萨克勒被问道："你知道你们家族买下普渡花了多少钱吗？""我确实知道，"他回答说，"5 万美元。" Deposition of Richard Sackler, *In Re National Prescription Opiate Litigation*, MDL No. 2804, U.S. District Court for the Northern District of Ohio, March 8, 2019（后文再次引用该文献时仅标注为"理查德・萨克勒 2019 年的证词"）。

[137] "Norwalk Firm Finds Niche Among Pharmaceutical Giants," *Hartford Courant*, July 23, 1992.

第四章
专治负面情绪的青霉素

1957 年的一天，化学家利奥·斯特恩巴赫有了惊人发现。[1] 斯特恩巴赫年近五十，在新泽西州纳特利的一间实验室工作，该实验室位于瑞士罗氏制药公司的庞大园区内。过去几年里，罗氏制药一直在尝试研发弱效镇静剂。由于氯丙嗪已经在克里德莫尔这样的精神病院投入使用，而且对精神病患者颇有疗效，人们称其为强效镇静剂。[2] 但雄心勃勃的制药公司高管们意识到，病情严重到需要强效镇静剂的患者毕竟人数有限。因此，他们开始研发弱效镇静剂：一种效力较弱的药物，可以治疗更常见（也更普遍）的疾病，例如焦虑症。[3]

华莱士实验室——罗氏制药的竞争对手之一——率先推出了一种名为“眠尔通”的弱效镇静剂。[4] 眠尔通刚一上市就大获成功。在眠尔通出现以前，容易焦虑或者神经过敏的人可以通过服用巴比妥类药物、安神药或酒精来舒缓情绪，但这些疗法都有些讨厌的副作用：它们会让你昏昏欲睡或酩酊大醉，而且还有可能会上瘾。据说眠尔通没有任何副作用，它成了制药行业的“重磅炸弹”。[5] 突然间，好像**每个人**都在服用眠尔通。而且服用这种药物也不是什么丢脸的事。如果你的医生给你开了一个疗程的氯丙嗪，你可能会再三考虑要不要告诉同事，但服用眠尔通并没有什么好害羞的。恰恰相反，它成了好莱坞流行的派对药物。[6] 人们炫耀自己有医生开的处方，能搞到眠尔通。

众所周知，制药行业喜欢跟风，眼看眠尔通成为爆款，其他公司也着手研发自己的弱效镇静剂。[7] 罗氏制药下达给利奥·斯特恩巴赫的指令很简单：发明一种比眠尔通更畅销的药物。斯特恩巴赫的上司吩咐他说，“把分子稍微改一改”，新产品要跟眠尔通有些区别，这样他们才能申请专利，再以更高的价格销售——但区别也不要太大，不然没法挤进眠尔通所在的市场。[8]

斯特恩巴赫自认为是个化学家，上司的指令让他有点儿恼火。他在波兰克拉科夫长大，父亲是一名药剂师。[9]少年利奥会从父亲店里偷走一些化学品做实验，把不同元素混合在一起，观察哪些东西会引发爆炸。他对罗氏制药忠心耿耿，因为公司允许他做自己喜欢的事情，也因为公司很可能救了他一命。第二次世界大战爆发前，斯特恩巴赫一直待在苏黎世，任职于霍夫曼-罗氏公司，也就是罗氏制药母公司的总部。瑞士公开宣布保持中立，但瑞士的许多化学品公司却决定在员工内部实行“雅利安化”，清洗犹太人。霍夫曼-罗氏公司没有这样做。[10]随着欧洲犹太人的处境越来越糟糕，霍夫曼-罗氏公司意识到斯特恩巴赫是个“濒危物种”（这是斯特恩巴赫的原话），因而采取了预防措施，将他安置在美国。[11]

那段经历让斯特恩巴赫觉得，自己欠罗氏制药一个人情。不过，为了研发出足以和眠尔通竞争的药物，他已经花了两年工夫，仍然一无所获，他的上司们逐渐失去了耐心。他研制了十几种新型化合物，但没有一种完全符合要求。斯特恩巴赫很沮丧。充分的化学反应需要时间，他不喜欢匆忙行事。正当管理层打算叫停这个项目，安排他做别的研究时，他取得了重大突破。[12]他一直在用一种看似不大可能的化合物做实验，这种化合物此前主要用于合成染料，但这个时候，他意识到自己可能在不经意间发现了一直寻找的答案。

他把这种新型化合物叫做“0609号罗氏化合物”。[13]他在小鼠身上进行了测试，发现这种化合物并没有像眠尔通那样使小鼠昏沉乏力（尽管眠尔通以没有副作用而闻名）。相反，这种化合物能让小鼠在放松的同时保持清醒。申请专利之前，斯特恩巴赫亲自服用了大剂量的新药，并在笔记本上仔细记录了服药后的感觉。“快乐。”他写道。[14]这正是罗氏制药一直以来想要实现的目标。他们给新药取名为“利眠宁”（Librium），从“解脱”（liberation）和“安宁”（equilibrium）两个词中各取几个字母合成了这个新名字。他们找到亚瑟·萨克勒，请他为利眠宁做营销。

● ● ●

“我们当中没有一个人知道利眠宁会有多火爆，罗氏制药方面不知道，广告公司这边也不知道。”约翰·卡利尔回忆说。[15]亚瑟指派卡利尔负责罗氏制药这个新客户，但是“这并不容易，因为我们没有推广过同类产品”。[16]而且有一点很重要，罗氏制药和麦克亚当斯公司需要借助此次营销让利眠宁进入广大受众的视野。仅仅在几年前，直接向医生推销药物好像就够了，但眠尔通出现以后，这种营销手段显得有些不合时宜。病人们开始向医生指名索要每一种新型特效药。当利眠宁进入临床试验时，罗氏制药激动地断定，这种药物覆盖的疾病种类多得惊人：焦虑症、抑郁症、恐惧症、强迫性思维，甚至酗酒。每出现一种新的适应证，这种药物的潜在市场都会扩大。[17]不过，如果利眠宁适用于大多数人，亚瑟·萨克勒和他的麦克亚当斯团队要如何设计营销方案，才能让利眠宁广为人知呢？

他们面临着一个直接障碍：根据美国食品药品监督管理局当时的规定，制药公司不得直接向消费者投放广告。[18]但亚瑟知道，把广告推给公众的法子多的是。1960 年 4 月，《生活》杂志刊登了一则报道，题为“安抚猫咪的新办法”。这篇文章的配图是圣迭戈动物园一只山猫的两张照片。第一张照片里的山猫龇牙咧嘴，凶猛异常。而在第二张照片中，它看起来平静而温和，事实上，它好像在嗅一朵花。文章解释说，在医生使用了“一种名为利眠宁的新型镇静剂”后，动物的情绪发生了不可思议的变化。一个兽医怀着推销员般的自信发表了见解，他指出“以前的镇静剂让猛兽变得昏沉而压抑，但利眠宁不一样，它真的能让猛兽变得温和友善，同时又保持活跃”。文章还顺便提到利眠宁“最终可能对人类颇有疗效”，语气轻描淡写，就好像这不是故事的主旨似的。[19]

就在利眠宁上市前一个月，这篇特写出现在全国发行量数一数二的杂志上，这绝非巧合。这篇文章是罗氏制药特意安排的，亚瑟·萨克勒派出手下的公关能手去“协助”撰写报道的记者。“公关人员和我们寸步不离，我们吃每一顿午餐，喝每一杯酒，都有他作陪，”记者后来说，“他是个非常圆滑的家伙……从不让我们独自待着。”[20]

这篇文章仅仅是打响知名度的第一炮。在利眠宁上市那年，罗氏制药豪掷 200 万美元营销造势。[21]该公司把黑胶唱片寄到医生们的办公室——唱片录下了一些医生的话，讲的都是利眠宁的好处。麦克亚当斯公司则对医生们发动了邮件“轰炸”，并在医学期刊上展开了铺天盖地的广告宣传。1960 年，一篇发表在医学简报上的评论文章指出，有关利眠宁疗效的不少说法缺乏“令人信服的证据”[22]。但这些说法让人感到似乎是毋庸置疑的：毕竟，它们看起来很专业，而且往往出现在权威期刊上。你也许认为，这些期刊可能会有兴趣审核亚瑟·萨克勒和比尔·弗罗里奇之流刊登的广告，但其中大量出版物严重依赖广告收入。（亚瑟的许多广告刊登在《新英格兰医学杂志》上。20 世纪 60 年代末，《新英格兰医学杂志》每年的广告收入超过 200 万美元，其主要收入来源正是制药公司。[23]）

温·格森长年担任亚瑟的副手，在格森的记忆中，亚瑟这时已经成为医药营销领域的行业翘楚。对于“什么药能火”，他几乎能做到未卜先知。[24]他把握的时机再好不过。医学期刊上有则广告将利眠宁捧为“焦虑时代”的万灵药[25]，事实证明，冷战时期确实是向大众推出镇静剂的绝佳时机。军备竞赛正在进行。晚间新闻定期报道有关苏联威胁的最新消息。核战的可能性不仅存在，而且似乎还挺大。一项研究发现，半数纽约人可能经受了“临床意义上”的焦虑。[26]

利眠宁于 1960 年面世，第一个月的销售额为 2 万美元。此后它的销量真的一路攀升。[27]接下来的一年内，医生们每个月都会开出 150 万张写有利眠宁的处方。[28]五年之内，1500 万美国人尝试过这种药物。[29]麦克亚当斯公司通过营销把利眠宁打造为“品类杀手”，它不仅是一种不同类型的镇静剂，更是“镇静剂的**全新升级版**”。在亚瑟团队的操作下，利奥·斯特恩巴赫的化合物大获成功，其畅销程度在医药史上史无前例。但罗氏制药并没有止步于此。

斯特恩巴赫完全没有参与利眠宁的营销。当然，这款产品的惊人成功让他很满意，但他已经回到实验室，做自己喜欢做的事情。他正在对利眠宁的同类化合物进行测试，想看看是否还有别的化合物能制成有效的镇静剂。1959 年底，当时利眠宁甚至还没上市，斯特恩巴赫已经研制出一种不同的化合物。它可能比利眠宁效果更好，因为它产生疗效所需的剂量更小。决定给新药起什么名字与其说是一门科学，不如说是一门艺术，而且无论如何也不是斯特恩巴赫的专长。所以，给这种化合物取名的是罗氏制药的其他人。在拉丁语中，“valere”一词有身体健康的意思，罗氏制药化用这个词，给新药取名为“安定”（Valium）。[30]

然而，在 1963 年安定上市之前，罗氏制药面临着一个不同寻常的挑战：公司刚推出了一种开创性的镇静剂利眠宁，而且利眠宁还在大卖。如果罗氏制药现在推出第二种疗效更佳的镇静剂，他们会不会蚕食自己的市场份额？如果安定的出现导致利眠宁被市场淘汰，那该怎么办？

这个难题要靠广告宣传来解决——而广告宣传正好属于亚瑟·萨克勒的业务范围。随着利眠宁首发告捷，罗氏制药成为亚瑟最重要的客户。麦克亚当斯公司搬到了东 59 街 130 号的新办公楼，这时大约有 300 名员工。新办公楼有整整一层专为罗氏制药服务。“亚瑟为罗氏制药的管理花了大力气，”麦克亚当斯公司的艺术总监鲁迪·沃尔夫回忆说，“一直有传言说，罗氏制药是亚瑟在**经营**。”[31]

利眠宁和安定都是弱效镇静剂。它们的疗效基本相同。亚瑟的麦克亚当斯团队所要做的就是说服全世界——包括医生和患者，这两种药物其实不一样。他们针对不同疾病细分市场，进行差异化营销。如果利眠宁是治疗“焦虑症”的良药，那么在治疗“精神紧张”时就应该开安定。[32]如果利眠宁能帮助酗酒者戒酒，那么安定就可以预防肌肉痉挛。既然如此，为什么不将安定用于运动医学呢？[33]很快，当患者出现各式各样的精神症状时，医生都会为他们开罗氏制药的镇静剂。安定的适应证多得离谱，一名医生在医学期刊上提及安定时，不禁发出疑问：“还有什么是这种药物搞不定的？”[34]对亚瑟和他的同事来说，安定之所以如此畅销，正是因为它的适应证众多。就像温·格森所评论的那样：“安定的一个重要特点是几乎所有的医学领域都能用到它。”[35]

当初在克里德莫尔医院的病房里，女性患者多于男性患者，如今医生经常给女性开罗氏制药的镇静剂，却很少把它们开给男性。亚瑟和他的同事瞄准这一现象，开始向女性大力推销利眠宁和安定。一则极具代表性的安定广告是这样描述典型患者的：35 岁，单身，神经兮兮。[36]而在利眠宁的一则早期广告中，一个年轻女子抱着一大摞书，这给人一种暗示：哪怕是上大学的日常压力，也最好用利眠宁来缓解。[37]事实上，利眠宁和安定的营销用到了形形色色的性别意象——神经质的单身女人、疲惫的家庭主妇、不快乐的职业女性、更年期泼妇，这些意象在 20 世纪中叶屡见不鲜。正如历史学家安德烈亚·托恩在其著作《焦虑时代》中所指出的那样，罗氏制药的镇静剂似乎为“身为女性”的原罪提供了补救方案。[38]

不只罗氏制药一家公司发布了言过其实的虚假广告。辉瑞公司有一款建议儿童使用的镇静剂，广告设计了一个泪流满面的小女孩形象，言下之意是该药物可以减轻儿童对“学校、黑暗、离别、看牙医、‘怪兽’”的恐惧。[39]不过，当罗氏制药和亚瑟·萨克勒联手推出利眠宁和安定时，其他公司在他们面前都变得毫无竞争力。在纳特利的罗氏制药工厂中，庞大的压片机为了满足市场需求日夜运转，每天生产的药片多达数千万。[40]起初，利眠宁是美国医生开得最多的药物，直到1968年才被安定超越。[41]但即便如此，利眠宁仍然排在药物畅销榜前五。[42]1964年，医生开出了大约2200万张安定处方。到了1975年，这一数字达到6000万。[43]安定是史上第一款盈利超过1亿美元的药物，罗氏制药不仅成为世界领先的制药公司，而且与各行各业的公司相比都算得上最赚钱的。[44]资金源源不断地涌入，一旦这些钱到账，罗氏制药就回过头来把它们投入亚瑟·萨克勒策划的营销活动。

在伊拉斯谟霍尔高中，少年亚瑟曾与校方协商，要求根据自己卖出的广告位多少来收取佣金，这样一来，他就能从成功的营销中获得回报。从那以后，他一直偏爱这种合作模式。在他答应给利眠宁和安定做营销之前，他与罗氏制药达成了一项协议，根据协议，他可以享受阶梯式销售提成，销量越高，他的提成比例就越大。[45]年复一年，销量不断攀升。对于广告人来说，这款新型镇静剂属于完美产品，是焦虑的现代生活所必需的化学品——或者按有些人的说法，它们是“专治负面情绪的青霉素”[46]。

1955年2月28日，玛丽埃塔生下了第二个孩子——女儿丹妮丝。这一回，亚瑟见证了孩子出生。[47]丹妮丝生来就有一头乌黑的直发，她的父亲仔细检查了她，宣布她身体健康。亚瑟的儿子亚瑟·费利克斯五年前出生时，来医院庆祝的只有雷蒙德和莫蒂默。但此时此刻，亚瑟的事业如日中天，这一回，病房里摆满了亚瑟的朋友、同事、合伙人和崇拜者送来的花束，来恭贺致意的人络绎不绝。玛丽埃塔心想，他们的生活发生了怎样的变化啊！她很开心。

● ● ●

这些年，亚瑟不管走到哪儿都拎着一个大公文包。[48]公文包里的文件分别对应他所从事的多种工作、所过的多重生活，这样一来，他就可以在不同环境中游刃有余，迅速切换角色，就像从天而降、扭转乾坤的超级英雄一样。医学研究和蒸蒸日上的广告公司似乎并没能满足他，他开始出版一份面向医生的周报。亚瑟一直喜欢融合发展、产业联动的运营模式，在这种模式下，他生活中的不同部分可以通力合作——《医学论坛报》选载的文章往往对亚瑟和他的客户有利。这份报纸也刊登了很多广告。麦克亚当斯公司的前雇员菲尔·科伊施回忆说，"《医学论坛报》就是他的孩子"，亚瑟会"强迫"麦克亚当斯公司的客户在报纸上刊登广告。[49]亚瑟的目标是让医生了解自己负责推广的产品，并对他们施加影响（亚瑟坚持要"教育"他们），因此，《医学论坛报》由医药广告赞助，向医生免费寄送。没过多久，几百万名医生收到了报纸，这些医生中有美国人，也有外国人（给他们寄的是外文版）。[50]罗氏制药是《医学论坛报》最大的广告商之一，几十年来，差不多每期报纸都刊登了好几版精心设计的利眠宁和安定广告。[51]

亚瑟似乎已经意识到，医学报纸主编和医药广告公司董事长两种角色之间存在潜在冲突，他身兼二职，可能会遭人诟病。他喜欢尽可能地保持低调，隐居幕后，对此他曾解释说，因为他觉得这样做可以确保自己"随心所欲地行动"[52]。起初，报头上找不到他的名字，读者也无从得知，指导该出版物编务工作的负责人碰巧在制药行业投入了大量资金。不过，这种角色冲突并没有给亚瑟造成困扰。多年来，《医学论坛报》和麦克亚当斯公司一直在同一个屋檐下办公。在某些情况下，它们共享员工。这两家公司同属于一个大家庭。

亚瑟和玛丽埃塔、他们的两个孩子在长岛开始了新生活，与此同时，他也继续和第一任妻子埃尔丝·萨克勒保持着亲密关系。埃尔丝离婚以后照旧使用萨克勒的姓氏。"萨克勒博士和我依然是亲密朋友和商业伙伴。"埃尔丝后来说。[53]（哪怕在自己家中，亚瑟也被叫做"萨克勒博士"。）埃尔丝之所以这样说，是因为亚瑟把麦克亚当斯公司的一半股份挂在埃尔丝名下，多年来，麦克亚当斯公司仅有的股东就是亚瑟和他的前妻。[54]离婚以后，亚瑟把埃尔丝安置在中央公园西路的一幢公寓里，他在这里与埃尔丝共度了大把时光。[55]从表面上看，他频频造访，是为了陪伴两个大女儿卡罗尔和伊丽莎白。但他与埃尔丝之间的老交情也让他感觉很惬意。他们不仅是朋友，还是知己。[56]埃尔丝回忆说，她和亚瑟"一直有联系"，"我们每天都会聊天"。[57]亚瑟的律师评价他是"一个非常注重隐私的人"，一个神秘人物，年复一年，亚瑟的事业越来越成功，他也变得更加小心翼翼，对自己的公众形象精修细剪。[58]早在亚瑟成为令人敬畏的萨克勒博士之前，埃尔丝就认识他了，当时他还只是来自布鲁克林的阿蒂，也许正因为如此，他才能够对埃尔丝敞开心扉。[59]要是把告诉埃尔丝的话向别人倾诉，对他来说似乎太冒险了。当亚瑟有了振奋人心的消息——当他完成了一笔大生意，或者获得了一些新的荣誉，他总想在第一时间告诉埃尔丝。有一回，埃尔丝和朋友在卡内基音乐厅看演出，演出结束时，他们发现亚瑟在包厢外面等埃尔丝，一边等一边来回踱步。他知道她当晚在那里，有一些消息想和她分享。

在长岛的荷兰旧农舍里，玛丽埃塔·萨克勒变得焦虑不安，尽管一开始，她很满意丈夫能与前妻友好相处。亚瑟为了跟她结婚抛妻弃女，她当然知道亚瑟心中有愧，而且她也赞成亚瑟努力维系与卡罗尔和伊丽莎白之间的父女情。但事实上，亚瑟为工作殚精竭虑，已经剩不下多少时间留给玛丽埃塔和**她的**孩子。西尔温顿路上的房子虽然漂亮，但它孤零零地坐落在林间，而亚瑟从早到晚都在城里。玛丽埃塔感到很孤独。[60]

他们家的生活节奏一成不变。亚瑟整个星期都在城里工作，承担越来越多的工作，经常开会到深夜。玛丽埃塔仍会在深夜准备好丰盛的晚餐，盛装打扮，迎接亚瑟归来。不过，当亚瑟回到家时，他不愿谈论自己的工作，这对玛丽埃塔来说尤其不公平，因为她不像长岛的其他家庭主妇，她能理解这一切——她有医学学位！可亚瑟实在是累坏了。照理说，周末是留给家人的，但当他周末回家时，他大部分时间都在睡觉，以便从工作日的劳累中恢复过来。他们用激烈的性生活来弥合彼此之间的嫌隙。但没过多久，玛丽埃塔开始觉得自己就像亚瑟豢养的金丝雀。[61]

她有一只小狗作伴，这是只刚毛猎狐梗，她给它取名叫“尾仔”，因为它的尾巴上有一个黑点。[62]到头来，她的儿子小亚瑟有很多时间都是跟和蔼的园丁乔治一起度过的。[63]乔治在这一带帮工，他教给小亚瑟各种各样的知识，而把名字传给小亚瑟的那个人从未教过他这些。尽管亚瑟在思想上完全认同家庭的重要性，但在行动上，他作为一个父亲，基本缺席了孩子的成长。丹妮丝大约 6 岁时，曾在屋子里跳绳，亚瑟提醒她说，她可能会摔坏东西。“陪我玩吧，爸爸。”她恳求说。[64]

“我要等到你长大成人，”亚瑟说，“到时我就跟你谈谈。”

亚瑟回家的时间越来越晚，最后他索性给家里打电话说晚上不回来。[65]玛丽埃塔知道工作让他精疲力竭。但让她感到不安的是，每周有几个晚上，他抽空跟埃尔丝和她的孩子在曼哈顿共进晚餐。周六早上，他会回到城里跟另一个家庭一起吃早午餐，然后在办公室度过余下的一天。[66]

在麦克亚当斯公司，亚瑟似乎已经过上了双重生活，因为他还在为其他几份职业忙进忙出。[67]人们并非没有注意到，他在家里似乎也过着双重生活。约翰·卡利尔有时会载亚瑟去办公室，至少有一回，亚瑟吩咐卡利尔早上到中央公园西路的公寓接他。

● ● ●

利眠宁和安定让亚瑟·萨克勒变得十分富有。但与此同时，令人不安的迹象开始显现：罗氏制药的利奥·斯特恩巴赫发明的神奇药物也许并不像广告宣传的那样神乎其神，毫无副作用。罗氏制药曾告知医生和监管机构，可以放心大胆地把这些药物开给病人，用不着担心药物滥用，因为这些镇静剂不同于巴比妥类药物，不会使人上瘾。[68]后来人们发现，这种保证缺乏科学依据，更像是一厢情愿。事实上，罗氏制药为了确认利眠宁和安定的适用范围，进行了多次临床试验，却从未对潜在的药物滥用问题做过任何研究。[69]

罗氏制药轻率地认为，他们即将面向公众推出的强效药物是安全的：该公司还故意对不利证据进行了模糊化处理。1960 年，罗氏制药聘请了斯坦福大学教授、执业医师利奥·霍利斯特担任利眠宁的顾问。霍利斯特担心，如果利眠宁真的像罗氏制药宣称的那么厉害，它可能会被滥用。因此，他决定对其进行测试。他让 36 名患者连续几个月服用大剂量的利眠宁，然后将 11 名患者的药换成安慰剂。在这些停止服用利眠宁的患者中间，有 10 人突然出现了难以忍受的戒断症状，其中两人癫痫发作。[70]当霍利斯特把测试结果告诉罗氏制药时，该公司的高管们很不高兴。他后来回忆说："我的本意不是给他们的药判死刑。"他只是认为，患者应该知道罗氏制药和麦克亚当斯公司打造的形象是不准确的——所谓的幸福药丸并非完美。[71]

霍利斯特的发现没能让罗氏制药悬崖勒马。[72]事实上，当霍利斯特发表研究报告时，罗氏制药的医疗总监反唇相讥，称霍利斯特对研究结果进行了错误解读。戒断症状的出现并不意味着利眠宁会导致危险的身体依赖性，相反，这说明患者的病情加重了。换句话说，患者所需要的仅仅是**更多的利眠宁**。

即便如此，越来越多的实际案例表明，现实中的消费者无可救药地依赖着镇静剂。面对此类证据，罗氏制药给出了不同解释：有些患者似乎滥用了利眠宁和安定，这也许是实情，但他们服用这些药物并不是出于治疗目的。[73]有的人正好具备成瘾性人格，容易滥用你提供给他们的任何药物。[74]推卸责任是制药行业的典型心态：有问题的不是药物；而是那些滥用它们的人。在接受《VOGUE》杂志采访时，眠尔通制造商、华莱士实验室总裁弗兰克·伯杰表示："有的人就是容易上瘾——几乎任何东西都能让他们上瘾。前几天我读到一篇报道，说是有个人因为喝了太多可乐死掉了。尽管你在媒体上能看到许多恐怖故事，但对镇静剂上瘾的情况很少发生。"[75]1957年，匹兹堡有家报纸上出现了一个向医生咨询的专栏，提出了"患者是否会对镇静剂上瘾"的疑问，专栏里的文章在全国多家报纸均有刊载。该专栏的答复让读者确信，他们可能怀有的种种恐惧都是不必要的，"使用镇静剂并不会让我们变成一群瘾君子"。经报纸确认，给出这一意见的是"莫蒂默·D.萨克勒博士"。[76]

1965年，联邦政府开始调查利眠宁和安定。美国食品药品监督管理局咨询委员会建议将这些镇静剂列为管制药物——这样一来，消费者就没那么容易把它们搞到手了。[77]罗氏制药和亚瑟·萨克勒都认为这一前景对他们构成了重大威胁。总的来说，亚瑟对政府的药品监管持怀疑态度，他意识到新出台的弱效镇静剂管控措施可能会让他的收益大幅缩水。[78]将近有10年，罗氏制药一直抵制食品药品监督管理局对利眠宁和安定的管控措施，在这段时间里，该公司销售了价值数亿美元的药物。直到1973年，罗氏制药才同意"主动"接受监管。不过，食品药品监督管理局的一名顾问猜测，罗氏制药转变态度的时机绝非偶然：罗氏制药低头认输时，利眠宁和安定的专利即将到期，这意味着他们不再享有这些药物的独家生产权，为了应对仿制药的竞争，他们不得不降低药价。[79]比尔·弗罗里奇是亚瑟的朋友，也是他的秘密合伙人，他认为原研药的商业寿命相当于从开始营销到失去独家专利权之间的短暂间隔。罗氏制药和亚瑟不需要一直竭力摆脱监管，他们只需要在专利到期之前抵挡住食品药品监督管理局的攻势。

当罗氏制药承认自家公司的镇静剂属于管制药物时，安定已成为约 2000 万美国人生活中的一部分，成为世界上销路最好——同时也滥用最广——的处方药。[80]很久以后，美国才意识到安定的负面影响，其部分原因在于，普通消费者很难想象医生开的药可能会有危险。[81]在美国，因药物而起的道德恐慌往往会利用人们对少数群体、移民和非法影响的恐惧，将矛头对准街头毒品；但出乎意料的是，一位身穿白大褂、脖子上挂着听诊器、墙上贴着文凭的医生，开的药也有可能让你上瘾。最终，前第一夫人贝蒂·福特等权威人士承认自己曾极力摆脱对安定的依赖，参议员爱德华·肯尼迪指责镇静剂制造了“药物依赖和成瘾的噩梦”[82]。罗氏制药被控“过度推广”安定。[83]滚石乐队甚至写了一首有关安定的歌——《妈妈的小帮手》，正是这首歌的歌词让人想起了麦克亚当斯公司发起的以女性为目标客户的营销活动。“今天妈妈需要来点儿东西平复心情，”米克·贾格尔唱道，“虽然她没有真的得病，但这儿有个黄色小药片。”[84]

“安定改变了我们与医生沟通的方式。”亚瑟的副手温·格森后来这样说道。[85]他仍然为安定感到骄傲。“它可能会让有些人上瘾，”他承认，“但那种药确实有效。”[86]不过，对亚瑟来说，有一点很矛盾。为了美化自己的公众形象，他始终保持着得体的外表，表现得像是一个正直而睿智的医学家。然而，他是靠着疯狂推销两种极易上瘾的镇静剂发家致富的。诚然，亚瑟可以从许多生意中创利：他开的公司遍地都是，在不少行业进行了广泛投资。但萨克勒商业帝国的启动资金是靠安定赚来的。在此后的人生中，亚瑟试图掩饰他与安定之间的联系，强调他在其他领域的成就，尽管他凭借医药广告挣到了第一桶金，但他对此含糊其辞（或绝口不提）——他的做法似乎意味深长，发人深省。终于，他承认自己是《医学论坛报》的出版商，在报头加上自己的名字，并开设了自己的专栏《一个人与医学》，大谈特谈时下的医学问题。在专栏文章中，亚瑟经常抨击香烟的危害，不仅指出了吸烟带来的健康风险，还指出了烟瘾的祸患。[87]然而，他却无法用同样严苛的眼光审视自己，虽然他也通过兜售容易上瘾的危险产品获得了丰厚报酬。亚瑟不仅擅长推销产品，自我推销也很有一套，他为自己打造了能力超群、无可指摘的形象，所以很少有人对他的“双标”提出质疑。极少数情况下，当他谈到安定的危害时，他跟罗氏制药的客户、其他镇静剂制造商一个鼻孔出气：让人上瘾的并不是药片；那些滥用它们的患者本身就容易上瘾。[88]他坚持认为安定是一种安全的药物，看到负面的新闻报道时，他既没有自我怀疑，也没有对自己的所作所为感到后悔。他说，对安定上瘾的人一定是“在服药的同时，摄入了酒精或是可卡因”。

另一个持相同观点的人是利奥·斯特恩巴赫。亚瑟巧妙地通过谈判，实现了从利眠宁和安定的销售额中抽成的目的，但斯特恩巴赫却没有赚到钱。相反，他获得了每项专利 1 美元的报酬，为罗氏制药工作的化学家都是这个待遇。[89]当斯特恩巴赫的发明成为世界历史上最畅销的医药产品时，罗氏制药给他的奖金是每种药物 1 万美元。[90]但他并没有愤愤不平。他不想要别墅和游艇，也无意沉湎于昂贵的爱好。[91]他每天都在毫无怨言地搞化学。和亚瑟·萨克勒一样，斯特恩巴赫也拒绝为弱效镇静剂的缺点承担任何责任。他只是发明了两种化合物，把它们带到世上来。虽然利眠宁和安定后来被公众滥用，但他不认为自己负有道德责任。“我的意思是，一切都有可能被滥用。”斯特恩巴赫说。[92]

注 释

[1] Tone, *Age of Anxiety*, 120.
[2] Pekkanen, *American Connection*, 60.
[3] Tone, *Age of Anxiety*, 131.
[4] 出处同上，第 124 页。
[5] “Adventurous Chemist and His Pill,” *Washington Post*, Jan. 20, 1980.
[6] Tone, *Age of Anxiety*, 78.
[7] 出处同上，第 124 页。
[8] “Adventurous Chemist and His Pill.”
[9] 出处同上。
[10] Tone, *Age of Anxiety*, 145.
[11] “Adventurous Chemist and His Pill.”
[12] 出处同上。
[13] Herzberg, *Happy Pills in America*, 40.
[14] “Adventurous Chemist and His Pill.”
[15] 对约翰·卡利尔的采访。

[16] 对鲁迪·沃尔夫的采访。
[17] Pekkanen, *American Connection*, 71.
[18] Jeremy Greene and David Herzberg, "Hidden in Plain Sight: Marketing Prescription Drugs to Consumers in the Twentieth Century," *American Journal of Public Health* 100, no. 5 (May 2010).
[19] "New Way to Calm a Cat," *Life*, April 18, 1960.
[20] Pekkanen, *American Connection*, 74–75.
[21] Tone, *Age of Anxiety*, 136.
[22] Pekkanen, *American Connection*, 75–76.
[23] 出处同上，第 82 页。
[24] 格森后来接管了麦克亚当斯公司。"Looking Back, Looking Forward," *Medical Marketing and Media*, April 1998.
[25] 20 世纪 60 年代，《医学论坛报》(以及其他许多医学出版物)上连续刊登了大量关于利眠宁和安定的广告，这是其中之一。多年前的《医学论坛报》很难找到，但费城医师学会有我所能找到的最完整的收藏，我亲自查阅了这些老报纸。
[26] Herzberg, *Happy Pills in America*, 51.
[27] Pekkanen, *American Connection*, 75.
[28] Tone, *Age of Anxiety*, 137–138.
[29] Pekkanen, *American Connection*, 75.
[30] "Adventurous Chemist and His Pill."
[31] 对沃尔夫的采访。
[32] "The Tranquilizer War," *New Republic*, July 19, 1975.
[33] Pekkanen, *American Connection*, 79.
[34] 引自 Herzberg, *Happy Pills in America*, 40。原始出处为 H. Angus Bowes, "The Role of Diazepam (Valium) in Emotional Illness," *Psychosomatics* 6, no. 5 (1965)。
[35] "Looking Back, Looking Forward."
[36] Tone, *Age of Anxiety*, 157. 这则安定广告刊登于 *Archives of General Psychiatry* 22 (1970)。
[37] "Valium and the New Normal," *New York Times*, Sept. 30, 2012. 这则利眠宁广告刊登于 *Journal of the American College Health Association* 17, no. 5 (June 1969)。
[38] Tone, *Age of Anxiety*, 156.
[39] Pekkanen, *American Connection*, 80.
[40] Tone, *Age of Anxiety*, 153.
[41] 出处同上。
[42] Herzberg, *Happy Pills in America*, 40.
[43] "Adventurous Chemist and His Pill."
[44] Tone, *Age of Anxiety*, 154.
[45] 有人说亚瑟每卖出一粒药就会按照固定比例收取佣金，但根据巴里·迈耶对亚瑟的律师迈克尔·索南雷希的采访，事实并非如此。索南雷希坚持说，亚瑟享受的是阶梯式销售提成，而不是固定比例提成。Barry Meier, *Pain Killer: An Empire of Deceit and the*

Origin of America's Opioid Epidemic (New York: Random House, 2018), 199.
[46] Pekkanen, *American Connection*, 60.
[47] Lutze, *Who Can Know the Other?* 126–127.
[48] Miriam Kent Affidavit, *Matter of Sackler*, May 29, 1992.
[49] 对科伊施的采访。
[50] Lopez, *Arthur M. Sackler*, 23.
[51] 我回顾了费城医师学会保存的近 20 年的《医学论坛报》，利眠宁和安定的大幅广告几乎出现在每期报纸上。
[52] "An Art Collector Sows Largesse and Controversy," *New York Times*, June 5, 1983.
[53] Affidavit in Support of Else Sackler's Motion for Partial Summary Judgment on Claim for Payment on Promissory Note, File No. 249220, *Matter of Sackler*, New York State Surrogate's Court, 1990.
[54] "萨克勒博士和我都是麦克亚当斯公司的高管和董事，多年来一直是该公司仅有的股东。1978 年，萨克勒博士将他的 2% 股份转让给了我们的女儿，这样一来，我们各自持有的股份都是 49%。" 出处同上。
[55] Else Sackler to Stanley Salmen, Dec. 18, 1959, Columbia University Central Files, box 507（后文再次引用该档案时仅标注为"哥伦比亚大学中央档案"）。
[56] 对迈克尔·里奇的采访，以及与萨克勒家族的一名亲密友人的私密访谈。
[57] 埃尔丝·萨克勒的证词。
[58] "The Sackler Collection, Cont'd," *Washington Post*, July 30, 1982.
[59] 扎金的宣誓书。
[60] Lutze, *Who Can Know the Other?* 123, 120.
[61] 出处同上，第 117 页。
[62] 出处同上，第 122 页。
[63] 出处同上，第 115 页。
[64] 对迈克尔·里奇的采访。
[65] Lutze, *Who Can Know the Other?* 117.
[66] 埃尔丝·萨克勒的证词。
[67] 对卡利尔的采访。
[68] Tone, *Age of Anxiety*, 146.
[69] Herzberg, *Happy Pills in America*, 109.
[70] Tone, *Age of Anxiety*, 141–142.
[71] 出处同上，第 142 页。
[72] 出处同上，第 146 页。
[73] 出处同上。
[74] Herzberg, *Happy Pills in America*, 110–112.
[75] "A Psychiatrist Discusses What's Good About Tranquilizers," *Vogue*, April 1, 1976.
[76] "The Constant Griper," *Pittsburgh Sun-Telegraph*, March 14, 1957.
[77] "Tranquilizer War." 另见 "U.S. Acts to Curb 2 Tranquilizers," *New York Times*, Aug. 16,

1973。
[78] Lopez, *Arthur M. Sackler*, 13; Posner, *Pharma*, 262–263.
[79] “Tranquilizer War.”
[80] “Adventurous Chemist and His Pill.”
[81] Tone, *Age of Anxiety*, 142.
[82] “Abuse of Prescription Drugs: A Hidden but Serious Problem for Women,” *New York Times*, April 19, 1978; Hearing on the Use and Misuse of Benzodiazepines, Subcommittee on Health and Scientific Research, Committee on Labor and Human Resources, U.S. Senate, Sept. 10, 1979.
[83] “Americans Are Spending Almost Half a Billion Dollars a Year on a Drug to Relieve Their Anxiety—a Fact That Is in Itself Considerable Cause for Anxiety,” *New York Times*, Feb. 1, 1976.
[84] “Mother’s Little Helper,” Rolling Stones, 1966.
[85] “Looking Back, Looking Forward.”
[86] Quinones, *Dreamland*, 30.
[87] 参见 “On a Deadly Hazard,” *Medical Tribune*, Jan. 10, 1979。
[88] “The Other Sackler,” *Washington Post*, Nov. 27, 2019.
[89] “Adventurous Chemist and His Pill.”
[90] 斯特恩巴赫并没有愤愤不平。他说自己不是“资本主义剥削的受害者。要说真有什么的话，我的故事恰好可以说明资本主义的开明……我很感谢公司把我们从欧洲带过来，为我的家庭提供了保护”。参见 Tone, *Age of Anxiety*, 138。
[91] 出处同上，第 138—139 页。
[92] “Adventurous Chemist and His Pill.”

第五章 中国热

当亚瑟和玛丽埃塔搬进长岛上的荷兰农舍时，他们意识到自己没有足够的家具。亚瑟事先做好了安排，从卖房子的人手里买下一张长餐桌和一套卧室家具，玛丽埃塔带来了一个老式五斗橱——这是件来自德国的传家宝。但这些家具还不足以填满偌大的空间，当夫妇俩在家请客吃饭时，他们不得不临时凑合，把餐椅抬到客厅，这样才能保证每个人都有座位。

既然玛丽埃塔被困在家里当家庭主妇，她就自己做主，决定安装书架和橱柜。她家附近碰巧住着一个家具匠，他也是德国人，来自巴伐利亚州。一个星期六，玛丽埃塔连哄带劝，说服亚瑟跟她一起去家具匠的店铺。[1]当他们浏览店里陈列的家具时，亚瑟的目光落在一张别具一格的红木桌子上。[2]他问起这张桌子，家具匠解释说，它属于一个专门收集中式旧家具的当地人，此人有时会带一些老物件来店里修复。亚瑟好奇地问："你可知道他是否愿意出售这些家具？"

亚瑟·萨克勒一旦看到自己想要的东西，往往会满怀热情地追求，他就是这样把玛丽埃塔追到手的。第二天，他约好去拜访桌子的主人。桌子的主人名叫比尔·德拉蒙德，他住得不远，就在罗斯林高地的一个农庄里。[3]德拉蒙德出生于芝加哥，但他移居中国经营古董生意，在那里前前后后生活了30年。他的兄弟仍待在中国内地，尽管1949年共产党接管政权后，他不得不迁往香港。[4]德拉蒙德家摆满了漂亮的中国家具：柚木桌子，表面涂漆、五金件镀金的写字台，还有些家具是仿照北京颐和园中的陈设制作的。德拉蒙德总爱说，中国家具拥有"两副面孔"，自有其"含而不露的一面"。德拉蒙德自己也有两副面孔：他的家具生意一开始只是个幌子，他实际上是潜伏在中国的美国间谍，供职于美国战略情报局，也就是美国中央情报局的前身。[5]不过，这种含而不露的理念恰恰引起了亚瑟·萨克勒的共鸣。许多家具其实是仿照几百年前的式样制作的，并没有经历多少年头。但它们接续的传统，具有亚瑟所欣赏的坚固、恒久的品质。它们似乎一直存在着，并且还会永远存在下去。

20 世纪 50 年代，中式古董家具在长岛郊区并不时兴。1949 年以后，美国对所有来自中国的货物实行禁运，所以中式古董家具的供应受到了限制。[6]然而，正如老友哈利·亨德森所观察到的那样，亚瑟“为自己的‘眼光’感到骄傲，无论是在艺术、校对还是逻辑领域，他总能发现被别人忽视的东西”[7]。德拉蒙德出售的物件——特别是明代的家具——让亚瑟浮想联翩。他心血来潮，决定买下它们：不是挑一两件入手，而是大批量地购进德拉蒙德的藏品，以至于玛丽埃塔担心他们是否真的买得起。[8]

除了家具，亚瑟还从德拉蒙德那里买了一些汉代陶器和别的古董。自从发现了中国美学，他内心深处的某种东西似乎被唤醒了。[9]玛丽埃塔像丈夫一样欣赏中国艺术和设计之美，不同的是，亚瑟怀着近乎痴迷的热情一头扎进了新爱好中。他本身从未有过兴趣爱好；少年时代他遭遇了经济大萧条，因而倾向于将全副精力投入职业发展。不过，亚瑟现在有钱了，在搜寻这些古代社会的珍贵遗物时，他发现了某种令他心醉神迷的东西。“亚瑟就是在那个时候染上中国热的，”亨德森说，“而且一直没有痊愈。”[10]

在某种程度上，亚瑟一直很欣赏艺术。少年亚瑟参观过布鲁克林博物馆，还在库伯联盟学院学习过雕刻方面的夜间课程。玛丽埃塔觉得，他本质上是个富有创造力的人，如果不是遇上了大萧条，需要供养父母和弟弟，他本来有可能投身艺术行业。[11]不过话说回来，拥有相当财富和专业声誉的人到了某个阶段，的确会开始购买艺术品。这些成功人士之所以购买艺术品，或许是为了在文化史上占有一席之地，或许仅仅是为了征服一个自己不曾涉足的新王国。但早在亚瑟·萨克勒之前，功成名就的富豪已经习惯于在绘画、雕塑和古董中寻找乐趣和意义，这成了他们的常规操作。J. P. 摩根在亚瑟出生那年过世，艺术收藏可谓他的第二职业。最终，他把一半财产都砸在了艺术品上。[12]

没过多久，亚瑟就频繁出入各大拍卖行，研究起博物馆目录和有关中国历史、考古学的书籍。他以科学家的严谨态度收集资料，按他的说法，他要努力组建起庞大的“资料库”，然后对其进行研究。[13]当他在城里度过漫长而忙碌的一天，披着夜色回到长岛，他会和玛丽埃塔一起爬上床，然后拿出一沓学术文献，熬夜阅读。[14]这家人开始以更系统的方式参观博物馆——寻找中国画廊，快速浏览藏品，在此过程中，亚瑟会挑出某件藏品仔细察看，向窘迫不安的孩子们发表宏论，将展出的作品与他拥有的作品进行比较。[15]他格外留神，把所有的中文名字都念对了。[16]

亚瑟沉浸在艺术收藏的新世界中，他结识了一帮与他同样狂热的收藏家，加入了他们的小团体。1957年，他一度从曼哈顿的帕克-伯内特拍卖行买下了30件青铜器。后来，他发现它们原先都归同一个人所有，此人名叫保罗·辛格，是个新泽西州的医生。[17]在查阅有关辛格的资料时，亚瑟发现这个医生跟自己是同道中人——他也是精神科医生，1938年从奥地利移民到美国。辛格是个自学成才的专家，也是个眼光无可挑剔的鉴赏家，17岁那年，他就购买了第一件属于自己的亚洲艺术品——一尊文殊菩萨的青铜像。[18]

“你委托拍卖行代销的东西我全买了，”[19]亚瑟打电话告诉辛格，“下回你再想卖点儿什么，咱们直接对接，绕开中间商吧。”[20]

亚瑟发现辛格住在新泽西州萨米特镇一间简陋的两居室公寓房里，屋子乱糟糟的，珍贵的中国文物从地面一直堆到了天花板。[21]辛格和亚瑟有着同样的癖好，但他在艺术收藏领域的资历比亚瑟老得多。辛格后来回忆说，亚瑟刚开始和他打交道时，“我遇到了一个非常好学的学生”[22]。亚瑟发起了猛烈的提问“攻势”，向他抛出一连串关于中国艺术史和收藏技巧的针对性问题，辛格很高兴看到艺术品在这个新手身上唤起了强烈的快感。他向亚瑟展示了一套漂亮的中国玉器，当亚瑟拾起第一块玉握在手中时，“就像感受到一股电流”，辛格回忆说。[23]辛格觉得，在郑重其事的收藏背后有一股驱动力，其运行机制与情欲的激发和释放如出一辙：脉搏加速，观者看到了他想要拥有的美。他愿意付出物质代价来占有它。[24]

玛丽埃塔也在丈夫身上看到了这一点。[25]她发现让亚瑟感到兴奋的正是“狩猎”本身，他辨认出一些珍贵的文物，然后想方设法将它们据为己有，这是一个“神秘而性感的”过程。一旦亚瑟在艺术收藏领域建立了信誉，证明自己不只是业余爱好者，而是个正经的收藏家，人们便开始向他展示最罕见的珍品。[26]他认识了一个名叫戴福保的经销商，大家管他叫戴先生。戴先生在麦迪逊大道开了家商店，店里的楼梯通往地下室的一个特殊房间，买主同意付款之前，可以在这里与藏品近距离接触。[27]有一天，辛格打电话给亚瑟，告诉他戴先生入手了一份写在丝绸上的文献，名唤楚帛书，其历史可以追溯到公元前600年。[28]“只要你能得到这块丝绸，哪怕把你现有的全部藏品都扔进哈德孙河也无所谓。”辛格说。

亚瑟来到戴先生店里时，对方承认楚帛书在自己手里，但他不打算出售。

亚瑟拒绝接受否定答案。[29]“你要么当经销商，要么当收藏家，”他说，“如果你是收藏家，我就不能和你做生意了，因为你是我的竞争对手。如果你是经销商，你就该定个价，卖掉这件珍贵的帛书。”戴先生要价50万美元。亚瑟照付了。[30]

艺术品交易的隐秘性质契合了亚瑟天生的保密意识。[31]“我有件事得处理，事关重大，需要保密。”他会这样说。艺术品交易的内幕不会上新闻头条，不会被记录在案，他在这个领域开展业务时最自在从容。他的儿子亚瑟后来回忆起父亲的交易习惯，曾特别提到：“它们都是些握手成交的买卖。”[32]对亚瑟在艺术界的新伙伴来说，他是个神秘人物。他专横跋扈，一意孤行，办事果决，并希望尽可能地保持匿名。有时，他会用假名在酒店登记入住，然后约拍卖行代表来这里见面。[33]似乎没有人能够肯定地说出亚瑟·萨克勒的钱是从哪儿来的——人们好像并不知道他和安定的关系，但他们知道亚瑟有的是钱。[34]有时，他会打电话给拍卖行，命令他们取消拍卖，因为他打算把每一件待售的艺术品都买下来。[35]他由于挥霍无度而声名远扬，有人认为他对艺术品照单全收：用一位博物馆馆长的话来说，亚瑟“似乎只消看上一眼，就买下了所有藏品”[36]。

不过，在挥霍无度的同时，他也热衷于谈判。“在达成交易意向后，”这位博物馆馆长回忆说，“萨克勒总会开始讨价还价。”[37]玛丽埃塔觉得，亚瑟对于税法乃至交易另一方的心理都有全方位的了解，也正因为如此，他是个难以对付的谈判者。她回忆说，他有个习惯，那就是“最大限度地利用每一笔交易、每一份合同或协议，尽可能地从中多捞好处”[38]。

盛满精美物件的新箱子来到了长岛的房子里。[39]孩子们帮忙把它们拆开。别的鉴赏家有时也会到场。当亚瑟取出青铜礼器和古兵器、镜子和陶瓷、甲骨和古老的玉器时，拆箱活动呈现出一种降神会的精神面貌。亚瑟和他的家人把这些神秘物件握在手中，与亡灵对话，触碰历史，旁观者则会发出敬畏的呼声。

当然，房子里有这么多贵重文物，孩子们很难无拘无束地到处乱跑。在一次晚宴上，有位客人问亚瑟的女儿丹妮丝她最想要什么。“一只大狗！”她来不及思考便脱口答道，并指出大狗有大尾巴，可以打翻古代的青铜器。（他们最后得到了一只尾巴很短的约克夏梗。他们给它取名叫“翡翠”。[40]）

亚瑟在40多岁时开始收藏艺术品，当时他已经取得了很大成就。但玛丽埃塔发现，是艺术“让他登上了世界舞台”[41]。不到10年的工夫，他就将中国有史以来最伟大的艺术藏品之一收入囊中。[42]他的青铜器收藏不输任何一家博物馆。他的漆器在私人藏家中是最好的。玛丽埃塔认为，无论热衷于收藏的人怀有怎样的动机，收藏这一行为都承载着重要的公民职能。毕竟，如果没有美第奇家族慷慨解囊，文艺复兴会发生吗？佛罗伦萨会像今天这样拥有永恒的建筑、绘画和雕塑作品吗？亚瑟通过收购艺术品得到的公众认可，是广告和医学不曾带给他的。玛丽埃塔认为，更重要的是，这些藏品将打上萨克勒的烙印，其意义如此深远，以至于亚瑟辞世后，他的名字仍会随着藏品流传下去。古代杰作的收藏向亚瑟提供了另一种东西：“不朽的可能性。”[43]

● ● ●

亚瑟清楚艺术收藏的重要性，也许他坚信自己不只是个收藏小玩意儿的富豪，他在创造经久不衰的公共财产。他始终认为，这是一项学术事业，因此，他收藏的作品不该仅仅用来装饰他的家或是存放在仓库里，它们应该被陈列出来，供艺术史学家研究，成为公共文化座谈会探讨的话题。20世纪50年代末，亚瑟开始涉足一个新领域，这一领域与他的收藏爱好完美融合：慈善事业。他开始捐钱给哥伦比亚大学——不是给他自己的母校纽约大学，而是给更知名的常春藤盟校。哥伦比亚大学位于上城，他家里没有人上过这所学校。1959年，他准备了一笔捐款——用他的话来说是“萨克勒捐赠”，以支持哥伦比亚大学的远东研究。[44]他还表示自己有意开设一个账户——用他的话来说是“萨克勒基金”，以资助学术研究和艺术品收购，这些学术成果和艺术品都将归“萨克勒收藏”所有。[45]

亚瑟·萨克勒最终因其非同寻常的慷慨闻名于世，但从一开始，他的慈善事业就是为着家族品牌服务的。他生于斯、长于斯的那座城市，因为富人的捐赠而变得丰富多彩、面貌一新，这些富人建造了以自己名字命名的城市地标。1935 年，当实业家亨利·克莱·弗里克原先的宅邸被改建为弗里克收藏馆时[46]，亚瑟还在医学院读书。J. P. 摩根、安德鲁·卡内基、洛克菲勒家族和梅隆家族不仅在这座城市留下了印记，还留下了他们的姓氏。既然如此，萨克勒家族又何必逆潮流而动?

然而，慈善事业确实给亚瑟带来了挑战。一方面，他热切盼望着萨克勒的姓氏家喻户晓，但另一方面，他又总想隐去个人身份，这两种倾向该如何协调呢？亚瑟并不羞于在捐赠时提出附加条件，很快，他就因为向捐赠受益方发送长篇大论、死抠法条的捆绑协议而臭名昭著。从他写给哥伦比亚大学管理部门的信件可以看出他对于媒体曝光的矛盾态度。在一封信中，他要求“所有提及此项捐赠的新闻稿、照片或其他类型的报道，都不得对他本人进行曝光”[47]。有个大学行政人员向同事解释说，萨克勒博士对于使用自己的名字格外小心，他希望任何宣传报道都不要提及他本人。[48]但与此同时，他也希望用萨克勒基金购买的所有东西都被标记为“哥伦比亚大学萨克勒收藏”的一部分。[49]他想让萨克勒的姓氏流传千古，却不愿宣传自己。亚瑟最不想让人注意到他的财富和所持股份，因为这样一来，人们可能会对他身兼多职产生怀疑。为了摆脱进退两难的困境，他虚构了一笔家族财产，这笔财产是过去攒下的，自然而然地传到他们手中，就好像萨克勒家族不是三个来自布鲁克林的暴发户兄弟，而是某个历史悠久的王朝的后裔，如同明代的家具一般古老而可敬。亚瑟是白手起家的典型，但他却讨厌“白手起家”的说法。[50]因此，哥伦比亚大学萨克勒收藏凭空出现在世界上，仿佛是从石头缝儿里蹦出来的，与创建它的人并没有什么明显关联。

哥伦比亚大学萨克勒收藏将是一个多人持股的家族事业：亚瑟向哥伦比亚大学透露，一旦萨克勒基金成立，出资的不只有他自己，还有“我的家人”。[51]亚瑟一直号召弟弟和妻子参与他的事业，尽管有时很难分辨他这样做到底是为了给他们真正的股份，还是为了拿他们当挡箭牌，掩饰自己的个人所有权。萨克勒基金和亚瑟其他的公司没什么两样。它的启动资金大约有 7 万美元。[52]但出资人不是亚瑟，而是雷蒙德、玛丽埃塔和亚瑟的第一任妻子埃尔丝·萨克勒。[53]捐款在四天之内打到了哥伦比亚大学账上[54]，由此引出了一个问题：这笔钱真的是雷蒙德、玛丽埃塔和埃尔丝捐的，还是亚瑟自己出钱，再让他们捐给学校的？他们银行账户里的钱究竟属于谁，很难说得清楚。为了让事情更简单（或者更复杂，看你从哪个角度来考虑），雷蒙德、玛丽埃塔和埃尔丝三人的资金都被交给同一个会计师打理，此人名叫路易斯·戈德伯特，是萨克勒兄弟的密友和知己。[55]

1962年，哥伦比亚大学举办了萨克勒收藏的首次展览。亚瑟以前从没办过这类活动，所以他为展览劳心费神，期盼它能大获成功。[56]哥伦比亚大学同意将洛氏纪念图书馆的圆形大厅用作展厅，这是一座圆柱林立的漂亮建筑，由著名建筑师查尔斯·福伦·马吉姆设计。为了让人们联想到古代的神庙，图书馆仿照罗马万神殿的样式建成。不过，圆形大厅里没有窗户，光线不足，亚瑟担心展品呈现不出应有的效果。于是他打电话给蒂芙尼公司，因为他很欣赏对方在第五大道商店橱窗里陈列珠宝的方式。亚瑟从浮华的商业世界引进了最新技术，为哥伦比亚大学的陈旧氛围增添了几分光彩，成就了经典的创新案例。蒂芙尼公司的人把亚瑟介绍给他们的橱窗设计专家，在这位专家的布置下，每件展品都显得如此绚丽夺目，以至于亚瑟和玛丽埃塔后来劝说他来负责自家装潢。[57]展览于1962年11月20日开幕，亚瑟为展品目录写了序言，他说，他希望展览能给参观者带来“发现的兴奋”，增进“我们对人类——人类的技能、艺术、智慧和天赋——的关注与敬意”。[58]

即便如此，哥伦比亚大学的行政人员仍然对萨克勒兄弟将信将疑，怀疑他们的捐赠可能出于某种不可告人的动机。路易斯·戈德伯特一度通知该大学，莫蒂默和雷蒙德有意捐赠“萨拉托加斯普林斯市的某份产业”。事实证明，他们打算捐赠的这一小块土地跟大学毫不相干，对学术研究也没什么明显助益，只不过这块土地曾经是萨克勒兄弟收购的一家制药公司的工厂所在地。“这似乎是个避税的花招。”有个行政人员在文件里记录道。[59]

但令人尴尬的现实是，哥伦比亚大学没有资格对赞助人挑三拣四。这是一所资金紧张的大学，已经与富有的萨克勒兄弟建立了明确的互动模式——也就是说，哥伦比亚大学会尽可能地多拉些赞助。1960年，一名大学管理人员写信给亚瑟，提到他在报纸上读到了辉瑞公司新总部的消息，该总部位于42街，当时正要竣工。“我希望你能打听一下他们的旧家具。”这名管理人员写道。他可怜巴巴地暗示亚瑟，请他帮学校向辉瑞索要一些旧桌椅。[60]

随着时间的推移，亚瑟对于使用自己的姓氏更加执着了。他的私人律师迈克尔·索南雷希直言不讳地评价道：“如果你冠上了自己的名字，那就不是出于仁爱之心的乐善好施，而是在经营慈善事业。你会从中获益。如果你想冠上自己的名字，那就是一门生意。”[61]亚瑟向哥伦比亚大学提议在洛氏图书馆设一块牌匾彰显萨克勒收藏，以此纪念他的父亲艾萨克·萨克勒。[62]他在给大学的一封信中建议：“无论何时，萨克勒藏品的所有照片必须标明所有权归萨克勒收藏、萨克勒画廊或萨克勒研究所。”[63]在哥伦比亚大学工作的内部人员认为亚瑟是一个难以取悦、性情古怪的人。一名管理人员在备忘录中写道，“萨克勒博士是个最不同寻常的人”，并补充说大学的地位就是如此，“只要资金不断流入，别的都用不着担心”。[64]

亚瑟对哥伦比亚大学有所憧憬，在写给校长的一封信中，他描述了自己的“梦想”：建造一座萨克勒博物馆。[65]一方面，这个提议是大学所喜闻乐见的：由富有的捐赠者出资建造一个专门从事艺术史和东亚研究的新场所，该场所还自带世界级的艺术收藏。但另一方面，令人困惑的是，雷蒙德·萨克勒和莫蒂默·萨克勒单独找哥伦比亚大学商谈，要出资建立一个以他们姓氏命名的科学中心。成年以后，亚瑟仍然把两个弟弟称作他的“小弟弟”。他总是代他们发表意见——为他们规划职业，告诉他们应该捐钱给谁，这很容易让人们以为萨克勒家族是一个密不可分的整体，就像所有人知道的那样，他们都向同一个会计师咨询，在银行共用同一个大账户。然而，不和谐的迹象是存在的，无论这个迹象多么微妙。

亚瑟出面解决了此事。“我的弟弟有意出资建立生命科学研究所，这必然会在一定程度上提高学术影响力，对此我毫不怀疑，”他在给哥伦比亚大学校长的信中写道，“但是，从历史的角度来看，目前存在于艺术领域的独特机会也许不会再次出现，在这个重要层面，艺术领域与科学领域的情况有所不同。”[66]事情就此了结。雷蒙德和莫蒂默再也没有认真讨论过出资建造生命科学大楼的计划。

● ● ●

长岛的荷兰房子外面有一个漂亮的池塘，亚瑟想在自家后院打造中国景观，于是在池塘边种了竹子。但众所周知，竹子是个入侵物种，一旦种下了就很难掌控。竹笋越长越高，不断向周围扩张，眼看就要占满整个后院。“他们不得不把竹子砍回原样，”有个经常到亚瑟家做客的朋友回忆说，“竹子称王称霸。”

而在房子里，箱子堆积如山。如今，亚瑟频频购买中国艺术品，前一回买的还没来得及拆开，新入手的又送上门了。楼上、楼下、阁楼，到处都是箱子。亚瑟有条不紊地做好了安排，将新购买的藏品送往各个私人存储空间。不久，他所拥有的藏品之多，已经无法靠肉眼来清点和记录；相反，它们成了装箱单和库存目录大显身手的天地，还有数不尽的纸张，上面一行接一行地写着分钟标记、日期、价格、批号、种类符号。[67]然而，亚瑟并没有停手。他没完没了、贪得无厌地收购。[68]很快，账单也堆积如山，因为他花了一大笔钱。靠镇静剂赚的钱一面快速涌入他的账户，一面也在不断涌出，这让亚瑟觉得他需要更加卖力地工作，才能保持自己的收藏进度。[69]保罗·辛格是亚瑟的朋友，哪怕亚瑟没有大笔财富可以挥霍在艺术品上，他俩也称得上志同道合。但就连辛格也表示，亚瑟手握第一块玉时他在亚瑟眼中看到的“火花”，现在已经蔓延为“一场火灾”。[70]

“每一次购买都让上一次相形见绌。”玛丽埃塔回忆说。交易完成的那一刻，这件艺术品可能拥有的全部诱惑力都让位于他对下一次征服的渴求。她认为，在他日益疯狂的收藏行为中，她发现了亚瑟对衰老、幻灭和死亡的恐惧。“在这个领域，他可以成为大师，他可以拥有在医学、商业和个人生活中无法拥有的掌控权，”她写道，“亚瑟在艺术品中找到了安全感和快慰；它们无法伤害他，也无法对他提出要求。”[71]

注释

[1] Lutze, *Who Can Know the Other?* 149.

[2] 出处同上，第 150 页。据萨克勒自己说，他在 20 世纪 40 年代从医学院毕业后开始收藏艺术品。最初，“他专注于文艺复兴以前及其早期、法国印象派和后印象派的绘画。这一时期他也积极支持美国当代画家。50 年代，他开始收藏中国艺术品”。Biography of Arthur Sackler, provided by Jillian Sackler to Harry Henderson, Oct. 1, 1986, Harry Henderson

Papers, Penn State University.

[3] "East Meets West in LI Ranch House," *Newsday*, July 17, 1963.

[4] 他的兄弟名叫罗伯特·德拉蒙德。"Ex-Oak Parker Heads Chinese Furniture Shop," *Chicago Daily Tribune*, Feb. 24, 1957.

[5] "The Smithsonian's Mystery Building," *Washington Post*, Aug. 30, 1987.

[6] "East Meets West in LI Ranch House."

[7] Draft of a tribute to Arthur Sackler by Harry Henderson, Henderson Papers.

[8] Lutze, *Who Can Know the Other?* 150.

[9] 出处同上。

[10] Draft of a tribute to Sackler by Henderson.

[11] Lutze, *Who Can Know the Other?* 154.

[12] Jean Strouse, Morgan: *American Financier* (New York: Random House, 1999), xii.

[13] Lutze, *Who Can Know the Other?* 154.

[14] 出处同上，第 153 页。

[15] 出处同上，第 160 页。

[16] Hoving, *Making the Mummies Dance*, 95.

[17] Lutze, *Who Can Know the Other?* 151.

[18] "Trove of Asian Art Is Left to the Smithsonian," *New York Times*, Sept. 9, 1999.

[19] "In Memoriam," *Studio International* 200, supplement 1 (1987).

[20] "The Temple of Sackler," *Vanity Fair*, Sept. 1987.

[21] Karl Meyer and Shareen Blair Brysac, *The China Collectors: America's Century-Long Hunt for Asian Art Treasures* (New York: Palgrave, 2015), 339–340.

[22] "In Memoriam," *Studio International* 200, supplement 1 (1987).

[23] "Temple of Sackler."

[24] Lutze, *Who Can Know the Other?* 152.

[25] 出处同上，第 153 页。

[26] 出处同上，第 151 页。

[27] 出处同上，第 153 页。

[28] Li Ling, *The Chu Silk Manuscripts from Zidanku, Changsha (Hunan Province)*, vol. 1, *Discovery and Transmission* (Hong Kong: Chinese University of Hong Kong, 2020), 167.

[29] Lutze, *Who Can Know the Other?* 160.

[30] Ling, *Chu Silk Manuscripts from Zidanku*, 1:167.

[31] "Art Collector Honored Guest at Philbrook Opening," *Tulsa World*, Dec. 8, 1975.

[32] 1987 年 7 月 22 日遗嘱执行人会议记录，引自 Affidavit of Gillian T. Sackler, Index No. 249220, *Matter of Sackler*, June 13, 1990。

[33] "Temple of Sackler."

[34] Hoving, *Making the Mummies Dance*, 93.

[35] "Temple of Sackler."

[36] Hoving, *Making the Mummies Dance*, 94.

［37］出处同上。
［38］Lutze, *Who Can Know the Other?* 164.
［39］出处同上，第 155 页。
［40］出处同上，第 164 页。
［41］出处同上，第 156—157 页。
［42］Hoving, *Making the Mummies Dance*, 93–94.
［43］Lutze, *Who Can Know the Other?* 156–157.
［44］格雷森・柯克 1960 年 1 月 8 日致亚瑟・萨克勒的信，引自哥伦比亚大学中央档案。
［45］亚瑟・萨克勒 1959 年 12 月 10 日致斯坦利・萨尔曼的信，引自哥伦比亚大学中央档案。
［46］"700 See Treasures of Frick Gallery," *New York Times*, Dec. 12, 1935.
［47］亚瑟・萨克勒 1959 年 12 月 10 日致斯坦利・萨尔曼的信。
［48］罗伯特・哈伦 1964 年 2 月 26 日致戴维森・泰勒的信，引自哥伦比亚大学中央档案。
［49］亚瑟・萨克勒 1959 年 12 月 10 日致斯坦利・萨尔曼的信。
［50］"Art Collector Honored Guest at Philbrook Opening."
［51］亚瑟・萨克勒 1959 年 12 月 10 日致斯坦利・萨尔曼的信。
［52］"Meeting with Professor Mahler and Professor Baughman," Memorandum, Oct. 5, 1960, 引自哥伦比亚大学中央档案。
［53］雷蒙德・萨克勒 1959 年 12 月 14 日致威廉姆・奥多诺霍的信；玛丽埃塔・卢策・萨克勒 1959 年 12 月 17 日致斯坦利・萨尔曼的信；埃尔丝・萨克勒 1959 年 12 月 18 日致斯坦利・萨尔曼的信，引自哥伦比亚大学中央档案。
［54］"Arthur M. Sackler," Memorandum, Dec. 1, 1961, 引自哥伦比亚大学中央档案。
［55］戈德伯特的名字在哥伦比亚大学的通信中反复出现。他曾长期担任萨克勒三兄弟的会计。对理查德・莱瑟的采访。
［56］Lutze, *Who Can Know the Other?* 158.
［57］出处同上。
［58］Exhibition program for The Ceramic Arts and Sculpture of China: From Prehistoric Times Through the Tenth Century a.d., 引自哥伦比亚大学中央档案。
［59］File Memorandum, April 25, 1961; Confidential Memorandum, March 1, 1965, 引自哥伦比亚大学中央档案。
［60］斯坦利・萨尔曼 1960 年 8 月 23 日致亚瑟・萨克勒的信，引自哥伦比亚大学中央档案。
［61］Posner, *Pharma*, 280.
［62］Grayson Kirk to Trustees Committee on Honors, memorandum, Feb. 19, 1964, 引自哥伦比亚大学中央档案。
［63］亚瑟・萨克勒 1965 年 12 月 17 日致斯坦利・萨尔曼的信，引自哥伦比亚大学中央档案。
［64］"Sackler Funds," Confidential Memo, March 1, 1965, 引自哥伦比亚大学中央档案。
［65］亚瑟・萨克勒 1967 年 12 月 12 日致格雷森・柯克的信，引自哥伦比亚大学中央档案。
［66］出处同上。

[67] Lutze, *Who Can Know the Other?* 155.

[68] 出处同上，第 148 页。

[69] 出处同上，第 162 页。

[70] “In Memoriam,” *Studio International* 200, supplement 1 (1987).

[71] Lutze, *Who Can Know the Other?* 156.

第六章
章　鱼

当亨利·韦尔奇博士登台时，人群顿时鸦雀无声。数百名医生、化学家、制药公司高管和广告人齐聚华盛顿哥伦比亚特区，参加第四届抗生素年度研讨会。[1]他们在威拉德酒店相会，这是一家俯瞰国家广场的豪华酒店，距离白宫只有几个街区，来自全美乃至世界各地的特邀发言者就抗生素的最新发展作了系列报告。1956年一个仲秋的早晨，会议拉开了帷幕。[2]韦尔奇是此次活动的组织者之一，他向与会者表示热烈欢迎。

韦尔奇的发言并不是那种例行公事的晨间演讲，听那种演讲时，人们往往心不在焉，注意力大半放在就座和找咖啡上。韦尔奇在制药界是举足轻重的人物：他是美国食品药品监督管理局抗生素部门主管，也是能够决定抗生素生死存亡的人。[3]房间里的人都想听听他会说些什么。事实上，他不是临床医学博士，但他拥有医学细菌学专业的博士学位，他被认为是该领域的权威。韦尔奇长了一张方脸，双下巴，戴角质框眼镜，有着前运动员所特有的壮硕体格。他也是医药行业的战争英雄：在战争期间，他开发了一个系统，用于测试和批准所有分发给驻外美军的救命药青霉素，为此，联邦政府授予他杰出服务金质奖章。[4]

那天聚集在房间里的人们有一种感觉，他们正在执行一项与美国利益密不可分的重要任务。会议开始前，韦尔奇收到了一封来自白宫的电报，艾森豪威尔总统在电报中对与会者表示欢迎，并指出新兴的抗生素产业“在科学家和企业高管的通力合作下得以发展”，“对于拯救成千上万名公民的生命发挥了至关重要的作用”。[5]

韦尔奇热情洋溢地向听众致欢迎辞，他提到在场诸位从事的研究引发了“全球的关注”，“这个年轻的行业大大促进了美元的扩张”。他说，他们共同展开了对抗细菌的史诗级战斗。他们取得了重大进步，但战争尚未胜利，因为随着抗生素的广泛使用，身经百战的新细菌产生了，它们都具有抗药性。

韦尔奇讲话的时候，一个橄榄色皮肤、留着八字胡的瘦子兴奋地默默注视着他。他名叫费利克斯·马蒂–伊瓦涅斯，是一位迷人的医生，尽管有点儿油腔滑调。他和韦尔奇一起组织了此次活动。马蒂–伊瓦涅斯是一名训练有素的精神科医生，他原先在巴塞罗那执业，移民美国之前曾在西班牙内战中受过伤。[6]在纽约，他曾任职于包括罗氏制药在内的多家制药公司，并在克里德莫尔医院做研究，也就是在那里，他与萨克勒兄弟密切合作。[7]在写于1956年的一封信中，亚瑟·萨克勒将马蒂–伊瓦涅斯描述为他“最亲爱的朋友”，他说，“事实上，在我认识的医学界人士当中，没有一个人比费利克斯更具影响力”。[8]

马蒂–伊瓦涅斯也像亚瑟那样，把自己打造成了文艺复兴式的通才。[9]他操着悦耳的西班牙口音谈论各种各样的话题，而且总爱声称他那在西班牙当过教授的父亲写过“大约500本书”。除了与萨克勒兄弟一起发表医学论文外，马蒂–伊瓦涅斯还写小说、短篇故事、大部头的医学史以及流行杂志的专栏（1963年《大都会》杂志《生病不再时髦》专栏）。[10]

近些年，马蒂–伊瓦涅斯供职于威廉·道格拉斯·麦克亚当斯广告公司，为亚瑟工作。[11]但他也一直在专心经营自己几年前创立的MD出版公司。[12]MD出版了一本精美的医学杂志，上面刊登了许多制药公司的炫目广告。[13]这家出版公司还推出了两本技术方面的期刊——《抗生素与化疗》和《抗生素药物与临床疗法》，由亨利·韦尔奇和马蒂–伊瓦涅斯共同编辑。这些期刊正是此次会议的赞助商。马蒂–伊瓦涅斯与韦尔奇的合作，一开始是马蒂–伊瓦涅斯提议的。他俩大不相同：马蒂–伊瓦涅斯是个很有教养的欧洲人，说话含蓄委婉；韦尔奇则是个心直口快、讲究实际的20世纪中叶美国男人。但他俩建立了亲密的友谊。马蒂–伊瓦涅斯在纽约经营业务，而韦尔奇继续在华盛顿的美国食品药品监督管理局处理自己部门的事务。马蒂–伊瓦涅斯给韦尔奇写信时，喜欢在信纸边缘画上滑稽的涂鸦，比如一个卡通小人伸手去拿装有镇静剂眠尔通的大瓶子。[14]

美国食品药品监督管理局的监管者在私营期刊当编辑，而期刊的内容恰恰涉及他监管的行业，这种做法似乎有些不妥——对于两人的合作，韦尔奇和马蒂–伊瓦涅斯从未详谈。要是食品药品监督管理局的哪个人有违规操作，他们自己心里也清楚，还是不提为妙。“韦尔奇固执己见，容不得别人提出异议。”他以前的助理回忆说。[15] 韦尔奇在食品药品监督管理局创立了抗生素部门，他心安理得地在单位里颐指气使，行使他享有的特权。他想在位于马里兰州郊区的家中建一个游泳池，于是他命令食品药品监督管理局的下属们离开工位，到他家挖了一下午游泳池。（他在食品药品监督管理局的另一名前同事回忆说，“为了保住工作”，他们“不得不听命行事”。[16]）

威拉德酒店的会议由美国食品药品监督管理局联合主办，但所有费用都由马蒂-伊瓦涅斯和韦尔奇发行的期刊承担。[17] 在写给韦尔奇的一封信中，马蒂-伊瓦涅斯描述了他俩拥有的“独特机会”——将研讨会朝着“对我们出版物的读者最有用”的方向“引导”。[18] 他俩刚开始合作时，韦尔奇就知道，或者至少怀疑，还有一个隐名股东持有这些期刊的股份：为全公司提供资金的正是这个不愿透露姓名的出资人。不过，当他向马蒂-伊瓦涅斯追问此人姓甚名谁，这个西班牙人闪烁其词，称“我们的工作机密”不该“透露给任何人”，就连韦尔奇也无权知晓。[19]

“如今我们正处于抗生素疗法的第三个时代。”韦尔奇在威拉德酒店得意洋洋地宣布。第一个时代是青霉素等“窄谱”抗生素的时代。第二个时代是随着广谱疗法的推广到来的，辉瑞公司的土霉素便属于广谱疗法，这种疗法能够抑制多种致病细菌。第三个时代的特点是不同疗法的“协同”组合，韦尔奇解释说，就连传统抗生素无法医治的疾病，也能通过这种方式得到治疗。[20]

那天早晨在场的外国参会者中，有几位对美国抗生素称霸的局面表示不安，在他们听来，抗生素很像是产业发展的助推器。[21] 但像这样的怀疑者毕竟是少数。《华盛顿邮报》以兴奋的语气描述了会议，赞美了对细菌感染这一大难题的“攻克”，以及“所谓的神奇药物”的力量，宣称“抗生素战胜了最致命的疾病”。[22] 韦尔奇发言后不到一小时，辉瑞公司就发布了新闻稿，歌颂“抗生素疗法的第三个时代”，并推出了自家公司的新药西格马霉素（四环素-竹桃霉素复合剂），辉瑞宣传说这是第一种“协同药物组合”，可以“抑制对此前的抗生素产生抗药性的细菌”。新闻稿指出，有权威人士称协同药物组合将“促成一种强劲的新趋势”，而这位权威人士的影响力不亚于美国食品药品监督管理局的亨利·韦尔奇。[23]

在韦尔奇和马蒂-伊瓦涅斯看来，会议取得了巨大成功。但此次研讨会——特别是韦尔奇关于抗生素“第三个时代”的开幕词——很快将两人卷入丑闻和联邦调查，他俩的职业生涯就此断送，亚瑟·萨克勒和他的两个弟弟也受到了牵连。

● ● ●

1960 年的一天，亚瑟·萨克勒在曼哈顿买了一套新房子。[24] 买这套房完全是一时冲动。他甚至没有问过玛丽埃塔的意见。这是一座小巧的联排住宅，四层楼，带地下室，位于东 57 街。当他把购置新房的消息当作惊喜告诉玛丽埃塔时，她开玩笑说这套房“我们全家住太小，但要是他一个人住就刚刚好！”她承认，这套房会对亚瑟的生意有帮助，而且她一直感觉自己被困在长岛的房子里。丹妮丝出生后，玛丽埃塔曾经短暂地工作过一段时间，通过了医学考试。但亚瑟不理解她为什么坚持要工作，再说她也对离开孩子感到内疚，所以她在一年后放弃了自己的事业。[25] 如果全家都搬到城里来，他们也许有机会多和亚瑟相处。于是，当亚瑟监督新家的装修时，玛丽埃塔负责她自己、她的孩子、狗、仓鼠和一窝小白鼠的搬迁。[26] 他们还保留着长岛的房子，作为周末度假的地方。搬进新家后不久，玛丽埃塔找到隔壁同款住宅的女主人谈判，希望买下她的房子，把两套房子合并成一套。[27] 最终，萨克勒一家的愿望达成了。

玛丽埃塔愿意让她的孩子住在城里，他们可能会在这儿邂逅各种各样的经验和刺激，不再局限于长岛郊区狭隘的田园生活。她思忖着，在城里，他们可能会遇到“穷人、盲人、乞丐”。她将所有体验视为一场城市漫游，充满了危险，但也充满了奇迹与美好。当小亚瑟准备去大城市里的新学校读书时，她给了他一个指南针，以防他迷路。[28]

从 57 街的联排住宅步行一小会儿就到了东 62 街 15 号的房子，萨克勒兄弟最近在这里开设了一个办事处。他们的办公室很小，位于一座狭窄的石灰岩建筑内，离中央公园只有几步路。这里已经成了萨克勒兄弟的大本营——他们的精神病学研究活动、为管理慈善捐款新成立的基金会、他们的出版产业，以及其他一系列体量较小的重要业务，都在这里运营。萨克勒兄弟可以从这里快速到达 59 街的麦克亚当斯公司，或者一路走到他们位于格林威治村的普渡·弗雷德里克制药公司。

身为家里最小的儿子，雷蒙德·萨克勒花了很多时间照顾他们的母亲索菲。[29]玛丽埃塔和亚瑟结婚的头几年，索菲对她爱理不理，后来才开口跟她说话，这两个女人最终相处得十分融洽。不过，亚瑟对他母亲的感情有些矛盾，总是尽可能避免和她待在一起。他非常尊重她，感激她为他付出的一切。但索菲很专横，而且一直如此。她总要强迫不信教的儿子们庆祝逾越节和其他犹太节日，亚瑟却对这些宗教礼俗敬而远之。索菲最终被诊断患有肺癌。莫蒂默把她接到自己家中，为她安排医疗护理。小亚瑟·萨克勒 13 岁时，全家决定为他举行受诫礼，因为索菲看到自己的长孙信教会感到欣慰。[30]他们没有在犹太教堂里举行仪式，只在华尔道夫酒店开了一场派对，但全家人都到场了。亚瑟系着领结。索菲骄傲地微笑着，脖子上挂着一串珍珠项链。

早些年，普渡·弗雷德里克公司成功推出了格雷甘油汤力水，这是一种以雪利酒为主要成分的“万灵药”。该公司表示，格雷甘油汤力水可以刺激食欲，增加营养，“无论何时，只要有服用补品的需求和愿望”，都应该喝这种药水。[31]这款提神饮料“在美国推行禁酒令期间卖得特别好”，普渡·弗雷德里克公司的人提及此事都不免会心一笑。[32]近几年来，普渡·弗雷德里克公司专门生产了许多毫无浪漫色彩的产品，如耳垢去除剂，还有一种名叫“新来福”的泻药，用于“治疗消极怠工的结肠”[33]。(1955 年，费利克斯·马蒂–伊瓦涅斯问雷蒙德和莫蒂默：“在邮寄“新来福”广告时可以附上一张世界地图，指明有哪些地方的人受到了便秘的困扰，你们有没有考虑过这种可能性?”他指出，便秘是一个“世界性问题”。[34])泻药之类的产品虽然有些上不得台面，但很畅销，因此，普渡·弗雷德里克公司试图乘胜追击，进军其他市场。雷蒙德专注于公司的国内业务，莫蒂默则前往国外，尽力拓展公司的海外市场。莫蒂默是萨克勒兄弟当中最外向也最随心所欲的那个。他很适合满世界跑业务。1960 年，他从苏黎世的伊甸奥拉克酒店给马蒂–伊瓦涅斯写信说：“我明天下午去布鲁塞尔，然后去阿姆斯特丹和伦敦，周五晚上再回巴黎。下周末要么在斯堪的纳维亚半岛，要么在家，这得看纽约那边的消息。”亚瑟是艺术收藏的狂热爱好者，莫蒂默则把自己的满腔热情倾注在旅行上。“我已经在美丽的圣莫里茨上了四天滑雪课，我是个公认的滑雪迷。期待去佛蒙特州、皮茨菲尔德，一路向西，明年再回意大利、法国、瑞士和奥地利，”他写到这儿，不无眷恋地加上了一句题外话，“但里维埃拉依然是无可替代的。”[35]

对萨克勒兄弟而言，20 世纪 60 年代初是个重大时刻。他们的许多愿望似乎正在实现，前方还有许多等待他们撷取的硕果。在一封写给马蒂–伊瓦涅斯的信中，亚瑟写道，在“我偶尔停下来喘口气时”，他一直在思考萨克勒兄弟的“未来会是怎样的”。[36]但亚瑟不知道的是，在第五大道和 62 街拐角处熙来攘往的人行道上，在中央公园进进出出的人流中，混入了联邦调查员，他们正在监视萨克勒总部的一举一动。[37]

● ● ●

当亚瑟 · 萨克勒引起约翰 · 利尔密切关注时，麻烦就开始了。约翰 · 利尔是个难对付的调查记者，那时正在《星期六评论》当科学编辑。他曾为《科利尔杂志》工作过，任职期间挖出了戏剧博览会的丑闻，从此在业界出了名。1950 年 8 月，距离美国向日本发动核突击那一周过去了整整五年，利尔在《科利尔杂志》上刊出题为“广岛 · 美国”的封面故事，探讨了苏联对纽约市发动核突击会是什么样子，虽然他只是猜测，但文中的细节令人毛骨悚然。杂志的封面上放了一幅全彩插图，图中画的是世界末日的场景：曼哈顿下城被大火吞没，坍塌的桥梁沉入河中，蘑菇云遮蔽了天空。[38]像亚瑟 · 萨克勒一样，利尔知道如何引起人们的注意。

20 世纪 50 年代末的一个晚上，利尔与他认识的一名研究型医生[39]共进晚餐[40]。饭后，此人邀请利尔参观他工作的医院实验室。有件事让医生越来越担心，他想和利尔讨论一下。“看看这些东西。”他说着打开了一个抽屉，里面堆满了药物广告和免费的新药样品。医生气愤地说，这些广告通常是虚假的，它们关于药物疗效的说法根本站不住脚。他坚称这是个重磅新闻，并且向利尔展示了西格马霉素的一系列广告。西格马霉素正是 1956 年辉瑞公司在威拉德会议上推出的属于“第三个时代”的复合型抗生素。

其中有一份广告是邮寄给医生的小册子，上面写道：

越来越多的医生发现西格马霉素是抗生素治疗的最佳选择。[41]

广告附上了八位医生的名片，名片上有他们的姓名、地址和办公时间，这些医生似乎都认可该产品。其中一位医生住在迈阿密，另一位住在图森，第三位住在马萨诸塞州的洛厄尔。按照广告的说法，西格马霉素不仅“疗效显著”，而且经过了“临床验证”。当利尔查看小册子时，医生告诉他，他已经给广告上提到的每一位医生都写了信，询问他们临床试验的结果。他递给利尔一沓信封。这些是他写的信。它们都被退还给寄信人，信封上盖着邮戳——“无人领取”。[42]

利尔很感兴趣，他亲自写信给广告里的医生。他的信被原封不动地退回来了。他发了电报，却被告知这些地址不存在。最后，他试着拨打名片上的电话号码，但没有打通：号码也是虚构的。[43]这则广告伪造了产品背书，却被辉瑞公司大批量地投放给全国各地的医生。它看起来如此可信，如此真实，八位临床医学博士的权威认证给它加上了一道特别的滤镜。这则广告制作精良，令人印象深刻，本质上却是虚假的。它由亚瑟·萨克勒的广告公司出品。[44]

1959 年 1 月，利尔在《星期六评论》公布了他的初步调查结果，这篇文章题为“神奇药物不再神奇”。[45]人们公开讨论抗生素时，往往欢欣鼓舞、满怀热情，与之形成鲜明对比的是，利尔指出这类药物被严重滥开，很多时候，医生在开抗生素时并没有可靠的医学依据，而无孔不入、天花乱坠的广告也要对此负一定责任。

文章发表后，利尔收到了大量来信。许多联系他的医学专家都表示，如果利尔对商业利益导致的医疗腐败感兴趣，打算继续深挖这个主题，他可能会想要调查美国食品药品监督管理局抗生素部门负责人亨利·韦尔奇。于是，利尔给韦尔奇打了个电话，请求对方接受采访。[46]

当利尔和韦尔奇通话时，韦尔奇说，太巧了，他刚坐下给利尔写了一封信，信中指出了所有的“你在文章里说错的地方”。

利尔去华盛顿拜访韦尔奇，他们聊了两个小时。[47]韦尔奇似乎很坦然。他让利尔放心，对于新药营销的任何担忧都是不必要的。他嘲笑道，当然，美国的医生“还没有天真到被广告愚弄的地步”。韦尔奇接着说，况且，抗生素的危险性也被夸大了，向利尔提供消息的医学界人士持不同意见，他们“是因为无知才这么说”。韦尔奇效仿华盛顿，上演了一出教科书式的“以权压人”，他邀请了食品药品监督管理局的一名助手跟他一起接受采访，在利尔看来，这位工作人员的主要作用就是对韦尔奇所说的一切都深表赞同。但接下来，利尔扭转了局面，他表示自己想和韦尔奇单独谈谈，并礼貌地询问韦尔奇的下属是否可以回避一下。当他俩单独在一起时，利尔说，向他提供消息的人指出，韦尔奇靠着与马蒂–伊瓦涅斯合编的两份期刊获得了可观的收入。

“我的收入从哪儿来是我自己的事。”韦尔奇摘下了和蔼的面具，厉声说。

利尔认为，韦尔奇身为政府官员，必须接受公众的监督。韦尔奇解释说，这两份期刊由一家名为“MD 出版公司”的机构运营，他在该公司没有股份。“我只不过是在那里当编辑，拿了当编辑的酬金，仅此而已，”他说完又补充道，他喜欢编辑这些期刊，“我不打算辞掉这份工作”。利尔本想多问几个问题，例如，与抗生素的“第三个时代”相关的问题。但韦尔奇的态度变得很生硬。采访就此结束。

当韦尔奇把利尔从他的办公室打发走的时候，他可能以为这件事到此为止了。不过，要是他真的这么以为，他就太小看利尔了——在华盛顿，和利尔谈话的可不只韦尔奇一个人。事实上，有位美国参议员碰巧也在调查利尔感兴趣的问题，利尔不久前会见了他手下的两名工作人员。[48]

● ● ●

参议员埃斯蒂斯·基福弗是个面色红润、瘦骨嶙峋的公务员，身高 6 英尺 3 英寸，在田纳西州的山区长大。[49] 从耶鲁大学毕业后，他当上了律师。他是来自南方的自由主义者，是那种满腔热忱、一心为民众谋福利的社会改良家，有时他的支持者甚至觉得，他似乎爱上了自己的美德。[50] 基福弗是个反托拉斯斗士，在颇有影响力的反托拉斯与垄断小组委员会担任主席。这一时期，国会委员会享有极大的权力和丰富的资源。20 世纪 50 年代末，当基福弗开始调查制药行业时，他的小组委员会有 38 名全职工作人员。[51]

基福弗喜欢做调查。10 年前，他发起了一项针对黑社会的开创性调查，在全国打响了知名度。[52] 他走遍全国各地，在芝加哥、底特律、迈阿密和其他城市举行听证会，传唤黑社会头目出庭作证，这些黑社会头目的名字都是“油腻大拇哥”杰克·古兹克、“大金枪鱼”托尼·阿卡多此类风格。基福弗的听证会在电视上转播，当时电视还是一种相对新鲜的媒体，听证会获得了前所未有的收视率。[53]媒体将基福弗的听证会捧为“迄今播出的最伟大的电视节目”[54]。《时代》周刊在封面上刊登了这位参议员的照片——足足刊登了三回。[55]1952年，基福弗参加总统竞选，在新罕布什尔州的初选中击败了哈利·杜鲁门，但最终将民主党提名输给了阿德莱·史蒂文森。四年后，他再次参加竞选，试图入驻白宫，这回是作为副总统候选人，与竞选总统的史蒂文森搭档，仍以失败告终。到了1958年，基福弗似乎已经安于天命，老老实实地做个有权势的参议员，恰在此时，这位活跃在电视屏幕上的知名犯罪打击者将注意力转向了医药行业。

基福弗手下的工作人员展开了调查，他们分头前往全国各地，采访了大约300人。约翰·利尔与调查人员保持着密切联系，他在私底下向他们提供了线索和有价值的联系人。基福弗在调查黑社会团伙时，发现不法分子收买了一帮拥有公认合法地位的律师、政客、调停人，充当自己的保护伞。无独有偶，钢铁行业也开出高价笼络身穿条纹西装的专家，请他们扮演行业“喉舌”。而随着新调查的进行，基福弗注意到制药行业的高管们对砸钱找人站台驾轻就熟。他手下的一名工作人员评价说：“这些倒腾药的家伙靠着金钱攻势，把铁面无私的人变成四处吆喝的小贩。”[56]基福弗已经发现了黑社会团伙是如何腐化政府的——他们收买警官，大肆行贿，原本应该监督他们活动的公共机构却与他们狼狈为奸。[57]同样的情形似乎也在制药行业上演。基福弗认为，监管机构很容易被蒙蔽，进而听命于它们所监管的行业。[58]不过，当他在1959年底举行听证会时，他可能也对听证会即将揭示的真相毫无心理准备。[59]

小组委员会传唤的证人中，有个名叫芭芭拉·莫尔顿的女人，她在美国食品药品监督管理局当了五年药检员，后来辞职以示抗议。她作证，该机构在监督处方药营销和销售方面“完全失灵”。莫尔顿称，面对制药公司的不断施压，食品药品监督管理局形成了这样一种风气，监管机构不仅没有对制药公司及其产品进行监管，反而对这些私营企业俯首帖耳。莫尔顿表示，自己恪尽职守，但这却阻碍了她在单位晋升。由于“对制药行业的人不够礼貌”，她遭到了主管的训斥。莫尔顿特意提到了辉瑞公司的抗生素西格马霉素，她认为，若论食品药品监督管理局对新药审查不力，这就是个典型例子。她说：“我不相信有哪个了解临床抗生素药物的人可以摸着良心说，这些产品鼓吹的疗效全部属实。”莫尔顿断定，医药行业“误导”了医生。食品药品监督管理局切实保护美国消费者的想法只不过是个聊以自慰的神话。[60]

听证会的最初目的是集中讨论制药行业的价格垄断行为。然而，当基福弗和他的工作人员开始传唤证人并向他们提问时，调查立马转向了更深刻、更普遍的药物虚假宣传问题。[61]基福弗是个耐心的对话者，但他不达目的不罢休。[62]他看起来态度温和，几乎有点儿闷闷不乐。他总是彬彬有礼，等一位证人讲完话，然后深深地吸一口烟，和颜悦色地提出一个尖锐的问题。当辉瑞公司的总裁约翰·麦肯从布鲁克林赶来为公司辩护时，基福弗指出，辉瑞公司自己的医疗总监发现，27% 的人在服用该公司的一款药物后出现了副作用，但营销广告称这款药物毫无副作用。“你们的广告席卷了医学界，”基福弗慢吞吞地说，“我觉得你们对美国医生隐瞒了最重要的事实。”[63]

在听证会上，有一回，几名公关人员出现在委员会面前，基福弗以他特有的迂回缓慢、有条不紊的方式开口发问，他问到了几年前在威拉德酒店举行的第四届抗生素年度研讨会，特别是亨利·韦尔奇在研讨会上发表的演讲。正是在这场演讲中，韦尔奇谈到了“抗生素的第三个时代”，辉瑞公司的高管们很喜欢这个说法，他们马上把它加进了抗生素西格马霉素的广告里。基福弗给一个名叫吉迪恩·纳丘米的年轻人打电话，请对方作证。纳丘米说，前些年他还在医学院读书时，曾经抽空在广告业挣钱。一开始，他在威廉·道格拉斯·麦克亚当斯公司工作，处理与辉瑞公司相关的业务，后来跳槽到辉瑞，工作内容是撰写公司内部的文案。当然，正是麦克亚当斯公司制作了那些附有名片的虚假广告。但基福弗更感兴趣的是纳丘米在辉瑞的经历。纳丘米证实，1956 年初秋的某个时候，他接到了一项任务——“修改韦尔奇博士的演讲词”。他被告知，这番讲话将在第四届抗生素年度研讨会上发表。纳丘米透露，会前，亨利·韦尔奇已向辉瑞递交了他的演讲词副本，“以供批准”。辉瑞随后指示纳丘米尽快对演讲词进行修改，使其更加“吸引人”。小组委员会的工作人员拿到了韦尔奇原稿的副本，将其作为呈堂证供，当基福弗向纳丘米展示该文件时，这位年轻医生承认，他所做的较大的改动是在演讲词中增加了“抗生素的第三个时代”那一段。他解释说，这个说法是辉瑞的人想出来的，打算作为西格马霉素的营销“主题”。辉瑞并不是因为欣赏食品药品监督管理局官员的言论，才把它放进了广告文案。相反，该公司直接将自己的广告文案插入了韦尔奇的演讲词。[64]

“你真的记得是你建议把这句话加进去的？”基福弗的一名助手问纳丘米。

“是的，先生。”纳丘米回答。他解释说，食品药品监督管理局抗生素部门主管毕竟属于“受人尊敬的权威人士”，引用他的话有助于辉瑞公司进行全方位的宣传推广。在辉瑞的广告画面中，一轮光芒四射的太阳从海上升起，象征着韦尔奇所说的第三个时代的开始。“我认为人们可以看出它的绘画价值，”纳丘米若有所思地说，“在某种程度上，这意味着西格马霉素的研发与广谱抗生素的发现具有同等的重要性，也许甚至与青霉素的发现一样重要。”

事实上，韦尔奇演讲词的定稿发表在他与费利克斯·马蒂-伊瓦涅斯合编的一份期刊上。而且，根据他与马蒂-伊瓦涅斯签订的协议条款，他有权获得演讲词抽印本销售收入的一半。[65]研讨会结束后，辉瑞公司订购了演说词抽印本，大批量的抽印本——确切地说，辉瑞订购了238000册抽印本。

“大家经常在办公室拿这事开玩笑。”辉瑞公司的另一名公关人员沃伦·基弗作证。[66]当然，辉瑞表面上说自己订购这些抽印本是为了宣传推广，要把它们分发出去。但亨利·韦尔奇博士在第四届抗生素年度研讨会上的欢迎辞实际上能发出去多少呢？在整场营销活动中，他们只发出去了几百册。

“它们是不是堆在你办公室周围？”基福弗想知道。

“它们总是把库房弄得乱七八糟。”基弗回答说。

“它们……最后是不是被扔掉了？”

“我想是这样的。”基弗说。

这时基福弗给出了致命一击。“既然它们毫无用处，那你知不知道为什么要买这么多？”

公关人员开始装傻充愣。但对于任何一个关注此事的人来说，答案显而易见：辉瑞公司是在以购买演讲词抽印本的名义贿赂亨利·韦尔奇。

● ● ●

听证会在华盛顿开了几个月，基福弗的工作人员正在调查萨克勒家族。小组委员会致力于揭露的种种违规操作也许并没有牵连亚瑟本人，但他总会在这些事件中隐约现身。麦克亚当斯公司是他开的，辉瑞公司是他的客户，西格马霉素的营销活动是他策划的。费利克斯・马蒂–伊瓦涅斯是他的朋友，也是他在麦克亚当斯公司的员工。约翰・布莱尔是基福弗最信任的副手之一，他在 1960 年 3 月 16 日的备忘录中写道："在调查医药行业的过程中，我不时听到有关'萨克勒兄弟'的传闻。"[67]起初，布莱尔以为萨克勒家族属于边缘团体。但他调查得越深入，这个名字就出现得越频繁。布莱尔得知马蒂–伊瓦涅斯的合资企业 MD 出版公司有个隐名股东。他确信那正是萨克勒家族。

"任何一个组织，但凡能够与抗生素领域最有权势的政府官员建立起如此密切的关系，都不太可能是边缘团体。"布莱尔写道。他补充说，萨克勒兄弟"隐秘的行事方式"表明，"事情可能远不止我们看到的这些"。当基福弗的工作人员试图清点萨克勒家族的众多产业时，发现他们涉足的领域极其广泛。[68]但由于萨克勒兄弟成功地掩盖了他们的活动，他们一直显得很神秘，即便对政府调查人员来说也是如此。"萨克勒家族有三兄弟——亚瑟、雷蒙德和莫蒂默，"布莱尔写道，"(据说)他们是精神科医生。"他提到有个名叫玛丽埃塔的女人"可能是亚瑟的妻子"。

调查人员在 62 街发现了萨克勒家族的总部——"一座不起眼的建筑"，经考察，此地"业务繁忙"。发往这座建筑的邮件当中，有些写的是"麦克亚当斯公司收"，有些写的是"MD 出版公司收"。调查人员发现，与这座建筑有关的独立法人实体不少于 20 个。然而，它们之间的界限很难查清，因为"所有的经营活动都是秘密进行的"。

工作人员试着在几张特别大的白纸上画出了萨克勒利益集团的庞大网络，方框里是公司和个人的名字，杂乱的线条将它们联系在一起。[69]布莱尔写道："萨克勒帝国是一个高度一体化的组织。"他们可以研发药物，进行临床试验，从熟识的医生和医院那里拿到对他们有利的报告，依靠自家的广告公司策划广告宣传活动，在他们自己办的医学期刊上刊登临床医学论文和广告，并利用他们的公关力量在报纸和杂志上发表文章。

记者约翰・利尔与调查人员同时出击，撰写了一篇文章发表在《星期六评论》上。在文章中，他认定亚瑟是"麦克亚当斯公司的天才领导者"，对于亚瑟在马蒂–

伊瓦涅斯和韦尔奇的丑闻中所扮演的角色，他感到十分好奇。[70]基福弗在调查黑社会团伙时发现，他们都喜欢共用会计师。如今，利尔指出萨克勒家族可靠的会计师路易斯·戈德伯特似乎也在为所有相关人员打理财务。利尔曾写信告诉基福弗的工作人员，戈德伯特是“我在马蒂–伊瓦涅斯和萨克勒之间发现的第一个真正的交集”[71]。在他找到的一份文件中，马蒂–伊瓦涅斯称戈德伯特为“我们的总会计师”[72]。他还表示，据他的一名线人说，“亚瑟·萨克勒是弗罗里奇公司的隐名股东”，而弗罗里奇公司的负责人L. W. 弗罗里奇是亚瑟明面上的竞争对手。[73]有一回，利尔把他在医学期刊上看到的一幅章鱼漫画剪了下来，画中的章鱼将触角伸向了“制药”“医药广告”和“医学期刊”。利尔把这幅画发给了约翰·布莱尔，并附上一张纸条，上面写着，“这只章鱼的主人是一个三口之家”[74]。

调查人员最想找到萨克勒兄弟与亨利·韦尔奇勾结的切实证据。[75]他们推断，在某种程度上，马蒂–伊瓦涅斯“仅仅是个‘挂名’负责人”，实际上听命于萨克勒兄弟，但挂名负责人往往会起到这样的作用：只要从事那些见不得光的勾当的是马蒂–伊瓦涅斯，就很难把他的所作所为归咎于萨克勒兄弟，哪怕调查人员对萨克勒兄弟应负的责任心知肚明。不过，要是调查人员能够发现萨克勒兄弟与食品药品监督管理局官员之间的直接联系，情况就大不一样了。[76]

至于韦尔奇本人，他的处境看上去很可怕。小组委员会越是深挖，他们揭露的不当行为就越令人震惊，而这一切都与韦尔奇脱不了干系。1960年3月，当调查人员传唤韦尔奇作证时，他经历了一次轻微的心脏病发作。5月5日，基福弗通知韦尔奇和马蒂–伊瓦涅斯，他俩都需要在两周后前往国会山作证。韦尔奇发誓要捍卫自己的正直，他说“哪怕你必须用担架把我抬进去”，他也会到场抵制那些针对他的指控。[77]

但他压根儿没有露面。马蒂–伊瓦涅斯也以健康为由拒绝出场。“据说要是把韦尔奇博士放在证人席上，他就有心脏病发作的危险，”报纸上说，“至于马蒂–伊瓦涅斯博士，传闻他患有严重的青光眼，有失明的危险。”[78]

马蒂–伊瓦涅斯一直在悄悄努力，试图让他的朋友实现“软着陆”。当年3月，他给比尔·弗罗里奇写了一封信，信封上注明“机密亲启”。“亨利·韦尔奇上周在这里，”马蒂–伊瓦涅斯写道，“我们讨论了很多事情，包括他的未来。”马蒂–伊瓦涅斯告诉弗罗里奇，韦尔奇觉得是时候离开政府了。他想进入私营企业，这样一来，他就有机会用上他“和制药行业高层的独特交情”了。马蒂–伊瓦涅斯提出，也许弗罗里奇能给韦尔奇一份工作，并补充道，“我知道你总是在寻找优秀的人”。[79]

但在那个时候，想要挽救亨利·韦尔奇的职业生涯已经太晚了。当基福弗的工作人员调取银行记录时，他们发现了一个惊人的事实。亨利·韦尔奇曾告诉约翰·利尔，他因为与马蒂–伊瓦涅斯合编两份期刊而得到的是一笔“酬金”。但那是个谎言。事实上，他从 MD 出版公司的广告收入总额中抽取了 7.5% 的提成，他编辑的两份期刊中但凡有文章被抽印，他都能拿到 50% 的利润。[80]在美国食品药品监督管理局，韦尔奇的年薪为 17500 美元，这是他作为该机构最资深的医生之一应得的数额。[81]此外，调查人员了解到，在 1953 年至 1960 年间，韦尔奇从出版活动中获得了 287142 美元。[82]有位参议员在谈到韦尔奇和马蒂–伊瓦涅斯时惊呼：“这些数字一旦公布，他们就会搞垮这两个家伙。”[83]

等到这些数字真的公布出来，韦尔奇灰溜溜地从食品药品监督管理局辞了职。[84]他依然声称自己是清白的，将他的被迫离职归咎于“政治倾轧”，还扬言道：“我强烈建议大家认真审读我编的期刊，看看能不能找到任何言论不当、缺乏科学诚信的文章、段落或是句子。”[85]但是关于韦尔奇的调查就到此为止了。他逃过了刑事诉讼，保住了全额养老金，在佛罗里达州过上了退休生活。[86]与此同时，食品药品监督管理局宣布对韦尔奇批准的每种药物进行审查。[87]

韦尔奇的倒台意味着此次调查取得了重大成果。但基福弗并没有停手。他想和比尔·弗罗里奇面谈，于是向对方发出了传唤。然而，这位参议员发现，自己发出的传唤似乎在全国范围内引起了一场小小的公共卫生危机，弗罗里奇也像韦尔奇和马蒂–伊瓦涅斯一样，拒绝到场作证，并提供了医生的亲笔信，信中描述了“一种可能会因为公开露面而恶化的眼疾”[88]。弗罗里奇担心有人会怀疑这个借口，临时决定出国旅行，以确保滴水不漏。委员会获悉，他目前正在“德国某地”，身体欠佳。

1961 年 12 月，有新闻报道称基福弗将在不久后结束听证会，他希望自己收集到的证据能为立法提供支持，“纠正医药行业存在的滥用行为”。但文章指出，在他结束调查之前，他还想传唤最后一名证人：麦克亚当斯公司董事长亚瑟·M. 萨克勒博士。[89]

● ● ●

玛丽埃塔时常注意到，她的丈夫有种特殊能力，能够“屏蔽外界干扰，专注于自己感兴趣的领域”[90]。当针对医药行业的调查、爆料文章和听证会近在咫尺时，亚瑟正忙着管理他的生意、收藏和家庭。他鄙视基福弗，认为基福弗是一个蛊惑民心的政客，企图操控制药行业。[91]对于政府监管人员，亚瑟向来没有多少信心，总是轻蔑地将他们看作昏庸的官僚，认为他们很可能是因为进不了医学院才去的政府机关。亚瑟抱怨说，基福弗的看法是，“执业医师要么是傻瓜，要么是无赖”，医学研究者和科学出版物“不足为信”。亚瑟特别介意别人说他谋取私利。他对这类说法很不以为然，认为它们不过是“含沙射影”“信口开河”。[92]他坚称自己所做的一切都是为了帮助人们。

亚瑟一直避免引人注意，现在却因为《星期六评论》和美国参议院的调查避无可避，社会关注确实像他长期以来想象的那样危险。马蒂–伊瓦涅斯所办期刊的编辑委员会中，有不少知名医生发声抗议，怒气冲冲地询问“三名萨克勒博士”是否秘密拥有这些期刊。[93]（马蒂–伊瓦涅斯断然拒绝回答这个问题，他写道，萨克勒兄弟是“可亲可敬的朋友”[94]。）“我曾经很高兴看到自己的名字出现在（其中一种出版物的）编委会里，”一位知名医生告诉《新闻周刊》，“现在我感到恶心。我已经辞职了。”[95]

当听证会传唤亚瑟前往华盛顿作证时，他并没有声称自己患了眼疾，也没有逃往欧洲。他决定奋起抗争，多年后，这段经历被载入他的传记，成为其中的传奇篇章。“这是麦卡锡式的政治猎巫大行其道的年代，制药行业的每一个人都唯恐遭到灭顶之灾，”萨克勒家族基金会出版的实录称，“萨克勒为了整个行业挺身而出，主动接受审查。”[96]他聘请了克拉克·克利福德——华盛顿炙手可热的律师和调停人，曾担任杜鲁门总统的亲信顾问。[97]1962 年 1 月 30 日，亚瑟大步走进参议院。

“听证会正式开始。”基福弗宣布。[98]他指出，听证会的一大主题是广告宣传。

“广告宣传经常夸大药物的疗效”，基福弗说，对于药物的副作用却“往往避而不谈”。因此，他们今天要听听亚瑟·萨克勒的说法，他经营的医药广告公司正是该行业的两大龙头企业之一。“你愿不愿意郑重宣誓，你将要提供的证词全部属实，绝无虚假？”基福弗问道。

“我愿意。”亚瑟回答。

基福弗的工作人员终于见到了“章鱼”本尊，这对他们来说是个重要时刻。几周来，他们一直在模拟此次审问，针对基福弗应该提出的问题、萨克勒可能给出的看似合理的回答草拟了一系列脚本。[99]

“我是医学博士，也是威廉·道格拉斯·麦克亚当斯公司的董事长，”亚瑟说，“目前担任长岛大学布鲁克林药学院治疗研究实验室主任、治疗研究教授。”他接着说道：“我在医学期刊、国际精神病学和生理学会议上发表、提交或汇报了大约60篇论文。”他带来了一份研究成果目录，供委员会参考：“如果能在记录中提上一笔，我将不胜感激。”亚瑟指出，他的精神病学研究“在国内外都得到了认可”。他说，他有两份职业，一份属于医学领域，另一份属于商业领域。他“在时间上兼顾”这两份职业，但二者“彼此独立”。

亚瑟上一次来国会山还是在10年前，当时他还没有今天这么自信。他有求于人，想要拉到赞助，被一名反犹的参议员奚落了一通。但是，今天会议厅里的亚瑟·萨克勒截然不同：此人学识渊博，举止文雅，在医学界举足轻重。他的口音自带贵族派头，就像一把弹簧刀，在跟他对话的人头上挥舞。有个认识他的人回忆说：“他似乎在炫耀自己的声音，把它当作功成名就的明确标志。”[100]当基福弗和他的同事问及药物的生产和营销方式时，亚瑟不慌不忙，有问必答，偶尔对这些问题的“外行”表现出轻微的不耐烦。他指出，麦克亚当斯公司并非只有一帮广告人，还有很多**医生**在那里工作。麦克亚当斯公司奉行“以医学为主导的经营理念”，坚信“制作精良、合乎道德的药品广告在优化社会公共卫生服务方面发挥了积极作用”。亚瑟很早以前就意识到，弱化个人影响力、隐藏资产总是有帮助的，现在他一口咬定，麦克亚当斯根本不是两大医药广告公司之一。事实上，这是个很小的公司。“我们是麦克亚当斯的人，当然以公司为荣，觉得自己很重要，”他咕哝道，“但是无情的数字表明，我们的经济规模相对较小。”

基福弗偏爱的审问方式是用自己的礼貌麻痹证人，使其产生一种虚假的安全感，于是，证人顺着基福弗的话头往下讲，直到把自己逼入绝境。但这种礼貌攻势用在亚瑟·萨克勒身上却适得其反。亚瑟口若悬河，称医药广告**拯救生命**，因为它缩短了从研发新药到投入临床使用的时间。“每一周、每一月、每一年，快捷可靠的医药信息交流都会让患者更快用上新药，这拯救了患者的生命、舒适、精神状态和金钱。”他继续补充道，他很乐意为参议员们提供“这方面的背景资料”。

基福弗的工作人员制定的详细作战计划全部失去了用武之地。亚瑟给委员会开起了讲座，就好像他们是一群一年级的医学生。亚瑟宣称，医生永远不会被虚假广告迷惑，况且，有哪些广告是虚假的呢？他看到的大部分广告，当然还有他制作的所有广告，都非常合理。在继续高谈阔论之前，他中断了冗长的独白，说：“但愿我的进度不是太快。”有一刻，基福弗问萨克勒能否“先回答一个问题”，他问话的语气几乎带有歉意。

亚瑟回答说：“基福弗参议员，我可以继续讲吗？因为我相信我的证词会澄清真相，这样就不需要再进一步提问了。”

参议员只好闭嘴，但他没有忍耐多久。最后，他抓住机会，打断了亚瑟，冲口说出一个问题。亚瑟说：“参议员，我们马上就要讲到那儿了。”他依然没有结束自己的长篇大论。

这是一场非凡的表演。在某个时刻，一名工作人员喊道：“博士，您说完了吗？”但他没有。他质疑委员会得出的事实及其对事实的阐释。“基福弗参议员，我想把这一点讲清楚，”亚瑟说，与此同时，他纠正了对方说法中的一些基本错误，“如果你亲自接受过医生获得学位所需要的培训，你就永远不会犯这个错误。”

他闪展腾挪，大显身手，谁也无法击垮他。当然，没有一种治疗方法是完全没有副作用的，亚瑟承认。当基福弗问起某种心脏病药物特有的副作用——脱发，亚瑟面无表情地说：“我宁愿头顶稀疏，也不希望冠状动脉增厚。”

调查人员调取了许多信件，准备作为呈堂证供，但在那天，他们并没能针对信中的内容向亚瑟提问，他们被打得溃不成军。这些信件没有在听证会上当场展示，也没有以任何形式公开，但它们归小组委员会所有：几十年来，这些信件被藏在纸箱中的一大堆文件夹里。类似的纸箱有 40 个，里面存放着基福弗此次药物调查的所有文件。这些信件是亨利·韦尔奇和亚瑟·萨克勒的通信。“亲爱的萨克勒博士，”韦尔奇在1956年2月23日写道，“很高兴有机会与您通电话，最近我去纽约的时候没能与您相聚，我深感遗憾。”接下来，韦尔奇向萨克勒寻求“一点儿外部援助”，请他出资办一份新期刊。[101]

萨克勒在五天后回信说：“我很想见到您，想更好地了解您。”[102]三年后，当韦尔奇的麻烦开始时，亚瑟再次写信给他。“我想告诉您，在这次审讯中有许多与您并肩作战的朋友。一个小人物（特指记者约翰·利尔）为了追头条、博眼球而对您进行曝光，让您遭到不公正的迫害，这真叫人心碎。”[103]这个人是美国食品药品监督管理局抗生素部门主管，亚瑟作为MD出版公司的隐名股东纵容了他的违规操作，亚瑟的客户辉瑞公司通过购买几十万册无用的抽印本向他行贿。正是在给这个人的信中，亚瑟写道：“向您和您的家人致以最温馨的祝福，祝一切顺利。”

然而，调查人员没机会问亚瑟有关韦尔奇的事。他们的审问时间有限，这大概是亚瑟的得力律师克利福德事先为他争取的，在审问期间，他们几乎没能插上一句话。当亚瑟和他的律师站起身，准备离开会议厅时，他感觉自己赢定了。他在出门前最后看了基福弗一眼，感谢他给了自己陈述的机会。他文绉绉地说，“这份记录足以说明一切”，说完就转身离开了。

注释

[1] “Antibiotic Symposium for 1957,” Memo from Welch to George Larrick, March 8, 1957, 引自基福弗档案。

[2] Testimony of Warren Kiefer, Hearings Before the Subcommittee on Antitrust and Monopoly of the Committee on the Judiciary, U.S. Senate, June 1, 1960（后文再次引用该文献时仅标注为“基弗的证词”）。

[3] “Drug Aide Quits; Blames Politics,” *New York Times*, May 20, 1960; Testimony of Gideon Nachumi, Hearings Before the Subcommittee on Antitrust and Monopoly of the Committee on the Judiciary, U.S. Senate, June 1, 1960（后文再次引用该文献时仅标注为“纳丘米的证词”）。

[4] “Defends FDA Aide’s Outside Pay: Drug Maker Says It Was OK’d,” *Chicago Tribune*, Sept. 13,

1960. 韦尔奇曾是一名半职业棒球捕手。劳埃德 · C. 米勒博士的口述史，History of the U.S. Food and Drug Administration, Jan. 27, 1981; "Drug Aide Quits; Blames Politics"。

[5] Telegram from Dwight D. Eisenhower, in *Antibiotics Annual*, 1956–1957 (New York: Medical Encyclopedia, 1957).

[6] "Dr. Félix Martí-Ibáñez Is Dead; Psychiatrist and Publisher, 60," *New York Times*, May 25, 1972; Herman Bogdan, "Félix Martí-Ibáñez—Iberian Daedalus: The Man Behind the Essays," *Journal of the Royal Society of Medicine* 86 (Oct. 1993).

[7] "3 Brothers Find Insanity Clews by Blood Test," *New York Herald Tribune*, Nov. 2, 1951.

[8] 亚瑟 · 萨克勒 1956 年 2 月 28 日致亨利 · 韦尔奇的信，引自基福弗档案。

[9] "Physician Is Top Expert," *Atlanta Constitution*, Jan. 5, 1960; "Dr. Félix Martí-Ibáñez Is Dead; Psychiatrist and Publisher, 60."

[10] "The Romance of Health," *Cosmopolitan*, July 1963.

[11] "Advertising News: Madness in the Method," *New York Herald Tribune*, March 4, 1955.

[12] Bogdan, "Félix Martí-Ibáñez—Iberian Daedalus."

[13] "Doctors' Pains," *Newsweek*, June 20, 1960.

[14] 马蒂–伊瓦涅斯 1957 年 1 月 16 日致韦尔奇的信，引自基福弗档案。

[15] 芭芭拉 · 莫尔顿的证词，Hearings Before the Subcommittee on Antitrust and Monopoly of the Committee on the Judiciary, U.S. Senate, June 2, 1960（后文在此引用该文献时仅标注为"莫尔顿的证词"）。

[16] 劳埃德 · C. 米勒博士 1981 年 1 月 27 日的口述记录。

[17] "Antibiotic Symposium for 1957," Memo from Welch to George Larrick, March 8, 1957.

[18] Richard E. McFadyen, "The FDA's Regulation and Control of Antibiotics in the 1950s: The Henry Welch Scandal, Félix Martí-Ibáñez, and Charles Pfizer & Co.," *Bulletin of the History of Medicine 53*, no. 2 (Summer 1979).

[19] 马蒂–伊瓦涅斯写给韦尔奇的信件，引自"Public Health at 71/2 Percent," *Saturday Review*, June 4, 1960。

[20] Welch, opening remarks at Fourth Annual Antibiotics Symposium, published in *Antibiotics Annual*, 1956–1957.

[21] 莫尔顿的证词。

[22] "Some of Deadliest Ills Defeated by Antibiotics," *Washington Post*, Oct. 19, 1956.

[23] 基弗的证词。

[24] Lutze, *Who Can Know the Other?* 137.

[25] 出处同上，第 123—124 页。

[26] 出处同上，第 138 页。

[27] 出处同上，第 137—138 页。

[28] 出处同上，第 138 页。

[29] 出处同上，第 118 页。

[30] 出处同上，第 142—143 页。

[31] 格雷甘油汤力水药瓶，展出于美国国家历史博物馆。

[32] "New in Town: Purdue for Pain," *U.S. 1*, May 8, 2002.
[33] "Arabian Remedy Yields New Drug," Maryville (Mo.) *Daily Forum*, July 22, 1955.
[34] 马蒂–伊瓦涅斯 1955 年 9 月 28 日发给莫蒂默和雷蒙德的备忘录，引自费利克斯·马蒂–伊瓦涅斯档案。
[35] 莫蒂默·萨克勒 1960 年 2 月 7 日致马蒂–伊瓦涅斯的信，引自费利克斯·马蒂–伊瓦涅斯档案。
[36] 亚瑟·萨克勒 1958 年 8 月 11 日致马蒂–伊瓦涅斯的信，引自费利克斯·马蒂–伊瓦涅斯档案。
[37] "Sackler Brothers," Memorandum from John Blair to Paul Rand Dixon, March 16, 1960, 引自基福弗档案。
[38] "Hiroshima, U.S.A.," *Collier's*, Aug. 5, 1950.
[39] Podolsky, *Antibiotic Era*, 70–71. 波多尔斯基推测，这位未透露姓名的研究型医生是麦克斯韦·芬兰。
[40] Richard Harris, *The Real Voice* (New York: Macmillan, 1964), 19.
[41] "Taking the Miracle Out of the Miracle Drugs," *Saturday Review*, Jan. 3, 1959.
[42] Harris, *Real Voice*, 19.
[43] 出处同上。
[44] "Public Health at 71/2 Percent."
[45] "Taking the Miracle Out of the Miracle Drugs."
[46] "The Certification of Antibiotics," *Saturday Review*, Feb. 7, 1959.
[47] 出处同上。
[48] Harris, *Real Voice*, 25.
[49] "Crime: It Pays to Organize," *Time*, March 12, 1951; Harris, *Real Voice*, 10.
[50] "Crime: It Pays to Organize."
[51] Harris, *Real Voice*, 25–26.
[52] "Crime: It Pays to Organize."
[53] "The Senator and the Gangsters," *Smithsonian*, April 18, 2012.
[54] "Kefauvercasts Prove a Real Tele Bargain," *Billboard*, March 31, 1951.
[55] *Time*, March 12, 1951, March 24, 1952, Sept. 17, 1956.
[56] 这句话通常被误认为是基福弗本人说的。事实上，这是保罗·兰德·迪克森说的。Harris, *Real Voice*, 47.
[57] "Crime: It Pays to Organize."
[58] Harris, *Real Voice*, 106.
[59] 出处同上，第 41 页。
[60] 莫尔顿的证词。
[61] Jeremy A. Greene and Scott H. Podolsky, "Keeping the Modern in Medicine: Pharmaceutical Promotion and Physician Education in Postwar America," *Bulletin of the History of Medicine* 83 (2009).
[62] Harris, *Real Voice*, 58, 117.

[63] 约翰·麦基恩的证词，Hearings Before the Subcommittee on Antitrust and Monopoly of the Committee on the Judiciary, U.S. Senate, May 4, 1960。

[64] 纳丘米的证词。

[65] "Drugmakers and the Govt.—Who Makes the Decisions?" *Saturday Review*, July 2, 1960.

[66] 基弗的证词。

[67] "Sackler Brothers," Memorandum from John Blair to Paul Rand Dixon, March 16, 1960, 引自基福弗档案。

[68] 出处同上。

[69] 出处同上。

[70] "Public Health at 71/2 Percent."

[71] 利尔 1960 年 5 月 24 日致布莱尔的信，引自基福弗档案。

[72] "Public Health at 71/2 Percent."

[73] 利尔 1960 年 5 月 24 日致布莱尔的信。

[74] 利尔 1961 年 6 月 27 日致布莱尔的信及随信附上的漫画，引自基福弗档案。

[75] "Further Information Concerning M.D. Publications and the Sackler Brothers," Memorandum from John Dixon to John Blair, May 17, 1960, 引自基福弗档案。

[76] 出处同上。

[77] "Senators Study Income of High Food-Drug Aide," *Washington Post*, May 18, 1960; Statement of Michael F. Markel, Hearing Before the Subcommittee on Antitrust and Monopoly of the Committee of the Judiciary, United States Senate, May 17, 1960.

[78] "U.S. Scientist Held Outside Jobs, Flemming Tells Drug Inquiry," *New York Times*, May 18, 1960.

[79] 马蒂–伊瓦涅斯 1960 年 3 月 2 日致弗罗里奇的信，引自基福弗档案。

[80] "Public Health at 71/2 Percent."

[81] 出处同上。

[82] "Dr. Henry Welch Earnings from Editorship of M.D. Publications, Journals and from Medical Encyclopedia, Inc., 1953 Through March 1960," Memorandum, 引自基福弗档案。

[83] "Senators Study Income of High Food-Drug Aide."

[84] "Welch Resigns as Head of FDA; Denies Wrong," *Washington Post*, May 20, 1960.

[85] "Drug Aide Quits; Blames Politics."

[86] "Henry Welch, FDA Ex-official, Dies," *Washington Post*, Oct. 29, 1982.

[87] "FDA Plans Second Look at Drugs OK'd by Welch," *Chicago Tribune*, June 4, 1960.

[88] Hearings Before the Subcommittee on Antitrust and Monopoly of the Committee on the Judiciary, U.S. Senate, Jan. 31, 1962.

[89] "Kefauver Subpoenas Advertising Records," UPI, Dec. 24, 1961.

[90] Lutze, *Who Can Know the Other?* 125.

[91] Lopez, *Arthur M. Sackler*, 24.

[92] 亚瑟·萨克勒 1956 年 2 月 28 日致韦尔奇的信，引自基福弗档案。

[93] 佩林·H. 朗和马蒂–伊瓦涅斯 1957 年 7 月的往来信件，引自基福弗档案。

[94] 马蒂–伊瓦涅斯 1959 年 5 月 9 日致佩林・H. 朗的信，引自基福弗档案。

[95] "Doctors' Pains."

[96] Lopez, *Arthur M. Sackler*, 24.

[97] 出处同上。

[98] 除非另有注释，基福弗听证会的相关描述均引自该记录：Hearings Before the Subcommittee on Antitrust and Monopoly of the Committee on the Judiciary, U.S. Senate, Jan. 30, 1962。

[99] 模拟问答的脚本，引自基福弗档案。

[100] Hoving, *Making the Mummies Dance*, 95.

[101] Welch to Arthur Sackler, "Personal and Confidential," Feb. 23, 1956, 引自基福弗档案。

[102] 亚瑟・萨克勒 1956 年 2 月 28 日致韦尔奇的信，引自基福弗档案。

[103] 亚瑟・萨克勒 1959 年 3 月 9 日致韦尔奇的信，引自基福弗档案。

第七章
丹铎竞赛

尼罗河畔坐落着一座小庙。大约在公元前 10 年或者公元前 20 年，罗马帝国的埃及总督修建了这座神庙，以纪念一对据说在尼罗河溺亡的兄弟。[1] 神庙由砂岩建成，墙壁上刻着皮德斯和皮奥两兄弟的画像，庙里供奉的神祇是奥西里斯和他的配偶伊西斯。[2] 在经历了耶稣基督的降生和死亡后，这座神庙最终被改为基督教教堂。[3] 千百年过去了，新的宗教兴起，新的语言诞生，伟大的帝国兴衰起伏。但自始至终，神庙岿然不动。当然，这里也曾被洗劫过：放眼埃及的宏伟庙宇，只要是可以搬动的珍宝，要么被衣衫褴褛的盗墓贼掠夺一空，要么在晚些时候被更文雅的盗墓者抢走了——这些新型盗墓者顶着太阳，穿着轻柔垂坠的亚麻衣裳，自称埃及古物学家。几个世纪以来，人们来到埃及研究这座神庙，探索那个遗留下神庙的已逝时空。除了原有的雕刻之外，神庙的墙上还刻着一些用当时的通俗文字写就的涂鸦。在古埃及通俗文字消亡后很久，涂鸦依然存在，只有学者能够读懂它们。1821 年，美国律师、退伍军人卢瑟·布拉迪什参观了神庙，在墙上刻下了自己的名字：美国纽约的 L. 布拉迪什，1821。[4] 19 世纪末，法国摄影师费利克斯·邦菲斯来此参观，并用油漆将自己的名字涂在这座建筑上。在拍摄于 40 年后的神庙照片中，仍然可以看到他的名字——邦菲斯，尽管这个法国人当时已经去世了。但最终油漆褪了色，邦菲斯被遗忘了。[5]

在古老的神庙写上自己的名字属于破坏文物的行为，但这也是一种反抗——对死亡的反抗，对时间本身的反抗。在两兄弟溺亡于尼罗河两千年后的今天，我们知晓了他们的名字。但我们也知晓了文物破坏者的名字，因为我们仍然可以在神庙的墙上看到他们。斯人已逝，其名永生。

20世纪60年代，埃及已踏上快速现代化之路，为了控制尼罗河每年的定期泛滥，该国开始修建大坝。[6]大坝有望将尼罗河的泛滥性灌溉改为可调节的人工灌溉。它将把数百万英亩沙漠变成良田，并利用埋在地下的涡轮机组进行水力发电。大坝被誉为科技奇迹、“新金字塔”。[7]修建大坝只有一个弊端：大坝拦下的巨大水量将形成一个长达300英里的湖泊，导致周边地区出现水灾，并淹没散布在尼罗河沿岸的五座神庙。[8]数千年来，这些建筑奇观经受住了时间的侵蚀。但如今，埃及被迫在未来和过去之间做出选择。丹铎神庙曾因坐落在埃及而闻名，现在人们都知道它是受到水灾威胁的建筑之一。它会被大水冲走。

“拯救努比亚遗址”国际行动由此拉开了帷幕。联合国同意协助埃及重新安置将会受到大坝影响的每一座神庙。这需要一大笔资金，但埃及无力支付。因此，美国承诺出资1600万美元来帮助埃及重新安置神庙。埃及官员阿卜杜勒·萨维被这一慷慨之举所感动。1965年，他决定将丹铎神庙赠予美国，以示感谢。[9]他当然是一番好意。可是一座800吨重的神庙[10]要怎么送出去呢？而在美国这样的年轻国家，哪里才是这件古老文物的容身之所？

● ● ●

大都会艺术博物馆在第五大道占了一大块地盘，一直延伸至中央公园。美国南北战争刚结束时，一群纽约名流提出了建造大都会艺术博物馆的构想，他们认为美国需要一座宏伟的艺术博物馆，以媲美欧洲的同类文化场所。该博物馆成立于1870年，在10年后迁入第五大道。[11]这里最早的馆藏皆为私人艺术藏品，主要是欧洲名画，由铁路大亨约翰·泰勒·约翰斯顿和他的朋友捐赠[12]，他们都属于“强盗资本家”。从一开始，博物馆就呈现出一种迷人的张力：它需要满足小部分富有的赞助人的兴趣和嗜好，但另一方面，它又肩负着服务公众、促进社会平等的使命。大都会艺术博物馆免费向公众开放，同时接受富人的捐赠作为经费补贴。[13]1880年，在博物馆的落成典礼上，镀金时代的实业家们汇聚一堂，担任博物馆理事的约瑟夫·乔特律师向他们发表了讲话。为了赢得实业家们的支持，乔特狡猾地指出，慈善事业所买到的其实是不朽：“各行各业的百万富翁们，想想看吧，如果你们听取我们的建议，把猪肉变成瓷器，把粮食和农产品变成珍贵的陶器，把未加工的商业矿石变成精雕细刻的大理石，你们将会获得何等的荣耀！”[14]乔特建议，不妨将铁路股份和矿业股票——在下一次金融恐慌中，它们“肯定会像烧焦的卷轴那样失去价值”——转换为持久的财产，变成“世界级大师光彩夺目的画作，在这些墙壁上悬挂几个世纪”。他提出，巨额财富可以通过这种转换流入稳定的公民机构。随着时间的推移，人们也许会忘记捐款的家族慷慨解囊的原始动机，但是，当他们看到在某个画廊、某个侧厅，甚至是建筑本身标记的姓氏时，他们会始终记得这笔慈善财产。

到了 20 世纪 60 年代初，大都会艺术博物馆已成为世界上最大的艺术博物馆之一。但它的处境十分艰难。一方面，博物馆积极收购伟大的艺术品。1961 年，大都会艺术博物馆以 230 万美元的创纪录高价收购了伦勃朗的画作《亚里士多德对着荷马的头像作冥想》。[15]但与此同时，博物馆几乎无力继续经营，也付不起员工工资，只能依靠纽约市预算拨款勉强维持收支平衡。[16]博物馆不愁没人参观：伦勃朗的画作被收购后，仅在几小时之内，就有 86000 名游客排队观赏这幅画（据一家媒体报道，这些游客是为了亲自判断“用足以买下一枚导弹的价格购买一幅画”是否值得[17]）。每年有 300 万人参观博物馆。但问题是，他们当中没有一个人付钱。[18]

游客数量之大也使得另一个问题浮出水面：博物馆里没有空调。盛夏正是旅游旺季，画廊里闷热难耐。因此，博物馆需要资金进行翻修，安装供冷设备。当时的博物馆馆长名叫詹姆斯·罗里默，是个矮胖结实、叼着烟斗的艺术鉴赏家。[19]1961 年，他宣布要在三年后的纽约世界博览会开幕之前给大都会艺术博物馆安上空调。[20]他需要设法支付安空调的费用。于是他向亚瑟·萨克勒求助。[21]

罗里默挑了个好时机。萨克勒兄弟刚开始涉足慈善事业，而且亚瑟对艺术收藏热情高涨。三兄弟从基福弗的调查中毫发无损地脱身，这让他们感到干劲十足，对未来充满希望。[22]理查德·莱瑟曾在这一时期给三兄弟当律师，他说，“他们为自己能够脱身感到骄傲”。罗里默手里正好有三兄弟想要的东西。1880 年，约瑟夫·乔特和他结交的名流建立了专属于内行人士的小团体，从那时起，大都会艺术博物馆就成了纽约顶级的收藏家俱乐部。萨克勒兄弟曾向各种各样的机构捐款，但值得注意的是，他们资助的地方此前往往跟他们没有任何私人关系。亚瑟并没有去哥伦比亚大学读书；他就读于纽约大学。由于反犹主义的招生政策，莫蒂默和雷蒙德甚至连纽约大学医学院都进不了。然而，三兄弟资助了哥伦比亚大学，后来又资助了纽约大学，还资助了顶级名校哈佛大学。从他们的资助对象可以看出，他们的慷慨中掺杂着明显的野心。

大都会艺术博物馆是无与伦比的。尽管该机构坚持免费向公众开放，但众所周知，真正拥有话语权的是那些提供资助的富有捐赠者，人人向往的博物馆理事会席位都落入了他们手中。这是一家声誉卓著的慈善机构。毫无疑问，这个地方也符合亚瑟·萨克勒的喜好。每一条大理石走廊、每一座前厅、每一个画廊都塞满了珍宝。伦勃朗的《亚里士多德对着荷马的头像作冥想》也许是一笔大买卖，但事实上，在买下这幅画之前，博物馆已经**拥有**许多伦勃朗的画作了。整整 30 件。[23] 在所有的艺术博物馆中间，大都会艺术博物馆就像那个玩具最多的孩子。当罗里默找到亚瑟时，亚瑟同意捐一大笔钱，承诺支付 15 万美元用于博物馆二楼的翻修，条件是这层楼必须更名为“萨克勒画廊”。[24]

亚瑟所提出的其实是个常规要求。当捐赠者捐款时，他们希望在墙上看到自己的名字。不过，亚瑟也提出了一个更奇特的安排。他表示自己想买下博物馆二楼翻新以后将会放入的所有艺术品，也就是博物馆在 20 世纪 20 年代入手的一系列亚洲杰作。他愿意按照博物馆当初收购的价格——20 年代的价格——来支付，然后将这些作品捐给博物馆，但有个条件，以后每件作品都要被描述为“亚瑟·萨克勒捐赠”，尽管它们一直属于博物馆。对博物馆来说，这不失为一种额外创收的便捷方法，而对亚瑟来说，他可以将萨克勒的姓氏与更多艺术品绑定。亚瑟已经习惯了玩转税法的好处，为了避税，他没有如实申报购买艺术品的价格，反而宣称自己是按照当前的市场价支付的。[25] 这是亚瑟·萨克勒的一贯手段：新颖，浮夸，带一点儿阴暗；考虑到避税带来的好处，他在做慈善的同时其实也赚到了钱。[26] 但博物馆急需现金，所以答应了他的要求。[27]

罗里默是个与众不同的人。战争期间，他曾致力于追回被纳粹分子偷走的艺术品。作为大都会艺术博物馆馆长，他身穿法兰绒套装，脚蹬惹眼的军用靴，像巡逻警察一样在博物馆里走来走去。他很有责任感，尽心尽力地照管贵重的藏品，时常会停下来擦拭陈列品上的灰尘。每天有1000名学童参观博物馆，一旦罗里默发现不规矩的小游客对雕像动手动脚，他就会厉声喝道："这已经有4000年的历史了！"[28]即便如此，他深信博物馆是社会中的一股人性化力量。他总爱说："亲近美定会孕育更多的美。"

罗里默的信条引起了亚瑟的强烈共鸣，他对少年时期参观布鲁克林博物馆的经历记忆犹新。亚瑟喜欢罗里默，他不仅把罗里默当成生意伙伴，还把他当成审美一致的朋友。[29]后来他回忆起自己和罗里默在大都会艺术博物馆度过的"美妙"时光："我们聊了好几个小时，纯粹是学术和鉴赏方面的探讨，就像两个中国古代的绅士和学者。"[30]在与哥伦比亚大学打交道的过程中，亚瑟发现有种情况可以让自己捞到好处，现在，随着他与大都会艺术博物馆的关系日趋成熟，他又发现了可乘之机。亚瑟的绝招就是**吊胃口**：拮据的受赠机构往往对富有的捐赠者礼遇有加，尽管捐赠者实际捐出的数额还配不上这样的优待，其原因在于精明的捐赠者学会了吊胃口，向对方暗示未来捐赠的可能性，而这种可能性是博物馆或大学唯恐错失的。当胃口吊得足够高时，受赠机构为了讨捐赠者（甚至是潜在的捐赠者）欢心，几乎什么都愿意做。

亚瑟有他想要的东西。比如，他想在大都会艺术博物馆内拥有一个属于自己的空间，以便存放他迅速增加的私人艺术藏品。长岛的荷兰房子和纽约的联排住宅都堆满了家具、古代陶器、画作和雕像。亚瑟的艺术收藏简直占领了他的家。所以他需要空间。既然他可以在大都会艺术博物馆拥有自己的专属空间，那他何必只租一个储物柜呢？这样的安排更有威望，何况还有气温控制和安全等方面的考虑。于是，博物馆为亚瑟准备了他想要的空间，他以一贯的夸张口吻称其为博物馆中的私人"飞地"。[31]亚瑟随后将他收藏的数千件艺术品搬到了博物馆，连他的私人馆长也进了博物馆工作。维也纳精神科医生、鉴赏家保罗·辛格是亚瑟的朋友，也曾是他在亚洲艺术领域的导师，亚瑟在飞地内为辛格也准备了一间办公室。亚瑟在门上装了一把新锁，这样一来，他和他的朋友可以进入这个空间，而大都会艺术博物馆的工作人员却进不去。罗里默签署了协议，他心想自己满足了亚瑟的愿望，有朝一日亚瑟也许会把正在积累的巨大宝藏捐给博物馆。[32]

按照亚瑟的意愿，飞地的所有安排都对外保密。[33]博物馆的内部员工也不知道在这个神秘的空间里发生了什么。很久以后，亚瑟声称飞地不是他的主意，是罗里默向他提供了这个地方，因为要是把藏品放在罗里默的屋檐下，“我就不好把它们捐给别处了”[34]。但亚瑟的说法很难让人相信，特别是考虑到亚瑟同时在其他机构——美国印第安人博物馆——安排了**另一块**飞地。[35]

1966 年春天的一个星期三，詹姆斯·罗里默在大都会艺术博物馆待了一整天，然后回到他位于公园大道的公寓，上床睡觉，忽然心脏病发作。[36]他的猝然离世是亚瑟和大都会艺术博物馆的巨大损失，但他很快就被一位更加多才多艺的继任者所取代。托马斯·霍温是个野心勃勃、精力充沛的年轻人，对政治十分热衷，他曾在华盛顿高地的修道院博物馆担任馆长，并担任纽约市公园专员——在他之前，这一职位由罗伯特·摩西把持了几十年。霍温是个爱出风头的人，毫不掩饰自己是个民粹主义者，他戴着热带国家常见的木髓遮阳帽，在城市绿地上大摇大摆，组织各种吸引纽约人走进公园的“即兴表演”。[37]作为经理人，他认为大都会艺术博物馆应该是一个引人注目的、广受欢迎的大型机构，不仅属于学者和知识分子，也属于普罗大众。霍温对古埃及人特别着迷，他决心将拿到丹铎神庙作为自己的使命。

● ● ●

如今的丹铎神庙变成了 642 个砂岩块：它已经被埃及政府一块一块地拆开，正等着搬新家。[38]在埃及宣布有意将该建筑捐给美国后，霍温表达了热切的信念，认为神庙唯一合适的永久居所便是纽约大都会艺术博物馆。但事实上，华盛顿史密森尼学会也想要丹铎神庙。如果说霍温是个热情的推销员，洋溢着纽约人特有的干劲和活力，那么史密森尼学会负责人 S. 狄龙·里普利则表现出一种贵族的优越感，仿佛自己胜券在握。“我们并不是在为它竞争，”里普利声称，然后像刚刚想起来一样补充说，“我们只是希望得到它。”[39]

然而，大都会艺术博物馆和史密森尼学会并不是仅有的竞争者。20 座城市参与了这场角逐。[40]孟菲斯！凤凰城！费城！迈阿密！美国参议员们纷纷向国务院发起吁请，想为自己所在的城市争取到丹铎神庙。民间组织也不甘示弱。伊利诺伊州的开罗市趁机毛遂自荐，毕竟，难道美国还有什么别的地方比一个名叫开罗的中西部小城更适合安置埃及神庙吗？[41]围绕这一权威大奖展开的争夺赛日趋白热化。媒体称之为“丹铎竞赛”。[42]

神庙的选址被视作国家大事，最终拍板的必须是美国前总统德怀特·艾森豪威尔这个级别的权威人士。艾森豪威尔任命了一个专家小组协助他进行决议。史密森尼学会和大都会艺术博物馆迅速脱颖而出，成为两个最有力的竞争者。不过，对于如何安置神庙，它们的建议截然不同。史密森尼学会建议，神庙应该被安置在户外，四周环绕着自然风景，就像过去两千年那样。里普利称，他更希望看到神庙以“尽可能自然的方式”展出。[43]而在大都会艺术博物馆这方面，霍温提出了更为宏大的设想：他想在博物馆里建一个新的侧厅来安放神庙。史密森尼学会提议将神庙继续放在户外，而且是在**华盛顿**的户外，老实说，这种想法在霍温看来十分荒谬。神庙也许可以在埃及的气候条件下待上两千年，但它根本无法抵挡美国首都寒冷的冬季和潮湿的夏季。大都会艺术博物馆的一名管理人员作出了不祥的预言，“我们有证据”，如果这座神庙被安置在华盛顿哥伦比亚特区的户外，它很快就会变成“一堆沙子”。[44]

结果表明，大都会艺术博物馆给出的论据可谓制胜一击。1967 年 4 月，艾森豪威尔宣布丹铎神庙将被送往大都会艺术博物馆。托马斯·霍温赢了。他的朋友、前第一夫人杰姬·肯尼迪轻声说，“我真高兴你现在有神庙了”，并补充道，她的儿子“小约翰”喜欢在大都会艺术博物馆的埃及展区到处跑。霍温计划在第五大道边上的 84 街为神庙修建一座新的侧厅，位置正好在肯尼迪公寓的对面。“我会为神庙照明，”他承诺道，“这样你们就能从窗户里清楚地看到它。”[45]

但说起来容易做起来难。霍温的计划包括对博物馆进行大规模扩建和现代化改造。这里将会有一系列新空间：洛克菲勒侧厅，用来放置纳尔逊·A. 洛克菲勒的藏品，他是纽约州长，也是亿万富翁约翰·D. 洛克菲勒之孙；雷曼画廊，用来放置罗伯特·雷曼的藏品，他是雷曼兄弟银行联合创始人之孙，如今正在负责这家银行的经营。按照霍温的计划，丹铎神庙将被安置在它的专属侧厅，挨着倒影池和巨大的玻璃墙，好让路人看到它。不过，霍温的扩建计划会占用中央公园的绿地，这位前公园专员现在遭到了自然资源保护人士的强烈抵制。批评者谴责霍温的提议是“对中央公园的蹂躏”[46]。他们对霍温发起了诉讼，还在大都会艺术博物馆外面举行了抗议集会。

此外，谁会为博物馆的扩建埋单呢？在艾森豪威尔将这座古代埃及神庙赏给大都会艺术博物馆后的一个月左右，现代埃及和以色列开战了。霍温一直想从纽约富豪那里筹集资金，但突然之间，埃及以及所有与埃及相关的东西都过时了。当霍温设法筹集资金，为神庙建造新家园时，神庙本身已经被拆分成碎块，从海上运到了布鲁克林的一个码头，现在正待在堆场上，被防护用的塑料泡沫包裹着。然而，没有哪个捐赠者希望自己的名字出现在埃及神庙上。霍温越来越觉得，他只能听天由命了。他阴森森地开玩笑说，他遭到了“木乃伊的诅咒”，注定要失败。但他仍坚持不懈地拉赞助，一天，他意识到有一个人他还没有问过：亚瑟·萨克勒。[47]

当霍温接手大都会艺术博物馆时，他已经对萨克勒飞地有所了解，并发现整个安排有些古怪。萨克勒是否**明确**表示过大都会艺术博物馆最终将得到他存放在这儿的艺术品？霍温想知道答案。没人能作证萨克勒说过这话。[48]霍温甚至不知道亚瑟的财富从哪儿来。他只知道亚瑟很有钱，已经给了大都会艺术博物馆不少钱，而且好像还打算给更多。因此，霍温打电话给萨克勒博士，问他会不会考虑捐款。亚瑟·萨克勒不是个容易找到的人：因为他太忙了，经常忙完这份工作，又去忙另一份，哪怕是和他关系密切的人也摸不清他的行踪。[49]但从霍温打电话起不到 30 分钟，亚瑟便亲自出现在大都会艺术博物馆，有些气喘吁吁地走进霍温的办公室。[50]

霍温开门见山。他说，亚瑟是这个城市里唯一“有胆量”捐款的人。可以想象，其他捐赠者听到这儿通常都会拒绝为重新安置埃及神庙出资，认为这有违自己的原则。但亚瑟还在听霍温往下讲。所以霍温决定赌上一把。他说，我需要 350 万美元。

这在 1967 年是一笔惊人的巨款，是亚瑟以前为任何东西支付的金额的好几倍。

“我愿意出这笔钱。”亚瑟说。[51]

当然，出这笔钱是有条件的。亚瑟要求，这笔钱将由他跟他的弟弟莫蒂默和雷蒙德一起出，并且不是一次性付清，而是慢慢支付。新的侧厅将被命名为“萨克勒侧厅”，与洛克菲勒侧厅和雷曼收藏馆地位相当。神庙的围墙将用来陈列萨克勒画廊的埃及艺术品。萨克勒画廊的亚洲艺术品将陈列在一组新的展览空间中。凡是与新空间有关的标牌，亚瑟、莫蒂默和雷蒙德的名字都要单独列出，每个名字都要包含中间名首字母，名字后面都要加上“医学博士”的头衔。所有这些要求都作为具有约束力的合同条款，一条一条地写清楚。大都会艺术博物馆的一名管理人员开玩笑说，这个经过仔细协商的标牌只缺一样东西，那就是“他们的办公时间”[52]。

1974年春天，霍温终于取得了必要的批准，扩建项目进入施工阶段，中央公园里响起了钻机和凿岩机的轰鸣声。[53]《纽约时报》报道说，这座新侧厅的建成“很大程度上归功于亚瑟·M. 萨克勒博士、莫蒂默·D. 萨克勒博士和雷蒙德·R. 萨克勒博士最近捐赠的350万美元”[54]。但事实是，由于萨克勒兄弟事先跟大都会艺术博物馆商定，他们的捐款要分20年付清，到了真正修建侧厅的时候，博物馆没有足够的现款来支付施工费用，不得不筹集更多的资金。[55]（最终，纽约市出了140万美元。[56]）

在大都会艺术博物馆北侧，一队工匠从包装中取出了巨大的砂岩块，动手将它们放在宽阔的混凝土平台上。11年来，这些砂岩块一直保持着“零件”状态。[57]它们每一块都编了号，博物馆团队参考比例图和照片，将它们重新组装在一起。整个工程就像一场大型的乐高游戏。当神庙建成时，工人们仍能辨认出墙上原有的古代雕刻，还有后来出现在墙上的涂鸦、用通俗文字写就的标记、19世纪纽约律师L. 布拉迪什的名字。布拉迪什曾前往埃及，把自己的名字刻在一座建筑的侧面，到头来，这座建筑却在纽约安家落户。

萨克勒兄弟迎来了自己的高光时刻，但如果亚瑟以为只要在大都会艺术博物馆建一个以他的姓氏命名的侧厅，就能被纽约上流社会接受，那他就大错特错了。他全身心地投入博物馆的文化生活，参加了大都会艺术博物馆赞助的印度之旅。（当这次旅行的另一名参与者——慈善家爱德华·沃伯格生病时，亚瑟打开了他一直随身携带的行李箱，箱子里塞满了药物，沃伯格戏称它就像“一家药店”[58]。）霍温真心喜欢亚瑟，就像一个老练的猎手喜欢他的俘虏一样。“他敏感、古怪、专横，而且脆弱，”霍温后来评论道，“这场游戏因此更加吸引人。”[59]

不过，亚瑟为捐赠设置的诸多限制条件让大都会艺术博物馆的其他管理人员感到很恼火。[60]对于这个财大气粗、过分热心的暴发户，老派的艺术爱好者就算没有公开表示蔑视，私底下也不屑一顾。[61]一名拍卖行高管告诉《名利场》杂志，亚瑟·萨克勒拥有“美元符号”所具备的全部魅力。有个游客在参观过亚瑟塞满艺术品的豪宅后，将他家比作“殡葬师的房子”。亚瑟非常希望在博物馆享有盛名的理事会中获得一席之地，他觉得自己已经买到了一个席位——他这么想也不是没有道理。他抱怨说：“我为大都会艺术博物馆花的钱跟洛克菲勒家族为他们的侧厅花的钱一样多。”[62]

然而，大都会艺术博物馆并不打算任命他为理事会成员。领导层普遍觉得，亚瑟·萨克勒有点儿不体面。亚瑟能看出他们的想法：他对精英圈微妙的社交准入门槛非常敏感，能够察觉出他们把自己当作异类，他感觉从前的经历再次上演。亚瑟总结说，大都会艺术博物馆实际上是个“排斥犹太人的地方”[63]。

但真相可能更加复杂。理由之一是，大都会艺术博物馆的理事会中还有其他犹太人。博物馆高管亚瑟·罗森布拉特曾开玩笑说，管理人员别无选择，只能从犹太捐赠者手里拿钱，因为那些年迈富有、信奉新教的欧裔美国人已经被他们榨干了。[64]不过，也有人怀疑亚瑟和他的弟弟们可能存在不法行为。博物馆的一名管理人员特别提到，萨克勒兄弟通过谈判，达成了在 20 年内分期支付 350 万美元捐款的协定，借此减免了不少税款，所以“萨克勒侧厅虽是一份慷慨的礼物，但对萨克勒兄弟来说也是一笔绝好的交易”[65]。另一名管理人员约瑟夫·诺布尔称亚瑟“很狡猾”，并低声说，罗里默为他提供的飞地是博物馆有史以来“最大的赠品”[66]。“把他踢出去，”诺布尔警告汤姆·霍温，“在闹出丑闻以前。”[67]

● ● ●

到了 1978 年底，大都会艺术博物馆的扩建项目完工了，霍温在向世人展示萨克勒侧厅的同时，也推出了一个新展览：法老图坦卡蒙的宝藏。[68]这一展览堪称神来之笔。展览呈现了从少年法老图坦卡蒙的墓中发现的 55 件令人目眩的随葬品。在展览向公众开放之前的一个晚上，大都会艺术博物馆在新侧厅举办了一场庆典，来宾都按照活动要求穿着晚礼服。丹铎神庙重新站立起来，修复得十分漂亮，沐浴着明亮的灯光，在尼罗河溺亡的两兄弟的名字仍然刻在砂岩上，还有此后千百年间游客的名字。现在，亚瑟·萨克勒、莫蒂默·萨克勒和雷蒙德·萨克勒的名字都刻在大都会艺术博物馆这座宏伟的建筑上。[69]

为了纪念这一时刻，萨克勒家族委托被亚瑟视为“现代舞女神”的著名编舞家玛莎·葛兰姆创作一部新作品。[70]葛兰姆的舞蹈演员就像一群女祭司，在神庙里翩翩起舞。[71]市长埃德·科赫也在场。他和亚瑟成了朋友。[72]极为巧合的是，在吉米·卡特总统的主持下，以色列和埃及刚刚签订了《戴维营协议》，结束了双方的冲突。科赫本人也是犹太人，他指出了三名犹太医生出资将一座埃及神庙迁至纽约的象征意义，认为他们的做法似乎呼应了正在发挥作用的地缘政治事件。他说：“还有什么比丹铎神庙萨克勒侧厅的开放更能说明这一点呢？”[73]

当晚又过了些时候，鸡尾酒端上来了，舞蹈乐队闪亮登场。[74]在庆典上，萨克勒兄弟面带微笑，因为他们意识到，眼下发生的一切无疑是萨克勒家族史上的一个重要里程碑。他们已经实现了家族的希望。就算那天晚上的亚瑟一脸心烦意乱，也不会有人注意到。大都会艺术博物馆的管理人员担心他会出丑闻，他们的预感没错。就在三兄弟庆祝的时候，纽约州总检察长已经得到了萨克勒飞地的消息，并展开了调查。[75]而对亚瑟来说，还有一个更临近也更私人的丑闻正在酝酿。那天晚上，他的手臂挽着一个举止优雅、四肢修长的年轻姑娘。她比他年轻近 30 岁，是个英国人，不是他的妻子。

注释

[1] Dieter Arnold, *Temples of the Last Pharaohs* (New York: Oxford University Press, 1999), 244.

[2] Dieter Arnold and Adela Oppenheim, “The Temple of Dendur: Architecture and Ritual,” 可参见大都会艺术博物馆网站。

[3] “642 Stones Will Soon Regain Form as an Egyptian Temple,” *New York Times*, Nov. 29, 1974.

[4] “The Boomerang Graffito (or Bad, Bad, Luther B!),” NPR, June 7, 2013.

[5] “642 Stones Will Soon Regain Form as an Egyptian Temple.”

[6] “Imperiled Heritage,” *Hartford Courant*, March 13, 1960.

[7] 出处同上。

[8] “Floating Laboratories on the Nile,” *Unesco Courier*, Oct. 1961; “Metropolitan Due to Get Temple of Dendur,” *New York Times*, April 25, 1967.

[9] “Cairo Offers U.S. a Temple Saved from Aswan Flooding,” *New York Times*, March 27, 1965.

[10] “Metropolitan Due to Get Temple of Dendur.”

［11］Michael Gross, Rogues' Gallery: *The Secret Story of the Lust, Lies, Greed, and Betrayals That Made the Metropolitan Museum of Art* (New York: Broadway Books, 2010), 24.

［12］Calvin Tomkins, *Merchants and Masterpieces: The Story of the Metropolitan Museum of Art* (New York: Dutton, 1970), chap. 3.

［13］1893 年，大都会艺术博物馆所在的州出台了法规，规定博物馆“应向公众免费开放”。“The Met Files a Formal Proposal to Charge Admission to Out-of-State Visitors,” *New York Times*, May 5, 2017.

［14］Winifred Eva Howe, *A History of the Metropolitan Museum of Art* (New York: Metropolitan Museum of Art, 1913), 200.

［15］“Museum Gets Rembrandt for $2.3 Million,” *New York Times*, Nov. 16, 1961.

［16］“To Keep the Museums Open,” *New York Times*, Jan. 9, 1961.

［17］“Attendance Soars at Museums Here,” *New York Times*, Nov. 27, 1961.

［18］出处同上。

［19］“James Rorimer of Metropolitan, Duncan Phillips, Collector, Die,” *New York Times*, May 12, 1966.

［20］“Museum Sets 1964 as Building Date,” *New York Times*, Oct. 22, 1961.

［21］“James Rorimer of Metropolitan, Duncan Phillips, Collector, Die”; Hoving, *Making the Mummies Dance*, 95.

［22］对莱瑟的采访。

［23］“James Rorimer of Metropolitan, Duncan Phillips, Collector, Die.”

［24］Hoving, *Making the Mummies Dance*, 95.

［25］出处同上。

［26］出处同上; Gross, *Rogues' Gallery*, 344。

［27］Gross, *Rogues' Gallery*, 344.

［28］“James Rorimer of Metropolitan, Duncan Phillips, Collector, Die.”

［29］“The Met's Sackler Enclave: Public Boon or Private Preserve?” *ARTnews*, Sept. 1978.

［30］Hoving, *Making the Mummies Dance*, 95.

［31］“The Temple of Sackler,” *Vanity Fair*, Sept. 1987.

［32］Gross, *Rogues' Gallery*, 344.

［33］“Temple of Sackler.”

［34］Hoving, *Making the Mummies Dance*, 95.

［35］Frederick Dookstader to Arthur Sackler, May 31, 1996, Smithsonian/Museum of the American Indian Files.

［36］“James Rorimer of Metropolitan, Duncan Phillips, Collector, Die.”

［37］“A Happening Called Hoving,” *New York Times Magazine*, July 10, 1966.

［38］“Metropolitan Due to Get Temple of Dendur.”

［39］“Feud over a Temple Boils into a Tempest,” *New York Times*, Sept. 29, 1966.

［40］“A Panel of 5 Will Choose Site in U.S. for Temple of Dendur,” *New York Times*, Jan. 23, 1967.

［41］“Suggested for Art Museum,” *Chicago Tribune*, April 25, 1967.

[42] "Metropolitan Due to Get Temple of Dendur."
[43] "Feud over a Temple Boils into a Tempest."
[44] "Metropolitan Due to Get Temple of Dendur" ; "Feud over a Temple Boils into a Tempest."
[45] "Charity Fund-Raisers Know the Value of Art," *New York Times*, May 21, 1967.
[46] "Museum Wing Will Cost $15 Million," *New York Times*, Jan. 23, 1973.
[47] Hoving, *Making the Mummies Dance*, 240–242.
[48] 出处同上，第 95 页。
[49] 在与费利克斯·马蒂–伊瓦涅斯的通信中，亚瑟总在为没有多写信或是没有更频繁地联络而道歉。玛丽埃塔·卢策的回忆也反映了这一点。
[50] Hoving, *Making the Mummies Dance*, 241.
[51] 出处同上，第 240—242 页。
[52] Gross, *Rogues' Gallery*, 345.
[53] "Drills Sing in Park as Museum Flexes Wings," *New York Times*, March 28, 1974.
[54] "642 Stones Will Soon Regain Form as an Egyptian Temple."
[55] Gross, *Rogues' Gallery*, 345.
[56] "Drills Sing in Park as Museum Flexes Wings."
[57] "642 Stones Will Soon Regain Form as an Egyptian Temple."
[58] "Temple of Sackler."
[59] Hoving, *Making the Mummies Dance*, 95.
[60] "An Art Collector Sows Largesse and Controversy," *New York Times*, June 5, 1983.
[61] "Temple of Sackler."
[62] 出处同上。
[63] 出处同上。
[64] Gross, *Rogues' Gallery*, 345–346.
[65] "Art Collector Sows Largesse and Controversy."
[66] Hoving, *Making the Mummies Dance*, 94.
[67] 这句话出现于《让木乃伊跳舞》打印稿，但在最终出版的书中被删去。普林斯顿大学所藏霍温档案收入了该打印稿。
[68] "King's Treasures Open at Museum," *Asbury Park Press*, Dec. 12, 1978.
[69] "Treasures of Tut Glitter in Daylight," *New York Times*, Dec. 12, 1978.
[70] "King's Treasures Open at Museum" ; "Weekend Notes," *Newsday*, Oct. 4, 1985; "Dance: Miss Graham 'Frescoes,' " *New York Times*, April 23, 1980.
[71] "King's Treasures Open at Museum."
[72] "The Mayor's 'Stroke Diary,' " *Newsday*, Aug. 13, 1987.
[73] "Exhibit of King Tut Expected to Draw 1.3 Million Visitors," AP, Sept. 19, 1978.
[74] "Martha Graham Opens New Dance Work," AP, Dec. 11, 1978.
[75] "Sackler Brothers," Memorandum from John Blair to Paul Rand Dixon, March 16, 1960, 引自基福弗档案。

第八章
疏 远

莫蒂默·萨克勒的第一任妻子是缪丽尔·拉扎勒斯，他俩的婚姻以离婚收场。缪丽尔是个了不起的女人：她出生于格拉斯哥，年轻时来到纽约，在布鲁克林学院就读，1945 年从麻省理工学院拿到理学硕士学位，后来又从哥伦比亚大学拿到博士学位。[1] 她和莫蒂默有三个孩子：艾琳出生于 1946 年，凯西出生于 1948 年，罗伯特出生于 1951 年。但在 60 年代中期，莫蒂默 50 岁生日前后，他爱上了一个名叫格特劳德·维默尔的年轻女子。据了解，格丽①是奥地利人，既美貌又高挑。她曾在慕尼黑经营一家美术馆。[2] 她刚满 20 岁，正好和莫蒂默的女儿艾琳同龄，尽管年龄差距很大，她和莫蒂默还是恋爱了。[3] 有些人也许会对他俩的关系不以为然，但另一些人却称赞格丽是成功男人应得的奖赏。1952 年，亚瑟为两个弟弟买下一家名叫普渡·弗雷德里克的小型制药公司，公司经营得很成功，莫蒂默如今已经成了富豪。西班牙裔医生费利克斯·马蒂–伊瓦涅斯的生意此前一直是基福弗听证会的焦点，在丑闻发生后，他仍与萨克勒兄弟关系密切。他总是把莫蒂默的新太太叫作“最美丽的格丽”[4]。

20 世纪 60 年代，莫蒂默待在国外的时间越来越长。但索菲上了年纪，有一阵子，他多少被照顾母亲的责任拴住了。理论上讲，亚瑟也愿意对索菲尽孝，但在实际行动中，他并不想多跟她相处，哪怕她生病了。索菲对此很气愤，她酸溜溜地开玩笑说，如果她是一块玉石，也许亚瑟就会注意到她了。[5] 无论如何，照顾她的重任落到了两个弟弟身上。莫蒂默给索菲安排了一个全天候护士。但她在 1965 年

① 格特劳德的昵称。——译者注

死于癌症，当时她的儿子们陪在她身边。[6]

索菲死后，莫蒂默在欧洲待得更久了。“今年的蓝色海岸没有过去那么拥挤，”1966年夏天，他在给马蒂-伊瓦涅斯的信中写道，“像往常一样，时髦和不时髦的地方都发生了变化。现在出现了一批新的比基尼女孩，还有前几批留下来没走的。”[7]莫蒂默的正式工作是拓展萨克勒兄弟在制药行业的业务。那一年，他负责收购濒临倒闭的英国公司纳普实验室，该公司将与纽约的普渡·弗雷德里克公司协作。[8]不过，莫蒂默一直比他的两个兄弟更喜欢感官享受，现在他过起了欧洲花花公子的生活。他在伊甸豪海角酒店消磨时光，这是个有名的度假胜地，位于昂蒂布海角，可以从海角俯瞰地中海。F. 司各特和泽尔达·菲茨杰拉德曾在这里饮酒，肯尼迪家族曾在这里度假。这里有一种舒缓的、梦幻般的慵懒气氛，安逸的花园，新鲜的海鲜，身穿笔挺制服的侍应生会把鸡尾酒送到泳池边。莫蒂默几乎每天都打网球。（他总爱争个输赢。但如果其他人因为一场比赛而显得很激动，他会嘲笑对方：“别激动，镇静点儿。”[9]）莫蒂默和一帮外国阔佬混在一起，比如小说家、编剧保罗·加利科，他娶了一位女男爵（他的第四任妻子），住在附近的别墅里，在那里他通过向一名美国秘书口述的方式来写作，写写停停，一停就是好久。[10]莫蒂默喜欢交换热门餐厅的八卦，晚上还喜欢出去跳舞。他养成了地中海式的习惯，不厌其烦地谈论天气。[11]“我们每天都能享受到阳光，”他写信告诉马蒂-伊瓦涅斯，“在这儿我们都过得很开心。”[12]

和亚瑟一样，莫蒂默也不是一个特别细心的家长。当他和格丽·维默尔在一起的时候，他的女儿艾琳和凯西已经到了自立的年龄。但小儿子鲍比依然和他的母亲缪丽尔住在曼哈顿。莫蒂默在1966年写道：“我本以为鲍比这周会跟我一起来。”结果鲍比患上了单核细胞增多症，不能去旅行了。“只好在今年晚些时候再补上了。”莫蒂默是这样解决的。[13]两年后，也就是1968年的夏天，他在信中向马蒂-伊瓦涅斯透露了激动人心的消息。“格丽和我将要迎来……一个孩子！”[14]私下里，他指出这是“她的决定”。但他和格丽都很高兴，他俩和加利科一家共度夏天，并计划在秋天回到纽约。9月，他们有了一个女儿，萨曼莎。[15]第二年，他们就结婚了。[16]

莫蒂默想在昂蒂布海角拥有一处自己的房产，所以他买了一套漂亮的别墅，由美国建筑师巴里·迪尔克斯设计，迪尔克斯也为小说家萨默塞特·毛姆和电影制片人杰克·华纳设计过住宅。[17]这座别墅建于1938年，周围环绕着精致的花园，地理位置也很好，顺着伊甸豪海角酒店往前走就到了。“这套房子离彻底收拾好还远着呢，我们还有很多东西要置办，”1969年7月，莫蒂默写道，“虽然我把这个夏天称作‘野营’，但这里真的很舒服。”[18]

可能是因为生长于布鲁克林这样的多语言环境，也可能是因为20世纪30年代曾在格拉斯哥留学，莫蒂默越来越觉得自己是一个四处漫游的世界公民。他在东64街10号买下一套很大的联排别墅，距离62街的萨克勒总部只有两个街区，他回国的时候就住在这儿。[19]在巴黎的圣奥诺雷路，他也有一套豪华公寓，离杜伊勒里宫不远。[20]他在巴黎的时候经常去歌剧院，在伦敦的时候经常去剧院，他还在伦敦买了房子。[21]在描述20世纪60年代末伦敦的社交生活时，他开玩笑说自己已经成了“时髦人物”[22]。莫蒂默很自负，也很好胜。但他不像哥哥亚瑟那样痴迷于工作。他想要过他所描述的“一种丰富且充满活力的生活，努力去生活，去爱，争取两全其美”[23]。在一封信中，他和马蒂-伊瓦涅斯谈到了自己对阅读的热情，并向对方推荐了更多的物质享受：“虽然书籍和文字能带来很多乐趣，但我相信你会同意我的观点，我们必须探索所有获得快乐、放松和满足的途径。”[24]

1971年，格丽生下了第二个孩子，一个男孩，他们给他起名叫莫蒂默·大卫·阿尔方斯·萨克勒。[25]和亚瑟一样，莫蒂默也用自己的名字来命名他第二次婚姻的头一个儿子。他把他和格丽的孩子们称为“新家庭”[26]，再加上他去了欧洲，人们可能会产生这样的印象：他第一次婚姻的三个孩子属于旧家庭，而他已经蜕下了旧家庭的皮。1974年，莫蒂默宣布放弃美国公民身份，像格丽一样成为奥地利公民，这是他在情感上脱离美国的另一个迹象。[27]（后来，格丽解释说，他这么做是出于税务方面的考虑。[28]对于一个曾经的共产主义者来说，这是个奇怪的举动，但人总是会变的。）那年春天，马蒂-伊瓦涅斯写信告诉莫蒂默，自打1946年头一回见面起，他们已经做了许多年朋友，但他还从未见过莫蒂默如此快乐。[29]

当莫蒂默·D. A. 萨克勒还是个婴儿的时候，人们就说他以后会成为一名医生。[30]莫蒂默与第一任妻子所生的大儿子鲍比恰巧也继承了父亲的名字：他叫罗伯特·莫蒂默·萨克勒。但从鲍比十几岁时的样子来看，他似乎不太可能成为医生。他在富裕的环境中长大，因为父母离异而辗转于严厉的苏格兰裔母亲和耽于享乐的父亲之间，他的母亲住在上东区的一套公寓里，而他父亲的新太太只比他大几岁。最终，父子之间的关系变得异常紧张。[31]莫蒂默抱怨鲍比没有用，不懂得体谅别人。但抱怨归抱怨，稍后他们会一起度假，父子关系似乎也有所缓和：鲍比会和父亲一起打网球，或是在地中海一起游泳，他似乎就要告别青春期以来的离经叛道，成为莫蒂默所期待的那个稳重的年轻人。

● ● ●

“我感觉亚瑟有点儿嫉妒莫蒂默。”迈克尔·里奇回忆说。20世纪70年代中期，里奇开始跟亚瑟和玛丽埃塔的女儿丹妮丝·萨克勒约会，当时他俩还在波莫纳学院读书，后来里奇和丹妮丝结了婚，成为萨克勒家族的一员。“莫蒂默比他更有女人缘，在昂蒂布海角的时候身边总有裸露上身的年轻女郎。”据里奇说，亚瑟偶尔会“不无艳羡”地提到他弟弟在法国南部的艳遇。“我想，他觉得莫蒂默比他有更多的时间玩乐，因为亚瑟是个工作狂。”但里奇说，亚瑟的怨气还有更深层的原因。亚瑟似乎觉得，“莫蒂默之所以能有今天，都是托了亚瑟的福”。[32]

里奇说，对亚瑟来说，莫蒂默和雷蒙德一直是“跟在他身后的小弟弟”。他不把他们当作“和自己平等的人，他觉得自己有必要带领他们前进”。当莫蒂默和雷蒙德在普渡·弗雷德里克公司的业务需要亚瑟的时候，他依然会时不时地插手，但大多数时候，他们都是自己经营，自己投资，自己开展慈善活动，自己大把大把地赚钱。[33]三兄弟持有的不同产业仍然高度一体化：《医学论坛报》几乎每一期都会刊登普渡·弗雷德里克公司的产品广告，麦克亚当斯公司负责策划普渡·弗雷德里克公司的部分广告。[34]不过，亚瑟偶尔也会让他的弟弟们感到难堪，比如干涉麦克亚当斯公司的广告宣传活动，在基层员工面前对雷蒙德摆出居高临下的态度。[35]

亚瑟的两个弟弟一直很亲密。雷蒙德负责坐镇纽约的大本营，莫蒂默则负责跟进他们的国际业务。雷蒙德的性格比他的两个哥哥都要内向。眼看他的生意越做越大，他和贝弗莉背弃了他们早年对共产主义的承诺。但他们仍然忠于彼此。“雷蒙德话不多，相当诚实，妻子一直是同一个女人，”在麦克亚当斯公司工作过的广告人约翰·卡利尔回忆说，“他是三兄弟里最无趣的那个。”[36]雷蒙德依然住在位于长岛郊区的罗斯林，他和贝弗莉抚养了两个儿子，理查德和乔纳森。[37]理查德甚至打算当医生。

莫蒂默和雷蒙德的性格或许大不相同，但他俩在亚瑟的阴影下一起长大，感情格外深厚。亚瑟有时很烦躁，因为他连那个行踪不定的莫蒂默在哪儿都不知道。“我从来没有像现在这样和他‘失联’过，”有个夏天他这样写道，“直到今天，莫蒂默还没有告诉我他的行程安排。”[38]但是，当莫蒂默在欧洲时，他给别人写了信，他通过电话和雷蒙德保持着密切的联系。[39]雷蒙德和贝弗莉喜欢去法国拜访莫蒂默，尽管他们不是那种热衷于猎奇探险的旅行者。用雷蒙德自己的话来说，他很满意“让莫蒂默当我们的导游”[40]。莫蒂默和格丽会回纽约参加普渡·弗雷德里克公司的预算会议，会议地点就在62街萨克勒家族办公楼拐角处皮埃尔酒店的屋顶上。[41]当他们在纽约的时候，格丽会在自家的联排别墅里为亲朋好友举办奢华的正式晚宴。[42]萨克勒兄弟偶尔还会在信上署名为“亚瑟、莫蒂默和雷蒙德”，就好像他们是一个密不可分的整体，很难搞清楚这封信到底是谁写的。[43]马蒂–伊瓦涅斯赞扬了莫蒂默为“维系‘家庭’”所做的努力。[44]但不可避免的现实是，曾经看似坚不可摧的兄弟情谊开始破裂，两个弟弟与亚瑟越来越疏远。

玛丽埃塔认为，索菲·萨克勒是将兄弟三人联结在一起的最后一条纽带。“在我看来，她强大的母性力量维持住了家庭的和睦景象，”她写道，“她去世后，那种景象就开始消失了。”[45]

亚瑟需要经营的亲密关系，已经多到了他无法兼顾的地步，这可能也是他与两个弟弟渐行渐远的原因之一。亚瑟跟他第一段婚姻中所生的两个女儿很亲近，却跟与他同名的亚瑟·费利克斯关系紧张。“我试着让儿子对医学感兴趣”，他叹息道，但这“是白费力”。[46]小亚瑟患有阅读困难症，最终投身于反主流文化。他经常搬来搬去，要么在威斯康星州的一所小型学院学习，要么在佛蒙特州的一个公社过上一年，要么在缅因州买下一个农场。玛丽埃塔担心有一天晚上她会接到电话，获悉在他身上发生了可怕的事情。[47]丹妮丝在波莫纳上大学，主修工作室艺术，并在那里认识了迈克尔·里奇。当亚瑟参观她的毕业作品展时，他非常自豪。“萨克勒的大名就该这样出现在美术馆的墙上，”他告诉她，“不只是作为捐赠者，而且要作为艺术家。”[48]

亚瑟仍然在与他的第一任妻子埃尔丝见面，玛丽埃塔越来越讨厌她了。[49]除了每周去中央公园西路的公寓拜访，他还经常和埃尔丝一起去博物馆，听艺术讲座。[50]有时，他会跟埃尔丝一起度假，不带玛丽埃塔，就像1957年去戛纳的那次度假那样。在那次旅行中，他们偶然走进一家美术馆，亚瑟给埃尔丝买了一幅雷诺阿的石版画。[51]1962年，他突然送给埃尔丝一幅漂亮的画作，这幅画出自莫奈之手，画的是一片白杨树。[52]埃尔丝在她的公寓里安装了特殊的照明装置，以突出画家用色的细微差别。亚瑟喜欢待在埃尔丝家的客厅，在这幅画前流连欣赏，讲述他是如何以合理的价格买下它的。这幅画长期以来一直属于瑞士的某个家族，并没有因为频繁出售而价格上涨。他对自己能够“为埃尔丝找到一幅莫奈的作品”深表满意。[53]

玛丽埃塔不乐意看到亚瑟和前妻走得太近，但她不知道还有更糟糕的情况。当亚瑟和他的第一任妻子公然保持亲密关系时，他还在偷偷和第三个女人约会，她的名字叫做吉莉安·塔利。[54]

“我在1967年遇到了萨克勒博士。”多年后，吉莉安说。[55]当时她28岁，在伦敦一家广告公司工作。亚瑟50多岁了。他的头发变得花白稀疏，啤酒肚也出来了。但他仍然精力充沛，头脑灵活，吉莉安马上就被这个聪明、迷人、富有的老男人吸引了。“他非常聪明，”她回忆说，“他是艺术界和科学界的顶尖人物。”

亚瑟告诉吉莉安，他和第二任妻子关系疏远。[56]他们开始约会，约会的时间基本都是在亚瑟到伦敦的时候。随着他们的关系越来越亲密，亚瑟告诉吉莉安，他想娶她，但他必须先处理好“一份复杂的财产协议”才能跟玛丽埃塔离婚。吉莉安表示理解。几年后，她搬到了纽约，好离他近一点儿。[57]当亚瑟和吉莉安在一起时，他表现得就像是他已经跟玛丽埃塔离婚了。吉莉安后来回忆说，亚瑟“把我当作他的妻子，对外也介绍说我是他的妻子”。亚瑟一直对自己的姓氏有执念，他以萨克勒命名了博物馆侧厅，现在又想给吉莉安也冠上这个姓氏。所以吉莉安开始像埃尔丝和玛丽埃塔那样自称是“亚瑟·M. 萨克勒夫人”，也就是说，现在有三位亚瑟·萨克勒夫人，都住在曼哈顿。“让他苦恼的是，这个称呼名不副实。”吉莉安解释道——她只是借用了这个姓氏，就像演员在戏里扮演角色。最终，亚瑟“坚持要我合法地把姓氏从塔利改成萨克勒”。1976 年 3 月 4 日，她在伦敦正式改名为吉莉安·萨克勒，尽管她和亚瑟并没有真的结婚，玛丽埃塔仍然是亚瑟的妻子。[58]

● ● ●

如今，萨克勒家族似乎已分裂为互不相关的两派，亚瑟是一派，雷蒙德和莫蒂默是另一派。[59]吉莉安从未和亚瑟的两个弟弟亲近过，的确，随着时间的流逝，亚瑟和弟弟们的交流越来越少。迈克尔·里奇说，“昔日那个在国庆节欢聚一堂、共享烧烤的家庭已经大变样了”，萨克勒家族的支系变得“隔膜重重”。[60]

对外人来说，萨克勒兄弟可能是因为长期异地而居、各自忙碌才逐渐疏远的。但对三兄弟来说，他们的激烈争吵、互相猜忌显然始于一件事——这也是亚瑟和两个弟弟关系恶化的决定性转折点。德裔广告人比尔·弗罗里奇是萨克勒兄弟的朋友，也是他们三人之外的第四个火枪手。1954 年，弗罗里奇在纽约创立了一家名为“艾美仕”的公司。艾美仕公司的经营理念是整合药物销售数据，收集医生所开药物的信息，并将这些资料提供给制药公司，制药公司则会高价购买这些资料，以实现精准营销。从官方手续来看，创立艾美仕公司的是弗罗里奇。不过，正如亚瑟一直是 L. W. 弗罗里奇广告公司的幕后推手，艾美仕公司的创立也有赖于他暗中出力。事实上，最初好像是他提出要开这家公司的。但亚瑟不愿再担任医药信息公司负责人，因为这一身份与他医学报纸主编、医药广告公司董事长的身份存在明显的利益冲突。于是他指定弗罗里奇充当艾美仕公司负责人，隐瞒了自己在公司运营中发挥的作用。[61]

弗罗里奇的广告公司仍在发展壮大。到了 1970 年，它在伦敦、巴黎、法兰克福、米兰、马德里和东京都设有办事处，收入近 4000 万美元。[62]弗罗里奇在意大利的厄尔巴岛置办了一套地中海式的度假别墅，类似莫蒂默在昂蒂布海角的豪宅。当莫蒂默去那里拜访弗罗里奇时，他对这座“从厄尔巴岛山间俯瞰大海的最美丽的别墅”着迷不已。[63]1971 年的一天，弗罗里奇从加勒比海度假回来，召集属下员工开会，结果却开始胡言乱语，然后就昏倒了。[64]当亚瑟听说他的老朋友病了，他立即接管了对方的工作，为其安排了最好的医生。[65]但为时已晚。弗罗里奇被诊断出患有脑瘤，于 1971 年 9 月去世，享年 58 岁。[66]

弗罗里奇是 L.W. 弗罗里奇公司的顶梁柱，他死后不久公司就倒闭了。但艾美仕公司仍在继续经营，弗罗里奇去世一年后，艾美仕公司的高管们有了一个惊人的发现。他们了解到，弗罗里奇与萨克勒家族达成了一项秘密协议，雷蒙德·萨克勒和莫蒂默·萨克勒将在他死后继承公司的多数股权。[67]此类协议通常被称作唐提联合养老保险，这是一种古老的投资手段，起源于 17 世纪的欧洲。[68]多名参与者将他们的资金集中在一起进行联合投资，并达成共识——活得最久的投资者将获得全部金额，说白了就是一种“死亡彩票”。20 世纪 40 年代的一个雪夜，萨克勒兄弟与比尔·弗罗里奇在纽约达成了属于四个火枪手的协议，让艾美仕公司的高管们为难的正是这份协议对剩余财产的安排。[69]60 年代，四名参与者聘请了律师理查德·莱瑟，此人是查德本-派克律师事务所的合伙人。按照莱瑟的说法，他们签了两份书面协议，一份是关于国内业务的，另一份是关于国际业务的。[70]他们四人都是国内业务协议的签订人，这份协议后来被称为“四方协议”。但出于某种原因，亚瑟选择不参与国际业务协议，所以这份协议被称为“三方协议”，由雷蒙德、莫蒂默和弗罗里奇签署。协议的目的在于，当第一个人死后，他的公司不会传给他的继承人，而是传给协议的其他签订人。现在，比尔·弗罗里奇去世了，比他们任何一个人预料的都要早得多。

严格地说，根据协议，亚瑟应该和他的弟弟们一起继承艾美仕公司。但正如他的私人律师迈克尔·索南雷希后来承认的那样，他“不可能”成为弗罗里奇的受益人之一，“因为他正在经营麦克亚当斯公司，再接管艾美仕公司的话可能会造成冲突。于是他让他的弟弟们参与进来”。索南雷希称，雷蒙德和莫蒂默跟艾美仕公司“毫无关系”，但他们是协议的签订人，而且用他们来掩盖亚瑟的插手，这已经不是第一次了。[71]后来，艾美仕公司上市时，弗罗里奇的家人——他的姐妹和她的两个女儿——总共获得了 625 万美元。火枪手们的协议规定，每个人都可以留出一笔数额合理的钱来照顾他的继承人。雷蒙德和莫蒂默两人加起来赚了近 3700 万美元。[72]

当时，亚瑟指望两个弟弟会遵守他们共同拟定的协议，让他分一杯羹。毕竟，艾美仕公司最初是他的主意：两个弟弟在该公司并没有发挥任何实际作用。“四个人创立了艾美仕公司。”雷蒙德的儿子理查德·萨克勒后来说，暗示雷蒙德和莫蒂默也发挥了作用，亚瑟只是“这四个人之一”。[73]但是雷蒙德本人却告诉记者亚当·坦纳，他几乎没有参与过艾美仕公司的业务，他说：“我对这家公司的业务几乎一无所知。”[74]索南雷希称，根据四方协议，亚瑟“失去了他对艾美仕公司的权利，但他和弗罗里奇达成的共识是，如果公司股权出售，他有权得到所得收益的四分之一”[75]。

然而，当公司上市时，雷蒙德和莫蒂默有了其他想法。他们声称，由于艾美仕公司在世界各地都有办事处，它实际上属于国际业务，所以不应受国内业务的“四方协议”约束，而应受国际业务协议约束，但亚瑟并不是这份协议的签订人。亚瑟的儿子亚瑟·费利克斯后来解释说，“他们把公司搬到了国外”，他的父亲“怒火中烧”，因为他“被排除在外”。[76]

“爸爸提出了创立艾美仕公司的想法，并与比尔·弗罗里奇握手敲定，授权比尔去开公司，”亚瑟的女儿伊丽莎白·萨克勒回忆说，“弗罗里奇死后，股票上市，雷蒙德和莫蒂默发了笔横财。”[77]

被抛弃的亚瑟认为自己遭到了极大的背叛。据他的孩子伊丽莎白和亚瑟说，这是“整个分歧的开始”[78]。此后的岁月里，亚瑟很少说起这件事，但当他偶尔说起时，他只能痛苦而错愕地嘟囔：“艾美仕公司上市时，我什么都没得到。”

● ● ●

这一时期，还有另一个更阴暗的秘密困扰着萨克勒家族。1964 年，莫蒂默的儿子鲍比举行了受诫礼。每逢这种场合，费利克斯·马蒂–伊瓦涅斯总爱凸显自己的存在感，他给鲍比写了一封信。“你将带着任何一个年轻人所能拥有的最宝贵的财富步入人生：全心全意爱你的父母。”马蒂–伊瓦涅斯写道。但这个西班牙人也指出，鲍比继承的另一样东西是“显赫的姓氏”。顶着萨克勒的姓氏长大成人是多么巨大的优势啊！这是怎样一种特权！多么优越的条件！马蒂–伊瓦涅斯承认，当然，“人生中没有什么事是容易的，但这也是人生的一大乐趣”。他告诉鲍比，最要紧的是努力工作、出类拔萃。“我相信人生唯一的奋斗目标是，多少要有些伟大之处。”[79]

然而，对鲍比来说，萨克勒的姓氏并没有像马蒂–伊瓦涅斯所认为的那样成为护身符。他的情感和精神都经历着痛苦的挣扎。他在64街有一套公寓，公寓所在的大楼属于萨克勒家族。[80]不过，给莫蒂默·萨克勒当了30年管家的伊丽莎白·伯纳德说，鲍比20多岁的时候也曾在一家精神病院待过。当他不在公寓的时候，伯纳德会照顾他的猫。有时，他和母亲缪丽尔住在她那套堆满书籍的公寓里，公寓位于东86街一栋气派的老建筑的九楼，离公园不远。“罗伯特的精神状况很不稳定，他失控了，”缪丽尔·萨克勒的朋友德洛丽丝·魏尔伯回忆说，接着又补充道，“他疯了，她有一个完全管不住的儿子。”据魏尔伯说，有一回人们发现鲍比光着身子在中央公园游荡。“可能是因为毒品。”魏尔伯说。[81]

其他那些认识萨克勒家族的人也开始意识到鲍比有毒瘾。几十年后，在纽约的德普律师事务所，当律师保罗·汉利要求鲍比的姐姐凯西作证时，她偶然提到了20世纪70年代的海洛因危机。“我有朋友——亲戚，我是说，我认识那些人，那些饱受毒品折磨的个体，”她说，“这涉及每个人的生活。非常可怕。”[82]鲍比不仅吸食海洛因成瘾，还摄入了其他毒品。伊丽莎白·伯纳德说，鲍比开始吸食苯环己哌啶，也就是“天使尘”。苯环己哌啶问世于20世纪50年代，最初是作为镇静剂研发的，当人们发现它会导致幻觉、抽搐和暴力行为后，就不再把它用在人类身上。[83]但在70年代，它成了流行的街头毒品。伯纳德回忆说，当鲍比吸食这种毒品时，“他很癫狂”[84]。

在86街，缪丽尔·萨克勒住的那栋楼的门房很清楚她儿子有毒瘾。“她抱怨说，‘他在吸毒’，”在那栋楼当了47年门卫的塞费里诺·佩雷斯回忆说，“他有点儿疯疯癫癫的。没人会雇用他这种人。”有时，鲍比会来这儿看望母亲，他总是“精神亢奋”——要么嗑药嗑嗨了，要么正在戒毒，佩雷斯回忆说，“他会和她大打出手”。[85]

1975年夏天的一个星期六上午，佩雷斯正在门口工作。鲍比出现在大楼前，看起来烦躁而愤怒。他对着电梯操作员大喊大叫，然后消失在缪丽尔的公寓里。公寓里传出一阵骚动和争吵声。“他想要钱，”佩雷斯回忆说，“可能打算去买毒品。但她不肯给他。”佩雷斯和电梯操作员问大楼管理员应该怎么办。但大楼管理员告诉他们不要插手。

于是，佩雷斯回到前门遮阳篷下他的岗位上。那是一个炎热的 7 月上午。游客们正在步行前往大都会艺术博物馆的路上，遛狗的人和周末慢跑的人从他们身边经过，朝着中央公园去了。这时，佩雷斯听到上方传来一阵响声，先是玻璃碎裂的声音，接着是一个更大、更近的声音，好像有什么重物落在人行道上，撞得很厉害，听起来像是出了车祸。但当佩雷斯朝那边张望时，他看到人行道上有一具尸体。是鲍比·萨克勒。他从九楼掉了下来。他的头在人行道上裂开了。

有那么一瞬间，一切都静止了。然后，佩雷斯听到电话铃响了，是前门的电话。当他应答时，他听到了缪丽尔·萨克勒的声音。

“我儿子从窗口跳出去了，”她说，“他用椅子把窗户砸碎了。”她心急如焚。她问佩雷斯：“你觉得他死了吗？”

佩雷斯看了看尸体。这是毫无疑问的。“很抱歉告诉你，”他结结巴巴地说，“他死了。”

佩雷斯挂了电话。人群聚集了起来。人们停下脚步，目不转睛地看着。警察已经在赶来的路上了。有人找到一条毯子，塞费里诺·佩雷斯把它像裹尸布那样盖在了鲍比·萨克勒身上。

注释

[1] “Muriel L. Sackler,” Obituary, *New York Times*, Oct. 9, 2009; “Miriam [*sic*] Sackler,” Petition for Naturalization No. 413227, Southern District of New York, 1942. 根据这份文件，缪丽尔的本名可能是米里娅姆；这个名字不是打印错误——她在签名栏亲笔写下了“米里娅姆”。

[2] Gertraud Wimmer: “Two Looks, Two Lives,” *Savvy*, Sept. 1981.

[3] 1981 年 9 月，格丽（格特劳德·维默尔）35 岁，所以她出生于 1946 年左右。出处同上。

[4] 马蒂–伊瓦涅斯 1969 年 7 月 30 日致莫蒂默·萨克勒的信，引自费利克斯·马蒂–伊瓦涅斯档案。

[5] Lutze, *Who Can Know the Other?* 164.

[6] 出处同上，第 143 页。

[7] 莫蒂默·萨克勒 1966 年 8 月 13 日致马蒂–伊瓦涅斯的信，引自费利克斯·马蒂–伊瓦涅斯档案。

[8] "Dr. Mortimer Sackler," Obituary, *Telegraph*, April 27, 2010.

[9] 对"塔基"帕纳约蒂斯·西奥多阿克普罗斯的采访；"Mortimer Sackler and Me," *Spectator*, April 4, 2019。

[10] "Paul Gallico, Sportswriter and Author, Is Dead at 78," *New York Times*, July 17, 1976；莫蒂默·萨克勒 1968 年 8 月 6 日致马蒂–伊瓦涅斯的信，引自费利克斯·马蒂–伊瓦涅斯档案；Paul Gallico interview from 1973, in Publishers Weekly, *The Author Speaks: Selected "PW" Interviews, 1967–1976* (New York: R. R. Bowker, 1977), 54–57。

[11] 莫蒂默·萨克勒 1966 年 8 月 13 日致马蒂–伊瓦涅斯的信，引自费利克斯·马蒂–伊瓦涅斯档案。

[12] 莫蒂默·萨克勒 1968 年 7 月 24 日致马蒂–伊瓦涅斯的信，引自费利克斯·马蒂–伊瓦涅斯档案。

[13] 莫蒂默·萨克勒 1966 年 8 月 13 日致马蒂–伊瓦涅斯的信，引自费利克斯·马蒂–伊瓦涅斯档案。

[14] 莫蒂默·萨克勒 1968 年 7 月 24 日致马蒂–伊瓦涅斯的信，引自费利克斯·马蒂–伊瓦涅斯档案。

[15] 马蒂–伊瓦涅斯 1969 年 7 月 30 日致莫蒂默·萨克勒的信，引自费利克斯·马蒂–伊瓦涅斯档案。

[16] 出处同上；Mortimer D. Sackler Affidavit, *Mortimer Sackler v. Gertraud Sackler*, Supreme Court of the State of New York, July 31, 1984（后文再次引用该文献时仅标注为"莫蒂默·D. 萨克勒的宣誓书"）。

[17] Maureen Emerson, *Riviera Dreaming: Love and War on the Côte d'Azur* (London: I. B. Tauris, 2008), 19, 120, 139.

[18] 莫蒂默·萨克勒 1969 年 7 月 2 日致马蒂–伊瓦涅斯的信，引自费利克斯·马蒂–伊瓦涅斯档案。

[19] 对莫蒂默的管家伊丽莎白·伯纳德的采访；莫蒂默·萨克勒 1972 年 12 月 11 日致马蒂–伊瓦涅斯的信，引自费利克斯·马蒂–伊瓦涅斯档案；格丽和莫蒂默·萨克勒发给马蒂–伊瓦涅斯的晚宴邀请函，邀请函上标注的日期是 12 月 13 日（年份不详），引自费利克斯·马蒂–伊瓦涅斯档案。邀请函上留的地址是东 64 街 10 号。

[20] 莫蒂默·D. 萨克勒的宣誓书。

[21] 莫蒂默·萨克勒 1963 年 10 月 4 日致马蒂–伊瓦涅斯的信，引自费利克斯·马蒂–伊瓦涅斯档案。

[22] 莫蒂默·萨克勒 1967 年 6 月 6 日致马蒂–伊瓦涅斯的信，引自费利克斯·马蒂–伊瓦涅斯档案。

[23] 莫蒂默·萨克勒 1967 年 3 月致马蒂–伊瓦涅斯的信，引自费利克斯·马蒂–伊瓦涅斯档案。

[24] 莫蒂默·萨克勒 1966 年 4 月 15 日致马蒂–伊瓦涅斯的信，引自费利克斯·马蒂–伊瓦涅斯档案。

[25] 1971 年 5 月 9 日莫蒂默・D. 阿尔方斯・萨克勒的出生通告，引自费利克斯・马蒂–伊瓦涅斯档案。

[26] 莫蒂默・萨克勒 1966 年 4 月 15 日致马蒂–伊瓦涅斯的信。

[27] 莫蒂默・D. 萨克勒的宣誓书。

[28] Barry Meier, *Pain Killer: A "Wonder" Drug's Trail of Addiction and Death*(Emmaus, Pa.: Rodale, 2003), 217.《止痛毒丸》有两个版本，我将在注释中按出版年份加以区分：原版（2003 年）和修订版（2018 年）。

[29] 莫蒂默・萨克勒 1972 年 5 月 11 日致马蒂–伊瓦涅斯的信，引自费利克斯・马蒂–伊瓦涅斯档案。

[30] 莫蒂默・萨克勒 1971 年 6 月 8 日致马蒂–伊瓦涅斯的信，引自费利克斯・马蒂–伊瓦涅斯档案。

[31] 莫蒂默・萨克勒 1969 年 7 月 2 日致马蒂–伊瓦涅斯的信，引自费利克斯・马蒂–伊瓦涅斯档案。

[32] 对里奇的采访。

[33] 对理查德・莱瑟的采访。

[34] 对约翰・卡利尔的采访。我查阅了 20 年的《医学论坛报》，新来福、必妥碘和其他普渡・弗雷德里克产品的广告几乎出现在每一期报纸上。

[35] 对约翰・卡利尔的采访。

[36] 出处同上。

[37] 对理查德・卡皮特的采访；马蒂–伊瓦涅斯 1971 年 6 月 8 日致莫蒂默・萨克勒的信，引自费利克斯・马蒂–伊瓦涅斯档案。

[38] 亚瑟・萨克勒 1958 年 8 月 11 日致马蒂–伊瓦涅斯的信，引自费利克斯・马蒂–伊瓦涅斯档案。

[39] 莫蒂默・萨克勒 1966 年 4 月 4 日致马蒂–伊瓦涅斯的信，引自费利克斯・马蒂–伊瓦涅斯档案。

[40] 雷蒙德・萨克勒 1963 年 10 月 5 日致马蒂–伊瓦涅斯的信，引自费利克斯・马蒂–伊瓦涅斯档案。

[41] 雷蒙德・萨克勒和莫蒂默・萨克勒 1971 年 9 月 10 日致马蒂–伊瓦涅斯的信，引自费利克斯・马蒂–伊瓦涅斯档案。

[42] 格丽和莫蒂默・萨克勒发给马蒂–伊瓦涅斯的晚宴邀请函，邀请函上标注的日期是 12 月 13 日（年份不详），引自费利克斯・马蒂–伊瓦涅斯档案；生日邀请函，邀请函上标注的日期是 12 月 7 日（年份不详），引自费利克斯・马蒂–伊瓦涅斯档案。

[43] 亚瑟、莫蒂默和雷蒙德・萨克勒 1969 年 6 月 19 日致马蒂–伊瓦涅斯的信，引自费利克斯・马蒂–伊瓦涅斯档案。

[44] 莫蒂默・萨克勒 1967 年 1 月 3 日致保罗・加利翁吉的信，引自费利克斯・马蒂–伊瓦涅斯档案。

[45] Lutze, *Who Can Know the Other?* 143.

[46] "Of Dreams and Archaeology, of Methylmercury Poisoning," *Medical Tribune*, Oct. 24, 1973.

[47] Lutze, *Who Can Know the Other?* 145.

[48] 对里奇的采访。
[49] Lutze, *Who Can Know the Other?* 164.
[50] 扎金的宣誓书。
[51] Reply Affidavit of Else Sackler, *Matter of Sackler*, March 1, 1991.
[52] 这幅画是《白杨树》，创作于 1891 年。2000 年，萨克勒家族在佳士得拍卖行以 2200 万美元的价格出售了这幅画。
[53] 扎金的宣誓书。
[54] 亚瑟・萨克勒的第三任妻子把她的名字拼写成好几种形式——吉莲（Gillian）、吉尔（Jill）和吉莉安（Jillian）。为了方便和清楚起见，我统一称其为吉莉安，除非第一手文献采取了不同的拼写形式。
[55] "The Other Sackler," *Washington Post*, Nov. 27, 2019.
[56] Affidavit of Gillian T. Sackler, *Matter of Sackler*, Index No. 249220, Surrogate's Court of the State of New York, Nassau County, June 13, 1990（后文引用该文献时仅标注为"吉莲・萨克勒的宣誓书"）。
[57] "Other Sackler."
[58] 吉莲・萨克勒的宣誓书。
[59] "Other Sackler."
[60] 对里奇的采访。
[61] Tanner, *Our Bodies, Our Data*, 30.
[62] 出处同上，第 28 页。
[63] 莫蒂默・萨克勒 1969 年 8 月 29 日致马蒂-伊瓦涅斯的信，引自费利克斯・马蒂-伊瓦涅斯档案。
[64] Tanner, *Our Bodies, Our Data*, 28.
[65] 对理查德・莱瑟的采访。
[66] Tanner, *Our Bodies, Our Data*, 28.
[67] 出处同上，第 29 页。
[68] 对理查德・莱瑟的采访；Tanner, *Our Bodies, Our Data*, 29.
[69] 对理查德・莱瑟的采访。
[70] 出处同上。
[71] Tanner, *Our Bodies, Our Data*, 29.
[72] 出处同上。
[73] 理查德・萨克勒 2019 年的证词。
[74] Tanner, *Our Bodies, Our Data*, 29.
[75] 1987 年 8 月 7 日遗产会议记录。
[76] 1987 年 7 月 29 日遗产会议记录。
[77] 1987 年 8 月 7 日遗产会议记录。
[78] 1987 年 7 月 29 日遗产会议记录；1987 年 8 月 7 日遗产会议记录。
[79] 马蒂-伊瓦涅斯 1964 年 10 月 14 日致罗伯特・萨克勒的信，引自费利克斯・马蒂-伊瓦涅斯档案。

[80] 对伊丽莎白·伯纳德的采访。很久以后，伯纳德对普渡提起诉讼，声称她没能享有应得的员工福利，结果她败诉了。不过，在为这个家族工作了近30年之后，她对莫蒂默·D. 萨克勒的记忆充满温情，生动鲜活，我觉得她完全可信。

[81] 对魏尔伯的采访。

[82] 凯西·萨克勒的证词。

[83] "Teen-Age Use of 'Angel Dust' Stirs Concern," *New York Times*, Nov. 10, 1977.

[84] 对伯纳德的采访。

[85] 关于鲍比自杀的描述是基于对目击者塞费里诺·佩雷斯的采访写成的。后来萨克勒家族叫伊丽莎白·伯纳德来打扫缪丽尔的公寓，她证实了佩雷斯回忆中的大部分细节，只有一个例外：伯纳德不记得窗户打碎了。她认为鲍比可能打开窗户跳了出去。在他们两人中，佩雷斯对鲍比自杀的记忆似乎更加清晰，他目睹了自杀事件，所以我从他的角度描绘了这个场景。

第九章
幽灵的痕迹

亚瑟·萨克勒承担的工作、旅行的次数、收藏的艺术品、获得的尊重越来越多，但与此同时，他似乎离玛丽埃塔越来越远。玛丽埃塔不明白他为何还要承担这么多工作：他已经功成名就了。为什么不停下来欣赏一下自己的成果呢？但玛丽埃塔逐渐意识到，对亚瑟来说，总有新的高山等着他去攀登。她断定，他之所以沉迷收藏，不仅仅是因为渴望得到公众的认可，还出于一种更深层的需求——“他的名字不能被世界遗忘”[1]。

玛丽埃塔的孩子们都长大了。亚瑟·费利克斯离开了父母，后来又回来了：他在麦克亚当斯公司为父亲工作，随后去了《医学论坛报》工作，并参与管理玛丽埃塔远在德国的家族制药企业——卡德博士。丹妮丝和她父亲的关系相对疏远。她留在了西部，最终嫁给了迈克尔·里奇。

亚瑟出门在外的时候更多了。[2]随着年龄的增长，他并没有放慢脚步，相反，他似乎加快了生活节奏，像是在与时间赛跑。[3]玛丽埃塔感到茫然无措，意志消沉。最终，她接受了精神治疗。[4]亚瑟反对这个决定：他固执己见，坚信自己早年在克里德莫尔医院奉行的研究理论，他一口咬定，如果她有精神问题，一定是由代谢和生理方面的因素引起的，应该服用适当的药物，而不是通过治疗来解决。[5]但玛丽埃塔发现精神分析很有帮助，以至于她决定重新接受培训，成为一名精神治疗师。[6]在很长一段时间里，她与丈夫的主要联系就是性。在这方面，亚瑟一向不知餍足。但对玛丽埃塔来说，他俩的亲密行为似乎已经不带感情，也不再温柔。她觉得，亚瑟对待性的态度就像对待其他事情的态度一样，想要从中得到“征服”的快感。[7]到头来，亚瑟甚至对性也失去了兴趣。[8]如今，玛丽埃塔感觉亚瑟仿佛遥不可及。20 世纪 70 年代初的一个晚上，她恳求他，如果是公司给他带来这么大的压力，他们可以卖掉公司，过更简单的生活。**求你了**，她恳求他。[9] 但他似乎无动于衷。

玛丽埃塔问："你还爱我吗？"

亚瑟说："我爱上了别人。"[10]

最后，亚瑟跟玛丽埃塔谈到了吉莉安，就是那个和他相恋多年的年轻女人。玛丽埃塔就算感到震惊，此时也不得不承认，亚瑟的出轨有迹可循：长时间不在家，无缘无故玩失踪。不久前的一个晚上，亚瑟本该待在城里，玛丽埃塔心血来潮从长岛开车去见他，结果却发现屋子里空无一人。她提心吊胆地等了一整夜。第二天早上，当他走进屋子的时候，他惊讶地发现她在那里，于是讲了个故事（老实说，现在回想起来，这个故事很荒谬），说是他的车坏了，他在黑暗中找不到回家的路。[11]

即便如此，在向玛丽埃塔坦白自己的婚外情时，亚瑟似乎并没有要求离婚。相反，他只是简单地告诉她这个新情况。她意识到，亚瑟想要的是一种更"开放"的安排，一种符合 70 年代自由主义道德观念的安排。玛丽埃塔称，他提议他俩维持表面上的婚姻，但他可以不受约束地继续和吉莉安恋爱。[12]

1973 年 8 月 22 日是亚瑟的 60 岁生日，此前玛丽埃塔一直计划给他开派对，然而，举行生日派对的时间恰好在亚瑟承认出轨、给玛丽埃塔造成毁灭性打击之后，这个尴尬的巧合简直令人难以忍受。这对夫妇还是决定在长岛的房子里按原计划举行庆生活动。每个人都保持着得体的外表。[13] 亲朋好友欢聚一堂，但显然吉莉安没有来。玛丽埃塔本应发表讲话，你也许认为她会因为无法忍受丈夫出轨的羞辱而打退堂鼓——或者，她会畅所欲言，把她对于自身处境的**真实**想法告诉在此聚集的萨克勒家族成员，以及他们形形色色的追随者。但是，玛丽埃塔却极力自我克制，发表了她此前准备的讲话，她在讲话中回顾了亚瑟的职业生涯，通篇都是溢美之词。她送给他一套经过精心编排的剪贴簿，记录了他在医学和艺术方面的诸多成就。她讲话的题目是"60 年来未被充分认识的成就"。[14]

亚瑟已经跻身于新的社会阶层。他不是在戈雅的画展上躲避狗仔队的闪光灯[15]，就是在洛杉矶的宴会上热情招待来访的法国侯爵夫人[16]。大多数情况下，他仍然拒绝接受媒体采访，但他不再害怕看到自己的名字出现在报纸上。《医学论坛报》设有他的专栏《一个人与医学》，在专栏中他拉拉杂杂、义正词严地抨击了自己讨厌的东西（香烟、美国食品药品监督管理局的监管、不是医生的人撰写的“外行”新闻），并发表日志记述自己的生活和旅行——这些日志经常会以熟人的口吻提到名流权贵。专栏中有三期内容都是他与卢恰诺·帕瓦罗蒂的深度对话。不知怎地，从各种题材的故事中可以看出他与瑞典国王私交甚笃。[17]亚瑟标榜自己是拉尔夫·纳德消费者安全工作的早期拥护者，尽管纳德创办的一个组织——公共公民健康研究小组——的负责人曾宣称：“《医学论坛报》上的所谓新闻，都是经过高度过滤的社论，它们一味地帮制药行业说好话。”[18]

就算亚瑟已经对媒体宣传习以为常，他也坚持要按照自己的方式来宣传。“他想自己当总编，”曾在大都会艺术博物馆担任管理人员的艺术品收藏家爱德华·沃伯格说，“他不希望由别人说了算。”[19]1975年，亚瑟在塔尔萨的菲尔布鲁克艺术中心受到了表彰，该中心将为他收藏的皮拉内西版画和素描举办巡回展览。他和一个看起来很不错的年轻人聊了起来，后来才意识到他是《塔尔萨世界报》的记者。“天啊，”亚瑟说，他突然意识到自己刚才无意中接受了一次采访，“我希望纽约和伦敦的报界不要看到《塔尔萨世界报》。”[20]

与亚瑟共事的人仍然能从他身上看到那个成长于大萧条时期的布鲁克林男孩的痕迹。亚瑟总爱说：“我是出生于纽约并留在这儿的少数人之一。”[21]在购买艺术品或者进行冠名捐赠时，他可能挥霍无度，但在其他事情上他仍然很节俭。他喜欢乘飞机旅行，并对波音747飞机这样的奇迹赞叹不已：“如今，人类航空旅行的速度和舒适度，是希腊神话中风驰电掣的金色战车所无法比拟的。”[22]但他有个出了名的偏好，那就是喜欢坐经济舱，他总是要求坐在飞机后舱靠近紧急出口的位置，这样才放得下他的腿和公文包。[23]

他成了杰出人物和名流显贵的伙伴。他与埃及总统安瓦尔·萨达特过从甚密，并在大都会艺术博物馆的萨克勒侧厅向萨达特致敬。为了纪念这一时刻，亚瑟送给他一块有500年历史的玉石。[24]亚瑟在第一段婚姻中所生的女儿伊丽莎白后来回忆说，“我认识很多天才”，因为在她父亲的社交圈里，“他们成天泡在一起”。[25]亚瑟与画家马克·夏加尔和小说家伯纳德·马拉默德成了朋友。[26]马拉默德在布鲁克林长大；他和亚瑟曾同时就读于伊拉斯谟霍尔高中，但直到多年以后才重新联系上。马拉默德的女儿詹娜·马拉默德·史密斯在回忆这段友谊时指出，他们起点相同，都有个“经营杂货店的父亲”。她想，他们久别重逢、彼此交好是合情合理的，因为他们都很自我，这种人在获得较高社会声望后，往往会重新规划自己的社交圈，把地位相仿的人拉进来。马拉默德·史密斯认为：“他们可能都喜欢从对方眼中看到自己的成就。”[27]基福弗听证会的不愉快记忆早已荡然无存。事实上，对美国食品药品监督管理局近年来的每一位新负责人来说，坐下来接受《医学论坛报》出版人亚瑟·萨克勒的详尽采访几乎成了惯例。[28]

● ● ●

亚瑟有时会在自己的每周专栏中写一些关于精神疾病、毒瘾和自杀的文章。但1975年夏天他弟弟莫蒂默的儿子鲍比去世时，他却对此事只字不提。萨克勒家族没有将鲍比吸毒致死的消息透露给媒体。他们在《纽约时报》上付费刊登了一则简短的讣告，仅仅交代了罗伯特·莫蒂默·萨克勒“在他人生的第24个年头突然”离世。[29]鲍比的葬礼在河滨教堂举行。在场的男士剪掉了领带的末端——按照犹太人的传统习俗，人们往往通过撕裂衣服来表达悲痛。[30]萨克勒家族在特拉维夫大学设立了纪念奖学金，但对于纪念对象罗伯特·萨克勒的生平，却没有给出任何解释。[31]尽管萨克勒家族凭借冠名捐赠扬名海内外，但是，当某个家庭成员英年早逝时，他们没有以任何形式公开纪念他，这种前后矛盾的态度十分古怪。他们极少提到鲍比。他的存在被抹去了。

鲍比的母亲缪丽尔仍然住在86街的那套公寓里。有人把窗户修好了，她在那里度过了余生。和玛丽埃塔一样，她重新接受了精神分析方面的培训，加入了纽约精神分析学家的紧密团体。但她似乎从来没有提起过她的儿子。她在家工作，在鲍比自杀的公寓里为患者看病。最终，她遇到了善良的国际律师奥斯卡·沙赫特，并坠入爱河。但就连沙赫特也发现，对缪丽尔来说，鲍比之死是个禁忌话题。有一回，沙赫特和前妻生的一个已经成年的女儿跟缪丽尔共度午后时光，她俩翻看了一鞋盒的照片。每当她俩看到一个男孩的照片时，缪丽尔就会推开它，把它埋在照片堆里。她不敢看他。[32]

鲍比死的时候，莫蒂默·萨克勒正在法国。[33]他悲痛欲绝地赶回纽约参加葬礼。不久之后，他与第二任妻子格丽·维默尔的婚姻破裂了。1977年夏天，他们分道扬镳，据小报披露，格丽“迫不及待地告诉所有人她要离婚了”[34]。三年后，莫蒂默第三次结婚。他或许与哥哥渐渐疏远了，但他又一次追随亚瑟的脚步，开始和一个比他年轻得多的英国女人交往。特蕾莎·罗琳来自斯塔福德郡，此前一直在伦敦诺丁山当老师。她30岁，比莫蒂默第一段婚姻中所生的两个女儿艾琳和凯西还要年轻。[35]莫蒂默继续在法国南部的别墅和瑞士阿尔卑斯山的格施塔德消磨时光；他年轻时在圣莫里茨上的那些课点燃了他对滑雪的终身热情。不过，大多数时候，他和他的新娘还是待在切斯特广场一座巨大的白色灰泥豪宅里[36]，这一带可能是贝尔格拉维亚最高档的街区，也是伦敦最高档的街区。

尽管莫蒂默已经60多岁了，他仍然和特蕾莎生了三个孩子——迈克尔、玛丽莎和索菲。他们将成长于英国，远离弗拉特布什的街道，他们的父亲曾在那儿长大；远离康涅狄格州，他们的叔叔雷蒙德仍在那儿掌管着家族生意；也远离上东区，他们同父异母的哥哥鲍比曾在那儿自杀。

● ● ●

1982年9月的一个晚上，意大利设计师华伦天奴的秋冬高级定制时装秀在大都会艺术博物馆举行，1000人到场参与了此次活动。[37]在博物馆内的一座大厅里，身穿无袖上衣、花瓣裙、奢华的丝绸和天鹅绒长袍的模特们鱼贯而入。这是一场夸张的表演，充分糅合了20世纪80年代兴起的颓废风。据传，该系列中有件连衣裙售价为10万美元。演出结束后，300名嘉宾受邀在萨克勒侧厅共进晚宴。[38]女演员拉蔻儿·薇芝和小说家诺曼·梅勒互相逗趣。舞蹈家米凯亚·巴瑞辛尼科夫与17岁的模特波姬·小丝谈天说地。拳王阿里在表演魔术，而华伦天奴本人则四处周旋应酬，他的皮肤晒成了古铜色，满脸堆着笑，穿一身燕尾服。[39]桌上装饰着白花和数百支蜡烛，烛光在埃及神庙的墙壁上投下摇曳的影子。[40]

当亚瑟·萨克勒听说这场宴会时，他感到很厌恶。[41]为了获得额外收入，大都会艺术博物馆开始出租萨克勒侧厅作为活动场地，亚瑟愤慨不已，因为他觉得这是对丹铎神庙的“贬低”。大都会艺术博物馆与萨克勒家族签署的协议涉及了神庙使用的问题，亚瑟一直在私下记录博物馆滥用神庙的“违约”情况。他喜欢把这个地方用于官方活动，比如国务院的仪式。但用来办时装秀？那还是算了吧。

十多年来，亚瑟一直在吊大都会艺术博物馆的胃口，让大家觉得他最终会把自己无价的艺术收藏赠予博物馆。但令他沮丧的是，他发现自己与大都会艺术博物馆的新任馆长菲利普·德·蒙特贝罗不是很合得来。[42]德·蒙特贝罗举止文雅，颇有贵族风度。以前的博物馆馆长多少会对亚瑟奉承迁就，亚瑟已经习惯了他们的殷勤，但他不觉得自己从德·蒙特贝罗那里得到了这样的优待。

这些年，他一直在博物馆保有自己的私人飞地。“那个地方有点儿像《公民凯恩》的最后一幕，”亚瑟的女婿迈克尔·里奇回忆说，“它就像一个储藏室，而非供奉艺术的殿堂。当我看到那个地方时，我想起了《公民凯恩》里的‘玫瑰花蕾’。”[43]但最终，亚瑟获准使用博物馆空间的秘密安排还是被外人知道了。[44]罗格斯大学刑事司法系主任，同时也是社会学家、兼职记者的索尔·查内莱斯，听说飞地的事以后，要求采访亚瑟。一开始，亚瑟拒绝和查内莱斯交谈，但当他发现对方打定主意要报道飞地时，他终于接通了电话。

“为了不让这篇报道登出来，他送了我好几件礼物，包括一件皮拉内西的作品。”查内莱斯后来说。[45]尽管查内莱斯的报道没有发表，飞地的安排还是被曝光了。《艺术新闻》在1978年发布了一篇关于萨克勒飞地的文章，质疑“博物馆是否可以适当地为专属于个人的藏品和员工提供空间……而不违背其公共目的”[46]。文章称，纽约州总检察长已经对这种“通融”之举的正当性展开了调查。亚瑟被迫提交了一份证词（“他认为这是在浪费他的时间。”一名调查人员回忆说），但他最终没有被指控存在不当行为。[47]

飞地的丑闻让大都会艺术博物馆的管理人员感到很难堪，但他们想知道，此次曝光是否也有好的一面。[48]眼下的情况能否迫使亚瑟为他们正名——把他多年来免费存放在博物馆的藏品捐给他们？亚瑟一直公开表示自己打算捐出大部分藏品。“伟大的艺术品不属于任何人，”他会说，仿佛他只是这些珍宝的临时保管者，尽管他花了大价钱才买下它们，“你的收藏越成功，它们就越不属于你。”[49]菲利普·德·蒙特贝罗或许没有像前任馆长那样奉承、结交亚瑟，但他毫不掩饰自己的野心。他希望“至少有一部分——不用说，当然是最好的那部分——藏品会在适当的时候归大都会艺术博物馆所有”[50]。

不过，大都会艺术博物馆并没有让亚瑟加入理事会。亚瑟很想得到理事会的席位，博物馆却一直不松口，在上流社会的某些圈子里，这种拒绝似乎意味着轻蔑。他极其反感被人当成暴发户或门外汉，让他恼火的是，由于他占了大都会艺术博物馆的“便宜”，在馆内设置私人飞地，博物馆便以不给他理事会席位来惩罚他。[51]布鲁克·阿斯特不是已经超过理事会的规定任期了吗？为什么他就不能接替阿斯特的位置呢？[52]亚瑟抱怨说，大都会艺术博物馆在萨克勒展厅的问题上违反了与他的协议。博物馆新举办了一场梵蒂冈展览，为此在萨克勒展厅开设了意式咖啡吧和礼品店。说到梵蒂冈展览，他惊呼，整场展览都是他的主意！然而，大都会艺术博物馆根本不承认他的功劳。[53]（德·蒙特贝罗反唇相讥，“能想到展出梵蒂冈的艺术作品可能是件好事”，但并不需要“任何特别的才能”。）

亚瑟与大都会艺术博物馆的合作还是有些让他受用的地方。他很高兴能向他的新朋友——科学家、诺贝尔奖得主莱纳斯·鲍林——寄送正式请柬，邀请他在博物馆度过一个下午，从“亚瑟·M. 萨克勒石雕画廊”开始，然后再移步参观“萨克勒侧厅的青铜展”。[54]亚瑟明确表达了自己的期望，他认为出手大方的慈善家理应享有广泛的特权作为报偿。正如他的律师迈克尔·索南雷希所坚称的那样，慈善不是乐善好施。这是一门生意。[55]亚瑟出资修复了皇宫剧院，这是一座历史悠久的歌舞剧院，位于康涅狄格州的斯坦福德。在这之后，吉莉安给鲍林写了一封信，在信中，她把这座剧院描述为“亚瑟的新玩具”[56]。

亚瑟之所以讨厌菲利普·德·蒙特贝罗，部分原因在于他似乎不愿为捐赠者提供特权。“如果你是馆长，并且有一名捐赠者，你会花时间经营与对方的关系，”索南雷希说，“菲利普却不打算为亚瑟花时间。”[57]亚瑟盯住德·蒙特贝罗不放，因为他对自己受到的轻慢对待愤愤不平。他和前任馆长托马斯·霍温的关系更融洽，于是他找到霍温，向对方大发牢骚，他说德·蒙特贝罗简直厚颜无耻，竟敢像“男模”一样把自己的照片登在《时尚芭莎》上。亚瑟甚至把德·蒙特贝罗比作阿道夫·希特勒，他向霍温求助，希望对方能把“这个人赶出博物馆”。[58]

但德·蒙特贝罗依然掌管着大都会艺术博物馆。所以亚瑟终于放了个大招。

1980年，华盛顿史密森尼学会负责人S. 狄龙·里普利写信给亚瑟，称其为“亲爱的萨克勒博士”。里普利在争夺丹铎神庙时曾输给大都会艺术博物馆，但现在他要复仇了。他向亚瑟提到，听说“您希望在不久的将来安排一些珍贵藏品的去向”。他接着说，这样的收藏“值得在华盛顿国家广场上占有一席之地”。他为亚瑟·萨克勒制定了计划，勾勒出“绝无仅有的伟大捐赠”的愿景。[59]

里普利选对了时机。他说，亚瑟最近一直在考虑“给国家一笔巨额捐赠”[60]。两人的博弈就这样开始了。里普利慢慢收线，钓起了亚瑟这条大鱼。但他俩的谈判不会很轻松：和亚瑟谈判从来不是件容易的事。里普利在内部备忘录中写道：“萨克勒非常希望自己的名字出现在博物馆大门上方。”这是他的条件：除非整个博物馆都以他的名字来命名，否则他不会捐赠自己的藏品。里普利指出，亚瑟的提议“有利有弊”，这是一笔“非常可观的捐赠，既有现金，也有实物，但并没有可观到将新博物馆‘萨克勒化’的地步”。[61]

亚瑟提出，他愿意向史密森尼学会捐赠400万美元，以及他所收藏的最好的作品。不过，史密森尼学会需要更多资金来建造新的设施，这让他们陷入了进退两难的困境。“您愿意将一部分华丽的藏品捐给我们，并提供400万美元用以建设萨克勒博物馆，对于您的慷慨，我们深表感激，”里普利在给亚瑟的信中写道，“可问题是，我们要建造博物馆的话，必须先凑够1000万美元，而这座博物馆是以您的名字命名的。这当然不利于其他捐赠者向我们捐款。”[62]他怎么可能说服其他捐赠者提供数百万美元，帮忙建造一座以亚瑟·萨克勒的名字命名的博物馆呢？在随后的电话沟通中，亚瑟表示这或许是里普利需要考虑的问题，但不是他的问题。他重申了自己最初的提议，并表明这是他“不可动摇”的立场。[63]

亚瑟获胜了。[64]两人达成了协议，亚瑟同意捐赠他收藏的1000件艺术品，里普利估计这些艺术品的价值约为7500万美元。[65]萨克勒博物馆将于1987年向公众开放。[66]

当这笔交易公之于众时，菲利普·德·蒙特贝罗试图掩饰自己的恼怒。“失望？被剥夺继承权的人总会这么觉得。”他对《华盛顿邮报》说。他指出，多年来，大都会艺术博物馆的管理人员一直允许亚瑟在这里存放藏品，他说，“显然，我们之所以允许萨克勒博士把藏品放在这儿，是为了讨他欢心，好让他把藏品捐给我们”。[67]一天，史密森尼学会的一队策展人抵达纽约，拥入大都会博物馆。[68]他们来到萨克勒飞地，开始在里面挑挑拣拣，选出存放在那里的最好的杰作，以便把它们运往华盛顿。

● ● ●

有一段时间，亚瑟成功地周旋于他生命中的两个女人之间。他经常回家找玛丽埃塔，但他也会和吉莉安一起离开很久。在玛丽埃塔看来，他想要的不是选择，而是拥有一切，就像他当年对待玛丽埃塔和埃尔丝那样。[69]但最终，玛丽埃塔确信自己不能接受这种情况。她找来搬家工人，把亚瑟放在西尔温顿路的荷兰老房子里的东西都搬了出去。她告诉亚瑟，她不愿意仅仅充当他所“收藏”的伴侣之一。

亚瑟要求玛丽埃塔在信中写明她希望在离婚协议中看到的内容。于是她坐下来，列出自己想要的东西。她想要长岛的那套房子，还有她和亚瑟在联合国大楼对面买的一套公寓。玛丽埃塔说，她没有要求拿走任何艺术品，考虑到他俩一起收藏了大量艺术品，她觉得这已经是极大的让步了。[70]

玛丽埃塔等待亚瑟的答复，却迟迟没有等到。几个月过去了。她偶尔会催问亚瑟什么时候能给她答复，他总是说他有更紧急的业务要处理，“下周”再来看离婚协议。过了一段时间，玛丽埃塔意识到，亚瑟似乎并没有那么忙，他只是不想面对离婚的事。玛丽埃塔快要崩溃了。她感觉自己好像失去了归属感，未来的人生悬而未决，而疯狂的是，这种悬而未决的状态正是亚瑟所**喜爱**的。即使不做选择，他也能活得很好。他的生活界限模糊，身份重叠，充满了利益冲突。他天生不需要归属感。但玛丽埃塔快被逼疯了。[71]有一天，玛丽埃塔觉得自己快要发疯了，她给亚瑟打电话，要求他给个说法。亚瑟控制住怒气，告诉她最好找个厉害的律师。

心烦意乱的玛丽埃塔挂了电话。然后，她凭着一时冲动抓起一把安眠药，塞进了上衣口袋。[72]亚瑟的敌意让她痛苦得失去了理智，她发现自己来到大街上，在人行道上茫然地走着，然后又跑着，朝亚瑟的办公室奔去。办公室就在紧挨着她家的房子里，那是亚瑟在1960年买给她的。当她冲进办公室时，她发现亚瑟和他的几个生意伙伴正忙作一团，他们都惊讶地抬起头来。“你现在必须听我说，”玛丽埃塔对他说，“我需要一个答复。”

亚瑟怒不可遏，斥责她冲进他的办公室提要求，丢人现眼。玛丽埃塔带来了那封信的副本，上面概述了她离婚的要求，现在她把信塞给亚瑟，要求他给出答复。亚瑟接过信读了起来。但这只是让他更愤怒。他轻蔑地把信扔在地上。

于是，玛丽埃塔把手伸进口袋，抓起安眠药，在亚瑟阻止她以前，她把它们吞了下去。那一刻她只想逃离，遁入睡眠中。她感到自己阴暗的那一面正在抬头，某种原始的、邪恶的力量占据了她的身心。药片尝起来很苦，她的感官世界突然一片混乱。[73]她发现自己倒在地毯上，亚瑟扔掉的信就在她身旁。她感到周围一阵喧闹。说话声，有人在叫喊，接着是灯光。几只手放在她身上，压迫感，有人在呼唤她的名字。

● ● ●

当玛丽埃塔醒来时，她躺在医院的病床上。她的喉咙又痛又干。她已经记不清发生过什么了。但亚瑟就在那儿，在她的床边，等着她醒来。

当她恢复意识时，他对她说：“你怎么能这样对我？”[74]

玛丽埃塔康复了，离婚也终于成了定局。[75]离婚第二天，亚瑟就和吉莉安结婚了。他最终得到了长岛的房子。[76]玛丽埃塔住进了联合国广场的公寓。有天早上9点，她正好在家，一群搬家工人上门了。是亚瑟派他们来的，他们开始把屋里的艺术品打包带走。他们搬走了青铜器、雕像、花瓶，好几百件艺术品，那些东西她并不关心，却被灌注了巨大的意义。许愿井、谷仓罐、原本放置在钢琴上的玉马。搬家工人忙活了10个小时，但他们总算把所有东西都装箱运走了。玛丽埃塔被留在了那里，在这套大公寓里她感到很孤独。她哭了。她的周围都是光秃秃的架子，墙上过去挂着画，现在却只留下一些长方形的印痕，她觉得它们是“幽灵的痕迹”。

注 释

[1] Lutze, *Who Can Know the Other?* 165.
[2] 出处同上，第 176 页。
[3] 出处同上，第 171 页。
[4] 出处同上，第 174 页。
[5] 出处同上，第 174—175 页。
[6] 出处同上，第 175 页。
[7] 出处同上，第 171 页。
[8] 出处同上，第 178 页。
[9] 亚瑟向玛丽埃塔坦白婚外情的确切时间很难确定：在玛丽埃塔的回忆录中，她没有给出具体的年份，仅仅说这场对话发生在 1970 年她和亚瑟买下联合国广场的那套公寓之后，1973 年亚瑟的 60 岁生日派对之前。在一份宣誓书中，吉莉安·萨克勒写道，她和亚瑟第一次见面是在 1967 年，当时他说自己已经和玛丽埃塔"疏远"了。这一时期认识玛丽埃塔的两个人说，她似乎一直在否认她的婚姻即将结束的明显迹象。直到 1981 年 12 月，她才与亚瑟正式解除了婚姻关系。
[10] 出处同上，第 178 页。
[11] 出处同上，第 180 页。
[12] 出处同上，第 179 页。
[13] 出处同上。
[14] 出处同上，第 181 页。
[15] "Royalty & Raves at a Sparkling World Premiere," *Washington Post*, Nov. 17, 1986.
[16] "Series of Bubbly Parties Salutes a New Champagne," *Los Angeles Times*, Sept. 23, 1982.
[17] "Tenor Talks of Loving the Public and His Favorite Opera Composers," *Medical Tribune*, Nov. 1, 1978; "Pavarotti Talks of Sex and Sunshine," *Medical Tribune*, Nov. 15, 1978; "The Quiet Scholar: King of Sweden," Medical Tribune, Nov. 1, 1972.
[18] 此处引用了西德尼·沃尔夫的话。"A Financial Man and the Fogg," *Boston Globe*, Feb. 16, 1982.
[19] "The Temple of Sackler," *Vanity Fair*, Sept. 1987.
[20] "Art Collector Honored Guest at Philbrook Opening," *Tulsa World*, Dec. 8, 1975.
[21] 出处同上。
[22] "The Chariots of the Gods—and the 747," *Medical Tribune*, Oct. 3, 1973.
[23] "Remembrance of Kings Past," *Medical Marketing and Media*, July 1996.
[24] "Sadat Urges U.S. to Back Liberation of the Third World," AP, Aug. 8, 1981; "Koch and City Lionize Sadat," *Newsday*, Aug. 8, 1981.
[25] Gail Levin, *Becoming Judy Chicago* (Oakland: University of California Press, 2007), 363.
[26] "A Halo and a Vision," *Medical Tribune*, July 25, 1973; "The Colors of Love—I," *Medical Tribune*, April 12, 1978; "The Colors of Love—II," *Medical Tribune*, April 26, 1978; "An Open Letter to Bernard Malamud," *Medical Tribune*, Nov. 14, 1973.

[27] 对詹娜・马拉默德・史密斯的采访。

[28] 参见 "FDA Chief Defends Position on Package Inserts," *Medical Tribune*, Feb. 11, 1976。

[29] "Sackler—Robert, M.," *New York Times*, July 6, 1975.

[30] 对伊丽莎白・伯纳德的采访。

[31] 在 2010 年付费刊登的莫蒂默・D. 萨克勒讣告中，特拉维夫大学特别提到："罗伯特・M. 萨克勒纪念奖学金基金将在未来很长时间内继续改变人们的生活。" 然而，有趣的是，没有任何与该基金相关的公开信息：它是一个 "纪念" 奖学金，却没有任何关于纪念对象的描述。

[32] 对朱迪丝・沙赫特的采访。

[33] 对伊丽莎白・伯纳德的采访。

[34] 莫蒂默・D. 萨克勒的宣誓书；"Suzy Says," *New York Daily News*, Sept. 13, 1977。

[35] 她出生于 1949 年，1980 年他们结婚时，她大约 31 岁。"Drugs Mogul with Vast Philanthropic Legacy," *Financial Times*, April 23, 2010.

[36] 地址是切斯特广场 67 号。参见 "Meet the Chester Square Candys," *Telegraph*, March 8, 2016。

[37] "Valentino's Art Presented at Met Museum," *Los Angeles Times*, Sept. 24, 1982.

[38] "A Party at the Museum ...," *New York Daily News*, Sept. 22, 1982.

[39] "'Waiting for Valentino' in New York," *Desert Sun* (Palm Springs), Sept. 27, 1982; "Valentino's Art Presented at Met Museum."

[40] "'Waiting for Valentino' in New York."

[41] 托马斯・霍温关于亚瑟・萨克勒的记录，见于普林斯顿大学所保存的托马斯・霍温档案（后文再次引用该文献时仅标注为 "霍温的记录"）。

[42] 出处同上。

[43] 对里奇的采访。

[44] "The Met's Sackler Enclave: Public Boon or Private Preserve?" *ARTnews*, Sept. 1978.

[45] "Temple of Sackler."

[46] "Met's Sackler Enclave"；对查尔斯・布洛迪的采访。

[47] "The Sackler Collection, Cont'd," *Washington Post*, July 30, 1982.

[48] Gross, *Rogues' Gallery*, 346.

[49] "Arthur Sackler's Inner Resources," *Washington Post*, June 7, 1987.

[50] "Financial Man and the Fogg."

[51] 霍温的记录。

[52] 出处同上。

[53] "An Art Collector Sows Largesse and Controversy," *New York Times*, June 5, 1983.

[54] Arthur Sackler to Pauling, June 21, 1980, Ava Helen and Linus Pauling Papers, Oregon State University（后文再次引用该档案时仅标注为 "鲍林档案"）。

[55] Posner, *Pharma*, 280.

[56] 吉莉安・萨克勒 1983 年 6 月 21 日致鲍林的信，引自鲍林档案。

[57] Gross, *Rogues' Gallery*, 347.

[58] 霍温的记录。

[59] Ripley to Arthur Sackler, March 10, 1980, Smithsonian Institution Archives（后文再次引用该档案时仅标注为“史密森尼档案”）。

[60] 亚瑟・萨克勒 1980 年 4 月 4 日致里普利的信，引自史密森尼档案。

[61] 詹姆斯・赛明顿 1980 年 4 月 8 日的备忘录，引自史密森尼档案。

[62] 里普利 1980 年 9 月 18 日致亚瑟・萨克勒的信，引自史密森尼档案。

[63] 里普利 1981 年 10 月 6 日的备忘录，引自史密森尼档案。

[64] Arthur Sackler/Smithsonian Institution Contract, Fifth Preliminary Draft, April 1982, 引自史密森尼档案。

[65] 里普利 1982 年 8 月 10 日的信件（这份副本上没有写收信人，但被发给了好几个人），引自史密森尼档案。

[66] 史密森尼学会 1986 年 4 月的新闻稿，引自史密森尼档案。

[67] “Sackler Collection, Cont'd.”

[68] “Art Collector Sows Largesse and Controversy.”

[69] Lutze, *Who Can Know the Other?* 181.

[70] 出处同上，第 181—182 页。由此可见，玛丽埃塔讲述的故事可能并不完全可靠，因为据他们家的一位朋友说，她离婚时确实带走了很多珍贵的画作。她最后得到了布拉克、毕加索、康定斯基的画各一幅，还有其他画家的画作。“她本人也许没有提出要带走它们，”这位朋友说，“但她的律师提出了。”

[71] 出处同上，第 182 页。

[72] 出处同上。

[73] 出处同上，第 185 页。

[74] 出处同上。

[75] 1981 年 12 月 28 日，两人正式离婚。第二天，吉莉安和亚瑟结婚了。参见吉莲・萨克勒的宣誓书。

[76] Lutze, *Who Can Know the Other?* 202.

第十章
与死亡的必然性对抗

桑德斯剧院位于哈佛大学校园内，是一座巨大空旷的新哥特式建筑，有着漂亮的木构件、拱形天花板和美妙的音响效果。1985 年秋天的一个晚上，亚瑟·萨克勒大步走上泰迪·罗斯福、温斯顿·丘吉尔和马丁·路德·金博士曾经演讲过的舞台。[1] 亚瑟注视着台下 1200 个衣着华丽的听众，脸上露出了笑容。“博克校长，”他一边说着，一边看了哈佛大学校长德里克·博克一眼，“各位阁下，先生们和女士们，尊敬的老师们和同学们，亲爱的朋友们，尊贵的来宾们。”[2] 这是亚瑟·萨克勒的主场，满屋子的显要人物共聚一堂，聆听他的演讲，向他表达敬意。为了庆祝哈佛大学亚瑟·M. 萨克勒博物馆落成，哈佛大学举办了为期三天的晚会和招待会，亚瑟来剑桥市就是为了出席这些活动。[3]

博物馆被安置在一座由英国建筑师詹姆斯·斯特林设计的崭新的玻璃砖墙建筑里，作为哈佛大学佛格艺术博物馆的扩建部分。哈佛大学一直在努力筹措扩建的经费，甚至考虑卖掉一些馆藏来支付施工费用。因为资金不足，德里克·博克一度叫停了这个项目。[4] 不过，亚瑟表示愿意提供资助，条件是新建筑必须以他的名字命名。截至他在桑德斯剧院登台时，他已经向哈佛大学捐了 1000 多万美元。[5]

“15 年后，新千年就开始了。”亚瑟宣告，并援引了他最喜欢的主题之一：人类控制自然的能力。他说：“在经历了数十亿年的时光、无数物种的演化后，一个新物种——**智人**——在短短 40 年间，跨越了全球历史上的许多转折点，彻底颠覆了此前一直支配着地球物种的现实。”亚瑟的朋友莱纳斯·鲍林是诺贝尔化学奖、和平奖双料得主，为了参加哈佛大学亚瑟·M. 萨克勒博物馆的庆祝活动，他特意来到剑桥市，此时他正坐在听众席。小提琴家伊扎克·帕尔曼、女演员格伦·克洛斯和艺术家弗兰克·斯特拉也在场。[6]《波士顿环球报》特别提到，落成典礼上有“音乐、舞蹈、巡游和（不知为何出现的）武术表演”，该报显然不了解亚瑟对所有亚洲事物都感兴趣。[7]

亚瑟继续说，数十亿年来，“所有物种都受制于环境”。但现在，环境却“受制于一个物种”。他指出，人类将宇航员送上了月球，并想出巧妙的办法来影响“遗传和进化”。随着医学的进步，以前无法想象的事情已经变得“司空见惯”，而在所有物种中，只有人类学会了“与死亡的必然性对抗”。新千年只会加速科学发展的进程。亚瑟说，是时候深入思考那些即将决定21世纪生活质量的问题，并在艺术、科学和人文学科之间架起桥梁了。“为了实现上述目标，我献上了自己的一生，”他总结道，“现在再献上这座博物馆。”[8]

哈佛大学举办庆祝活动后不久，史密森尼学会宣布了在华盛顿国家广场开设亚瑟·M. 萨克勒博物馆的计划，并在新闻稿中指出，萨克勒的大名“与许多科研机构联系在一起”，如特拉维夫大学的萨克勒医学院、克拉克大学的亚瑟·M. 萨克勒科学中心和塔夫茨大学的亚瑟·M. 萨克勒健康交流中心。[9]新博物馆是以亚瑟·萨克勒的名字命名的，史密森尼学会公开介绍亚瑟时，所依据的是他本人提供的一份自述，很奇怪，这份自述选择性地记录了亚瑟的生平。亚瑟曾对麦克亚当斯公司的同事说，他“成年后最重要的时光”都是在这家广告公司度过的。[10]从很多方面来看，麦克亚当斯公司对亚瑟的职业生涯影响尤其深远。但他为史密森尼学会整理的自述丝毫没有提及麦克亚当斯公司。[11]关于他人生中的其他部分，这份自述披露了许多无关紧要的细节，比如，指出他在高中时曾是“所有学生刊物的编辑”。然而，自述中压根儿没有提到麦克亚当斯公司，尽管这家公司仍然归亚瑟所有；也没有提到利眠宁和安定，尽管亚瑟的大部分财富都是靠这些药物获得的，正是因为它们带来的高额利润，他才能够如此慷慨。

按照史密森尼学会的计划，他们需要建造一个新的地下艺术中心，以容纳国立非洲艺术博物馆和萨克勒画廊。亚瑟和吉莉安前往华盛顿参加开工仪式，他穿着深色西装，打着领结，看上去很愉快。雨下了一个星期，国家广场一带满地泥浆。史密森尼学会为前来参加开工仪式的名流政要搭建了一个特殊的帐篷。安保措施十分严密：最高法院首席大法官沃伦·伯格和副总统老布什都在场。[12]亚瑟宣布，这是“一个非常荣耀的时刻”[13]。他采用了分期付款的方式进行捐赠，眼下他计划当场送出第二期款项的支票。[14]亚瑟表示自己想把支票直接交给副总统老布什。但在他这么做以前，一名来自特勤局的年轻女子拦住了他。亚瑟解释说，他有东西要给副总统。特勤局特工却说，她需要先检查一下。于是，亚瑟掏出支票簿，怀着促狭的满足感，写下了“200万”。

随着亚瑟的职业生涯进入尾声，他似乎终于可以放松下来了。1986年，他登上了《福布斯》美国400富豪榜：该杂志估计他的身家“超过1.75亿美元”[15]。他确实有一种明显的个人倾向，想要对自己的成就进行评估。在《医学论坛报》创办20周年之际，他列出了一长串“第一”——在亚瑟看来，他的报纸在这些领域开创了新天地。读者可能“还想再做些补充”，他暗示说，仿佛只靠他一个人很难记清《医学论坛报》的所有功绩。[16]1986年，吉莉安在马萨诸塞州的伍兹霍尔组织了一场为期三天的“纪念文集大会”，亚瑟的朋友和同事相聚于此，对他大加赞扬，并分享了他为艺术和科学做出的诸多贡献。[17]吉莉安发现自己在为杰出的丈夫做剪贴簿，就像玛丽埃塔过去所做的那样，还有她不断更新的那份文件，她称之为亚瑟的“成就清单”[18]。

尽管亚瑟沉浸在回顾往事的纪念活动中，但他并不认为自己的事业到此为止了。他还有很多事情想做。用他的老朋友路易斯·拉萨尼亚的话来说，“他的计划需要三辈子才能完成”[19]。亚瑟或许会说人类有的是手段改变自然，但事实上，他根本奈何不了时间，这一点他自己也知道。时间“是我最大的敌人”，他抱怨道，“**时间**是一个邪恶的独裁者，不可逆转，无法阻挡——而且最后总是赢家”。[20]他总爱对人说，自己和吉莉安结婚，是“第三次做对了”。但他也表示，这个决定是一种战胜时间的策略。“她更年轻，这样有个好处，”他告诉一个朋友，“我俩共有100年的时间来经营慈善事业，收集伟大的作品。我的50年——还有她比我多活的50年。”

在有生之年，亚瑟一直鞭策自己发愤工作。他仍然保持着繁重的日程安排，每周工作七天，经常出差。[21]夜里上床后，他仍然会阅读医学期刊，以便了解最新的研究动态。[22]但他毕竟上了年纪，一直保持年轻时的工作节奏，身体自然吃不消。1986年秋天，亚瑟生病了，因为带状疱疹卧床数周。[23]

几个月后，莫蒂默在大都会艺术博物馆的萨克勒侧厅举办了一场奢华的派对，庆祝自己的 70 岁生日。亚瑟很难不注意到，他的亲兄弟似乎正因为对“萨克勒神庙”的粗暴亵渎而遭到指责，这种亵渎行为恰好是亚瑟所鄙视的。生日派对由莫蒂默的第三任妻子特蕾莎精心策划，有数百名宾客出席，还摆出了一个巨型蛋糕，蛋糕是按照埃及石棺的样子定制的，所不同的是，莫蒂默本人戴着眼镜的面孔也被放了上去。[24] 特蕾莎聘请了一名室内设计师，她有许多雄心勃勃的计划，计划的第一步就是给丹铎神庙添两根柱子。但大都会艺术博物馆驳回了这些计划，他们抗议说，即便是为了举办一场非常重要的生日派对，对神庙进行“建筑结构方面的改变”似乎也有点儿没必要。[25] 受到冒犯的莫蒂默怒气冲冲地说：“他们会激怒捐赠者。”

不管亚瑟有多反感，他还是在莫蒂默的派对上露面了。玛丽埃塔也来了。她和亚瑟有一段时间没见面了。他们离婚的结果并不愉快。他们的女儿丹妮丝站在玛丽埃塔这边，并且真的与父亲断绝了来往。最后，她合法地将自己的姓氏改为玛丽卡，这是她母亲玛丽埃塔和祖母弗雷德里卡的名字的组合。[26] 对于不了解这个家庭的人来说，改姓似乎有些不切实际，而且透露出一种新时代特有的做作感。但对于亚瑟·萨克勒的女儿来说，改姓是个意味深长的举动。放弃萨克勒的姓氏意味着恩断义绝。丹妮丝的一个朋友说：“她用钢刷把这个姓氏从身上刮了下来。”尽管如此，亚瑟见到玛丽埃塔时还是很热情，并提议改天一起吃午饭。[27]

他们约在一家法国小餐馆见面，那是他们以前经常光顾的地方，离联合国广场的那套公寓不远。当他们坐下来交谈时，亚瑟问能不能换个位子，因为他的听力变差了，他想换一种坐法，好让玛丽埃塔对着他那只正常的耳朵讲话。大部分时间都是玛丽埃塔在讲，她向亚瑟介绍了自己的生活。在经历了一段痛苦愤怒的时期后，她开始找到一些乐趣，比如写诗，去欧洲旅行。她永久地离开了纽约，定居在佛蒙特州，并最终找到了一个善良的男人，他在许多方面都不同于亚瑟——他或许不如亚瑟有成就，但却让她快乐。亚瑟大部分时间都在倾听，就像 40 年前他开车去芝加哥参加医学会议时那样。但玛丽埃塔注意到他似乎心烦意乱，焦虑不安，只有一半心思在她这儿。

亚瑟虽说是个大富豪，却依然在为钱发愁。他继续以疯狂的速度收购艺术品，四处捐款，但他担心花在艺术收藏和慈善事业上的钱已经超出了自己的经济承受范围。可能也正因为如此，他和吉莉安的关系变得紧张起来。与玛丽埃塔共进午餐几个月后，他给吉莉安寄了一张简短的便条，这是他在去机场的车上向助理口授的。他告诉吉莉安，他已经决定“接管我可以调度的全部资金”，并要求她编制一份“家庭支出预算”，对他们四所住宅的支出进行逐项记录，详细列出“食品、维修、圣诞节和其他小费、保险、电话、煤气和用电、家具”的开销。他似乎陷入了狂躁的焦虑之中。“在我周四下午回来时，我希望你能向我提供上述数据中的任意几种，同时交给我一份计划，说明你将在何时、以何种方式提供剩余的数据。”亚瑟斥责了他的妻子，因为她“一再抱怨”自己的“爱好缺乏资金和赞助”。他解释说，他之所以给她寄便条，仅仅是因为他走得太匆忙：“以后我会当面告诉你应该怎么做。”他告诉她，他感到了巨大的压力。人们花起他的钱来毫无节制，大手大脚。但他决心“接管”财政大权。[28]

吉莉安确实有个需要“资金和赞助”的爱好，那就是收藏古老的珠宝——不是很多人都会收藏的那种仿古珠宝，而是来自古代的珠宝。亚瑟支持这个新爱好，他很乐意看到妻子打造属于她自己的收藏并对外展出。1987 年春天，坐落于伦敦的英国皇家美术学院计划举办一场展览，名为“古人的珠宝：吉尔·萨克勒收藏精选”。[29] 这场展览将展出 200 多件展品，博物馆称其为“最全面的古代近东珠宝私人收藏”[30]。在一篇为展览宣传造势的文章中，吉莉安写道，她“收藏珠宝的决心源于丈夫送的礼物，他本人既是热忱的收藏家、杰出的科学家和精神病学家，也是艺术、科学和人文领域诸多博物馆和机构的重要赞助人”[31]。

展览于当年 5 月开幕。展出的珍宝令人惊叹：金丝编织的花冠，金链子，还有青金石护身符。据说其中一些展品的历史甚至比丹铎神庙还要久远，可以上溯到公元前 3000 年。[32] 吉莉安明确表示，她不仅仅是在囤积珠宝，相反，她和丈夫一样致力于推进学术研究。她说，随着藏品的积累，她“很高兴地发现，在这个前人没有研究过的领域，自己几乎是孤身一人”[33]。策展人坚持在展览时调暗灯光，以免损坏古代文物。但珠宝依然闪闪发光。仔细想想，这件事还真是不可思议，正如一名游客后来所写的那样：“精美的花冠，玲珑的金色花朵，这些珠宝完好无缺地保存了几千年——它们亮闪闪的，仿佛昨天刚刚制成。”[34]

然而，吉莉安的珠宝展并没有获得她期望的成功。展览开幕后，《星期日泰晤士报》发表了一篇惊人的报道，对其中一些展品的真实性提出了质疑。“我认为，大部分比较花哨的展品都是赝品，”擅长鉴别赝品的博物馆顾问杰克·奥格登向《星期日泰晤士报》透露，“但在皇家美术学院展出这些珠宝会让人相信它们都是真品。这将使珠宝研究倒退 20 年。”[35] 吉莉安坚持认为自己的收藏不可能有赝品，她说：“如果有哪件珠宝是赝品，我会非常非常惊讶。”[36] 不过，皇家美术学院召集来自世界各地的 24 名专家，花了两天时间研究这些藏品，最后他们发布了声明，称“大家一致认为，其中一些展品，包括一些重要展品，不是古代的”[37]。

这一丑闻对吉莉安造成了毁灭性打击——对亚瑟来说也是如此。[38] 史密森尼学会的亚瑟·M. 萨克勒画廊定于 1987 年秋天开业，他们原计划将吉尔·萨克勒的古代珠宝藏品运往华盛顿，在国家美术馆展出。但在专家揭露其中一些最耀眼的展品可能是赝品后，展览的准备工作就悄悄中止了。

每当谈到周密的计划，亚瑟总爱引用这句习语：“谋事在人，成事在天。”[39] 那年 5 月，当珠宝展在伦敦引发争议时，亚瑟飞往波士顿参加道富银行的一场会议，他已成为该银行的一大股东。在波士顿期间，他感到胸口有一阵奇怪的疼痛。他早早飞回纽约，来到办公室，宣布自己可能心脏病发作了。

亚瑟时年 73 岁。他一直讨厌生病。[40] 生病时的他不得不依赖别人，他不喜欢这样。他可能害怕自己身体抱恙时，人们会占他的便宜。无论确切的理由是什么，当亚瑟被送进医院时，他选择不告诉他的家人。[41] 他一直习惯于保持匿名，这回也不忘采取额外的预防措施，用假名登记入院。[42] 由于他对住院的事讳莫如深，除了吉莉安，他的家人都不知道他在医院里。等到他的孩子们来看望他的时候，他已经去世了。[43] 丹妮丝在电话中向她妈妈报告了这个消息，玛丽埃塔简直不敢相信。在内心深处，她认为亚瑟·萨克勒可能会永生。[44]

● ● ●

当亚瑟因为一生中的成就而受到赞誉时，他总是很受用，因此，他没能见证自己死后的盛况，实乃一大憾事；这些悼念活动会让他心满意足。哈佛大学、塔夫茨大学和史密森尼学会都举办了精心策划、名流荟萃的哀悼仪式。[45]在华盛顿的肯尼迪中心举行了一场纪念音乐会，有 2000 人参加。[46]6 月的一个下午，400 人列队进入大都会艺术博物馆的萨克勒侧厅，表达他们的哀悼之情。“在犹太教堂中，人们通常不会致悼词称颂犹太死者。”纽约市长埃德·科赫说。但亚瑟“建造了他自己的犹太教堂”，科赫继续说道，“这个壮丽的地方正是他建造的，我们来到这里，为他献上悼词，以此来表达对他的敬意”。科赫看向人群：“我敢肯定，他很高兴看到大家出现在他的神庙里。”[47]

“我要怎样才能找到合适的话来形容他呢？”轮到吉莉安发言时，她这样说道，“他非常伟大。”她特别提到，亚瑟“为他的家族竭尽全力”，资助他的“弟弟们上学，读医学院，并创办了所有的家族企业”。[48]尽管亚瑟的朋友和同事在各种各样的公众纪念活动中发表了几十篇悼词，但这些悼词没有提到雷蒙德和莫蒂默对哥哥的任何评论。事实上，亚瑟死的时候，他们几乎不说话了。[49]

“此君事业未竟却中途去世了，这令人震惊。”在大都会艺术博物馆举办的哀悼仪式上，华盛顿国家美术馆馆长 J. 卡特·布朗评价说。这是有关亚瑟的评论中反复出现的主题，用布朗的话说，亚瑟的宏图大业“只完成了一半”[50]。正如艾萨克·萨克勒一再向儿子们强调“好名声”的重要性，亚瑟·萨克勒也有一条经常在孩子们面前吟诵的箴言。“当我们离开的时候，”他告诉他们，“我们必须让这个世界比我们刚来的时候更美好。”[51]1987 年的那个下午，聚集在萨克勒侧厅的人们敏锐地感觉到，尽管亚瑟·萨克勒的生命已经结束，但要全面评估他的遗产还为时过早。

注释

[1] Sanders Theatre webpage, Office of the Arts, Harvard University.
[2] “A New Millennium Begins,” Dedicatory Address, Harvard University, Oct. 18, 1985.
[3] Program for “Lectures Celebrating the Dedication of the Arthur M. Sackler Museum,” Oct. 18, 1985; Invitation to the Dedication of the Arthur M. Sackler Museum, Oct. 18, 1985, Louis Lasagna Papers, University of Rochester.

[4] "The Miracle on Quincy Street," *Harvard Crimson*, Oct. 17, 1985.

[5] "The Man Who Made It Real," *Harvard Crimson*, Oct. 17, 1985.

[6] "Arty Party," *Harvard Crimson*, Oct. 17, 1985.

[7] "Architecture," *Boston Globe*, Sept. 8, 1985.

[8] "New Millennium Begins."

[9] 史密森尼学会 1986 年 4 月的新闻稿，引自史密森尼档案；Program for the Grand Opening of the Arthur M. Sackler Center for Health Communications at Tufts University, Feb. 20, 21, 1986。

[10] 亚瑟·萨克勒 1978 年 12 月 28 日致麦克亚当斯公司同事的信。

[11] 史密森尼学会 1986 年 4 月的新闻稿。

[12] 托马斯·劳顿 1993 年 5 月 12 日致米罗·比奇的信，引自史密森尼档案。

[13] "Digging Museums," *Washington Post*, June 22, 1983.

[14] 托马斯·劳顿 1993 年 5 月 12 日致米罗·比奇的信。

[15] "Convictions of a Collector," *Washington Post*, Sept. 21, 1986; "Forbes 400," *Forbes*, Oct. 1986.（如果你仔细看这本杂志的封面，就会发现"亚瑟·米切尔·萨克勒"的名字，用草书字体写着，与其他名字并列。）

[16] "During Medical Tribune's Life Span," *Medical Tribune*, May 7, 1980.

[17] 吉莉安·萨克勒 1986 年 10 月 1 日致哈利·亨德森的信，引自亨德森档案。

[18] 吉莉安·萨克勒 1986 年 10 月 18 日致哈利·亨德森的信，引自亨德森档案。

[19] Louis Lasagna, *Studio International 200*, supplement 1 (1987).

[20] "Of Time and Life, Part I," *Medical Tribune*, April 2, 1975.

[21] "Art Collector Sows Largesse and Controversy," *New York Times*, June 5, 1983.

[22] "The Other Sackler," *Washington Post*, Nov. 27, 2019.

[23] 埃尔丝·萨克勒的证词。当时是 1986 年秋天。托马斯·劳顿 1986 年 12 月 12 日致汤姆·弗雷德海姆的信，引自史密森尼档案。

[24] 网站 worlddofsugarart.com 在一个条目中插入了这款蛋糕的照片。斯科特·克拉克·伍利的电子邮件。

[25] "Party Palace," *New York*, Jan. 9, 1989.

[26] 对迈克尔·里奇的采访。

[27] Lutze, *Who Can Know the Other?* 207.

[28] 亚瑟·萨克勒 1987 年 4 月 15 日寄给吉莲的便条。

[29] 这场展览从 1987 年 5 月 1 日持续到 6 月 28 日。"Jewels of the Ancients," *RA: The Magazine for the Friends of the Royal Academy*, no. 14 (Spring 1987).

[30] "Jewels with a Frown," Sunday Times (London), May 3, 1987.

[31] "In the Shadow of the Ancients," *RA: The Magazine for the Friends of the Royal Academy*, no. 15 (Summer 1987).

[32] Alice Beckett, *Fakes: Forgery and the Art World* (London: Richard Cohen Books, 1995), 106.

[33] 出处同上。

[34] 出处同上，第 109 页。

[35] "Jewels with a Frown."
[36] Beckett, *Fakes*, 113.
[37] "Experts Query Jewels," *Sunday Times* (London), July 5, 1987; Beckett, *Fakes*, 113–114.
[38] "Doctor's Collection Is a Prescription for Controversy," *Independent*, Nov. 3, 1988.
[39] "Of Dreams and Archaeology, of Methylmercury Poisoning," *Medical Tribune*, Oct. 24, 1973.
[40] Lutze, *Who Can Know the Other?* 207.
[41] 对迈克尔・里奇的采访；Lutze, *Who Can Know the Other?* 207。
[42] 对迈克尔・里奇的采访。
[43] Lutze, *Who Can Know the Other?* 207.
[44] 出处同上；"Dr. Arthur Sackler Dies at 73," *New York Times*,May 27, 1987.
[45] Program for a Memorial Service to Celebrate the Life of Arthur Mitchell Sackler, M.D., Harvard University, Memorial Church, Oct. 5, 1987.
[46] Invitation to the Friends of Arthur M. Sackler Concert, Kennedy Center, Sept. 12, 1987, Henderson Papers; "The Fanfare of Friends," *Washington Post*, Sept. 14, 1987.
[47] Program for Memorial Service for Arthur M. Sackler, June 17, 1987, Henderson Papers.
[48] Jillian Sackler eulogy for Arthur Sackler, Memorial Service for Arthur M. Sackler, M.D., Sackler Wing, Metropolitan Museum of Art, June 17, 1987.
[49] "Other Sackler."
[50] "In Memoriam," *Studio International 200*, supplement 1 (1987).
[51] Levin, *Becoming Judy Chicago*, 362.

EMPIRE of PAIN
第二部
王朝

第十一章
阿波罗

理查德·卡皮特第一次接触萨克勒家族是在1964年春天，当时他刚在哥伦比亚大学读完一年级。卡皮特是个拿半额奖学金的聪明孩子，来自长岛中心一个死气沉沉、前景黯淡的小镇。他外表谦逊，有些害羞，算不上是社交达人。但到了晚上，会有一群男生打着学习的旗号聚在他的宿舍消磨时间，当卡皮特提到他明年需要找个室友时，有个男生建议他找萨克勒。于是理查德·卡皮特找到了理查德·萨克勒，得知对方也在找室友。理查德·萨克勒是雷蒙德·萨克勒和贝弗莉的儿子，他也在长岛长大，尽管生活环境截然不同。他和卡皮特一样，是个聪明孩子，所以他们很快就成了朋友。[1]

萨克勒和卡皮特没有住在学校的宿舍里，而是去校外找了一套公寓。这套公寓位于哥伦布大道一个名叫公园西村的现代化楼群中，离学校只有几站地铁的路程。公寓在一楼，两室一厅，对面刚好有个消防站。他们搬进来以后，发现自己不得不试着习惯夜半响起的警笛声，因为每晚都有消防车呼啸而过。直到他们开始布置房间时，卡皮特才发现他的新朋友萨克勒可能出身不凡。萨克勒带着他穿过中央公园，来到东62街的一座联排别墅，就在皮埃尔酒店的拐角处。他解释说，这是他家的产业。在卡皮特眼中，这个地方不啻一座小型宫殿，他对纽约的幻想在这里得到了印证，仿佛童话照进了现实。萨克勒没有细说别墅是属于他的父母还是萨克勒家族的其他成员，但他把卡皮特领进了地下室的一个房间，房间里摆满了闲置的家具——不是普通大学公寓里常见的那种快散架的椅子和不值钱的架子，而是结实的、供成人使用的家具。他们搬走了自己需要的东西，公寓的家具就这样配齐了。

卡皮特被他的新室友迷住了：理查德聪明，古怪，**有趣**。他身材矮胖，前额宽阔，鼻梁挺直，声音沙哑，笑起来傻乎乎的。卡皮特发现，理查德最与众不同的地方在于，他对生活抱有一种轻率的热情。他做起功课来三天打鱼，两天晒网，宁愿把精力放在吃喝玩乐上。他喜欢吸雪茄，抽烟斗，为此专门找来了最好的烟草，晚上他总爱坐在公寓里，边抽烟边闲聊。他俩会用一种特殊的叙利亚烟草填满烟斗，这种烟草很受理查德喜爱，据说是以骆驼粪便为燃料烘制而成的。烟草散发出浓郁的香气，理查德则安坐在椅子上，沉思默想，周身烟雾缭绕，就像夏洛克·福尔摩斯一样。他在公寓的橱柜里储存了不少好酒，每回都买好几箱，然后取出不同种类的酒水品尝。他俩会深深地啜饮，醉醺醺地谈论各种葡萄酒之间的细微差别。

对卡皮特来说，与萨克勒同住是一段“令人飘飘欲仙”的经历，也是一场感官教育。理查德自诩感官主义者——他想要目睹、品尝和触摸生命中最好的、最奇异的馈赠。他非常无私，乐于埋单，富有到对花钱满不在乎，渴望把不那么注重物质享受的室友引入神秘的感官世界中。“与我分享是他生活中很重要的一部分，”卡皮特后来回忆说，“他需要有人与他分享这些东西，让他的乐趣得到满足。”卡皮特发现，理查德为了自己的爱好可以“倾尽所有”，“对他来说，正是这些可以买到的美妙事物赋予了生活真正的价值”。

卡皮特付了自己那份房租，但他发现，在其他几乎所有方面，他很快开始依赖理查德的慷慨。这让他很不舒服。他本人出身平凡：他的母亲是营养师，父亲是老师。理查德·萨克勒的家庭条件比他好得不只一点半点。理查德很有钱。总的来说，理查德是个相当无忧无虑的小伙子，他似乎生活在云端，哪怕埋单的总是他，他也不会感到不满，因为这些慷慨之举对理查德·卡皮特来说意义重大，对理查德·萨克勒来说却微不足道。在卡皮特看来，理查德从不操心钱的事，因为他用不着操心；他手头一直有钱，取之不尽，用之不竭，他可以随意投资、储蓄或者挥霍。钱就和空气差不多。

但卡皮特也不免注意到，他似乎是理查德·萨克勒在大学里唯一真正意义上的朋友。更确切地说，是萨克勒唯一的男性朋友。萨克勒有一个认真交往的女朋友，名叫玛吉·尤斯平，是巴纳德学院的学生，这所女子学院和哥伦比亚大学之间只隔着百老汇大道。理查德和玛吉还在长岛的罗斯林上高中时就开始约会了。他们都是游离于学校主流社交圈的聪明学生，自称“不合群的人”。理查德加入了几何社团。[2]

他有自己的车，这在同龄人中可不多见，他和朋友们会买上一瓶威士忌，然后开车找地方喝酒。[3]

玛吉聪明而世故；高中时，她曾在阿根廷做过九个月交换生，所以她能说一口流利的西班牙语。[4]理查德・卡皮特喜欢她，他们三个的所有业余时间都是一起度过的。卡皮特不明白萨克勒为什么没有更多的朋友。但是，随着时间的推移，他注意到他的室友有一些异于常人的特点。尽管他非常慷慨，但他似乎缺乏同理心，从不考虑别人的经历或情绪，也从不考虑自己的行为会对别人造成什么影响。有一回，理查德建议卡皮特带他的一个堂姐妹出去约会。卡皮特和那个年轻女人见了面，并且计划共度一晚，但当城市巴士停下来，他表示他们将乘公交车出行时，她吓得脸色发白，放弃了约会。卡皮特感到很丢脸。他没钱叫一辆出租车载着她在城里兜风，他觉得理查德・萨克勒应该知道这一点，也应该知道自己的堂姐妹是不可能坐公交车的。但萨克勒从来没有想过这些。后来，当卡皮特表示那次经历让他很沮丧时，萨克勒似乎不明所以。“就好像他的父母曾特别教导他不要有太多顾虑。”卡皮特回忆说。

萨克勒可能没有朋友的另一个原因是，他似乎对上课不是特别感兴趣。这并不是说他不聪明，缺乏求知欲。起初，繁重的课程安排给他留下了深刻的印象。“课业压力之大令人震惊，”在给罗斯林的一位朋友的信中，他在结尾处这样写道，只有大学生才会发出如此感慨，“我有索福克勒斯要读。”[5]他抱怨课业负担重，发牢骚说雷蒙德和贝弗莉总是紧盯着他的成绩不放。“我比以往任何时候都要用功，”他在大学一年级的春天写道，“这并不意味着我变成了书虫，只不过，我必须用功，不然就得面对来自家庭的怒火。”[6]

理查德很有幽默感。他喜欢讲笑话，也喜欢听笑话，而且很擅长说一些富有个人特色的莎士比亚式粗口：“目瞪口呆的混蛋。他以为他是谁啊?”他在信中大骂某个同龄人，此人显然冒犯了他。“我希望你把他裤裆里那个夸大其词的玩意儿塞进他该死的喉咙。”[7]

卡皮特说，理查德・萨克勒大二的时候对自己要学的课程更感兴趣了。他发现性的课题很有意思。理查德・卡皮特还是个童男，这个害羞的孩子暗自担心自己在女人面前会变得软弱拘谨。理查德・萨克勒早就有过性经历，卡皮特觉得他在炫耀他和玛吉的性生活。作为一名骄傲的感官主义者，理查德向卡皮特明确指出，他不知道自己错过了什么。理查德建议说，不管卡皮特本人有什么问题，他最好能把它们克服，再找个人跟他发生关系。但理查德也只是说说而已，在叼着叙利亚烟斗吞云吐雾时，他俩会讨论的话题之一就是性高潮。萨克勒对性高潮的生理机制非常感兴趣，想知道它是由什么引起的，如何正确认识它。[8]在他看来，这个问题很重要，而且被科学研究忽视已久。所以萨克勒和卡皮特决定策划一个有关性高潮的调查项目——一项独立研究。

卡皮特一直打算在学期结束后找一份暑期工作。但理查德另有想法。别找工作，他提议道，今年夏天咱们还是专心解决性高潮的科学谜题吧。理查德将承担研究所需的全部费用。既然如此，为什么不照他的意思办呢？“他的热情很有感染力，”卡皮特回忆说，“他把人生当作游乐场，对他来说，几乎任何事情都是可能的，都值得尝试，只要它有望激起兴趣或者得到回报。”[9]和一个从未遭受过否定的人待在一起让卡皮特感觉很着迷，这甚至赋予他力量。理查德总是信心十足地面对人生，坚信一切皆有可能，任何现实制约都无法阻止空想成为现实。

于是，他们整个夏天都在研究性高潮。他们来到各大医学图书馆，查阅科学论文和晦涩的期刊。在科德角的伍兹霍尔海洋研究所，有位科学家做过神经系统方面的研究，理查德一度认为这项研究也许会对他们的调查有所启发。我们应该去拜访他，他宣布。理查德借了他母亲的车——一辆庞蒂亚克大奖赛，和卡皮特一起去接玛吉；然后他们三人驱车前往马萨诸塞州。伍兹霍尔海洋研究所的这位著名神经生理学家在办公室里接待了他们，当他搞清楚三名热诚的大二学生从纽约一路开车过来找他的原因，他笑了。“他笑得多开心啊，”卡皮特回忆说，“那真是个有趣的场面。”

他们在科德角找了个汽车旅馆住下，三人共享一个房间，房钱由理查德支付。跟理查德和玛吉同住时，卡皮特再次感受到了性方面的焦虑。理查德一直在给他施压，逼他找个女人破除童贞。卡皮特见过理查德的几个长辈——他的父亲雷蒙德和伯父亚瑟，在他看来，这些人都抱有一种大男子主义的心理预期，认为旺盛的性生活是年轻男人的标配。有一回，理查德邀请卡皮特和亚瑟·萨克勒共进午餐。他们在市中心一家环境雅致的高档中餐馆见了面。亚瑟那威严的气派、逼人的智慧、服装的剪裁都让卡皮特感到目眩神迷。他们的服务员是一个年轻的中国女人。用餐过程中，卡皮特惊恐地发现，亚瑟·萨克勒在挑逗她。这个女人明显感到不舒服，卡皮特尴尬得脸都红了。但理查德·萨克勒看起来若无其事。

理查德很崇拜他的伯父亚瑟。他得意洋洋地拿着一本《MD》杂志向卡皮特炫耀，该杂志由费利克斯·马蒂–伊瓦涅斯出版，由亚瑟担任隐名股东。当亚瑟慷慨解囊，开始向哥伦比亚大学提供赞助时，理查德和卡皮特正好在这所大学就读。哥伦比亚大学在洛氏图书馆为亚瑟的亚洲艺术品举办了首次大型展览，展览是由蒂芙尼公司的橱窗设计专家布置的，理查德带着他的室友一起去参观。“这对理查德来说是件大事，”卡皮特说，“看到这些漂亮的艺术品，他兴奋不已。”卡皮特意识到，整个萨克勒家族“都对亚洲艺术和亚洲美情有独钟”。

● ● ●

1969 年 7 月 24 日，“阿波罗 11 号”宇宙飞船以每小时 2.5 万英里的速度穿过地球大气层，由于飞船的保护外壳一边燃烧一边脱落，它看起来就像个巨大的火球。乘坐飞船的有宇航员尼尔·阿姆斯特朗、巴兹·奥尔德林和迈克尔·科林斯，他们刚刚成功登陆月球，书写了人类历史的新篇章。在南太平洋上空，三顶降落伞打开，宇宙飞船平稳地溅落入海，像软木塞一样在波涛汹涌的海面上下翻滚。[10]很快，一架直升机靠近了，几名海军蛙人跳进海里，用一个充气浮圈固定住飞船。潜水员们给橡皮艇充足了气，当三名宇航员从飞船里出来时，蛙人用一种棕色消毒液将他们擦洗干净，以防他们无意中把“月球细菌”带回这个星球。宇航员们爬上橡皮艇，蛙人逐个擦洗了他们的胳膊和腿，就像给婴儿洗海绵浴那样。这是美国国家航空航天局飞行后程序的第一个步骤，看似滑稽，却必不可少。蛙人涂在每名宇航员身上的消毒液叫“必妥碘”。[11]

普渡·弗雷德里克公司在三年前收购了一家弗吉尼亚州的制药公司，也就是生产必妥碘的医师产品公司。[12]必妥碘被用作外科手术擦洗液，越南战争期间，它曾在战场上发挥过重要作用。不过，对于普渡·弗雷德里克公司来说，自家产品能够应用于太空项目，依然算得上巨大成功，而且这也是一次宝贵的宣传机会。“溅落!”普渡·弗雷德里克公司的广告叫嚷道，并指出美国国家航空航天局用必妥碘来消灭太空细菌，但它在地球上也可以作为“漱口水”使用。[13]

理查德·卡皮特很早就发现，他的朋友理查德·萨克勒全心全意地热爱自己的家族企业。据卡皮特所知，普渡·弗雷德里克公司的主打产品似乎是泻药新来福。这种泻药的广告词列举了“大便更软”的好处，配图则是那些受到便秘困扰的愁眉苦脸的男人。普渡·弗雷德里克公司的新来福广告无处不在，令人困窘。但理查德一点儿也不觉得难为情：他为自家公司及其产品感到骄傲。无论你怎么评价新来福，人们都在购买它，因为它真的管用。有几回，理查德带卡皮特去普渡·弗雷德里克公司总部参观，该总部已经搬到了扬克斯市的一座大楼里。[14]卡皮特也知道，萨克勒家族和安定有某种关联，而安定是一种极为成功的药物。巧的是，卡皮特的父亲在当老师之前做过药剂师，他们家也和萨克勒家族一样，相信这些神奇的药物是人类进步的象征，让人类得以瞥见未来的微光。

显然，普渡·弗雷德里克公司的药物似乎也预示着理查德·萨克勒的未来。人们理所当然地认为他会去读医学院，然后加入家族企业。事实上，萨克勒家族热衷于宣扬医学工作是多么令人兴奋，多么高尚，经济回报多么丰厚，以至于理查德·卡皮特在与雷蒙德·萨克勒交谈后，也下定决心要读医学预科。他最终申请了医学院并进入纽约大学；理查德的女朋友玛吉后来也当了医生。

但在那个时候，理查德·萨克勒和理查德·卡皮特已经不再说话了。继暑假的性高潮研究之后，他们回到学校上大三。但理查德·卡皮特发现自己在这段友谊中越来越不自在。后来，当他回忆此事时，他无法确切地指出是什么让他感到不舒服。也许这和性以及理查德在这方面施加给他的奇怪压力有关。也许他俩和玛吉之间的友谊本来就存在不安定因素，这样的三角关系注定难以为继。但有一点是他可以肯定的，他害怕自己永远都是萨克勒的食客，这种身份让他感到越来越不安，他总是担心自己成了一个吃白食的人。一天晚上，卡皮特和萨克勒在公寓里吃晚饭。他们一直在喝酒，水槽里堆满了脏盘子。在讨论谁来洗盘子时，卡皮特突然发火了。其实，他不知道自己为什么会生气。那些盘子显然只是个借口。但他大发雷霆，对理查德大喊大叫。他后来说，自己当时的状态就像“瓶盖砰的一声打开了”。理查德愣头愣脑地盯着他，卡皮特仿佛失去了理智。“他觉得他一直对我很好，确实如此。从他的角度来看，他确实对我不错，”卡皮特说，“所以，对他来说，这是出乎意料的。”

没过多久，卡皮特在学校的宿舍里找到了一个房间，然后搬了出去。“理查德似乎受到了很大的伤害。”他回忆说。由于萨克勒不懂得体察别人的情绪，他可能注意不到，尽管他对不那么富裕的好朋友很慷慨，但他俩的关系并不像看上去那么简单。卡皮特和理查德没有再见面。过了一段时间，卡皮特打电话到罗斯林的房子里，想看看理查德过得怎么样。理查德的母亲贝弗莉接了电话，但她拒绝让儿子来接听。“我觉得你已经把他伤得够深了。”她说。

理查德·萨克勒对自己的学业漫不经心，所以没能进入哈佛大学医学院或纽约大学医学院这样的一流医学院，虽然他的家人花了很多钱来维持和这两所大学的交情。他在纽约州立大学布法罗分校读了两年，最终成功转学到纽约大学。[15]不管怎样，这些都无关紧要。不管理查德·萨克勒去了哪里的医学院，不管他的成绩是好是坏，他的前途都是确定无疑的。

“我最亲爱的侄子和同事理查德，”费利克斯·马蒂-伊瓦涅斯在 1971 年 6 月 7 日写信给他，“仅仅在几年前，我很高兴地参加了你的受诫礼，今天，你毕业成为一名医生，我有幸参加为你举办的庆祝活动。在上一场庆典中，你成了一个男人；但今天，你已经不仅仅是一个男人了。”马蒂-伊瓦涅斯告诉理查德，成为医生就是成为“众神的选民”。马蒂-伊瓦涅斯指出，理查德加入了杰出的“神职人员”之列，而这样做的好处是可想而知的。毕竟，他是萨克勒家族的一员：“我知道，在你的一生中，你都将以自己的显赫姓氏为荣。”[16]

注释

[1] 除非另有注释，关于理查德·卡皮特和理查德·萨克勒之间友谊的细节均来自对卡皮特的多次采访。

[2] 罗斯林高中 1960 年年鉴。

[3] 芭芭拉·谢弗的电子邮件。

[4] Obituary of Dr. Marjorie Ellen Yospin Newman, Legacy.com.

[5] 理查德・萨克勒 1963 年 10 月 26 日写给一位罗斯林的朋友的信。

[6] 理查德・萨克勒 1964 年 5 月 5 日写给一位罗斯林的朋友的信。

[7] 出处同上。

[8] 1964 年 5 月 5 日，他写信告诉一位罗斯林的朋友："在性爱或其他方面的几次纵欲，应该会对矫正扭曲的价值观、为身体的附属物正名大有帮助，人们为此已经压抑得太久了。"

[9] 理查德・卡皮特的邮件。

[10] 此处描述依据的是溅落的镜头，在网上随便一搜就能搜到。

[11] "NASA Turned to Norwalk Firm to Kill Potential Moon Germs," *Hartford Courant*, July 23, 1992; "Scientists Cannot Rule Out Possibility of Germs on Moon," *Chicago Tribune*, July 14, 1969.

[12] "Local Firm Acquired by Purdue Frederick," *Progress-Index* (Petersburg, Va.), March 30, 1966.

[13] 必妥碘的广告。

[14] 卡皮特记得他们的办公室在康涅狄格州，但在 20 世纪 60 年代末，他们应该在扬克斯办公。（1972 年，他们搬到了诺沃克。）参见对鲍勃・琼斯的采访。

[15] 理查德・萨克勒 2019 年的证词。

[16] 马蒂–伊瓦涅斯 1971 年 6 月 7 日致理查德・萨克勒的信，引自费利克斯・马蒂–伊瓦涅斯档案。

第十二章
理所当然的接班人

1972 年 8 月的一天，康涅狄格州的百万富翁 W. T. 格兰特去世了，享年 96 岁。[1] 格兰特白手起家，靠着开杂货铺赚了一大笔钱。他在格林威治郊外的富人区留下了一座庞大的私人庄园。这是一处颇具规模的房产：占地 12 英亩，坐落在一个伸入长岛海峡的半岛上，由布局凌乱的主屋和独立的都铎式建筑群组成，建筑群中有工人宿舍、温室、网球场和一座可停放七辆车的车库。主屋配备了 20 世纪中叶特有的便利设施，比如专为皮草外套设计的自带气候控制系统的衣柜。

格兰特没有继承人。他为自己建造了这座奢华的庄园，并决定在死后将它留给格林威治医院。格林威治医院曾试图将这处房产改造为医疗场所，后来却发现当地的土地用途管制阻碍了改造计划的施行。格林威治医院接受了格兰特的馈赠，却无法加以利用，于是他们决定卖掉它。然而，当他们公开出售格兰特庄园时，没有人愿意买，因为价格太高了。《纽约时报》一针见血地评论道，问题在于“没有多少买主想要一套售价 185 万美元的水上住宅”[2]。即便是在富裕的格林威治，格兰特庄园也是寻常富豪无法消受的奢侈品。由于找不到买主，格林威治医院发现，原本慷慨的捐赠变成了沉重的负担：算上房产税、维护费和其他开销，光是维持这处房产，医院每个月就要花费数千美元。

1973 年夏天，格兰特庄园最终以 130 万美元的价格售出——远低于医院的报价，但仍然是格林威治独户住宅有史以来的最高价格。买主不愿透露姓名，不过，《纽约时报》一名颇有胆识的记者给处理这笔交易的律师打了电话，得知买主打算把庄园用作私人住宅。根据房产转让协议，一家名为洛克庞特有限公司的实体企业支付了 32.5 万美元现金，用于购买格兰特庄园，而另一家实体企业萌蒂-英特有限公司则承担了 100 万美元的抵押贷款。萌蒂–英特有限公司的地址在康涅狄格州诺沃克市。当《纽约时报》记者拨打这个地址对应的电话号码时，接线员接听了电话，告诉他这里是普渡・弗雷德里克公司办公室。《纽约时报》没有在报道中透露更多的信息，也没有公布格兰特庄园的实际买主姓甚名谁。[3] 但此人正是雷蒙德・萨克勒。

雷蒙德之所以从长岛搬到康涅狄格州，是因为他的公司也要搬到那里去。普渡・弗雷德里克公司创立于格林威治村，后来迁往扬克斯，如今它将在诺沃克市中心一座崭新的 12 层办公楼里重整山河。[4] 200 名员工会随着公司搬过来。[5] 雷蒙德的儿子理查德・萨克勒也在其中，他最近刚刚入职。

理查德转学到纽约大学后，获得了人人艳羡的医学博士学位。但他从未想过要行医：他仅有的临床实践是在哈特福德医院内科实习。[6] 1971 年，理查德进入普渡・弗雷德里克公司。他的职位是董事长助理。[7] 董事长是他的父亲。

理查德入职的公司在过去几十年间为萨克勒家族带来了丰厚的利润，这些钱足以让雷蒙德买下格林威治最贵的房子。不过，普渡・弗雷德里克公司仍专注于生产最基本的非处方药，而不是复杂的处方药。新来福依然是主打产品：扬克斯的生产设备散发出番泻叶的香气，这种具有通便功效的草药是新来福的核心成分。“所有扬克斯人的身上都散发着番泻叶的味道。”一名前员工回忆说。普渡・弗雷德里克公司的员工们经常拿这事开玩笑：“如果销量再高一些，他们就得建更大的下水道了。”必妥碘消毒液同样大获成功，除此之外，该公司还推出了许多日常药品，从耵聍软化剂（一种耳垢去除剂）到派瑞霉素酏剂（一种止泻药），不一而足。[8]

普渡・弗雷德里克公司迁往扬克斯以后，雷蒙德大部分时候仍在曼哈顿的萨克勒别墅中处理公司的日常业务。他在那里办公，身边围绕着一群亲密顾问，用一名员工的话来说，那里有一种“旧世界”的氛围。[9] 雷蒙德很有绅士风度。他为女士们开门，拉开椅子请她们就座。女仆每天都会来办公室两回，用精美的瓷器端上咖啡。

当普渡・弗雷德里克公司搬到诺沃克时，雷蒙德试图将“旧世界”的精神带到企业化程度更高的新环境中。丹尼尔・纳尔逊曾为普渡・弗雷德里克公司工作了 34 年，他说 20 世纪 70 年代时的普渡是一家“保守”的公司。[10] 大约在同一时期，查尔斯·奥莱克入职普渡·弗雷德里克公司，成为一名销售人员，他回忆说，“它给人的感觉非常小，非常亲密”，“他们无法与默克集团和其他大型制药公司相比，但他们给人的感觉是，他们是一个关系密切的家庭组织”。[11]雷蒙德既不像亚瑟那样一心收购艺术品、获取新成就，也不像莫蒂默那样热衷于无休止的旅行和热闹的夜生活，相较于两个哥哥，雷蒙德更加老套乏味，墨守成规。他和贝弗莉的婚姻很幸福。他们喜欢去城里看歌剧。周末的时候，他们会邀请客人到格林威治的豪宅打网球（雷蒙德即使算不上天赋异禀，也依然很好胜），随后家里的雇工会服侍主人和客人们吃午饭。[12]每个工作日，雷蒙德都会开车去诺沃克的新办公室，上午 10 点到达。他有专享的私人餐厅，午餐时间，他经常邀请高管们和他一起用餐。下午 5 点，他会在大楼的走廊里巡视，把头探进别人的办公室问：“年轻人，进展如何？”

“关心全体员工是我们的经营理念中不可或缺的一部分。”雷蒙德和莫蒂默在公司宣传册上这样写道。[13]雷蒙德的员工认为他很厚道。他是个极其注重隐私的人，从他采取种种混淆手段匿名买房就能看出这一点。人们常说亚瑟·萨克勒注重隐私，但与雷蒙德相比，亚瑟简直是个暴露狂，他经常发表主题演讲，还在《医学论坛报》上开了专栏。就在购买格林威治的这处房产之前，雷蒙德和他的哥哥们捐出 300 万美元，在特拉维夫大学创立了萨克勒医学院。雷蒙德有生以来第一次去了以色列。这场朝圣之旅必定在雷蒙德心中唤起了深沉的情感；1917 年，当时离雷蒙德出生还有好几年，他的父母曾卖掉索菲的珠宝，捐款支持犹太人在巴勒斯坦的建国事业。[14]然而，当《耶路撒冷邮报》的记者执意要采访这位远道而来的美国赞助人时，他却不愿回答有关自己的哪怕是最基本的问题。[15]从雷蒙德身上可以感觉出他的矛盾之处，他似乎总想尽可能地保持低调，但与此同时，他又捐出大笔资金来建造一座以他的姓氏命名的学院。

有时，当雷蒙德和贝弗莉出国旅行，理查德会搬到他们在格林威治的房子里，享受杰伊·盖茨比式的奢华生活，就好像他是这个地方的主人。[16]理查德继续肆意挥洒激情。他曾为性高潮的生理机制投入了无限激情，现在他以同等的激情来追逐科学上的直觉。他是个狂热的滑雪爱好者。[17]不过，他与这个世界、与艺术和政治的相处之道不同于他的父亲和两个伯父。他生来就享有特权，他的父辈曾满怀雄心壮志，小心翼翼地赢得上流社会的接纳，但他似乎用不着操心这些。理查德从医学院毕业时和玛吉·尤斯平分手了。但他最终遇见了一个名叫贝丝·布雷斯曼的年轻女子。她在新泽西的郊区长大，是一个聪明而善于交际的年轻姑娘，她的每一项成就都载入了当地报纸。她曾就读于宾夕法尼亚大学，在那里她抗议过越南战争。[18]她和理查德一样聪明，她继续在乔治·华盛顿大学攻读临床心理学博士学位。[19]他们于 1979 年结婚。[20]

但理查德·萨克勒的最爱似乎是商业。他刚到普渡·弗雷德里克公司时，曾在不同部门轮岗，积累了广泛经验。要是普渡留有管理记录的话，就能看到他的工作轨迹。理查德在哈佛大学商学院上过课，虽然没有获得学位。[21]普渡·弗雷德里克公司有三个股东——亚瑟、莫蒂默和雷蒙德。[22]但亚瑟并没有插手公司的日常事务，莫蒂默忙于打理家族的国际业务。因此，雷蒙德留在了诺沃克，而他显然打算培养自己的儿子当接班人。

“我有很多想法，”理查德后来回忆说，“其中很多想法是关于产品研发的。”[23]他对科学研究充满热情。他在普渡·弗雷德里克公司的一名同事注意到，“如果他认为某件事很有趣，他就会向你灌输很多科学知识”。理查德是个崭露头角的发明家，后来他的名字出现在了十几项专利上。[24]当他脑海中冒出某个新产品的初步构想时，他会拿起电话，给公司的员工打电话，看看他们有没有办法将他的构想付诸实践。[25]他敢想敢问，尽管他很年轻，刚刚从医学院毕业，尽管他打电话找的人比他更年长、更有资历，在公司的级别甚至比他还要高。普渡·弗雷德里克公司将由理查德来继承，他表现得也确实像那么回事。在诺沃克的办公室里，人们觉得他有点儿像“小王子”——一个在研发、医疗、市场、销售等部门兜来转去的大权在握的半吊子，面对经验更丰富的同事，他没有虚心求教，而是指手画脚。[26]他的热心干预几乎从不受欢迎。而且他也不像他父亲那样温文尔雅：雷蒙德以一种和风细雨的方式来行使权威，理查德的管理方式则显得简单粗暴。

“理查德是个急躁的人，”1983 年入职普渡·弗雷德里克公司的巴特·科伯特医生回忆说，“他很聪明，一看就很聪明，但他是含着金汤匙出生的。”科伯特家境贫寒，他说：“我是个来自布朗克斯的穷孩子。”萨克勒家族一直习惯于雇用移民和难民、被其他工作拒之门外的犹太人，或是出身贫民阶层、渴望改变命运的奋斗者。因此，普渡的办公室里有着各种各样的口音和宗教仪式，给人一种国际化的感觉。但在第二代萨克勒家族成员身上看不到丝毫出身寒微的迹象。

有个名叫比尔·波拉克的医生是理查德招进普渡的，科伯特被雇来和他一起工作。早在 20 世纪 60 年代，波拉克因为研发出一款重要疫苗被授予久负盛名的拉斯克奖，他似乎是个杰出的科学家，科伯特一想到自己以后能和他共事，就感到十分兴奋。当科伯特第一次走进诺沃克的普渡大楼时，这座建筑给他留下了深刻印象。按当时的标准来看，普渡大楼是极其现代化的，配备了专用直升机和屋顶直升机停机坪。[27] 从办公室可以俯瞰长岛海峡的壮丽景色，在秋天，还能望见连绵数英里的色彩斑斓的树叶。公司为科伯特开出的薪水非常有竞争力；普渡或许是家小公司，但它通过支付高薪、关爱员工来吸引人才。身为副主任，科伯特有权使用公司的一辆车。

但当他开始工作后，他很快意识到普渡·弗雷德里克公司并不像看上去那样。从表面上看，比尔·波拉克是著名科学家，也是理查德·萨克勒聘请的高端人才。然而，科伯特几乎立即发现，波拉克的"职业生涯正在走下坡路"。理查德的热情也延伸到了他雇用的人身上：他在飞机或是滑雪场上遇到某人，和他们交谈，凭着一时冲动请他们来普渡工作。理查德之所以雇用波拉克，也许是因为他在 20 年前取得的重大成果。但普渡所做的科研工作并不前沿。刚进公司的科伯特了解到他的工作是研发一款可以当泻药卖的纤维饼干。他完全摸不着头脑。"我拥有美国内科医学委员会认证的内科和肠胃专科医师资格，"科伯特说，"我没想过自己会和饼干打交道。"

话虽如此，他每天还是顽强地走进办公室，希望在这个不那么理想的岗位上尽力而为。事实证明，理查德·萨克勒是个难缠的监工。[28] 让他感到沮丧的是，新来福的起效速度好像太慢了。"让它快些起效。"他吩咐科伯特。

理查德的指示把科伯特给难住了。新来福要在结肠中起效。你吞下它以后，它得从口腔一路经过消化道才能起作用，整个过程需要耗费几小时。这不是设计缺陷。人类的生理机制就是如此。"这根本办不到。"科伯特抗议说。

"照我说的做。"理查德厉声说，然后气冲冲地走了。

这是理查德的典型作风，科伯特回忆说。"他希望地位比他低的人完全按照他说的去做。”理查德有一个私人助理——一个身材瘦高的韩裔美国青年，他会派这个助理去传达他的指令，把不可能完成的任务布置下去。科伯特和他的同事们开始害怕这个人的到访：“他每次出现都会带来一些荒谬的、毫无意义的想法或是要求，对此我只能回答，‘我不明白那是什么**意思**’。”

“理查德很有个性，”这一时期与他共事过的另一名前雇员回忆说，“有时我怀疑他的精神是否稳定。他的性格有点儿怪。要是让我用一个词来形容他，我会说‘轻率’。”

尽管如此，大家还是很照顾理查德的感受。毕竟，这是一个家族企业。在普渡·弗雷德里克公司内部，你的权力大小完全取决于你和萨克勒家族的关系。诺沃克的办公室里有一些老员工，他们被称为“萨克勒派”，也就是说他们与萨克勒家族私交甚笃，所以他们是动不得的。事实上，他们中有些人相当无能，只会坐在办公桌后面收支票。没人说得清他们为公司做过什么贡献，成天都在干些什么。但他们表现出了对萨克勒家族的忠诚，而忠诚正是普渡所要求的重要品质，在这里，忠于萨克勒家族是会得到奖赏的。普渡的办公室政治法则是，要是你和萨克勒家族没有直接联系，跟“萨克勒派”套套近乎也不无好处。

如果说一名员工在普渡·弗雷德里克公司的影响力是由他对萨克勒家族的忠诚度决定的，那么公司里的头号忠臣、“萨克勒派”元老当属这位步履蹒跚、体重超标的律师——霍华德·尤德尔。尤德尔在布鲁克林长大，[29]依然保留着那里的口音。1966年，刚从纽约大学法学院毕业的尤德尔在一家小型律师事务所找了份工作，事务所里有三名律师都在为萨克勒家族处理法律事务。尤德尔最终进了普渡·弗雷德里克公司，担任副总经理兼法律总顾问。[30]尤德尔对萨克勒家族表现出坚定不移的忠诚。“公司律师可以在以下两种工作方式中二选一，”巴特·科伯特说，“他们可以去找管理层，告诉对方‘你不能这么做’。他们也可以对管理层说，‘告诉我你想要什么，我来想办法搞定’。霍华德会选择第二种做法。”[31]尤德尔在描述自己的职业理念也用了相似的措辞。他说，律师的工作不是告诉管理层“公司不能做它需要做的事情”。[32]据一名与尤德尔打过交道的律师回忆，尤德尔“就像《教父》里的汤姆·黑根”，“对这个家族**非常**忠诚”。

在萨克勒家族看来，让尤德尔这样的人为年轻的理查德保驾护航可能会有所助益。关于理查德，公司里流传着一个真假难辨的故事，但这个故事之所以会被反复地讲述，是因为它反映了理查德冒进的特性。70年代的某个时候，雷蒙德去度假了，把家族企业交给理查德一个人打理。理查德总是渴望创新，他认为公司可以设法压缩必妥碘的生产成本，以此来节省资金。经过一番仔细研究，他确信如果换成另一种更便宜的碘，他们每生产一批产品就可以省下一定数额的资金。于是，理查德没和雷蒙德商量，就擅自要求在生产必妥碘时使用新配方。按照故事的说法，普渡开始销售这款产品时，却发现将它涂抹在人的皮肤上会造成轻微灼伤。雷蒙德意识到发生了什么事，下令立即召回产品。“他们把瓶子放在仓库里，”一名前雇员笑着说，“时不时地，就会有一个瓶子爆掉。”

这个故事是真的吗？没有人可以肯定。但这则寓言的寓意显而易见：理查德是个聪明的家伙，但判断力很差。“他想成为下一个默克或礼来，”巴特·科伯特说，“但他不知道该怎么做，也许他以为自己是知道的。”每个人都清楚，不管理查德存在怎样的缺陷，他对于自身和家族企业都有着远大的抱负。“他总是在寻找新的机会、新的药物。”另一名在那里工作的员工回忆说。[33]

科伯特厌倦了做饼干，还没工作满一年就离开了普渡。不过，他在任职期间结识了一位名叫埃迪·武居的老科学家。武居于1975年入职普渡，担任临床研究主任。[34]他见多识广。当心理查德·萨克勒，他警告科伯特，“当心”。[35]

● ● ●

这些年来，理查德的叔叔莫蒂默偶尔会在公司露面。在诺沃克的普渡·弗雷德里克公司总部，他被视为一个略显神秘的人物。“莫蒂默在欧洲。他有女朋友，还有一座城堡。”一名前雇员说，这句话概括了20世纪80年代普渡的一般员工对莫蒂默的印象——他们认为这位公司合伙人是个典型的花花公子。巴特·科伯特回忆说，莫蒂默“神龙见首不见尾”。他偶尔会来公司总部看看，但从不久留：“他态度疏离，与这里的氛围格格不入，举止优雅。”[36]

“我的合法居住地是瑞士。”莫蒂默会说。[37]他的家庭安排的真实情况，其实比他所说的更为复杂。1974年，他放弃了美国国籍，成为奥地利公民。但事实上，他并没有住在奥地利。相反，他辗转于伦敦、巴黎、纽约、格施塔德和昂蒂布海角的住所。[38]理查德在普渡·弗雷德里克公司工作了四年以后，他的表弟，也就是莫蒂默的儿子鲍比自杀了。诺沃克办公室里的人知道了这场悲剧，但他们从来没有公开提及此事，只在私下里悄悄议论。[39]一开始的说法是，莫蒂默在一场悲惨的事故中痛失爱子：那个年轻人从窗口掉了下去。后来，鲍比跳楼自杀的传言不胫而走。但这个传言很难证实，因为媒体根本没有报道鲍比自杀的事，萨克勒家族也对此闭口不谈。

1977 年，莫蒂默与第二任妻子格丽离婚后，为她在伦敦东区大道买了一套有 15 个房间的公寓，并给了她 14 万美元，用于购买“装饰品和家具”[40]。格丽将在这套公寓里抚养两个年幼的孩子——萨曼莎和小莫蒂默。而莫蒂默本人保留了那套位于纽约第五大道、正对着中央公园的公寓。[41]但现实情况是，莫蒂默经常在国外，到头来格丽把两套房子都据为己有。有一回，莫蒂默接到了他在纽约的管家伊丽莎白·伯纳德的电话，伯纳德告诉他格丽已经搬了进来，并且把自己解雇了。刚离婚时，双方还勉强维持着表面的和平，但现在莫蒂默被激怒了：格丽的行为简直像是非法入侵。[42]他赶回纽约，一进公寓就发现了一群借住在那里的摄影师和模特。[43]格丽不在公寓里，但这些声名狼藉的入侵者告诉莫蒂默，他的前妻允许他们留下来。当莫蒂默打开卧室的衣橱，看到里面挂着另一个男人的衣服，他勃然大怒。他把这些擅自占住者赶了出去，换了锁，并派了一名保安阻止格丽再次进入公寓。[44]接着，他把她告上了法庭，指控她“贪得无厌”，声明她的目的是“尽可能地闹出令人不愉快的动静，好让我给她钱”。[45]（此案最终庭外和解。）

尽管莫蒂默的私生活一地鸡毛，他仍在步步为营地扩张萨克勒家族的制药帝国。亚瑟·萨克勒一度认为，中型制药公司的问题在于，它们往往没有研发能力，无法发明新药物。[46]但如今，莫蒂默正在英国经营纳普实验室，该公司在研发投入方面不遗余力。纳普实验室于 1966 年被萨克勒家族收购，但它的起源可以追溯到 20 世纪 20 年代。[47]销售授权产品是普渡·弗雷德里克公司的惯常业务，而纳普实验室的业务却不仅限于此，它还致力于研发新药。莫蒂默支持在研发过程中耐心投入。“只有十分之一的产品会成功。”他提醒说。不过，要是他们能发明出合适的药物，这也许会改变公司的命运。[48]

70 年代末，纳普实验室生产了一款真正具有创新性的新产品——吗啡片。伦敦有一家名为圣克里斯托弗的临终关怀医院，正是在他们的提议下，纳普才生产了这款新药。圣克里斯托弗医院的负责人西塞莉·桑德斯是个激进的医生，曾写过《安宁疗护》一书，并倡导了前所未有的缓和照顾运动，她认为医疗机构应该为绝症患者提供更有爱的环境，帮助他们舒适、安详、有尊严地离世。在圣克里斯托弗医院，桑德斯委派罗伯特·特怀克罗斯医生来研究缓和照顾中的麻醉品使用问题，特怀克罗斯医生会见了纳普实验室的医疗总监，敦促他研发吗啡片。[49]

在吗啡片出现以前，吗啡通常是以静脉注射的方式进入患者体内的，要么挂点滴，要么打针。也就是说，癌症晚期或者饱受其他疾病折磨的病人别无选择，只能在医院里度过最后的时光，这样他们才能用上止痛药。不过，纳普实验室最近开发了一种特殊的片剂包衣系统，可以让药物在较长时间内缓慢释放到患者的血液中。他们称这种系统为“持续释药机制”，并且已经将其应用于一款哮喘药。[50]如果把它用在吗啡上会怎么样呢？这意味着患者吞下一片药，吗啡就会慢慢地在他体内释放，像是挂点滴一样。[51]于是，新药美施康定应运而生，1980 年，美施康定在英国上市，这是一项重大突破。[52]

“美施康定真的是一种不可思议的药物，因为它让重症患者，特别是癌症患者，不必为了缓解疼痛而住院治疗，”莫蒂默的女儿凯西后来回忆说，“在此之前，病人不得不在医院进进出出，以便接受止痛治疗。”她说，美施康定“改变了这种情形”。[53]在萨克勒家族掌舵的 30 年间，普渡·弗雷德里克公司做出了明智且有利可图的商业决策，比如授权销售新来福和必妥碘，但该公司并不怎么注重研发。因此，美施康定标志着一项重大突破：这是一款真正具有开创性的产品。1983 年，伦敦《泰晤士报》引用了一名医生的原话，称这款新药是“本世纪麻醉品领域最重大的进步”之一，而另一位医生则说，它象征着“自吗啡诞生以来用药物控制疼痛的最重要的一步”。[54]萨克勒兄弟为美施康定取得的成就感到非常自豪，他们吹嘘说，持续释药机制“彻底改变”的不仅是吗啡的摄入方式，还有其他药物的摄入方式。[55]在一则广告中，纳普实验室引用了《泰晤士报》的报道，并宣告了公司的发展和目标，表示“我们不打算就此止步”[56]。

在莫蒂默的领导下，萨克勒家族在英国研发出了美施康定，接下来他们将在雷蒙德的地盘——美国——销售这种药物。但他们的计划引发了一个有趣的困境。萨克勒兄弟坚持认为美施康定是一款新药，甚至是革命性的药物。然而，任何新药在通过美国食品药品监督管理局的安全认证之前，都必须经历漫长而烦琐的监管审批流程。既然如此，如果普渡·弗雷德里克公司声称美施康定根本不是新药，又会怎么样呢？美施康定唯一的有效成分是吗啡，这是一种古老而常见的药物，早就被批准了。的确，美施康定只不过是在释药机制上有所改变。当时有一项新的联邦法规正在制定中，该法规禁止在没有经过食品药品监督管理局新药审批的情况下对旧药进行改造。当霍华德·尤德尔得知这项规定即将出台时，他认为普渡·弗雷德里克公司应该奋力一博。这一时期与尤德尔共事的一名前高管透露，尤德尔曾表示："在这项规定生效之前，让我们**制造**出美施康定并把它推向市场。"[57] 所以普渡没有通知食品药品监督管理局，更没有请求对方批准，就开始在新泽西州的一家工厂生产美施康定，1984 年 10 月，美施康定在美国上市。

当制药公司推出新药时，他们通常会举行一场盛大的销售启动会，这种活动看起来就像是单身派对、营销大会和培灵会的邪恶组合。"这些药物销售启动会精彩绝伦，"与尤德尔共事过的普渡前高管说，"你把全国各地的销售代表都请来。好吃好喝地招待他们。你可以找一些活力四射的演讲者劝说销售代表们去推销你的药。"这名高管参加了美施康定的销售启动会。数百人聚集在宴会厅里。活动中有演讲的环节。一名英国销售经理挽起袖子，大谈特谈这款颠覆性药物的优点，以及销售团队将如何大显身手，让美施康定成为爆品。据亲耳听过现场演讲的前高管说，销售经理号召人们"为了你我，为了公司，为了理查德"把美施康定卖出去。活动的气氛给人一种感觉，理查德·萨克勒为了美施康定和普渡·弗雷德里克公司的未来殚精竭虑，他是一个敢于设想的伟人，而销售团队将充当他的突击部队。"当时的情景让我联想到了 1934 年的纽伦堡大阅兵，"这名高管回忆说，"人们都站了起来。吓了我一跳。"

于是，销售团队大显身手，向美国各地的医生强力推荐美施康定，鼓吹它是治疗癌症疼痛的一种激进的新疗法，尽管这种药物实际上并没有获得美国食品药品监督管理局批准。普渡·弗雷德里克公司认为，他们销售吗啡片不**需要**任何人批准。美施康定上市三个月后，食品药品监督管理局寄信到诺沃克，告知普渡他们无权销售从未提交过新药申请的新药。[58]

收到这封信后，霍华德·尤德尔和普渡·弗雷德里克公司的律师团队来到华盛顿，参加美国食品药品监督管理局召开的一系列紧急会议。从理论上讲，普渡陷入了困境，必须从市场上召回美施康定，重起炉灶——这一回，普渡必须提交新药申请，配合食品药品监督管理局完成烦琐的审批手续，等到美施康定获得批准（如果他们幸运的话）**再**举行销售启动会。但是，普渡毫无顾忌地绕过了监管申请流程，在未经批准的情况下出售他们的止痛药，把生米煮成了熟饭。现在已经有一些治疗癌症的医生——还有许许多多的癌症患者——开始依赖美施康定缓解疼痛了。食品药品监督管理局局长弗兰克·扬担心，服用美施康定的患者人数众多，突然停掉他们的药可能会造成损害。[59]

尤德尔和他的同事们争辩说，这不过是一场误会，他们以为美施康定不必经过食品药品监督管理局批准，因为它实际上只是吗啡。但食品药品监督管理局回应称，剂量如此之大的药片属于新产品。与尤德尔共事过的这名前高管说，普渡·弗雷德里克公司最终越过了食品药品监督管理局，向以里根为首的政治领导人求助。“他们在向白宫施压。”这名高管说。

普渡·弗雷德里克的策略奏效了。食品药品监督管理局终于同意普渡继续销售美施康定，只要他们把早就应该提交的新药申请补上。普渡将继续销售美施康定，尤德尔得意地宣布：“食品药品监督管理局不会干涉。”[60]

美施康定的年销售额将达到 1.7 亿美元，超过普渡·弗雷德里克公司以往的数据。[61] 无论以哪种标准衡量，萨克勒家族都很富有。但随着他们研发的第一款止痛药问世，他们更是财源广进。从一开始，理查德·萨克勒为普渡勾勒的宏伟蓝图就超越了他父亲最远大的抱负。现在，这幅蓝图似乎开始成为现实。

注释

[1] “William T. Grant, Store Founder, Dies,” *New York Times*, Aug. 7, 1972.

[2] “Buyers Scarce When the Price Is $1.8 Million, Hospital Finds,” *New York Times*, Jan. 21, 1973.

[3] "W. T. Grant Estate Sold," *New York Times*, June 3, 1973.
[4] 这座大楼坐落在诺沃克华盛顿街 50 号，建于 1970 年。
[5] "Drug Company Moving to Norwalk," *Hartford Courant*, Nov. 30, 1972.
[6] "A Family, and a Transformative Legacy," Medicine@Yale, July/Aug. 2014.
[7] 参见罗伯特・约瑟夫森 2017 年 10 月 19 日发给《纽约客》的声明。在 2019 年宣誓作证时，理查德被要求证实这一点，他表示，虽然他不记得自己入职普渡时担任的是雷蒙德的助理，但他"也没有与此相悖的记忆"。
[8] "A Financial Man and the Fogg," *Boston Globe*, Feb. 16, 1982. 该公司早在 20 世纪 50 年代就开始出售耵聍软化剂。Purdue Frederick advertisement, *Medical Tribune*, July 2, 1962.
[9] 对弗朗辛・肖的采访。
[10] 纳尔逊 2007 年 7 月 11 日致詹姆斯・P. 琼斯法官的信。
[11] 对奥莱克的采访。
[12] 对卡洛斯・布兰科的采访。
[13] 萌蒂制药宣传册。
[14] "Sharing Ideas," *Boston Globe*, Feb. 16, 1986.
[15] "Psychiatrists Give $3M. to T.A. Medical School," *Jerusalem Post*, Oct. 19, 1972.
[16] 对卡洛斯・布兰科的采访。
[17] "Skiers Covet Clear Skies, Warm Weather," *Salt Lake City Tribune*, Dec. 25, 1985.
[18] "Penn Speaker Hails U.S. Achievements," *Philadelphia Inquirer*, May 23, 1972; "Beth M. Bressman," *Item of Millburn and Short Hills* (Millburn, N. J.), Nov. 6, 1969.
[19] "Ph. D. Degree Is Awarded Beth Sackler," *Item of Millburn and Short Hills* (Millburn, N. J.), March 20, 1980.
[20] 根据康涅狄格州婚姻记录，他们于 1979 年 6 月 3 日结婚。
[21] 理查德・萨克勒的官方介绍，之前曾出现在麻省理工学院科赫综合癌症研究所的网页上，但后来被删除了。
[22] 凯西・萨克勒的证词。
[23] 理查德・萨克勒 2019 年的证词。
[24] 美国专利和商标局网站。
[25] 理查德・萨克勒 2019 年的证词。
[26] 出处同上。
[27] 华盛顿街 50 号的广告："the only luxury office building in Conn with helicopter and heliport for exclusive use of its tenants," *Bridgeport Post*, March 28, 1972。
[28] 对科伯特的采访。
[29] "Pain Relief," *Corporate Counsel*, Sept. 2002.
[30] "Simple Things in Life Are Fine but Howard Udell Loves Complexity," article in an internal Purdue brochure (Fall 1999); "Pain Relief."
[31] 对科伯特的采访。
[32] "Simple Things in Life Are Fine but Howard Udell Loves Complexity."
[33] 对拉里・威尔逊的采访。

[34] "Takesue Named," *Bernardsville (N.J.) News*, Sept. 11, 1975; "Dr. Edward Takesue," *Morristown (N.J.) Daily Record*, June 4, 1985.
[35] 对科伯特的采访。
[36] 出处同上。
[37] 莫蒂默・D. 萨克勒的宣誓书。
[38] 出处同上。
[39] 对卡洛斯・布兰科的采访。
[40] 莫蒂默・D. 萨克勒的宣誓书。
[41] 出处同上。
[42] 出处同上；对伊丽莎白・伯纳德的采访。
[43] 莫蒂默・D. 萨克勒的宣誓书。
[44] 出处同上。
[45] 出处同上。
[46] Lutze, *Who Can Know the Other?* 205.
[47] 萌蒂制药宣传册。
[48] "Dr. Mortimer Sackler," *Times* (London), April 13, 2010.
[49] 特怀克罗斯发给作者的电子邮件。有人指出莫蒂默・萨克勒本人可能以某种方式参与了与圣克里斯托弗医院的早期对话，但特怀克罗斯不记得他参与过，我在伦敦国王学院所保存的西塞莉・桑德斯的论文中找不到萨克勒家族直接参与的迹象。
[50] 这款哮喘药是茶碱缓释片。"Thrust Under Microscope," *Hartford Courant*, Sept. 2, 2001.
[51] "Mortimer Sackler Dies at 93," *Los Angeles Times*, March 8, 2014.
[52] 它在英国最初用的名字是 MST。美施康定是美国的品牌名称。
[53] 凯西・萨克勒的证词。
[54] "Morphine Making a Welcome Return," *Times* (London), Sept. 15, 1983.
[55] 萌蒂制药宣传册。
[56] Napp Laboratories Advertisement/Job Posting, *Guardian*, Oct. 27, 1988.
[57] 对科伯特的采访。
[58] "Purdue Frederick Will Submit NDA for MS Contin," *Pink Sheet*, July 8, 1985.
[59] 出处同上。
[60] "Purdue Frederick MS Contin Continued Marketing," *Pink Sheet*, July 15, 1985.
[61] "Thrust Under Microscope."

第十三章 萨克勒争产案

1987年的一个夏日，也就是亚瑟·萨克勒去世几个月后，亚瑟的第一任妻子埃尔丝来到东57街，走进他当年为第二任妻子玛丽埃塔买下的两套毗邻的联排住宅。[1]这处房产依然属于萨克勒家族；亚瑟和他的第三任妻子吉莉安把两套房子用作储藏室和办公场所，偶尔也在这里招待客人。[2]埃尔丝如今已经73岁了，虽然行动迟缓，但仍然很活跃，自从亚瑟去世后，她变得有些孤僻，但一如既往的强硬和敏锐。[3]按照她前夫的意愿，她是他的遗嘱执行人之一。

在联排住宅里，埃尔丝见到了吉莉安·萨克勒。吉莉安才40多岁。这两个女人几乎没有共同点，不过，亚瑟还在世时，她们一直保持着友好关系，尽管萨克勒家族的成员普遍把吉莉安看作小娇妻和荡妇。[4]在亚瑟的追悼会上，吉莉安形容埃尔丝是亚瑟“最亲爱的朋友，也是我最亲爱的朋友”[5]。但考虑到亚瑟的人格力量，再加上这两个女人都想讨他欢心，很难判断她们的相互迁就到底是发自真心，还是仅仅出于想要满足亚瑟愿望的本能。

亚瑟的家人召开了一次会议，讨论他的遗产问题。玛丽埃塔没有受邀参会，因为她没有出现在遗嘱中：在经历了恼人的离婚谈判、见证了她的自杀之后，亚瑟把她完全排除在自己的遗产规划之外。[6]但玛丽埃塔的儿子亚瑟·费利克斯到场了。参加会议的还有埃尔丝的两个女儿卡罗尔（现在在波士顿当医生）和伊丽莎白（仍在纽约发展她的艺术事业），以及长期为亚瑟效劳的助手米里亚姆·肯特和三名律师。

“我们了解到遗产净值达到了九位数。”其中一名律师斯坦利·伯格曼声称。但由于亚瑟产业众多，他又喜欢保密，很难计算出他所留资产的具体金额。而且亚瑟留下的不只是资产，还有债务。[7]他曾经借钱补贴自己的艺术收藏和慈善事业。他从自己的公司借钱。他赊购艺术品。他承诺要捐出公司股票来做慈善。他在艺术领域挥金如土。他的第一任妻子是他最信赖的朋友和红颜知己，多年来，他一直在找她借钱。在亚瑟看来，虽然他们已经离婚几十年了，但埃尔丝的钱实际上还是他的：她从 20 世纪 30 年代起就不再工作，她的主要收入来源是她在威廉·道格拉斯·麦克亚当斯公司持有的 49% 的股份，这是离婚时亚瑟送给她的。[8]麦克亚当斯公司的效益依然很好，萨克勒家族的一名律师将其形容为“摇钱树”。[9]所以埃尔丝的收入相当可观。亚瑟找埃尔丝要起钱来毫无心理负担。埃尔丝也总是有求必应。“别担心，”她会对他说，“用这些钱做点儿好事。”[10]

问题是，就像小亚瑟向其他人指出的那样，他的父亲不管是找别人借东西，还是把东西借给别人，甚至是**买**东西，通常都没有留下书面记录。他习惯于握手成交。[11]结果，当亚瑟去世后，人们发现他还有一些承诺没有兑现——他购买的艺术品还没有付钱，他答应捐给慈善事业的款项也没有到位。作为他的遗孀，吉莉安还没来得及悲伤，就收到了一大堆账单和借条。吉莉安坚持认为，亚瑟的继承人有义务筹集并拨付足够的资金，以兑现他许下的诸多承诺。她始终声称，她很担心“萨克勒这个姓氏会因为没有兑现已经承诺的慈善捐款而蒙尘”[12]。

“你们每个人……都对亚瑟的过往有所了解。”伯格曼对聚集在一起的萨克勒家族成员说。在亚瑟生前，伯格曼一直是他的代理律师，现在他希望亚瑟的家人想一想，亚瑟还有哪些资产和债务可能没有被计算在内。[13]亚瑟总是刻意将自己的生活分割为不同的部分，这样一来，就没有人能看到他生活的全貌。伯格曼说，遗嘱执行人需要做的是把“拼图的所有碎片”拼接在一起。对他们所有人来说，这将是一个费时费力的过程。但他们需要清查遗产，而且“不能让美国政府占了便宜”。伯格曼说，亚瑟的遗产应该按照他本人的意愿分配，而不是落入“美国政府”囊中。

早在 60 年代末，亚瑟就和吉莉安恋爱了，但直到 1981 年他办完离婚手续，他俩才正式结婚。吉莉安跟伊丽莎白和卡罗尔差不多大。亚瑟还在世的时候，不让吉莉安和他已经成年的孩子们接触，他给出的理由听起来有点儿荒谬——吉莉安自己没有孩子，跟他的孩子待在一起可能会让她心烦。[14]但更有可能的是，亚瑟只不过是习惯性地想把生活中的不同圈子隔开。此外，他或许也察觉到了孩子们的敌意和嘲笑，他们认为吉莉安是一个篡夺者（他们管她叫“秘书”），欺骗了他们的父亲，把他拖进一段考虑不周的婚姻。[15]无论如何，吉莉安从未与萨克勒家族的年轻一辈交好。更何况，亚瑟在遗嘱中做出了出人意料的安排，使得吉莉安和继子继女的关系雪上加霜：他给四个孩子每人留下了 60 万美元，还把价值 3000 万美元左右的《医学论坛报》留给了他们。但他的遗产中剩余的 1 亿美元将归吉莉安所有。[16]

亚瑟的孩子们对吉莉安的怨恨原本是微不可察的，得知父亲的遗嘱内容后，他们彻底撕破脸了。孩子们接管了 57 街的联排住宅，声称那是属于他们的，还换了锁，不让吉莉安进去。[17]吉莉安和她的继子继女眼看就要反目为仇，而亚瑟一家和他的两个弟弟之间的关系也处于风雨飘摇中。亚瑟去世后，莫蒂默和雷蒙德明面上一直对他的家庭表示支持。但众所周知，到了亚瑟去世的时候，他已经和“那对兄弟”（他的孩子们是这样称呼莫蒂默和雷蒙德的）疏远了。[18]亚瑟最赚钱的公司中有很多都是作为合资企业创办的，由他和雷蒙德、莫蒂默共同拥有，因此，萨克勒家族的各个支系现在都需要清算账目。在 57 街召开的那次会议上，亚瑟·费利克斯告诉大家莫蒂默舅舅已经问过自己，他和雷蒙德究竟应该和谁协商遗产的事。[19]

伯格曼警告说，与莫蒂默和雷蒙德交涉时需要格外留神。[20]莫蒂默和雷蒙德是家人，但这并不意味着他们值得信任。萨克勒兄弟在建立商业帝国时关系亲密，后来却渐行渐远，所以他们养成了习惯，一旦谈及自己名下产业的实际价值，彼此之间都不说实话。莫蒂默和雷蒙德之所以会谎报资产，有一部分原因是他们从亚瑟那里学到了这一招，并且形成了本能反应：亚瑟被基福弗委员会传唤作证时，在参议员们面前一口咬定自己的广告公司只是个收入微薄的小公司，他的惯常做法是把所持资产的规模和价值往低了报。“爸爸说他故意把它们的价值压低，”伊丽莎白指出，“因为他不想让莫蒂默和雷蒙德觉得它们很值钱。”

也许吧，伯格曼说，但这并不意味着亚瑟的花招奏效了。“我不会低估你叔叔的智商。”

亚瑟的继承人面临的一个紧迫问题是，他们是否应该出售他们在普渡·弗雷德里克公司的股份。在他们召开家庭会议的两周以前，长期为亚瑟提供法律服务的律师迈克尔·索南雷希飞往伦敦与莫蒂默会面。那对兄弟有意买断亚瑟在普渡的股份。问题在于，这些股份值多少钱？索南雷希试图估算出合理的售价，伯格曼则指出，转让普渡的股份将“为我们带来又一笔资金”，以偿还亚瑟的债务。[21]索南雷希曾私下向其他律师发牢骚说自己吃力不讨好，因为不管他把普渡的股份卖了多少钱，吉莉安都会埋怨他找那对兄弟要少了。[22]

毋庸置疑，莫蒂默和雷蒙德会极力讨价还价，在普渡实际价值的问题上欺骗他们的侄子侄女。“你们的父亲也是这么干的，”伯格曼告诉孩子们，“所以双方都不是什么纯情小白兔。”最后，他总结说：“他们是你们的叔叔，但我是你们的律师。我不得不假设，每个人都可能表现得像个商人，试图占据上风。”[23]

埃尔丝·萨克勒在会上一直沉默不语。但到了商量怎么对付莫蒂默和雷蒙德的节骨眼上，她似乎有些沮丧。亚瑟本想把一份完整的家族遗产传下去，但事实证明他的遗产就像盛满甘美毒酒的圣杯。他终其一生积累的财富和资产似乎并没有把他的家人凝聚在一起，反而使他们彼此对立。埃尔丝认识莫蒂默和雷蒙德已经半个世纪了。她把他们当作亚瑟的小弟弟，和他们一起从青涩走向成熟，她也深知他们的成功与不幸。她说，等到双方协商遗产的相关事宜时，也许亚瑟的某个家人可以到场。不是去协商，仅仅是待在那儿。“面对面交流有种不一样的感觉。”她说。[24]

● ● ●

如果亚瑟的继承人认为他们可以统一战线，齐心协力地对付莫蒂默和雷蒙德，那他们就大错特错了。在 7 月的那次家庭会议上，亚瑟的孩子们暂时搁置了与吉莉安的恩怨，但他们之间的矛盾已经接近沸点，没过多久就彻底爆发了，而且闹得满城风雨，场面极其难看。亚瑟一生结了三次婚，组建了三个小家庭，他一直小心翼翼地协调着复杂的家庭关系。多年来，他自如地周旋于三个小家庭之间。现在他精心维持的和谐局面却开始分崩离析。

“爸爸承诺过我，是口头承诺。”伊丽莎白曾告诉和她对接的遗嘱执行人。她说，在亚瑟庞大的艺术收藏中，“有一定数量的作品是可以供我挑选的”。[25]现在她想拿走属于她的东西。“我不是在请求你，”她镇定自若地说，话语间却流露出对吉莉安的敌意，“我只不过是通知你一声。”在亚瑟生命的最后阶段，他可能说过要把一些属于他和吉莉安的东西留给他的孩子，尽管没有正式的书面承诺，这些东西又该怎么处置呢？

比如那张明代的床。埃尔丝坚持说，那张床是留给伊丽莎白的，虽然在亚瑟过世的时候，它还不属于伊丽莎白。“在你住的地方放一张明代的床是不切实际的。”埃尔丝指出。

确实是这样，伊丽莎白同意埃尔丝的说法。她一直觉得自己有权得到那张床。她说，事实上，在她 14 岁的时候，“我很高兴地带着我的男朋友参观那张床”。

亚瑟为埃尔丝购买的莫奈名画《白杨树》也引发了类似的争议。亚瑟死后几个月，埃尔丝找到吉莉安，想拿走那幅画。[26]那幅画一直挂在吉莉安和亚瑟共同拥有的公园大道三层复式住宅里。埃尔丝告诉吉莉安，莫奈的画其实是她借给亚瑟的：亚瑟在 1962 年给她买了那幅画当礼物。[27]吉莉安不情愿地允许埃尔丝把画拿走。但那幅画刚被搬出门，吉莉安就改变主意了。毕竟，没有任何文件可以证明那幅画属于埃尔丝，也没有任何文件可以证明亚瑟曾把画送给她。它不是在吉莉安的公寓里挂了好几年吗？“她没有提供任何证据，”吉莉安抱怨道，“她直接上门把莫奈的画带走了。”[28]

吉莉安开始觉得亚瑟的孩子们在怀疑她。当他们试图清查和统计亚瑟数不尽的资产时，埃尔丝的一名律师暗示说，吉莉安也许真的在从藏品中偷画，然后把它们秘密运出美国。[29]没过多久，亚瑟的继承人就撕掉了友好合作的伪装。每个人都聘请了律师——不是普通的财产纠纷律师，而是专为上流社会服务的、所向披靡的高端律师。家庭会议的规模越来越大，火药味越来越重，文件也越来越正式和复杂。玛丽埃塔曾把亚瑟想象成一个太阳，他的所有家人就像行星那样围绕着他运转，彼此之间保持着脆弱的和谐关系。现在他死了，他们就开始自相残杀了。吉莉安发现自己被禁止进入亚瑟存放艺术品的飞地。（由于显而易见的原因，这些艺术品已经不在大都会艺术博物馆了，如今，它们在上东区的仓库里占据了一个存储空间。[30]）她抱怨说，亚瑟的孩子们掀起了一场针对她的“抹黑”运动，把她描述成“一个贪得无厌、道德沦丧、只知攫取的寡妇”，试图“牺牲别人的利益来换取自己的富有”。[31]她向一位朋友透露，与亚瑟家人的争吵不仅威胁到了他的慈善项目，还威胁到了“我的收入”，因为亚瑟分给她的钱“被扣押了”。[32]

至于亚瑟的孩子们，他们在法律文件中称吉莉安“受到了贪婪、怨恨或报复心等种种恶念的驱使”[33]。这场遗产争夺战中有起诉和反诉，宣誓书和证词，几十名律师，需要支付律师费的几千个小时，还有没完没了的谩骂。从股票到大件的雕塑，他们样样都想争到手。事态逐渐失控，演变成了狄更斯式的长篇传奇故事，人们把这场拖了好些年的争夺战叫做“萨克勒争产案”。1993 年，佳士得拍卖行准备为亚瑟收藏的文艺复兴时期的陶器举办一场大型拍卖会，但拍卖会在最后一刻被迫取消，因为吉莉安拿到了阻止拍卖的禁令。[34]据估计，萨克勒家族的遗产官司花费了 700 多万美元。[35]但实际数字可能要高得多。

在亚瑟人生中的最后 15 年里，他一直与一名向私人藏家提供服务的策展人密切合作，她是他从布鲁克林博物馆雇来的，名叫露易丝·卡茨。[36]但随着遗产争夺战打响，亚瑟的孩子们开始认为卡茨对吉莉安忠心耿耿。有一回，当卡茨去飞地视察时，伊丽莎白和卡罗尔要求卡茨把她的包放在外面，以防她偷走萨克勒的珍品，她感觉自己受到了侮辱。[37]

一天，伊丽莎白告诉卡茨，亚瑟·M. 萨克勒基金会不再需要她的服务了。伊丽莎白将接手基金会的管理工作。[38]伊丽莎白从亚瑟的孩子们当中脱颖而出，成为这位大人物最主要的遗产保管人。她是个狠角色，机智而专横，言谈举止间透露出几分帝王的傲慢。她曾在美国芭蕾舞学校接受舞蹈训练，1968 年，当她还是一名大学生时，她参加了“美国小姐”选美大赛，并当选为“佛蒙特州小姐”。[39]伊丽莎白参加了在大西洋城举行的决赛，表演了她自己编排的舞蹈，借此抗议越南战争。[40]她获得了“最佳才艺奖”，亚瑟非常自豪。他吹嘘自己的选美皇后女儿，还把伊丽莎白跳舞的照片裱起来挂在办公室墙上。[41]

亚瑟充其量是个聊胜于无的父亲。据萨克勒家的一位朋友说，亚瑟和玛丽埃塔的女儿丹妮丝上高中时，如果她想和父亲说话，必须先和他的秘书“预约”。但亚瑟对伊丽莎白一直是全心全意的。伊丽莎白 24 岁时，曾作为女伴陪同亚瑟出席艺术家罗伯特·劳森伯格在苏豪区举办的一个派对。当亚瑟介绍伊丽莎白是他的女儿时，劳森伯格笑着说：“真会编故事。”他以为伊丽莎白一定是亚瑟的约会对象。亚瑟似乎并不介意这个误会。事实上，他后来在《医学论坛报》上写了一篇专栏文章，吹嘘说那天晚上其他人也犯了同样的错误，并且他说出了令人作呕的心里话：在某种程度上，“我放弃了解释，尽情享受他们的幻想”[42]。

“我父亲对他的爱好充满激情。”伊丽莎白在亚瑟去世后不久回忆说，“他喜欢歌剧、芭蕾、北京烤鸭和犹太无酵饼丸子汤。他的交际舞跳得棒极了。”她解释说，当亚瑟决定学跳舞时，他请了专业教练到办公室教他，这样他就不会浪费时间了。“那时我们乘船去欧洲旅行，”她回忆说，“晚上我会和他一起跳舞。”[43]

伊丽莎白总爱热情洋溢地谈论她父亲的“天纵英才”[44]。如果说亚瑟把萨克勒的姓氏塑造为成就与声望的持久象征，那么伊丽莎白则致力于维护家族姓氏的荣誉，并将其进一步发扬光大。可能也正因为如此，她偶尔会与人发生冲突，比如和亚瑟关系密切的露易丝·卡茨。维也纳精神科医生保罗·辛格是亚瑟在亚洲艺术品收藏方面的导师，亚瑟去世后，辛格想把自己收藏的一些艺术品捐给史密森尼学会。但伊丽莎白不同意，她指出亚瑟和辛格在几十年前签署过一份协议，在协议中，亚瑟承诺资助辛格收购艺术品，条件是这些艺术品最终将归**萨克勒**收藏所有。[45]伊丽莎白并不反对将这些艺术品捐给史密森尼学会，她只是不希望它们被描述为“辛格收藏”的一部分，她更希望它们归属于“亚瑟·M. 萨克勒画廊的保罗·辛格博士中国艺术品收藏”。她从父亲那里继承了对家族姓氏的执念，认为它具有护身符般的意义。辛格已经90多岁了，他对萨克勒家族越来越恼火。他给伊丽莎白的律师写了一封言辞激烈的信，信中说道：“要是亚瑟的那帮继承人再对我啰嗦，就让他们滚远点儿。”[46]

● ● ●

20世纪40年代，亚瑟、雷蒙德、莫蒂默和比尔·弗罗里奇这四个火枪手达成了一份口头协议，后来又在60年代正式签署了两份法律协议，这些协议在亚瑟的遗产官司中被反复提及。起草这些协议的律师理查德·莱瑟称，他们四人一直以来的计划是，先去世的人把自己的公司股份留给剩下的火枪手，活得最久的那个人将整合所有的资产，交给慈善信托。[47]在围绕亚瑟的遗产展开的遗嘱执行人会议和诉讼中，有多处记录提到了弗罗里奇和“四方协议”，甚至提到了亚瑟设立慈善信托的愿望。[48]

在一份证词中，一名律师问埃尔丝，亚瑟是否“与弗罗里奇先生建立过业务关系”。

“我不记得他这么做过。”她回答说。

埃尔丝说她不记得，要么是因为年老健忘，要么就是彻头彻尾的谎言。埃尔丝70多岁了，记忆力仍然相当好，她比其他任何家庭成员更熟悉亚瑟的生意往来和交际圈。亚瑟的不少重要业务都与弗罗里奇有交集，埃尔丝不可能不知道。

“你知道他们创办的是合伙企业还是合资企业吗？”律师问道。

“我不知道，”埃尔丝回答，“我想我不太明白你的问题。”

“你能不能告诉我，”她被问道，“有哪些股份、股权或资产是萨克勒博士及其兄弟与弗罗里奇先生共同创立的？”

“我对弗罗里奇先生一无所知，”她坚持说，后来才承认，“我是说，他们共同创立了一些……公司。”

律师问埃尔丝是否知道“萨克勒博士生前提出的计划”，根据这一计划，他创立的公司的股份“会被出售，所得收益将捐献给慈善机构”。

“我完全不知情。”她说。[49]

律师触及了对整个官司具有重大意义的先决问题：根据初版火枪手协议中的条款，吉莉安、埃尔丝和孩子们应得的遗产要少得多。三兄弟共同持股的企业应该留给莫蒂默和雷蒙德，他们百年之后，这些资产将由慈善机构继承。“没有人**有权**拥有这些资产，”理查德·莱瑟说，“这些资产会一直传下去。在死者的家人得到合理照顾的情况下，它们会一直传到活得最久的那个人手中。”当最后一名火枪手去世时，他继续说道，“这些资产将捐给慈善信托”。在莱瑟看来，整个遗产官司的前提就是“一场骗局”。[50]

然而，到了亚瑟·萨克勒去世时，他和他的弟弟们似乎已经达成一致，悄悄放弃了他们的协议。四个火枪手在年轻时拟定的协议，也许只是出于年轻人特有的理想主义——这是一种美好的情感，但从一开始就注定无法实现，因为它不切实际。然而，真正破坏协议的是他们在60年代做出的决定：他们让理查德·莱瑟起草了

两份协议，一份是关于国内业务的，由四人共同签署，另一份是关于国际业务的，由雷蒙德、莫蒂默和弗罗里奇三人签署，亚瑟没有参与。弗罗里奇去世后，雷蒙德和莫蒂默继承了价值数千万美元的艾美仕公司股份，亚瑟却什么也没有得到，亚瑟的孩子们一致认为，三兄弟之间的“分歧”就是从那时开始的。[51]

没过多久，莫蒂默和雷蒙德开始把生意从美国转移到国外，这样一来，在界定哪些业务归四方协议管、哪些业务不归四方协议管的时候，亚瑟就只能听他们的一面之词了。这也部分解释了莫蒂默所担任的国际首席执行官一职为何如此重要：雷蒙德和莫蒂默尽其所能将制药业务转移到国外，以此剥夺亚瑟的股份。而正如亚瑟的孩子们在一次遗产商讨会上承认的那样，亚瑟也做了同样的事情，他创办了《医学论坛报国际版》，并将人才、精力和资金集中投入这份报纸，因为他的弟弟们没有股份。[52]

也就是说，到了亚瑟去世时，协议的精神早就被弃之不顾，协议的内容也基本被遗忘了。没有人提到雷蒙德和莫蒂默应该继承亚瑟在国内的所有公司资产，也没有人指出萨克勒家族的全部产业最终会被捐给慈善机构。相反，只有经过一场毫不留情的争夺战，才能知道谁将继承哪些资产，每笔资产可能值多少钱。普渡・弗雷德里克公司是一个家族企业，亚瑟的继承人持有三分之一的股份。现在莫蒂默和雷蒙德想把他们的股份买下来。

普渡・弗雷德里克公司正处于一个特别有趣的关键节点：在英国，纳普实验室推出的吗啡缓释片美施康定大获成功。但在 1987 年，这种药刚刚在美国上市。伯格曼律师担心，火枪手协议让三兄弟形成了互相欺骗的习气。“我最担心的是，”他对孩子们说，“普渡・弗雷德里克公司的合法业务有多少被转移到了海外，因为国际业务是属于那对兄弟的，而我们持有的股份都在国内业务这一块。”[53] 亚瑟的继承人似乎都不太了解普渡的确切情况。纳普实验室刚刚研发了一种非常赚钱的革命性止痛药，这种药已经被普渡推向了美国市场。但在讨论中，埃尔丝曾说：“说实话，我真的不知道纳普是什么。”[54]

负责与莫蒂默谈判的是亚瑟的律师迈克尔・索南雷希，尽管美施康定在美国市场上大有可为，但索南雷希却说，普渡・弗雷德里克公司根本没有那么大的价值。“价格合适吗？答案是肯定的，”他宣布说，接着又补充道，“我清楚公司有多大价值。这是一家小公司。”[55] 亚瑟的继承人最终以 2200 万美元的价格将普渡·弗雷德里克公司三分之一的股份卖给了莫蒂默和雷蒙德。考虑到公司未来的发展，这笔交易对亚瑟的继承人来说愚蠢至极。[56]

注 释

［1］除非另有注释，遗嘱执行人在 57 街住宅开会的细节均来自 1987 年 7 月 29 日亚瑟·M. 萨克勒遗产记录。我在米尼奥拉法院萨克勒争产案的卷宗中发现了这些记录以及遗嘱执行人的其他会议记录。

［2］吉莲·萨克勒的宣誓书。

［3］对迈克尔·里奇的采访。

［4］对里奇及萨克勒家族的一名亲密友人的采访。

［5］Jill Sackler remarks at Memorial Service for Arthur M. Sackler, Metropolitan Museum of Art, June 17, 1987.

［6］对迈克尔·里奇的采访。

［7］1987 年 7 月 29 日亚瑟·M. 萨克勒遗产记录。

［8］Memorandum by Edward J. Ross to Hon. C. Raymond Radigan, “Estate of Arthur M. Sackler—Index No. 249220,” June 16, 1988（后文再次引用该文献时仅标注为“罗斯的备忘录”）。

［9］这名律师是迈克尔·索南雷希，参见萨克勒家族律师 1987 年 7 月 8 日的会议记录。

［10］埃尔丝·萨克勒的证词。

［11］1987 年 7 月 29 日亚瑟·M. 萨克勒遗产会议记录，引自吉莲·萨克勒的宣誓书。

［12］吉莲·萨克勒的宣誓书。

［13］1987 年 7 月 29 日亚瑟·M. 萨克勒遗产记录。

［14］Verified Answer of Carol Master, Else Sackler, Arthur F. Sackler, and Elizabeth Sackler in *Matter of Sackler*, File No. 249220. 我在米尼奥拉法院的卷宗中找到的这份文件没有注明日期。“不管是在结婚前还是在结婚后，吉莲很少陪同萨克勒博士去看望他的孩子和孙子孙女。萨克勒博士分别向埃尔丝和小亚瑟解释说，因为他不想再要孩子，他觉得让吉莲与他的孩子和孙子孙女们待在一起会显得太不近人情。”

［15］对迈克尔·里奇的采访；对萨克勒家族的一名友人的采访，此人在这一时期和亚瑟的几个孩子谈过话。

［16］Affidavit of Thomas J. Schwarz, File No. 249220, May 8, 1990, *Matter of Sackler*.

［17］吉莲·萨克勒的宣誓书。

［18］“The Other Sackler,” *Washington Post*, Nov. 27, 2019; Minutes of the Estate of Arthur M. Sackler, July 29, 1987.

［19］1987 年 7 月 29 日亚瑟·M. 萨克勒遗产记录。

[20] 出处同上。
[21] 出处同上。
[22] 1987 年 7 月 9 日亚瑟・M. 萨克勒遗产律师会议纪录。
[23] 1987 年 7 月 29 日亚瑟・M. 萨克勒遗产记录。
[24] 出处同上。
[25] 出处同上。
[26] Reply Affidavit of Else Sackler, *Matter of Sackler*, March 1, 1991.
[27] Respondent Else Sackler's Memorandum of Law in Support of Her Motion for Summary Judgment Dismissing the Proceeding, *Matter of Sackler*. 我在米尼奥拉法院的卷宗中找到的这份备忘录没有注明日期。
[28] 吉尔・萨克勒 1989 年 3 月 6 日致 J. 卡提格纳的信。
[29] 吉莲・萨克勒的宣誓书。
[30] "Doctor's Collection Is a Prescription for Controversy," *Independent*, Nov. 3, 1988.
[31] Response to Memorandum Submitted in Behalf of Executors Carol Master and Arthur F. Sackler, *Matter of Sackler*, Sept. 25, 1992；吉莲・萨克勒的宣誓书。
[32] 吉尔・萨克勒 1991 年 4 月 27 日致莱纳斯・鲍林的信，引自鲍林档案。
[33] Memorandum by attorneys for Arthur F. Sackler and Elizabeth Sackler, quoted in Response to Memorandum Submitted in Behalf of Executors Carol Master and Arthur F. Sackler, *Matter of Sackler*, Sept. 25, 1992.
[34] "Feud Spoils Christie's Bid Day," *Times*, Jan. 13, 1993.
[35] "Depositions of Smithsonian Employees in Litigation Concerning the Estate of Arthur M. Sackler," Memorandum from Ildiko D'Angelis to Constance B. Newman, May 24, 1993，引自史密森尼档案。
[36] 吉莲・萨克勒的宣誓书。
[37] 出处同上。
[38] 卡茨 1988 年 11 月 18 日致伊丽莎白・萨克勒的信。
[39] "She's Here for the Summer," *Burlington* (Vt.) Free Press, June 13, 1968.
[40] Levin, *Becoming Judy Chicago*, 376–377; "The Girl Who Won the Title," *Brattleboro (Vt.) Reformer*, Aug. 31, 1968.
[41] 对迈克尔・里奇的采访。
[42] "The Princess and the Porcupine Quills," *Medical Tribune*, Nov. 29, 1972.
[43] "The Temple of Sackler," *Vanity Fair*, Sept. 1987.
[44] 伊丽莎白・萨克勒在美国国家肖像画廊发表的言论，Nov. 18, 1996, Henderson Papers。
[45] 史密森尼学会试图采取折中方案，在介绍板上使用较为简短的版本（"辛格博士收藏"），在每件单独的展品上使用较为详细的版本（"亚瑟・M. 萨克勒画廊的保罗・辛格博士中国艺术品收藏"）。参见米罗・比奇 1999 年 9 月 21 日致伊丽莎白・萨克勒的信。伊丽莎白并不满意。她写道："介绍板上的内容是错误的，具有误导性和侮辱性，而且违反了协议。自安装'辛格博士收藏'介绍板以来，萨克勒画廊已经举行了两场相当重要的活动——招待会和晚宴，对此我感到很失望。听说到访的委员将会看

到这块介绍板，这个消息让我很震惊。”参见伊丽莎白·萨克勒 1999 年 9 月 30 日致米罗·比奇的信。引自史密森尼档案。

[46] 辛格 1996 年 3 月 24 日致 M. M. 维勒的信，引自史密森尼档案。

[47] 对莱瑟的采访。

[48] 1987 年 7 月 22 日和 8 月 7 日的遗嘱执行人会议记录；埃尔丝·萨克勒的证词。

[49] 埃尔丝·萨克勒的证词。

[50] 对莱瑟的采访。

[51] 1987 年 7 月 24 日亚瑟·M. 萨克勒遗产记录。

[52] 1987 年 7 月 29 日亚瑟·M. 萨克勒遗产记录。

[53] 出处同上。

[54] 1987 年 7 月 29 日亚瑟·M. 萨克勒遗产记录。

[55] 1987 年 7 月 9 日亚瑟·M. 萨克勒遗产律师会议记录。

[56] 罗斯的备忘录。

第十四章 滴答作响的时钟

想象你发明了一种新药。要在美国销售这种药物，通常需要经过美国食品药品监督管理局批准。但在提交审批申请之前，你想先获得专利。有了专利，你就能对你所发明的新药享有一定期限的生产垄断权。专利制度的建立是为了鼓励创新，正如亚伯拉罕·林肯曾经说过的那样，专利制度是“在发现和生产有用的新事物的过程中，给智慧之火浇上利益之油”[1]。不过，专利是一把双刃剑。为了得到它，你需要公布你的发明，把你一直在秘密研究的项目公之于众。专利发布在美国专利和商标局的网站上，这同样是为了刺激创新：分享知识——而不是囤积知识——可能会鼓励其他人形成自己的想法。至少在理论上，专利持有者是受保护的，当她的想法被公开时，不会被别人窃取，因为她享有生产垄断权。正是这种垄断造就了制药业的巨额利润。研发新药需要时间和大量金钱。莫蒂默·萨克勒表示，只有十分之一的机会能赌赢，以行业标准来看，这一概率已经高于平均水平。因此，当一种药物确实有效，获得了食品药品监督管理局的批准，并且比以往任何产品都更能满足医疗需求时，那么制药公司通常会漫天要价。消费者支付的不仅仅是生产一瓶药的成本，还要为药物前期研发过程中的所有试验和失误买单。

但制药公司之所以漫天要价，还有另一个原因：专利授予的垄断权只是暂时性的。一旦你获得了专利，你通常有 20 年的时间来独家销售该产品，但在现实情况中，独家销售的期限往往不到 20 年，因为产品申请到专利时一般还没有得到食品药品监督管理局的批准。专利到期后，其他任何公司都可以自行生产仿制药，并以更低的价格销售这些药物。鉴于你在申请专利时公布了药物的配方，他们很容易就能生产出仿制药。

萨克勒兄弟痛恨仿制药。用一名客户的话来说，亚瑟领导下的《医学论坛报》针对价格低廉、没有品牌的流行药物，发起了“不间断的新闻和社论运动”[2]。亚瑟批判仿制药，不是因为它们威胁到了他的利益，也不是因为它们威胁到了与他合作的制药公司的利润，而是因为它们质量把控不到位。但他的批判运动显然也有自私自利之嫌，而且惯于肆意渲染，夸大其词。1985 年,《医学论坛报》发表了《精神分裂症患者因低劣的仿制药而“发狂”》一文，描述了佐治亚州一家退伍军人管理医院的精神科把治疗精神病的原研药氯丙嗪换成了另一种更便宜的仿制药，病人服用仿制药后“把医院搅得天翻地覆”。文章称，11 名此前病情稳定的患者发了狂，直到再次给他们服用氯丙嗪后才恢复正常（“就像有个开关被打开了一样”)。根据《纽约时报》的事后调查，食品药品监督管理局对这一事件进行了审查，发现《医学论坛报》的报道纯属子虚乌有。实际上，“在所谓的‘发狂’问题出现的六个月前”，这家医院已经开始使用这种仿制药，没有发生任何事故。[3]

尽管亚瑟对仿制药口诛笔伐，但仿制药竞争是任何制药公司都不得不面对的现实：一大群竞争者目不转睛地盯着日历，等待专利独占期满的那一刻。正如比尔·弗罗里奇在 1960 年宣称的那样，原研药制造商获得巨额利润的时间有限。[4]即便是在一种药物很赚钱的时候——事实上，特别是在一种药物很赚钱的时候——制药商仍要争分夺秒地抓销售，他们意识到在未来某个固定的时间点，专利会到期，仿制药将蜂拥而至，大幅削减他们的利润。制药行业有个专门的词形容这一过程中不可避免而又令人恐惧的阶段——“专利悬崖”，因为当专利到期时，收入曲线会急剧下降：其降幅如此陡峭，就像是从悬崖跌落一样。[5]

● ● ●

理查德·萨克勒是促成普渡·弗雷德里克公司业务重心向疼痛管理转移的重要推进者。1984 年，理查德协助筹办了一场在多伦多召开的会议——疼痛控制国际研讨会。会议由普渡·弗雷德里克公司赞助，地点是多伦多大学医学院礼堂。[6]理查德亲自写信给疼痛学家，邀请他们参会。[7]“这是一个真正的国际论坛，将围绕疼痛理论和疼痛管理（包括癌症疼痛及其管理）展开全球性的有趣交流。”他在给一位发言者的邀请函中如此写道。这场会议看上去和学术研讨会一般无二。但事实上，会议中插入了公司议程。许多在会上发言的医生讲述了他们使用止痛药美施康定的感想。罗伯特·凯科也发表了重要讲话，他是镇痛药（即通常所说的止痛药）使用方面的专家，在接受普渡·弗雷德里克公司的工作以前，他曾任职于纪念斯隆-凯特琳癌症中心。[8]凯科在康奈尔大学获得了药理学博士学位。[9]他还是一个发明家，在纳普实验室发起的美施康定临床开发项目中起到了重要作用。

美国医学界正在进行一场重新审视疼痛治疗的运动。一批医生开始相信，长期以来，医学界忽视了疼痛，认为疼痛只是潜在疾病的症状之一，而不是一种值得在临床研究中特别关注的痛苦。有些医生，如伦敦的临终关怀倡导者西塞莉·桑德斯，觉得病人被迫承受了不必要的痛苦，因为临床医生没有认真对待疼痛。“疼痛是病人最常见的症状。”理查德说。问题是它太主观了。“没有哪个医生会看着你说，‘哦，你的疼痛等级是三级’，”理查德解释道，“你必须依靠病人的说法。”[10]

理查德一直在与约翰·J. 博尼卡医生通信，许多人认为，正是博尼卡在美国发起了疼痛治疗的新运动。博尼卡是个多姿多彩的人物：他出生于西西里岛附近的一个小岛上，1927 年（也就是他 10 岁那年）移民到美国，他做过擦鞋工、卖报人、兜售水果和蔬菜的小贩，后来成为职业摔跤手。[11]博尼卡用“蒙面奇侠”的艺名参加比赛，成为世界轻重量级摔跤冠军。但在此过程中，他也对医学产生了兴趣，于是他凭借自己的努力进入医学院读书，并找了份在马戏团当大力士的兼职。博尼卡之所以开始关注疼痛研究，有一部分原因是他在摔跤时受的伤曾给他带来极大痛苦。1953 年，他出版了一部影响深远的著作——《疼痛管理》。[12]博尼卡的妻子差点儿死于难产，有感于此，他为硬膜外麻醉的发展贡献了自己的力量。[13]多年来的经验让他开始相信，多达三分之一的美国人可能正在遭受未经确诊的慢性疼痛——不仅仅是癌症疼痛和运动损伤，还有背部疼痛、术后疼痛和工伤。[14]但医生们却不把这种痛苦当回事，他抱怨说，并指出“没有一所医学院开设了关于疼痛的课程”[15]。他说，就连癌症医生也不知道如何应对癌症带来的生理上的痛苦。“他们不知道如何治疗，因为没有人教过他们如何治疗。”博尼卡认为，由于对慢性疼痛的忽视，美国正处于一场由未经确诊的痛苦酿成的无声瘟疫中，饱受“疼痛流行病”的折磨。[16]

博尼卡和理查德一致认为，造成“疼痛流行病”的部分原因在于，医生们不愿意给受到疼痛困扰的人注射吗啡。在缓解疼痛方面，吗啡算得上是一种非常有效的药物。在理查德看来，麻烦的是吗啡被污名化了。[17]理查德说，它之所以有这种污名，“是因为专业人士和非专业人士普遍认为吗啡是一种用于临终关怀的药物”。由于吗啡长期以来被视为一种有很高上瘾风险的药物，医生们只有在特别严重的病例中才会用到它。也正因为如此，病人和他们的家属通常不愿意让医生开吗啡，因为在大众的想象中，用理查德的话说，这意味着“判死刑”。

美施康定的发明旨在解决这一治疗缺口，它以药片的形式提供了一种更易于接受的吗啡给药机制。多伦多研讨会的与会者一致认为，吗啡是一种极好的治疗方法，但远远没有得到充分使用。是的，人们也许认为吗啡可能会上瘾，但在多伦多参会的医生说，这种担心是多余的。“需要吗啡止痛的病人不会上瘾。”来自奥地利的医生埃克哈德·博布勒在发言中宣称。[18]

同样的信息在整场会议中被反复重申。当吗啡被用于疼痛治疗时，其实并不会让病人上瘾。来自路易斯安那州的退休放射肿瘤科医师杰罗姆·罗马戈萨也参加了此次会议，用他的话来说，重要的是要消除关于吗啡和其他阿片类药物的“无数偏见”，由于这些药物是从罂粟中提取出来的，人们往往对它们抱有偏见。[19]“许多这样的偏见已经成为医护行业传统认知的一部分了。”罗马戈萨哀叹道。[20]理查德亲自邀请罗马戈萨参加会议。罗马戈萨断言，人们对吗啡上瘾的恐惧被夸大了，因为上瘾“是一种心理疾病”，只有在“不需要吗啡的人”滥用它时才会发生。当年亚瑟·萨克勒否认安定的危害时，也采取了类似的论调。

吗啡不会让按医嘱服药的病人上瘾，这对萨克勒家族来说是非常有用的信息。会议笼罩着令人安心的专业光环，要是亚瑟在场一定会表示赞许：一群医生在医学院里谈论医学。然而，与此同时，每个参会者都意识到，普渡·弗雷德里克公司正准备在美国推出自己的吗啡产品美施康定。多伦多大学医学院院长在欢迎辞中指出，美施康定已经“彻底改变了加拿大的麻醉性镇痛药市场”[21]。普渡·弗雷德里克公司是整场会议的赞助商。英国药理学教授约翰·W. 汤普森负责在会议闭幕式上致辞，他从美施康定获得专利认证的持续释药机制找到了灵感，一语双关地感谢普渡·弗雷德里克公司“慷慨而持续的热情投入”[22]。

早在 20 世纪 50 年代，亚瑟·萨克勒就意识到，精明的制药公司高管可以争取看似独立公正的医疗从业人员来为他的产品站台，而疼痛控制国际研讨会正是他所设想的那种经过精心策划的站台活动。研讨会结束后，一些出席会议的医生就他们的发现发布了联合声明。该声明称：“吗啡是治疗重度慢性疼痛的最安全、最好的药物。”[23]

● ● ●

美施康定由普渡·弗雷德里克公司在美国推出后，取得了巨大成功，这改变了公司的命运，使得普渡有望成为理查德·萨克勒所期待的那种公司：制药行业巨头。美国医学界刚刚开始重新审视治疗疼痛的药物，普渡正好抓住了这个完美的契机。美施康定让普渡的效益一飞冲天，这是新来福和必妥碘都没能做到的。但在美施康定的辉煌背后，时钟一直在滴答作响，萨克勒家族面向世界推出的吗啡缓释片终有独家专利期满之日，而那个日子正在无情地逼近。理查德一向是个注重细节的人，现在他痴迷于关注公司的最新销售数据。“我希望上周的销量没有下降，”鲍勃·凯科开玩笑说，“当生意变得不景气时，理查德会进来熄灭指示灯以节省汽油。”[24]

1990 年，凯科向理查德发送了一份备忘录。他写道：“美施康定最终可能会面临异常激烈的仿制药竞争，所以我们必须考虑其他缓释型阿片类药物。”[25] 如果普渡失去了对王牌止痛药的生产垄断权，或许可以利用美施康定的缓释给药机制生产出**其他**阿片类药物，以获取新的专利。

几十年后，理查德的堂妹凯西·萨克勒会声称，是她第一个提议使用羟考酮的。凯西也是医学博士，1984 年从纽约大学拿到了学位。她在某些方面与理查德非常相似：聪明、莽撞、自命不凡、不善社交。她后来和一个名叫苏珊·沙克的女人结了婚，养了两个孩子。凯西得名于凯西·珂勒惠支——一位德国左翼艺术家，她的作品对无产阶级颇为关注；这个名字也许是莫蒂默早年醉心共产主义的遗迹。但凯西对自己的财富很满意。她总爱系爱马仕皮带，皮带扣是一个大大的 H。凯西有时积极参与普渡的事务，有时却不见踪影，一些员工回忆说她经常来公司，而另一些员工则认为她对公司的参与度并不高。她对普渡的投入程度似乎全凭一时的心血来潮，就像她对待其他事情那样。

亚瑟·萨克勒还在世时，莫蒂默和雷蒙德曾组成统一战线，联手对付他。但在他去世后，两个弟弟之间出现了重大分歧。在董事会会议上，兄弟俩坐在桌子两侧，当着全体董事激烈争论、互相咒骂。莫蒂默能言善辩，而雷蒙德虽然表面上温文尔雅，实际上却很固执。有一次，这对兄弟在董事会会议上吵得不可开交，最后甚至大打出手、拳脚相向。（其中有一拳没打准，落在了一名律师身上。[26]）

莫蒂默大部分时间都在欧洲，凯西成了他在普渡·弗雷德里克公司的耳目。她到诺沃克来就是为了维护莫蒂默和他那一脉的利益。莫蒂默和他的继承人在公司内部被称为 A 级股东，这是以他们在普渡持有的股份命名的。雷蒙德和他的继承人是 B 级股东。作为莫蒂默的代理人，凯西会定期和员工联系，确保工作进展顺利，要求他们“为莫蒂默博士”汇报公司的最新情况。她和她父亲的笔迹相似，有时很难分辨出签署文件的到底是谁。[27]与此同时，理查德逐渐成为他父亲的代理人，尽管雷蒙德仍在大楼里办公，掌控着公司的全局。莫蒂默和雷蒙德是萨克勒家族的两大对立方，他俩之间的紧张关系在下一代身上重演了，如今的凯西和理查德就像针尖对麦芒。无论如何，老一辈的萨克勒还会留几分体面，再说他们也不是时时都有联系，但他们的孩子就没那么无害了。“大家觉得雷蒙德和莫蒂默善良仁义，”一位前雇员回忆说，“凯西和理查德都很自负。”

在凯西这方面，她会抱怨自己在诺沃克的办公室里受到了排挤。“他们每天一起吃午餐，进行非正式的会谈。”她后来说。在高管餐厅里，雷蒙德·萨克勒与理查德、霍华德·尤德尔律师和其他值得信赖的顾问亲密交谈，就像皇帝与他的朝臣共议政事。“我没有受邀参加那些午餐会，”凯西说，“只不过因为我们是对半分成的合伙人，而我又恰好在公司，他们不得不把我加进去。他们确实这么做了，但也仅此而已。”[28]凯西说，她在公司过得“不容易”。理查德显然对公司管理有自己的设想，但凯西能够质疑他的决定——那些不姓萨克勒的员工是万万不敢这么做的。她也许很伤人。“我不认为公司的行动必须要由理查德来拍板，”凯西说，“公司的发展方向也不是他一个人说了算。”

正当普渡·弗雷德里克公司眼睁睁地看着美施康定的专利悬崖迫近时，一天晚上，凯西和理查德在康涅狄格州共进晚餐。理查德一直在研发部门工作，专注于疼痛研究。当时，普渡面临的挑战是找到美施康定的接替品。美施康定真正的创新之处不是吗啡，而是持续释药机制，所以理查德他们一直在讨论其他可以使用这种机制的药物。在会议上，他们不断讨论各种可能性，理查德则抛出各式各样的点子。[29]那天晚上吃饭时，凯西建议使用羟考酮，这是一种阿片类药物，于1917年在德国首次合成。[30]

据凯西说，理查德不知道羟考酮是什么。[31]于是她告诉他，这是另一种阿片类药物，是吗啡和海洛因的“化学表亲”。但羟考酮比吗啡药效更强。羟考酮已经被广泛用于止痛药，不少比较温和的药物都用到了这种成分，如阿司匹林羟考酮片和氨酚羟考酮片。这些混合制剂只含有少量羟考酮，因为阿司匹林羟考酮片中的辅剂阿司匹林、氨酚羟考酮片中的对乙酰氨基酚在摄入过量的情况下可能有毒。不过，如果你将持续释药机制应用于羟考酮纯制剂，或许可以加大羟考酮的剂量，让它们慢慢渗入血液，这样一来，患者就能摄入更多羟考酮。

将目光瞄准羟考酮是普渡发展史上的关键时刻，但对于这一时刻，理查德的回忆却与凯西截然不同。[32]他说，“这个项目开始于20世纪80年代末”，选择羟考酮是鲍勃·凯科的主意，不是凯西的。事实上，在1990年的备忘录中，凯科曾建议使用羟考酮，称它“不太可能马上遭遇仿制药竞争”。[33]

虽然普渡·弗雷德里克公司搬到了诺沃克，但它在扬克斯锯木厂河路的普渡·弗雷德里克研究中心仍有业务。诺沃克的普渡总部外表光鲜，企业化程度很高，扬克斯的研究中心却是另一番景象：它的办公园区是在地毯工厂的旧址上改建而成的，四周围着高高的铁丝网。研究中心所在的地段很荒僻；80年代末，有人在附近的涵洞里发现过一具尸体。“我们偶尔会遇到一些来面试的人，他们把车开进停车场，环顾四周，然后掉头就走，连公司的大门都没进，”一名在普渡·弗雷德里克研究中心工作过的前员工回忆说，“那里一点儿吸引力也没有。”

1992年，化学家拉里·威尔逊在普渡·弗雷德里克研究中心找了份工作，此后15年他一直任职于普渡。他最终被分配到当时所谓的“羟考酮项目”中。起初，新药的配方一直没有研制成功，当威尔逊进入项目组时，该团队正在夜以继日地研究新药。威尔逊回忆说：“随着美施康定专利到期的日子临近，我们投入的精力越来越多。”鲍勃·凯科日复一日地运作这个项目。威尔逊喜欢凯科：凯科在麻醉品治疗方面经验丰富，并且对羟考酮缓释药物的治疗潜力充满信心。[34]

理查德·萨克勒也是项目组的常客，他同样赢得了威尔逊的喜爱。理查德或许很专横，但在威尔逊看来，他似乎没有“阶级意识”，因为他会与公司上上下下的员工交谈，记住大家的名字，并询问他们工作的详细情况。他不是那种高高在上的领导，只关心业务进展，对一线工作不感兴趣：在推进羟考酮项目的过程中，理查德自己就奋战在第一线。“他工作很卖力。我觉得他从来不睡觉，”威尔逊说，“我不是唯一一个在凌晨 3 点收到他的邮件的人。他有各式各样的点子。”[35]

理查德总爱插手公司的具体事务，这种管理风格不是人人都能欣赏的。他是第一批用电子邮件的人，开会时，他可能会让人如坐针毡——他专注于巨大的笔记本电脑，好像没有听房间里的其他人在说些什么，但突然间，他抬起头来，提出一个尖锐的问题。他会时不时地站起身，走向有网线插孔的那面墙，给笔记本电脑连网。于是，大家只好听着理查德拨号连网的叮铃声，因为只有这样做，他才能发送电子邮件。理查德的工作态度可能会让他的手下感到吃力。如果你加班一整晚，在午夜给他发邮件，他会立即回复，并在邮件里提出问题。要是你没能让他满意，他会打电话到你家。[36]他知道许多员工都觉得他是个讨厌鬼，但他不得不这么做，他必须一心一意、全力以赴，让新研制出的羟考酮药物成为美施康定的合格接替品。[37]

萨克勒家族的年轻一代越来越多地参与到公司事务中。理查德于 1990 年正式加入董事会，一同加入的还有他的弟弟乔纳森、凯西和她的姐姐艾琳。[38]第二年，萨克勒家族成立了一家新公司——普渡制药。普渡·弗雷德里克公司仍将继续存在，经营传统的非处方药。但新公司的成立宣示了理查德和他那一代萨克勒家族成员的野心。[39]理查德解释说，“原来的普渡·弗雷德里克公司是我父亲和伯父在 1952 年买下的”，普渡制药的成立则是为了“承担新产品的风险”。[40]

普渡制药只不过是萨克勒家族的又一家公司，与普渡·弗雷德里克之间的差别并没有那么明显。然而，普渡制药象征着理查德所憧憬的公司发展方向。他说，他的目标是“利用更多的技术和资源，更频繁地推出更多的创新性产品”。普渡曾满足于做一个不思进取的泻药和耳垢去除剂生产商，但这样的日子一去不复返了。理查德认为，眼下需要的是“一种新的进取精神”[41]。1993年，理查德升任高级副总裁。[42]萨克勒家族正在研制一种看起来很有前景的新药。他们决定管它叫奥施康定。1993年12月，奥施康定项目组的一份备忘录特别提到，新药将成为“氨酚羟考酮片的竞品”，如果仿制药竞争过于激烈，该药最终还有可能“取代我们的美施康定产品线”。[43]奥施康定可能对癌症疼痛颇有疗效。

但在这时，又出现了另一个更诱人的想法。理查德一直对市场营销很感兴趣。1984年，他聘请了一位新的营销总监——迈克尔·弗里德曼。弗里德曼身材高大，面色红润，出生于布鲁克林，曾在长岛当过高中老师，后来开始从事销售，推销电动工具，之后又回到学校攻读工商管理学硕士。[44]理查德坐飞机时，弗里德曼刚好在他邻座，于是他便聘用了弗里德曼——这种招聘方式还真是别具一格。[45]弗里德曼的父母是纳粹大屠杀的幸存者，战后他们在一个难民营相识。当他的父母结婚时，他们没有钱买婚纱，所以他的父亲用两磅咖啡换了一顶降落伞，他的母亲则以两包香烟的代价，请人把降落伞缝成了连衣裙。（这件衣服后来在华盛顿哥伦比亚特区的大屠杀纪念馆展出。[46]）弗里德曼喋喋不休，热情洋溢。“理查德博士会听迈克尔·弗里德曼的意见，而迈克尔·弗里德曼会听其他人的意见。”一名曾在普渡与两人共事过的前高管回忆说。由于弗里德曼的身高和他的红润肤色，理查德戏称他为“红大个儿”。[47]

1994年，弗里德曼给雷蒙德、莫蒂默和理查德·萨克勒写了一份“非常机密”的备忘录。弗里德曼指出，癌痛药市场相当重要：每年有400万张处方。事实上，为了治疗癌症疼痛而开出的美施康定处方就有75万张。“我们认为食品药品监督管理局会限制我们刚推出的奥施康定进入癌痛药市场。”弗里德曼写道。但是，假以时日，如果奥施康定不仅仅能够治疗癌症疼痛呢？**其他**类型的疼痛——背部疼痛、颈部疼痛、关节炎、纤维肌痛——拥有更加广阔的市场。据摔跤手出身的疼痛科医生约翰·博尼卡说，三分之一的美国人患有未经治疗的慢性疼痛。如果他的说法有那么几分道理，这意味着还有一个巨大的尚未开发的市场。要是你能设法把新药奥施康定推广给**所有**病人，又会怎么样呢？弗里德曼的计划暂时保密，但他在写给萨克勒家族成员的备忘中承认，这一计划旨在“将奥施康定的使用范围从癌症患者扩大到慢性非癌性疼痛”[48]。

弗里德曼的计划非常大胆。20 世纪 40 年代，亚瑟·萨克勒目睹了氯丙嗪的问世。这是一种“强效”镇静剂，对精神病患者有奇效。但萨克勒家族的第一笔巨额财富是靠着亚瑟给“弱效”镇静剂利眠宁和安定做营销得来的。氯丙嗪被认为是解决重度精神问题的强效药，但这种药的潜在顾客仅限于那些病情严重到需要使用强效镇静剂的人。弱效镇静剂的妙处就在于它适合所有人。弱效镇静剂大获成功的原因在于，你可以服用它们来缓解许多常见的心理和情感疾病。如今，亚瑟的弟弟们和他的侄子理查德将如法炮制，刷新人们对止痛药的认知：美施康定为他们带来了巨大的成功，但它被认为是一种治疗癌症的强效药。癌痛药毕竟市场有限。如果你能设法让人们意识到奥施康定不仅能治疗癌症，还能治疗各种疼痛，利润将是天文数字。弗里德曼对萨克勒家族说，“我们必须想出一种说辞”来支持这样的市场定位。他们后来想出的说辞是，奥施康定“应用范围最广”。[49]

不过，他们还面临着一个巨大障碍。羟考酮的效力大约是吗啡的两倍，因此，奥施康定的药效将比美施康定强得多。美国医生在使用强效阿片类药物时仍然非常谨慎，因为长期以来人们一直担心这些药物会上瘾。多年来，美施康定的拥护者一直认为，当一个人走到了生命尽头，与癌症进行生死搏斗时，还去担心他对吗啡上瘾，实在是有点儿愚蠢。但是，如果普渡制药想要在市场上推广一种像奥施康定这样的强效阿片类药物，用于治疗不那么严重却更持久的疼痛，他们必须应对的挑战是，医生们普遍认为阿片类药物很容易上瘾。如果奥施康定要充分发挥其商业潜力，萨克勒家族和普渡制药必须改变医生们的看法。

注释

[1] Catherine L. Fisk, “Removing the ‘Fuel of Interest’ from the ‘Fire of Genius’: Law and the Employee-Inventor, 1830–1930,” *University of Chicago Law Review* 65, no. 4 (Fall 1998).

[2] “An Uphill Fight for Generics,” *Newsday*, March 18, 1986.

[3] “Drug Makers Fighting Back Against Advance of Generics,” *New York Times*, July 28, 1987.

[4] L. W. Frohlich, “The Physician and the Pharmaceutical Industry in the United States,” *Proceedings of the Royal Society of Medicine*, April 11, 1960.

[5] “Cliffhanger,” *Economist*, Dec. 3, 2011.

[6] *Advances in the Management of Chronic Pain: International Symposium on Pain Control* (Toronto: Purdue Frederick, 1984), 3.

[7] "Dr. Romagosa on Symposium in Toronto," *Lafayette (La.) Daily Advertiser*, Aug. 19, 1984.

[8] 凯科发表了演讲，并主持了另一场会议。参见 *Advances in the Management of Chronic Pain*。

[9] Biography of Robert Kaiko, PhD, Scientific Advisory Board, Ensysce.

[10] Richard Sackler Deposition in *Commonwealth of Kentucky v. Purdue Pharma LP et al.*, Aug. 28, 2015（后文再次引用该文献时仅标注为"理查德·萨克勒 2015 年的证词"）。

[11] Latif Nasser, "The Amazing Story of the Man Who Gave Us Pain Relief," TED talk, March 2015. 据《纽约时报》报道，博尼卡于 1927 年抵达美国；其他一些资料表明他在 1928 年迁居至此。"John J. Bonica, Pioneer in Anesthesia, Dies at 77," *New York Times*, Aug. 20, 1994.

[12] "John Bonica Devoted His Life to Easing People's Pain," *University of Washington Magazine*, Dec. 1, 1994; John J. Bonica, *Management of Pain* (Philadelphia: Lea & Febiger, 1953).

[13] "John J. Bonica, Pioneer in Anesthesia, Dies at 77," *New York Times*, Aug. 20, 1994.

[14] "Conquering Pain," *New York*, March 22, 1982.

[15] "An Interview with John J. Bonica M. D.," *Pain Practitioner* (Spring 1989).

[16] "Conquering Pain."

[17] 理查德·萨克勒 2015 年的证词。

[18] *Advances in the Management of Chronic Pain*, 36.

[19] "Medical Essays," *Lafayette (La.) Advertiser*, Feb. 4, 1997; "Morphine Safest to Control Pain," *Lafayette (La.) Advertiser*, Feb. 17, 1985.

[20] "Morphine Safest to Control Pain."

[21] *Advances in the Management of Chronic Pain*, 3.

[22] 出处同上，第 150 页。

[23] "Morphine Safest to Control Pain."

[24] 对拉里·威尔逊的采访。

[25] 凯科 1990 年 7 月 16 日发给理查德·萨克勒的备忘录，引自 Expert Report by David Kessler, Multidistrict Opiate Litigation, 1:17-md-02804-DAP, July 19, 2019（后文再次引用该文献时仅标注为"凯斯勒的报告"）。

[26] "OxyContin Made the Sacklers Rich. Now It's Tearing Them Apart," *Wall Street Journal*, July 13, 2019.

[27] 凯西·萨克勒的证词。

[28] 出处同上。

[29] "The Secretive Family Making Billions from the Opioid Crisis," *Esquire*, Oct. 16, 2017.

[30] 凯西·萨克勒的证词。

[31] 出处同上。

[32] 理查德·萨克勒 2019 年的证词。

[33] 凯科 1990 年 7 月 16 日发给理查德·萨克勒的备忘录，引自凯斯勒的报告。

[34] 对威尔逊的采访。
[35] 出处同上。
[36] 马萨诸塞州起诉书。
[37] 理查德·萨克勒 2019 年的证词。
[38] 纽约州起诉书。
[39] "Thrust Under a Microscope," *Hartford Courant*, Sept. 2, 2001.
[40] 理查德·萨克勒 2015 年的证词。
[41] "OxyContin: The Most Significant Launch in Purdue History!," *Teamlink* (internal Purdue newsletter, Winter 1996).
[42] "On the Move," *New York Daily News*, March 5, 1993.
[43] 奥施康定项目团队 1993 年 12 月 14 日备忘录，引自理查德·萨克勒 2015 年的证词。
[44] 马克·F. 波梅兰茨和罗伯托·芬奇 2007 年 7 月 16 日致詹姆斯·P. 琼斯法官的信。
[45] Meier, *Pain Killer* (2018), 105.
[46] 马克·F. 波梅兰茨和罗伯托·芬奇 2007 年 7 月 16 日致詹姆斯·P. 琼斯法官的信。
[47] "OxyContin: The Most Significant Launch in Purdue History!"
[48] "Product Pipeline and Strategy—VERY CONFIDENTIAL," Memo by Michael Friedman, Dec. 24, 1994.
[49] 出处同上。

第十五章 梦神

罂粟是一种细长而诱人的植物，长茎上的小花蕾在微风中轻轻摇曳。它开得很漂亮，花朵有深红色的，也有浅粉色的，美艳不可方物，却冷漠得令人发狂，几乎有些孤芳自赏。罂粟是自然生长的。它们会自己播种，当它们在风中摆动时，就像盐瓶一样把种子撒了出去。几千年前，在人类历史之初，有人发现如果切开罂粟的果实，会渗出乳白色的糊状物，这种物质具有药用价值。[1]美索不达米亚人种植罂粟。苏美尔人也一样。罂粟果汁在公元前7世纪的亚述医学碑文中已有提及。[2]在古希腊，希波克拉底本人就建议饮用混合了荨麻籽的白色罂粟汁，作为治疗多种疾病的良方。[3]摄入这种物质可以促进睡眠，镇定神经，并产生一种有如被蚕茧包裹着的独特舒适感和兴奋情绪。最值得注意的是，罂粟可以消除疼痛。

这种植物似乎具有神奇的特性，但即便是在古代，人们也知道它存在一定的危险性。[4]它的力量是如此强大，服用者可能会被它控制，对它产生依赖，或是陷入永久的睡眠。这种植物会害死你。它可以营造一种深度放松状态，一旦放松到了某个程度，你就会停止呼吸。罂粟可能会被用作药物，但它也被用作毒药和自杀工具。在罗马人的象征语汇中，罂粟代表睡眠，也代表死亡。

这种纤细的花朵影响力极大，它不仅可以挟持个人，还可以挟持整个社会。在19世纪，罂粟成为帝国的工具：为了维持利润丰厚的鸦片贸易，英国对中国发动了两次血腥的战争。欧洲部分地区流行用鸦片助兴，塞缪尔·泰勒·柯勒律治和珀西·比希·雪莱的浪漫主义诗歌就从鸦片中获取了灵感。[5]医生和药剂师用鸦片治疗发烧、腹泻等多种疾病。[6]19世纪初，普鲁士的一名药剂师助手进行了一系列实验，成功分离出鸦片中的化学生物碱，并合成了新药。[7]他将这种新药命名为“吗啡”（morphine），取自希腊神话中的梦神墨菲斯（Morpheus）。

马丁·布思在其著作《鸦片史》中指出，当涉及从罂粟中提取的物质时，“历史往往会重演”[8]。在美国南北战争期间，吗啡被广泛用于治疗战场上所受的重伤，但战后回家的那一代老兵却因此对这种药物上瘾了。[9]据估计，1898年，25万美国人对吗啡上瘾。[10]10年后，西奥多·罗斯福总统任命汉密尔顿·赖特博士为鸦片专员，以解决毒品滥用的祸患。赖特警告说，鸦片是“人类已知的最有害的毒品”[11]。

但与此同时，德国有个化学家团队刚刚将吗啡提炼为一种新药——海洛因，德国制药公司拜耳集团开始把它作为特效药——一种比吗啡更安全的替代品——大规模投放到市场上。海洛因是由发明阿司匹林的那个研究团队研制的。[12]拜耳集团把这种药物装进小盒子里出售，药盒的商标上印着一只狮子，并且他们表示海洛因的分子结构不同于吗啡，也就是说它不像吗啡那样危险，容易上瘾。[13]拜耳集团的说法很有吸引力：纵观人类历史，鸦片的好处和弊端似乎是不可分离的，就像拧成一股绳的两条线。但现在，拜耳声称，这两条线已经在科学的作用下分离了，有了海洛因，人类可以尽情享受罂粟的疗效，而不用顾忌它的弊端。[14]事实上，有些人主张用海洛因来**治疗**吗啡成瘾。

上述说法没有任何事实依据。实际上，海洛因的药效大约是吗啡的六倍，而且同样会导致成瘾。几年之内，医疗机构就发现，海洛因最终还是会让人上瘾。[15]服用海洛因的人通常会产生对它的渴望，但由于身体对这种药物产生了耐受性，随着时间的推移，服用者往往需要更大的剂量来获得平静。所有的阿片类药物都是如此。当身体逐渐习惯了这些药物，就必须服用更多的药物来缓解疼痛，获取快感，或者仅仅是为了延迟戒断症状的到来。服用阿片类药物的体验曲线有时会被医生形容为“高峰和低谷”：当药物进入你的身体时，你会有一种无与伦比的幸福感，但随着它在你的血液中消散，接踵而来的是沮丧和一种近乎兽性的强烈需求感。身体依赖往往会导致间歇性的、令人衰弱的戒断反应。如果没有鸦片、吗啡或海洛因，成瘾者会扭动、出汗、干呕，全身发抖，或剧烈抽搐，像鱼一样在地上扑腾。

到了1910年，那些用海洛因治病的医生和药剂师意识到，这可能是个可怕的错误，医疗机构随之减少了对海洛因的使用。[16] 1913 年，拜耳集团停止了海洛因生产。[17] 但对许多人来说，吸食海洛因所付出的代价似乎是值得的。海因里希·德雷瑟被认为是拜耳集团那群发明海洛因的德国化学家之一，据说他自己也对这种药物上瘾，1924 年死于中风。[18] 风险也许是可怕的，但快感却是极致的。阿片类药物可以让你摆脱生理或情感上的痛苦，摆脱不适、焦虑和欲求，即便只有几分钟。这和人类的其他经历截然不同。“我会英年早逝，”喜剧演员兰尼·布鲁斯曾这样评价自己的毒瘾，“但这就像亲吻上帝一样。”[19]（他确实英年早逝，40 岁那年，他因吗啡吸食过量裸身死在浴室的地板上。[20]）

● ● ●

在理查德·萨克勒的一生中，他鲁莽而狂热地追逐着自己的梦想。普渡制药打算用新的缓释型阿片类药物来接替美施康定，这个想法一成形，理查德就满腔热情地投入新项目。“你无法想象，为了让奥施康定大获成功，我付出了多少心血，”他在给朋友的信中写道，“我几乎把自己的一生都赌在了这上面。”[21]

理查德工作很卖力，他的下属也被他逼着拼命干活。负责营销的副总裁迈克尔·弗里德曼曾在信中对他说：“你需要休假，我也需要一个假期，不受你的电子邮件干扰。”[22] 在普渡制药，没有多少人敢像弗里德曼那样对理查德讲话。不过，弗里德曼拥有某种特权，因为是理查德把他带进公司的。

在奥施康定的问题上，弗里德曼可能也对理查德有特殊影响，因为他负责营销，而理查德刚好为这种新药的营销推广制定了大胆的计划。面对美施康定日益逼近的专利期限，普渡制药将采取一种激进的策略：该公司将推出药效更强的新型止痛药奥施康定，让它在市场上与他们自己的药物美施康定竞争，以彻底颠覆当前的疼痛治疗范式。理查德宣称，这还是“我们头一回选择淘汰自己的产品”[23]。

但理查德的目的不只是用奥施康定取代美施康定。他对奥施康定有更宏大的设想。人们仍普遍认为吗啡是一种用于绝症的药物。如果医生告诉你，你的祖母需要使用吗啡，那就意味着你的祖母离死不远了。“我们一再听说，医务人员不告诉患者美施康定就是吗啡的原因是吗啡臭名昭著，”一名曾与理查德和弗里德曼共事的普渡制药前高管回忆说，“家庭成员，甚至是药剂师都会告诉患者：‘你不能吃那个。那是吗啡！’”1992 年普渡的一份市场调研备忘录举例说，骨外科医生在使用吗啡时似乎会“害怕”或是“怯场”，因为这意味着“重症药物 / 垂死的病人 / 成瘾”。与此同时，备忘录提到，这些外科医生更乐意使用长效止痛药，而不是吗啡。[24] 与理查德和弗里德曼共事过的那名前高管指出，羟考酮“没有被污名化”。

迈克尔 · 弗里德曼总爱说，不同的药物有不同的“个性”。他和理查德在讨论奥施康定的市场定位时，有了一个惊人的发现。显然，按照吗啡的个性，它是一种不到万不得已时不会使用的强效药。这个名字让人联想到死亡的气息。然而，正如弗里德曼在给理查德的电子邮件中所指出的，羟考酮的个性大不一样。弗里德曼说，在市场调研的过程中，普渡制药的营销团队意识到，许多医生认为羟考酮“比吗啡药效更弱”[25]。羟考酮不太为人所知，也不太为人所了解，它的个性似乎不那么具有威胁性，更加平易近人。

从营销的角度来看，医生们对羟考酮的误解蕴藏着巨大的商机。普渡制药在销售奥施康定时，可以称其为吗啡的一种更安全的替代品，并非只有重症患者才能使用。一个世纪以前，拜耳集团对海洛因的市场定位是没有讨厌副作用的吗啡，尽管海洛因实际上比吗啡药效更强，而且一样会上瘾。如今，在诺沃克普渡总部的内部讨论中，理查德和他的同事们正在考虑类似的营销策略。羟考酮的药效其实也不比吗啡弱。事实上，它的效力大约是吗啡的两倍。普渡制药的市场营销专家不知道医生们为什么会误认为羟考酮的药效更弱，但这也许是因为大多数医生所接触的羟考酮药物主要是阿司匹林羟考酮片、氨酚羟考酮片，这两种药物是由小剂量的羟考酮与阿司匹林或对乙酰氨基酚混合而成的。无论如何，理查德和他的高管们现在想出了一个巧妙的策略，这在他们的许多电子邮件中都有所提及。如果说美国医生误解了羟考酮的本质，那么普渡不打算去纠正他们的错误。相反，他们会利用它。[26]

和美施康定一样，奥施康定对于遭受剧烈疼痛的癌症患者也很管用。但是，正如弗里德曼向理查德指出的那样，公司为奥施康定做营销时应该格外留神，不要明确指出它适用于癌症疼痛，因为按照他们的市场定位，奥施康定的“个性”是毫无威胁性的，宣传它能治疗癌症疼痛也许会将事情复杂化。“虽然我们可能希望看到这种产品更多地被用于治疗癌症疼痛，”弗里德曼写道，“但在产品生命周期的早期阶段，篡改药物‘个性’，让医生认为它的药效比吗啡更强或是相当于吗啡，将是极其危险的。”[27]奥施康定的药效当然比吗啡更强，这是个简单的化学事实，但普渡需要将事实小心地掩盖起来。毕竟，癌症患者数量有限。“我们最好扩大奥施康定的使用范围。”弗里德曼写道。真正的宝藏是“非癌性疼痛”。普渡早期的小组会议记录证实，奥施康定不会仅仅是治疗癌症疼痛的“利基”药物。据该公司估计，有 5000 万美国人患有某种形式的慢性疼痛。**那**才是他们想要进入的市场。奥施康定将是一种人人适用的药物。[28]

● ● ●

在萨克勒家族着手研发奥施康定时，许多医生已经开始对疼痛疗法进行反思，结果表明，这一时机对奥施康定的销售非常有利。从 1984 年理查德协助筹办多伦多研讨会开始，普渡制药一直在努力结交想要改变疼痛治疗现状的医生群体。在方兴未艾的疼痛治疗运动中，拉塞尔·波特诺伊脱颖而出。这是一名热情的年轻医生，留着精心修剪的胡须，举手投足间散发着自信。波特诺伊当时 30 多岁，曾在康奈尔大学担任神经病学和神经科学教授，后来被纽约的贝斯以色列医疗中心聘用，并在那里创立了一个新科室——疼痛医学与缓和医疗科。[29]波特诺伊是个优秀的代言人，他聪明、上镜、很有说服力，在疼痛治疗方面，他是新兴的正统学说的化身。他认为，长期以来，医疗机构对疼痛缺乏重视。在会议、文章和晚间新闻中，波特诺伊声称，主流医学忽视了数百万美国人的痛苦。[30]他把一本杂志摆在办公室的显眼处，这本杂志称他是“疼痛之王”。

波特诺伊认为，阿片类药物是“自然的馈赠”[31]。他曾开玩笑说，他看病的方法可以概括为一句话：“拿着。吃半年药。再见。”波特诺伊很早就与普渡制药以及其他制药公司建立了持久的关系。[32]在理查德的多伦多会议召开两年后，波特诺伊与同样奋战在疼痛医疗运动最前线的凯瑟琳·弗利博士合著了一篇颇有影响力的文章，探讨了阿片类药物在疼痛治疗中的长期应用。[33]波特诺伊后来解释说，他们写这篇论文是为了强调“阿片类药物在不引发严重副作用（包括药物滥用）的情况下缓解慢性疼痛的可能性”[34]。这不是一项严谨的研究，证据大多是坊间传闻。但事实证明，此类文章对普渡这样的公司非常有用。

波特诺伊赞同理查德的观点，认为人们出于对上瘾的担心，将不公正的污名强加于阿片类药物，这阻碍了好几代医生使用这类药物，尽管它们可能是最好也最有效的疼痛疗法。[35]在波特诺伊看来，美国医生严重低估了阿片类药物的益处，大大高估了其风险。当然，他承认，有些服用这类药物的人出现了问题。但上瘾的人往往不是按医嘱服药的真正的疼痛患者。相反，波特诺伊认为，这些上瘾的人通常具备“心理、社会和生理方面的易感因素”。有的人本来就有成瘾人格。他们无法控制自己。给这样的人注射吗啡，他们很可能会上瘾，但那仅仅反映了他们本身的倾向，而不是药物固有的成瘾性。波特诺伊表示，害怕阿片类药物纯属大惊小怪。他给这种恐惧起了个名字——“阿片类药物恐惧症”[36]。

在波特诺伊和其他疼痛疗法改革者的推动下，到了20世纪80年代末，医学观念开始发生改变。90年代的头四年里，吗啡在美国的消费量增长了75%。[37]理查德·萨克勒认识波特诺伊和凯瑟琳·弗利，并密切关注他们的工作。在一间资质齐备的独立临床实验室中，这些疼痛专家正埋头检验理查德及其同事在普渡的研发成果。1991年的一天，当时普渡正处于研发奥施康定的早期阶段，理查德兴奋地告诉同事们，“我们认为大剂量的羟考酮也许能有效替代大剂量的吗啡，直到上周，这还只是我们的推测”，“就在刚刚过去的7月里，凯瑟琳·弗利博士告诉我，‘这个想法非常有希望，只是还不清楚能否将大剂量的羟考酮用于治疗癌症疼痛，因为没有人这么做过’”。[38]不过，弗利一直在研究羟考酮注射液，给病人大剂量用药，理查德解释说，“效果好极了”，“没有意外的副作用”。理查德补充道，她给病人用的剂量很大，高达“每天1000毫克”。（几十年后，当理查德的堂妹凯西·萨克勒看到这个数字时，她会惊呼：“1000毫克，这太令人震惊了。天啊，这剂量可真大！”）但在当时，理查德只看到了无限的商业前景。他感到惊讶的是，根据弗利的研究，哪怕剂量已经如此之大，却还没有达到“实际用药量的极限”。

● ● ●

和亚瑟·萨克勒一样，莫蒂默和雷蒙德一直都很喜欢保密，虽然他们在慈善界的名气越来越大，他们仍然对媒体曝光避之不及。当理查德·萨克勒掌管家族企业时，他也不例外。令人惊讶的是，1992 年夏天普渡·弗雷德里克公司采取了不同寻常的举措，答应与当地报纸《哈特福德新闻报》合作，刊发一篇有关普渡的报道，进行广泛传播。报道的标题是“诺沃克的制药巨头发现利基市场”。[39]萨克勒家族一直把他们的医学学位视为成就与从业正当性的象征。报道指出，这家制药公司的“所有者是医生”，但除了提到了萨克勒家族“仍然在公司经营中发挥积极作用”，该报道几乎没有给出任何有关萨克勒家族的信息。理查德已经从父亲和伯父那里获得了一定程度的控制权，凌驾于他的堂妹——公认的竞争对手凯西之上，对理查德来说，现在走到聚光灯下似乎正是时候。但他的名字并没有出现在报道中。相反，萨克勒家族将他们的顾问兼公司律师霍华德·尤德尔推到台前，作为普渡的代言人。

尤德尔夸口说，普渡“在属于行业巨头的领域取得了成功”，并在公司的一系列非处方药前亮相。该公司仍在生产最基本的非处方药（报道提到了几十年前美国国家航空航天局使用过的畅销药必妥碘，而且毫不避讳地指出普渡“最近开始销售一种治疗尖锐湿疣的药物”）。但在美施康定的帮助下，普渡目前的年销售额接近 4 亿美元，尤德尔称普渡专注于未来。

这篇报道发表时，普渡其实正处于紧要关头。该公司提交了奥施康定的新药申请，试图获得美国食品药品监督管理局的批准。普渡曾直接把美施康定推向了市场，甚至没有费神去履行新药申报审批程序——这场冒险的赌博是在霍华德·尤德尔的怂恿下进行的。但此一时彼一时。如果说美施康定是一种开创性产品，那么奥施康定的革新更加彻底。普渡需要食品药品监督管理局：奥施康定必须获得食品药品监督管理局的批准才能上市销售，其销售和营销模式也要经过该机构审核。如果理查德和他的高管们打算实施他们的计划——不仅将这种药物用于癌症疼痛，而且要用它来治疗几乎所有的慢性疼痛，他们就得让食品药品监督管理局满意。为了从食品药品监督管理局那里拿到新药上市许可，他们必须精心准备申请材料，花费数年跑手续。整个过程十分烦琐，比其他国家的药品审批程序都要麻烦。食品药品监督管理局的现代审批体系是在20世纪60年代基福弗听证会之后形成的，对新药提出了详细的要求，以确保其有效性和安全性。[40]该机构有一小队审查员，他们掌握的监管权可以成就或毁掉一款价值数十亿美元的产品。

理查德·萨克勒不是个有耐心的人。他野心勃勃，心急如焚。“当前的形势瞬息万变，为了实现我们期望的业绩增长，我们必须以比过去更快的速度研发产品，”他告诉员工，“只有更快地研发出产品，我们的产品组合才会更快地得到批准。”[41]别再像以前那样四平八稳、磨磨蹭蹭了，理查德说。是时候让普渡恢复竞争力了。然而，依然未变的事实是，他需要食品药品监督管理局批准奥施康定上市，准确地说，他需要得到柯蒂斯·赖特的批准，此人在食品药品监督管理局负责止痛药监管，他将是负责奥施康定审批工作的医学审评员和主要审查官。[42]

赖特在美国国立精神卫生研究所当化学研究员时，通过夜间学习拿到了医学学位，随后他加入了海军，担任总医务官。他离开海军去攻读博士后，研究方向是阿片类药物的行为药理学，直到他的妻子告诉他，他最好找份真正的工作，否则他们没钱交房租，只好搬到公园住。于是，1989年，他去了食品药品监督管理局工作。在奥施康定之前，赖特曾参与过其他几种阿片类止痛药的审批工作，普渡需要令这位主要监管人员满意。他们必须向他证明奥施康定安全有效。

根据1970年出台的《受管制物质法》，奥施康定将作为“列管麻醉药品”出售。就像任何强效阿片类药物一样，它可能会导致上瘾。你也许认为普渡会对其新药的成瘾性进行测试。但该公司并没有这样做。恰恰相反，普渡声称，奥施康定用到了受专利保护的缓释包衣技术，可以规避成瘾的风险。[43]阿片类药物成瘾的前提是药物的峰谷效应——当摄入阿片类药物时，患者情绪高涨，而当血药浓度降至有效水平以下时，患者就会情绪低落，陷入对药物的极度渴求。但在缓释包衣技术的作用下，药物将在12小时内慢慢渗入血液，患者不会因为药物的立即释放而感受到瞬息而至的快感，情绪自然也不会大起大落。

普渡表示，奥施康定的优点其实还不仅仅在于它几乎没有上瘾的风险。由于这种药物的独特属性，它比市面上的其他阿片类药物更加安全。拜耳集团的化学家在发明海洛因时，可能以为他们解决了鸦片治疗中的基本矛盾，但他们错了。普渡声称，这一回他们真的破解了密码，一劳永逸地拆散了罂粟的医疗效用和相伴而来的成瘾风险。他们克服了困难，取得了成功。

在食品药品监督管理局，不是人人都相信普渡的说辞。柯蒂斯·赖特提醒说，普渡声称奥施康定比市面上的其他止痛药更安全，这种说法可能言过其实。他警告普渡“竞争性营销应该适可而止”[44]。他还告诉普渡的管理人员，他在食品药品监督管理局的一些同事“非常坚定地认为”阿片类药物“不该用于非癌性疼痛”。[45]

当然，普渡对奥施康定的整体规划正是将其用于非癌性疼痛。该公司仍然坚持自己的主张。1994 年，迈克尔·弗里德曼在给理查德、雷蒙德和莫蒂默·萨克勒的备忘录中写道，奥施康定面世时极有可能受到食品药品监督管理局的限制，只能作为癌痛药销售。“不过，我们也相信医生会把奥施康定当成加入了缓释技术的氨酚羟考酮片（不含对乙酰氨基酚），并扩大其使用范围。”[46]

“奥施康定最初获批的适应证是慢性癌症疼痛。”在扬克斯的普渡研究中心负责奥施康定研发的化学家拉里·威尔逊回忆说。一开始，威尔逊和他的同事们是把奥施康定当作美施康定的接替者来研发的，他“从未听任何人说过这种药还可以用于治疗癌症疼痛之外的其他疾病”。但是，正如威尔逊所指出的：“一旦某家公司的某种药物获批了，医生就可以用这种药来治疗他们想要治疗的任何疾病。”[47]

为了让奥施康定大获成功，普渡的管理人员需要食品药品监督管理局批准所谓的药品说明书，即每瓶药附带的印刷精美的说明性小册子。理查德·萨克勒总爱说，药品说明书是“产品的圣经”，上面的每一个字都必须与食品药品监督管理局仔细协商。[48] 奥施康定的药品说明书被修改了 30 多次，普渡的专家和政府争论不休，仔细研究每一个单词或短语。理查德认为，这样做的目的不仅仅是让消费者了解药物的风险、益处和正确使用方法，而且是创造“一种更有效的销售工具”[49]。

理查德的团队渐渐拉拢了柯蒂斯·赖特。早些时候，当赖特看到普渡的奥施康定药品说明书初稿时，他说他从未见过哪份说明书包含了如此多的营销信息。赖特告诉普渡，这些露骨的宣传文字必须全部删掉。[50] 但最后，它们还是被保留下来了。

正常情况下，为了确保公开透明，防止不当影响和腐败，食品药品监督管理局官员和他所评估药品的公司之间的互动会受到严格管控。这种制度上的预防措施起源于20世纪50年代的一桩丑闻——亨利·韦尔奇被萨克勒家族和费利克斯·马蒂-伊瓦涅斯收买。不过，普渡的管理人员罗伯特·里德在跟进奥施康定新药申请的过程中发挥了关键作用。1992年，他碰巧参加了在华盛顿举行的一场医学会议，并偶遇了柯蒂斯·赖特。他们谈起了奥施康定。在普渡的内部备忘录中，里德提到了此次互动，他写道，赖特"同意在不久的将来进行更多这样的非正式接触"[51]。理查德不禁洋洋自得地说，在与赖特和食品药品监督管理局建立积极关系这方面，"我们取得了多么大的进步啊"[52]。

有时，赖特会吩咐普渡将某些材料送到他的家庭办公室，而不是食品药品监督管理局。联邦检察官后来准备的一份机密备忘录称，由普渡管理人员组成的小型代表团一度前往马里兰州，在赖特办公室附近租了一个房间。[53] 双方采取了一个极不寻常的步骤——来自普渡的团队花了几天时间帮助赖特撰写临床研究报告的评语，以及他们自家药物疗效和安全性的综合概要。

有时，赖特似乎已经放弃了他作为公正的联邦监管者的角色，摇身变为普渡在政府内部的支持者。药品说明书写了再写，改了又改，在某次修改后，出现了一行之前没有的文字："奥施康定片剂具有延缓吸收的功效，被认为可以降低药物滥用的风险。"[54] 这句话的措辞很奇特。被认为？被谁这样认为？这句话所传达出的似乎更像是一种展望，而非科学。很久以后，当被问及这句话到底是谁写的，没有人愿意承担责任。柯蒂斯·赖特坚持说他没有插入这句话，暗示写这句话的一定是普渡自己。[55] 罗伯特·里德却表示，恰恰相反，是赖特加上了这句话。[56] 在一份宣誓证词中，赖特承认他**可能**是这么做过。这种可能性是存在的。但他不记得了自己做过了。[57] 这句话就像是凭空出现的。

不过，即便在当时，这句话的措辞也立即在食品药品监督管理局内部引发了质疑。"在我看来，这是一派胡言。"赖特的同事黛安·施尼茨勒在一封电子邮件中告诉他。[58]

“黛安，这确实是真的，”赖特回复道，“决定是否具有滥用风险的一个重要因素是药物‘释放’的速度。”[59]

最终，药品说明书上还是保留了那句断言：奥施康定包衣系统“被认为”可以降低滥用风险。1995 年 12 月 28 日，食品药品监督管理局批准奥施康定上市。“这可不是‘自然而然就发生的’，而是经过了巧妙协调、精心策划，”理查德·萨克勒告诉他的员工，“食品药品监督管理局在审批其他药物时一拖就是好几年，而奥施康定从提交新药申请到获批只花了 11 个月 14 天。”[60]理查德承认，他本人对于打造高品质的药品说明书“贡献很大”，这一点让他颇为满意。[61]但他也将奥施康定的成功上市归功于普渡制药与食品药品监督管理局之间“前所未有的通力合作”[62]。

至于柯蒂斯·赖特，他最近一直在考虑离开联邦政府。奥施康定通过审批后，他便从食品药品监督管理局辞职了。刚开始，他入职了宾夕法尼亚州一家名为“阿道罗”的小型制药公司。但他没待多久，不到一年，他就跳槽了，在位于诺沃克的普渡制药找到了一个新职位，起薪达到了近 40 万美元一年。[63]

在后来的证词中，赖特否认他在最终接受这份工作之前曾与普渡制药有过接触，坚称猎头是在他离开食品药品监督管理局之后才联系他的。[64]他表示，普渡想要雇用他合情合理，不是因为他可能给他们帮过忙，而是因为他是“一个特别公正且有能力的食品药品监督管理局审评员”。

但事实上，赖特刚进阿道罗公司工作，就给普渡制药打了电话，想看看双方能够在哪些领域达成合作。[65]而在理查德·萨克勒后来的宣誓证词中，他坚持说，是赖特先联系普渡，提出要来这里工作的——当时他甚至还没有从政府离职。[66]“当他打算离开食品药品监督管理局时，就和普渡制药的某个人谈过。”理查德回忆道。但在那时，理查德觉得这样做可能会影响公司的名声。他和一名同事讨论了这件事，他们“一致认为，我们不应该雇用一个曾经评估过我们产品的人”。于是，赖特“去另一家公司”工作了一年，理查德总结说。理查德·萨克勒原本担心，前政府官员直接跳槽到他监管过的公司，可能会存在利益冲突，但有了中间这一年作为缓冲，他就放心多了。

注释

[1] Martin Booth, *Opium: A History* (New York: St. Martin's Press, 1996), 15.
[2] 出处同上，第 16 页。
[3] 出处同上，第 18 页。
[4] 出处同上，第 20 页。
[5] 参见 Althea Hayter, *Opium and the Romantic Imagination: Addiction and Creativity in De Quincey, Coleridge, Baudelaire, and Others* (New York: HarperCollins, 1988)。
[6] Booth, *Opium*, 58.
[7] 出处同上，第 68—69 页。
[8] 出处同上，第 78 页。
[9] 出处同上，第 74 页。
[10] "How Aspirin Turned Hero," *Sunday Times* (London), Sept. 13, 1998.
[11] "Uncle Sam Is the Worst Drug Fiend in the World," *New York Times*, March 12, 1911.
[12] Lucy Inglis, *Milk of Paradise: A History of Opium* (London: Picador, 2018), 240–241; Booth, *Opium*, 77–78.
[13] Walter Sneader, "The Discovery of Heroin," *Lancet*, Nov. 21, 1998; Booth, *Opium*, 78.
[14] Booth, *Opium*, 78.
[15] John Phillips, "Prevalence of the Heroin Habit," *Journal of the American Medical Association*, Dec. 14, 1912.
[16] Booth, *Opium*, 78.
[17] "How Aspirin Turned Hero."
[18] John H. Halpern and David Blistein, *Opium: How an Ancient Flower Shaped and Poisoned Our World* (New York: Hachette, 2019), 174.
[19] Booth, *Opium*, 84.
[20] "What Lenny Bruce Was All About," *New York Times*, June 7, 1971.
[21] 理查德 · 萨克勒 1999 年 5 月 22 日的电子邮件，引自理查德 · 萨克勒 2015 年的证词。
[22] 弗里德曼 1996 年 12 月 23 日发给理查德 · 萨克勒的电子邮件，引自理查德 · 萨克勒 2019 年的证词。
[23] "OxyContin: The Most Significant Launch in Purdue History!," *Teamlink* (internal Purdue newsletter) (Winter 1996).
[24] 普渡制药 1992 年 7 月 9 日的市场调研备忘录，引自凯西 · 萨克勒的证词。
[25] 1997 年 5 月 28 日弗里德曼与理查德 · 萨克勒之间的电子邮件，引自理查德 · 萨克勒 2015 年的证词。
[26] 出处同上。
[27] 发行团队 1995 年 3 月 31 日的会议记录。
[28] Testimony of Paul Goldenheim, Committee on Health, Education, Labor, and Pensions, U.S. Senate, Feb. 12, 2002（后文再次引用该文献时仅标注为"戈登海姆 2002 年的证词"）。
[29] Declaration of Russell K. Portenoy, MD, *State of Oklahoma v. Purdue Pharma et al.*, Jan. 17,

2019（后文再次引用该文献时仅标注为“波特诺伊的声明”）。

[30] “A Pain-Drug Champion Has Second Thoughts,” *Wall Street Journal*, Dec. 17, 2012.

[31] 出处同上。

[32] 波特诺伊的声明。

[33] Russell Portenoy and Kathleen Foley, “Chronic Use of Opioid Analgesics in Non-malignant Pain: Report of 38 Cases,” *Pain*, May 1986.

[34] 波特诺伊的声明。

[35] 出处同上。

[36] “Pain-Drug Champion Has Second Thoughts.”

[37] “The Alchemy of OxyContin,” *New York Times*, July 29, 2001.

[38] 理查德·萨克勒 1991 年 11 月 30 日的备忘录，引自凯西·萨克勒的证词。

[39] “Norwalk Firm Finds Niche Among Pharmaceutical Giants,” *Hartford Courant*, July 23, 1992.

[40] 参见 Jeremy A. Greene and Scott H. Podolsky, “Reform, Regulation, and Pharmaceuticals—the Kefauver-Harris Amendments at 50,” *New England Journal of Medicine* 367, no. 16 (Oct. 2012)。

[41] “OxyContin: The Most Significant Launch in Purdue History!”

[42] Deposition of Curtis Wright, *In Re National Prescription Opiate Litigation*, MDL No. 2804, U.S. District Court, Northern District of Ohio, Dec. 19, 2018（后文再次引用该文献时仅标注为“赖特 2018 年的证词”）。

[43] 普渡在奥施康定上市前向食品药品监督管理局递交的文件，引自 Prosecution Memorandum Regarding the Investigation of Purdue Pharma, L. P. et al., United States Attorney’s Office, Western District of Virginia, Sept. 28, 2006（后文引用该文献时仅标注为“起诉备忘录”）。普渡的一份培训手册指示销售代表告诉医生：“滥用奥施康定的可能性较小，因为它的缓释机制使得羟考酮更不容易提取。”

[44] Overall Conclusion to 1995 FDA Review, Curtis Wright, Oct. 1995. 引自马萨诸塞州起诉书。

[45] 1993 年 3 月 19 日的电话会议，引自凯斯勒的报告。

[46] 弗里德曼 1994 年（未标注详细日期）发给莫蒂默、雷蒙德和理查德·萨克勒的备忘录，引自理查德·萨克勒 2015 年的证词。

[47] 对威尔逊的采访。

[48] 理查德·萨克勒 2015 年的证词。

[49] “OxyContin: The Most Significant Launch in Purdue History!”

[50] 普渡研究中心 1996 年执行摘要，引自理查德·萨克勒 2019 年的证词。

[51] 项目团队 1992 年 9 月 17 日的联络报告，引自起诉备忘录。

[52] 理查德·萨克勒的电子邮件，引自凯西·萨克勒的证词（未标注日期）。

[53] 里德和赖特 1994 年 12 月 28 日提交的项目团队联络报告，引自起诉备忘录。

[54] “How One Sentence Helped Set Off the Opioid Crisis,” *Marketplace*, Dec. 13, 2017.

[55] Deposition of Curtis Wright, Multidistrict Opiate Litigation, MDL No. 2804, Dec. 1, 2018（后文引用该文献时仅标注为“赖特 2018 年的证词”）。

[56] “How One Sentence Helped Set Off the Opioid Crisis.”

[57] 赖特 2018 年的证词。“问：好吧。你记得这句话是你向罗伯特·里德提出来的吗？答：我不记得自己提过，但我有可能这么做。”
[58] 施尼茨勒 1995 年 11 月 21 日发给赖特的电子邮件，引自起诉备忘录。
[59] 赖特 1995 年 11 月 21 日发给施尼茨勒的电子邮件。
[60] “OxyContin: The Most Significant Launch in Purdue History!”
[61] 理查德·萨克勒的电子邮件，引自赖特 2018 年的证词。
[62] “OxyContin: The Most Significant Launch in Purdue History!”
[63] 普渡 1998 年 10 月 9 日致赖特的信，引自起诉备忘录。
[64] 赖特 2018 年的证词。
[65] 赖特 2018 年的证词：“问：所以这是否表明你离开食品药品监督管理局不到十天就给普渡的罗伯特·里德打了电话？答：可能吧。”
[66] 理查德·萨克勒 2015 年的证词。

第十六章
氢弹

卡利克斯托·里维拉在拂晓前醒来。[1]那是 1995 年 4 月一个潮湿的早晨，外面很冷，下着雨。卡利克斯托和他的妻儿住在新泽西州纽瓦克的一套公寓里。这对夫妇有一个三个月大的儿子，带孩子让他们疲惫不堪。那天早晨，卡利克斯托睁开眼睛，发现外面的天气很糟糕，他想打电话请病假，不去上班。他实在是筋疲力尽了。他在洛迪市的纳普化工厂工作，这些日子他和同事们一直在加班，因为工厂将在本周末关闭，进行为期几周的翻修，他们得赶在工厂关闭之前完成几个大项目。卡利克斯托一边盘算着要不要回床上继续睡觉，一边给一名女同事打了电话，仿佛在寻求对方的默许。但她鼓励他坚持到底。“只用再工作八小时就行了，帕波，”她说，帕波是卡利克斯托从小就有的外号，“只要熬过接下来的八小时，你就有两周的时间躺在床上休息了。”于是，卡利克斯托默默地与家人告别，冒着雨出门工作了。[2]

洛迪是哈肯萨克市附近的一个工人阶层聚居地，那里有许多化工厂散布在安静的居民区中。长期以来，化学和制药工业一直在新泽西州居于主导地位：1995 年，化工业是该州最大的产业，每年带来约 240 亿美元的收入。[3]新泽西州有近 15000 家化工厂。仅仅在洛迪，就有 14000 家。[4]纳普化工厂坐落在萨德尔河畔，占地面积很大，有两层楼高。[5]化工厂的前身是一座建于世纪之交的漂染厂，时至今日，它的周围仍保留着废弃的工业建筑的遗址。[6]为了生产制药所需的化学品，纳普实验室于 1970 年买下了这块位于洛迪的地产。[7]洛迪市长近来一直试图关闭这家工厂，希望能找到一家商业地产开发商，这样他就可以对纳普发起征地诉讼程序。[8]当地居民不乐意自家屋后有个年头久远的化工厂。这让他们提心吊胆。[9]

卡利克斯托·里维拉已经在纳普化工厂工作了九年。[10]他家原本住在波多黎各，后来搬到了新泽西。他是个勤劳的工人，强壮而英俊，衣着讲究，他的小胡子和深色眉毛像标点符号一样突出了面部表情。[11]他冒着冷雨艰难地走到工厂。这将是有趣的一天。纳普在几年前进行了重组，从那以后，洛迪的这家化工厂不仅要为纳普及其母公司普渡·弗雷德里克合成化学品，还要承接外包业务，为其他有这方面业务需求的公司合成化学品。[12]也就是说，卡利克斯托和他的同事们现在每天都要与新的、不熟悉的化学物质打交道，而不是周复一周地为纳普的相同产品生产相同的化学原料。[13]

本周，他们受雇于罗得岛州的一家公司，对方要求他们混合一系列挥发性特别强的化学物质，这些化学物质将用于制造消费类电子产品上的镀金。[14]20个钢桶在几天前运到了工厂，桶身上贴着警示标语，指出里面的东西很危险。一连好几天，这些化学物质都躺在角落里，因为没有人特别想处理它们。

当卡利克斯托来到纳普化工厂大门口时，显然有什么不对劲。[15]这家工厂24小时连轴转，采取三班倒八小时工作制，现在正是夜班和早班交接的时候。夜班工人一直忙着混合装在桶里运来的化学物质。但是，当卡利克斯托到达工厂时，他发现有些地方出了问题。

事实上，纳普的这家化工厂并不是最安全的工作场所。这家工厂曾因多次违规而被传讯。[16]纳普支付给工厂员工的工资低于当地其他化工企业的现行工资，据说纳普还会雇用丢了其他工作的人。[17]在洛迪一带有个公开的秘密：如果你走投无路，只想找份工作，不计较工资低，那么纳普很乐意雇用你。正如一名员工所说："只要你是个活人，他们就会雇用你。"厂里有个家伙酗酒，偶尔会来上班，醉醺醺地处理危险的化学品。这些员工没有接受过多少培训，当工厂开始承接外包业务、为公司所有者创造额外收益时，工人们便会一直处理新的化学物质，这样一来，他们经验不足的问题就显得更加突出了。安全培训似乎并不是纳普的首要大事。另一个问题是员工的多元化背景：工厂的员工来自许多不同的国家。不是所有人都说英语，但他们也没有使用其他通用语言，如西班牙语。因此，工人们有时会对数量和比例产生误解，对于化学品合成而言，这是相当危险的。

厂里的工人用一台10英尺高的帕特森·凯利牌双叶搅拌器来进行混合，它由不锈钢制成，形状像一个巨大的心脏。[18]他们前一天就开始混合来自罗得岛州的化学物质，包括1000磅的铝粉，[19]铝粉是一种很活泼的物质，有时被用于火箭燃料。一名主管站在车间上方的走道上看着落入搅拌器中的银白色粉末。接下来，工作人员应该加入苯甲醛，这是一种无色液体，将通过喷嘴喷洒到搅拌器中。但是阀门被什么东西给堵住了，这意味着他们必须排除故障并清洗阀门。头天晚上夜班开始的时候，搅拌器里散发出一股难闻的气味。[20]有些员工太没有经验了，他们无法区分化学物质的气味是否有危害。[21]但其他人辨别出了臭鸡蛋味儿。

一般来说，不该让化学品接触水。合成车间里的警示牌写道：不要在房间内或房间附近使用水。[22]哪怕是一滴水也有可能是致命的。搅拌器中的化学品在潮湿的环境中反应特别剧烈。在清理搅拌器老旧的进料阀的过程中，肯定有一些水混了进去，尽管具体是怎么发生的还不清楚。被请来清理阀门的维修工没有接受过培训，不懂得怎么处理化学物质，他们可能没有充分认识到其中的危险。因此，当搅拌器里散发出臭味时，值班经理告诉员工不要碰加料桶，去做其他项目。他们打开了搅拌器顶部的阀门，让气体逸出。他们说，一切都很顺利。然后他们把搅拌器抛在一边，几个小时都没有管它。

渐渐地，搅拌器温度计和压力表上的数字开始上升。[23]化学物质缓慢地阴燃、冒泡，就像是地狱大锅里的东西，散发出令人作呕的毒气。[24]一些工人认为它闻起来像动物的尸体。[25]那个雨夜，当卡利克斯托在纽瓦克的公寓里熟睡时，控制箱上的压力表一直在上升。[26]离化工厂100码远的地方有一个消防站，但厂里的员工没有通知他们。[27]纳普制药公司凡事都喜欢保密，遇上什么问题总是自己悄悄处理。

那天早晨卡利克斯托去换班时，整个工厂的人都被疏散了。[28]卡利克斯托在大门口遇到了他的朋友何塞·米兰，何塞也要上白班。和卡利克斯托一样，何塞是厂里的老员工，他在那里工作了八年。[29]每个人都傻站着，在寒冷的细雨中瑟瑟发抖，抱怨个不停；人们在疏散时没时间从储物柜里拿外套，所以他们冻坏了。[30]他们也很担心。搅拌器里散发出的臭味如此强烈，从工厂屋顶的通风口飘了出来，工人们在外面都闻得到。[31]那股味道闻起来很危险。当卡利克斯托、何塞和其他撤离的工人在雨中集合时，一名轮班主管宣布，有人跟纳普的化学工程师谈过了，这名工程师建议他们回到工厂，试着把搅拌器里的一些材料倒出来。[32]经理们挑选了七个人负责此事。卡利克斯托和何塞不在其中，所以何塞提议他们一起去附近的熟食店喝杯咖啡。但当卡利克斯托看着经理们指派临时清理人员进去清除化学物质时，他注意到有个被选中的人年纪很大，这个人是他认识的，已经快 70 岁了。

别走，卡利克斯托对他说，我替你去。[33]

纳普后来坚持说，经理们并没有命令这些人重新进入工厂，但当天在场的十多名工人说，是经理们下令的。[34]卡利克斯托让何赛多买一杯咖啡带给他。然后，他和其他六个人戴上含活性炭过滤层的口罩，走回了工厂。

● ● ●

纳普化工厂里安静得出奇。[35]空气中弥漫着刺鼻的恶臭。几名清理人员却穿过臭气——**走向**臭气的源头——进入了合成车间。但他们没有料到也不知道的是，当水进入加料桶时，会导致其中的化学物质分解，从而产生热量。热量转变为蒸汽，蒸汽与铝粉快速反应。在巨大的搅拌器内部，连锁反应已经开始了，时间一小时又一小时地过去，压力随之不断增加。有个化学家后来发现，钢桶里的化学物质含有可以用来制造氢弹的成分。[36]

回到工厂的几名清理人员都不是化学家。到了合成车间，他们打开加料桶，开始把阴燃的化学物质倒进更小的桶里。[37]这时突然传来了一阵响亮的嘶嘶声——气体迅速逸出的声音。然后是片刻的宁静。包括卡利克斯托在内的六个人一动不动地站在那儿，他们被吓呆了。第七个人开始往外跑。接着——

轰隆。

钢制搅拌器像气球一样爆炸了，金属碎片和烧得正旺的化学物质朝着四面八方炸开。[38]这场爆炸威力无穷，支撑搅拌机的混凝土底座重达 10 吨，眼下它被掀离了地面，像飞盘一样飞向离工厂 50 英尺远的地方。[39]大火吞噬了工厂，凶猛的火舌冲下走廊，直接穿过防火门。[40]一道橙红色的火柱以迅雷不及掩耳之势撕裂了屋顶。整条大街的店面窗户都被震碎了。燃烧着的碎片如雨点般落在洛迪的房屋上。[41]当爆炸发生时，何塞·米兰正拿着买给卡利克斯托的咖啡走回工厂。工厂支离破碎的屋顶向空中喷出刺鼻的化学烟雾。何塞看着大火，知道他的朋友就在里面。[42] 他不知道该怎么办。他感到很无助。

卡利克斯托当场死亡，他的头骨被爆炸的冲击力碾碎了。[43] 他被严重烧伤，后来只能通过牙科记录来辨认他的尸体。[44] 与他一同在爆炸中丧生的还有另外三人。此外，有名伤者全身 90% 以上都被烧伤，几天后在医院去世。[45] 40 人受伤。[46] 一名曾在工厂内看到火球的幸存者说，他当时的感觉就像凝视着太阳。[47]

一连好几天，工厂都在冒烟。许多房屋被损坏了。一条有毒的绿色径流从满目疮痍的工厂中渗出，顺着大街一直流进了萨德尔河。[48] 帕塞伊克河被污染了[49]，水鸟们都生了病。成千上万条鱼翻着白肚漂向岸边，河岸上躺着一排排白花花的死鱼。[50] 联邦调查最终认定纳普化工厂违反了一系列安全规定，并开出了 12.7 万美元的罚单——考虑到爆炸的严重程度，这笔罚款实在算不上多。检察官曾考虑提起过失杀人指控，但最终选择了放弃。[51] 事故发生后，普渡・弗雷德里克公司的老员工温斯洛普・兰格说，纳普化工厂不该去承接外包业务，给其他公司生产化学品，因为它没有“进行定制混合的设备和技术人员”[52]。出生于波兰的化学家理查德・邦察曾在纳普做过管理人员，他总结说，公司把危险的工作分配给没有经验的工人是非常鲁莽的。“他们从不询问某人是否有从事化学工作的能力。”他说。[53] 面对来自公司员工和洛迪市民的激愤情绪和尖锐抨击，纳普宣布不会重建工厂，也就是说，所有在爆炸中幸存下来的员工现在都将失去工作。一名发言人援引公司所有者的话说：“我们不会去不欢迎我们的地方。”[54]

● ● ●

这名发言人尽量不指名道姓，但他所说的公司所有者正是萨克勒家族。换做是另一家公司，或者另一个家族，可能会针对人们关心的责任归属问题或是企业社会责任的细节问题，做出一些口头承诺，哪怕仅仅是表达对死者的同情。然而，萨克勒家族不仅竭力将这场悲剧的责任推得一干二净，甚至表现得和它没有任何关系。[55] 这个家族既没有道歉，也没有表示哀悼。他们没有出现在葬礼上。他们没有发表任何公开声明。萨克勒家族的法律应对事宜由普渡的法律顾问霍华德・尤德尔负责，他总是建议不要道歉，也不要承认自己负有责任。波兰裔化学家理查德·邦察是理查德·萨克勒亲自招进公司的[56]，他表示，公司下达了严格的指令，禁止大家讨论问题出在哪里。[57]邦察说，这给人的感觉是在“粉饰太平”。[58]

没过多久，伯根县当地报纸《记录报》的记者还是发现了纳普化工厂所有者的真实身份。“他们是一个由美国大亨和慈善家组成的家族，”该报披露，“他们的国际友人包括英国的戴安娜王妃、诺贝尔奖得主、举足轻重的企业家——一言以蔽之，都是些社会上层人士……他们不是洛克菲勒家族。他们是萨克勒家族。”[59]

几个月来，《记录报》的记者试图询问雷蒙德或理查德的意见。[60]但是父子俩不置一词。他们很难被说服，而且显然对爆炸的事无动于衷。终于，在 1995 年的一个秋日，也就是爆炸发生七个月后，其中一名记者来到曼哈顿碰运气，设法在 68 街的英国领事馆外拦住了雷蒙德·萨克勒。这是雷蒙德的地盘——上东区，离 62 街萨克勒家族的联排别墅只有几个街区。那天正好也下着雨，雷蒙德穿着去特殊场合才会用到的服装，在前往领事馆的路上，记者拦住了他，问他爆炸的事。

“我们干这一行已经有 40 多年了，”雷蒙德说，“我们知道什么是安全。我们非常关心人们的生命——所有人的生命。”

不过，你觉得自己对这场悲剧负有责任吗？记者问道。

“完全不觉得。”雷蒙德回答。

然后他转身朝领事馆走去。对雷蒙德来说，这是激动人心的一天，他才不会让某个死缠烂打的新泽西记者来打搅他。为了表彰他在艺术和科学领域的慈善捐赠，伊丽莎白女王将授予他荣誉爵士称号，英国总领事将在典礼上向他颁发一枚特别勋章。谈及此等殊荣，雷蒙德的话匣子打开了，他表示，能够以这样的方式得到女王的认可，他深受感动。

“这是我的荣幸，”他说，“对我意义重大。”[61]

注释

[1] 关于卡利克斯托·里维拉生活与死亡的细节摘自《哈肯萨克记录报》的报道，参见后面的注释。我试着去找里维拉的家人，或者认识他的人，但没有成功。“Lodi: Explosion,

Human Drama Both Developed Gradually," *Hackensack (N.J.) Record*, May 28, 1995.

[2] "Communications Glitch Before Lodi Blast?" *Hackensack (N.J.) Record*, April 24, 1995.

[3] "Tougher Chemical Pushed," Associated Press, April 24, 1995.

[4] "A Preventable Tragedy," *Hackensack (N.J.) Record*, April 27, 1995.

[5] "Company Plans Not to Rebuild Its Lodi Plant," *New York Times*, April 28, 1995.

[6] "Chemical Plant Explosion Kills 4 in New Jersey Town," *New York Times*, April 22, 1995.

[7] "Lodi Betrayed the People's Trust," *The Hackensack (N.J.) Record*, Oct. 18, 1995.

[8] "Chemical Plant Explosion Kills 4 in New Jersey Town."

[9] "Chemical Plant Has History of Problems," *Hackensack (N.J.) Record*, April 27, 1995.

[10] "As Grief Replaces Shock, Families Mourn Four Victims of Plant Explosion," *New York Times*, April 24, 1995.

[11] "'Our Friends Are Dead; Our Jobs Are Gone,' " *Hackensack (N.J.) Record*, April 30, 1995.

[12] "Lodi: Explosion, Human Drama Both Developed Gradually."

[13] "Napp: Investigation Finds Chain of Errors Before Fatal Blast," *Hackensack (N.J.) Record*, Oct. 17, 1995.

[14] "Lodi Chemical Blast Had Many Facets," *Hackensack (N.J.) Record*, May 28, 1995.

[15] EPA/OSHA Joint Chemical Accident Investigation Report, Napp Technologies Inc., Oct. 1997（后文再次引用该文献时仅标注为"洛迪的报告"）。

[16] "Chemical Plant Has History of Problems."

[17] "Napp: Investigation Finds Chain of Errors Before Fatal Blast."

[18] 洛迪的报告。

[19] "Lodi: Explosion, Human Drama Both Developed Gradually."

[20] 洛迪的报告。

[21] "Napp: Investigation Finds Chain of Errors Before Fatal Blast."

[22] "Lodi: Explosion, Human Drama Both Developed Gradually."

[23] 出处同上。

[24] "Lodi: No Charges, but a Reprimand," *Hackensack (N.J.) Record*, April 26, 1995.

[25] 洛迪的报告。

[26] 出处同上。

[27] "Chemical Plant Explosion Kills 4 in New Jersey Town."

[28] 洛迪的报告。

[29] "Coffee Break Saved Worker's Life," *Hackensack (N.J.) Record*, April 25, 1995.

[30] "Lodi: Explosion, Human Drama Both Developed Gradually."

[31] "Lodi: No Charges, but a Reprimand."

[32] 洛迪的报告。

[33] "Coffee Break Saved Worker's Life."

[34] "Lodi: Explosion, Human Drama Both Developed Gradually."

[35] 出处同上。

[36] 出处同上。

[37] 出处同上。
[38] 出处同上。
[39] "Lodi: No Charges, but a Reprimand"；洛迪的报告。
[40] "Lodi: Explosion, Human Drama Both Developed Gradually."
[41] "Chemical Plant Explosion Kills 4 in New Jersey Town."
[42] "Lodi: Explosion, Human Drama Both Developed Gradually."
[43] 出处同上。
[44] "'Our Friends Are Dead; Our Jobs Are Gone.'"
[45] "Lodi: No Charges, but a Reprimand."
[46] "Chain of Errors Left 5 Dead," *Hackensack (N.J.) Record*, Oct. 17, 1995.
[47] "Lodi: Explosion, Human Drama Both Developed Gradually."
[48] "Green Liquid Leaks in Lodi," *Hackensack (N.J.) Record*, May 2, 1995.
[49] "Chemical Plant Explosion Kills 4 in New Jersey Town."
[50] "Toxic Spill in Lodi Blast Killed Thousands of Fish, EPA Says," *New York Times*, April 24, 1995; "Company Plans Not to Rebuild Its Lodi Plant."
[51] "State Rules Out Manslaughter in Lodi Chemical Plant Blast," *New York Times*, March 15, 1996.
[52] "Napp: Investigation Finds Chain of Errors Before Fatal Blast."
[53] 出处同上。
[54] "Chemical Plant Owners Won't Rebuild in Lodi," *Camden (N.J.) Courier-Post*, April 28, 1995.
[55] 乔纳森·戈尔茨坦 2007 年 7 月 9 日致詹姆斯 · P. 琼斯法官的信。
[56] "Napp Chemicals Appoints Boncza," *Passaic (N.J.) Herald-News*, Dec. 27, 1969.
[57] "Company Officials Failed Repeatedly," *Hackensack (N.J.) Record*, Oct. 17, 1995.
[58] "Napp: Investigation Finds Chain of Errors Before Fatal Blast."
[59] "Lodi Plant Owners Known for Wealth, Philanthropy," *Hackensack (N.J.) Record*, April 27, 1995.
[60] "Executive: Napp Put Safety First," *Hackensack (N.J.) Record*, Nov. 8, 1995.
[61] "Connecticut Man to Be Knighted by the British," Associated Press, Oct. 20, 1995.

第十七章

卖，卖，卖

1996年的第一周，一场猛烈的暴风雪席卷了美国东海岸。[1] 暴雪袭击了该地区，吞没了大小城镇，造成了商业瘫痪，给万物披上一层厚厚的白色地毯。狂风裹挟着雪花在空中乱舞，触目皆是迷蒙的白雾，恶劣的天气导致交通停滞，成千上万的旅客被困在机场、公共汽车站和高速公路沿线的休息站。在纽约市，无家可归的人为了不冻毙街头，使出浑身解数寻找庇护所。在康涅狄格州的格林威治，高级住宅的窗户上结满了霜，等到雪终于停下来，裹着鲜亮衣裳的孩子们大着胆子跑到屋外打雪仗。一车又一车拉丁裔男子变魔术似的出现了，这些临时工作人员挨家挨户地铲掉了车道和屋前人行道上的积雪。

而在这个国家的另一边，2400英里之外，阳光普照。韦格王姆酒店正在举行一场派对，这是一家豪华的度假村和乡村俱乐部，位于菲尼克斯城外的高地沙漠，以三个高尔夫球场和媚俗的美洲原住民主题而闻名。纽约一直在下雪，但这里的气温却高达75华氏度。空气中洋溢着欢乐的气氛，杯子里斟满了美酒，普渡制药的销售人员共聚一堂，因为奥施康定的产品发布会将在这里正式召开。[2]

几周前，美国食品药品监督管理局正式批准了奥施康定上市[3]，为了表示庆祝，也为了抓住团建的大好机会，普渡制药安排员工们在漂亮的五星级酒店中接受几天培训，聆听鼓舞士气的讲话。员工们互相比赛，看谁拿回家的奖品多（为了和酒店的美洲原住民主题保持一致，奖品被叫做"贝壳串珠"）。[4] 现在，在主屋举行的庆祝晚宴结束了，理查德·萨克勒走上了讲台，数百名销售代表纷纷鼓掌。[5]

"几千年来，人们认为地质灾害和气象灾害预示着文明发展和企业命运的重大变化。"理查德开口说。他天生就不是一个富有魅力的领导者，在公开演讲方面也没有什么特别的才能。但他念演讲稿的时候显然很兴奋，看得出来，为了准备这篇稿子他还是花了些工夫的。[6]理查德解释说，他耽搁了一些时候才从康涅狄格州动身；一些高管仍被困在东海岸。但他宣布，这场暴风雪是“变化的征兆”。说着他跑了题，开始讲起一个格言似的笑话，内容是他和公司其他几名高管去喜马拉雅山咨询占卜师的经历。“哦，智者，”他们先自我介绍说，“我们是推销员。”这个故事讲的时间有点儿长，但理查德拥有忠实的听众（毕竟他是公司的老板），而且他真的很投入。他甚至用到了他上大学以来就经常说的旧式感叹词。“一派胡言！废话连篇！胡说八道！”

三十多年前，亚瑟·萨克勒帮辉瑞公司策划了营销方案，意在将利眠宁打造成爆款，该公司招募了一支干劲十足的销售大军，把亚瑟的计划变成了现实。现在，普渡制药也要用同样的法子来推销奥施康定，理查德宣称，康涅狄格州的暴风雪将作为他们成功的神秘征兆载入史册。“奥施康定片剂上市后，医生们会不断开出奥施康定的处方，这些处方将形成一场暴风雪，掩埋一切竞品，”他预言说，“这场暴风雪下得那么深，那么密，那么白，你甚至看不到那些竞品举白旗投降。”他沿用这个比喻补充道：“那些竞品再也卖不出去了。”理查德对销售代表们说，奥施康定将是一种“革命性的”药物，“你们将彻底改变慢性癌症疼痛和非癌症疼痛的治疗方法”。

这是属于理查德·萨克勒的时刻，他最宏伟的设想终于成为现实。普渡原本是个稳定盈利的供应商，只卖些平平无奇的基本药物，理查德却设法按照自己的想象重塑家族企业，把它改造为一家更富有进取心、创新性和竞争力的公司，不再像过去那么因循守旧。他不厌其烦地结交疼痛学专家和倡导者，劝诱食品药品监督管理局的监管者。有些美国医生本来不愿意给病人开强效阿片类药物，但理查德想出了一些招数，说服他们重新考虑此事。现在，当他向大家介绍这款新型止痛药时，他已经做好了充分的准备，不仅要让公司的盈利水平再创新高，还要让自己的父亲和伯父们相形见绌。

“奥施康定片剂的产品发布会是公司有史以来最重要的发布会，”理查德说，“在未来的岁月里，我们会把本周看作我们公司以及我们个人的新纪元。”他谈到了萨克勒家族对企业发展的“不断投入”，并夸奖了奥施康定的产品研发团队——该团队在最短时间内获得了食品药品监督管理局的批准。他意识到，奥施康定的命运如今掌握在销售团队的手中："为了让世界上最伟大的销售团队取得更大的成功，任何合乎道德、法律许可的手段，我们都会尽力尝试！"

理查德站在那里，沉浸在对他的臣民、他的帝国、他的前途的美好想象中。然后他脱口喊道："我爱这份事业！"

● ● ●

销售代表不是医生，他们是推销员：聪明伶俐，通常很年轻（有的刚从大学毕业），富有才干，风度翩翩，亲切善谈。众所周知，医药代表往往在外表上也很有吸引力。这些特点也许不是必要的先决条件，但它们对于一份在某些方面颇具挑战性的工作还是非常有帮助的。医药代表每天都要去拜访医生、外科医生、药剂师，凡是能够影响到开药的人，她都要见上一见。通常情况下，她拜访的人都很忙，而且劳累过度，他们的日程已经安排得够满了，可能并不愿意被人冒昧打扰。他们是专业人士，接受过专业培训。医药代表没有接受过医疗培训，也没有药学学位，但她的工作是劝诱开处方的人多开她推销的药物。销售代表是上门推销的布道者。优秀的销售代表生来就很有说服力。他们的**工作**是说服别人。

在理查德·萨克勒看来，普渡制药最有价值的资源不是医学专业出身的员工，不是化学家，甚至也不是萨克勒家族的智囊团，而是销售团队。[7]"我们的产品潜力巨大，"他后来回忆说，"我们推广它的主要手段是说服医生……使用它。"普渡制药的一些销售代表已经在该公司工作了许多年，甚至几十年，他们很高兴看到公司将业务重心转向止痛药。止痛药似乎是前沿热点，影响重大：那些长期任职于普渡制药的销售代表觉得，他们的热销产品若是变成了一种缓释型阿片类止痛药，就相当于鸟枪换炮。"我卖过消毒液必妥碘，泻药新来福，一种名叫'耵聍软化剂'的耳垢去除剂，还有一种名叫'番泻叶合剂'的肠道清洁剂，"一名资深销售代表回忆说，"不用说，我在鸡尾酒会上可不怎么受欢迎。"[8]

然而，奥施康定似乎是一种开创性产品，其营销推广将是一项艰巨的任务，于是普渡制药招聘了大批新员工，以扩大现有销售团队的规模。每个销售代表都做足了准备：接受讲师的培训，学习谈话要点，用看似专业的医学文献把自己武装起来，对奥施康定的革命性特点如数家珍。在他们去执行任务前，普渡制药的一名管理人员告诉他们："你们的首要任务就是**卖，卖，卖**，把奥施康定给推销出去。"[9]

如果医生已经在使用另一种止痛药给病人治疗，销售代表会说服医生改用奥施康定。哪怕医生开出的止痛药是普渡自己生产的美施康定，销售代表也会建议对方换成奥施康定：萨克勒家族不惜一切代价地推广新产品，甚至打算为此逐步淘汰旧产品。

销售代表称，奥施康定是一种应该"优先考虑并持续服用"的止痛药。这是一句精心策划的宣传语，他们像念咒语那样反复吟诵。它的意思是，人们不该将奥施康定视为不到万不得已不会使用的终极解决方案，也就是只有当疗效较弱的药物不起作用时，疼痛患者才会用到奥施康定。对于"中度乃至重度疼痛"，奥施康定应该是第一道防线。它对急性的短期疼痛和慢性的长期疼痛都相当有效；这是一种可以长年累月甚至终身服用的药物，一种适合"持续服用"的药物。从销售的角度来看，奥施康定的营销话术极富诱惑力：及早用药，永不停药。

当然，理查德和他的高管们知道，不少医生可能会心存疑虑。在奥施康定上市之前，他们组织了焦点小组座谈会，医生们在会上表达了对强效阿片类药物潜在成瘾性的担忧。但销售代表得到了明确的指示，要求他们打消医生们的疑虑。在培训课程中，他们曾就如何"消除异议"进行过模拟练习。如果临床医生对奥施康定滥用和成瘾的风险表示担忧，销售代表就会鹦鹉学舌地重复药品说明书上的文字，也就是食品药品监督管理局的柯蒂斯·赖特批准过的那句话："该释药机制被认为可以降低药物滥用的风险。"[10]他们努力记住这句台词，像背诵教义问答一样把它背了下来。

销售代表的所作所为远远超出了药品说明书上干巴巴的保证。普渡制药指示他们告诉医生，服用奥施康定后上瘾的患者"不到1%"[11]。他们解释说，导致成瘾的原因是药物的"峰谷"效应。奥施康定逐渐将麻醉物质释放到血液中，血药浓度不会出现明显的波动，这就降低了成瘾的可能性。理查德·萨克勒对此坚信不疑。在诺沃克的普渡总部流传着这样一个故事：据说他在一次会议上亲自服用了奥施康定片剂，以证明它不会让他兴奋，也不会以任何方式损害他的身体机能。

销售代表在走访过程中，记下了每次会面的情况，交给普渡制药的主管审核。这些实地考察记录是销售代表趁着打电话的间隙在车里匆匆写下的，不乏晦涩的简略表达和实用的缩写词，就像是短小的“俳句”。但它们都提到了普渡制药对奥施康定的安全性做出的承诺：

讨论了滥用的副作用，奥施康定比氨酚羟考酮片、维柯丁更不容易被滥用。[12]

担心服用奥施康定后会再次上瘾……奥施康定持续释药，血药浓度不那么容易达到峰值……成瘾性更小。[13]

好像听说了奥施康定在药物缓释方面做得更好。[14]

艾米丽（肯塔基州一家沃尔玛的药店主任）告诉我，肯尼迪医生正在尽可能多开奥施康定的处方。她转动着眼珠，告诉我这款药的效果好极了。[15]

在劝说医生多开奥施康定处方时，销售代表经常引用医学文献，其中有一项研究是他们频频提及的。他们说：“有人对超过 11000 名服用阿片类药物的患者进行了一项历时数年的调查，调查发现，只有四则成瘾案例被记录在册。”[16] 他们解释道，这项研究发表在著名的《新英格兰医学杂志》上，标题本身足以说明问题——“接受麻醉品治疗的患者很少上瘾”。[17] 事实上，登在杂志上的这篇文章根本没有经过同行评议，只不过是波士顿大学医学中心的两名医生写给编辑的一封五句话的信。它所描述的研究极其片面：研究对象局限于在该医院接受过短期监测的住院病人。很久以后，这封信的作者之一赫舍尔·吉克称，让他感到“惊讶”的是，普渡和其他公司居然会大肆宣扬这项小小的学术成果，以证明强效阿片类药物的大规模营销是正当的。他表示，制药行业利用了他的成果，把它“当成广告”。[18]

销售代表总会忍不住提到吉克的研究，因为它传达了一个非常有用的信息：公众也许认为阿片类药物容易导致上瘾，但实际上，只要按医嘱服药，患者对麻醉性止痛药上瘾的情况非常罕见。[19] 普渡制药设法让人们意识到，对阿片类药物的新看法日益成为主流观点。销售团队引用的都是公司所说的“无企业归属”的文献：从表面上看，这些材料属于独立组织的研究成果，但实际上，它们要么由普渡一手炮制，要么是在普渡的赞助下完成的。[20]该公司成立了演讲部，出资邀请数千名医生参加医学会议，就强效阿片类药物的优点发表演讲。[21]在亚利桑那州的斯科茨代尔、佛罗里达州的博卡拉顿等地，医生们可以免费参加“疼痛管理研讨会”。[22]奥施康定上市后的前五年，普渡赞助了7000个这样的研讨会。[23]

奥施康定的营销依赖于循环论证：普渡花钱请医生撰写对自己有利的文章，然后再用这些文章说服医生相信奥施康定的安全性。[24]号称“疼痛之王”的拉塞尔·波特诺伊可谓身陷利益冲突的典型例子。[25]他是纽约贝斯以色列医疗中心的疼痛医学与缓和医疗科主任，但与此同时，他也和普渡制药有经济往来。他是美国疼痛学会会长、美国疼痛基金会会员，这两个组织看似独立，实际上得到了普渡制药和其他制药公司的资助。[26]无论去什么地方，他都要据理力争，指出阿片类药物一直蒙受着不公正的污名。不过，波特诺伊和其他疼痛学专家并没有为了钱而表达他们不相信的观点。波特诺伊**确实**坚定地认为，阿片类药物很安全，应该得到更广泛的应用。与其说普渡收买了波特诺伊，不如说他们的利益刚好一致：他和普渡互帮互助，放大了同样的信息。波特诺伊本人后来也承认，“此前没有哪家公司这么卖力地宣传阿片类药物”，直到奥施康定问世。[27]

普渡制药在医学期刊上为奥施康定打广告，赞助有关慢性疼痛的网站，分发各式各样随奥施康定附送的赠品：钓鱼帽、毛绒玩具、行李标签。销售代表每到一处，总会留下一些赠品，这样一来，不管医生走到哪儿，只要看见这些赠品就会联想到奥施康定。通常情况下，销售代表会想出一些狡猾的策略，从忙碌的医生那里争取到几分钟时间，比如，他们会带着一份打包好的午餐在中午出现，向医生捎去普渡的问候。[28]

有人怀疑制药公司的糖衣炮弹可能会影响医生开处方的习惯，但医生往往对这种看法嗤之以鼻。亚瑟·萨克勒的世界观以此为基石：他认为医生是像牧师那样的人物，不受奉承、诱惑和贪婪的影响，一心只想为病人提供适当的医疗服务。有人暗示，一则花哨的广告或是一顿牛排晚餐，也许就足以影响医学博士的临床判断，在亚瑟·萨克勒看来，这种暗示荒唐可笑，甚至带有侮辱性。他声称，医生是无法收买的。

当然，不管是在亚瑟·萨克勒说这话的时候，还是在今天，他的说法都同样不切实际。医生也是人，要是以为穿上白大褂就能保护他们免受诱惑，未免太天真了。2016年的一项研究发现，哪怕只是为医生买一份价值20美元的套餐，也足以改变他开处方的方式。[29]尽管萨克勒家族口头上宣扬的是另一套，但他们用不着研究也知道医生是可以收买的。有几年，单单是为了给医生购买食品，普渡制药就拨出了900万美元的巨款。[30]理查德·萨克勒是个非常注重细节的人，除非确信自己的投资会获得丰厚回报，否则他决不会支持这样的经费支出。1996年，他在写给迈克尔·弗里德曼的一封电子邮件中指出，根据普渡的数据，“那些享受了免费餐饮或是参加过周末会议的医生，开出的奥施康定处方是其他医生的两倍以上”。他特别提到，“周末会议的影响最大”。[31]

事实证明，即便是没有从普渡制药那里得到好处的医生，也很容易被他们的宣传信息影响。“行医的首要目标是减轻痛苦，而医生见到的最普遍的一种痛苦便是疼痛，”多伦多大学临床药理学和毒理学系主任戴维·尤尔林克指出，“面对饱受疼痛折磨的病人，医生真心想要提供帮助，现在，他们突然有了解决方案，而且被告知这是安全有效的。”[32]普渡制药的一些营销材料显示，该公司真正贩卖的是“瓶中的希望”[33]。

● ● ●

“所有迹象都表明，我们手握着一款潜在的重磅产品！”普渡制药的经理迈克·英瑙拉托对销售团队说。英瑙拉托指出，对销售代表来说，推销奥施康定也许是个挣大钱的机会：“现在正是靠奥施康定赚奖金的大好时机。”[34]普渡制药依然只是一家中等规模的公司，无法与那些已经上市的大型制药公司等量齐观。但大家都觉得它是个好单位。萨克勒家族开出的薪水不错，对自己人也很照顾，他们鼓励销售人员自力更生、发愤图强。“萨克勒家族真的把员工当成他们家族的一分子，”一名前高管回忆说，“他们支付薪酬的方式非常独特。早在奥施康定问世以前，他们就是这么算工资的。大多数制药公司都对销售代表的额外奖金设定了上限，但普渡制药并没有这么做。”事实上，这种薪酬支付方式还是当年亚瑟·萨克勒在推销安定时为自己争取的。销售额越高，你拿到的奖金就越多，不封顶。“普渡制药从不封顶，”这名高管说，“因为他们希望用高薪来激励员工。”

史蒂文·梅曾是一名警察，住在弗吉尼亚州的罗阿诺克，他于 1999 年入职普渡制药，此前在一家与普渡有竞争关系的制药公司担任销售代表。梅早就听说过普渡制药的大名。据说那里的待遇比其他地方都要好，而奥施康定是一款热门产品。业界普遍认为，普渡正在做正确的事，而且完成得很好——他们推出了一款创新性产品，既帮助了患者，又赚到了不少钱。“我们觉得自己在做一件正义的事，”梅回忆说，“有数百万人正在遭受疼痛的折磨，而我们有解决方案。”[35] 梅前往诺沃克，在普渡总部接受了为期三周的课堂培训。[36] 一天晚上，普渡在牛排馆举行了庆祝晚宴，梅和雷蒙德·萨克勒在一座写着“普渡”的冰雕前合了影。晚宴上，他碰巧和理查德·萨克勒坐在同一桌。“我大为震撼，”梅回忆说，“我对他的第一印象是，‘这个花花公子造就了这一切。他拥有一家家族企业。我希望自己有一天也能**成为他**’。”

普渡制药大约有 700 名销售代表，梅是其中之一，他们奉命奔走于全国各地，游说医生给尽可能多的病人开奥施康定。[37] 他们总共走访了近 10 万名医生。就像梅所说的那样：“有一点普渡做得很好，其游说目标**不仅**是疼痛学专家，还有全科医生。”[38] 在游说医生的过程中，销售代表可以使用一种非常有效的工具。早在 20 世纪 50 年代，亚瑟·萨克勒和他的朋友比尔·弗罗里奇创立了市场调研公司艾美仕，弗罗里奇去世后，这家公司成了萨克勒兄弟不和的根源，因为雷蒙德和莫蒂默拒绝把亚瑟在公司的股份交给他。但艾美仕公司仍在继续经营，并在几十年间成长为一家大数据公司，掌握着有关医生处方习惯的极其详细的信息。通过使用艾美仕公司提供的数据，史蒂文·梅和其他销售代表可以了解到应该拜访哪些医生。他们把目标锁定在某些具体地区——那里有很多家庭医生，那里的人有工伤保险，其中有些人在工作中受了伤，有些人残疾。[39] 理查德·萨克勒解释说：“我们让销售人员重点关注那些……开出大量阿片类药物的医生。”[40] 开了许多张止痛药处方的医生是无价之宝。销售代表把这些医生叫做“鲸鱼”，赌场员工在形容挥金如土的赌徒时也用到了同一个词。[41]

与此同时，普渡对销售代表作出了明确指示，要求他们去游说家庭医生——这些医生几乎没有开过阿片类药物，普渡称其为“阿片类药物的门外汉”[42]。在梅看来，有的家庭医生主要是从普渡那里了解到如何将阿片类药物用于疼痛管理的。[43]总部建议销售人员避免使用“像‘强效’这样的词”，因为它们“可能会让一些人认为这种药物是危险的，应该用于更严重的疼痛”。[44]1997 年，一名公司管理人员在与理查德·萨克勒交流时指出，许多医生误以为羟考酮的药效比吗啡弱，但实际上它的药效是吗啡的两倍。他说：“重要的是，我们要当心，不要改变医生的看法。”[45]

梅负责的销售区域包括弗吉尼亚州西部和西弗吉尼亚州南部的部分地区。普渡发现，某些地方对奥施康定的需求几乎是无止境的。“从一开始，销量就在迅速上涨，”梅回忆说，“涨势惊人。”一旦某个销售区域的销量达到了一定数额，普渡就会将该区域一分为二，再增加一名销售代表来负责。“我们相信，产品是可以培育的，”梅解释说，“要是这两个区域销量很好，还可以将它们划分为更多块，派更多的销售代表来，更加充分地培育产品。”

梅和他的同事们似乎认为，奥施康定之所以卖得这么好，部分原因在于它确实有效。它能够奇迹般地缓解疼痛。诺沃克的普渡总部开始收到来信——最不同寻常的来信——信中讲到了奥施康定是如何帮助病人的。[46]这些人曾因为慢性疼痛身体衰弱、历尽折磨，现在他们作证说，奥施康定改变了他们的生活：在记忆中，他们第一次一觉睡到大天亮，第一次回到工作岗位上，第一次出门接孙子。

这些报告给了理查德·萨克勒勇气。“我们可能需要发起一场宣传活动，”他在 1997 年建议道，“有些忍受着剧痛却没有得到治疗的病人，在服用我们的产品后恢复了活力，找回了原本的生活，我们应该把关注焦点放在他们身上。”[47]按照理查德的指示，普渡制作了宣传视频《重拾人生》，患有类风湿关节炎、纤维肌痛或其他疾病的病人在视频中分享了自己的亲身经历，讲述了终日疼痛却得不到治疗的隐秘恐惧。[48]“感觉就像有人一直拿着冰锥在戳我的脊梁骨。”体格魁梧的建筑工人约翰尼·沙利文慢吞吞地说。这段视频是在艾伦·斯帕诺斯医生的协助下制作的，斯帕诺斯是普渡花钱请来的发言人，在北卡罗来纳州经营着两家疼痛治疗诊所。视频称，斯帕诺斯在“英国牛津大学”接受了医疗培训。他身材瘦削，刻意留长的几绺头发遮住稀疏的头顶，脖子上系着绿领带，身穿淡绿色的衬衫。在视频中，斯帕诺斯对着镜头说：“毫无疑问，我们最好也最有效的止痛药是阿片类药物。”他的身边环绕着许多医学课本和一张装裱好的文凭。他说，阿片类药物也许“名声不佳，被认为会导致上瘾和其他可怕的事情”，但这是种误解。“事实上，在接受医生治疗的疼痛患者中，上瘾的比例远低于 1%。”据斯帕诺斯说，阿片类药物简直是个奇迹。“它们不会上瘾，药效持续时间长，也没有严重的副作用。”

在总部，迈克尔·弗里德曼看到患者的感言后心花怒放，称这些材料“非常有力”，并吩咐下属赶在 1 月的全国销售会议之前完成视频。[49]萨克勒家族对《重拾人生》很感兴趣；理查德的弟弟乔纳森与迈克尔·弗里德曼和其他高管讨论了这段视频。[50]视频制作好以后，普渡在 1998 年发行了 2 万多张由该视频刻录的光盘。[51]

普渡的人有时会说，奥施康定效果好，所以它“本身就有销路”[52]。这只是一种说法，并不是正式的营销策略，但萨克勒家族非常重视这种说法背后蕴藏的观念，也正因为如此，普渡启动了一项耗资巨大的计划，向疼痛患者免费发放奥施康定样品。这是制药行业的惯用手段。20 世纪初，拜耳公司在推销海洛因时，向潜在顾客提供了免费的样品药。[53]70 年代，罗氏制药为了让安定在加拿大市场站稳脚跟，仅在一年内便免费发放了 8200 万片安定样品。[54]如果你销售的产品让人感觉良好（可能也极易让人上瘾），那么，最初在免费样品上投入的成本通常会给你带来数倍于此的收益。

普渡为奥施康定量身打造了“卡片计划”，患者可以凭该公司发放的优惠卡免费获得 30 天剂量的奥施康定。迈克尔·弗里德曼解释说，这些免费样品是用来让病人“熟悉”奥施康定的。如果奥施康定真的是一种值得优先考虑并持续服用的药物，那么相当一部分初次服用这种药物的人可能愿意持续用药。到了 2001 年“卡片计划”中止时，普渡已经贴钱发放了 3.4 万份免费样品。[55]

市面上销售的奥施康定有各种剂量：10 毫克、20 毫克、40 毫克和 80 毫克。2000 年，一种 160 毫克的超大剂量药片问世了。据该公司说，“没有最大日剂量，也没有‘限定’剂量”，尽管在普渡从事奥施康定研发工作的化学家拉里·威尔逊认为“160 毫克有点儿太过了”。[56]上市第一年，普渡制药就卖出了 4400 万美元的奥施康定。第二年，销售额增长了一倍多。第三年，销售额又翻了一番。[57]

迈克尔·弗里德曼在给理查德、雷蒙德和莫蒂默的信中写道，“我很高兴地报告，截至 1999 年 9 月，奥施康定的销售额为 6.01 亿美元”，并指出“奥施康定的处方量仍在加速增长”。[58]普渡将这种惊人的增长归功于“一个尚未饱和的巨大市场的持续存在”。数以百万计的美国人患有慢性疼痛却没有得到治疗，他们很少能够得到所需要的药物。因此，当普渡大力宣传奥施康定，并向受到疼痛困扰的人们发放免费样品，销量飙升也就不足为奇了。“没有任何增速放缓的迹象！”理查德·萨克勒在 2000 年对公司的销售代表团队说。[59]

理查德把全部心思都放在了奥施康定上。他和贝丝这时已经有了三个孩子——戴维、玛丽安娜和丽贝卡。他是个苛刻的父亲，态度粗鲁，说起话来直言不讳，有时显得不太会教育孩子。“他就是不明白自己的话会对别人造成怎样的打击。”戴维·萨克勒后来说。[60]戴维打曲棍球，当理查德去看比赛时，只要他对儿子的表现不满意，就会毫不避讳地讲出来。戴维后来承认，他父亲说话刻薄，而且口无遮拦，这真的很伤人。

这些年来，理查德并没有特别关注家庭。在奥施康定上市三年后，他在给朋友的一封电子邮件中写道：“在新品投放的初始阶段过后，我不得不重新关注我的私人生活。”[61]随着奥施康定利润飙升，理查德开始纠结于销售数据。眼下，奥施康定正在其他国家进行推广，理查德想知道它有没有可能作为“非管制”药物——也就是说，作为非处方药——在德国出售。[62]说得好听一点，这是个大胆的想法。普渡的员工罗伯特·凯科被认为是奥施康定的发明者，他大胆地回应说，理查德的提议糟透了。凯科在一封电子邮件中写道，“我非常担心”，他对这项提议表示“反对”。[63]普渡的销售代表或许向全美的医生承诺，奥施康定几乎没有滥用的风险，但凯科私下提醒理查德，公司没有“足够有力的证据来表明奥施康定滥用的风险极小或不存在”。

理查德并没有气馁，他问道：“这会在多大程度上提高你们的销售额？”[64]

凯科与理查德共事多年，了解他的老板有多顽固。因此，他没有把立足点放在公共安全上，而是用理查德更容易接受的方式来阐述自己的看法，简单地说明了此举可能会对**销售**造成的全部影响。“如果奥施康定在德国不受管制，它很可能会被滥用，然后被列为管制药物，”凯科写道，“这会严重损害奥施康定的国际声誉，哪怕它作为非管制药物带来了一时之利，但失去的国际声誉却是无法挽回的。”[65]

最终，凯科获胜了，理查德的想法被放弃了。但理查德表达了自己的不满，他咕哝道："我觉得这是个好主意。"[66]

奥施康定的定价方式是，剂量越大，普渡获得的利润就越高。也许正因为如此，理查德才会对剂量上限的问题如此在意。史蒂文·梅和他的同事们一直承受着来自总部的压力，他们劝说医生"逐步"增加用药剂量，或者把更大剂量的奥施康定开给病人。[67]奥施康定是一种阿片类药物，而人体会对阿片类药物产生耐受性，因此，增加用药剂量极有必要：一开始，病人每天服用两次 10 毫克的奥施康定，可能就足以止痛了，但随着时间的推移，10 毫克不管用了。理论上讲，只要增加奥施康定的使用剂量就能解决问题，病人可以把剂量从 10 毫克加到 20 毫克，以此类推，一直加到 160 毫克。但有些医生似乎对开出如此大剂量的奥施康定心存疑虑，他们认为这种药物可能存在剂量上限，也就是实际用药量的极限。这激怒了理查德·萨克勒。他向迈克尔·弗里德曼抱怨说，一些肿瘤专家似乎认为，奥施康定超过一定剂量就不会有效。他问道："我们能收集哪些材料来打破这种严重误解？"[68]

● ● ●

"这是一家非常特别的公司。"史蒂文·梅回忆说。当他开始为普渡制药工作时，他觉得自己仿佛跻身于"精英中的精英"。"优雅的公司环境散发着成功的气息。"[69]奥施康定的销量极其可观，让整家公司精神振奋，财源滚滚。

"我们感觉自己成了世界之王，"有名高管曾在这一时期与萨克勒家族密切合作，他回忆说，"钱多到花不完。数亿资金流入了账户。我们会去康涅狄格州的达里恩吃晚饭。晚饭花费了 19000 美元。大家大手大脚地花钱。坐飞机出行的频率大幅增加。"亚瑟·萨克勒在旅行方面是出了名的吝啬，哪怕他很有钱，也只会坐经济舱。如今，普渡制药的一些高管乘坐的是协和式飞机，这是一种造型优美的超音速豪华飞机，可以在四小时内飞越大西洋。在 2000 年 1 月的年会上，理查德对销售团队说："你们参与了传奇的缔造。"[70]在一封电子邮件中，他回顾了奥施康定的初步成功，指出这种药物的发行"超出了我们的预期、市场调查和最美好的梦想"[71]。

对销售人员来说，那是一段令人陶醉的时光。"$$$$$$$$$$$$$ 发奖金的时间就要到了！”田纳西州的一名销售经理在备忘录中这样写道。[72] 普渡推行了“销售冠军”计划，以表彰来自全国各地的优秀销售代表。[73] 该公司安排销售冠军们去百慕大等地度假，并报销一切费用，作为对他们辛勤工作的奖励。销售区域之间的竞争非常激烈，这正是普渡所鼓励的。[74]“现在是靠奖金发财的好时机，”一名经理对销售代表说，“你们有知识。你们有技能。你们所需要的只是成为‘销售冠军’的渴望。”

在遍布全国的销售人员中开始流传起一些捕风捉影的故事，故事的主题无非是有人卖出了多少奥施康定，拿到了多少巨额奖金。有传闻说销售代表一个季度就能赚六位数。有个销售代表来自南卡罗来纳州的默特尔比奇，据说他在三个月内赚了 17 万美元。[75] 继亚利桑那州韦格王姆酒店的产品发布会之后，短短四年间，奥施康定的销售额已经达到了 10 亿美元，超越了那个时代最经典的重磅药物伟哥。[76] 在奥施康定问世后的五年内，普渡的销售人员增加了一倍多。[77] 2001 年，该公司仅奖金一项就支付了 4000 万美元。[78] 销售代表一年挣到的平均奖金涨到近 25 万美元，顶尖的销售代表挣得更多。[79] 最终，迈克尔·弗里德曼告诉萨克勒家族，当前影响销售额增长的主要障碍只有一个，那就是“产品供应”。[80] 该公司生产奥施康定的速度跟不上它的销售速度。

史蒂文·梅觉得，成为奥施康定的销售代表就像是梦想成真。[81] 他努力工作，赚了很多钱。在他负责的销售区域有一家大型的退伍军人管理医院，他在这家医院以及弗吉尼亚州、西弗吉尼亚州周边的小社区大力推销奥施康定。他接受过培训，知道如何锲而不舍地劝说医生增加奥施康定的剂量，他这么做也是因为受到了物质激励，他的奖金不是按照处方的数量，而是按照所开药物的金额来算的，因此，医生开出的奥施康定金额越高，他得到的报酬就越丰厚。他的销售情况非常乐观，有一年公司奖励他去夏威夷度假，费用全免。

2000 年的一天，梅开车去了西弗吉尼亚州的小城刘易斯堡。他想去拜访那里的一名医生，在他的客户中，这名医生开出的奥施康定处方尤其多。但当他到达时，医生脸色苍白。她解释说，她有个亲戚刚刚去世。那个女孩服用奥施康定过量。[82]

注释

［1］“Coastal Blizzard Paralyzes New York and Northeast,” *New York Times*, Jan. 8, 1996.
［2］Weather report, *Arizona Republic*, Jan. 9, 1996; “OxyContin: The Most Significant Launch in Purdue History!” *Teamlink* (internal Purdue newsletter, Winter 1996).
［3］罗伯特·F. 贝德福德（美国食品药品监督管理局）1995 年 12 月 12 日发给詹姆斯·H. 康诺弗（普渡制药）的批准函。
［4］“Taking Home the ‘Wampum’！Wigwam Contest Winners,” *Teamlink* (internal Purdue newsletter, Winter 1996).
［5］“Where Cactus Is Par for the Course,” *New York Times*, March 10, 1991.
［6］“OxyContin: The Most Significant Launch in Purdue History!”
［7］理查德·萨克勒 2015 年的证词。
［8］Deposition of Stephen Seid, National Prescription Opiate Litigation, MDL No. 2804, Dec. 12, 2018（后文再次引用该文献时仅标注为“赛德的证词”）。
［9］Purdue Sales Bulletin, Jan. 25, 1999.
［10］对史蒂文·梅的采访。
［11］出处同上。
［12］普渡的销售代表卡罗尔·内海塞尔 2000 年 1 月 11 日拜访南希·施韦克特的记录。
［13］普渡的销售代表霍莉·威尔 1997 年 7 月 12 日拜访理查德·格吕内瓦尔德的记录。
［14］普渡的销售代表约翰·布洛克 1997 年 7 月 19 日拜访雷蒙德·蒂默曼的记录。
［15］普渡的销售代表约翰·韦辛顿 1997 年 7 月 20 日拜访沃尔玛 #689 的记录。
［16］赛德的证词。
［17］Jane Porter and Hershel Jick, “Addiction Rare in Patients Treated with Narcotics,” *New England Journal of Medicine*, Jan. 10, 1980.
［18］“Sloppy Citations of 1980 Letter Led to Opioid Epidemic,” NPR, June 16, 2017.
［19］后来的一项研究发现，这封信被引用了 600 多次。参见 Pamela T. M. Leung et al., “A 1980 Letter on the Risk of Opioid Addiction,” *New England Journal of Medicine*, June 1, 2017。
［20］对史蒂文·梅和多德·戴维斯的采访；“The Alchemy of OxyContin,” *New York Times Magazine*, July 29, 2001。
［21］理查德·萨克勒 2015 年的证词。
［22］“OxyContin Abuse and Diversion and Efforts to Address the Problem,” Report by the U.S. General Accounting Office, Dec. 2003（后文再次引用该文献时仅标注为“审计总署的报告”）。
［23］“Sales of Painkiller Grew Rapidly, but Success Brought a High Cost,” *New York Times*, March 5, 2001.
［24］对史蒂文·梅的采访。
［25］纽约州起诉书。
［26］出处同上。
［27］波特诺伊的声明。
［28］对史蒂文·梅的采访。

[29] Colette DeJong et al., "Pharmaceutical Industry-Sponsored Meals and Physician Prescribing Patterns for Medicare Benefits," *JAMA Internal Medicine* 176 (2016). 另见 Scott E. Hadland et al., "Association of Pharmaceutical Industry Marketing of Opioid Products to Physicians with Subsequent Opioid Prescribing," *JAMA Internal Medicine* 178 (2018)。

[30] 2014 年 6 月 16 日的预算信息，引自马萨诸塞州起诉书。

[31] 理查德 · 萨克勒 1996 年 10 月 23 日致弗里德曼的信。

[32] 对戴维 · 尤尔林克的采访。

[33] Purdue marketing materials cited in Complaint, *State of Tennessee v. Purdue Pharma LP*, Circuit Court of Knox County, Tennessee, Sixth Judicial District, Case No, 1-173-18, May 15, 2018（后文再次引用该文献时仅标注为"田纳西州起诉书"）。

[34] "Awaken the Sleeping Giant!," *Teamlink* (internal Purdue newsletter, Winter 1996).

[35] 对梅的采访。史蒂文 · 梅后来作为检举者对普渡提起了诉讼；这场诉讼因为不合程序而被驳回。

[36] 戈登海姆 2002 年的证词。梅不记得具体培训了多长时间，但根据戈登海姆的证词，它通常包括"在总部进行的为期三周的课堂培训"。

[37] "1996 年，普渡 300 多名销售代表的通讯录上大约有 3.34 万到 4.45 万名医生。到了 2000 年，近 700 名销售代表联系的医生总共约有 70500 到 94000 名。"参见审计总署的报告。

[38] 对梅的采访。

[39] 对里克 · 芒卡斯尔的采访。

[40] 理查德 · 萨克勒 2015 年的证词。

[41] 对梅的采访。

[42] 对多名前销售代表的采访；马萨诸塞州起诉书。

[43] 对梅的采访。

[44] 奥施康定片剂二期团队 1997 年 6 月 13 日的会议记录。

[45] 迈克 · 卡伦 1997 年 6 月的电子邮件，引自理查德 · 萨克勒 2015 年的证词。马萨诸塞州起诉书也引用了此次对话。

[46] 对罗宾 · 霍根的采访。

[47] 理查德 · 萨克勒 1997 年 1 月 11 日的电子邮件。根据美国弗吉尼亚州西区联邦检察官办公室的起诉备忘录，"拍摄这些视频的想法似乎来自该公司总裁理查德 · 萨克勒"。

[48] 普渡 1998 年的视频《重拾人生》。

[49] 迈克 · 卡伦 1997 年 12 月 15 日的电子邮件，引自起诉备忘录。1998 年 1 月的全国销售会议确实放映了该视频。

[50] 乔纳森 · 萨克勒、迈克尔 · 弗里德曼、马克 · 阿方索在 1998 年 10 月 28 日至 29 日之间往来的电子邮件。

[51] 起诉备忘录。

[52] Jim Lang, "Sales & Marketing Update," *Teamlink* 11, no. 1 (Winter 1996)："这种产品被认为效果非常好，它本身就有销路。"在 CafePharma 论坛上的一篇匿名帖子中，普渡的一名前员工称朗表达过类似的观点："我记得他在一场盛大的年终秀上对萨克勒家族这么说过。他告诉他们'奥施康定，它本身就有销路'。"参见 CafePharma 论坛 2018 年 2

月 12 日的帖子。

[53] Walter Sneader, "The Discovery of Heroin," *Lancet*, Nov. 21, 1998.

[54] "Down for the Downers," *Maclean's*, Feb. 18, 1980.

[55] 审计总署的报告。普渡的一名发言人证实了这一数据。

[56] Purdue Pharma, "Long-Acting OxyContin® Tablets Now Available in 160 mg Strength to Relieve Persistent Pain," press release, July 9, 2000; 对拉里・威尔逊的采访。

[57] Table 2: Total OxyContin Sales and Prescriptions from 1996 Through 2002, in GAO Report.

[58] 弗里德曼 1999 年 10 月 13 日发给雷蒙德、莫蒂默和理查德・萨克勒的备忘录。

[59] 理查德・萨克勒博士在 2000 年 1 月 24 日全国销售会议上的主题演讲精粹。

[60] "'We Didn't Cause the Crisis': David Sackler Pleads His Case on the Opioid Epidemic," *Vanity Fair*, June 19, 2019.

[61] 理查德・萨克勒 1999 年 5 月 29 日发给科妮莉亚・亨尼施的电子邮件。

[62] 1997 年 3 月 14 日理查德・萨克勒与保罗・戈登海姆在电子邮件中的交流，引自理查德・萨克勒 2015 年的证词。

[63] 凯科 1997 年 2 月 27 日写给理查德・萨克勒的信，引自理查德・萨克勒 2015 年的证词和马萨诸塞州起诉书。

[64] 理查德・萨克勒 1997 年 3 月 2 日发给沃尔特・维默尔的电子邮件，引自理查德・萨克勒 2015 年的证词和马萨诸塞州起诉书。

[65] 凯科 1997 年 2 月 27 日写给理查德・萨克勒的信，引自理查德・萨克勒 2015 年的证词和马萨诸塞州起诉书。

[66] 理查德・萨克勒发给沃尔特・维默尔的电子邮件（日期不详），引自理查德・萨克勒 2015 年的证词。

[67] 对梅的采访；对多德・戴维斯的采访。

[68] 理查德・萨克勒 1997 年 4 月 22 日写给弗里德曼的信，引自理查德・萨克勒 2015 年的证词。

[69] 对梅的采访。

[70] 理查德・萨克勒博士在 2000 年 1 月 24 日全国销售会议上的主题演讲精粹。

[71] 理查德・萨克勒 2015 年的证词。

[72] 1996 年 8 月 19 日发给销售代表的备忘录，《洛杉矶时报》2016 年 5 月 15 日转载。

[73] 理查德・萨克勒 2015 年的证词。

[74] "Awaken the Sleeping Giant!"

[75] CafePharma 论坛 2018 年 7 月 25 日的匿名帖子。

[76] "Sales of Painkiller Grew Rapidly, but Success Brought a High Cost."

[77] 理查德・萨克勒 2015 年的证词。

[78] 审计总署的报告。

[79] 纽约州起诉书。

[80] 弗里德曼 1999 年 10 月 13 日的电子邮件。

[81] 对梅的采访。

[82] 出处同上。

第十八章
安·赫多尼亚

2001年初的一天，《纽约时报》调查记者巴里·迈耶得到了一条有趣的线索。迈耶年过五十，身材瘦小，秃顶，戴着无框眼镜，眼珠子骨碌碌地转。他有些神经过敏，不少业务水平一流的丑闻揭发者都有这个特点，他的鼻子总是因为嗅到新闻的气息而抽动着。迈耶成长于纽约市及其周边地区，他的父母都是德国犹太人，在20世纪30年代逃往美国。他是个老派的新闻记者，说起话来既搞笑又粗俗，一口一个“他妈的”。不过，以《纽约时报》的标准来看，他在新闻界的职业发展并没有走常规路线。在越南战争打得最激烈的时候，迈耶眼看就要从锡拉丘兹大学毕业了，他却退了学。他辗转于全国各地打零工，最后偶然在一家行业刊物找到了工作，该刊物有个迷人的名字——《地面铺装周刊》。迈耶喜欢这份新工作。他发现写作对他来说很容易；他曾是“披头族”的一员，那时他就考虑过当小说家。他靠着报道地板铺装行业出了名，不久以后，他跳槽去了一家更大也更好的商业刊物——《化学周刊》。

正是在《化学周刊》任职期间，巴里·迈耶萌生了调查的冲动。事实证明，他在报道方面很有天赋。《化学周刊》属于行业刊物，主要供业内人士阅读。然而，迈耶并不满足于撰写缺乏思想性的赞颂之词，他想效仿伍德沃德和伯恩斯坦，挖掘行业内部的肮脏秘密。“我不停地写报道，把那些读《化学周刊》的公司逼疯了。”他回忆说。但有个名叫约翰·坎贝尔的编辑支持迈耶，他认为《化学周刊》应该立志成为一家不仅仅在业内有影响力的刊物。迈耶说：“我总是喜欢翻阅文件和旧档案之类的东西。”有段时间，他对陶氏化学公司进行了报道。他在华盛顿的国家档案馆无意中找到了一些历史记录，记录显示，越战期间陶氏化学公司在密歇根州米德兰市生产落叶剂“橙剂”时，化学物质渗入了当地的地下水。迈耶准备写篇报道，陶氏化学公司闻讯“勃然大怒”。一群高管飞到纽约，和约翰·坎贝尔交涉。他们竭尽所能地试图阻止这篇文章发表。但坎贝尔支持他的作者，拒不让步。迈耶的爆料文章在《化学周刊》上刊登后，被《华尔街日报》转载。后来《华尔街日报》向他提供了一份工作。

迈耶写了几年关于环境灾难和消费者安全丑闻的长篇调查报道，最后去了《纽约时报》工作。90年代末，大型烟草公司因为吸烟有害健康遭到起诉，迈耶被派去报道这场诉讼。[1]吸烟导致了癌症和其他疾病，几代美国人因此饱受病痛甚至死亡，但当时的情况是，烟草公司已经意识到他们的产品具有致病风险，却有计划地对这种风险进行淡化处理。1998年，烟草公司同意向那些提起诉讼的州赔付2060亿美元。这是个大新闻，写起来相当费劲。[2]但迈耶总觉得自己动笔的时间太晚了。“这种新闻已经失去了荣耀，”他回忆说，“唯一要做的就是别搞砸了。我无法曝光这个新闻。它已经传出去了。”

迈耶终于完成了烟草诉讼的报道，有一天，正当他坐在43街《纽约时报》新闻编辑部的办公桌前，有个编辑带来了一条消息。编辑接到中西部线人打来的电话，对方说市面上有一种“热门新药”。它是眼下最流行的药物，疯狂的是，它其实是一种处方药，但广告上说它不会导致药物滥用。

“它叫奥施康定。”编辑说。

迈耶对制药行业知之甚少。他查到了生产这种药物的公司叫什么名字——普渡制药。他从未听说过该公司。他和一名同事分工协作，开始到处打电话。迈耶发现很多人似乎都在滥用奥施康定。这种药物在病人身上取得了巨大的成功，减轻了可怕的疼痛，但它也被用于消遣，据说能带来强烈而纯粹的快感。理论上讲，每片药都用到了缓释包衣技术，服用者不会一下子就体验到麻醉物质的全部效力。但人们已经发现，如果破坏缓释机制，就可以释放出大量纯羟考酮。人们不需要经过多次试验就能发现这一点。事实上，回想起来，每个药瓶上都标有禁止破坏缓释机制的警示语，这也在无意之中充当了操作指南。[3]

迈耶和执法机关的线人聊过，他们说奥施康定的黑市交易非常活跃。他也和药剂师和医生聊过，他们证实普渡制药的销售团队采用了激进的营销策略。“他们进来推销这种药，说它不会被滥用，”一名药剂师告诉他，“但我看到的情况却不是这样的。”[4]

2000 年 11 月，迈克尔·弗里德曼警告同事们，有个记者正在“打探奥施康定滥用的新闻”[5]。莫蒂默·萨克勒将这个明显的威胁列入了公司下次董事会会议的议程。[6]针对潜在的争议，普渡试图制定一套解决方案，迈克尔·弗里德曼提出的策略是“将注意力从公司所有者身上移开”[7]。

2001 年 2 月 9 日，迈耶和他的同事弗朗西斯·X. 克莱斯在《纽约时报》头版发表了一篇报道，题为“癌症止痛药构成新的滥用威胁”。报道没有提及萨克勒家族，但确实描绘了一幅令人担忧的画面：“在东部各州的数十个农村地区，疲惫不堪的警探们正在打击药物滥用，他们称药物滥用现象日益猖獗，而遭到滥用的是一种开给癌症晚期患者和其他重度疼痛患者的强效止痛药。”[8]事实证明，奥施康定不仅在合法市场大受欢迎，在黑市上也是如此。迈耶和克莱斯报道说：“这种药物的缓释机制一旦被破坏，就可以被成瘾者利用。”他们在缅因州、肯塔基州、俄亥俄州、宾夕法尼亚州、弗吉尼亚州、西弗吉尼亚州和马里兰州都发现了滥用、过量服用和非法贩卖奥施康定的案例。

● ● ●

当巴里·迈耶开始写关于普渡制药的报道时，该公司已经搬进了新的办公场所。由于诺沃克总部的办公室不够用了，萨克勒家族在康涅狄格州斯坦福德市买下了一座可以俯瞰 95 号公路的现代化大楼。这是一座覆盖着深色玻璃的多层塔状建筑，一层垒着一层，从底部到顶楼逐层面积递减，它的形状让人联想到塔庙——一种古老的寺庙。

公司里洋溢着欢欣鼓舞的气氛。一名前高管回忆说：“我觉得，我们谁也没有料到事情会变成现在这样。”他解释说，普渡向医生推销奥施康定的举动居然取得了这么好的效果，远远超出所有人的预期。“我们必须扩大生产。”这名高管继续说道。在新泽西托托瓦的普渡工厂，工人们夜以继日地生产奥施康定。[9]“我们给这种药定的价格很高，”高管满意地说，“但它依然卖得非常好。”

奥施康定的初步成功及其带来的无限财富超出了理查德·萨克勒最疯狂的梦想，但他很快就重新调整了自己的梦想。1999年的一天，迈克尔·弗里德曼给理查德发了封电子邮件，告诉他奥施康定现在每周能盈利2000万美元。尽管当时已经是深更半夜，理查德还是立马给他回了邮件，说这样的业绩“不怎么好”。他们可以做得更好。“废话，胡扯，”他写道，“哈欠。”[10]

那一年理查德被任命为公司总裁。[11]他的弟弟乔纳森、堂妹凯西和堂弟小莫蒂默现在是副总裁。[12]老莫蒂默和雷蒙德（公司里的人管他们叫“莫蒂默博士”和“雷蒙德博士”，因为这儿的“萨克勒博士”太多了，所以必须称呼他们的名字）也仍在参与公司事务，电子邮件都要抄送给他们，大家都对他们很尊敬。“而且他们的精力也太充沛了吧。”有个普渡的管理人员曾这样感叹道。[13]不过，萨克勒家族的年轻一代越来越多地参与到公司管理中。普渡的新办公楼位于第一斯坦福德广场，萨克勒家族进驻了九楼的高管办公室。大楼的其他部分和普通的办公楼没什么两样，只有某些特定的员工可以进入九楼。九楼是这座大楼的特殊领域。在那里，地毯的颜色是皇家紫，气氛很像俱乐部。“连灯光都和别处不一样，”一名曾在九楼待过的普渡前员工回忆说，“那里有艺术品。助理全是女性。就像是回到了过去。”

理查德的办公室就在九楼，凯西、乔纳森和雷蒙德也在那里有办公室。2000年，雷蒙德已经80岁了，但他仍然每天开着捷豹去上班。[14]他仍然叫人把午餐送到高管餐厅。乔纳森偶尔会临时起意，和父亲共进午餐。但理查德更忙，也没那么随和，他会让他的行政助理给雷蒙德的行政助理打电话，为他们父子俩安排午餐。尽管理查德现在是公司的老板，但他有时仍然表现得像个纨绔子弟，行政人员并不是特别喜欢他。当他来上班的时候，他会把他的车丢给公司的泊车员，并要求对方给车加满油。

公司律师霍华德·尤德尔也在九楼有间办公室。迄今为止，尤德尔已经为萨克勒家族工作了近40年，他的一名同事说，他被认为是“这家单位的心脏和灵魂”[15]。尤德尔变得很胖，奥施康定上市后，他犯过一次心脏病。但他一如既往地忠于萨克勒家族和普渡制药，他**相信**奥施康定；有段时间，当他感到不舒服时，他就服用奥施康定。[16]当这款改变了公司命运的杰出产品受到攻击时，尤德尔负责想出对策，争取将损失降到最低。

在尤德尔办公室外的走廊上坐着一个女人，姑且叫她玛莎·韦斯特吧。她从1979年起就在普渡工作，一直担任法律秘书。1999年的一天，尤德尔让她做一些关于奥施康定滥用的调查。“他让我上网，加入新闻讨论组。”韦斯特后来回忆说。网上有专门讨论如何使用消遣性药物的板块，尤德尔希望韦斯特仔细阅读这些板块，“搞清楚他们是如何滥用该产品的”。当网站提示韦斯特注册用户名时，她用了假名安·赫多尼亚（Ann Hedonia），这个名字化用了“快感缺失”（anhedonia）一词，意即无法感受到快乐。韦斯特潜伏在讨论组里，她发现人们在谈论破坏奥施康定缓释机制的方法。她在一份备忘录中简单地讲述了她的发现。根据玛莎·韦斯特后来的证词，普渡的许多高管都传阅了这份备忘录，包括当时积极参与公司事务的“所有萨克勒家族成员”[17]。

在普渡制药内部，许多人不仅把霍华德·尤德尔看作一心想要保护萨克勒家族的忠实拥护者，而且认为他是道德楷模。“我喜欢霍华德·尤德尔，”一名参与过奥施康定上市的高管回忆说，“霍华德·尤德尔是我认识的最有道德的人之一。”尤德尔有个儿子曾在纽约担任联邦检察官，他表示，对他的父亲来说，律师与其说是一份工作，不如说是“一种生活方式”[18]。但随着奥施康定利润飙升，媒体开始报道奥施康定滥用的新闻，玛莎·韦斯特注意到她的上司变得越来越神秘低调。[19]看来尤德尔已经开始担心奥施康定的诉讼前景。普渡打赢过许多试图挑战奥施康定独家专利权的棘手官司，理查德·萨克勒和尤德尔在面对这类法律纠纷时显得理直气壮、耀武扬威。他们都骄傲地称自己为反击大师。1996年，理查德提议雇用一家公关公司来散布他们打赢官司的消息，“这样我们就会像张牙舞爪、浑身是胆的老虎一样让人害怕”[20]。

尤德尔在给同事的邮件中承认，公司“在互联网上发现有人滥用了我们的阿片类产品”[21]。但他似乎尽力避免在普渡内部留下任何有关这款神奇药物被滥用的书面记录。全国各地的销售代表会在电话记录里记下他们和医生、药剂师的谈话内容，有些谈话涉及奥施康定成瘾和滥用的消息，尤德尔为此下达了指令，要求电话记录简明扼要：如果人们遇到问题，他们不该把问题写下来。[22]大约在这个时候，他还向韦斯特提到，他正在开发一种新的电子邮件程序，可以在三个月后自动销毁所有的电子邮件。他称之为“隐形墨水”[23]。这个想法听起来有点儿异想天开，甚至显得杯弓蛇影。尤德尔是个律师，不是发明家。但果不其然，他最终申请了“自毁文档和电子邮件发报系统”的专利。[24]（据凯西·萨克勒说，“它并没有真正起作用”[25]。）

尤德尔和萨克勒家族一样，对奥施康定的化学魔力坚信不疑。他根本不相信这种药物可能会带来危险。事实上，尤德尔诚心诚意地相信这种止痛药，有一天，当他注意到玛莎·韦斯特在办公室里一瘸一拐地走路，并得知她因为车祸受伤一直背疼，他说：“我们得给你用奥施康定。”[26]他托普渡医学部的一个人引荐，介绍她去看了康涅狄格州当地的疼痛科医生。医生给玛莎·韦斯特开了一瓶奥施康定，她就开始服用了。

● ● ●

事实上，早在玛莎·韦斯特写备忘录之前，有些事情就发生了。没有人能确切地说出这一系列事件从哪里开始，又是如何发生的，但最早呈现出相关迹象的有缅因州的农村，宾夕法尼亚州西部和俄亥俄州东部的“铁锈地带”，弗吉尼亚州、西弗吉尼亚州和肯塔基州的阿巴拉契亚地区。药物滥用就像通过空气传播的病毒，从一个小社区传播到另一个小社区。[27]出问题的地区通常有大量失业者、辛勤工作的体力劳动者、残疾人、慢性病患者或是饱受疼痛折磨的人。这些地区正是史蒂文·梅和其他普渡销售代表的目标区域——艾美仕公司的数据告诉他们，这些地区将是奥施康定的沃土。[28]其中有些社区碰巧长期存在处方药滥用的问题。[29]在阿巴拉契亚地区，有些地方的人会同时服用奥施康定和安定——一种是理查德·萨克勒的药，一种是他伯父亚瑟的药。他们称之为“极致快感”[30]。

很快，疼痛患者走上了“逛医”之路——找多名不同的医生看病，囤积处方，出售药片或是与朋友分享，有时还会通过交易来满足自己的嗜好。黑市上的药片每毫克卖1美元，突然之间，所有人都成了药贩子，蛰伏在民间的奥施康定销售团队让普渡自己的销售团队相形见绌。[31]有些社区开始变得像丧尸电影一样，药物滥用现象夺走了一个又一个市民的生命，让原本适应性良好、身体机能正常的成年人陷入依赖和成瘾的恶性循环。[32]到处都有服药成瘾的人，他们在迷你商场外面发狂，或者在停着的车里打瞌睡，全然不顾车子后座还有个刚学会走路的孩子在号啕大哭。尽管普渡要求销售团队在描述奥施康定时避免使用像“强效”这样的词，但它确实是一种药效极强的麻醉剂，这使得它对服用者充满吸引力，而它的危险性也正在于此。过量服用可能会导致呼吸衰竭；你会陷入极度深沉而香甜的睡眠，以至于停止呼吸。病人被送进小医院时已濒临死亡。在拖车、昏暗的公寓和偏远的农舍里，警察和急救人员经常遇到一个熟悉的场景——过量服用奥施康定，他们会设法让服用者苏醒过来。

2000 年 2 月，缅因州最高联邦检察官杰伊·麦克洛斯基致信全州数千名医生，警告他们奥施康定滥用和“转移”的危险性与日俱增。[33] 霍华德·尤德尔对麦克洛斯基的信不屑一顾。他嘲笑麦克洛斯基是个“过分热心的检察官，对政治充满野心，一心想出风头”[34]。但麦克洛斯基以联邦官员的身份提醒人们警惕这种每年可创收 10 亿美元的药物，足以引起普渡的重视。因此，几个月后，尤德尔和迈克尔·弗里德曼飞往缅因州，亲自与麦克洛斯基会面。检察官对日益猖獗的奥施康定滥用现象感到担忧。他说，孩子们也在服用这种药物。生气勃勃、前途光明的孩子们。这毁了他们的人生。他觉得有点儿奇怪的是，他所在的这个小州现在已经成为全国人均奥施康定消费最高的州之一。[35] 麦克洛斯基提到了 160 毫克的超大剂量药片。他说：“这里有个医生告诉我，如果孩子吞下一片这种药片，就有可能死亡。真的是这样吗？”

“可能吧。”尤德尔和弗里德曼承认。[36]

整场会面气氛冷淡。会面结束后，尤德尔对弗里德曼说：“我们得想办法解决这个问题。”[37]

普渡选择的处理方式是声称直到 2000 年麦克洛斯基写了那封信之后，公司内部才有人意识到与奥施康定相关的滥用问题。理查德·萨克勒后来宣誓作证说，他第一次听说奥施康定被“转移”或滥用是在“2000 年初”。[38] 但事实并非如此。实际上，早在 1997 年，也就是奥施康定刚上市后不久，普渡的销售团队就向公司汇报说，奥施康定滥用现象正在发生。由于销售代表分散在全国各地的疼痛治疗诊所、家庭医学科、药店和医院，他们就像一个早期预警系统，充当着萨克勒家族的耳目。正如史蒂文·梅得知西弗吉尼亚州有个女孩服药过量，其他的销售代表也听说了此类事件。多年后，当调查人员搜索普渡销售代表在 1997 年至 1999 年间提交的实地考察报告时，他们会发现报告中有数百处提到“黑市价值”“吸食”“加工”这样的字眼。[39] 1999 年 11 月，一名佛罗里达州的销售代表给普渡的管理人员写信说：“我觉得我们的产品存在信誉问题。现在有许多医生认为，‘奥施康定’显然是所有瘾君子都想搞到手的街头毒品。”[40] 同年，普渡的一名管理人员给理查德发了封电子邮件，描述了人们滥用这种药物的方式：“最适合用于吸食的是 40 毫克的药片，因为它没有包含太多填充剂。”[41]

起初，理查德很容易忽视奥施康定滥用和成瘾的消息。“我被训练成一名医生，”他后来解释说，“在我所理解的统计学中，‘单病例’被称为指示病例，它也许会提醒你寻找更多病例，或是对更多病例作出灵敏反应。但我受到的训练是，不去追逐可能是随机事件的东西。”[42] 这是理查德特有的反应，从表面上看是在标榜临床知识和理性，但同时也掩盖了更深层次的情绪反应。理查德对奥施康定投入了太多心血，他不能容忍任何人暗示这种药物可能会导致成瘾。早在 1997 年，人们对这种止痛药成瘾性的担忧就触及了他敏感的神经，他警告说，医疗保险提供者可能会因为担心上瘾，对奥施康定“直接说不”，所以必须“消除”此类异议。[43]

由此可见，理查德或普渡的其他高管绝不是在 2000 年麦克洛斯基写信之后才第一次意识到奥施康定成瘾的问题。相反，麦克洛斯基的干预意味着这个问题已经变得极其普遍，普渡再也不可能装作一无所知了。2000 年春天，迈克尔·弗里德曼发邮件告诉理查德，有个“奥施康定窃贼”在俄亥俄州的药店作案。“缅因州和佛罗里达州也有类似事件，但都是极个别的，”弗里德曼写道，“俄亥俄州几乎每个月都会遇到这种情况。”

“我讨厌这种事，”理查德回复说，“它只会愈演愈烈。”理查德想知道，为什么窃贼只想要奥施康定。他不偷“别的阿片类药物”吗？[44]

在推销奥施康定时，普渡为了“掩埋”竞品，声称这种药物优于其他止痛药，如今他们只能自食其果。“这类事件最终将出现在每个州。”几周后，普渡的一名销售管理人员在内部邮件中指出。[45] 2001 年 1 月，销售主管拉塞尔·加斯迪亚在阿拉巴马州加兹登县一所高中参加了集会，集会的组织者是一些失去孩子的母亲，她们的孩子都死于过量服用奥施康定。“有人说奥施康定的销售是以牺牲孩子们的生命为代价的。”他后来向理查德报告。[46]一些参会者说：“海洛因和奥施康定的唯一区别是你可以从医生那里得到奥施康定。”

接下来的那个月，小莫蒂默把一篇报道分享给理查德看，报道指出，仅仅在一个州内，就有 59 例与奥施康定相关的死亡。[47]对于这篇报道，理查德·萨克勒在电子邮件中回复说：“这还不算太糟。情况本来有可能糟得多。”[48]

在奥施康定上市后的最初几个月甚至几年里，普渡收到了很多患者的来信，他们感谢普渡做了件大好事，让他们被疼痛摧毁的生活恢复了舒适，他们终于能够自如行动，想做什么就做什么。[49]可想而知，这些来信让萨克勒家族和他们的高管深感自豪。[50]但现在，一封截然不同的信寄到了斯坦福德普渡总部的九楼。“我儿子在新年那天死于奥施康定，他只有 28 岁，”一位经历了丧子之痛的母亲向普渡写信说，“我们都非常想念他，特别是在情人节的时候，他的妻子想他想到快要发疯。当一家公司明明知道这种产品会杀死年轻人，为什么还要生产这么烈性（80 毫克和 160 毫克）的产品呢？我儿子觉得背疼，他本来可以吃布洛芬的，但他的医生给他开了维柯丁，然后是奥施康定……现在他死了！”[51]

到了这个时候，就连理查德·萨克勒也不得不承认，每一个单独的悲伤故事并不仅仅是“单病例”。普渡的一名公关主管宣称：“（我们）需要想办法遏制舆论发展。”理查德想出了一个办法。[52]

● ● ●

尽管亚瑟·萨克勒是靠着镇静剂发家致富的，但他很少谈到镇静剂成瘾和滥用造成的恶果。当他偶尔提及此事时，他对“药物导致成瘾”和“人们对药物上瘾”两种说法做了区分。[53]人们确实滥用了这些药物，亚瑟承认。但导致滥用现象的真正原因并非药物固有的成瘾性，而是因为服用者本来就具备成瘾人格。随着奥施康定被滥用的证据出现，理查德·萨克勒也采纳了类似的观点。他为世界带来了一种前所未有的药物——一种可以让数百万人基本恢复正常生活的药物，同时也为萨克勒家族带来了数不尽的财富。这种药物让一些人过量服用致死，如今已成为不争的事实。但问题不在于这种**药物**，理查德坚持认为，问题在于滥用者。他宣布，普渡应该做的是“采取一切可能的方式打击滥用者”。他声称，他们是“罪魁祸首”，“他们是无所顾忌的罪犯”。[54]

在理查德的引导下，普渡向外界和内部员工公然散布滥用者有罪论。越来越多的新闻报道披露了奥施康定造成的危害，普渡告诉自家员工，这些只不过是误导性的媒体叙述。1993 年至 2003 年，加里·里奇曾在普渡担任研究员，他回忆说：“大多数员工都觉得自己在做正确的事，对于想要缓解疼痛的人来说，我们做的就是最好的事。造成滥用问题的是那些把奥施康定当作非法药物替代品的服用者。”[55]

按照普渡的论调，当前危机的真正受害者并不是某个瘾君子，毕竟是她自愿将美国食品药品监督管理局批准的药物加工成毒品吸食。真正的受害者是普渡。2001 年，迈克尔·弗里德曼向《哈特福德新闻报》抱怨说：“我们的销售额正在下降，因为媒体报道把医生们吓坏了。”[56] 事实上，普渡的销售额还在迅猛增长。当普渡的管理人员谈到他们产品的“转移”时，他们指的是从医生开药这一合法商业领域转移到药品黑市。但是，非法生产奥施康定的现象并不存在。每一片在二级市场上流通的 40 毫克奥施康定或 80 毫克奥施康定最初都是由普渡制药生产和销售的。

枪械制造商主张枪支自由，坚称自己对枪击导致的死亡不负有责任，在某种程度上，理查德对奥施康定的看法与枪械制造商的主张有异曲同工之妙。枪没有杀人，杀人的是开枪者。这就是美国经济的独特之处：你可以生产一种危险的产品，该产品可能造成的任何破坏，你都不必负法律责任，只要你把责任推卸给消费者个人。“滥用药物的人不是受害者，”理查德说，“他们是加害者。”[57]

理查德的假设存在很多问题，但它最大的缺陷是，有些成瘾者起初并没有将奥施康定用于消遣。事实上，许多人之所以服用奥施康定，是因为他们受到了疼痛的困扰，医生合法合规地将这种药开给他们，他们也完全按照医嘱来服药，但他们却无可救药地上瘾了。2002 年，29 岁的新泽西女子吉尔·斯科勒克因背部受伤就医，医生给她开了奥施康定。服药四个月后的一天晚上，她在睡梦中死于呼吸骤停，留下一个 6 岁的儿子。吉尔的母亲玛丽安·斯科勒克是一名护士。她悲痛欲绝，不知所措，认定奥施康定是危险的。斯科勒克写信给美国食品药品监督管理局的官员，要求他们对普渡的过度营销行为采取措施。有一回，她去哥伦比亚大学参加了一个关于药物成瘾的会议，普渡的公关人员罗宾·霍根是会上的发言者之一。霍根有一头浅棕色的头发，散发着常春藤盟校毕业生的气质；他身穿细条纹西装，打着领结。他轻松自信地告诉斯科勒克，她似乎误解了自己女儿的死因。霍根说，药物本身并没有问题。问题出在她的女儿吉尔身上。“我们认为她滥用了药物。”他说。[58]（后来霍根对此表达了歉意。[59]）

有些患者之所以对奥施康定上瘾，也许是因为普渡制药号称这种药物可以在12小时内缓慢释放。其实奥施康定本身就存在危险性——普渡对此心知肚明。缓释机制意味着，原则上，患者每12小时可以安全摄入一片大剂量奥施康定。但普渡的内部文件却给出了不同说法：早在获得食品药品监督管理局批准以前，该公司就已经意识到，对于有些患者来说，奥施康定的药效根本维持不了12小时。事实上，由普渡监管并资助的一项研究表明，第一批使用奥施康定的患者是90名处于术后恢复期的波多黎各妇女。其中大约一半人服用奥施康定后不到12小时，就需要摄入更多药物。[60]

奥施康定的药效时长不一定能达到12小时，普渡制药显然是为了牟取暴利，才故意隐瞒这一点。对外宣称奥施康定的药效可以持续12小时，是一种极为有效的营销手段。普渡所有的广告宣传都会用到同一张图——两个小巧的纸质剂量杯，以此向遭受疼痛的人们暗示，有了奥施康定，他们不必像使用其他止痛药那样每隔4小时吃一次药，而是可以一觉睡到大天亮。医生开奥施康定时，以为一片药可以管12小时，但对许多患者来说，药效只能维持8小时，余下的4小时都处于停药状态，如此一来，他们就得经受药物的“峰谷”效应，尽管普渡的销售代表声称奥施康定可以避免这种情况。换言之，奥施康定本来就会让人上瘾。

许多按医嘱使用奥施康定的人发现自己在两次服药的时间间隔内出现了戒断症状。事实上，当普渡的人收到心怀感激的患者寄来的感谢信时，但凡有谁仔细看过那些信，他们可能已经注意到，按照写信者的描述，每天服用奥施康定两次以上的情况并不鲜见，因为正如其中一封信所指出的那样，这种药物似乎“在我服用8小时以后就不管用了”[61]。当销售代表拜访医生时，他们听说医生按照每天三片的药量把奥施康定开给病人。多德·戴维斯是路易斯安那州的一名销售代表，1999年至2002年间任职于普渡，他回忆说：“作为一名推销员，你本该纠正对方，天啊，应该是每12小时吃一片。不过，每天多吃一片，意味着你能卖更多药，赚更多钱。

所以你只会说，‘医生，你知道我不能向你建议说明书以外的用法。但我可以告诉你，其他医生给病人开的也是每天三片药，你不是头一个这么干的’。”[62]

● ● ●

到了 2001 年，普渡制药发现 20% 的奥施康定处方要求患者不到 12 小时就得吃一次药。[63] 有份内部文件重点提到了这一现象，指出“这些数字非常可怕”[64]。当年 3 月，普渡的一名员工给主管发了封电子邮件，在邮件中，该员工列出了一些关于奥施康定药效消失的数据，并询问主管是否需要把相关结果详细记录下来，毕竟，若是留下了记录，可能会给“目前的负面报道再添一把火”[65]。主管回复说：“我反正是不会在这种时候留下记录的。”当年 7 月，美国食品药品监督管理局宣布已对普渡制药下达了指令，要求其在奥施康定的外包装贴上所谓的“黑匣子”标签——这是食品药品监督管理局所能发出的最严重的警告，贴有黑匣子标签的药物被认为具有危及生命的风险。[66]

霍华德·尤德尔本人的法律秘书玛莎·韦斯特就是一名对奥施康定上瘾的病人。在 2004 年的一份证词中，韦斯特解释说，等到她开始服用这种药物治疗背部疼痛以后，“我发现它的药效并没有达到应有的时长”[67]。她本打算每 12 小时吃一片药，但她发现疼痛会在服用下一片药前的几小时再次出现。她说：“我想要有效缓解疼痛，你懂的，就是快速止痛，确保我能正常工作，这样一来，我就可以去上班，干一整天的活。我必须马上缓解疼痛。”她曾以安·赫多尼亚的名义在网络论坛上做过调查，所以她很清楚应该怎么做。在铺着皇家紫地毯的普渡九楼，霍华德·尤德尔的办公室门外，放着玛莎·韦斯特的办公桌，每当她埋头工作之前，都会倒出一片奥施康定，破坏掉它的缓释机制，以便吸食。

● ● ●

巴里·迈耶发表了第一篇有关奥施康定的长篇报道后，仍在继续关注奥施康定滥用问题。全国各地的小报都报道了奥施康定造成的后果，特别是在受影响最严重的地区。但奥施康定滥用问题之所以能在全国范围内引起前所未有的关注，还得归功于迈耶。他关注烟草公司的虚假营销时也许太迟了，无法亲自曝光其内幕，但他很早就获悉了奥施康定滥用的消息，他所了解到的情况让他大为震惊。“不同于许多公开上市的制药公司，普渡制药是一家私人控股公司，是亚瑟·萨克勒、莫蒂默·萨克勒和雷蒙德·萨克勒这三兄弟创建的企业网络的一部分，”迈耶在 2001 年 3 月的后续报道中写道，“公司目前由雷蒙德·萨克勒博士的儿子理查德·萨克勒博士管理。”他要求与萨克勒家族谈谈他们的药物所陷入的危机。对方拒绝了。[68]

萨克勒家族没有代表公司出面，相反，他们把公关代表罗宾·霍根、为普渡工作的疼痛专家戴维·哈多克斯推到台前。哈多克斯以前当过牙医，后来又接受培训，成为一名疼痛科医生。他是个古怪的发言人，感情热烈，尖酸刻薄，傲慢无礼，鼻梁上架着一副眼镜，胡子花白。大约是为了证明自己的可信度，他总爱对人们说，他来自阿巴拉契亚地区。“我是在西弗吉尼亚州的矿区长大的，”他会说，“我不必去医学院了解疼痛。我从小就目睹了疼痛对受伤矿工和他们家人的影响。”[69]

与理查德·萨克勒和霍华德·尤德尔一样，哈多克斯对奥施康定深信不疑。在他看来，奥施康定无可指摘，它是萨克勒家族赠予人类的伟大礼物，而现在，一群疑神疑鬼、嗜药如命的乡巴佬却玷污了它的名声。哈多克斯曾把奥施康定比作一种蔬菜，他说：“如果我给你一根芹菜，你吃了它，那它就是有益健康的。但如果你把它放进搅拌机，试图把它注射到血管里，那它就不是什么好东西。”[70]他告诉巴里·迈耶，人们所说的因过量服用奥施康定而导致的死亡“通常涉及多种因素，比如酒精”[71]。他还警告说，有些疼痛患者需要服用奥施康定来进行治疗，对滥用问题的“夸大”可能会给他们造成无谓的障碍。如果有哪个疼痛患者碰巧发现自己对奥施康定上瘾了，哈多克斯是不会道歉的。2001 年，他在接受美联社采访时表示：“很多人说，‘嗯，我是在按医生的要求吃药’，然后他们就开始不断加大药量。我不认为这是我的问题。”[72]

面对任何质疑，哈多克斯都有现成的答案。他承认，按医嘱服用奥施康定的患者往往会对它产生抗药性，在 12 小时的释药周期结束之前，有些一直服用奥施康定的患者发现自己出现了瘙痒、恶心或发抖等戒断症状，这种情况并不罕见。哈多克斯认为，这其实不是上瘾，仅仅是身体依赖，二者并不是一回事。事实上，他杜撰了一个术语——“假性成瘾”，普渡制药把它加进了宣传资料中。[73]正如该公司分发的小册子所解释的那样，假性成瘾“看起来和成瘾很像，但它的出现是因为疼痛尚未治愈”，对这种微妙现象的误解可能会导致医生“不恰当地给病人贴上‘成瘾者’的标签”。小册子继续写道，一旦疼痛得到缓解——“通常是以增加阿片类药物的摄入剂量来实现的”，假性成瘾现象一般就会停止。[74]普渡建议，如果你在两次服药的时间间隔内出现戒断反应，解决方案是**增加剂量**。哈多克斯的临床解决方案恰好与普渡下达给销售人员的营销指令相吻合：敦促医生增加用药剂量。

哈多克斯出于公司利益的考虑，对假性成瘾和成瘾进行了刻意区分，很明显，二者的临床表现高度一致，它们之间的区别更多的是语义上的差异。你在两次服药的时间间隔内经历了痛苦的戒断反应，这才是问题的关键，至于你想怎么称呼这种让你备受煎熬却难以摆脱的依赖感，根本无关紧要。“这两种说法没什么区别，”玛莎·韦斯特谈到自己对奥施康定渐渐上瘾时说，“一旦停止服药，你就会生病……‘上瘾’或者‘依赖’，不管你怎么称呼，说的都是同样的问题。你不能停止服药。”[75]

在迈耶发表第一篇报道以后，有一天，他收到了来自普渡内部人士的留言，对方想跟他谈谈。[76]他们约在怀特普莱恩斯市的一家餐厅见面，从曼哈顿开车往北走，要不了多久就能到达怀特普莱恩斯。和迈耶的谈话让这位内部人士有些紧张，此人是一名销售代表，虽然背景颇深，却对公司发生的事情感到不安。这名销售代表没有告诉迈耶自己的名字，直到几十年后的今天，迈耶依然没有泄露他的信源，哪怕仅仅是此人的性别。内部人士从包里取出了一样东西。那是一张从横格笔记本里撕下来的纸，上面是一份手写名单。名单上共有 10 人，都是普渡的销售人员。在那张纸的顶端，内部人士写下了“销售冠军”。他们是全美业绩排名前十的销售代表。每个销售代表的名字对应着一个地区的名字——他或她的销售区域。信源对迈耶说，查一查这些地区：名单上的每个地区都是滥用奥施康定的“热点地区”。

迈耶大吃一惊。[77]如果静下心来仔细思考，信源提供的主意其实并不难想到，但在此之前，迈耶从来没有往这个方向想过：普渡制药对奥施康定的销售情况了如指掌，很清楚这种药物在哪儿卖得最好。整个“销售冠军”薪酬计划，包括巨额奖金和热带旅行，都是以奥施康定的全国销量分布图为依据的。执法机关和公共卫生官员根据各城镇或郡县的急诊室就诊人数、非法闯入药店的次数、服药过量及死亡人数，着手绘制了分布图，如果他们的分布图恰好与奥施康定的全国销量分布图相重合，又意味着什么呢？

迈耶把目光投向业绩排名第一的销售代表埃里克·K. 威尔逊，决定写一篇关于他的销售区域的报道。[78]埃里克·威尔逊负责的区域是南卡罗来纳州的默特尔比奇。事实证明，默特尔比奇是许多“黑药坊”的所在地。在全国各地，突然涌现了一大批疼痛诊所，经营它们的医生要么毫无道德原则，要么天真到难以置信。当人们需要奥施康定和其他止痛药时，这些诊所几乎总会为他们开具处方。在埃里克·威尔逊的负责区域内有一家街边诊所，名叫“综合治疗中心”，这家诊所的门外经常排着长队，有 15 人到 20 人在等处方，而附近的停车场里一天到晚挤满了挂着外州牌照的汽车。

去默特尔比奇采访时，迈耶了解到当地的药剂师和执法人员曾就综合治疗中心向普渡制药发出过警告，但该公司对此无动于衷。相反，短短一个季度之内，普渡在默特尔比奇的销售额飙升了 100 多万美元，是全美所有地区中增长最快的。普渡发布了一份声明，作为对迈耶调查的回应：“奥施康定和其他止痛药的处方数量随着季度更替发生了显著变化，这是正常现象。”[79]迈耶找到普渡的发言人罗宾·霍根，问他在默特尔比奇售出的大量药片是怎么回事，霍根却不以为然。“噢，默特尔比奇有很多老人，他们身上疼，”他告诉迈耶，“他们有关节炎。所以这药自然卖得多。”[80]普渡不觉得综合治疗中心有什么好担心的。但美国缉毒局对此持不同看法，他们勒令这家诊所停业，取缔了在那里工作的六名医生的麻醉药品处方权，理由是他们“对公众健康和安全构成了直接威胁”[81]。迈耶发现，一个可怕的讽刺开始浮出水面。[82]在公开层面，普渡似乎正在“打击滥用者”，正如理查德·萨克勒所要求的那样。然而，对于默特尔比奇这类地方所发生的情况，唯一的解释就是，奥施康定的超高销量与药物滥用脱不了干系。

● ● ●

2001 年“9·11”恐怖袭击事件发生后，普渡制药的一名销售主管录制了语音邮件，发送给全国的销售人员。他在邮件中承认这是悲惨的一天，但同时也指出，从好的方面看，这至少能暂时把奥施康定从新闻头条上撤下来。[83]巴里·迈耶住在距离世界贸易中心五个街区的地方，目睹了第一架飞机撞上北塔。这段经历给他造成了精神创伤。然而，当报纸的其他版面准备报道恐怖袭击的后果时，迈耶却想继续撰写关于奥施康定的文章。他发现，自己之所以对奥施康定滥用的事感兴趣，并不是因为它非法的那一面：药贩子、成瘾者和警方的打击固然很重要，但不是事情的全部。让迈耶着迷的是，如今有相当数量的人死于奥施康定，为他们的死亡推波助澜的似乎不仅仅是药品黑市，也包括这家公认合法的公司。这家公司赚了数十亿美元，在斯坦福德一座气派的办公楼里运营着。他开始调查萨克勒家族，惊讶地得知了他们在慈善界的地位，以及萨克勒的名字如何在艺术和科学领域成为慷慨的代名词。他写信给普渡制药，提出了一些关于萨克勒家族的尖锐问题，该公司对他的回复是一封带有威胁意味的律师函。

随着奥施康定的负面报道不断发酵，理查德·萨克勒在私底下愤怒不已。有个富有同情心的朋友安慰他说，“整件事都是子虚乌有”，要是有人因为滥用药物而死，“那可真要谢天谢地”。[84]

“不幸的是，当我被《60分钟》节目刁难时，很难把这种观点讲清楚。”理查德回答说。他对眼下发生的事情抱有成见，但这并不意味着他可以直言不讳地说出自己的观点。他抱怨说，要是他“把吸毒者叫作‘社会渣滓’”，人们就会说“我是那种典型的想要把责任推给别人的自由主义者”。

理查德自己的表弟鲍比·萨克勒死于吸毒，但他在发表那些针对成瘾者的仇恨言论时，从未提及发生在鲍比身上的隐秘悲剧，至少没有公开将二者联系在一起。不过，就在九楼霍华德·尤德尔的办公室门外，距离理查德只有几英尺远的地方，有一个他所唾弃的成瘾者正在埋头工作。

“从某个时候起，我对奥施康定上瘾了，”玛莎·韦斯特后来作证说，“我开始变得一团糟。”她八年前就戒了酒，但现在又开始复喝。“一旦奥施康定从你体内消除，你就会处于麻醉品失效的状态。”她继续说道，麻醉品失效的症状之一是背部疼痛。“我不知道为什么会这样。”她说，所以她就吃了更多的药。“我以为我的病情在恶化，但事实并非如此。是药物让它看起来像这么回事。”[85]

渐渐地，她的判断力开始下降。她做了傻事，危险的事。她开始尝试毒品。有一回，她发现自己在布里奇波特买可卡因。终于，她被普渡解雇了。在这家公司工作了 21 年后，她因为“工作表现不佳”被赶走，被保安一路送出了大楼。她问普渡的一名律师她能否回公司，从她的电脑里拷走一些个人文件，律师说她的硬盘已经被格式化了，所以没什么可拷走的。

玛莎·韦斯特最终起诉了普渡，尽管这场官司没起到任何作用。[86] 2004 年，当她因为另一场针对普渡的官司被传唤作证时，她讲述了霍华德·尤德尔如何要求她准备那份关于奥施康定滥用方式的备忘录。她清楚地记得自己写过那份备忘录，但在取证过程中，律师们没能从普渡的文件中找到它。不过，根据司法部后来的调查，这份备忘录确实存在，普渡自己也证实了这一点。[87] 韦斯特的备忘录标注的日期是 1999 年 6 月 1 日，描述了“关于普渡产品（特别是奥施康定）误用和滥用的诸多讨论”。在证词中，她还回忆了当她得知普渡计划生产 160 毫克奥施康定片剂时的情景。“他们正在用 80 毫克的药片自杀，”韦斯特在给尤德尔的邮件中写道，“我们为什么还要生产 160 毫克的药片呢？”[88]

据韦斯特说，尤德尔一收到她的邮件，就怒气冲冲地走出办公室，对她说：“你在搞什么？如果这被当作法律证据，我们就完蛋了。”[89] 于是她删除了邮件，他想必也删除了。（最终，普渡在 2001 年春天从市场上撤下了 160 毫克的药片。[90]）

普渡对玛莎·韦斯特的处理方式与理查德·萨克勒对奥施康定滥用的总体态度如出一辙。虽然普渡没有否认她对这种药物上瘾，但该公司的律师表示，她是个作风有问题的人。普渡拿到了她的健康记录，一名律师就她的成瘾史提出了质疑。奥施康定仅仅是她滥用过的一连串物质中最新的一种，难道不是吗？该公司掌握了医院的记录，并在她作证期间与她对质，大声朗读她入院后的记录：“患者对自己被解雇耿耿于怀，一门心思想要复仇……不停地喊叫着要如何报复他们，设计了无数种方法来羞辱这家公司，包括起诉他们，买下他们的股份，解雇所有她认识的人。”

韦斯特自己也承认，她是一个有心理创伤、情绪不稳定的人，现在普渡把她描绘成一个不负责任、复仇心切的骗子——正是那种会被理查德·萨克勒称作“社会渣滓”的人。

“当时我很生气。”韦斯特承认，别人把她的私人医疗记录当面念给她听，这让她既震惊又尴尬。“人们在生气的时候会说一些蠢话。”在她看来，自己不过是个服药成瘾、身份卑微的法律秘书，居然还有机会对付萨克勒家族和普渡？这显然不能当真。“对。我打算买下这家公司，”她挖苦道，“我可不觉得我能办到。”[91]

注释

[1]“Cigarette Makers and States Draft a $206 Million Deal,” *New York Times*, Nov. 14, 1998.

[2] 对迈耶的采访。

[3] 审计总署 2003 年的报告指出，这种措辞“可能在无意中告诉了滥用者滥用药物的可行方法”。

[4] 对迈耶的采访。

[5] 弗里德曼 2000 年 11 月 30 日的电子邮件，引自马萨诸塞州起诉书。

[6] 莫蒂默·D. 萨克勒 2000 年 12 月 1 日的电子邮件，引自马萨诸塞州起诉书。

[7] 出处同上。关于弗里德曼在此事中起到的作用，具体可参见 Complaint in *State of Delaware, ex rel. v. Richard Sackler et al.*, Case No. N19C-09-062 MMJ, Superior Court of Delaware, Sept. 9, 2019（后文再次引用该文献时仅标注为“特拉华州起诉书”）。

[8]“Cancer Painkillers Pose New Abuse Threat,” *New York Times*, Feb. 9, 2001.

[9]“Pain Pill Is Meal Ticket, Problem for Drug Maker,” *Hackensack (N.J.) Record*, July 8, 2001.

[10] 理查德 1999 年 6 月 17 日发给弗里德曼的电子邮件，引自马萨诸塞州起诉书。

[11] 2019 年 12 月 20 日，雷蒙德·萨克勒一脉的法律顾问约瑟夫·哈格·阿伦森有限责任公司向破产法院提交（后又撤回）普渡制药有限合伙公司等的抗辩陈述（后文再次引用该文献时仅标注为“B 级股东辩护词”）。

[12] 马萨诸塞州起诉书。

[13]“Thrust Under Microscope,” *Hartford Courant*, Sept. 2, 2001.

[14] 对南希·坎普的采访。

[15] 罗纳德·D. 莱文 2007 年 5 月 28 日致詹姆斯·P. 琼斯法官的信。

[16] 玛丽·T. 耶利克 2007 年 6 月 26 日致詹姆斯·P. 琼斯法官的信。

[17]“玛莎·韦斯特”的证词（为了保护玛莎·韦斯特的隐私，我没有把有关她的法院文件中的所有信息都写出来）。

[18] 杰弗里·尤德尔 2007 年 7 月 1 日致詹姆斯·P. 琼斯法官的信。

[19] 韦斯特的证词。

[20] 理查德·萨克勒 1996 年 9 月 3 日的电子邮件。

[21] 尤德尔 1999 年夏天的电子邮件，引自纽约州起诉书。

[22] 起诉备忘录。

[23] 韦斯特的证词。

[24] U.S. Patent Application 20030126215, Aug. 12, 2002.
[25] 凯西・萨克勒的证词。
[26] 韦斯特的证词。
[27] "The Alchemy of OxyContin," *New York Times*, July 29, 2001.
[28] 对梅的采访；对里克・芒克斯尔的采访。
[29] 对里克・芒克斯尔的采访；"Alchemy of OxyContin"。
[30] Beth Macy, *Dopesick: Dealers, Doctors, and the Drug Company That Addicted America* (New York: Little, Brown, 2018), 35.
[31] "Alchemy of OxyContin."
[32] 参见 Macy, *Dopesick*, 49。
[33] Testimony of Jay P. McCloskey, Hearings Before the Committee on the Judiciary, U.S. Senate, July 31, 2007.
[34] "Pain Relief," *Corporate Counsel*, Sept. 2002.
[35] "Cancer Painkillers Pose New Abuse Threat."
[36] 迈耶 2001 年 8 月 24 日对尤德尔、弗里德曼和保罗・戈登海姆的采访记录。
[37] "Pain Relief."
[38] 理查德・萨克勒 2015 年的证词。
[39] 理查德・萨克勒 2019 年的证词。
[40] 吉姆・斯皮德 1999 年 11 月 30 日的电子邮件。
[41] 马克・阿方索 1999 年 9 月 21 日的电子邮件，引自理查德・萨克勒 2019 年的证词。
[42] 理查德・萨克勒 2019 年的证词。
[43] 理查德・萨克勒 1997 年 1 月 14 日的电子邮件。
[44] 弗里德曼 2000 年 5 月 10 日的电子邮件，引自理查德・萨克勒 2019 年的证词。
[45] 罗宾・霍根和马克・阿方索 2000 年 6 月的往来电子邮件，引自理查德・萨克勒 2019 年的证词。
[46] 约瑟夫・柯金斯 2001 年 1 月 26 日的电子邮件，引自马萨诸塞州起诉书。
[47] 莫蒂默・D. A. 萨克勒 2001 年 2 月 8 日的电子邮件，引自马萨诸塞州起诉书。
[48] 理查德・萨克勒 2001 年 2 月 8 日致罗宾・霍根和戴维・哈多克斯的信。在 B 级股东辩护词中，理查德的律师表示，理查德的意思不是死亡人数"还不算太糟"，而是说那篇报道的全文"没有预期的那么糟"。
[49] 爱德华・马奥尼 2007 年 7 月 11 日致詹姆斯・P. 琼斯法官的信。
[50] 对罗宾・霍根的采访。
[51] 马萨诸塞州起诉书中的信件。
[52] 理查德・萨克勒 2019 年的证词。
[53] "The Other Sackler," *Washington Post*, Nov. 27, 2019.
[54] 理查德・萨克勒 2001 年 2 月 1 日的电子邮件，引自马萨诸塞州起诉书。
[55] 对加里・里奇的采访。
[56] "Thrust Under Microscope."
[57] 理查德・萨克勒和一个熟人 2001 年的往来电子邮件，引自 Amended Complaint, *State of*

Connecticut v. Purdue Pharma LP et al., No. X07 HHD-CV-19-6105325-S, May 6, 2019（后文再次引用该文献时仅标注为“康涅狄格州起诉书”）。

［58］对玛丽安·斯科勒克·佩雷斯的采访；“A Chilling Attempt at Damage Control,” *Star Ledger*, March 5, 2003。

［59］对霍根的采访。

［60］“‘You Want a Description of Hell?’: OxyContin's 12-Hour Problem,” *Los Angeles Times*, May 5, 2016.

［61］2001 年 5 月 14 日致凯文·麦金托什的信（修订版）；2001 年 4 月 16 日致普渡制药的信。

［62］对戴维斯的采访。

［63］“根据（普渡）自己的内部文件，包括艾美仕公司的数据，普渡早在 1998 年就意识到，12.1% 的奥施康定处方规定的服药间隔等于或小于 8 小时。这种不按推荐给药方案开处方的趋势在随后几年继续增长，2000 年达到 14%，2001 年达到 20.2%，2002 年小幅下降至 18%。”2004 年 1 月 23 日，理查德·布卢门撒尔向美国食品药品监督管理局提交请愿书，要求普渡制药有限合伙公司修改奥施康定®片剂的标签，以加大警示力度，提醒服用者服药间隔过短可能会带来更严重的副作用和不良反应。普渡的发言人否认了这种说法，称其基于一项“小型定性调查……没有把麻醉师和疼痛科医生包括在内”，却没有另外提供数据。布卢门撒尔在他的请愿书中指出，如果算上麻醉师和疼痛科医生开具的奥施康定处方，不按推荐给药方案超量开药的比例可能会更高。他援引了另一项研究，该研究在考察奥施康定的给药频率后“发现 86.8% 的患者服用奥施康定的间隔为 8 小时或更短”。

［64］出处同上。

［65］Agreed Statement of Facts, *United States v. The Purdue Frederick Company Inc., Michael Friedman, Howard Udell, Paul Goldenheim*, U.S. District Court for the Western District of Virginia, May 9, 2007.

［66］“FDA Strengthens Warnings for OxyContin,” FDA Talk Paper, July 25, 2001.

［67］韦斯特的证词。

［68］“Sales of Painkiller Grew Rapidly, but Success Brought a High Cost,” *New York Times*, March 5, 2001.

［69］Testimony of David Haddox, Prescription Drug Abuse Hearing, Hartford, Dec. 11, 2001.

［70］“Deadly OxyContin Abuse Expected to Spread in U.S.,” AP, Feb. 9, 2001.

［71］“Cancer Painkillers Pose New Abuse Threat.”

［72］“Maker of Often-Abused Painkiller Faces Suits over Addiction, Deaths,” AP, July 27, 2001.

［73］David Weissman and J. David Haddox, “Opioid Pseudoaddiction,” *Pain* 36, no. 3 (1989).

［74］“Dispelling the Myths About Opioids,” brochure for physicians, produced by Partners Against Pain, 1998.

［75］韦斯特的证词。2017 年 10 月 19 日，普渡的发言人罗伯特·约瑟夫森向《纽约客》承认，“按照美国食品药品监督管理局批准的说明书服用奥施康定的患者可能会产生身体依赖”。

[76] 对迈耶的采访。

[77] 出处同上。

[78] 出处同上；Meier, *Pain Killer* (2003), 299。

[79] “At Painkiller Trouble Spot, Signs Seen as Alarming Didn’t Alarm Drug’s Maker,” *New York Times*, Dec. 10, 2001.

[80] 对迈耶的采访。

[81] “At Painkiller Trouble Spot, Signs Seen as Alarming Didn’t Alarm Drug’s Maker.”

[82] 对迈耶的采访。

[83] Macy, *Dopesick*, 70. 这个插曲在普渡很有名，许多前员工都提到过，在 CafePharma 论坛的讨论区也有匿名帖子提及此事。

[84] 理查德・萨克勒和一个熟人 2001 年的往来电子邮件，引自康涅狄格州起诉书。

[85] 韦斯特的证词。

[86] 韦斯特控告普渡的诉状。

[87] 起诉备忘录中引用了这份备忘录。普渡的一名发言人在回应我的事实核查问询时也证实了它的存在。

[88] Purdue Pharma, “Long-Acting OxyContin® Tablets Now Available in 160 mg Strength to Relieve Persistent Pain,” press release, July 9, 2000.

[89] 韦斯特的证词。

[90] 理查德・希尔伯特 2007 年 7 月 13 日致詹姆斯・P. 琼斯法官的信；杰伊・麦克洛斯基 2007 年 7 月 9 日致詹姆斯・P. 琼斯法官的信。

[91] 韦斯特的证词。

第十九章
新千年的巴勃罗·埃斯科瓦尔

2001年8月的最后一个星期二，在宾夕法尼亚州巴克斯县本萨勒姆镇的市政大楼里，美国众议院小组委员会举行了一场不同寻常的听证会。[1]听证会由宾夕法尼亚州的众议员詹姆斯·格林伍德召集，他是美国众议院能源和商务监督与调查小组委员会的主席。有个社区明显受到了奥施康定的影响，因此，格林伍德请求他的同事在劳动节假期前从华盛顿赶来，共同商讨这一情况。当地的整骨医生理查德·保利诺最近被逮捕了，因为警方发现他的诊所简直就是个大型的黑药坊。普渡制药的迈克尔·弗里德曼被要求出庭作证，他到场了，同来的还有霍华德·尤德尔和保罗·戈登海姆。戈登海姆是普渡的首席医疗官，他身材瘦削，留着小胡子，看起来颇有学者风范。

他们三人已经习惯了代表普渡出面。[2]尽管普渡的掌权人是理查德·萨克勒，他也许会因为奥施康定的成功扬扬得意，体会到极大的自我满足，但他无意充当公司的代言人。他不接受采访，不发表声明，也不公开露面。相反，他派出了弗里德曼、尤德尔和戈登海姆，去和忧心忡忡的官员、糊里糊涂的警察局长以及失去骨肉的父母对话。他们事先准备好了谈话要点，反复排练，正式出场时几乎从不偏离剧本。事实上，由谁来发言并不重要；他们的公开声明是可以互换的，因为这些发言往往来自同一文本。那天，弗里德曼对议员小组说："我们的产品给大众带来了莫大的慰藉，听到它被滥用，我们比任何人都要痛心。这场讨论中的所有声音虽然都很重要，但我们必须特别注意倾听患者的声音，如果没有奥施康定这样的药物，他们仍在遭受未经治疗或治疗不足的疼痛。"弗里德曼接着说，大约有5000万美国人患有慢性疼痛。"他们不是瘾君子，他们不是罪犯，"他说，"他们只是被剥夺了正常生活的可怜人，由于癌症、镰状细胞贫血、背部严重受伤或者其他身体损伤、生理疾病，不得不长期忍受疼痛。”

在弗里德曼与霍华德·尤德尔共事的17年间，两人结下了深厚的友谊。他们经常带上各自的妻子一起度假。在工作日，他们时刻保持联络，用黑莓手机你来我往地发邮件。自2000年底以来，他们一直在四处奔走，携手“路演”，为他们的药物辩护，试图说服政府官员不要增加消费者获取奥施康定的难度。后来，戈登海姆加入了他们的队伍。他资历出众，曾在哈佛大学医学院接受教育，担任过马萨诸塞州总医院肺病科的临床主任。（理查德·萨克勒亲自聘用了他；据他的前同事巴特·科伯特说，理查德“迷恋哈佛”。[3]）戈登海姆的医学背景让人觉得他是个希波克拉底式的道德楷模，这对普渡颇有助益。普渡在报纸上刊登了一则广告，其中有戈登海姆穿白大褂的照片，他看起来像是在化装舞会上扮演医生的人。[4]

这就是理查德·萨克勒的智囊团。私底下，他们三人互相打趣，神气活现地展示自己的男子气概。戈登海姆会这样对弗里德曼说：“我们骑虎难下，我想知道我们是不是应该增加些肌肉，好制住这只‘老虎’。我们一边生吃寿司一边讨论吧！”[5]但当他们在外面公开谈论奥施康定时，态度就大不一样了：他们神情凝重，面色苍白，显得严肃而真诚。他们坚持说，普渡制药完全明白当前存在的问题。事实上，为了**解决**这个问题，普渡制药的好人们付出了比其他人更多的努力。奥施康定滥用无疑是一场危机。不过，正如普渡的高管所解释的那样，这实际上是一个执法问题。违法乱纪的药物滥用者正在转移和滥用普渡的产品，为此普渡与执法机关达成了密切合作。该公司生产了新型的“防篡改”处方笺，并将它们免费发放给医护人员。[6]有人篡改医生开的处方，以便大量囤积奥施康定，从理论上讲，普渡的新型处方笺也许能杜绝这种行为。弗里德曼、戈登海姆和尤德尔还表示，不该把奥施康定单独拎出来，滥用处方药的趋势在全国广泛存在，过量服用可致人死亡的药物并不只有奥施康定。[7]该公司赞助了一项广告活动，告诫青少年不要把父母的药柜扫荡一空。[8]

在委员会面前作证时，弗里德曼一口咬定普渡制药完全没有责任，虽然该公司提倡对阿片类药物“去污名化”，并致力于推广奥施康定，但滥用、犯罪和死亡事件的激增绝不能归咎于这些宣传活动。弗里德曼坚称：“不管以什么标准来衡量，普渡为了推广奥施康定而开展的营销活动都是保守的。”该公司拒不承认“过度营销对奥施康定的滥用和转移发挥了丝毫作用”。

普渡的自我辩护围绕着这样的核心内容：奥施康定的固有特性与人们对其上瘾的事实没有关系，理查德·萨克勒大力推销奥施康定的行为与随后出现的一系列社会问题也没有关系。弗里德曼作证说，公司没有料到奥施康定可能会出现滥用问题。他说，在推销上一代产品美施康定的 17 年间，“普渡并没有发现滥用或转移的异常情况”。甚至在 1996 年奥施康定上市后的头四年，公司都没有发现任何出现问题的迹象。弗里德曼说：“2000 年 4 月初，因为缅因州报纸上的文章，普渡制药才首次注意到奥施康定的滥用和转移。”

弗里德曼的证词也成了普渡为自己辩护的标准话术。这只不过是个谎言。的确，在 2000 年初，缅因州联邦检察官杰伊·麦克洛斯基致信医生并警告他们当心奥施康定后，普渡再也不可能装作对奥施康定滥用的问题毫不知情了。然而，在麦克洛斯基写信前的**好几年**，普渡已经得知这种药物被广泛滥用。[9] 1999 年，玛莎·韦斯特曾为霍华德·尤德尔准备过一份关于奥施康定滥用的备忘录，如今，当迈克尔·弗里德曼作证时，尤德尔正坐在他身边。那份备忘录弗里德曼也看过。但早在那之前，普渡自家的销售代表纷纷向公司报告了他们听说的关于成瘾和滥用的恐怖故事，并在电话记录中记下了这些警告。很显然，普渡几乎从一开始就知道奥施康定有问题。1997 年 10 月，普渡的一名高管给另一名高管发了封电子邮件，告知对方奥施康定被多个网站和聊天室频频提及，相关讨论“多到需要一个人整天盯着”，并补充说公司有“三个人”负责监控舆情。[10] 这封邮件也被抄送给了迈克尔·弗里德曼。

不过，那天来宾夕法尼亚参加听证会的众议员都被蒙在鼓里。斯坦福德的普渡总部似乎已经做出了内部决定，改写时间线，坚称公司在 2000 年之前完全没有发现问题。事实上，在 2001 年 2 月 16 日发给理查德·萨克勒的一封邮件中，弗里德曼写道：“我认为，我们必须统一口径。”[11] 议员们没有识破普渡的诡计，但弗里德曼一方面宣誓说他提供的证词全部属实，另一方面却隐瞒了普渡发现奥施康定有问题的真实时间，这种行为无异于作伪证。而在泰德·肯尼迪主持的美国参议院委员会面前，戈登海姆说了同样的假话，尽管他也作了证人宣誓。[12]

他们不仅仅在时间问题上撒了谎。普渡在进行自我辩护时，经常提到该公司生产的美施康定从没引发过任何问题。但事实远非如此。1996 年 5 月，一名员工给理查德·萨克勒和霍华德·尤德尔发送过一篇新闻报道，报道称美施康定的服用者从药片中提取吗啡，这可能会导致药物滥用。[13] 1997 年 3 月，罗伯特·凯科发邮件给莫蒂默·萨克勒、理查德·萨克勒、弗里德曼、戈登海姆和尤德尔，告诉他们美施康定在新西兰已经成为“吗啡 / 海洛因非口服滥用的最常见的来源”[14]。1998 年 3 月，尤德尔给弗里德曼、莫蒂默、雷蒙德、理查德和其他几个萨克勒家族成员发送备忘录时，附上了《渥太华公民报》的一篇文章，文章描述了美施康定如何成为加拿大流行的街头毒品，以至于赢得了“紫色去皮器”的雅号。[15](普渡的高管们还传阅了**另一篇**新闻报道，该报道指出：“因为滥用者会破坏这种药物的缓释机制”，药片被加工成毒品，“然后用于注射”。[16]) 在 1999 年 1 月的一份内部备忘录中，尤德尔向弗里德曼和其他人承认，公司一直在网上追踪美施康定和奥施康定滥用的记录。[17]

但在当时，议员格林伍德对此一无所知。他不相信来自普渡的代表团会对他有所隐瞒，而且他非常和蔼可亲，竭力不让弗里德曼和他的同事感觉到委员会把他们当作罪犯对待。“听着，我们确定——**我**确定——贵公司是一家优秀的公司，历史悠久，堪称典范，”格林伍德说，“我相信，贵公司及其产品极大地缓解了国人的痛苦，而非制造痛苦的罪魁祸首。”[18] 他安慰弗里德曼说：“你并不是在受审。”

接着，格林伍德问了个再简单不过的问题：“对于每位医生开多少张奥施康定处方，贵公司了解多少？”

弗里德曼说：“如您所言，我们确实搜集了不少数据。”他解释道：“艾美仕市场研究公司从药店的计算机中获取了这些数据。”

“好吧，既然你们有了数据，我猜你们会对这些数据进行整理，以便给医生们排名。你们可以了解到哪位医生开的处方最多，哪位医生开的处方最少，或者介于两者之间，”格林伍德说，“你们是这样处理信息的吗？”

“是的。”弗里德曼答道。

随后格林伍德提到了理查德·保利诺，此人是一名乡村整骨医生，因为开了数千张奥施康定处方而被逮捕。格林伍德指出，保利诺想必是个“庸医”，他的诊所很小，“他飞快地开处方，完全不考虑病人的病情，只想着赚钱”。难道普渡制药不知道这件事吗？难道他们在查看艾美仕公司的数据时，没有发现保利诺开出的处方数量惊人吗？“我觉得他的做法很惹眼，而且保利诺医生并不是孤例，国内肯定还有**其他**医生也在这么做，”格林伍德说，说着又补充道，“贵公司应该很了解此类信息。”格林伍德对弗里德曼说，他想知道的是，当你们发现“本萨勒姆的这名小小的整骨医生开出了大量处方，贵公司有何反应？你们是怎么**利用**手头掌握的信息的？”

“我们不会去衡量或评估医生的业务水平，”弗里德曼含糊其词地说，“我们不在医生的办公室，没有看到他们是怎么给病人检查身体的，也没有参与诊断过程。我们知道，例如——”

“那你们为什么要掌握这些信息呢？”格林伍德打断了弗里德曼的话。然后他回答了自己的问题：“你们想看看自己的营销手段有多成功。”

“当然。”弗里德曼回答说。

不过，格林伍德指出，既然普渡利用艾美仕公司的数据来评估他们的营销效果，那么他们也可以利用这些数据来追踪药物滥用的行为。“世界上还有不少像保利诺医生一样的人，你们为什么不利用这些数据来阻止他们破坏你们产品的声誉呢？”

弗里德曼哑口无言，于是霍华德·尤德尔出手了。他体态笨重，但现在他把自己的椅子拉到麦克风前，接过了话头。“你不能只看处方。”尤德尔说。他坚持认为，仅凭处方数量，无法看出医生的诊断是否合理，“你必须亲眼看到医生是怎么在办公室里给病人看病的”。

这话不对，格林伍德回答说。在宾夕法尼亚州，有个当地的药剂师看了一眼大致的数据。“据他的观察——他看了看数据，感叹说：‘天哪，在本萨勒姆有个叫保利诺的家伙，他开的处方多得不得了！’”

“是的。”尤德尔说。

“他掌握了数据后，就发出了警示。”

“没错。”

“你们也掌握了数据。你们又做了些什么？”

● ● ●

也许在早些时候，萨克勒家族本可以选择以不同的方式来应对正在上演的奥施康定危机。这个家族本可以停止对这种药物的过度营销，不再去争取新顾客。他们本可以承认，有个严重的问题正在发酵，而普渡的营销活动或许对问题的产生起到了推波助澜的作用。然而，他们的判断与实际情况之间存在着奇怪的脱节：在奥施康定上市前的初步规划阶段，萨克勒家族和普渡非常清楚，美国医疗机构认为给病人开强效阿片类药物是有风险的，奥施康定的销售情况取决于普渡能够在多大程度上改变医疗机构的看法。他们成功地打消了医疗机构的顾虑。普渡所引发的巨变，就连萨克勒家族也始料未及。突然间，家庭医生——正是那些被普渡唤作“阿片类药物的门外汉”的人——开始给病人开奥施康定。普渡的宣传卓有成效，以至于其他制药公司也竞相研发和推广长效阿片类止痛药。萨克勒家族认为他们什么也没有做错，部分原因可能在于，其他公司很快就加入了他们的行列。

但第一个吃螃蟹的还得数萨克勒家族和普渡。“它的影响力更大，”一名曾在普渡从事奥施康定研发工作的化学家回忆说，“可能还会有其他药物被研发出来。只不过，**奥施康定**是第一种治疗慢性疼痛的缓释型止痛药，而且通过了美国食品药品监督管理局的审批。其他药物或许很出色，但奥施康定才是改变游戏规则的那个。”有一段时间，萨克勒家族和普渡满心欢喜地将疼痛管理领域的巨大变革归功于自己。制药行业的本质即是如此：只要你改变游戏规则，抢占先机，就能获得丰厚的回报。

等到开始死人的时候，普渡却闭口不谈自己的首创之功了。面对负面舆论，萨克勒家族丝毫没有服软，而是选择了反抗。他们的态度在很大程度上反映出理查德·萨克勒的性格——他固执己见，一意孤行，自恃聪明，高傲冷漠。但普渡有董事会，公司的决策要经过董事会投票；理查德不是一个人在做决定。普渡一直是个家族企业，而萨克勒家族内部并没有重大分歧。

普渡拒不认错的强硬姿态也反映了霍华德·尤德尔的个人作风，出于对萨克勒家族的无限忠诚，他赌上了自己的职业生涯，扮演起战时军师的角色。尤德尔的作战理念是决不让步。尽管数以亿计的资金仍在不断流入公司账户，但奥施康定危机可能会导致巨额收益蒸发，于是，尤德尔集结了一批顶尖律师，预备发起攻势。在本萨勒姆的听证会上，议员格林伍德问尤德尔，普渡会不会考虑“拨出部分收益，帮助那些对你们产品上瘾的人恢复健康”。格林伍德的问话合情合理，尤其是考虑到萨克勒家族精心打造的慈善家名声——他们因为慷慨捐赠而闻名遐迩。

尤德尔却对格林伍德的主意没什么好感。他承认：“那些被送进治疗中心的人需要帮助。”但他坚持说，普渡与此无关，该公司对这些人没有任何义务。他表示，他们在服用奥施康定以前就有成瘾问题。“成瘾问题早就把他们搞垮了。”

普渡方面的发言翻来覆去总是老一套。“几乎所有报告说的都是滥用药物的人，而不是具有合法医疗需求的患者，”保罗·戈登海姆在参议院作证时说，“这场讨论中的所有声音虽然都很重要，但我们必须特别注意倾听患者的声音，如果没有奥施康定这样的药物，他们仍在遭受疼痛的折磨。”[19]普渡从没改变过自己的说辞。“他们不是瘾君子，”戈登海姆用缓慢而庄重的调子说，“他们不是罪犯。”

那年初夏，康涅狄格州（也就是普渡所在的那个州）总检察长理查德·布卢门撒尔给理查德·萨克勒写了一封信，信中表达了对奥施康定成瘾和滥用现象的担忧，并指出普渡所做的努力——发明防篡改处方笺，教育年轻人——“未能消除药物固有的严重风险”。布卢门撒尔承认，确实还有其他处方药存在滥用现象，“但奥施康定的情况不一样”，它“药效更强，成瘾的可能性更高，销路更广，更容易通过非法途径获取，宣传力度更大”。[20]

全国各地的检察官和原告都开始关注奥施康定造成的破坏，以及普渡源源不断的收益。他们发起了调查和诉讼。不过，霍华德·尤德尔和他领导的普渡团队发誓要击退所有找他们麻烦的人。在给布卢门撒尔的回信中，尤德尔以一种屈尊纡贵的口吻写道：“虽然我们对您在执法方面的领导才能怀有最高的敬意，但我们也希望您对我们的经验给予一定的认可。”他轻蔑地表示，“我们的经验很丰富，知道怎么做能解决这个问题，怎么做解决不了”，随后继续将争议归咎于媒体、原告律师和那些“声称对奥施康定上瘾”的人。[21]

普渡的发言人罗宾·霍根与康涅狄格州总检察长争论时，采取了和尤德尔不同的态度。布卢门撒尔刚对普渡的营销手段提出质疑，霍根就打电话到他办公室，向他发送威胁语音。霍根在语音留言中指出，普渡制药是“民主党的重要支持者”，他表示“你们的主要赞助者之一遇到了这种事，实在令人遗憾”。霍根是个狂妄自大的人，胆敢在**语音留言**中威胁一州的总检察长。他提醒布卢门撒尔选举在即，接着又吓唬对方说，“我可以明确告诉你，你的所作所为对选举毫无帮助。”[22]

2002 年，尤德尔宣布普渡已经在打官司上花费了 4500 万美元。[23]普渡公开表示，尤德尔在诉讼方面的投入“没有预算限制”；他可以全权决定，不遗余力地争取胜利。普渡团队中的每个人都在夜以继日地工作，晚上和周末都要加班。尤德尔计划不惜一切代价打赢官司。“对方不是指控我们‘有意这样做’，就是说我们‘不小心造成了那样的后果’，这些鬼话我全读过了，”他气急败坏地说，“我们还没有输过一场官司，没有赔过一分钱，以后也不打算低头认输。”

面对尤德尔的强硬战术，许多案件在起诉后又撤诉了。[24]但有一种担忧是，这场围绕奥施康定展开的纷争可能会效仿大型烟草公司诉讼案的模式，即各州县与受托于个人的律师联手，对制药行业提起诉讼。萨克勒家族向来以他们雇用的一流法律团队为荣，经过尤德尔的打造，普渡法务部实力非凡，在斯坦福德的办公室有 18 名内部律师。他还从外面的多家律师事务所聘请了律师，其中一些律师是受理过烟草诉讼案的行家。每当有新的司法管辖区出现与奥施康定相关的案件，他就会找到当地的资深法律顾问，雇用最好的律师。没过多久，尤德尔每个月花掉的诉讼费就达到了 300 万美元。但这笔钱花得值。

律师和医生一样，总爱告诉自己，他们在就职时宣过誓，要恪守职业道德，他们属于一个与不良风气绝缘的职业群体。尤德尔本人就喜欢大谈特谈职业操守的重要性。但他也意识到，“小圈子”政治的微妙压力可能会对现实中的法律裁决造成重大影响，如果客户有钱购买这种影响力，就足以使官司朝着有利于他的方向发展。[25]在华盛顿，尤德尔聘请了前司法部副部长埃里克·霍尔德，此人是科文顿-伯灵律师事务所的合伙人。在纽约，他聘请了前联邦检察官玛丽·乔·怀特。如果你希望现任检察官站在你这边，安排他们了解的律师出庭可能会很有帮助，这些律师或许从事过类似的工作，或许与他们相识，或许是他们欣赏的人。用罗宾·霍根当时的话来说：“为了取得胜利，我们往往得像马基雅维利那样不择手段。”[26]

鲁道夫·朱利安尼从纽约市长的位置上退下来不久，就开始给别人当法律顾问，普渡是他的首批客户之一。朱利安尼离开体制出来单干后，希望自己能够迅速赚大钱。2001 年，他的净资产为 100 万美元；五年后，他申报的收入高达 1700 万美元，资产约 5000 万美元。[27] 普渡竭力将奥施康定滥用归咎于执法不严，坚决否认该药物本身及其营销方式存在问题。从普渡这方面来看，朱利安尼作为在“9·11”恐怖袭击事件后领导纽约市的前检察官，是解决奥施康定危机的理想人选。迈克尔·弗里德曼认为，朱利安尼“最有资格”助普渡一臂之力。[28]

尤德尔指出：“如果政府官员得知朱利安尼是普渡的顾问，他们会对我们更放心。”[29] 他坚持说，“要是一家公司存在不正当行为”，朱利安尼“不会受理他们的业务”。[30]

有时，普渡不仅动用资源聘请人脉颇广的前检察官，还吸纳了此前一直在调查该公司的检察官。[31] 早在 2001 年，肯塔基州东部的联邦检察官乔·法穆拉罗就把奥施康定形容为席卷全州的“蝗灾”。同年晚些时候，他给普渡当起了免费“顾问”，虽然该公司支付了他在会议上发言的相关费用。经过一番深思熟虑，法穆拉罗宣称，他完全不觉得奥施康定是蝗灾，而是“一种优质产品”。也就是在那一年，缅因州检察官杰伊·麦克洛斯基卸任，他曾是最早警告大家注意奥施康定的联邦官员，现在却开始在普渡担任顾问并收取报酬。在某种程度上，这与美国食品药品监督管理局前审查员柯蒂斯·赖特的情况如出一辙：原本负责监管普渡并追究其责任的政府官员，最终经不住诱惑，接受了该公司的职位。麦克洛斯基后来说，当他开始“了解公司的企业文化”时，普渡高管们“对公众福利所表现出的明确兴趣”给他留下了深刻印象。[32]

萨克勒家族擅长打通政界人脉，对此他们深感自豪。2001 年，理查德曾吹嘘道：“不管我们想和哪个参议员或众议员通电话，我们都能在接下来的 72 小时内联系上对方。”[33] 但普渡的自我定位颇引人注目的一方面在于，该公司对外宣称，它不是那种只顾自己赚钱的企业巨头，在私欲的驱使下继续利用危险的药物牟取高额利润。相反，普渡仅仅是出于真诚的——而且是非常无私的——责任感才去帮助那些慢性疼痛患者。将近 20 年前，理查德协助筹办多伦多的疼痛学研讨会时，普渡就树立了一种意识：疼痛护理是一场**运动**。的确，有数十万甚至数百万的患者从奥施康定和其他阿片类药物中找到了安慰，但现在他们担心，如果对这些药物进行管制，他们的痛苦可能就无法得到缓解了。尤德尔、弗里德曼和戈登海姆始终坚称，在讨论奥施康定问题时，应该重点关注疼痛患者的“声音”，不能只看到一帮无所顾忌的药物滥用者。

疼痛患者群体似乎表达了全国广大选民所关心的基本医疗问题，而普渡也确实准备笼络这个群体，并从中获利。凯瑟琳·弗利是最早倡导扩大阿片类药物使用范围的医生，曾与“疼痛之王”拉塞尔·波特诺伊合作过。2001 年，她致信理查德·萨克勒，安慰他说普渡遭到的批评都是些“废话”。她劝他不要“在这上面浪费太多时间”。弗利告诉理查德，她一直在考虑“另一种替代策略，好让制药行业的所有成员联合起来”，至少得让所有销售止痛药的公司联合起来。弗利表示，他们需要“凝聚力量，发出一致呼声”。但她提醒理查德说：“你们自己出面很冒险，因为你们是一家制药公司，如果发出呼声的不是制药公司，情况会好得多。”[34]

于是，新团体开始宣扬自己的主张，它们名义上是独立的倡导团体，代表患者的权利，这些患者都属于弗利所说的“疼痛群体”。制药公司、贸易集团和数十个非营利倡导组织——美国疼痛基金会、美国疼痛医学学会、疼痛护理论坛——形成了松散的联盟。[35]创立和管理疼痛护理论坛是一个名叫伯特·罗森的人，他家住华盛顿哥伦比亚特区，碰巧在普渡担任全职说客和政府关系主管。[36]像疼痛护理论坛这样的基金会表面上是草根组织，但它们的经费实际上来自企业，所以它们有时也会被叫做“伪草根”组织。“伪草根”组织起初是化石燃料行业策划出来的。这些组织开展研究，建立游说机构，扶植议员。也就是说，一旦当局考虑采取具体措施来控制奥施康定不断扩大的销售规模，普渡就可以声称这些管控措施不仅有可能阻碍公司的发展，而且会伤害长期忍受疼痛的患者群体。当美国缉毒局讨论是否要收紧普渡享有的合法羟考酮配额时，理查德公开表示，“我们正处于一场真正的战斗中”，“这显然是在打击疼痛运动。不可能有其他的解释”。[37]

理查德告诉保罗·戈登海姆，他的策略是“把这些组织和我们更紧密地联系在一起”，让普渡的产品“与疼痛运动的发展轨迹紧紧绑定”。[38]在公开场合，普渡可能会说这些团体是独立的，但在公司内部，他们卸下了伪装，普渡的高管们毫不避讳地说，这些组织的理事会当中应该有赞助商的人，赞助商有权对它们的总体发展方向发表意见。“如果它们想要我们的钱（说实话，没有业界的支持，它们根本无法生存），它们就必须接受‘业界’代表加入理事会，”罗宾·霍根在一封内部邮件中指出，“我觉得，如果赞助商在管理方面毫无发言权，它们就别想得到巨额拨款。”[39] 最终，美国参议院围绕疼痛组织的起源和影响发布了一份报告，详细说明了它们是如何充当制药行业的“幌子”的。报告的结论是，尽管有许多公司生产阿片类止痛药，但普渡却是这些“第三方倡导团体”的第一大赞助商。[40]

● ● ●

为了左右媒体叙事，尤德尔还从外面聘请了公关专家埃里克·德岑霍尔。德岑霍尔本来是政府工作人员，后来转行成为“危机管理”顾问，他擅长一门邪恶的技能——清除不利报道，“安插”有利报道。德岑霍尔处理客户委托的业务，是出了名的谨慎，他更喜欢在幕后运作，不留下自己插手的痕迹。但《商业周刊》有篇报道称，埃克森美孚公司也是他在这一时期的客户，他提供的服务包括策划了一场声援埃克森美孚公司的示威活动，在这场发生于国会山的活动中，数十名抗议者挥舞着标语，上面写着“别再满世界抱怨，资本主义棒极了”。[41]

2001 年底，德岑霍尔写信告诉霍华德·尤德尔：“我们为普渡工作的头一个月非常忙碌。”他特别引以为豪的是在《纽约邮报》安排了一篇评论文章，指责“农村地区的药物成瘾者”和“自由派”炮制了一场关于奥施康定的虚假争议。[42] 文章刊出后，德岑霍尔把它发给了尤德尔、霍根和弗里德曼，并承诺自己可以扭转负面舆论。“报道开始出现反转了。”他写道。[43]

德岑霍尔与精神病专家萨莉·萨特尔密切合作，此人是保守派智库美国企业研究所的研究员。[44] 萨特尔在《纽约时报》健康版上发表了一篇文章，她在文中指出，出于对阿片类药物的过分恐惧，美国医生不敢给病人开他们急需的止痛药。萨特尔写道：“当你对一个吃止痛药上瘾的人稍微有些了解，你通常会发现他是个前科累累的瘾君子，曾对药物、酒精、海洛因或可卡因上瘾过。”在这篇文章中，她引用了一个未透露姓名的同事的话，以及《分析毒理学杂志》上的一项研究，但有些事实她却只字不提：这个同事实际上在为普渡工作；这项研究是在普渡的资助下开展的，研究报告则由普渡员工撰写；她提前给普渡的一名管理人员看了她的文章（他很喜欢它）；普渡每年向她在美国企业研究所的研究团队捐赠 5 万美元。

德岑霍尔在提交给尤德尔的进度报告中还提到，他与“调查机构”在“项目的诉讼方面”一直有合作，其中尤以克罗尔公司最为密切。[45]克罗尔公司是一家成立于20世纪70年代的私人调查公司，后来转型为一家给高端客户提供“企业情报”的国际性“影子公司”。[46]当时，每个月都有十来起针对普渡的新官司，尤德尔坚信，避免诉讼的唯一办法就是对那些胆敢起诉的人重锤出击。[47]他警告那些可能提起诉讼的有魄力的律师说，他会在“每一个司法管辖区的每一场官司”中与他们斗争到底。尤德尔解释说，原告律师起诉上市公司时，往往手握“筹码”，他们可以“不断施压”，激起媒体的愤怒，直到该公司的股价岌岌可危。因此，对上市公司来说，私下调解通常比打官司要便宜得多——这就形成了化解官司的强大动力。但普渡不是上市公司，尤德尔扬扬得意地说。它的所有者是萨克勒家族，他们显然对自家产品的不利报道无动于衷。所以“他们没法用这个筹码来要挟我”。[48]

普渡沾沾自喜于他们的斗争姿态，2003年，尤德尔甚至发布了一篇题为“65比0”的新闻稿，炫耀普渡解决了多少起涉及阿片类药物致死和成瘾的案件，仿佛这是高中篮球队的比分。他说：“看到原告的诉讼请求被驳回，我们为这些案子全力辩护的决心就更加坚定了。”[49]

克罗尔公司私下搜集的情报对尤德尔这样的反击大师非常有用。普渡曾找到玛莎·韦斯特的医院记录，用来抹黑她，如今，普渡又故技重施，对所有试图向普渡追责的人紧盯不放，不遗余力地挖掘他们的黑料。2002年，前销售代表凯伦·怀特在佛罗里达州对该公司提起诉讼，声称奥施康定的营销有违法之嫌，她因为不愿参与其中而遭到不当解雇。[50]普渡断然否认了她的指控，反驳说怀特其实是因为没有达到“销售指标”才被解雇的。

事实上，销售指标正是怀特诉讼案的关键。当这个案子开庭时，怀特的律师告诉陪审团，她觉得有两名医生在经营黑药坊，所以拒绝拜访他们，之后却被普渡打击报复。[51]其中一名医生失去了联邦政府发放的开具麻醉药品的许可证，因为他办公室里有个护士非法开药。另一名医生被指控以药物来换取性交，为此被吊销了执照。但按照怀特的说法，当她向普渡的主管抱怨这两名医生时，主管说她应该继续拜访他们，因为他们可能会开出大剂量的奥施康定。怀特在诉状中坚称，她不敢按照公司的指令向医生们施压，要求他们开出“大剂量”的奥施康定。“我们必须去拜访……那些乱开麻醉药品的医生，”她在证词中解释道，因为销售代表正是靠着这些医生才得以跻身“销售冠军”的行列，“如果普渡的销售代表知道……哪个医生乱开处方，形同黑药坊，他们往往不会把这些医生上报给普渡，因为他们从这些医生身上赚了很多钱。”[52]

怀特称，对普渡制药的上上下下来说，销量就是王道。“这家公司满脑子想的都是要赚尽最后一分钱，”她说，“把奥施康定卖出去。就是这么回事。”[53]

在作证期间，怀特一度谈到她作为推销员的工作范围，但普渡的一名律师突然转换了话题。“女士，你是否服用过违禁药物？”[54]

这个问题让怀特措手不及。“你问我做过什么？”她说。

“服用违禁药物。”

“没有。”怀特说。

“从来没有？”

“没有。”她重复道。

“有没有服用过‘飙’？”

“没有。”

“吃过被叫做‘神力’的东西吗？”

“没有，”她说，接着又补充道，“我不记得了。”

“所以你今天的证词是，你从来没有那样做过，”律师说，“对吗？”

怀特的语气变了。“我不记得自己做过没有。”她说。随后她把话讲清楚：“我上大学时可能服用过这种东西。”

普渡一直在调查凯伦·怀特的过去。“你是否记得自己上大学时服用过‘飙’，也就是人们所说的‘神力’？”律师问道。

“记得。”怀特说。

“‘飙’是违法的，对吗？”

“对。”

“你能给我描述一下吗？”律师追问道，“它是不是药片形式的？”

“我觉得它是药片形式的。”怀特说。

当案件进入庭审阶段时，怀特的律师提出动议，请求陪审团将怀特年少轻狂的证据排除在外，因为普渡可能会利用这些证据抹黑她，降低她作为证人的可信度。[55]不过，抹黑原告正是霍华德·尤德尔的招牌战术。就像当年对待玛莎·韦斯特那样，普渡揪住了一个对公司行为合法性提出质疑的人，想方设法诽谤她，说她是个反复无常、极不可靠的瘾君子。

凯伦·怀特并没有向普渡狮子大开口。她要求普渡赔偿13.8万美元的工资和福利损失，这笔赔款比起普渡为了打赢官司而花费的律师费和调查费，不过是九牛一毛。[56]法庭上，一群顶尖律师坐在普渡的桌子后面。再看对面的桌子，怀特身边只有孤零零的一个律师。“普渡的营销系统是腐败的，”怀特的律师对全体审判人员说，“它被金钱和贪欲腐蚀了，而这位女士拒绝与他们同流合污。”不过，陪审团最终还是站在了普渡这边。

“我当然是处于弱势的一方。”怀特后来说。[57]但她并没有错。在诉讼中，她列出了自己在普渡工作期间注意到的13名医生。[58]其中11人最终因为乱开处方而被逮捕或是吊销执照。

● ● ●

面对媒体的监督，萨克勒家族和普渡同样采取了强硬的态度。罗宾·霍根负责普渡的危机公关，他对那些跟他打交道的新闻工作者表现出明显的敌意，告诫记者们谨慎报道，因为“我们会密切监视他们”[59]。2003年10月，《奥兰多哨兵报》围绕奥施康定及其引发的不满，刊登了题为“奥施康定遭炮轰：止痛药导向死亡之路”的重磅系列报道。撰写系列报道的是《奥兰多哨兵报》调查记者多丽丝·布洛兹沃斯，她表示，过量服用奥施康定的人并不都像普渡声称的那样，是前科累累的“瘾君子”。她在报道中说，事实恰好相反，也有“意外成瘾”的情况，疼痛患者完全按照医嘱服药，但还是上瘾了。

布洛兹沃斯花了九个月的时间来撰写系列报道。她试图从调查人员那里获取他们所掌握的普渡营销计划，但普渡却把她告上了法庭，以内含“商业机密”为由，阻止这些资料的公布。[60]《奥兰多哨兵报》的系列报道问世时，看似会对普渡造成重大打击。布洛兹沃斯将矛头对准了普渡辩护词中的核心主张——如果患者手中的奥施康定是医生开的，而且他们在服药时谨遵医嘱，这些患者就不会对奥施康定上瘾。她发现普渡的说法站不住脚。

不过，普渡安排危机管理顾问埃里克·德岑霍尔来处理这个案子。德岑霍尔为客户提供的服务包括对一切不利报道进行仔细检查，因为就像他指出的那样，即便是知名记者，有时也会“百密一疏”。[61]当德岑霍尔和他的同事着手调查时，他们发现了布洛兹沃斯报道中的漏洞。事实上，被她描述为“意外”上瘾的人当中，有两个人以前滥用过药物。[62]德岑霍尔团队对布洛兹沃斯披露的过量服药致死的案例作了严密核查，核查结果表明，许多死者体内可能存在奥施康定，但通常也存在其他药物。既然如此，为什么单单挑出奥施康定来说事呢？尤德尔扬言要以诽谤罪起诉《奥兰多哨兵报》，并表示自己掌握着“铁板钉钉的实际恶意证据”[63]。但普渡到底没有和《奥兰多哨兵报》对簿公堂，而是要求对方撤回布洛兹沃斯的系列报道，这一要求最终得到了满足。[64]

当然，《奥兰多哨兵报》系列报道的主旨是真实的：疼痛患者确实对奥施康定上瘾，在某些情况下，他们死于服药过量。但布洛兹沃斯报道中的漏洞给普渡的公关人员提供了他们所需的弹药，他们对她穷追猛打。[65]有个支持普渡的记者针对意外上瘾的“谎言”写了一篇文章，发表在《石板》杂志上，指责布洛兹沃斯散布恐慌情绪和不实信息，并声称现实中死于奥施康定的人“只有瘾君子”。[66]结果，布洛兹沃斯从报社辞了职，最后彻底离开了新闻行业。普渡的一名发言人承认，公司对于有机会“澄清事实”感到满意。[67]

普渡的另一个攻击对象是巴里·迈耶。迈耶继续为《纽约时报》撰写关于普渡的文章，他的报道对普渡来说是毁灭性的。2001 年底，他决定将他的报道扩充为一本书。有一回，他乘火车去斯坦福德，在普渡的办公室跟弗里德曼、戈登海姆和尤德尔会面。这三个人都很热情，给人留下了不拘礼节的第一印象。弗里德曼告诉他：“直到 2000 年初，我们才意识到问题的存在。”[68]在谈到美施康定时，戈登海姆说：“我没听说过有哪个瘾君子寻找这种药物来吸食。”迈耶对普渡正在开展的促销活动很感兴趣，该公司推出了“新人”优惠券，即患者可以在首月免费获取奥施康定。

“今时不同往日，”迈耶说，“这个国家过去也许不知道奥施康定会遭到滥用，但现在我们对此一清二楚。”迈耶想知道的是，既然普渡意识到了奥施康定的危险性，“你们为什么还要继续发放免费样品呢”？

“我们的职责是教医生如何治疗疼痛，如何使用我们的产品，”弗里德曼说，“我们觉得自己应该能够做到这一点。”

当迈耶开始筹备他的新书时，尤德尔给他写了一封措辞严厉的信，提议他在出版前将书稿提交给普渡，这样一来尤德尔就可以对其进行审查。[69]迈耶拒绝接受尤德尔的提议，于是尤德尔写信给迈耶的出版商罗代尔出版社的社长，表达了他对作者偏见的“严重担忧”，并再次要求审查文本。“长期以来，我们两家公司——以及创立它们的家族——为了获得当之无愧的良好声誉不遗余力，”尤德尔写道，语气中带有一丝威胁，“如果这本书贸然出版，没有经过仔细审查以确保其准确性，那么两家公司都会受到严重损害。”[70]

● ● ●

迈耶和其他记者在报道奥施康定时几乎从未提及萨克勒家族。但这并不意味着萨克勒家族就可以高枕无忧了。公众或许还没有把萨克勒的名字与奥施康定联系在一起，不过，当萨克勒家族的朋友和熟人读到负面新闻时，他们自然明白谁是涉事公司的所有者。2001 年，杰伊·韦特劳弗在读过一篇负面报道后，给他的朋友理查德·萨克勒发了邮件：“坚持住，理查德。记住你是个善良的好人。没有哪个记者或是律师能夺走你的美德。”[71]

“多谢你的支持，”理查德在周六午夜过后回信说，“这种污蔑纯属扯淡。”[72]

第二天，理查德继续回复道：“我想听听你的看法。我认为媒体出于恶意，将瘾君子塑造成受害者，而不是加害者。”认识理查德的人可能已经对他的抱怨有些厌倦了。但韦特劳弗愿意做一个富有同情心的倾听者。“他们是罪犯，”理查德接着说，“他们凭什么得到我们的同情呢？”[73]

“我觉得大多数药物滥用者都不是邪恶的罪犯，”韦特劳弗回答说，“我相信，当你不那么生气的时候，也会有同样的看法。”韦特劳弗指出，这些人过得“比我们艰难得多”，“他们值得同情”。不过，他还是安慰理查德说：“你**并没有做错什**

么。这是最重要的……深呼吸，理查德。你的仁爱之心会帮助你渡过这个难关。至少在末日审判中，它就是你所拥有的一切。”[74]

理查德从不害怕跟人争论，尤其是这次，他想再争上一争。“我明白你是什么意思，但我们不同意你的观点，”他写道，“这些瘾君子明知道滥用药物是重罪，却偏要这么干。他们胡作非为，完全无视对社会、家庭和自己的责任。”[75]

这时，韦特劳弗开始对他的朋友失去耐心了。他写道：“住在市中心贫民区和肯塔基州边远地区的穷人几乎从来没有机会考虑他们‘对社会的责任’。他们只能过一天算一天。”他们的“犯罪动机不是贪婪，也不是仇恨，而是一种极强的药瘾。我敢打赌，绝大多数药物滥用者都不想成为瘾君子”。[76]

“别打这个赌。”理查德回复说。他明确表示，瘾君子**想要**上瘾。“他们一次又一次地让自己上瘾。”[77]

理查德是个聪明人，他可以坚持自己的想法，无论是在情感还是认知方面，都不受现实的影响。2002 年，另一个当麻醉师的朋友联系了他。这个人告诉理查德，在他女儿就读的私立贵族学校，奥施康定被认为是“一种人造毒品，有点儿像海洛因”。麻醉师说：“我不得不说，你有望成为新千年的巴勃罗·埃斯科瓦尔①。”[78]

萨克勒家族的人普遍觉得他们无需道歉和赔偿，理查德并不是个例。这个家族的两大阵营——A 级股东和 B 级股东——往往需要费一番工夫才能达成共识。但他们一致认为奥施康定滥用与萨克勒家族无关。试图撇清关系的不只有萨克勒家族，普渡上上下下的员工也都忙着推卸责任。罗伯特·里德是普渡的高管，曾负责过奥施康定的新药报批事宜。有一回，他给公司高层的一些管理人员发了封电子邮件，向他们讲述了银山医院的情况。[79]这是康涅狄格州的一家精神病院，离普渡总部很近，专门治疗药物滥用综合征。里德建议，也许普渡的某个人应该加入银山医院董事会。这将是一次巧妙的公关行动，同时也传达出了一个信号：尽管普渡可能会打击那些成瘾者，但这并不意味着萨克勒家族或普渡毫无同情心。感兴趣吗？里德问大家。

“虽然我觉得这是个很棒的机构，但我现在的工作已经安排得够满了。”迈克

① 巴勃罗·埃斯科瓦尔（1949—1993），有史以来最嚣张的毒枭，曾被《财富》杂志评选为全球七大富豪之一。——译者注

尔·弗里德曼答道。

随后霍华德·尤德尔给出了一模一样的回复："虽然我觉得这是个很棒的机构，但我现在的工作已经安排得够满了。"

"同上。"保罗·戈登海姆写道。

里德发现无人响应，便直接向凯西·萨克勒求助。"凯西，你想让普渡的人加入银山医院董事会吗？"

"罗伯特，"她回答说，"只要对咱们公司有帮助就行。"

● ● ●

2003年秋天，巴里·迈耶出版了他的新书《止痛毒丸："神奇"药物的成瘾与死亡之路》。这是一部开创性的新闻作品，对奥施康定的影响和普渡的罪行进行了无情评判。"就麻醉的'火力'而言，奥施康定无异于核武器。"迈耶写道。[80]普渡的高管们"似乎不能或不愿采取有效行动，尽管环境或负面舆论迫使他们采取行动，但他们拖了很久才出手"。只是到了那时，已经"太晚了"，他写道。这种药物已经引发了"一场灾难"。[81]

当迈耶的书出版时，他供职的报纸正面临着创刊152年以来最大的挑战之一。[82]纽约时报社发现，有个名叫杰森·布莱尔的年轻记者一直在偷偷打破新闻行业的所有规则：布莱尔杜撰人物，所引用的当事人原话也是编造的，明明没去过的地方，却谎称自己去过，而且还抄袭别人的作品。这对纽约时报社来说是个特大丑闻，引发了许多关于新闻机构的反思。对不同的企业文化进行比较，不失为一项有趣的研究。普渡制药绝不会承认错误，更不会真心忏悔，请求宽恕。然而，纽约时报社既没有掩盖布莱尔的违规操作，也没有将其简单地看作一个坏蛋犯下的孤立罪行，相反，该报一时陷入了对自身存在的焦虑，其核心价值遭到了动摇。该报的两名总编辞职了。[83]有人把整个经过比作"踩到地雷"[84]。

突然间，受人尊敬的《纽约时报》变成了不可靠的漫画、深夜电视节目的笑柄。在接下来的反思阶段，纽约时报社组织了一个由25名记者组成的委员会，就报纸如何杜绝此类事件进行了探讨，并列出了建议清单。其中一项建议是，出版商应该任命一名监察员，充当行业内部的裁判，对记者和编辑的狂热冲动予以把关。2003 年 10 月，该报任命了首位“公共编辑”——一个名叫丹尼尔·奥克伦特的资深记者。[85]

奥克伦特不是报社记者。他来自杂志界。但正如他所说，他的工作将是严格审查《纽约时报》的报道，弄清楚“呈现给读者的是不是真相”。[86]

巴里·迈耶专心写作《止痛毒丸》的那几个月，没有在报纸上发表过关于奥施康定的文章。但在 2003 年秋天，电台主持人拉什·林堡承认，医生给他开了奥施康定和其他止痛药治疗背部疼痛，他却对这些药物上了瘾，迈耶就根据他的经历写了一篇文章。[87]随着新书的完稿和出版，迈耶似乎又恢复了正常的工作节奏。

迈耶的回归让普渡的领导层忧心忡忡。多年来，他们一直在抱怨迈耶以及他对奥施康定的报道，声称迈耶用“耸人听闻、歪曲事实的报道”抹黑普渡。[88]2001 年，尤德尔带着一帮普渡的管理人员来到纽约时报编辑部，试图越过迈耶，直接向他的上司投诉。但令尤德尔大为沮丧的是，编辑们都支持自家记者。就像尤德尔的同事抱怨的那样，这家报社“根本不理会我们”。迈耶并没有停止对奥施康定的报道。

如今，纽约时报社实力大损，奥克伦特正琢磨着如何烧好新官上任后的三把火，让尤德尔和他的作战委员会瞅准了时机。他们直接找到奥克伦特，约他见面，挤进他在 15 楼的小办公室。[89]他们提意见说，不该允许巴里·迈耶继续为报纸撰写关于普渡或奥施康定的文章，因为他已经出版了相同主题的著作，二者之间存在利益冲突。尤德尔指出，迈耶在报纸上发表的任何东西其实都是在为他的新书打广告。

普渡方面提出的理由不过是个似是而非的借口——当你找不到其他理由时，就会提出这种借口。但可以确信的是，如果普渡能够迫使迈耶停止报道，该公司的处境也许会好得多。纽约时报社并没有什么大型企业团队负责奥施康定的报道。迈耶自己**就是**一个团队。如果普渡能把迈耶摆平，他们就会拥有更大的自由度。

尤德尔断言[90]《止痛毒丸》的出版意味着性质恶劣的利益冲突。[91]他引用了纽约时报社的明文规定——“员工绝不能让人觉得他们可能会通过新闻事件的影响获取经济利益”，并要求禁止迈耶继续报道奥施康定。和普渡的人会面后，奥克伦特发给迈耶一张清单，上面列出了他的报道存在的问题。迈耶火冒三丈。在他看来，事情是明摆着的：经历过布莱尔的丑闻后，纽约时报社变得胆小怕事，普渡便充分利用这个时机来牟取私利。

迈耶收到奥克伦特的问题清单后不久，纽约时报社总编阿尔·西格尔把他叫到了办公室，讨论撰写关于止痛药的报道对他来说是否合适，毕竟他还有一本相同主题的著作正在销售。**当然**合适，迈耶大声说。他是这方面的专家！他对这个新闻事件了如指掌！他有专业知识！他有信源！他在那篇写拉什·林堡的文章中提到自己的书，并不是平白无故的。一直写到第 11 段，他才提到**普渡**。“这太让人沮丧了，”迈耶多年后回忆说，“我觉得这不公平。”[92]

奥克伦特发表了题为“哪怕坚持原则，你仍有可能受伤”的专栏文章，他在文中表示，他发现迈耶的报道“大体上是准确和公正的”，但他认为其中确实存在利益冲突。奥克伦特承认，有些人可能会认为普渡“小题大做”。但他总结道，“一旦涉及冲突，哪怕只有最轻微的迹象，也要设法消除”，如此一来，报纸的“声誉”将得到最好的维护。

“你不能写阿片类药物。”阿尔·西格尔告诉迈耶。纽约时报社禁止他继续报道止痛药。很久以后，奥克伦特指出，在撰写有关普渡的专栏文章时，他刚入职纽约时报社，还是个经验不足的新人。他承认，从那以后他经常在想，“我是不是犯了个错误”。奥克伦特说，迈耶当时勃然大怒——“气疯了”。在迈耶看来，奥克伦特被“玩弄于股掌之间”，纽约时报社的领导层则因为担心报纸遭遇诚信危机而陷入瘫痪，任由自己被恶棍公司胁迫。[93] 普渡制药存在严重的不当行为，迈耶几乎可以肯定这种不当行为就是犯罪。两年来，尤德尔和萨克勒家族的其他亲信一直试图打压他，阻止他揭露普渡的所作所为。现在看来，他们总算成功了。

注释

[1] “Prescription Abuses Turn a New Drug Bad,” *Philadelphia Inquirer*, July 29, 2001.

[2] “Pain Relief,” *Corporate Counsel*, Sept. 2002.

[3] 对科伯特的采访。

[4] Purdue Pharma advertisement, *Philadelphia Daily News*, March 27, 2003.

[5] 戈登海姆 1997 年 1 月 16 日的电子邮件。

[6] "Painkiller Maker Fights Back," *Hartford Courant*, July 18, 2001.

[7] 在萨克勒家族 2020 年 10 月 4 日发给《纽约客》的一封电子邮件中，戴维森·戈尔丁对奥施康定引发阿片类药物危机的说法提出了异议，他的依据是在奥施康定上市之前，处方药滥用情况不断加重。萨克勒家族至今仍持有这一观点。

[8] "The Maker of OxyContin, a Painkiller That Is Addictive, Sponsors a Campaign on Drug Abuse," *New York Times*, Sept. 4, 2003.

[9] 起诉备忘录。

[10] 马克·阿方索 1997 年 10 月 3 日发给吉姆·朗的电子邮件，抄送至迈克尔·弗里德曼，引自起诉备忘录。

[11] 迈克尔·弗里德曼 2001 年 2 月 16 日致理查德·萨克勒的信。

[12] 戈登海姆 2002 年的证词。在回应置评请求时，保罗·戈登海姆的律师声称："保罗·戈登海姆在证词中讲到了美施康定的滥用程度，他表示自己直到 2000 年初才知道奥施康定转移和滥用事件出人意料的反常增长。你所引用的关于转移和滥用事件的通信丝毫没有削弱戈登海姆证词的真实性。"尽管有大量证据足以说明普渡在 2000 年之前就知道奥施康定存在严重问题，而且影响范围很广，用马克·阿方索的话来说，"总是从各地"收到大量关于美施康定滥用的报告，但戈登海姆的律师没有对此做出任何解释。该律师指出，司法部已经对戈登海姆进行了调查，并声称他们"没发现证词有假或是具有误导性"。事实上，司法部准备的起诉备忘录恰恰得出了相反的结论，指出戈登海姆和弗里德曼在这两点上的证词是"虚假的，具有欺骗性"。迈克尔·弗里德曼自 2007 年认罪以来，从未公开谈论过这些事。我多次试图联系他，但没有成功。

[13] 起诉备忘录。

[14] 凯科 1997 年 3 月 3 日发给莫蒂默·萨克勒等人的电子邮件，引自起诉备忘录。

[15] 尤德尔 1998 年 3 月 19 日发给莫蒂默·D. 萨克勒等人的法务部备忘录，引自起诉备忘录。原始出处为"Prescription Drugs Marked Up 5000% on B.C. Black Market," *Ottawa Citizen*, Feb. 16, 1998。

[16] 尤德尔 1998 年 12 月 10 日发给约翰·斯图尔特的法务部备忘录，抄送至迈克尔·弗里德曼，引自起诉备忘录。原始出处为"Chasing the Dragon's Tail," *Calgary Herald*, Aug. 29, 1998。

[17] 尤德尔 1999 年 1 月 5 日发给约翰·斯图尔特的法务部备忘录，抄送至迈克尔·弗里德曼，引自起诉备忘录。

[18] "OxyContin: Its Use and Abuse," Hearing Before the Subcommittee on Oversight and Investigations, Committee on Energy and Commerce, U.S. House of Representatives, Aug. 28, 2001.

[19] 戈登海姆 2002 年的证词。

[20] 布卢门撒尔 2001 年 7 月 31 日致理查德·萨克勒的信。

[21] 尤德尔 2001 年 8 月 10 日致布卢门撒尔的信。

[22] Meier, *Pain Killer* (2018), 185. 霍根 2001 年 3 月 15 日的语音留言记录，引自起诉备忘录。

[23] "Drug Maker Tied to Fatal Overdoses Avoids Blame," *Daily Report* (Fulton County, Ga.), April 30, 2002.

[24] "Pain Relief," *Corporate Counsel*, Sept. 2002.

[25] 有关这一现象的更多信息，可参见 Jesse Eisinger, *The Chickenshit Club: Why the Justice Department Fails to Prosecute Executives* (New York: Simon & Schuster, 2017)。

[26] "Pill Maker Attacks Negative Publicity," *Orlando Sentinel*, Oct. 21, 2003.

[27] "A Rocky Road to Riches," *Los Angeles Times*, Jan. 25, 2008.

[28] 出处同上。

[29] 出处同上。

[30] "Under Attack, Drug Maker Turned to Giuliani for Help," *New York Times*, Dec. 28, 2007.

[31] "Exprosecutor Became Adviser to OxyContin," *Courier-Journal*, Nov. 23, 2001.

[32] Testimony of Jay P. McCloskey, Committee on the Judiciary, U.S. Senate, July 31, 2007.

[33] 理查德·萨克勒 2019 年的证词。

[34] 弗利 2001 年 4 月 4 日致理查德·萨克勒的电子邮件。

[35] 弗利 2007 年 7 月 2 日致詹姆斯·P. 琼斯法官的信。美国疼痛医学学会成立时间较早，它成立于 1983 年。

[36] "Pro-painkiller Echo Chamber Shaped Policy amid Drug Epidemic," AP, Sept. 19, 2016.

[37] 理查德·萨克勒 2001 年 5 月 28 日致乔纳森·萨克勒的信，引自理查德·萨克勒 2019 年的证词。

[38] 理查德·萨克勒 2001 年 4 月 13 日致戈登海姆的信。

[39] 霍根 2000 年 8 月 5 日致戴维·哈多克斯的信，引自凯斯勒的报告。

[40] "Fueling an Epidemic: Exposing the Financial Ties Between Opioid Manufacturers and Third Party Advocacy Groups," Ranking Member's Office, Homeland Security and Governmental Affairs Committee, U.S. Senate, Feb. 2018.

[41] "The Pit Bull of Public Relations," *BusinessWeek*, April 17, 2006.

[42] "Heroic Dopeheads?" *New York Post*, Aug. 1, 2001.

[43] 德岑霍尔 2001 年 8 月 1 日致霍根、尤德尔和弗里德曼的信。

[44] "Inside Purdue Pharma's Media Playbook: How It Planted the Opioid 'Anti-story,' " ProPublica, Nov. 19, 2019.

[45] 德岑霍尔 2001 年 8 月 3 日致尤德尔的信。普渡的发言人显然不知道这封邮件的存在，或者不知道我手上有这封邮件，他说："关于埃里克·德岑霍尔雇用克罗尔公司进行此类调查的说法都是错误的。"

[46] "The Secret Keeper," *New Yorker*, Oct. 19, 2009.

[47] "Pain Relief."

[48] "They Haven't Got Time for the Pain," *Corporate Counsel*, Feb. 1, 2004.

[49] Meier, *Pain Killer* (2018), 144.

[50] "Saleswoman Sues OxyContin Maker over Dismissal," *Tampa Tribune*, Feb. 1, 2005.

[51] 出处同上。

[52] 凯伦·怀特 2003 年 12 月 17 日的证词，引自凯斯勒的报告。
[53] "Did Drug Maker Know of OxyContin Abuse?" ABC News, Oct. 5, 2007.
[54] Deposition of Karen White in *Karen White v. Purdue Pharma LP*, U.S. District Court, Middle District of Florida, 8:03-CV-1799-7: T-26MSS, May 5, 2004.
[55] Plaintiff's Motion in Limine, *Karen White v. Purdue Pharma LP*, U.S. District Court, Middle District of Florida, 8:03-CV-1799-7: T-26MSS, Jan. 13, 2005.
[56] "Saleswoman Sues OxyContin Maker over Dismissal."
[57] 出处同上。
[58] "How Florida Ignited the Heroin Epidemic," *Palm Beach Post*, July 1, 2018.
[59] "Purdue Fights Back with Media Blitz, Legal Offensive," *Orlando Sentinel*, Oct. 21, 2003.
[60] "OxyContin Maker Sues to Get Plans Back," *Orlando Sentinel*, Dec. 14, 2002; Attorney General's Memorandum of Law in Opposition to Verified Emergency Complaint for Temporary and Permanent Injunction, *Purdue Pharma LP v. State of Florida*, Case No. 02-23184 CACE 02, Circuit Court, Broward County, Fla., Dec. 23, 2002.
[61] Eric Dezenhall, *Glass Jaw: A Manifesto for Defending Fragile Reputations in an Age of Instant Scandal* (New York: Twelve, 2014), 32.
[62] "Right Too Soon," *Columbia Journalism Review*, Aug. 23, 2017.
[63] 蒂莫西·班农 2007 年 7 月 12 日致詹姆斯·P. 琼斯法官的信。
[64] 出处同上；"Inside Purdue Pharma's Media Playbook."
[65] "Right Too Soon."
[66] "The Accidental Addict," *Slate*, March 25, 2004.
[67] "Sentinel Finishes Report About OxyContin Articles," *Orlando Sentinel*, Feb. 22, 2004.
[68] 迈耶 2001 年 8 月 24 日对尤德尔、弗里德曼和戈登海姆的采访记录。这份记录是普渡做的，后来作为证据提交给了检方。这份记录在引用三名高管的话时，并没有具体说明发言者的姓名。我之所以能够在书中写清楚谁说了些什么，是根据巴里·迈耶的回忆。
[69] 尤德尔 2003 年 1 月 9 日致迈耶的信。在尤德尔 6 月 20 日写给史蒂文·墨菲的信中，他提到自己在 6 月 5 日写给迈耶的另一封信中重申了这一提议。
[70] 霍华德·尤德尔 2003 年 6 月 20 日致史蒂文·墨菲的信。
[71] 韦特劳弗 2001 年 7 月 27 日致理查德·萨克勒的信。
[72] 理查德·萨克勒 2001 年 7 月 29 日致韦特劳弗的信。
[73] 理查德·萨克勒 2001 年 7 月 29 日发给韦特劳弗的第二封电子邮件。
[74] 韦特劳弗 2001 年 7 月 29 日致理查德·萨克勒的信。
[75] 理查德·萨克勒 2001 年 7 月 30 日致韦特劳弗的信。
[76] 韦特劳弗 2001 年 7 月 30 日致理查德·萨克勒的信。
[77] 理查德·萨克勒 2001 年 7 月 30 日致韦特劳弗的信。
[78] Email cited in Amended Complaint, *State of Connecticut v. Purdue Pharma*, No. X07 HHD-CV-19-6105325-S, May 6, 2019. 有关电子邮件和发件人的更多详细信息可参见理查德·萨克勒 2019 年的证词。

[79] 凯西・萨克勒证词中引用的往来电子邮件。
[80] Meier, *Pain Killer* (2003), 12.
[81] 出处同上，第 293—294 页。
[82] "Correcting the Record: Times Reporter Who Resigned Leaves Long Trail of Deception," *New York Times*, May 11, 2003.
[83] "The Times Chooses Veteran of Magazines and Publishing as Its First Public Editor," *New York Times*, Oct. 27, 2003.
[84] "Repairing the Credibility Cracks," *New York Times*, May 4, 2013.
[85] "Times Chooses Veteran of Magazines and Publishing as Its First Public Editor."
[86] 出处同上。
[87] "The Delicate Balance of Pain and Addiction," *New York Times*, Nov. 25, 2003.
[88] "The Public Editor: You Can Stand on Principle and Still Stub a Toe," *New York Times*, Dec. 21, 2003.
[89] 对奥克伦特的采访。
[90] 对迈耶的采访。
[91] "Public Editor: You Can Stand on Principle and Still Stub a Toe."
[92] 对迈耶的采访。
[93] 出处同上。

第二十章
背黑锅

约翰·布朗利是个颇有政治抱负的年轻检察官。他在弗吉尼亚州长大，父亲是一名曾在越南服役的步兵军官。布朗利曾就读于威廉与玛丽学院法学院，并在军队中服了四年现役。2001 年 9 月 11 日前的几个星期，小布什任命他为弗吉尼亚州西区的联邦检察官。[1] 这是份美差，但当时认识布朗利的人都说，他只不过把它当作垫脚石。他真正想做的是在共和党党内步步高升，竞选州总检察长。在那以后，谁知道他还会爬到什么位置？也许是州长，或者是参议员？

布朗利上任时，他所在的州奥施康定泛滥。他入职还不到一个月，他的办公室就宣布有不少奥施康定贩子认罪了。[2] 奥施康定危机让检察官们忙得不可开交：好像每隔一周，他们就会对医生、药贩子、药剂师和抢劫药店的窃贼提出指控。类似的案件越来越多，而且它们都有个共同点——奥施康定似乎在社区中发挥了强大的影响力。布朗利想知道，这一切是谁**造成**的？[3] 几乎在一夜之间，接二连三的麻烦降临了弗吉尼亚州。但它们是从哪儿来的呢？

布朗利的下属告诉他，麻烦的源头是康涅狄格州。他在联邦检察官的位置上干了几个月以后，他的办公室起诉了一个名叫塞西尔·诺克斯的当地医生，罪名是非法销售奥施康定。此类案件的案情大抵相似：一家几乎不问诊的诊所成了大量出售阿片类止痛药的经销商。但当布朗利的办公室调查诺克斯时，他们发现他还有个副业——做付费演讲。“我们知道他做过一些促销演讲，”布朗利在新闻发布会上说，“是为普渡做的。”[4]

布朗利喜欢召开新闻发布会。事实上，他正是霍华德·尤德尔总爱嘲笑的那种律师，按尤德尔的原话讲是“过分热心的检察官，对政治充满野心”。他显然很享受宣布起诉和认罪时所得到的公众关注。说来有点儿滑稽：当布朗利在全州旅行时，他准备了一个可以折叠的便携式讲台，放在汽车的后备厢里，以便随时随地向媒体发表声明。

当时，布朗利手下的两名检察官兰迪·拉姆塞耶和里克·芒卡斯尔已经开始对普渡展开调查。[5]拉姆塞耶和芒卡斯尔在阿宾登的驻外办事处工作。阿宾登是个坐落于蓝岭山脉的小镇，这里的驻外办事处一切从简：办公室设在商业区一间临街的小屋子里，紧挨着牙科诊所。但拉姆塞耶和芒卡斯尔都是手段强硬、经验丰富的职业联邦检察官，亲眼见证了奥施康定给他们的社区带来的痛苦。

任何检察官都会听从正义的召唤，同时也受到欲望的驱使。对有些人来说，正义至上乃是首要原则；而对其他人来说，主持正义意味着站在聚光灯下。不过，如果能够办理重大案件，那么，无论是对正义的坚守还是对名利的向往，都可以就此得到满足。"我们坐在一起讨论最大的案子会出在哪儿，"里克·芒卡斯尔回忆说，"我们决定，让我们来看看普渡吧。"[6]这家远在康涅狄格州斯坦福德的家族制药公司，突然通过销售奥施康定赚了数十亿美元，看起来像是个重要角色。当然，不道德的制药公司不只普渡一家，销售阿片类药物的也还有别的公司。但在当时，普渡似乎是罪魁祸首。处方药滥用一直是困扰阿巴拉契亚地区的一大问题。然而，奥施康定的出现改变了整个游戏规则，芒卡斯尔和拉姆塞耶不断听到有传闻说普渡的销售代表步步紧逼，以及他们如何强迫当地的药剂师多开奥施康定。[7]小镇上的药剂师往往和病人很熟，彼此之间直呼其名，他们知道哪些人需要大量阿片类止痛药来治病，哪些人显然不需要。但普渡的销售代表却向当地的药剂师施压，让他们在明知道顾客没有正当医疗需求的情况下出售奥施康定。到底是怎样一种商业模式在驱使普渡的销售代表这么做呢？

当检察官们向布朗利提起拿普渡开刀的主意时，他立即表示支持，并告诉他们要"全力以赴"地行动。这不是普渡习以为常的民事案件——此前普渡一直面临着各方提起的民事诉讼，并在这类诉讼中大获全胜。这将是一次刑事调查。检察官会先收集证据，走访相关人士，要求普渡提供内部文件。

"要是我们什么也没查到呢？"拉姆塞耶大声问道。

"至少我们查过了。"芒卡斯尔说。

2002年12月3日，阿宾登的检察官向康涅狄格州发出传票，索要有关奥施康定生产、营销和分销的公司记录。[8]那时的芒卡斯尔已经当了20年律师。他曾在华盛顿的司法部工作，审理过全国各地的案件。他认为，两个在弗吉尼亚边远地区的临街陋室办公的律师，没道理不能对一家实力雄厚的公司提起不同于以往的刑事诉讼。

只不过，如果他们这么做的话，就需要更多的办公空间。离他们工作的商业区大约1英里远的地方，在公路的另一头，有人建造了一个现代化的写字楼区。这个写字楼区与周围的环境格格不入，以阿宾登的标准来看可谓相当豪华。芒卡斯尔把它叫作“泰姬陵”。两名检察官在那里设立了办事处，用来办理此案。因为人手不够，他们从其他机构请来了外援，凑成了一个临时团队：州总检察长办公室的一名医疗补助欺诈专家、美国食品药品监督管理局的两名刑事调查员，以及美国国税局的一名特工。[9]

如果普渡被迫交出文件，芒卡斯尔认为该公司可能会使出诉讼中常见的花招：用堆积如山的文件“砸晕”检察官。[10]接到传票后，普渡律师的应对之法是交出大量文件，以至于检察官永远也别想看完。就算其中**包含了一些**涉案文件，普渡也会把它们藏进纸堆里，尽量不让检察官发现。果不其然，装满文件的箱子开始抵达“泰姬陵”。一个接一个的纸箱乘着联邦快递的卡车来到这里，文件从几万页、几十万页，一直累积到了**几百万**页。这里成了文件的海洋。任何一个人——任何一个团队——终其一生也无法看完这么多文件。有人拍过一张证物室的照片：大约1000个文件箱整齐地码放在铁架上，总共占了9层，每层有20个箱子。[11]

不过，调查人员早就料到他们会遇上这个难题，他们有条不紊地把事情解决了。每到一份新文件，他们就对其进行扫描，然后录入数据库。调查人员查阅了普渡的内部文件，开始对该公司的内部运作情况有所了解，进而发出了更有针对性的新传票。阿宾登的检察官们彻查了普渡的机密记录，瞄准了他们感兴趣的特定领域，最终，他们向普渡发送了近600张不同的传票。[12]

为了打这场官司，霍华德·尤德尔聘请了一位颇有影响力的华盛顿律师。此人名叫霍华德·夏皮罗，以前担任过美国联邦调查局的总法律顾问，现在是威凯平和而德律师事务所的合伙人。早些时候，里克·芒卡斯尔曾在华盛顿工作，他对所谓的“旋转门”现象持怀疑态度。[13]像威凯平和而德这样的律所，许多合伙人都曾在司法部担任要职，而司法部的许多高级政务官过去也曾在类似的律所工作过（可能还希望在未来的某一天重回律所工作）。所以，此类私人律所的高级合伙人和司法部的政治任命者难免走得很近。倘若在工作日走进白宫附近的高档餐厅，你偶尔会看到司法部官员在和敌方律师共进午餐，称兄道弟。芒卡斯尔或许对此心有不甘；他喜欢干巴巴地开玩笑说，他只是“一个来自不起眼的小办事处的律师”。但是，如果普渡聘请了霍华德·夏皮罗这样的律师，芒卡斯尔担心该公司可能不会通过摆事实、讲道理打赢官司，而是会委派其高薪聘请的律师越过芒斯卡尔——也越过他的上司约翰·布朗利——说服司法部的政治领导层中止这个案子。

普渡也正是这么做的。在检察官发出传票的同时，辩护团队直接求助于司法部最有权势的官员之一——司法部副部长詹姆斯·科米。他们向科米传达的信息很简单：阿宾登的这些检察官误入歧途了，司法部需要——用霍华德·夏皮罗的话来说——“约束弗吉尼亚州西区”[14]。于是，科米命令约翰·布朗利来华盛顿见自己。这场会面之前，芒卡斯尔和兰迪·拉姆塞耶向布朗利作了简要而全面的汇报，逐一阐明了他们目前发现的证据、此次调查的正当性。随后布朗利开车去了华盛顿。但当他走进副部长气派的办公室时，科米却根本不想看证据。他让布朗利概括一下调查的大致情况。科米一时没搞清涉案对象，布朗利只好向他解释这个案子针对的是奥施康定的生产商普渡制药，而不是鸡肉加工企业珀杜农场。科米理清来龙去脉后说：“回弗吉尼亚办你的案子去吧。”[15]他不需要听完整的情况说明。

这可真叫人松了口气。弗吉尼亚州的检察官得到了科米的信任和支持——按照他们的说法，科米在华盛顿“罩着”他们。于是他们继续工作。里克·芒卡斯尔心里有数，他们要对付的是一群律师——据芒卡斯尔所知，夏皮罗的律师事务所可能有 20 个人在处理这个案子——所以他会要一些小花招，让对手保持警惕。有时，芒卡斯尔会把周日的闹钟设在凌晨 4 点，等时间一到，他就起床穿好衣服，走进办公室，给普渡的律师发传真。[16]这样一来，当普渡的律师看到传真上的时间戳时，他们就会认为阿宾登的律师肯定有一个庞大的团队，而且这些人都在夜以继日地工作。

调查人员不仅拿到了几百万页文件，还进行了大约 300 次访谈。[17]他们的发现令人震惊。普渡的领导层一直在向当局和公众传播一套关于他们公司的说辞，并且颇有成效，正如他们也成功地向医生推介了奥施康定。霍华德·尤德尔的法律秘书玛莎·韦斯特被解雇以前，曾经注意到尤德尔似乎越来越多疑，不愿意保留普渡的文件和员工的各类书面报告。[18]事实证明，尤德尔完全有理由感到紧张。布朗利的调查人员向普渡发送了传票，调取了该公司的电子邮件、备忘录、会议记录和营销计划。此外，他们还拿到了史蒂文·梅等销售代表撰写的实地考察记录，上面记载着他们与医生或药剂师的每一次互动。在仔细查看这些材料的过程中，调查人员发现，普渡关于自身行为的那套说辞，几乎没有哪条关键信息是真的。

● ● ●

普渡的管理人员声称，该公司无法提前预知奥施康定可能会遭到滥用，但他们自己的文件却降低了这一说法的可信度。有些高管作证说，他们没有发现美施康定滥用的明显迹象，但恰恰是同一批人，曾在电子邮件中多次谈到美施康定滥用的话题。“我在中西部当经理的时候……总是从各地收到关于美施康定的这类消息，”普渡高管马克·阿方索在2000年6月的一封电子邮件中写道，“一些药店甚至不愿意储备美施康定，因为他们害怕被抢劫。”[19]（迈克尔·弗里德曼将这封邮件转发给霍华德·尤德尔，问道：“你需要我把这些谈话都用邮件发给你吗？”）

不过，之所以说普渡本该料到奥施康定可能被滥用，还有另一个原因：该公司的内部研究表明，奥施康定的疗效通常没有广告里说的那么好。[20]在普渡的一项针对骨关节炎患者的临床试验中，七名受试者中有两人报告说，哪怕他们服用的奥施康定剂量很小，停药后依然会出现戒断反应。然而，奥施康定最终的药品说明书却声称，服用60毫克或以下剂量的患者可以“突然停药而不会发生意外”[21]。布朗利的检察官发现，普渡指使销售人员推广一篇文章，按照这篇文章的说法，服用小剂量奥施康定的患者停药后，不会出现戒断反应。

2001年，当巴里·迈耶采访弗里德曼、戈登海姆和尤德尔时，对方告诉他，他们万分惊奇地发现人们可能会把奥施康定溶解在水中，然后通过静脉注射的方式摄入，此前他们从来没有考虑过这种可能性。[22]但检察官却发现，该公司早就发现奥施康定溶液可以注射，为了测算出一片奥施康定溶解后能得到多少羟考酮，他们进行过所谓的“勺子和注射”研究。[23]研究发现，通过这种方式可以获得奥施康定所具备的大部分麻醉效力。(检察官的调查结果却显示，普渡对销售代表进行了培训，要求他们告诉医生，这种药物无法注射。[24])

人们也许会希望美国食品药品监督管理局对奥施康定的危险性保持警觉。但阿宾登的调查人员却发现了令人不安的线索：普渡与食品药品监督管理局的审查员柯蒂斯·赖特过从甚密。[25]检察官们推断，赖特与普渡高管的接触“基本上是非正式的”。布朗利的团队发现了一封 1995 年 3 月的电子邮件，在邮件中，负责新药报批事宜的普渡高管罗伯特·里德告诉霍华德·尤德尔，赖特已经“证实”奥施康定将会通过批准，而此时距离奥施康定的实际获批时间还有九个月。[26]里克·芒卡斯尔开始怀疑，赖特离开食品药品监督管理局之前，肯定已经和普渡商量好了以后去哪儿工作。“我觉得他们达成了秘密交易，”芒卡斯尔表示，“我永远无法证明这一点，所以这只是我个人的观点。但要是全盘考虑的话，别的解释都说不通。”[27]

普渡并没有证据能说明奥施康定比其他止痛药更不容易被滥用，但食品药品监督管理局却允许该公司如此声称。于是，销售代表们顺势策划了一场惊天骗局。根据销售人员的实地考察记录，销售代表们一次又一次地告诉医生和药剂师，奥施康定属于缓释药物，不容易出现药物的峰谷效应，只有不到 1% 的服用者上瘾。检察官分析完这些记录以后得出的结论是，这是一场有组织的、事先编写好脚本的宣传活动。“这类案子的被告方总是辩护说，‘我们中间有几匹害群之马’，”布朗利指出，“但当你看到电话记录时，你会发现这是公司的政策。”[28]调查人员有一张美国地图，每当他们在电话记录中发现欺诈营销的罪证，他们就会把发生过此类对话的州涂成红色。“突然之间，**所有的州**都变成了红色。”布朗利回忆说。

“这些人接受过培训。”布朗利总结道。销售代表们夸大了奥施康定的安全性，但这种说法并不是他们自己凭空编造的。他们这样说也是有依据的。普渡交出了他们培训销售人员时使用的教学录像带，在录像带中，普渡的主管公然怂恿销售代表们宣扬奥施康定安全无害，尽管该公司的管理人员知道事实并非如此。这个发现引起了布朗利的强烈兴趣。“他们实际上是在**训练**人们对产品进行虚假宣传。”

调查人员找到了证据，证明销售代表们在已知医生被临时吊销执照的情况下，仍去拜访了这些医生。[29]他们发现了俄亥俄州一名销售代表的记录，此人在 1999 年向普渡报告说，他拜访的有个医生只想谈论“奥施康定的黑市价格”[30]。他们发现了迈克尔·弗里德曼和一名公关专家在1999年的电话记录，弗里德曼在通话中说："我的意思是，我们有一种每片80毫克的奥施康定片剂。你要知道，这样一片药中的羟考酮含量相当于16片氨酚羟考酮片……所以瘾君子想搞到我们的药。"[31]

普渡自称在缓解疼痛方面做出了崇高贡献，但事实证明，就连这一点在很多情况下也是虚假的。20世纪50年代，亚瑟制作了西格马霉素的广告，广告附有看似真实的医生名片，据说该产品得到了这些医生的认可。《星期六评论》的记者约翰·利尔发现，这些医生并不是真实存在的。理查德·萨克勒提出要将奥施康定服用者的感言打造成专辑，普渡便求助于北卡罗来纳州的疼痛专家艾伦·斯帕诺斯，制作了视频《重拾人生》。不过，视频中的感言其实并不像表面上那样令人信服。建筑工人约翰尼·沙利文曾表示，服用奥施康定以后，他的日子比原来好过得多，后来他却停药了。调查人员发现，斯帕诺斯在一封电子邮件中承认："为了节省开支，他现在没有服用奥施康定，而是换成了美沙酮。"[32]即便如此，斯帕诺斯还是希望约翰尼能出演普渡的后续视频《重拾人生（二）》。"约翰尼在影片中给人的印象非常好，"斯帕诺斯兴奋地说，"我希望这不会妨碍他再次出现！"约翰尼确实出现在第二个视频中，尽管他不再服用奥施康定。[33]他说他现在可以"骑摩托车"和"搬运重型设备"。他称赞奥施康定没有副作用："吃完药以后从没有感到困倦过。"

《重拾人生》系列视频产生的实际影响比阿宾登的检察官们想象得还要可怕。萨克勒家族一直提倡简单粗暴的分类标准——患者是一类，瘾君子是另一类——有正当医疗需求的疼痛患者不会对奥施康定上瘾。但有些患者确实上瘾了，甚至包括出现在普渡宣传视频中的患者。《密尔沃基哨兵报》的一篇报道披露，首部《重拾人生》视频中的七名患者，有三人用奥施康定来治疗长期疼痛，生活得到了极大改善，但其他人的处境却更加困难了。[34]有个名叫劳伦的患者在视频中谈到了她所遭受的剧烈背痛。但到头来，她的奥施康定剂量翻了一番，然后又翻了一番。她丢了工作，再也负担不起每月600美元的奥施康定药费。当她试图减少药量时，她却经历了严重的戒断反应。因为把钱都花在了奥施康定上，劳伦付不起抵押贷款，她失去了她的车，接着是她的房子，最终只好申请破产。后来，她总算设法戒掉了奥施康定。她说，她的结论是："如果我没有摆脱这种药，我可能会死掉。"

视频中的另一名患者艾拉患有纤维肌痛，他说奥施康定让他得以锻炼身体并进行物理治疗。几年后，人们发现他死在自己的公寓里，享年 62 岁。死亡原因是高血压和心血管疾病。但毒理学报告显示，他的血液中含有两种阿片类药物，其中一种便是羟考酮。艾拉不久前才从戒毒中心出来。他死的时候口袋里还有药片。[35]

建筑工人约翰尼也陷入了止痛药成瘾的困境，他开始依赖奥施康定。他的妻子玛丽·卢一度对儿子们说："那种药会害死他的。"他不止一次因为不小心服药过量而住院。随着时间的推移，由于对奥施康定和吗啡的依赖，他丧失了行动能力，玛丽·卢只好像照顾伤员一样照顾他，给他穿袜子和鞋，给他刮胡子，给他洗头。[36]约翰尼在他的小货车的座位底下放了一袋药。一天，他打完猎开车回家，路上卡车翻了，他当场死亡。当时他 52 岁。

● ● ●

当弗吉尼亚州的调查人员提起诉讼时，萨克勒家族正计划在康涅狄格州举行一场盛大的庆祝活动，以纪念萨克勒家族拥有普渡 50 周年。[37]这是 2002 年，距离亚瑟·萨克勒为他的弟弟们买下格林威治村的小型专利药公司已经过去了半个世纪。经过莫蒂默和雷蒙德的进一步建设——后来理查德又对其进行了现代化改造，这家公司如今已成为一家利润丰厚的企业，每年的收入远远超过了 10 亿美元。[38]莫蒂默和雷蒙德专注于各种慈善事业，对公司业务管得越来越少了。莫蒂默最近被授予荣誉军团勋章——这是法国政府颁授的最高荣誉勋章，以表彰他的慷慨。[39]1999 年，他还被英国女王封为爵士，雷蒙德几年前也获得了同样的待遇。[40]（据一个认识他俩的人说，莫蒂默对他的弟弟比他先获得这一殊荣感到恼火——雷蒙德甚至都**不住在**英国。）一名英国评论员在《哈珀斯和女王》杂志上指出，向文化和教育机构提供大额捐赠——两兄弟现在的大部分精力都放在这上面——是一种"购买不朽"的方式。[41]

2003 年，正当弗吉尼亚州的调查人员在"泰姬陵"的资料室整理传讯记录，理查德·萨克勒辞去了普渡制药总裁的职务。"2003 年之前，我一直是个忙碌的高管，"他后来作证说，"在那以后，我只不过是个董事会成员。"[42]事实上，理查德的正式头衔虽然变了，但他的实际角色却没有变，他仍在深度参与公司的日常运作。对于奥施康定，他依然抱有强烈的感情，认为这种药物是他个人的心血，他近乎偏执地监控奥施康定的销量，要求员工定期向他汇报最新情况。在外界认为理查德“离开”普渡多年以后，一名高管在内部邮件中抱怨道，“理查德博士必须放手”，“他什么都要管，增加了大量额外工作，让大家的压力越来越大”。[43] 萨克勒家族任命迈克尔·弗里德曼担任普渡名义上的负责人，以接替理查德的位置。弗里德曼负责过奥施康定的营销推广，而这种药物当前正面临着严格审查。弗里德曼是理查德招进公司的。“他和迈克尔非常亲密，”罗宾·霍根回忆说，“理查德博士一直陪伴在他身边，扮演着顾问、批评者、教练和拉拉队队长的角色。”[44] 但理查德从来不是那种愿意把方向盘交给别人的人。有一回，弗里德曼向理查德抱怨，说他“与我的下属频繁互动”：“你和大家的交流影响了工作的优先级，破坏了我对他们的安排。这降低了我的工作效率。你不会停手，但这并不意味着你做的是对的。”[45]

理查德的弟弟乔纳森和他的堂妹凯西、堂弟莫蒂默最终也辞去了副总裁的职务。[46] 不过，一名检察官后来解释说：“那些举动只不过是作秀。萨克勒家族一直掌控着公司。”[47] 无论是大规模死亡、纷至沓来的民事诉讼还是弗吉尼亚州的联邦调查，都没能减弱萨克勒家族对奥施康定的自豪感。事实上，随着 50 周年庆典的临近，凯西·萨克勒的一大担忧是，她在家族中的竞争对手理查德会抢走她的功劳，声称奥施康定是他设想出来的——但在凯西看来，她才是最先想到这个点子的人。萨克勒家族打算专门设计一本小册子来纪念他们拥有普渡 50 周年。发明奥施康定是萨克勒家族史上的重要篇章，凯西很关心这本小册子会怎么描述这件事。在审阅了小册子的草稿后，她给父亲发了一封措辞激烈的电子邮件：“不管是什么文件，只要它像这份草稿一样暗示研发缓释型羟考酮药物是理查德的主意，我都会全力抵制。你知道，80 年代中期，我把我的想法告诉理查德，当时他还问我羟考酮是什么。”[48]

● ● ●

普渡的法律团队起初求助于詹姆斯·科米，虽说没有成功，但萨克勒家族也不必惊慌。他们有霍华德·尤德尔保护，还有华盛顿的霍华德·夏皮罗，以及玛丽·乔·怀特。就好像这支队伍还不够强大似的，他们还有个给他们牵线搭桥的人——前纽约市长鲁迪·朱利安尼。普渡之所以聘请朱利安尼，是因为当时他被认为是个享誉全国的杰出人物。人们把他看作 2008 年总统大选的准候选人；许多人认为他会获得共和党党内提名。朱利安尼的履历、他在华盛顿的知名度，是检察官约翰·布朗利这样野心勃勃的政客所梦寐以求的。最终，朱利安尼表示有兴趣和布朗利面对面地讨论这个案子。在两人坐下来谈判之前，布朗利买了朱利安尼刚出版的新书读；这本书是《领导力》。[49]

“朱利安尼精于此道。”布朗利观察到，这位前市长似乎并不特别了解案子的细节，普渡聘请他也不是为了让他打官司。里克·芒卡斯尔也见过朱利安尼，他回忆说，“他风度翩翩，很有政治头脑，非常随和”，“他们希望尽快了事，而朱利安尼的任务是插手这件事，和我们达成交易”。[50]

布朗利很客气，但他并没有退让。“他不是魔术师，”他回忆说，“他无法改变事实。”[51]他的检察官收集到的证据表明，普渡的行为极其恶劣，他们认为凭着这些证据，不仅可以对普渡提出重罪指控，还可以对迈克尔·弗里德曼、保罗·戈登海姆和霍华德·尤德尔提出重罪指控——这三名高管被萨克勒家族推到公众面前，充当奥施康定的代言人。

在阿宾登，里克·芒卡斯尔整理出了一份秘密文件，这是一份起诉备忘录，他把检察官们收集到的所有涉案证据汇合在一起，以便陈述案情。[52]这份文件上标注的日期是 2006 年 9 月 28 日。报告长达一百多页，是五年调查的成果，脚注一丝不苟。这份备忘录将普渡的违法行为一一列出，足以煽动公众的怒火。它不仅列举了一长串可以提起诉讼的罪行，还以法医般严谨的态度挖掘了大量细节，证实普渡的高层不仅对这些罪行心知肚明，而且作出了指示。备忘录称，为了进行虚假宣传，“这些同谋对普渡的销售人员进行了培训，向他们提供培训和营销材料”。报告指出，弗里德曼、戈登海姆和尤德尔的宣誓证词与普渡自己的文件极为矛盾。检察官们直言不讳地表示：普渡的高管们在向国会作证时“弄虚作假，满口谎言”。

据五名熟悉案情的前司法部官员说，布朗利想对弗里德曼、戈登海姆和尤德尔这三名高管提出多项重罪指控，包括“虚假标示”（药品标签含有虚假信息）、电信诈骗、邮件诈骗和洗钱。检察官通常不愿对上市公司提起刑事诉讼，因为他们担心股价暴跌可能会给股东造成惨重的经济损失，尽管这些股东也许对相关犯罪行为一无所知。但在普渡这个案子里，没有小额购入公司股票的散户。只有萨克勒家族。芒卡斯尔的起诉备忘录讲述了一起错综复杂、持续数年、利润异常丰厚的犯罪阴谋的内情。普渡的记录显示，该公司已经销售了价值超过 90 亿美元的奥施康定。因此，除了对普渡及其高管提出重罪指控外，检察官们还要求罚款。他们讨论了合理的罚款金额应该是多少，无论他们如何报价，都难免要和被告展开激烈谈判。但他们还是定下了罚款金额，他们报价 16 亿美元。[53]

萨克勒家族的人似乎并不是刑事诉讼的直接目标，得知这一点，他们或许会稍感安慰。数十年来，萨克勒家族一直在掩盖他们与多家公司之间的关系，在当前情况下，他们的诡计真的派上了用场。不过，当联邦检察官对一家公司提起刑事诉讼时，他们很少从指控首席执行官或董事长入手。[54]相反，他们倾向于先瞄准比一把手低一到两级的高管。这样做的根本原因在于，级别较低的高管会亲自处理公司实务，留下的书面记录更多，所以他们的涉案证据往往更容易收集。但在白领犯罪案件中，这类被告也成了特别容易受到攻击的目标。这些人一般都是双手柔嫩、养尊处优、名声清白的中年男子。要是你对他们提起刑事指控，而他们突然面临着牢狱之灾，那么，只要一想到坐牢，他们就会恐惧不已。也正因为如此，他们经常被说服，选择倒戈——指证首席执行官或董事会主席，以争取宽大处理。

理查德·萨克勒的名字在起诉备忘录中反复出现。他本人曾担任普渡总裁，并与弗里德曼和其他高管保持密切联系，因此他自然而然成了调查的焦点。在起诉备忘录中，芒卡斯尔称萨克勒家族为“那个家族”，并指出弗里德曼、戈登海姆和尤德尔都“直接向那个家族汇报”。[55]如果检察官们能够对这些高管提出重罪指控，并以判刑入狱相威胁，那么他们很可能诱使至少一个人——或者三个人——在这场官司中背叛萨克勒家族，成为控方证人。

然而，针对三名高管的刑事指控通过之前，此案已被送交华盛顿的司法部审查。芒卡斯尔的起诉备忘录来到司法部的刑事司，落在了年轻律师柯克·奥格罗斯基的办公桌上。奥格罗斯基与弗吉尼亚州的检察官进行了交流，并花了 10 天时间审阅备忘录。然后他自己准备了一份关于这个案子的备忘录。[56]他总结说，这是板上钉钉的。他写道，“就像我们弗吉尼亚州西区的一线检察官所指出的那样，在我们的历史上，也许没有哪个案件给公众健康和安全带来过如此沉重的负担”，并指出“奥施康定滥用严重影响了数百万美国人的生活”。用司法部的行话来说，这是一起“正义的案件”，奥格罗斯基建议他的同事对普渡及其高管提出多项重罪指控。他强调应当立即行动，毫不耽搁，并指出普渡“有拖延诉讼的直接经济动机”，因为奥施康定的“欺诈式销售和营销”每个月仍能产生 1 亿美元的利润。

这个案子证据充分，若是由弗吉尼亚州西区的法院来判，定罪并不困难——在弗吉尼亚州西区，很多有可能会出庭的陪审员都认识一些被奥施康定毁掉生活的人。[57] 事实上，如果三名高管被起诉，他们也许会先看看胜算如何，然后赶紧签署合作协议。正如一名参与此案的律师所言：“我的直觉是，如果这三人中有一人这么做，萨克勒家族就会垮台。”

● ● ●

三名高管并没有倒戈。2006 年 10 月的一天，约翰·布朗利接到一个电话，通知他被告的辩护团队已经安排好要在司法部助理部长的办公室开会并进行简单陈述。布朗利和他的团队如临大敌。并不是每一起刑事案件的被告都有机会越过起诉他的人，直接向司法部的高级官员提出非正式上诉，但那些有钱有势的美国人是可以行使这项特权的。然而，即便是在一个由富人和权贵操纵的司法系统中，按照惯例，检察官至少有机会在上级会见被告之前向他们简要介绍案子的详情。

布朗利、芒卡斯尔和拉姆塞耶动身前往华盛顿。此次会议在司法部助理部长办公室附设的一间大会议室里召开，司法部助理部长是一位名叫艾丽丝·费舍尔的女性。会议室里有一张橡木长桌，周围是几把皮椅。墙壁上摆放着一排排法律书籍，营造出一种肃穆正直的气氛。霍华德·夏皮罗、玛丽·乔·怀特以及为普渡和三名高管辩护的其他律师鱼贯而入。[58] 会议由费舍尔和小布什政府任命的其他几名级别较低的官员主持，其中包括费舍尔的副幕僚长罗布·考夫林。后来，在另一起不相关的案件中，考夫林自己也承认了一项重罪指控——他在司法部为杰克·阿布拉莫夫（此人是个罪行累累的说客）的客户提供帮助，以换取高档饭店的餐食、体育赛事的门票和其他利益。[59] 但就目前而言，他似乎是个值得信赖的美国政府官员，他和费舍尔给了普渡的律师们充足的时间来进行辩护。律师们作了强有力的陈述，说明布朗利和他的检察官们在对付普渡时热心过了头。[60]他们特别提到，对弗里德曼、戈登海姆和尤德尔提出重罪指控是极不恰当的。他们三人根本无需承担刑事责任。如果说普渡在奥施康定的营销过程中惹了麻烦，那也仅仅是几个无良销售代表的个人行为，这些高管但凡对此有所耳闻（可他们并不知情），他们绝不会容忍（更不会姑息）。

会议结束后，布朗利得知司法部不支持他们对三名高管提出重罪指控，尽管他和他手下的检察官花了五年时间收集证据。普渡可能会因为虚假标示情节严重而被起诉，弗里德曼、戈登海姆和尤德尔可能分别被控一项轻罪。“布朗利气得破口大骂。”一名当时与他交谈过的前司法部官员回忆说。里克·芒卡斯尔和兰迪·拉姆塞耶“大为光火”。

多年后，司法部私下做出的这项决定成了不解之谜，因为所有的相关官员都不愿意承认此事与自己有关。撤销对弗里德曼、戈登海姆和尤德尔的重罪指控似乎是司法部助理部长艾丽丝·费舍尔做出的决定。但当时与费舍尔共事的几名律师强调，她没有权力否决布朗利这样的联邦检察官，因此，她肯定是在执行她的上司——司法部副部长保罗·麦克纳尔蒂的命令。费舍尔在司法部任职期间很少谈及内部讨论，但她破例坚称，“此案涉及的任何指控决定都不是我做的，我也没有对其予以否决”，这似乎表明放过三名高管归根结底是麦克纳尔蒂的主意。[61]约翰·布朗利回想起自己和麦克纳尔蒂见过面，谈论过普渡的案子。[62]但在一次采访中，麦克纳尔蒂声称，针对普渡高管的重罪指控被降为轻罪指控**不是**他的决定，事实上，根本没有人就此事征求过他的意见。[63]这是一个找不出下达者的指令：一桩幕后交易，当时的公务员中没有哪个人会为此负责。

这是“普渡买到的政治结果”，一名参与此案的前司法部官员说。在司法部看过起诉备忘录的另一名前官员保罗·佩尔蒂埃表示：“司法部之所以**存在**，就是为了办这种案子。当我看到证据时，我毫不怀疑，如果我们起诉这些人，如果这些人进了监狱，人们做生意的方式就会得以改变。”[64]

但普渡另有对策。对里克·芒卡斯尔来说，这正是他担心过的情况：阿宾登办事处的检察官们花费了职业生涯中的相当一部分时间，试图对普渡发起无懈可击的诉讼，到头来几个有权有势的华盛顿政客却直接越级插手他们的工作，让他们的所有努力付诸东流。根据霍华德·夏皮罗后来的证词，普渡向他的事务所支付了5000多万美元，作为受理此案的酬劳。[65]

● ● ●

尽管针对普渡的刑事诉讼已经不具备威胁性了，但该公司的律师仍在争取优势。[66]布朗利希望，就算没有人被判入狱，普渡至少得以公司的名义认罪，承认自己犯下的重大罪行。他想要普渡缴纳一笔巨额罚款，并要求三名高管承认轻罪指控。但玛丽·乔·怀特和其他律师已经摸准布朗利的权力其实是相当有限的，他们继续悄悄运作，进一步破坏诉讼。普渡的律师表示，控方的要求**还是**太过分了；该公司并不急于签署认罪协议，他们依然不承认弗里德曼、戈登海姆和尤德尔有罪，哪怕仅仅是轻罪。

终于，布朗利发出了最后通牒。[67]普渡及其高管要么签署认罪协议，要么面临刑事指控。公司有五天的时间做出决定。在规定期限的最后一天晚上，布朗利仍然没有收到回复。那天晚上，他正在弗吉尼亚州的家中，这时他的电话响了。来电的是一个名叫迈克尔·埃尔斯顿的年轻人，他是司法部副部长保罗·麦克纳尔蒂的幕僚长。埃尔斯顿告诉布朗利，普渡制药的律师抱怨说，起诉把他们逼得太紧了。他对普渡的同情是明摆着的，以至于布朗利觉得他“几乎是在代表他们询问”[68]。他所传达的信息是明确无误的：撤销行动。放慢节奏。普渡不想签署认罪协议。别逼他们。

埃尔斯顿是代表他的老板插手这个案子的，但他当时没跟布朗利通气。保罗·麦克纳尔蒂接到了玛丽·乔·怀特亲自打来的电话。“是玛丽·乔·怀特。”麦克纳尔蒂说。[69]“这个人自以为能接近”司法部副部长。他指出，对于像怀特这样有声望的律师来说，“有这样大胆的想法倒不见得反常”。因此，麦克纳尔蒂告诉他的幕僚长“玛丽·乔来过电话”，并指示他与约翰·布朗利谈谈，“看看他能不能帮助她”。

约翰·布朗利被认为是个政治家，就连他自己手下的检察官也这么看：他是个善良而正直的人，却碰巧对晋升怀有明显的野心。他是共和党人，而小布什政府以重视忠诚而闻名。一群人脉颇广的政治任命官员悄悄站在了普渡那边，他们正是约翰·布朗利这样的人需要结交的政治掮客。理查德·萨克勒曾经吹嘘说，他们可以和任何一个参议员通电话，对普渡来说，这不过是小事一桩，很快就能办到：先让玛丽·乔·怀特给司法部的麦克纳尔蒂打个电话，再是埃尔斯顿打给布朗利——起诉的事是布朗利在负责，但考虑到此人的性格和职业规划，他也许特别容易听命于富有影响力的政治人物，对普渡放宽期限。

但布朗利拒绝让步。[70]他告诉埃尔斯顿，作为联邦检察官，他有权提出这些指控，诉讼正在推进中，埃尔斯顿最好“别挡道”。一些了解布朗利的人认为，他只是受够了被人摆布。另一些人则认为，奥施康定给他的州带来了毁灭性灾难，害死了不少人，以至于他不得不坚持原则。[71]无论如何，里克·芒卡斯尔说：“那天我对他产生了深深的敬意。”

布朗利明确告诉埃尔斯顿他不会让步，随后他挂断了电话。那天晚上晚些时候，他得知普渡和三名高管将会签署认罪协议。[72]但布朗利拒绝给华盛顿的高官提供方便，他的不合作态度是不会被遗忘的。距离给布朗利打电话那晚不到两周，迈克尔·埃尔斯顿拟定了一份解职名单——出于政治考虑，小布什政府打算解雇一批联邦检察官。这是个极不寻常的举动，因为从定义上来看，联邦检察官应该是非政治化的。这一举动将在华盛顿引起轩然大波，促使国会展开调查，最终使埃尔斯顿失去工作。他拟定的这份解职名单以政治上的“忠诚”为参照标准，而名单上的联邦检察官显然没有对小布什政府表现出足够的忠诚。埃尔斯顿把布朗利的名字加到了名单上。布朗利还没有被真正解职，丑闻就曝光了。但布朗利后来作证说，他确信自己的名字会出现在名单上，因为他坚持要起诉普渡。[73]

● ● ●

第二年的一个春日，巴里·迈耶正在纽约，这时他从布朗利办公室的一名工作人员那里收到消息：普渡制药不久后会在联邦法院认罪。[74]该公司要求听证会期间不得有记者出现在法庭上。当然，最终的结果本来有可能对普渡不利得多，但对该公司来说，认罪这天依然很难堪——对弗里德曼、戈登海姆和尤德尔来说尤其如此。

“布朗利希望你在场。”迈耶的联络人告诉他。在办理普渡的案子时，检察官们参考了他的书《止痛毒丸》以及他为《纽约时报》撰写的报道。所以出于礼貌，他们向他透露了普渡认罪的消息。

三年前，在尤德尔的要求下，纽约时报社的管理层禁止迈耶继续报道奥施康定，此后他再也没有发表过任何有关普渡的文章。[75]但最近他换了个新编辑，他告诉对方自己想去弗吉尼亚州写一篇关于普渡认罪的文章。

“之前的一切既往不咎，”编辑说，“去写吧。”

在法院举行听证会的前一天，迈耶乘火车去了华盛顿，然后租了一辆车，一直开到罗阿诺克，在那里和约翰·布朗利共进晚餐。这个案子的结果或许并没有达到检察官的预期，但布朗利很豁达。最终，普渡承认其虚假标示且情节严重，就这项刑事指控签署了认罪协议。弗里德曼、戈登海姆和尤德尔都将认下虚假标示的轻罪，20 年内不得从事包含纳税人埋单的医疗保健项目（如医疗保险）的商业活动。（这一从业禁止期限后来缩短为 12 年。）他们将被判处三年缓刑和 400 小时社区服务。普渡将缴纳 6 亿美元的罚款。[76]能取得这样的结果相当不容易。

第二天早上，迈耶很早就醒了，开车去了阿宾登，他在那里遇到了一名自由摄影师。他知道弗里德曼、戈登海姆和尤德尔是前一天晚上坐飞机来的，在法院旁边的一家旅馆——玛莎·华盛顿酒店住了一晚。这些高管免去了戴手铐的屈辱，他们不像罪犯，而是像白领那样从旅馆走到法院。迈耶想拍张照片。他和摄影师一起蹲守在沿街停着的一排汽车中。然后他们看见那些人来了。他们都穿着深色西装，表情沮丧。弗里德曼似乎没有往日那么趾高气扬。尤德尔拖着笨重的身子蹒跚前行。看到巴里·迈耶从两辆车中间跳出来，而他的摄影师在拍照，[77]高管们吃了一惊，显然很不高兴。他们上一次和迈耶见面还是在五年前，那是在斯坦福德的普渡总部，他们对迈耶说了不少无耻的谎言。现在，三名高管什么也没对迈耶说，就匆匆走进了法院。[78]迈耶在《纽约时报》上写道：“普渡制药在今天的庭审中承认，‘出于欺骗或误导的意图’，它在营销和推广奥施康定时，将其定位为一种比其他止痛药更不易上瘾、更不易滥用、更不易引发麻醉副作用的药物。”[79]但他这篇报道的潜台词显而易见：**我早就告诉过你们了。去你的**。

后来，在那年夏季的一个雨天，弗里德曼、戈登海姆和尤德尔被迫返回阿宾登接受宣判。这项程序更加公开。大批观众从全国各地赶来观看这一盛事。他们中的许多人都因奥施康定而失去了亲人。审理此案的法官詹姆斯·琼斯 60 多岁，脸上挂着和蔼的微笑，满头白发，他给了这些受害者发言的机会。

“先生们，”一个名叫琳恩·洛卡西奥的女人对弗里德曼、戈登海姆和尤德尔说，“你们对现代瘟疫负有责任。”[80]法庭里挤满了人。洛卡西奥从佛罗里达州的棕榈港大老远赶来。她讲述了她的儿子如何在出车祸以后按医嘱服用奥施康定，结果却上了瘾。其他的家长一个接一个地站起来，讲述他们与疼痛有关的简短却令人心碎的故事。“请不要因为有认罪协议就从轻判决。”一个名叫埃德·比什的男子恳求法官，他失去了 18 岁的儿子埃迪。[81]“这些罪犯理应坐牢。”一位母亲带着她孩子的骨灰盒来到了法庭。

一些家长坦率地谈到，他们的孩子首次服用奥施康定是在聚会上，当时只不过是为了消遣，后来他们却上了瘾，丢了性命。但按照其他人的描述，药瘾却是在医生的治疗下形成的。一个名叫肯尼·基思的男子表示，医生给他开了这种药来治疗慢性疼痛，后来他就上瘾了。“我是对奥施康定上瘾的患者之一，我经历了这一切，”他说，“每当我试图停药，戒断反应比我所经历的疼痛更难熬。”他失去了房子。他失去了家人。“我是一只失控的野兽。”他说。[82]

护士玛丽安·斯科勒克也来了弗吉尼亚州，她的女儿吉尔因服药过量而死。自从吉尔去世后，斯科勒克参加了向普渡追责的草根运动，成为其中的活跃分子。斯科勒克讲述了医生如何在 2002 年 1 月给她女儿开了奥施康定，她的女儿又是如何在四个月后死亡。“她丢下了她的儿子，她去世时儿子只有 6 岁，”斯科勒克说，“布莱恩今天和我一起来了法庭，因为他需要看到恶有恶报。”斯科勒克对弗里德曼、戈登海姆和尤德尔说，他们是“彻头彻尾的恶魔”。

有一个人那天没有出庭作证，那就是霍华德·尤德尔的前法律秘书玛莎·韦斯特。布朗利的调查人员曾和她面谈过，他们在起诉备忘录中记录了她在 1999 年对奥施康定滥用的调查。他们甚至安排她在阿宾登的大陪审团面前作证。但他们的安排落了空，因为玛莎·韦斯特在作证前一晚消失了。第二天早上，她的律师在当地一家医院的急诊室里找到了她。她来到医院，请求工作人员给她止痛药。

● ● ●

在认罪过程中，普渡承认对一系列欺诈行为负有责任。检察官和被告方的辩护律师经过艰难的讨论，共同拟定了《控辩双方案情同意书》，普渡承认同意书中提到的罪名，不会再提出异议。除了 6 亿美元的罚款之外，弗里德曼、戈登海姆和尤德尔还同意缴纳 3400 万美元的罚款[83]（但实际上，这笔钱将由普渡支付，不会让他们出）。

即便如此，普渡的律师在量刑阶段仍辩称，被告其实并没有承认自己行为不当，这些丑行都是几个身份不明的坏家伙犯下的。“某几个员工自己或是指使他人，向一些医疗保健专业人员作了关于奥施康定的陈述。”霍华德·夏皮罗在法庭上表示。但他坚持说：“这些错误陈述远没有达到普遍化的程度。”[84]

在听证会之前，琼斯法官收到了许多来信，有他的朋友寄来的，也有三名高管的同事寄来的，这些信都恳求他对三名高管宽大处理，并表示此等社会栋梁居然要蒙受轻罪指控的污名，真是太可耻了。迈克尔·弗里德曼的哥哥艾拉认为，事实上，这些罪名都是捏造的，迈克尔并没有做错任何事。他表示：“媒体对他极不公正。”[85] 戈登海姆的妻子安妮回忆起 1976 年保罗在医学院毕业典礼上举手念出希波克拉底誓言时所感受到的“强烈的使命感”[86]。

“简而言之（我得先向我的父母道歉），霍华德·尤德尔是我认识的最好的人。”普渡法务部的律师理查德·希尔伯特写道。[87] 普渡的高管有时会暗示，阿片类药物危机的真正受害者不是成瘾者，而是公司本身，这种说法得到了声援信件的附和。霍华德·尤德尔“忍受了媒体的口诛笔伐”，他的儿子杰弗里写道，他抱怨父亲被描绘成“和毒贩没什么两样”。在他看来，这是“一种可怕的错误描述”。[88]

三名高管之所以遭到指控，是因为法律规定，哪怕他们本人没有犯任何错误，只要公司违法，他们作为公司高管就应该承担责任。也就是说，尽管他们已经认罪，但仍然可以声称他们是完全无辜的，这样一来，那些为他们辩护的人很容易就能把他们与犯罪行为切割开。但对里克·芒卡斯尔和其他办理此案的人来说，这种自诩正直的行为令人窝火。[89]毕竟，针对三名高管的具体犯罪活动，他们已经收集了足够的证据。他们本来已经做好了充分准备，要以多项重罪起诉这三个人。

不过，这些声援信件隐含着一个潜在主题，暗示富有的白人高管——那些有家室和出色的教育背景的人，那些捐款给慈善机构并在当地社区举足轻重的人——因为本性使然，不可能犯下那种会让人蹲监狱的罪行。一封接一封的来信指出，他们不是那种**应该进**监狱的人。前缅因州联邦检察官杰伊·麦克洛斯基在离开政府部门为普渡工作之前，针对缅因州的阿片类药物危机最先发出了警告。他指责他的检察官同行说，“在这起案件中，检察官对起诉裁量权的滥用就算不是前所未有的，也是非同寻常的”[90]。霍华德·尤德尔度过了如此漫长而“无瑕”的职业生涯，现在却要蒙受“污名”，这让他深感悲痛。

玛丽·乔·怀特在宣判听证会上宣布，“没有任何证据表明尤德尔先生本人有任何不法行为”，并将她的当事人描述为一个“高尚”且“完全合乎道德”的人。法庭里挤满了因阿片类药物危机失去亲人的家庭，她却对着法庭说：“这里发生的一切，是尤德尔先生个人的悲剧。”[91]

约翰·布朗利充分利用手中的牌，宣布“普渡及其高管已被绳之以法”[92]。2008年，他辞去联邦检察官的职务，紧接着就宣布自己即将竞选州总检察长。[93]（他没有竞选成功，转而开起了私人事务所。）

在某种程度上，这个案子可以被描述为普渡的一次挫折。但实际上，情况并非如此。几十年前，萨克勒兄弟创立了众多名称各异的商业实体，在给公司命名时大玩障眼法。[94]如今，普渡制药可以发挥这种障眼法的决定性优势，来个金蝉脱壳。要是普渡制药以公司的名义认罪，这将对该公司的业务造成毁灭性影响，因为政府资助的医疗保险等项目将被禁止与其合作。所以大家一致同意普渡制药拒不承认任何指控，哪怕它是有罪的。相反，**普渡·弗雷德里克**公司——从萨克勒的老一辈手里传下来的那家公司，耳垢去除剂和泻药的供应商——会签署认罪协议。普渡·弗雷德里克公司会承担责任，然后垮掉，以便普渡制药继续存活，蓬勃发展。[95]

至于萨克勒家族，他们当中没有一个人前往弗吉尼亚州认罪或接受宣判，他们的名字也没有出现在《控辩双方案情同意书》中。布朗利在这起案件的新闻发布会上没有提到萨克勒家族，有关判决或罚款的新闻报道也没有提到他们。萨克勒家族的九名董事会成员投票决定，弗里德曼、戈登海姆和尤德尔应该以个人名义认罪，从而保护萨克勒家族和普渡。[96]普渡的律师理查德·希尔伯特在写给法官的信中赞扬霍华德·尤德尔品行端正，他在信中暗示，尤德尔别无选择，只能“为他人的不当行为承担责任”[97]。但在法庭记录和所有媒体报道中，没有任何人指出三名高管揽下罪责，是为了保护萨克勒家族。

但在公司内部，大家都觉得三名高管是替罪羊。凯西·萨克勒后来说，弗里德曼、戈登海姆和尤德尔“自己承担责任，认下了被控罪行”[98]。他们这样做是为了确保萨克勒家族不会受到牵连。加里·里奇在普渡当了 11 年化学研究员，他回忆说：“他们三人其实是替那个家族顶了罪，因为那个家族会照顾他们。”“‘不要进监狱；我们会暗中照顾你的。’这就是他们的处事方式。”他说。[99]在迈克尔·弗里德曼认罪后不久，萨克勒家族投票决定向他支付 300 万美元。[100]霍华德·尤德尔得到了 500 万美元。[101]事态的发展像极了黑手党电影。正如戈登海姆的一个朋友所言，这三个人被指派“背黑锅”。

● ● ●

就在向尤德尔支付 500 万美元的那个月，萨克勒家族投票决定从公司拨出 3.25 亿美元付给自己。[102]在宣判时，悲痛的家长之一——一名刚失去儿子不到一年的佛罗里达男子——将政府与普渡的“双人舞”比作一场游戏。他说，处罚“只不过是另一个动作”。“他们一点儿也没变。他们还像以前那样拼命卖药。他们会开支票取钱。缴纳罚款。然后继续老样子。”[103]

理论上讲，对普渡定罪本该是促使其改过自新的重要一步。但在公司内部，这仅仅被视作一张超速罚单。约翰·布朗利后来在国会听证会上就此案作证，当时，来自宾夕法尼亚州的共和党参议员阿伦·斯佩克特评论道，政府对公司处以罚款，而不是把高管送进监狱，这相当于“为违法犯罪行为颁发昂贵的许可证”[104]。萨克勒家族和他们的高管似乎就是这样看待普渡受到的制裁的。认罪答辩后不久，新任行政助理南希·坎普偶然听见普渡的首席财务官爱德·马奥尼谈到 6 亿美元罚款。“这些钱在银行里存了好多年了，”他说，“对我们来说算不了什么。”[105]

等到弗吉尼亚州的事情解决以后，没过多久，萨克勒家族就投票决定再招 100 名销售代表，以扩大普渡的销售队伍。[106] 是时候继续销售奥施康定了。至于《控辩双方案情同意书》，这份文件陈述了普渡的罪行，经过了普渡所有律师以及司法部的仔细协商，本该为普渡日后的良好表现奠定基础。但在斯坦福德总部的九楼，这份文件却没被当回事。

后来，理查德·萨克勒宣誓作证时，被问到这份文件是否包含与企业不当行为相关的内容。[107] 他听到问题后很惊讶，奇怪的是，他似乎没有准备好该怎么回答。

"我说不上来。"理查德回答。

"既然我们今天坐在这儿，我想问一下，你看过整份文件吗？"一名律师问道。

"没有。"理查德·萨克勒说。

注 释

[1] 除非另有注释，关于约翰·布朗利的详细信息均引自对布朗利的采访。

[2] "7 Plead Guilty to Selling OxyContin," *Staunton (Va.) News Leader*, Sept. 20, 2001.

[3] Chris McGreal, *American Overdose: The Opioid Tragedy in Three Acts* (New York: PublicAffairs, 2018), 137.

[4] "Doctor Who Dispensed OxyContin Is Indicted," AP, Feb. 2, 2002.

[5] 对里克·芒卡斯尔、布朗利以及当时为布朗利工作的另一名检察官的采访。

[6] 对芒卡斯尔的采访。

[7] 出处同上。

[8] Statement of John L. Brownlee Before the Committee on the Judiciary, U.S. Senate, July 31, 2007（后文再次引用该文献时仅标注为"布朗利的证词"）。

[9] 对芒卡斯尔的采访。

[10] 出处同上。

[11] 布朗利提供给作者的照片。

[12] 布朗利的证词。

[13] 有关这一现象的更多信息，可参见 Jesse Eisinger, *The Chickenshit Club: Why the Justice Department Fails to Prosecute Executives* (New York: Simon & Schuster, 2017)。

[14] Deposition of Howard Shapiro, *Commonwealth of Kentucky v. Purdue Pharma LP et al.*, Civil

Action No. 07-CI-01303, April 15, 2015（后文再次引用该文献时仅标注为“夏皮罗的证词”）。

[15] 对芒卡斯尔和布朗利的采访；布朗利的证词。

[16] 对芒卡斯尔的采访。

[17] 布朗利的证词。

[18] 韦斯特的证词。

[19] 阿方索 2000 年 6 月 19 日发送给霍根的电子邮件，抄送至弗里德曼，引自起诉备忘录。

[20] 柯蒂斯·赖特向美国食品药品监督管理局提交的关于普渡制药的医疗官员审查报告中，包含了这项研究结果。但当赖特后来被问及原版药品说明书上为何对戒断反应只字不提时，他无法做出解释，他说自己想不起来这句话是在什么时候被加进药品说明书中的，也不知道它是怎么来的、为什么会出现。引自起诉备忘录。

[21] 起诉备忘录。

[22] 巴里·迈耶 2001 年 8 月 24 日对弗里德曼、戈登海姆和尤德尔的采访记录。

[23] 起诉备忘录；布朗利的证词。

[24] 起诉备忘录。

[25] 项目团队 1992 年 9 月 17 日的联络报告，引自起诉备忘录。

[26] 里德 1995 年 3 月 24 日发给尤德尔等人的电子邮件，引自起诉备忘录。

[27] 对芒卡斯尔的采访。

[28] 对布朗利的采访。

[29] 起诉备忘录。

[30] 帕特里夏·卡恩斯 1999 年 1 月 20 日的销售拜访记录，引自起诉备忘录。

[31] 福莱国际传播咨询公司 1999 年 5 月 12 日对弗里德曼的采访记录，引自起诉备忘录。

[32] 斯帕诺斯 1999 年 6 月 16 日致亚当·罗德里格兹的信。

[33] 普渡制药 2000 年的宣传片《重拾人生（二）》。

[34] “What Happened to the Post Children of OxyContin?” *Milwaukee Journal Sentinel*, Sept. 8, 2012.

[35] 出处同上。

[36] 出处同上。

[37] 凯西·萨克勒的证词。

[38] 根据审计总署的报告，2002 年，奥施康定在美国的销售额达到 15 亿美元。如果把普渡在美国的其他产品和国际业务的收入考虑在内，整个公司的总收入可能在 20 亿美元左右。

[39] 雅克·希拉克总统 1997 年 4 月 4 日致莫蒂默·萨克勒的信。

[40] “Drugs Mogul with Vast Philanthropic Legacy,” *Financial Times*, April 23, 2010.

[41] “Blessed Are the Very, Very Rich,” *Harpers & Queen*, Feb. 1992.

[42] 理查德·萨克勒 2019 年的证词。

[43] 拉塞尔·加斯迪亚 2008 年 3 月 8 日的电子邮件，引自马萨诸塞州起诉书。

[44] 对霍根的采访。

[45] Friedman to Richard Sackler, email, 2006, cited in Complaint in *State of Oregon v. Richard S.*

Sackler et al., Circuit Court of the State of Oregon, No. 19CV22185, Aug. 30, 2019.
[46] 乔纳森、凯西和莫蒂默·萨克勒的声明，引自马萨诸塞州起诉书。
[47] 马萨诸塞州起诉书。
[48] 凯西·萨克勒致莫蒂默·萨克勒的信，引自凯西·萨克勒的证词。
[49] 对布朗利的采访。
[50] 对芒卡斯尔的采访。
[51] 对布朗利的采访。
[52] 起诉备忘录。
[53] 夏皮罗的证词。里克·芒卡斯尔没有对这个数字表示异议。
[54] 对保罗·佩尔蒂埃、里克·芒卡斯尔以及另一名参与此案的前官员的采访。
[55] 起诉备忘录。
[56] 奥格罗斯基 2006 年 10 月 6 日发给史蒂夫·泰瑞尔和保罗·佩尔蒂埃（司法部刑事司）的内部备忘录。
[57] 出处同上。
[58] 夏皮罗的证词。
[59] "Top Justice Official Admits Abramoff Fueled His Regal Life," McClatchy, April 22, 2008.
[60] 夏皮罗的证词；对芒卡斯尔、布朗利以及另一名曾出席此次会议的检察官的采访。
[61] 对艾丽丝·费舍尔的采访。
[62] 对布朗利的采访。
[63] 对保罗·麦克纳尔蒂的采访。
[64] 对佩尔蒂埃的采访。
[65] 夏皮罗的证词。
[66] 约翰·布朗利 2006 年 10 月 18 日致安德鲁·古德、马克·F. 波梅兰茨和玛丽·乔·怀特的信。这封信被抄送给了艾丽丝·费舍尔、鲁迪·朱利安尼等人，其中有个收件人是助理司法部副部长罗纳德·坦帕斯，由此可见司法部副部长插手摆平了此案。
[67] 布朗利的证词。
[68] 出处同上。
[69] 对保罗·麦克纳尔蒂的采访。
[70] 布朗利的证词。
[71] 对佩尔蒂埃和芒卡斯尔的采访。
[72] 布朗利的证词。
[73] 出处同上。
[74] "Ruling Is Upheld Against Executives Tied to OxyContin," *New York Times*, Dec. 15, 2010.
[75] "Three Executives Spared Prison in OxyContin Case," *New York Times*, July 21, 2007.
[76] 联邦检察官约翰·布朗利 2007 年 5 月 10 日的陈述。
[77] 唐·彼得森为《纽约时报》拍摄的照片。"Narcotic Maker Guilty of Deceit over Marketing," *New York Times*, May 11, 2007.
[78] 对迈耶的采访。
[79] "In Guilty Plea, OxyContin Maker to Pay $600 Million," *New York Times*, May 10, 2007.

［80］Lynn Locascio Testimony, *United States v. Purdue Frederick et al.*, U.S. District Court, Western District of Virginia, 1:07CR29, July 20, 2007.
［81］Ed Bisch Testimony, *United States v. Purdue Frederick et al.*, U.S. District Court, Western District of Virginia, 1:07CR29, July 20, 2007.
［82］Kenny Keith Testimony, *United States v. Purdue Frederick et al.*, U.S. District Court, Western District of Virginia, 1:07CR29, July 20, 2007.
［83］联邦检察官约翰·布朗利 2007 年 5 月 10 日的陈述。
［84］Howard Shapiro remarks, *United States v. Purdue Frederick et al.*, U.S. District Court, Western District of Virginia, 1:07CR29, July 20, 2007.
［85］艾拉·弗里德曼 2007 年 6 月 7 日致詹姆斯·P. 琼斯法官的信。
［86］安妮·戈登海姆 2007 年 7 月 16 日致詹姆斯·P. 琼斯法官的信。
［87］希尔伯特 2007 年 7 月 13 日致詹姆斯·P. 琼斯法官的信。
［88］杰弗里·尤德尔 2007 年 7 月 1 日致詹姆斯·P. 琼斯法官的信。
［89］对芒卡斯尔的采访。
［90］麦克洛斯基 2007 年 7 月 9 日致詹姆斯·P. 琼斯法官的信。
［91］Mary Jo White remarks, *United States v. Purdue Frederick et al.*, U.S. District Court, Western District of Virginia, 1:07CR29, July 20, 2007.
［92］2007 年 5 月 10 日约翰·布朗利就普渡·弗雷德里克公司及其高管对奥施康定进行非法虚假标示一案拟定的认罪陈述。
［93］"Brownlee Resigns; May Run for Office," *Roanoke (Va.) Times*, April 17, 2008; "Brownlee Announces Run for Attorney General," *Richmond Times-Dispatch*, May 20, 2008.
［94］对芒卡斯尔的采访。
［95］2008 年 2 月 14 日董事会会议记录，引自马萨诸塞州起诉书。
［96］2006 年 10 月 25 日董事会会议记录，引自马萨诸塞州起诉书。
［97］希尔伯特 2007 年 7 月 13 日致詹姆斯·P. 琼斯法官的信。
［98］凯西·萨克勒的证词。
［99］对加里·里奇的采访。
［100］2008 年 2 月 14 日董事会会议记录，引自马萨诸塞州起诉书。
［101］2008 年 11 月 21 日董事会会议记录，引自马萨诸塞州起诉书。
［102］2008 年 11 月 6 日董事会会议记录，引自马萨诸塞州起诉书。
［103］Gary Harney Testimony, *United States v. Purdue Frederick et al.*, U.S. District Court, Western District of Virginia, 1:07CR29, July 20, 2007.
［104］Statement of Senator Arlen Specter, Committee on the Judiciary, U.S. Senate, July 31, 2007.
［105］对坎普的采访。普渡在 2014 年解雇了坎普，她后来对自己被解雇的事颇有怨言，但在几次长时间的采访中，我反复核实了她告诉我的大部分内容，发现她的话是可信的。
［106］2008 年 2 月 8 日董事会会议记录。
［107］理查德·萨克勒 2015 年的证词。

第三部

遗　产

第二十一章

特克斯群岛

特克斯和凯科斯群岛是英国的一小块海外领土，由许多珊瑚岛组成，这些岛屿散落在巴哈马和多米尼加共和国之间的色彩变幻的水域，就像一把面包屑。特克斯群岛的大部分岛屿无人居住，水质清澈，海滩上满是粉状的细沙，保持着鲁滨逊·克鲁索那样与世隔绝的氛围，这在开发度颇高的加勒比地区可不多见。也正因为如此，特克斯群岛成了超级富豪的度假胜地。电影明星如布拉德·皮特、运动员如戴维·贝克汉姆，都在特克斯群岛度假。2016 年死于阿片类药物过量的音乐家普林斯，生前在普罗维登西亚莱斯主岛上拥有一处私人院落。在圣诞节和新年之间的旺季，普罗维登西亚莱斯的小机场总有造型优美的私人飞机起飞和降落，格外繁忙。

2007 年，在迎着海风的海岸线上，一座全新的度假村正在建设中。它的名字叫做安缦涯澜，隶属于一家源自东南亚的低调奢华的连锁酒店。[1] 度假村的客房价格高达每晚 1 万美元，还有不少豪华的私人住宅可供出售，价格在 1100 万美元至 2000 万美元不等。度假村的一位投资者为自己和家人买下了一处住宅，此人正是小莫蒂默——莫蒂默·萨克勒在世的儿子中最年长的那个。

小莫蒂默在曼哈顿长大。他父亲第二次婚姻是和奥地利人格丽·维默尔缔结的，这段短暂而动荡的婚姻带来了两个孩子，而他正是其中之一。莫蒂默和格丽离婚后，孩子们主要由格丽抚养，她自己开了一家短命的公司，专注研发草本护肤霜和爽肤水，她宣称这将是“市面上价格最高的美容产品”。（根据格丽的可疑描述，这种护肤霜源自“18 世纪意大利修道院”的僧侣所使用的护肤品。[2]）

莫蒂默就读于上东区的顶级私立学校道尔顿中学。他是个娇气的孩子，长着一双大眼睛，拥有蓬乱浓密的黑色卷发。有些同学取笑他，因为即使按照 20 世纪 80 年代的标准，莫蒂默这个名字给人的感觉也是个有钱的老头。一名在道尔顿中学和他有过交集的学生回忆说，“他看起来天真无邪，总被人嘲笑，没什么朋友，而且很有钱”。道尔顿中学是一所专为富家子弟开设的学校，“所以，要是在这个前提下遭到排斥，你必须特别有钱”。莫蒂默最终在新罕布什尔州的名牌预科学校埃克塞特中学完成了高中学业，然后进了哈佛大学（那里有个博物馆是以他伯父的名字命名的）读本科，又从纽约大学（那里有个研究所是以他父亲的名字命名的）拿到了工商管理硕士学位。[3]

在纽约大学，他遇到了一个苗条而善于交际的姑娘——杰奎琳·皮尤。[4]她也在曼哈顿长大，他们于 2002 年结婚，住进了切尔西的一套阁楼式公寓，这套公寓是建筑师彼得·马里诺设计的。“莫蒂默和他的家人参与了本市的几个组织。”杰奎琳在接受《VOGUE》杂志采访时，轻描淡写地谈到了她为“青年慈善家”创办的一个非营利组织。“我们尽可能多出去社交，而且每天都来办公室，但这太累人了，”她说，“我们玩命工作。”[5]

莫蒂默的父亲酷爱旅行，热衷于购置豪宅，这也是他和他的两个兄弟最大的不同之处。结婚头几年，莫蒂默和杰奎琳喜欢去昂蒂布海角的自家别墅度假，后来他们在汉普顿斯的阿玛甘塞特地区买下一座庞大的庄园——被改建为豪宅之前，这里曾是草地网球乡村俱乐部。[6]他们还扩建了在曼哈顿的房子，花 1500 万美元在 75 街买了一套五层高的布扎式联排别墅，就在中央公园附近，距离大都会艺术博物馆的萨克勒侧厅只有几步之遥。[7]

普渡在弗吉尼亚州完成认罪答辩前后，特克斯和凯科斯群岛的度假村终于可以入住了。[8]如果说这段不幸的插曲引得莫蒂默忧心忡忡，那么安缦涯澜给了他莫大的安慰。他和杰奎琳如今已经有了两个儿子。他们全家从纽约出发，在飞机上待上短短几小时，就会有一辆路虎揽胜来接他们，车上备着香喷喷的湿毛巾，可以让刚坐完飞机的他们恢复精神。车子一直把他们送到度假村，这里紧挨着广阔的自然保护区，植被丰茂，景致颇有禅宗意味。安缦涯澜这个名字意即“宁静超然之地”[9]。这里的建筑都是亚洲佛塔式的楼阁，能够让心灵归于平静。这里没有嘈杂的音乐，没有水上摩托艇，没有游轮。没有品行不端、衣着寒碜的观光客——他们玷污了加勒比地区那些消费水平更低的地方。相反，安缦涯澜提供了纯粹的孤独与宁静。萨克勒别墅其实更像是一处院落，由许多房屋和一个私人游泳池组成。别墅的设计简约而优雅，用到了印度尼西亚的手工雕刻石材、泰国的丝绸和大量柚木（别墅的建材是从 39 个不同的国家运到特克斯和凯科斯群岛的[10]）。萨克勒家族有自己的私人厨师，一天 24 小时随时待命，还有一群"管家"和仆从，他们候在主人近旁，见缝插针地提供服务，端上饭菜，擦擦洗洗，就像凡尔赛宫的侍臣一样。在安缦涯澜，工作人员与游客的比例大约是 5 ∶ 1。[11]

这里有专门的保健设施、水疗服务、高端瑜伽课，还有从美国飞来的普拉提教练。这些便利设施对莫蒂默很有帮助，他的年纪越来越大，开始感觉腰酸背痛。名声扫地的律师霍华德·尤德尔曾亲自服用奥施康定，但莫蒂默却没有用过自家产品。相反，他依靠按摩、针灸和其他替代疗法。有个瑜伽教练多次跟随莫蒂默一家前往安缦涯澜，他说有一回去别墅度假时，莫蒂默的背痛特别严重，杰奎琳（她对待手下的工作人员，是出了名的严苛）命令两个管家像"人形拐杖"那样架着莫蒂默，陪他一步一挪地往前走。

换了别的度假村，如此殷勤的服务似乎超出了工作人员的职责范围。但安缦涯澜坚信，对于富有的客户来说，客户服务标准是没有上限的。[12]为了与度假村的亚洲主题保持一致，这里的工作人员大多不是当地居民，也并非来自周边岛屿。相反，近半数的工作人员是菲律宾人。如果海滩上的沙子被正午的阳光烤得太热，工作人员会往海滩上喷水，这样客人就可以去他们想去的地方散步，而不用担心烫伤脚。海地距离此地只有几百英里的水程，那些不顾一切想要逃离海地的移民会登上破旧的船只，朝着特克斯群岛的大致方向航行。不时会有一具尸体被冲上岸，那是一些在航行中丧命的可怜人，她的梦想破灭了，她的肺里灌满了海水。但工作人员们接到了特别指令，要对这种可能发生的情况保持警惕，当一具尸体在夜间被冲上岸，全体工作人员都会行动起来，确保在客人第二天早上起床之前，把尸体的痕迹从海滩上清除掉。[13]

人们总是发现，在任何创造了巨大财富的家族王朝中，第二代往往不如第一代出色。那些在社交圈或是职场和小莫蒂默·萨克勒有过来往的人经常会产生这种想法。随着年龄的增长，莫蒂默的发际线逐渐上移，下巴也变得圆润起来。他的眼睛流露出几分紧张的神情，当他和杰奎琳在外面参加慈善拍卖或其他社会活动时（他们经常这么做），他会挤出一个尴尬的微笑，就像一个参加班级合影的三年级学生按照老师的要求摆好造型。他谨遵家族传统，捐献了大笔财富，加入了古根海姆博物馆理事会，并捐款给其他稳妥可靠的文化机构。杰奎琳成为社交界崭露头角的贵妇，与伊万卡·特朗普等年轻的社会名流一道，当起了美国自然历史博物馆冬季舞会的"赞助人"。[14]

她就在那里，身穿圣罗兰的无肩带印花礼服，顶着闪光灯大步走进了青年收藏家协会的晚会。晚会是在古根海姆博物馆举办的，博物馆正厅摆放着一千朵长茎玫瑰，还有六只栩栩如生的机械公牛。（"机械公牛棒极了。"杰奎琳兴奋地说。[15]）莫蒂默也在那里，陪她出席一次又一次的宴会，他看上去娇生惯养，眼神迷茫，就像那种锦衣玉食、无忧无虑的年轻人——尽管他人生中唯一的长处就是有钱，但这似乎并没有给他造成困扰。

"莫蒂默和电视上的他很像，"一名曾与他打过交道的普渡前员工说，"他是亿万富豪的儿子。"他进入了家族企业，与凯西一同担任副总裁（"尽管我们的母亲不同，"凯西曾说，"但他是我的弟弟"[16]）。他俩站在老莫蒂默·萨克勒这一边，被称作A级股东，理查德和他的弟弟乔纳森（乔纳森也曾担任副总裁）则站在雷蒙德那一边，即B级股东。然而，莫蒂默比他的堂兄理查德小二十多岁，也不是医学博士。理查德一直以来都把普渡当作自己的命根子，莫蒂默虽然也积极参与公司事务，但他对普渡却没有如此强烈的认同感。他还有其他投资，其他项目，他在慈善事业上比理查德活跃得多。他似乎也意识到，有关奥施康定的负面新闻可能会给他和杰奎琳所处的古板的社会生态系统带来某种微妙的污点，所以他刻意避免谈到普渡。在上东区，他的朋友们彼此悄悄议论萨克勒家族的财富有着怎样的肮脏来源。有个在社交场合认识莫蒂默的人说："我对他的看法是，大多数时候，他只不过在表明，'哇，我们真的很有钱。这酷毙了。我真的不愿意去想事情的另一面'。"

有时，莫蒂默会表露出彻底退出制药行业的意向。2008年，普渡认罪后不久，莫蒂默在给理查德和乔纳森的信中写道，"对于一个其财富的95%来自制药行业的家族来说，这个行业变得极不稳定，风险过高"，"考虑到我们以后必然会面临的风险，继续留在这个行业对我们来说绝非明智之举"。[17]萨克勒家族曾讨论过卖掉普渡。但每当这个想法被提出来，人们就会说："只要雷蒙德博士还活着，这种事是不可能发生的。"老人家不希望看到他和哥哥联手创立的公司被卖掉。因此，萨克勒家族选择继续经营普渡，尽管按照莫蒂默的说法，这"（至少）不是一段愉快的经历"。

即便如此，在普渡认罪以后，莫蒂默承认"现在情况又好转了"。情况确实如他所说。事实上，萨克勒家族不可能退出阿片类药物交易。这实在是太赚钱了。奥施康定的年收益继续飙升，在弗吉尼亚州的刑事案件尘埃落定后，这一数字达到了30亿美元的新高。[18]可能危及奥施康定存在的致命威胁已经被解决了，它的销量一路走高。这不仅仅是因为普渡一直在销售奥施康定，还因为该公司仍在施行激进的营销策略，虽说它曾发誓要收手。

● ● ●

普渡认罪后签署了一份协议，承诺会改善经营方式，并接受独立监察。[19]该公司在公开场合吹嘘说，他们已经采取措施纠正过去可能存在的一切问题：聘用合规监督员；向销售代表强调，他们谈及奥施康定时不得信口开河，妄下断言。[20]但实际上，萨克勒家族和普渡的领导层很快就恢复了销售奥施康定的旧有方式。[21]销售代表在推销奥施康定时，依然声称它是一种安全的阿片类药物，不会导致成瘾。普渡依然在散发宣传资料，谎称阿片类药物很安全，那些表现出依赖和戒断症状的人只不过是"假性成瘾"[22]。在田纳西州，普渡对销售代表们进行了"ABC"培训。"ABC"即"一定要成交"（Always Be Closing），这个说法出自电影《拜金一族》中亚历克·鲍德温的一句台词。[23]《拜金一族》上映于1992年，讲述了销售人员利用欺骗策略诱使不明真相的买主投资毫无价值的房地产。新入职的销售代表听话地在笔记本上写下：一定……要……成交。

尽管萨克勒家族被迫缴纳了6亿美元的罚款，但他们似乎并没有引以为戒。相反，这个家族和他们的助手继续坚持理查德的理论，认为问题不在于奥施康定本身。2008年5月，在普渡认罪一年后，该公司的员工向萨克勒家族发送了一系列"有效的关键信息"，用于推广强效阿片类药物。[24]"这不是成瘾，这是滥用，"其中一条信息写道，“这是服用者个人的责任。”同年，普渡向医生分发小册子，声称成瘾“不是药物引起的”，相反，“它的成因是易感个体接触到了药物，而最常见的接触方式就是滥用”。[25]在另一项宣传活动中，普渡建议疼痛患者“克服”自身对于成瘾的一切担忧。[26]那年秋天的一次董事会会议上，萨克勒家族被告知，从普渡的销售数据来看，“全美各地”都出现了滥用和转移奥施康定的现象，由于奥施康定容易获取，加之医生的“处方习惯”，这种现象愈演愈烈。[27]就在同一次会议上，普渡的员工告诉萨克勒家族，他们举行了新一轮的“销售冠军”竞赛，以激励那些致力于提高奥施康定的普及率、敦促医生多开处方的销售代表。

2008 年，美国陷入了阿片类药物危机全面爆发的困境，人们开始把它当作公共卫生危机来讨论。药物成瘾的灾难不再局限于农村地区。当年 1 月，演员希斯·莱杰死于过量服用包括羟考酮在内的多种止痛药，这在全国引发了对药物成瘾问题的前所未有的关注。[28]死亡人数持续上升，针对“悄悄出现在全国各地家庭和社区中的趋势”，参议员乔·拜登在国会山召开了听证会。[29]

奥施康定已经上市 12 年了。在一线工作的普渡销售代表很容易发现乱开处方的危险信号。2008 年，有个洛杉矶的犯罪团伙吸收了一名老医生，此人名叫埃莉诺·圣地亚哥，身体很差，债务缠身。[30]随后，他们在麦克阿瑟公园附近开了一家名为“雷克医疗”的假诊所。圣地亚哥开出了大量奥施康定。9 月的某个星期，她开了 1500 片药——比许多药店一个月的销量还要多。接下来的那个月，这一数字飙升至 11000 片。在圣地亚哥开出的处方中，80 毫克奥施康定片剂的比例高到离谱，这是可使用的最大剂量，碰巧也是黑市上最受欢迎的剂量，在那里，它们被叫作“80s”，每片售价 80 美元。到了 2008 年底，圣地亚哥已经开出了 73000 片药。[31]

尽管雷克医疗的业务见不得光，但它那突出的产业效率不得不让人佩服。[32]这个犯罪团伙的成员会突然造访洛杉矶市中心的贫民区，招募无家可归的人，用货车把他们拉走，并付给他们每人 25 美元，让他们到雷克医疗假装体检。然后，他们会护送这些冒牌病人去药店，出示圣地亚哥医生刚刚开出的处方，攒够一瓶 80 毫克的奥施康定。接下来，该团伙将收集到的药片批发给药贩子，药贩子再把它们分销到西海岸的各个地区，最远甚至卖到了芝加哥。

在斯坦福德，普渡公司利用艾美仕公司提供的精细数据跟踪奥施康定的订单。该公司的管理人员发现雷克医疗开出的处方数量惊人，却没有采取任何干预措施。那年9月，普渡的区域经理米歇尔·林格勒和她手下的一名销售代表参观了这家诊所。[33]从外面看，这座建筑像是已经废弃了。但在里面，他们发现了一间挤满人的小办公室。林格勒后来报告说，她觉得周围站着的一些人看起来像是“刚从洛杉矶县监狱里放出来的”。她和她的销售代表越来越担心自身安全，还没等到和圣地亚哥医生交谈就决定动身离开。

“我非常确定，这是一个有组织的贩毒集团，”[34]林格勒写信给普渡的合规主管，“难道不该向缉毒局反映相关情况吗？”[35]

“向缉毒局报告的事……我们正在认真考虑。”斯坦福德总部的合规主管杰克·克劳利回复说。[36]但普渡并没有向当局报告雷克医疗的情况，尽管有接近一打的洛杉矶药剂师向该公司投诉，表达了他们对雷克医疗的怀疑。[37]普渡给出的结论是，在那些按照雷克医疗的处方供应药品的药店中，至少有一家存在腐败现象，它**本身**就是犯罪团伙的一分子。然而，普渡并没有采取措施切断药品供应。克劳利后来承认，在他为普渡调查可疑药店的五年时间里，该公司从未停止向任何一家药店供应药品。[38]

普渡自己保存了一份秘密名单，列出了可能有问题的处方医师。在公司内部，这份名单被称作“零区”。[39]普渡的管理人员注意到了圣地亚哥，并将她的名字列在名单上。但该公司没有采取任何行动提醒执法部门警惕他们怀疑的对象。[40]事实上，直到2010年，普渡才向当局报告了他们对雷克医疗的担忧。那时，诊所已经被勒令停业了，圣地亚哥医生和犯罪团伙的其他成员已被起诉。（她承认犯有医保欺诈罪，被判处20个月监禁。）尽管普渡袖手旁观，调查人员最终还是逮住了雷克医疗，他们是在社区的提示下注意到这个问题的。杰克·克劳利在一封电子邮件中分析道，政府花了“很长时间才抓到那些家伙”[41]。

普渡的一名律师为该公司的行为作了辩护，称有关违规开药的消息通常都是“道听途说”“未经证实”，如果普渡急于行动，贸然切断供应，可能会导致有正当医疗需求的疼痛患者买不到药。[42]但从公司政策的角度来看，普渡在雷克医疗的问题上保持沉默，对其自身是相当有利的。根据《洛杉矶时报》的调查，从普渡区域经理米歇尔·林格勒在公司内部发出警报到雷克医疗被迫停业之间的两年时间里，普渡向这个犯罪产业提供了超过 100 万片奥施康定。[43]

● ● ●

悲惨事件接连上演，死亡人数持续上升，萨克勒家族不得不处理眼前的危机。他们倾向于将这场危机视为商业问题，是他们公司面临的一系列“压力”之一。2008 年，凯西·萨克勒给员工发了一封电子邮件，要求他们列举不同类型的压力，并“量化它们对预期销售额的负面影响”[44]。当时普渡还忙着应付与奥施康定相关的大批私人诉讼，并且耗费了巨额资金来化解官司。弗吉尼亚州认罪事件过后，霍华德·尤德尔继续为普渡工作了一段时间。[45]不过，他与另外两名被告——保罗·戈登海姆和迈克尔·弗里德曼——一起签署了认罪协议，协议规定他们不得供职于任何与联邦政府有业务往来的公司。尤德尔最终别无选择，只能永远离开普渡。（他极力抱怨认罪协议中的禁业条款，戈登海姆和弗里德曼也是如此。三名高管甚至在法庭上拒绝接受此项处罚，但他们没有成功。[46]）

这些高管被判处缓刑及数百小时的社区服务，以替代监禁。尤德尔选择与退伍军人一起工作，最终在康涅狄格州创立了一个法律服务组织，为退伍军人群体提供急需的帮助。[47]在此期间，普渡制药也为退伍军人做了一些工作，该公司面向医生组织了特别活动，鼓励他们把阿片类药物开给从伊拉克和阿富汗战场回来的美国男女军人。[48]普渡赞助出版了一本书——《远离伤痛：退伍军人及其家人的疼痛管理生存指南》。这本书的作者德里克·麦金尼斯曾当过海军医务兵，在 2004 年的费卢杰战役中失去了一条腿。这本书是由公认的独立组织美国疼痛基金会（“希望与疼痛管理的联合之声”）出版的。仅仅在版权页的小字部分，它才承认了普渡制药的“慷慨支持”。

“许多参加‘持久自由行动’的退伍军人可能见过罂粟花。”麦金尼斯写道，他指出这种植物在阿富汗广泛种植。[49]他接着说，“阿片类药物的镇痛特性是无与伦比的”，他表示在疼痛管理方面，这些药物“被认为是‘黄金标杆’”。不过，他惊讶地发现，尽管阿片类药物非常有益，但它们“尚未得到充分利用”[50]。受伤的老兵或许会担心上瘾，但《远离伤痛》打消了他们的疑虑。这本书声称："长期服用阿片类药物的经验表明，不具备成瘾性人格的人不可能上瘾。"[51]

霍华德·尤德尔最终在2013年死于中风，享年72岁。与他一起创立退伍军人法律中心的玛格丽特·米德尔顿称他的慈善工作是"最令人惊叹的救赎"[52]。但事实上，尤德尔从未觉得自己需要被救赎，因为就他个人而言，他没有做错任何事。[53]在他去世后，《哈特福德新闻报》发表了一篇充满同情的报道，认为尤德尔对普渡的虚假宣传一无所知，"这充其量是少数几个销售代表在一些医生面前擅自发表的言论"[54]。

萨克勒家族对尤德尔心怀善意，毕竟尤德尔为这个家族服务了40年，最后还被推出来替他们背了黑锅。在第一斯坦福德广场普渡总部的八楼，萨克勒家族将这座小型的法律图书馆改名为"霍华德·尤德尔纪念图书馆"，并悬挂了一张尤德尔盛年时期的照片以示敬意。这位前法律总顾问在普渡承认犯有联邦罪行后被迫退休，却依然被公司奉若神明。尽管萨克勒家族及其手下的高管口口声声说他们致力于抵抗阿片类药物危机，但在一些员工看来，公司对待尤德尔的态度以一种微妙的方式表明，他们嘴上一套，做起来又是另外一套。"我的意思是，这可是一个已经认罪的人。这说明了什么？"普渡的一名前高管指出。普渡对霍华德·尤德尔始终很尊敬，这充分反映了该公司的企业文化，向员工传递了一个无声的信号，告诉他们哪些行为是公司可以接受的，哪些行为不能被接受。

尤德尔的退休和随后的死亡似乎给普渡留下了一片真空地带，但萨克勒家族有一批能干的律师，随时准备接替他的位置。其中最有希望的是一个名叫斯图尔特·贝克的人。贝克在普渡毫不惹眼，外界几乎不知道他的存在。但在幕后，他是萨克勒家族坚定而精明的拥护者。贝克名义上是查德本-派克律师事务所（后来更名为"诺顿罗氏律师事务所"）的合伙人。这家纽约的律师事务所与萨克勒家族合作了几十年，律师理查德·莱瑟为萨克勒兄弟和比尔·弗罗里奇起草火枪手协议时，也是该事务所的合伙人。长期以来，该事务所一直是烟草行业的积极拥护者。但贝克好像把几乎所有的时间都花在了某个特定的客户上。事实上，他在普渡总部的九楼有自己的办公室，在公司有自己的全职行政助理。凯西·萨克勒曾将贝克形容为普渡董事会和高级管理层之间的"联络人"。[55]但他也经常充当萨克勒家族两大阵营之间的联络人。在董事会会议上，由于A级股东和B级股东经常有重大分歧，会议有时会演变为互相谩骂，贝克总是试图当和事佬，亲自把争吵不休的两派隔开。偶尔，凯西在董事会上为了某个问题喋喋不休，她的堂弟乔纳森就会打断她，说她太难缠了，应该马上闭嘴。贝克会悄悄设法让会议回到正轨，但凯西会说："不，斯图尔特，我不觉得这场会议应该接着开，除非乔纳森先向我道歉。"

"我不会为**你的**行为道歉。"乔纳森的回答导致贝克只好尽最大的努力来平息事态，而参加董事会会议的大约20人都避免眼神交流，试图掩饰自己的尴尬。"他扮演过很多角色。"凯西在谈到斯图尔特·贝克时说。公司的一些高管称他为"看门人"。[56]

"斯图尔特在公司的权力比任何人都大，甚至比首席执行官还要大。"一名普渡前员工回忆说。因为他是董事会的萨克勒家族成员与公司领导层之间的联络人，所以他相当于"咽喉点"。萨克勒家族在世界各地拥有多家公司，这些公司的董事会都有他的席位。这名前员工总结说："他就像是把一切黏合在一起的胶水。"在普渡的一次会议上，贝克提到了尤德尔、戈登海姆和弗里德曼的认罪。贝克承认："为了保护这个家族，那些人不得不背黑锅。"他表示，公司的策略就是"不惜一切代价保护这个家族"。（两名前员工记得自己目睹了这场谈话。后来，其中一人提到："我还记得我回家以后说：'我他妈的怎么会在这种地方工作？'"）

理查德·萨克勒或许不愿意卖掉普渡，但他也觉得堂弟莫蒂默的担忧是合理的：萨克勒家族在普渡的投资规模太大，导致风险过度集中。所以，他提出了一个替代方案。2008年，理查德发给亲戚们一份备忘录，建议他们在普渡任命一位"忠于"萨克勒家族的首席执行官。[57]这样一来，他们可以"将更多的自由现金流分配"给自己，而用不着卖掉公司。也就是说，要把现金频繁地分配给雷蒙德和莫蒂默的各个继承人。除了老萨克勒兄弟俩，在普渡董事会任职的共有八名家族成员，横跨三代人：莫蒂默的英国太太特蕾莎，他的孩子艾琳、凯西和小莫蒂默，还有雷蒙德的妻子贝弗莉，以及她的孩子理查德和乔纳森，最后是理查德的儿子戴维。[58]董事会经常在国外的奢华场所开会：百慕大、葡萄牙、瑞士、爱尔兰。[59]

理查德·萨克勒在董事会会议上的表现令人捉摸不透。他经常忽略正在做报告的人，专注于他的笔记本电脑，这时乔纳森会气冲冲地说："理查德，别看电脑。

把它收起来。”小莫蒂默最感兴趣的是各个项目的具体财务情况，理查德则对科学更感兴趣。“他会提问，”一名偶尔在董事会会议上发言的高管回忆说，“要是你回答了，他会再提一个问题。要是你回答了这个问题，他还会提出下一个。他会一直问下去，直到他问出一个你**无法**回答的问题，那他就赢了。因为他是这间屋子里最聪明的人。只要能让你答不上来，他可以连着问你一百个问题。”然后，这名高管接着说：“如果理查德问出能让他满意的问题，那凯西也必须问出能让她满意的问题。”据这名高管说，凯西似乎总想胜过理查德。但理查德对她不屑一顾。“我几乎觉得，董事会会议的主要目的就是向家族的另一派证明自己这一派更聪明。”

在乔纳森·萨克勒看来，问题在于“莫蒂默派”和“雷蒙德派”之争，这两个派系反映了老萨克勒兄弟俩之间“不正常的关系”。他认为：“我们继承了它，这在我们自己的日常生活中也有所体现。”[60]

董事会会议的最后环节通常只有萨克勒家族的成员在场，除了斯图尔特·贝克，其他所有高管都被排除在外。在每次会议上，萨克勒家族都会投票决定给自己发钱。这里1亿，那里1亿。如果小莫蒂默觉得他没有马上得到他所期望的金额，他就会抱怨。2010年，当他得知普渡需要将拨给萨克勒家族的季度支出从3.2亿美元减少到2.6亿美元，并分两次支付时，他愤怒地问道：“为什么你们**既要**减少分配金额，**又要**推迟分配，还要分两次付款？”[61]由于老莫蒂默结了三次婚，生了七个孩子，而雷蒙德还和原配贝弗莉在一起，只有两个孩子，这就形成了一种常态：A级股东总是要求分到更多的钱，因为他们有更多张嘴要养活。[62]幸运的是，公司并不缺少现金流。2010年6月，普渡向萨克勒家族提交了一份十年计划，预计在未来十年里，每年为萨克勒家族带来7亿美元的收入。[63]

频繁分配现金股利的一大弊端在于，没有给普渡留下太多资金用于再投资。换作一家上市公司，这样的情况也许会被认为是一种潜在的生存风险。但普渡完全归萨克勒家族所有，他们可以为所欲为。莫蒂默亲自指挥公司大幅削减研发支出。[64]这让任职于普渡的科学家感到灰心丧气：奥施康定仍在创造巨额收入，但萨克勒家族似乎一心想从普渡撤出资金，而不是将资金用于公司发展，或是扩大其业务范围。这个家族或许认为，把所有筹码都押在制药业务上会导致风险过度集中。但普渡本身就面临着风险过度集中的现状，因为它的所有筹码都押在奥施康定上。乔纳森·萨克勒将该公司的策略描述为“榨取计划而非增长计划”[65]。

萨克勒家族这一着极其轻率，因为制药行业不可避免的现实是，任何药物的盈利高峰最终都将过去，一旦专利到期，就会在与仿制药的竞争中败下阵来。早在几年前，萨克勒家族就惊恐地发现了这一点。普渡的竞争对手远藤制药在2000年申请了一项生产奥施康定仿制药的专利。普渡的专利还没到期，所以该公司起诉了远藤制药，试图阻止对方销售更便宜的替代品。[66]对普渡来说，解决掉这个麻烦至关重要：另外两家公司正在观望普渡和远藤的官司，并筹备**自家**的奥施康定仿制药。但在2004年，曼哈顿的一位法官判定奥施康定的原始专利无效，因为普渡在申请过程中误导了专利和商标局。该公司之所以能获得专利，是因为它声称奥施康定是独一无二的，90%的患者只需服用相对较小的剂量就能缓解病情。但保罗·戈登海姆在宣誓作证时承认，普渡当初对专利和商标局说过的话，是该公司的研究人员“根本无法”证明的。戈登海姆说，这些大胆的断言仅仅反映了罗伯特·凯科的“设想”，而不是科学事实。[67]突然间，普渡面临着仿制药竞争的前景，销量眼看就要暴跌。该公司经历了一轮惨痛的裁员。奥施康定的好日子快结束了，形势急转直下，普渡和萨克勒家族将为此损失数十亿美元。[68]但霍华德·尤德尔重金聘请了极为出色的专利律师，他们说服上诉法院撤销了2004年的判决，于是普渡对奥施康定的生产垄断权得以恢复。[69]他们重新开展业务，但比以往任何时候都更加小心，因为他们必须在永远失去独家生产权之前，尽可能地利用奥施康定牟取高额利润。[70]

2007年，普渡认罪以后，萨克勒家族与麦肯锡咨询公司展开了合作，后者开始就如何继续扩大奥施康定的市场向普渡提供建议。[71]麦肯锡公司的一组分析师入驻了普渡总部的一间会议室。奥施康定的销量达到了历史最高水平，但美国医生开出的羟考酮数量开始趋于平缓。[72]普渡的首席财务官爱德·马奥尼提醒萨克勒家族，目前的预测显示，奥施康定的销量可能会停滞不前。[73]如果是这样的话，那么几乎可以肯定，之前许下的10年内每年7亿美元分红的承诺无法兑现，萨克勒家族为此担心不已。理查德在2009年夏天召开了一次会议，以设法“扭转颓势”。[74]他要求员工每周汇报奥施康定的最新销售情况。[75]（这在员工中间引发了恐慌，因为他们往往拿不出理查德想要的那种报告。他们仔细考虑是否应该告诉理查德这样的报告不存在，但最终，他们还是选择专为理查德炮制一份新型的每周销售报告。[76]）麦肯锡公司向萨克勒家族提出了一系列建议，指导普渡如何“推动”奥施康定的销售。[77]顾问们指出，重要的是让医生相信阿片类药物为患者提供了“自由”，以及“过上充实而积极的生活的最佳机会”。[78]

对麦肯锡公司的顾问来说，他们接到的工作就像是一门古怪的速成课程，让他们在短时间内掌握了普渡那非同寻常的企业人类学。[79]这些外聘顾问通过与普渡员工的面谈，了解到萨克勒家族虽然在名义上只是董事会成员，但实际上，他们仍然事无巨细地插手公司的日常运营。普渡的员工告诉顾问们，董事会“参与了太多不该参与的决策”。有个麦肯锡高管评价说：“创办这家公司的兄弟俩把所有员工都当作‘修剪篱笆’的人——员工应该完全按照吩咐办事，话不能太多。”

● ● ●

老莫蒂默·萨克勒如今已经 90 多岁了，依然过着充实而积极的生活。在董事会会议上，他表现得很暴躁，在他的方框眼镜后面皱着眉头。普渡的员工觉得他远没有雷蒙德那么和善慈祥。但比起工作，他更享受休闲时光。他依然在各处豪宅之间飞来飞去。[80]他喜欢玩西洋双陆棋，一直到 80 多岁，他的网球还是打得很好。莫蒂默在伦敦外的伯克郡有一座很大的庄园，名叫洛克斯莱斯特，占地 10 英亩，有着修剪整齐的花园和绵延起伏的林地。2009 年的最后一晚，莫蒂默在这里接待了他那庞大的家族以及数百名客人。[81]为了庆祝他女儿的婚礼，庄园里搭起了一个大帐篷。新娘 27 岁，美貌动人。[82]她在伦敦长大，曾就读于牛津大学，那里有个图书馆是以她父亲的名字命名的。[83]在牛津，她遇到了年轻的板球运动员杰米·达尔林普尔——他后来进入了英格兰国家队。萨克勒家族安排了一个 70 人的合唱团在婚礼上献唱，受邀的歌手们从威尔士的斯旺西市专程赶来。[84]他们唱起了赞美诗《主耶和华求祢引领》：

求主开通永生泉源
使我路中不干渴。

莫蒂默向来喜欢聚会。他狂欢到深夜才睡。[85]三个月后，他死了。他比他的哥哥阿蒂多活了近四分之一个世纪，他在经商方面超过了阿蒂，可以说，他对世界的影响也超过了阿蒂。大西洋两岸都在哀悼莫蒂默的去世，认识他的人回忆了许多关于他的往事，从这些往事可以看出，他一生中最为人称道的是他的慈善贡献。《纽约时报》刊登了他的讣告，标题是《艺术赞助人莫蒂默·D. 萨克勒》，讣告特别提到，他是“牛津大学、爱丁堡大学、格拉斯哥大学、伦敦泰特美术馆、皇家艺术学院、卢浮宫、柏林犹太博物馆和萨尔茨堡大学等机构的主要捐赠者”。这篇讣告一直到第九段才提到奥施康定，“一种被广泛滥用的街头毒品，导致多人死于服用过量”，接着又补充说，“萨克勒家族从未被指控有任何不当行为”。[86]另一篇刊载于《泰晤士报》的长篇讣告称，莫蒂默的巨额捐赠不仅流向了大学和艺术博物馆，还惠及了“园艺界”。例如萨克勒桥，这座漂亮的桥位于伦敦邱园的湖上，桥身呈曲线形，由黑色花岗岩砌成。例如，特蕾莎·萨克勒（她现在是特蕾莎“女爵”，同时仍是普渡董事会的成员）在慈善拍卖会上拍下了一种新品玫瑰的命名权。特蕾莎女爵酷爱园艺，她选择以丈夫的名字为这种花命名。《泰晤士报》的那篇讣告引用了她的原话，她将莫蒂默·萨克勒玫瑰与它的同名人进行了类比。“这些花给人以娇嫩温柔之感，”她说，“但实际上，它们坚韧不拔，几乎不受恶劣天气的影响。”那篇讣告完全没有提及奥施康定。[87]

注释

[1] “Rainmakers and Amanyara Villas,” *New York Times*, Sept. 14, 2007.

[2] “Two Looks, Two Lives,” *Savvy*, Sept. 1981. 格丽的公司名叫科尔图瑞有限公司。

[3] 莫蒂默·D. A. 萨克勒的个人介绍，参见活力研究所网站。

[4] “Wild at Heart,” *Vogue*, Oct. 2013.

[5] “The New Dot.com Society,” *Vogue*, April 2000; “Wild at Heart.”

[6] “Wild at Heart.”

[7] “Sackler Family Member Sells Upper East Side Townhouse for $38 Million,” *New York Times*, Jan. 31, 2020.

[8] 除非另有注释，关于安缦涯澜的描述均来自对莫蒂默的一个朋友（此人曾到安缦涯澜拜访过他）以及莫蒂默一家带到安缦涯澜的一名瑜伽教练的采访。"Inside Amanyara, a Peaceful Sanctuary in Turks and Caicos," *Vanity Fair*, May 15, 2018.

[9] "Inside Amanyara, a Peaceful Sanctuary in Turks and Caicos"；"First Look at Amanyara," *Travel + Leisure*, April 2, 2009.

[10] "First Look at Amanyara."

[11] 对瑜伽教练的采访。

[12] "First Look at Amanyara."

[13] 对瑜伽教练的采访。"Moment of Silence Held by Country Leaders for Drowned Haitians," *Magnetic Media*, Jan. 25, 2017.

[14] "Donatella's New York State of Mind," *Women's Wear Daily*, Feb. 7, 2006.

[15] "Cocktails for Arts: Museums Compete for Young Patrons," *International Herald Tribune*, Jan. 13, 2006.

[16] 凯西・萨克勒的证词；B 级股东辩护词。

[17] 莫蒂默・D. A. 萨克勒 2008 年 2 月发给理查德和乔纳森・萨克勒的电子邮件，引自 Amended Complaint, *State of Connecticut v. Purdue Pharma LP et al.*, No. X07 HHD-CV-19-6105325-S, Connecticut Superior Court, May 6, 2019。

[18] "At Purdue Pharma, Business Slumps as Opioid Lawsuits Mount," *Wall Street Journal*, June 30, 2019. 普渡制药在回应事实核查问询时告诉我，奥施康定带来的收益在 2009 年达到顶峰，为 23 亿美元，但考虑到回扣和其他复杂因素，对奥施康定收益的核算有多种方式。

[19] 2007 年 5 月 10 日约翰・布朗利就普渡・弗雷德里克公司及其高管对奥施康定进行非法虚假标示一案拟定的认罪陈述。

[20] 自 2017 年以来，萨克勒家族和普渡的代表多次向我强调，这一时期普渡的行为完全合规。

[21] 马萨诸塞州起诉书列举了许多例子，以说明普渡故态复萌。

[22] 参见普渡 2008 年发布的关于阿片类药物处方的临床问题的宣传册，引自马萨诸塞州起诉书，以及普渡发布的《缓解疼痛，防止滥用》，引自田纳西州起诉书。在法院文件中，一名 2009 年入职普渡、当了六年销售代表的前员工表示："我还和医生讨论过假性成瘾问题。"引自 Declaration of Sean Thatcher, *State of Montana v. Purdue Pharma LP et al.*, Case No. ADV-2017-949, Montana First Judicial Court, Feb. 16, 2018。

[23] 普渡销售代表 2009 年至 2012 年的培训笔记，引自田纳西州起诉书。

[24] 帕梅拉・泰勒 2008 年 5 月 16 日的电子邮件；执行委员会 2008 年 4 月 6 日记录；伦茨和马斯兰斯基战略研究公司 2008 年 4 月 16 日报告，引自马萨诸塞州起诉书。

[25]《缓解疼痛，防止滥用》(2008)，引自马萨诸塞州起诉书。

[26] In the Face of Pain 网站，引自马萨诸塞州起诉书。

[27] 2008 年 10 月 15 日董事会报告，引自马萨诸塞州起诉书。

[28] "Unnecessarily Dangerous Drug Combo Caused Heath Ledger's Death," *Wired*, Feb. 6, 2008.

[29] Senator Joe Biden Opening Statement, Hearing on Prescription and Over-the-Counter Drug

Abuse, Subcommittee on Crime and Drugs, Committee on the Judiciary, U.S. Senate, March 12, 2008.

[30] Complaint in *City of Everett v. Purdue Pharma*, Case No. 17 2 00469 31, Superior Court of the State of Washington, Jan. 19, 2017; "More Than 1 Million OxyContin Pills Ended Up in the Hands of Criminals and Addicts. What the Drugmaker Knew," *Los Angeles Times*, July 10, 2016.

[31] "More Than 1 Million OxyContin Pills Ended Up in the Hands of Criminals and Addicts."

[32] 出处同上。

[33] 林格勒 2009 年 9 月 2 日致杰克・克劳利的信；"More Than 1 Million OxyContin Pills Ended Up in the Hands of Criminals and Addicts"。

[34] 林格勒 2009 年 9 月 2 日致杰克・克劳利的信。

[35] 林格勒 2009 年 9 月 1 日致杰克・克劳利的信。

[36] 克劳利 2009 年 9 月 1 日致林格勒的信。

[37] "More Than 1 Million OxyContin Pills Ended Up in the Hands of Criminals and Addicts."

[38] 出处同上。

[39] "OxyContin Closely Guards Its List of Suspect Doctors," *Los Angeles Times*, Aug. 11, 2013.

[40] "More Than 1 Million OxyContin Pills Ended Up in the Hands of Criminals and Addicts."

[41] 出处同上。

[42] 出处同上。

[43] 出处同上。

[44] 凯西・萨克勒 2008 年 3 月 11 日致爱德・马奥尼等人的信，引自马萨诸塞州起诉书，B 级股东辩护词也收录了这封信。

[45] Burt Rosen Deposition, *In Re National Prescription Opiate Litigation*, U.S. District Court, Northern District of Ohio, 1:17-MD-2804, Jan. 16, 2019（后文再次引用该文献时仅标注为"罗森的证词"）。

[46] "Let Me Stay in the Game: Purdue's Ex-G.C. Fights a Prohibition Against Working with the Government," *Corporate Counsel*, Feb. 1, 2011.

[47] 霍华德・尤德尔的讣告，刊于 2013 年 8 月 5 日《纽约时报》。

[48] 马萨诸塞州起诉书。

[49] Derek McGinnis, *Exit Wounds: A Survival Guide to Pain Management for Returning Veterans and Their Families* (Washington, D.C.: Waterford Life Sciences, 2009), 5.

[50] 出处同上，第 106 页。

[51] 出处同上，第 107 页。

[52] "Howard Udell: Helped Hundreds of Veterans with Legal Problems," *Hartford Courant*, Sept. 3, 2013.

[53] 出处同上。

[54] 出处同上。

[55] 凯西・萨克勒的证词。

[56] 出处同上。

[57] 这项建议源于 2008 年 4 月 12 日 F. 彼得·波尔发给理查德的一份备忘录，主题是“首席执行官的考虑”。但马萨诸塞州起诉书表明，理查德本人认可了这项建议，因为他可能对备忘录做了修改，或在上面签了字。值得注意的是，在 B 级股东辩护词中，理查德的代理律师引用了马萨诸塞州起诉书中的相关内容，并且没有否认理查德“撰写”了该备忘录。（理查德的律师为此“辩护”说，关于首席执行官忠诚度的讨论是在普渡可能被出售的背景下提出的，“与欺诈营销的指控无关”。）

[58] 罗伯特·约瑟夫森 2017 年 10 月 19 日发给《纽约客》的电子邮件；马萨诸塞州起诉书。

[59] 马萨诸塞州起诉书。

[60] 乔纳森·萨克勒 2016 年 6 月 23 日致特蕾莎·萨克勒的信。

[61] 莫蒂默·D. A. 萨克勒 2010 年 11 月 23 日和 11 月 24 日的电子邮件，引自马萨诸塞州起诉书。

[62] 戴维、乔纳森和理查德·萨克勒 2014 年 11 月 12 日的往来电子邮件。

[63] 2010 年 6 月 24 日发布的普渡制药十年计划，引自马萨诸塞州起诉书。

[64] “2011 年，莫蒂默·D. A. 萨克勒要求削减 2012 年度的研发预算：‘考虑到我们的实际销售额，加之产品多元化不足，我们必须将支出和研发投入削减到适当的水平。’” Complaint in *State of Oregon v. Richard S. Sackler et al.*, Circuit Court of the State of Oregon, No. 19CV22185, Aug. 30, 2019.

[65] 乔纳森·萨克勒 2014 年 10 月 12 日致理查德·萨克勒等人的电子邮件，引自 2020 年 10 月 21 日美国司法部与理查德·萨克勒博士、戴维·萨克勒、莫蒂默·D. A. 萨克勒、凯西·萨克勒和乔纳森·萨克勒基金会签署的和解协议（后文再次引用该文献时仅标注为“司法部–萨克勒和解协议”）。

[66] “Judge Says Maker of OxyContin Misled Officials to Win Patents,” *New York Times*, Jan. 6, 2004.

[67] Opinion and Order, *Purdue Pharma LP v. Endo Pharmaceuticals Inc.*, 00 Civ. 8029 (SHS), Southern District of New York, Jan. 5, 2004.

[68] 爱德华·马奥尼 2007 年 7 月 11 日致詹姆斯·P. 琼斯法官的信。

[69] Opinion, *Purdue Pharma LP et al. v. Endo Pharmaceuticals*, U.S. Court of Appeals for the Federal Circuit, Feb. 1, 2006.

[70] 法律史和商业史太过复杂，此处无法详述，简而言之：远藤制药对普渡奥施康定专利的有效性提出质疑，并在 2004 年胜诉，普渡的独家专利被判定为无效。判决结果出来后，远藤制药和其他几家公司推出了奥施康定的仿制药。但普渡在 2006 年上诉成功，此前的判决被撤销，普渡最终与其他公司达成和解（这些公司从市场上召回了他们生产的仿制药），重新获得了独家专利。参见“Endo Defiant over Generic OxyContin Knockback,” *Pharma Times*, Feb. 7, 2006; “Purdue Fends Off Generic OxyContin Competition,” Law 360, Aug. 29, 2006; Settlement Agreement, Aug. 28, 2006, signed by Mortimer Sackler, Michael Friedman, and others, SEC Archives。

[71] 对南希·坎普的采访。

[72] 迈克·英瑙拉托 2009 年 12 月 3 日的电子邮件，引自马萨诸塞州起诉书。

[73] 马奥尼 2008 年 2 月 26 日的电子邮件，引自马萨诸塞州起诉书。

[74] 理查德 · 萨克勒 2009 年 7 月 12 日的电子邮件，引自马萨诸塞州起诉书。

[75] 理查德 · 萨克勒 2009 年 10 月 8 日的电子邮件，引自马萨诸塞州起诉书。

[76] 罗伯特 · 巴莫尔 2009 年 10 月 8 日的电子邮件；迪普提 · 金瓦拉 2009 年 10 月 8 日的电子邮件；大卫 · 罗森 2009 年 10 月 8 日的电子邮件。上述文献均引自马萨诸塞州起诉书。

[77] "Identifying Granular Growth Opportunities for OxyContin: Addendum to July 18th and August 5th Updates," McKinsey & Company to John Stewart and Russ Gasdia, confidential memo, Aug. 8, 2013.

[78] 麦肯锡公司 2009 年 9 月 11 日报告，引自马萨诸塞州起诉书。

[79] 乔纳森 · 凯恩 2008 年 10 月 16 日发给麦肯锡公司的同事的电子邮件。

[80] "Dr. Mortimer Sackler," *Times* (London), April 13, 2010.

[81] "Choir's on Song as Star Cricketer Makes His Catch," *South Wales Evening Post*, Jan. 6, 2010.

[82] 出处同上。

[83] "Inside the Sackler Scandal," *Tatler*, March 22, 2019.

[84] "Choir's on Song as Star Cricketer Makes His Catch."

[85] "Dr. Mortimer Sackler," *Times* (London), April 13, 2010.

[86] "Mortimer D. Sackler, Arts Patron, Dies at 93," *New York Times*, March 31, 2010.

[87] "Dr. Mortimer Sackler," *Times* (London), April 13, 2010. 这篇讣告的有些版本确实提到了奥施康定；其他则不然。

第二十二章
抗篡改

近 15 年来，普渡制药一直在大量生产奥施康定，并将其分销到全美各地，直到 2010 年的一个夏日，普渡在既无宣传也无预告的情况下，停止向市场供应奥施康定原研制剂，取而代之的是一种巧妙调整了配方的新型奥施康定。[1] 乍一看，当年 8 月开始发货的新配方制剂与原研制剂几乎一模一样。唯一明显的区别是，新配方制剂略微厚一点儿，每片药上都印着“OP”，不像原研制剂上一直标注的是“OC”。新配方制剂的成分与原研制剂完全相同：纯羟考酮。但药物的包衣经过了改造。

早在 2001 年，普渡的人就一直在讨论有什么高招能够解决奥施康定存在的问题。如果他们能研发出一种缓释机制无法被破坏的药片呢？既然滥用者想方设法地破坏缓释机制、释放药物的全部麻醉效力，那么普渡的科学家或许也可以设计出一种药片——一种无法被滥用的药片，挫败理查德·萨克勒所鄙视的“犯有罪行的瘾君子”。

对萨克勒家族来说，研发新剂型是个颇为微妙的举动，因为萨克勒家族精神的一大组成部分（因而也是家族企业文化的一大组成部分）是拒不承认他们可能会犯错，或是存在不当行为，哪怕仅仅是假设也不行。如果普渡大肆宣传自己研制出了一种抗滥用的奥施康定，这样的措辞可能会被解读为该公司认错了——他们多年来销售的这种药物正如批评者一直认为的那样，很容易被滥用。

不过，研发一种缓释机制无法被破坏的奥施康定，挫败那些想要迅速获得快感的人，对普渡来说是个不可抗拒的诱惑。公司里的一些人开始把这个项目看作“终极登月计划”，认为它过于疯狂，不太可能实现。新配方制剂的研发耗费了数年时间，经历了大量的试验和错误。一名身居要职并且参与了这个项目的高管透露，普渡将本已有限的研发预算中的“很大一部分”投入了这项工作。[2]毫无疑问，研发新品的部分动机是防止普渡的王牌产品遭到滥用。但另一个原因可能是，普渡的一些竞争对手也在争相研发缓释机制无法被破坏的羟考酮片。如果这些公司中的任意一家抢在普渡之前占领了市场，他们就可以将他们的药物作为更安全的奥施康定替代品予以推广。“普渡应该在这类研究中居于领先地位，”2008 年，小莫蒂默·萨克勒对理查德说，“我们为什么要追逐别人的脚步？”[3]

理查德早就辞去了普渡总裁的职务，但他依然深度参与公司的经营管理。他每天还会来办公室。他有一只斗牛犬，经常带在身边。这只狗名叫安奇（unch），即股市用语“平盘”（unchanged）的缩写，意思是一家公司的股价在交易日结束时与当天开盘时持平。有时，一名员工会穿上自己最好的西装去见理查德，结果到了老板摆满书籍的办公室，却发现安奇正蹲在玻璃台面的办公桌底下，把他那刚熨过的裤腿弄得到处都是口水。安奇喜欢在走廊上拉屎，理查德又从不清理。因此，到九楼来的访客会在走路时绕开这只狗偶尔遗留在皇家紫地毯上的排泄物。

理查德亲自对抗篡改配方进行了研究，并作为发明人获得了几项专利。[4]他与普渡负责新药报批的团队保持着密切联系，甚至还对新药的名字发表了意见。[5]（这种新药最后被简单地叫作“奥施康定 OP”。）2007 年底，普渡向美国食品药品监督管理局提交了新药申请，但直到 2010 年，该机构才批准普渡销售这种新型的“抗滥用”奥施康定。[6]

这种新药可谓科学奇迹。当你试图破坏它们的缓释机制时，你会发现它们和橡皮糖一样坚韧，你无法将它们加工成可供吸食或是注射的形态。这是一个小小的奇迹，在某种程度上比奥施康定更具创新性。就像普渡的一名前高管所说的那样，你若是改变新配方制剂的形态，它就变成了“小熊软糖”。

普渡制药从不怯于在食品药品监督管理局面前大胆声明，它标榜新配方制剂具备前所未有的安全性。食品药品监督管理局曾批准过普渡夸大其词的宣传语，表现出迎合普渡的明显倾向，最终，该机构又送给普渡另一份大礼：有史以来第一次，该机构批准在药品标签上——在新型奥施康定的药品说明书上——添加关于“遏制滥用”特性的声明。[7]当初奥施康定刚上市时，理查德·萨克勒曾吹嘘说，奥施康定的药品标签所包含的营销内容比以往任何药品标签都要多，但普渡仍然得到了食品药品监督管理局的批准，而今，食品药品监督管理局又一次允许普渡声称它的新产品比竞品更加安全。与奥施康定原研制剂的情况相同，新配方制剂号称可以“遏制滥用”，但在当时，这样的断言很大程度上只是一种设想。食品药品监督管理局发布的一篇新闻稿提到，他们要求普渡进行“上市后”研究，收集数据以验证“新配方制剂能在多大程度上减少对阿片类药物的滥用及误用”——换言之，可想而知食品药品监督管理局业已批准的药品标签到底有几分真实性。[8]但与此同时，普渡获准向任何听众提出建议：与市面上的其他阿片类药物相比，奥施康定新配方制剂更不容易被滥用。

多年来，不少人致力于遏制奥施康定的灾难性影响，萨克勒家族一直对此横加阻拦。在漫不经心的旁观者看来，新配方制剂的出现似乎表明，萨克勒家族终于认识到自己的错误。不过，研发新配方制剂的时机颇耐人寻味——这也从侧面反映出普渡之所以重新配制奥施康定，可能是出于其他考虑。早在 20 世纪 90 年代，普渡就取得了专利，享有奥施康定的独家销售权。专利赋予其所有者一定期限的独家权利，也就是说，普渡有权阻止竞争对手生产奥施康定的仿制药。这些年来，奥施康定带来了惊人的利润，但与此同时，专利到期的日子也在一天天逼近。对制药商来说，原研药“专利到期”的前景是可怕的，不过，狡猾的制药商自有妙计，可以延长专利的有效期。他们的妙计有个名字——“长青”[9]。通常情况下，公司会等到原始专利快要到期时，再对产品做一些小调整，从而获得新专利，这样一来，专利期限就得重新算起。2001 年 1 月，也就是大约 10 年前，迈克尔·弗里德曼与普渡的另一名高管马克·阿方索讨论了该公司研发抗滥用奥施康定的计划，他们称其为“产品线延伸”。阿方索写道，推出新型奥施康定是“关闭竞争之门”的一种方式。[10]原研制剂的专利在 2013 年到期，当时奥施康定 OP 还没有上市。[11]

“一切都围绕着奥施康定的知识产权。”一名在这一时期加入普渡的高管回忆说。普渡还销售其他产品，但大家对它们不作任何指望。“奥施康定是百分之百的主角。公司的收入就是从那儿来的，”这名高管继续说道，“因为他们缺乏综合性制药公司所具备的技能，所以必须‘不惜一切代价保住专利’。无论是资金投入，还是公司的人才，各种资源都向着奥施康定倾斜，只为了能让它继续盈利。”普渡的领导层一门心思想要延长奥施康定的寿命，事实上，在这名高管看来，普渡有时根本不像一家制药公司，而像“一家碰巧拥有研发和营销部门的知识产权律师事务所”。

十多年来，面对不断扩大的公共卫生危机，萨克勒家族和普渡始终不服气地声称，奥施康定原研制剂是安全有效的。霍华德·尤德尔临死前仍坚持这么说。但在2010年，因为原研制剂的专利即将到期，普渡的态度来了个180度大转变，推出了奥施康定新配方制剂。普渡向食品药品监督管理局提交了文件，要求对方以不安全为由拒绝批准奥施康定**原研**制剂的仿制品，尽管这种原研制剂正是普渡多年来一直在销售的。[12] 普渡表示，出于“安全”原因，它自愿从市场上撤回原研制剂。就在奥施康定原研制剂专利到期当天，向来乐于助人的食品药品监督管理局宣布，奥施康定原研制剂的好处“不再大于”风险。[13] 普渡在一篇新闻稿中表示，“食品药品监督管理局已经决定，出于安全原因，奥施康定缓释片必须停止销售，对此普渡深感欣慰”，并指出食品药品监督管理局“不会接受或批准”同类仿制药的新药申请。[14]

● ● ●

若说普渡没有研发其他产品，也是不完全公道的。事实上，在奥施康定 OP 上市后不久，普渡又推出了另一种阿片类止痛药——一种名叫“丁丙诺啡”的透皮贴剂。萨克勒家族本可以设法摆脱对阿片类药物的依赖，实现公司业务的多元化，以此来应对普渡所面临的广泛批评、刑事指控和大量诉讼。但他们不仅没有离开赌桌，反而选择双倍下注，将普渡定位为“综合性疼痛管理公司”。

这些年来，理查德·萨克勒与妻子贝丝渐行渐远。他们最终在2013年离婚，理查德搬到了得克萨斯州的奥斯汀，在该市郊区买了一座时髦的山顶别墅，那一带正是科技富豪钟爱的居住地。不过，理查德仍然疯狂插手公司的业务，哪怕是细枝末节的小事他也要管。理查德可能很怀念1996年那段伴随着暴风雪的光辉岁月，当时，奥施康定原研制剂在他的指挥下高调上市，形势一片大好，现在，他又在仔细检查丁丙诺啡首发的每一个细节。他要求普渡高管拉塞尔·加斯迪亚向他提供有关该药物疗效的“情报”。[15] 他想知道销售团队是否“遇到了我们预期的阻力，我们是否成功克服了阻力，市场反应与我们销售奥施康定®片剂时相比，是相似、更好还是更差”。（就连发电子邮件，理查德也不厌其烦地在奥施康定的名字后面加上了注册商标符号，这或许表明了他对知识产权法的高度尊重。）

理查德想要的不仅仅是销售数据的实时更新。他还会要求员工向他提供原始销售数据的电子表格，这样他就可以按照自己的奇特方式进行计算。[16]关于丁丙诺啡应该如何营销，应该推广给哪类医生，他有许多想法。2011 年，他在给加斯迪亚的信中写道：“预算会议结束后的那周，你打算让我跟谁一起去实地推销？”为了真切地了解销售团队是如何运作的，理查德提出要亲自陪同销售代表去拜访医生。他想知道：“要是我一天跟着两名销售代表去推销，这样安排方便吗？”[17]

加斯迪亚可能担心理查德博士无法克制自己，怕他随便碰到哪个医生就向对方兜售阿片类药物。于是，加斯迪亚悄悄发出了警报，向普渡的合规主管伯特·温斯坦提出了这个问题。[18]

“哈哈。”温斯坦回答道。[19]考虑到普渡已经承认犯有联邦罪行，而他又是该公司的内部监督人员，如此轻佻的回答显得有些漫不经心。理查德的权威是不容挑战的：这是普渡不可改变的生存法则，公司里的每个人都不得不接受。温斯坦向加斯迪亚明确表示，就他个人而言，他不会坚决反对老板去实地推销。但他确实认为，在进行实地推销时，“理查德需要保持沉默，不能透露真实身份”，就像真人秀中的客串角色——首席执行官们戴着假发，贴着假胡子，匿名参观公司仓库。（理查德最终决定不参加这次走访，不过，就在同一年，当康涅狄格州的一名销售代表拜访医生时，理查德真的跟着去了。[20]）

迈克尔·弗里德曼被迫辞职后，约翰·斯图尔特接任普渡首席执行官。在给斯图尔特的信中，加斯迪亚写道，“如果你能减少理查德与公司的直接接触，我将不胜感激”，“我知道他有知情权，而且分析能力很强，但深度参与公司业务不一定会有成效。”[21]

“我几乎每天都在这样做，”斯图尔特回复说，“有时能成功，有时却没什么用。”[22]

丁丙诺啡是一种列管麻醉药品——一种像奥施康定一样的强效阿片类药物，具有相应的成瘾风险。但让理查德感到沮丧的是，丁丙诺啡被认为具有潜在风险，这种看法可能会影响销售。他抱怨说，有关这种药物副作用的声明，在他看来都是毫无必要的危言耸听。理查德抗议说，这样的警告“暗示了根本不存在的不良反应和危险”，他建议普渡找到“不那么吓人”的方式来描述他们的阿片类药物。[23]

丁丙诺啡的首发还算成功。除了捐款，萨克勒家族还擅长一件事，那就是销售阿片类药物。但与奥施康定相比，丁丙诺啡并不是什么伟大的胜利，这让理查德和董事会的其他成员感到困扰。“你们和我一样失望吗？”[24] 2011 年春天，理查德问他的员工，“要想刺激销售，让销量加速增长，我们还能做些什么？”[25]莫蒂默也配合他的堂兄，表达了对现状的担忧，并要求获得更多有关销售数据的信息。[26]但在那年 6 月，普渡的员工向萨克勒家族报告，公司的收益比他们的预期少了数亿美元。[27]在理查德看来，普渡错就错在没有锁定“潜力较高”的处方医师。[28]他要求知道“我们的经理是如何允许这种情况发生的”。

加斯迪亚私下抱怨萨克勒家族“目光短浅”，只盯着阿片类药物。“很难让同事和董事会相信，我们在这个市场的辉煌已经结束了。”他在给朋友的信中写道。[29]四个月后，萨克勒家族把他解雇了。[30]

● ● ●

奥施康定新配方制剂依然卖得很好。[31]它是美国最畅销的止痛药，年销售额超过 30 亿美元，比销量仅次于它的竞品高出近一倍。但是这种新型奥施康定真的能遏制滥用吗？那又是另一个问题了。尽管普渡声称新配方制剂可以遏制滥用，但在公司内部，大家都知道这种说法充其量是理论假设。萨克勒家族很清楚——因为普渡的员工告诉过他们——滥用奥施康定的主要方式根本不是吸食或注射，而是过量服用，这是新配方制剂无法阻止的。[32]约翰·斯图尔特曾明确告诉理查德·萨克勒，新配方制剂“无法阻止患者做出过量服药这样的简单行为”[33]。在 2011 年初的一次会议上，普渡的员工给董事会看了相关数据，数据显示 83% 被送入物质滥用治疗中心的患者都是在服用阿片类药物后才走上成瘾之路的。[34]

与此同时，有迹象表明，许多奥施康定成瘾者发现新配方制剂更不容易被滥用。在网络论坛上，长期服用奥施康定的人互相讲述了他们是如何竭尽全力从这种新药中获得满足的。[35]如果说普渡的目标仅仅是防止人们破坏药片的缓释机制，那么这种新型包衣似乎很管用。事实上，普渡的销售数据几乎立即反映出，抗篡改的新剂型让一些经常服用奥施康定的人十分沮丧。尽管普渡告诉食品药品监督管理局，原研制剂现在被认为是不安全的，但在新配方制剂进入美国市场后，普渡继续在加拿大卖了一年原研制剂。根据后来的一项调查，2010 年新配方制剂上市后的几个月里，奥施康定原研制剂在安大略省温莎市的销量突然翻了两番。[36] 温莎市位于美加边境，紧挨着底特律。事情很清楚，这些药物是从加拿大购买的，然后走私回美国，在黑市上出售，因为它们比新配方制剂更受欢迎。普渡完全可以通过艾美仕公司的数据监测到加拿大销量的骤然激增，并推断出背后的原因。（最终，普渡承认自己发现了销量激增的情况，并坚持说已经通知了有关部门，至于是什么时候通知的，该公司拒绝透露具体时间。[37]）

没过多久，美国因服用奥施康定过量而导致的死亡率开始下降。[38] 现在判定新配方制剂是否能够“遏制滥用”还为时过早，因为许多滥用奥施康定的人在服用这种药物后，并不一定会死亡。美国疾病控制与预防中心最终得出结论，没有哪项研究表明“抗滥用技术”能够有效“遏制或防止滥用”。[39] 美国食品药品监督管理局也持相同意见，直到 2020 年，他们才公布了关于新型奥施康定的调查结果，声称新配方制剂或许减少了吸食或注射奥施康定的人数，但“没有充分证据足以证明，新配方制剂使得广义上的奥施康定滥用行为出现了实质性减少”[40]。

即便如此，如果新配方制剂能够让一些人不再吸食或注射奥施康定，那似乎也是在朝着正确的方向迈进。要想了解这种新药的影响力，普渡不见得需要展开复杂的研究。该公司只用看它的收益。根据普渡某科学家团队的研究摘要，在重新调整配方之后，80 毫克奥施康定片剂在美国的销售额下降了 25%。[41]

一方面，奥施康定销售情况的变化充分反映出普渡通过研发抗篡改的新剂型，成功遏制了奥施康定的滥用，该公司自称致力于解决阿片类药物危机，而它在研发新剂型上的投入就是证据。[42] 另一方面，销售额的下降也清楚地表明，普渡这些年从 80 毫克奥施康定片剂中赚取的收益，有四分之一来自黑市。普渡对奥施康定的销售波动进行了研究；理查德则抱怨销售额“突然下降”，他想知道还能采取怎样的“纠正措施”。根据法庭文件，普渡内部得出的结论是，80 毫克奥施康定片剂之所以会利润缩水，很大程度上是因为“那些没有正当医疗需求的人不再去找医生开药了"[43]。

批评者坚持认为，普渡不该因为研发了新配方制剂而受到赞扬，公司做出的行动太少，也太迟了。以马萨诸塞州参议员史蒂文·托尔曼为首的委员会曾调查过奥施康定滥用的问题，在新配方制剂问世后不久，托尔曼公开表示："他们不该就此心安理得。""为什么他们没有早几年这么做？"[44]

事实证明，托尔曼对新剂型上市时机的质疑颇有深意，因为普渡对药物配方的调整造成了一个意想不到的重大后果。如果萨克勒家族10年前就用抗篡改的新剂型替代奥施康定原研制剂，那么根本不会有这么多人发现奥施康定令人陶醉的力量，药物滥用现象可能会真正得到遏制。但到了2010年，美国的情况与2000年时完全不一样了。这个国家正处于阿片类药物泛滥的境地。数以百万计的美国人对奥施康定和其他阿片类药物上了瘾，不管他们最开始服药是为了消遣，还是出于医疗目的。实际上，不管萨克勒家族认为自己怀有怎样的意图，他们所从事的业务是怎样的性质，都改变不了这样一个事实：普渡的销售依然如此强劲，其部分原因在于庞大的成瘾人群。数字是不会说谎的。普渡过去的广告语竟然比任何人预料的都要贴切：奥施康定确实是一种能让人优先考虑并持续服用的药物，如今，依赖这种药物的巨大垄断市场已经形成。

奥施康定OP上市时，一些经常服用奥施康定的人已经不那么容易搞到药了。当局关闭了黑药坊，起诉了医生，于是许多医生在开奥施康定或其他强效阿片类药物之前会多问些问题。不过，眼下最大的难题是，怎么也无法从新配方制剂中瞬间获取羟考酮的全部效力。也正因为如此，许多人干脆放弃了奥施康定。理想状况下，他们会断然戒掉奥施康定，勇敢地忍受戒断反应的折磨，或是寻求治疗，小心地逐渐减少药量。但现实情况是，许多人已经上瘾了。许多人已经上瘾多年了。他们已经走上了不归路。碰巧有一种"物美价廉"的药物可以作为奥施康定的替代品，更便宜，更强效，而且很容易买到：海洛因。

由于奥施康定的配方经过了调整，一些服用者转而使用其他阿片类处方药——这些药物更容易获取，而且可以被滥用。但还有许多人将目光投向了海洛因。就化学结构而言，奥施康定与海洛因极为相似。在某种程度上，海洛因一直是评价奥施康定的基准。奥施康定因为药效极强而被人们称作"药片形式的海洛因"。当奥施康定作为一种消遣型兴奋剂开始在阿巴拉契亚地区流行时，它得到了“乡村海洛因”的“雅号”。因此，过度依赖阿片类药物的人一旦无法继续服用奥施康定，要不了多久，他们就有可能顺理成章地投入海洛因的怀抱。

记者山姆·昆诺斯在《梦瘾》一书中描述了这一时期的社会风气：墨西哥的贩毒集团察觉到美国出现了一个新兴市场，开始向美国走私数量空前的廉价海洛因。[45]几乎一夜之间，美国各地的社区涌现出一批批外表整洁、手无寸铁、高度专业的海洛因贩子，向人们提供大量的海洛因——这些海洛因是从墨西哥太平洋沿岸纳亚里特山区的罂粟中提取的。正如普渡曾发现治疗不足的慢性疼痛患者是一个巨大的潜在市场，而今，这群来自墨西哥的年轻“创业者”注意到了另一个庞大群体，这个群体也许会在他们的诱导下尝试一种新药。这些人没有机会像理查德·萨克勒那样在哈佛大学商学院学习，也没有机会像莫蒂默那样在纽约大学学习。相反，他们大多是自学成才。不过，当这些来自纳亚里特的毒贩试图为墨西哥的海洛因打造一个富有活力的市场时，他们所采取的那套销售策略透露出一种诡异的熟悉感，有时会让人联想到普渡最初为奥施康定制定的营销秘笈。在产品推广的前期阶段，萨克勒家族将营销的重点放在那些有许多人受了工伤、身体残疾或是患有慢性疼痛的社区，他们瞄准的都是看起来特别容易受到奥施康定影响的人。而贩卖海洛因的团伙则经常在美沙酮诊所附近寻找新顾客，在那里他们可能会找到阿片类药物成瘾者。普渡曾向患者提供奥施康定优惠券，患者凭此券可享受首月免费体验。海洛因贩子则向他们的顾客提供免费样品。

还有普渡过去常常提到的“消除异议”的问题。萨克勒家族刚开始从事阿片类药物交易时就知道，他们需要应对的一大挑战是消费者的排斥。这类药物臭名昭著，人们对其怀有歇斯底里的恐惧。当初萨克勒家族的英国公司纳普实验室着手研发美施康定，其部分原因在于，吗啡片似乎比静脉注射的药物更安全，也更方便。与之相应，由于人们不愿使用静脉注射的药物——不愿注射毒品，美国海洛因市场的规模自然而然地受到了限制。然而，当一个阿片类药物成瘾者感受到戒断反应的第一阵剧痛时，他会马上抛开人生中所有的禁忌。成瘾就是这么回事。也许针头会让你不安。但如果你的身体表现得好像你不试一试就会死，你就会去做那些过去发誓决不做的事情。

于是在2010年前后，困扰美国10年之久的处方药泛滥现象就这样转变为海洛因危机。接下来的几年里，萨克勒家族的某些成员会设法让人们注意到这一转变，把阿片类药物成瘾者转而使用海洛因（后来又换成了另一种更致命的替代品芬太尼）这一现象当作宣告萨克勒家族无罪的王牌证据。[46]这证明了对奥施康定上瘾的人不是具有正当医疗需求的疼痛患者，而是滥用药物的瘾君子。海洛因是一种街头毒品，往往由还没有拿到移民身份的墨西哥青年在汽车后座匿名出售，奥施康定却得到了美国食品药品监督管理局这样的权威机构的批准。萨克勒家族是合法商人，是美国社会的支柱。即便是在普渡被判重罪之后，关于奥施康定的争议持续不断，理查德·萨克勒却依然是耶鲁大学癌症中心顾问委员会成员。就在奥施康定新配方制剂上市之前，理查德和贝丝以及乔纳森和他的妻子玛丽·科森捐出300万美元，在耶鲁大学设立了理查德·萨克勒和乔纳森·萨克勒内科学教授职位。[47]当时，理查德罕见地发表了公开声明："我父亲让我和乔恩①相信，慈善事业应该是我们人生中的重要组成部分。"在搬去得克萨斯州之前，理查德还被任命为曼哈顿洛克菲勒大学的遗传学兼职教授，他也给这所大学捐了不少钱。他和他的家族仍然经常受人称颂，大家认为他们代表了美国价值观和美国医学的卓越传统。他才不是什么南方边境的海洛因大亨。从前滥用奥施康定的瘾君子现在转向了海洛因，这一事实只会让萨克勒家族愈发坚信他们是无可指摘的。

理查德一直为自己在数据方面的能力感到骄傲，但在萨克勒家族是否有罪这一问题上，相关数据表明，尽管萨克勒家族肯定没有贩卖海洛因，但他们与海洛因危机并非毫无关系。过量使用海洛因的案例是从2010年开始突然增加的，在随后的几年里，学者们仔细研究了与之相关的统计数据。他们得出的结论是，许多吸食海洛因的美国人一开始服用的是奥施康定和其他处方药。根据美国成瘾医学协会的数据，这一时期开始吸食海洛因的人当中，有五分之四的人先是滥用处方类止痛药，后来才转向海洛因。[48]有一项针对244人的跟踪调查——2010年奥施康定新配方制剂上市后，这些人因为奥施康定滥用接受过治疗，该调查显示，其中三分之一的人转而服用其他药物，70%的人转向了海洛因。[49]多德·戴维斯曾任职于普渡，

① 乔纳森的昵称。——译者注

是路易斯安那州的一名销售代表，如今他当上了毒品治疗顾问。过去他以销售奥施康定为生，现在他却在和海洛因成瘾者打交道。在他看来，“海洛因之所以会**出现**，是因为奥施康定的整个局面彻底失控，一发不可收拾”[50]。2019年，来自圣母大学、波士顿大学和美国国家经济研究局的一组经济学家发表了一篇内容庞杂的研究论文，探讨了2010年以来“海洛因致死率迅速上升”的时机问题。这篇论文的标题是“奥施康定新配方制剂如何引发海洛因的流行”。[51]

注释

[1] William N. Evans, Ethan Lieber, and Patrick Power, “How the Reformulation of OxyContin Ignited the Heroin Epidemic,” *Review of Economics and Statistics* 101, no. 1 (March 2019).

[2] 对克雷格·兰道的采访。

[3] 莫蒂默·萨克勒2008年2月12日的电子邮件，引自马萨诸塞州起诉书。

[4] 可参见 U.S. Patent No. 7727557, “Pharmaceutical Formulation Containing Irritant,” filed September 22, 2006, United States Patent and Trademark Office.

[5] Complaint in *State of Oregon v. Richard S. Sackler et al.*, Circuit Court of the State of Oregon, No. 19CV22185, Aug. 30, 2019.

[6] 美国食品药品监督管理局2010年4月5日的新闻稿《美国食品药品监督管理局批准奥施康定新配方制剂》。

[7] “Purdue Pharma L.P. Statement on FDA Approval of New Label for Reformulated OxyContin® (Oxycodone HCL Controlled-Release) Tablets CII and Citizen Petition Regarding Withdrawal of Original Formulation due to Safety,” April 18, 2013.

[8] 美国食品药品监督管理局2010年4月5日的新闻稿《美国食品药品监督管理局批准奥施康定新配方制剂》。新配方制剂于2010年获得批准；新增加的关于防止滥用的说明于2013年获得批准。最初宣布要进行这些研究的时间是2010年，但直到新的药品标签获批时，这些研究才刚刚结束；事实上，直到2020年，食品药品监督管理局才公布了这些研究的完整结果。

[9] Roger Collier, “Drug Patents: The Evergreening Problem,” *Canadian Medical Association Journal*, June 11, 2013.

[10] 阿方索2001年1月25日致弗里德曼的信。

[11] 参见 “OxyContin Maker Guards Exclusivity,” *Wall Street Journal*, June 27, 2012; “Purdue Pharma Is Taking Advantage of Patent Law to Keep OxyContin from Ever Dying,” *Quartz*, Nov. 18, 2017。

[12] 普渡制药有限合伙公司请愿书（2012 年 7 月 13 日，No. FDA-2012-P-0760）指出，如果奥施康定的仿制药获得批准，那么“滥用羟考酮缓释片的情况可能会恢复到奥施康定新配方制剂上市前的水平”。普渡的一名顾问向美国食品药品监督管理局解释说，如果该机构允许奥施康定的仿制药上市，那么普渡的研发动力将“大大减少”，“不会再在抗篡改产品的研发上花费这么多精力”。Complaint in *State of Washington v. Purdue Pharma, L.P. et al.*, Sept. 28, 2017.

[13] “Abuse-Deterrent Properties of Purdue’s Reformulated OxyContin (Oxycodone Hydrochloride) Extended-Release Tablets,” Memorandum from Douglas Throckmorton to Janet Woodcock, April 16, 2013; “FDA Bars Generic OxyContin,” *New York Times*, April 16, 2013.

[14] “Purdue Pharma L.P. Statement on FDA Approval of New Label for Reformulated Oxycontin® (Oxycodone HCL Controlled-Release) Tablets CII and Citizen Petition Regarding Withdrawal of Original Formulation due to Safety.”

[15] 理查德·萨克勒 2011 年 1 月 30 日致加斯迪亚的信。

[16] 特拉华州起诉书。

[17] 理查德·萨克勒 2011 年 6 月 16 日致加斯迪亚的信。

[18] 加斯迪亚 2011 年 6 月 16 日致温斯坦的信。

[19] 温斯坦 2011 年 6 月 16 日致加斯迪亚的信。

[20] Memorandum of Law in Support of the Individual Directors’ Motion to Dismiss for Lack of Personal Jurisdiction, *Commonwealth of Massachusetts v. Purdue Pharma LP et al.*, Civil Action No. 1884-CV-01808(B), April 1, 2019; B 级股东辩护词提到，理查德“2011 年在费尔菲尔德进行了一次走访”，并补充说他本人没有“参与宣传或推销”。

[21] 加斯迪亚 2012 年 3 月 7 日致斯图尔特的信。

[22] 斯图尔特 2012 年 3 月 8 日致加斯迪亚的信。

[23] 理查德·萨克勒 2011 年 7 月 20 日的电子邮件，引自马萨诸塞州起诉书。

[24] 理查德·萨克勒 2001 年 3 月 9 日的电子邮件，引自马萨诸塞州起诉书。

[25] 理查德·萨克勒 2011 年 3 月 16 日致罗素·加斯迪亚的信。

[26] 莫蒂默·萨克勒 2011 年 4 月 5 日和 4 月 8 日的电子邮件，引自马萨诸塞州起诉书。

[27] 执行委员会 2011 年 5 月 12 日记录，引自马萨诸塞州起诉书。

[28] 理查德·萨克勒 2011 年 6 月 16 日致加斯迪亚的信。

[29] 加斯迪亚 2014 年 2 月 27 日的电子邮件，引自马萨诸塞州起诉书。

[30] 理查德·萨克勒 2014 年 6 月 10 日的电子邮件，引自马萨诸塞州起诉书。

[31] 2011 年 4 月 14 日董事会报告，引自马萨诸塞州起诉书。

[32] 斯图尔特·贝克 2010 年 8 月 16 日的电子邮件；保罗·科普兰 2010 年 8 月 19 日报告。

[33] 斯图尔特 2008 年 2 月 22 日致理查德·萨克勒的信，引自马萨诸塞州起诉书。

[34] 马萨诸塞州起诉书。

[35] “Drug Is Harder to Abuse, but Users Persevere,” *New York Times*, June 15, 2011.

[36] Tara Gomes et al., “Reformulation of Controlled-Release Oxycodone and Pharmacy Dispensing Patterns near the US-Canada Border,” *Open Med*, Nov. 13, 2012.

[37] 罗伯特·约瑟夫森 2017 年 10 月 19 日的电子邮件。

[38] Evans, Lieber, and Power, "How the Reformulation of OxyContin Ignited the Heroin Epidemic."

[39] "CDC Guidelines for Prescribing Opioids for Chronic Pain," Centers for Disease Control and Prevention, March 18, 2016.

[40] 2020 年，美国食品药品监督管理局公布了"上市后"研究结果，该研究旨在考察奥施康定新配方制剂在遏制滥用方面的效果。参见"OxyContin Abuse Deterrent Formulation (ADF)," FDA Briefing Document, Joint Meeting of the Drug Safety and Risk Management (DSaRM) Advisory Committee and Anesthetic and Analgesic Drug Products Advisory Committee (AADPAC), Sept. 10–11, 2020。

[41] Howard Chilcoat et al., "Changes in Prescriptions of OxyContin and Opana After Introduction of Tamper Resistant Formulations Among Potentially Problematic and Comparator Prescribers," *Drug and Alcohol Dependence*, July 1, 2014. 普渡的发言人证实了这个数字。

[42] 对克雷格・兰道的采访。

[43] 司法部–萨克勒和解协议。

[44] "Drug Is Harder to Abuse, but Users Persevere."

[45] Quinones, *Dreamland*, 65.

[46] 萨克勒家族（包括雷蒙德和莫蒂默两派）2020 年 10 月 1 日的声明，雷蒙德派代表戴维森・戈尔丁与莫蒂默派代表协商后，发布了该声明。（"萨克勒家族的成员非常同情成瘾者，并且全心全意地为解决我国复杂的阿片类药物滥用危机做贡献。根据美国政府的数据，阿片类药物相关死亡人数上升的主要原因是毒贩从中国和墨西哥走私到美国的海洛因和非法芬太尼。"）

[47] "A Family, and a Transformative Legacy," *Medicine@Yale*, July/Aug. 2014.

[48] *Opioid Addiction: 2016 Facts & Figures*, American Society of Addiction Medicine.

[49] Theodore J. Cicero and Matthew S. Ellis, "Abuse-Deterrent Formulations and the Prescription Opioid Abuse Epidemic in the United States: Lessons Learned from OxyContin," *JAMA Psychiatry* 72, no. 5 (2015).

[50] 对多德・戴维斯的采访。

[51] Evans, Lieber, and Power, "How the Reformulation of OxyContin Ignited the Heroin Epidemic." 当然，正如昆诺斯所言，还有其他因素可能导致海洛因滥用案例的增加——医生在开处方时更加谨慎，黑药坊被勒令关闭，海洛因的供应量增大。不过，海洛因滥用案例之所以会在 2010 年突然增加，并不是因为奥施康定供给受限，而是因为新配方制剂的上市。2020 年，美国食品药品监督管理局公布了 10 年来关于奥施康定新配方制剂的研究结果，认为没有足够的证据表明新配方制剂在总体上减少了奥施康定滥用的案例（因为人们仍然会口服过量），而且引发了一个意想不到的不良后果——成瘾者将非法阿片类药物作为奥施康定的替代品，"阿片类处方药过量案例的减少……可能已经被非法阿片类药物过量案例的增加所抵消或反超"。Christina R. Greene, "Literature Review: Impact of Reformulated OxyContin on Abuse and Opioid-Related Morbidity and Mortality," FDA, Sept. 10–11, 2020.

第二十三章
大 使

萨克勒家族中唯一在监狱里待过的成员是理查德·萨克勒的侄女玛德琳。这是个身材瘦小的年轻女人，脸孔细长，乌黑的眼睛里流露出严肃的神色。她是理查德的弟弟乔纳森和弟媳玛丽·科森的女儿。乔纳森和玛丽有三个孩子——玛德琳、克莱尔和迈尔斯，他们住在菲尔德波因特广场的一座大别墅里。菲尔德波因特广场是康涅狄格州格林威治的一个高档社区，雷蒙德 1973 年买下的那座滨海庄园正属于该社区，他和贝弗莉也住在这里。乔纳森与他的哥哥理查德性格迥异，他天生更擅长社交，更平易近人，他和玛丽有几分波希米亚式知识分子的习气。乔纳森穿的很多衣服都属于户外品牌巴塔哥尼亚，他和蔼可亲，非常健谈，喜欢在家里举办各式各样的沙龙，招待有趣的艺术家和思想家。教育改革是他特别热衷的一项议题，他积极参与特许学校运动，捐款并撰写专栏文章。“我认为我们可以为孩子们提供更好的教育，特别是在我们城市长大的孩子们，”他会这么说，说着又补充道，“能够支持我们这个时代的重要事业实属幸事。”[1] 他和玛丽资助了一个特许系统，帮他们在康涅狄格州的各个地区开办学校。[2]

玛德琳出生于 1983 年，就读于格林威治的公立学校。奥施康定上市时，她 13 岁。她从青春期步入成年的这段时间里，许多美国青少年开始滥用奥施康定，就连格林威治这样的富人区都是如此。她聪明好学，去了杜克大学，在那里学习了生物心理学（只有她的祖父可能会对这个学科感兴趣）。玛德琳以为自己会追随雷蒙德或伯父理查德的脚步，去读医学院。但在大学里，她发现自己爱上了摄影。[3] 她最终没有从医，而是投身电影制作行业，并在 28 岁时拍摄了她的第一部纪录片。纪录片的名字叫做《彩票》，关注了哈莱姆区的一所特许学校。（玛德琳和父亲一样热衷于特许教育。）这部电影于2010年上映——正是在那一年，普渡推出了奥施康定新配方制剂——讲述了哈莱姆区和布朗克斯区四个工薪阶层家庭为孩子寻求更好的教育机会的故事。玛德琳在接受美国有线卫星公共事务电视网采访时表示，美国的弱势群体没有获得优质教育的可靠路径，这是“不道德的”[4]。玛德琳的电影在翠贝卡电影节上映，并入围了奥斯卡奖。[5]

在拍摄《彩票》时，玛德琳开始思考监狱在美国社会中的角色。“这是人生的另一面，”她说，“当人们没有得到良好教育时，就会发生这种情况。我知道我国监狱里的囚犯比世界上任何地方都要多。”[6]为了探讨大规模监禁这一棘手问题，玛德琳决定拍摄一部虚构的故事片，讲述一名老囚犯出狱前发生的故事。不过，作为一名纪录片导演，她希望这部电影能让人感到真实可信。所以她决定在一座真正的监狱里实景拍摄这部电影——“让囚犯们参与表演”。

若是换作另一个年轻的电影制作人，也许会认为到监狱拍摄的想法在艺术上充满野心，却没有多少可行性。然而，玛德琳·萨克勒在艺术方面展现出她的伯祖父亚瑟在医药广告上展现的家族特质，她的伯父理查德在制药方面也展现过这种特质——他们会告诉自己，你可以拥有任何梦想，不管这种梦想看起来多么古怪，有时你必须勇往直前，问上一句：“为什么不呢？”2015年，经过多次协商，玛德琳获准进入印第安纳州安全级别最高的州立监狱彭德尔顿惩教所，同行的还有一小队工作人员和几名专业演员，其中包括屡获大奖的舞台剧和电影演员杰弗里·怀特。怀特曾经参观过彭德尔顿惩教所，那是在他与玛德琳一起实地考察的时候，他觉得这几次考察的所见所闻“感人至深”[7]。他和那些参观时认识的囚犯建立了联系，并全身心地投入了玛德琳的电影项目。彭德尔顿惩教所建于20世纪20年代，主要是由囚犯建造的。这是个可怕的地方，“以前我从没在这么恶劣的环境中工作过。”怀特说。有好几个星期，玛德琳都在戒备森严的监狱里取景。

电影里的另一个重要角色是由奥多勒斯·卡特扮演的，他实际上是彭德尔顿惩教所里的一名囚犯。卡特经常因为毒品犯罪坐牢，大半生都在监狱进进出出，最后一次被抓是因为持械盗窃和谋杀未遂，被判了65年监禁，如今正在服刑。但在玛德琳的朋友博伊德·霍布鲁克——他曾在网飞（Netflix）原创剧集《毒枭》中担任主演并协助制作该剧——的指导下，卡特的表演震撼人心。（“监狱，就像是一个黄金配角聚集地。”玛德琳开玩笑说。）演员乔治·克鲁尼向来公开支持进步议题，最终，他签约成为这部电影的制片人。这部电影是《监狱疑云》，拍摄完成后被家庭影院电视网（HBO）买下了版权。[8]

就好像拍摄这部电影还不够困难似的，玛德琳还同时制作了一部关于彭德尔顿惩教所生活的纪录长片，名为《这是个残酷的事实，不是吗？》，后者最终获得了艾美奖提名。由于玛德琳通过电影这个平台（正如她在个人网站上所说的那样）“为那些囚犯发声”[9]，她将获得比尔·韦伯社区服务奖，以表彰她为两部电影所做的工作。

玛德琳的电影上映时，HBO安排了仅面向受邀者的放映会，受邀者包括关注民权和种族平等问题的记者、社区活动家和美国公民自由联盟等组织。玛德琳很擅长宣传自己的电影，她虽然态度低调，但表达能力极强，而且非常自信。当她宣传自己的电影，声称自己深入思考了某些类型的系统性社会失调对普通人的生活造成的后果，几乎从来没有人追问她的身世背景，这对她很有好处。

依照萨克勒家族的标准，玛德琳过着相对朴实的生活；她住在洛杉矶，花300万美元现金在时髦的卢斯费利斯社区买了一套房子。[10]但这没有改变一个事实：她继承了奥施康定带来的收益。她的父亲乔纳森是个和蔼可亲的知识分子，但他也曾长期担任普渡的董事，还当过副总裁。[11]他是个极其活跃的董事会成员，促成了奥施康定的巨大成功，时至今日仍在不断向公司高管询问奥施康定的预期收益和最新的销售情况。萨克勒家族变得如此富有，都是拜奥施康定所赐，但玛德琳并没有表现出任何要与家族公然决裂的迹象，对于家族财富的来源甚至没有表现出任何明显的不安。圈子里的熟人和同行都知道，她不屑于谈论普渡。只要有人提到她家的家族企业，暗示她与普渡存在某种联系，她就会嗤之以鼻，指出她本人没有在该公司发挥任何作用。[12]

在玛德琳拍摄监狱电影的印第安纳州，自2010年以来，因阿片类药物服用过量死亡的人数一直在稳步上升。[13]该州医生开出的阿片类药物处方数量远高于全国平均水平。玛德琳拍摄《监狱疑云》那年，就拿监狱所在的麦迪逊县来说，平均每100名居民就持有116张阿片类药物处方，即便在印第安纳州，这也是个惊人的数字。[14]在电影的取景地彭德尔顿惩教所里，每年有1000名囚犯接受戒毒或戒酒治疗。[15]根据这座监狱自己的统计数据，近 80% 的囚犯都有“物质滥用史”[16]。

非裔美国人在阿片类药物泛滥的全面冲击中幸免于难：医生不太可能给黑人患者开阿片类止痛药，要么是因为他们不相信黑人患者会按医嘱服药，要么是因为他们不容易对这些患者产生同情心，不愿意采取激进的治疗方式来医治他们的疼痛。因此，非裔美国人成瘾和死亡的人数很少。[17]可以说，系统性的种族主义保护了黑人社区，这样的例子实属罕见。不过，“禁毒战争”对有色人种的影响尤为严重。想当初，普渡的高管们致力于推广奥施康定，为玛德琳的家族创造了数十亿美元的利润，却仍能躲过牢狱之灾。而到了 2016 年，印第安纳州州长迈克·彭斯签署了一项法令，将贩卖海洛因且有前科的街头毒贩的强制性最低刑期恢复到了 10 年。[18]在全国，82% 被控贩卖海洛因的人是黑人或拉丁裔。[19]

要想如实谈论大规模监禁，就不可能不谈论禁毒战争。如果对阿片类药物危机只字不提，就不可能如实谈论禁毒战争。然而，玛德琳·萨克勒的叙述避重就轻，绕开了所有可能会让她遭人诟病的敏感话题。这是一场精湛的表演。在大多数情况下，她能够针对美国监狱人满为患的困境发表机智的见解，而不会被人追问她自己的家族与阿片类药物危机的联系，尽管这场危机正是大规模监禁的深层驱动因素之一。她是不是用了奥施康定的收益（不管用了多少）来拍电影？这个话题几乎从未被提及，但偶尔有人问起时，她只会含糊地说她没有花自己的钱拍这些电影，不愿透露更多细节。[20]杰弗里·怀特清楚地记得，玛德琳制作《监狱疑云》的那几年，一开始并没有拉到赞助，当时她是自费拍摄的。

长期以来，乔纳森·萨克勒一篇不漏地阅读有关奥施康定问题的报道，仔细浏览新闻剪报，要是他觉得有哪些表述是不公正的，他就会勃然大怒。[21]他曾在普渡内部表达过这样的担忧：旨在预防阿片类药物成瘾的公共卫生运动最终可能会损害奥施康定的销售。[22]整个萨克勒家族都对负面新闻非常敏感。雷蒙德虽然上了年纪，但依然会询问有什么办法可以让《纽约时报》“不那么关注奥施康定”[23]。此外，乔纳森对确保萨克勒家族的名声格外在意——如果记者们要报道阿片类药物泛滥，并且有可能提到奥施康定和普渡，那么他们至少不要将萨克勒家族牵涉其中。[24]普渡聘请了许多公关专家，在他们的协助下开展了一场微妙的宣传活动，他们设法让萨克勒的名字出现在与慈善事业和电影首映式相关的正面报道中，而在那些涉及奥施康定的负面报道中，萨克勒的名字却被抹除了。他们的努力取得了显著的成功。大部分有关普渡的负面报道都没有提到萨克勒家族。萨克勒家族财富的来源依然显得模糊而久远，仿佛这笔财富是在很久以前积攒下来的。

玛德琳的电影表达了对社会公正的关注，她本人却坐享不义之财，偶尔会有人直截了当地问她如何看待这种明显的脱节，她总是不以为然。《纽约客》刊登了一篇关于玛德琳的详细介绍，文中引用了杰弗里·怀特的话。怀特指出，彭德尔顿惩教所里的很多人几乎是被命运推着走到这一步的，并没有多少发挥个人力量的余地。“不管是过失、滥用还是成瘾，”他说，“很多人根本没有避开的机会。”[25] 然而，当这篇文章的作者尼克·鲍姆加登振聋发聩地向玛德琳指出，《监狱疑云》可能意味着某种形式的赎罪——她默默承认了自己家族的罪行，并试图通过艺术来弥补过错，玛德琳却对这番话的前提提出了质疑。没有什么好赎罪的，她回答说，并声称在阿片类药物危机的问题上，她不认为自己负有道德责任，甚至不觉得这场危机和她本人有任何关系。她坚持说，她的家庭背景只会转移人们的注意力。她是一名电影制作人，人们评价她的作品时难道不该从作品本身的优劣出发吗？鲍姆加登写道：“只要一想到人们对她的电影项目的看法……会因为她的血统而受到某种程度的玷污，她就很痛苦。”

杰弗里·怀特在拍摄过程中知道了玛德琳的家庭情况。有一回，他问到了她的出身，但她转移了话题，明显不愿多谈。在玛德琳的纪录片里，有个名叫克利夫的囚犯谈到了他艰苦的童年，以及他的母亲怎样染上了“滥用处方药”的恶习。怀特观看纪录片时，被这个场景深深打动了。让怀特感到困惑的是，玛德琳可以把这样的场景拍进电影，却绝口不提她本人与电影中的故事的联系。“当你拒绝承认自己的身份，当你试图在这个故事中隐身时，这个故事就被玷污了。”他想。他认为，电影中囚犯们的故事很重要，讲述这些故事的冲动是有价值的，甚至是迫切的。他说：“但是，如果你披露的信息是经过刻意删减的，掩盖了**你的**故事的重要性，而你的故事又正好与**他们的**故事相关，那么就会有一种无法消除的虚假感。”因此，这部电影“在本质上是有缺陷的”，赖特总结道，“因为它极其不真实，充满欺骗性”。

《监狱疑云》首映时，玛德琳穿着一身优雅的全黑套装在红毯上亮相，派对上的人纷纷向她表示祝贺。[26]她分别与前奥巴马政府官员、CNN 风云人物范·琼斯，以及“黑人的命也是命”活动人士肖恩·金合影留念。[27]在首映前，怀特给玛德琳发了一封电子邮件，称赞纪录片中囚犯们的“诚实和坦率”。但房间里有一头“大象”①，他写道。“你给那些人送了一份厚礼。他们很少能得到这样的待遇。”但他们“对你的故事一无所知”，他指出。“你从来没和我说过这些。我知道以后，只试着跟你提过一次。你没有敞开心扉。我就接着工作了。”不过，怀特现在有话要问玛德琳。“在围绕电影展开对话时，你是否考虑将你的故事作为对话的一部分？”他问道。[28]

玛德琳一直没有回复。[29]

● ● ●

就某些方面而言，玛德琳具有萨克勒家族第三代成员的典型特征。第三代萨克勒中有不少人都在普渡做过暑期实习，但唯一直接参与家族企业经营的是玛德琳的堂兄戴维，也就是理查德·萨克勒的儿子。[30]高中时，戴维曾在普渡实习。他在普林斯顿大学读商科，后来成为一名投资商。他继承了他父亲的一些令人不快的人际交往习惯：他可能会表现得粗鲁而专横；他会坐在会议室里，眼睛盯着手机，仿佛被手机占去了全副心思，结果却突然抬起头来，抛出一个难以回答的问题。他成立了自己的投资集团，办公地点在东 62 街 15 号，[31]那是一座古老的石灰岩联排别墅，20 世纪 60 年代，他父亲和理查德·卡皮特曾在这里为他们的大学公寓搜罗家具。萨克勒家族仍然拥有这套房子。

2012 年，戴维成为普渡的董事会成员。[32]“我认为我父亲的设想是，在某个时候我会接他的班。”他后来说，言下之意是理查德打算将父亲交给他的公司再交到自己儿子手中，让家族事业一脉相承。[33]戴维对理查德忠心耿耿，他似乎和他父

① “房间里的大象”是一句英文谚语，原意为房间里出现了一头大象，大家却对如此显而易见的事物避而不谈，后引申为在公共空间中，大众对某类触目惊心的事实心照不宣地保持集体沉默。——译者注

亲一样，喜欢炮轰那些与普渡作对的人。他嘲笑普渡的批评者是“愤世嫉俗的家伙”。按照他的说法，2007 年的认罪不过是一件小事——“几名销售代表”在被公司清退之前做了一些虚假陈述，如此而已。

加入董事会以后，戴维进一步做出了选择，身为萨克勒家族的一分子，他打算接管公司。“雷蒙德和莫蒂默为了经营好这家公司殚精竭虑，”普渡的一名资深高管指出，“他们经历过失败和挫折。”但年轻一代“在成长过程中一直以为自己是房间里最聪明的人，因为从他们一生下来，别人就是这么告诉他们的”。他们开的车是普渡提供的，手机话费也由普渡报销。[34]（根据后来的一份法庭文件，普渡总共为萨克勒家族的几名成员支付了 47.7 万美元的私人话费。[35]）凯西在西港的豪宅里遇到电脑故障时，她会打电话给普渡总部，让他们派一名公司技术人员过来。“理查德会说：‘我两周后要去欧洲，航班已经定好了，但我刚才发现燃油费降了，达美航空正在搞特价，你能看看哪个航班更便宜吗？’”前行政助理南希·坎普回忆说，“他说这些话就是为了节省 200 美元。等我综合比较各个航班以后，他最终还是会乘坐最初预定的航班。”[36]

“他们只会把自己的意志**强加于**我们，”一名与萨克勒家族打过交道的普渡前高管回忆说，“凯西喜欢在很晚的时候把你叫到她的办公室，一讲就是几个小时。”他说：“公司里没有人愿意找她讨论生意上的事，因为她一点儿忙都帮不上。大家都叫她‘凯西博士’，但我不知道是不是真的有人把她的博士学位当回事。”

对一些员工来说，萨克勒家族的妄自尊大似乎显得滑稽可笑。“他们喜欢以正经商人自居。”一名与萨克勒家族打过交道的前员工指出。“他们把能力和运气混为一谈。我特别注意到，这个家族的下一代纯属走了狗屎运，在后院挖到了黄金。这就好比你搬到得克萨斯州的敖德萨，然后说：‘地底下那些黑乎乎的东西是什么？’这家公司最大的成功就是推出了奥施康定。如果没有奥施康定，它不过是一家价值 5000 万美元、平平无奇的制药公司，你根本不会听说它的名字。”但奥施康定的成功让他们产生了错觉，自以为拥有非凡的商业才能，这名员工继续说道。萨克勒家族开始觉得自己是“才智过人的亿万富豪”。这一时期在普渡工作的员工中，不只一个人把当时的境况比作 HBO 辛辣幽默的电视剧《继承之战》。在这部剧里，三个骄纵的成年子女为了从强势的父亲手中继承他所创立的集团，斗得你死我活。

莫蒂默向精神科医生、精神分析学家克里·舒尔科维奇寻求建议，后者作为广受欢迎的“领导层亲信”，经常为公司高管出谋划策。不管以什么标准来看，莫蒂默都是富有的，但他还是发现自己有时会捉襟见肘。莫蒂默的父亲在世时，他可以请求父亲提供一笔“过桥”贷款。但现在，当他发现自己陷入困境时，他不得不请求家族信托基金注入应急资金。有一回，他给舒尔科维奇博士看了一系列谈话要点，这些谈话要点是他为自己和受托人之间的尴尬对话起草的。[37]“一开始先说我不开心，”他写道，“我面临着严重的财务危机。”他准备卖掉“艺术品、珠宝、股票”，但即便如此，他仍然需要对方帮忙解决“短期现金流问题”。莫蒂默说，他需要“在短期内得到1000万美元，后面可能还得追加1000万美元。”他承诺，他要的钱不会超过这一“**上限**”。

莫蒂默抱怨说，部分问题在于，他忙着为家族企业工作，不得不“对理查德和乔恩采取强硬态度”，这让他压力很大，他的精力也许并没有得到最有效的利用。“我在普渡工作了很多年，我认为我得到的回报远远比不上**我贡献的时间价值**，”他写道，“我在制药行业工作等于说是**赔钱**上班。”他建议将这笔贷款“说成信托账户对家族成员的贷款/现金流援助，但不具体说明把钱给了谁”。他不想让家族里的所有人都发现他有困难。“我不想听我的兄弟姐妹对这件事的看法，我也不需要更多的压力。我需要解决眼下的困难，”他写道，“困难是一定要解决的，问题是在解决过程中会出现多少戏剧性场面。”他指出，“从以往的情况来看”，他的父亲“非常乐意帮助我”。

戴维·萨克勒很鄙视他的堂叔莫蒂默。[38]戴维是雷蒙德的孙子，他们这一支的人花钱相对谨慎。这是个值得骄傲的优点。他的叔叔乔纳森吹嘘自己花钱很少；戴维开玩笑说，乔纳森“10年来没花过一分钱买新衣服”。戴维结婚的时候，想买一套更大的公寓，理查德表示反对，于是戴维给父母发了一封非常情绪化的电子邮件。他写道，“我知道爸爸不擅长收发电子邮件，所以他可能看不到这封信”，但他想“说出一些想法”。他一直在努力“管理家族资产”，这并不容易。“尽管我督促自己精益求精，但我的老板（爸爸）却对我的努力知之甚少。”理查德没有支持他的努力，而是将他的工作描述为“‘差劲的、不合格的、糟糕的、蹩脚的、漏洞百出的、死气沉沉的’，或者其他任何你喜欢用来嘲笑我的词”。戴维承认，他有一部分工作内容是“对付父亲”。他是理查德“处理一切事情的得力助手”，为了“让这个家族更富有”，他不知疲倦地工作。这看起来可能很简单，戴维说，但这“确实是世界上最难的工作”。

戴维观察到，在萨克勒家族内部流传着某些病态现象。他的祖父雷蒙德“开启了一套非常有害的行为模式。他以金钱相要挟，逼迫人们为家族企业工作，进而把他们牢牢地控制在手中”。戴维指出，理查德本人多次表示他讨厌这种作风。然而，理查德一方面期望戴维全身心投入家族企业，另一方面又要设法管理戴维的开支。戴维抱怨说，他并不想“像小莫蒂默或他的兄弟姐妹那样生活”，“我的人生目标不是飞机、游艇或者别的什么离谱东西”。他只是想要一套更大的房子！再说了，就连理查德也坐私人飞机，没人会在这方面克扣他。

“我和爸爸一样，”戴维写道，“为了这个家族，我硬着头皮撑下去，承受着随之而来的压力。我接受家里的安排，朝着自己的目标努力，同时也分担家族事务。”他指出，萨克勒家族的大多数人都没有这么做。事实上，萨克勒家族的大多数人更像玛德琳：他们没有选择制药行业，而是从事自己感兴趣的工作，除了享受奥施康定带来的收益，他们的生活与阿片类药物并没有明显联系。玛德琳的弟弟迈尔斯在加利福尼亚州当程序员，她的妹妹克莱尔也是电影制作人。[39]理查德的女儿丽贝卡是一名兽医。他的另一个女儿玛丽安娜曾在普渡和萌蒂制药工作过几年，但最终停止了工作[40]（“她没有职业，可能永远也不会有。”戴维评价道[41]），现在住在旧金山太平洋高地社区一处价值 1200 万美元的房子里[42]。莫蒂默的外孙杰弗里——他的母亲艾琳仍在普渡的董事会任职——在纽约开了一家很受欢迎的连锁餐厅，名叫“史密斯”。[43]

而莫蒂默的继承人大多住在伦敦。他和格丽·维默尔的女儿萨曼莎嫁给了一个做咖啡生意的企业家，在切尔西买下一套价值 2600 万英镑的房子，这套房子以前属于演员休·格兰特和电影制片人杰迈玛汗。[44]萨曼莎对装饰派艺术很着迷，经过她的改造，这套带有僻静大花园的房子精细地还原了 20 世纪 30 年代的风格。正如玛德琳和克莱尔投身电影行业，莫蒂默第三段婚姻所生的儿子迈克尔·萨克勒也没有继承家业，而是开了一家金融公司，该公司是以萨克勒家族在伯克郡的庄园命名的，叫做“洛克斯莱斯特风险投资公司”。[45]他们的办公室就在苏豪广场附近。迈克尔的姐姐玛丽莎创立了“蜂路”——她称其为“非营利孵化器”，为马拉拉基金会和其他公益事业提供支持。[46]玛丽莎告诉《W》杂志，她不喜欢“慈善家”这个词，她更愿意把自己看作“社会企业家”。她进行“社会投资”，发表主题演讲，话语间夹杂着大量与企业管理相关的晦涩术语。

理查德·萨克勒从医学院毕业时，费利克斯·马蒂–伊瓦涅斯曾向他强调，他这辈子都会因为萨克勒的姓氏而受人尊敬。如今，马蒂–伊瓦涅斯的话得到了充分印证，也许在伦敦更是如此。在英国，萨克勒的名字**随处可见**：皇家艺术学院的萨克勒楼、维多利亚与艾尔伯特博物馆的萨克勒教育中心、国家美术馆的萨克勒馆、伦敦博物馆的萨克勒厅、国家剧院的萨克勒展馆、环球剧院的萨克勒工作室。2013年，蛇形画廊更名为“萨克勒蛇形画廊”，由《名利场》和纽约市长迈克·布隆伯格（他是萨克勒家族的朋友）共同举办了盛大的开幕仪式。[47]威斯敏斯特教堂的一扇彩色玻璃窗是专门用来纪念莫蒂默和特蕾莎的。[48]这扇窗户用漂亮的红色和蓝色颜料勾勒出哈佛大学、哥伦比亚大学、纽约大学的校徽，还有其他接受了萨克勒家族慷慨捐赠的机构的标识。“萨克勒家族的莫蒂默和特蕾莎，”窗户上写着，“以教育实现和平。”萨克勒家族总想把自己的名字与大大小小的文化遗产绑定，这种欲望在泰特现代美术馆发挥到了极致，简直令人难以置信——泰特现代美术馆是一座巨大的现代艺术圣殿，位于泰晤士河南岸的旧发电站，馆内的一块银匾告知游客，他们乘坐的是萨克勒自动扶梯。

莫蒂默和特蕾莎为英国的艺术和科学事业捐赠了超过1亿美元。[49]莫蒂默去世后，特蕾莎被授予威尔士亲王艺术慈善奖章。[50]当特蕾莎获此殊荣时，伊恩·德雅尔丁（他是萨克勒家族的私人馆长，供职于多维茨画廊）评价说：“她听起来完全像个圣人。”

这些慈善捐赠主要由总部设在伦敦的萨克勒信托基金管理，雷蒙德和莫蒂默的继承人则从其他许多信托基金中受益，奥施康定的收益——那些定期支付的亿万美元股利——正是存在这些信托基金中。奥施康定上市近20年来，已经赚了大约350亿美元。这些收益中有相当一部分没有经由伦敦或纽约转入信托账户，而是来到了百慕大的避税天堂。在百慕大一条两侧栽有棕榈树的狭窄街道上，坐落着一栋不起眼的现代办公楼，几十年来，这里一直是萨克勒家族清算财富的场所。这栋办公楼被称作“萌蒂制药大厦”。[51]

萨克勒家族的一名前财务顾问表示，他们通过向百慕大转移资金，逃避了上亿美元的税款。[52]这并不违法，再说萨克勒家族的成员向他们居住的国家捐赠了大笔财富。他们只是不想让国家来决定这些财富的去向，更希望按照自己的方式花钱——把钱花在艺术和科学领域，以此换取冠名权。

● ● ●

萌蒂制药大厦得名于萨克勒家族所有的跨国企业集团萌蒂制药，该集团负责在海外销售普渡制药的各种产品。随着奥施康定在美国的销售放缓，萨克勒家族开始将注意力转向世界其他地区的新市场。在董事会会议上，萨克勒家族经常被员工告知，美国的奥施康定销量不太可能实现进一步增长，特别是考虑到医生和患者对强效阿片类药物的潜在危险越来越警惕。相形之下，萌蒂制药的发展前景似乎更加光明。在拉丁美洲和亚洲，数亿人加入了中产阶级的行列。这些人突然有机会获得更好的医疗服务，可以把更多的钱花在健康上。因此，当普渡在美国官司缠身时，萌蒂制药着手在海外开拓止痛药的新市场。为了达到目的，萌蒂制药采用了普渡的老办法。瞄准新市场后，萌蒂制药先是公布统计数据，表明该地区有许多人饱受疼痛折磨却没有得到治疗。2014 年，当萌蒂制药进入墨西哥时，公司代表宣称，墨西哥有 2800 万人患有慢性疼痛。[53]但这和巴西的数据一比根本算不得什么，巴西的慢性疼痛患者据说达到了 8000 万人。该公司还表示，在哥伦比亚有 2200 万人（占总人口的 47%）正在遭受这种“无声的流行病”的折磨。

20 年前，普渡花钱请来的医生在会议上发表演讲，传播疼痛管理的“福音”，声称治疗慢性非癌症疼痛最好也最安全的方法是服用阿片类药物。如今，萌蒂制药在国外也是这么做的，刚开始推广奥施康定时，他们有时会求助于这些愿意效劳的医生。萌蒂制药称这些付费代言人为“疼痛大使”，他们会让疼痛大使们飞到新兴市场推广阿片类药物，警告当地人阿片类药物恐惧症有多危险。来自内华达州里诺市的疼痛专家巴里·科尔医生在接受《洛杉矶时报》采访时表示：“你只用露个面，做个演讲，然后回到飞机上。”[54]早在 20 世纪 90 年代，科尔就曾帮助普渡在美国推广奥施康定，但现在他有了一个新的副业——疼痛大使，他周游世界，向哥伦比亚、巴西、韩国和菲律宾等地的医生宣传强效阿片类药物的好处。

萌蒂制药派出的一些医生可能并不是他们所在领域最有名望的代表人物。例如，佛罗里达州的医生小约瑟夫·佩戈利齐曾在有线电视上兜售自己发明的止痛膏，还在萌蒂制药的安排下飞往巴西，就“合理治疗疼痛所需的药物”向当地医护人员提供建议。[55]在宣传过程中，萌蒂制药经常引用普渡几十年前用过的那些不可信的文献——他们引用了《新英格兰医学杂志》刊登的那封给编辑的信，信中指出，只有不到1%的患者会对阿片类药物上瘾——并告诉医生，“那些患有慢性或重度疼痛的人几乎不可能上瘾”。[56]

2014年，理查德·萨克勒兴奋地表示，萌蒂制药在新兴市场的销量增长“异乎寻常，超出了预期”[57]。乔纳森·萨克勒同样信心满满，他在当年的一封电子邮件中说，如果萨克勒家族“在新兴市场的问题上决策英明，并且在这一块多下工夫”，那么他们“未来几十年”还能继续靠阿片类药物赚钱。[58]萌蒂制药的亚洲区总部设在新加坡，萨克勒家族任命高管拉曼·辛格为亚洲区的首席执行官。辛格有一头黑色长发，身穿闪亮的西装，脸上带着顽皮的笑容，他是个典型的大忙人。“亚洲是销量增长的源头。”[59]辛格宣布。从2011年到2016年，他所负责的萌蒂制药新兴市场的年收入增加了8倍，达到6亿美元。[60]在印度，萌蒂制药推出了昂贵的阿片类药物，作为印度生产的廉价吗啡的替代品。[61]但正如辛格所指出的那样，真正的大客户还得数中国。“中国对我们的发展至关重要。”他解释说，萌蒂制药卖给中国五种不同的阿片类药物，其中包括奥施康定。[62]辛格说：“我们极其成功地实现了疼痛疗法商业化。”他希望到2025年的时候，中国会超越美国，成为萨克勒家族产品的第一大消费市场。[63]

19世纪时，英国曾向中国倾销鸦片，导致了成瘾的灾祸，中国试图阻止鸦片的流入，结果却被卷入鸦片战争中。鉴于鸦片是中国历史上抹不去的伤痛，人们可能会认为，萌蒂制药若想让中国人改用阿片类药物，必须克服巨大的阻力。不过，萌蒂制药对新客户的渴求如此强烈，以至于打算采取极端的营销策略——即便是以普渡的标准来衡量，这些策略也显得有些过火。萌蒂（中国）制药有限公司成立于1993年，同年，北京大学赛克勒考古与艺术博物馆对外开放。亚瑟创办的《中国医学论坛报》如今在中国拥有超过 100 万名医生读者。[64] 为了让中国的医生和患者相信，阿片类药物其实并不容易上瘾，萌蒂制药组建了一支庞大的销售团队。该公司向销售代表们施加了极大的压力，并且用萨克勒家族一直青睐的那种简单粗暴的激励机制来鼓励他们。[65] 超额完成公司的季度销售目标，你的薪水可能会翻倍。反之，要是没有达到销售目标，你可能会丢掉工作。萌蒂制药向销售代表们提供了营销材料，包括关于奥施康定安全性和有效性的论述，尽管这些论述早已被证明是错误的。该公司声称奥施康定是世界卫生组织治疗癌症疼痛的首选药物[66]（事实并非如此）。根据美联社的调查，萌蒂制药的销售代表居然在医院披着白大褂，假装自己是医生。他们直接询问患者的健康问题，并复制了本该保密的患者医疗记录。[67]

萌蒂制药发布了许多浮夸的宣传视频，介绍公司的产品及其拓展全球业务的野心，视频中出现了不同种族的患者微笑的画面。其中一个视频说："我们刚刚起步。"[68]

● ● ●

2013 年，普渡的员工告诉董事会的萨克勒家族成员，自 1990 年以来，药物过量致死人数增加了两倍多，[69] 而这些死亡案例只不过是"冰山一角"，因为每出现一个死于过量服药的人，都意味着还有 100 人依赖或滥用阿片类处方药。2015 年，山姆·昆诺斯出版了关于阿片类药物危机的著作《梦瘾》，他在书中直接指出萨克勒家族是这场危机的帮凶，就像巴里·迈耶 12 年前在他的著作《止痛毒丸》中所指出的那样。但这种批评似乎并没有得到广泛的认可和接受。萨克勒家族继续在世界各地活动，基本上不受阿片类药物危机的影响。几十年来，萨克勒家族一直向塔夫茨大学提供慷慨捐赠，该校的生物医学科学研究生院就是以萨克勒家族的姓氏命名的。塔夫茨大学的一个委员会投票反对将《梦瘾》作为即将入学的医学院学生的指定读物，因为校方认为他们应该对捐赠者表示"尊重"，而不是认同一本可能会损害萨克勒家族名声的书。[70] 当《福布斯》杂志将萨克勒家族列为美国最富有的家族之一，并承认了他们的财富来源，称其为"奥施康定家族"，没有一所大学、没有一家艺术博物馆对接受萨克勒的钱表示不安。“我很高兴他们选了一张非常漂亮的照片。”理查德说，这张照片拍的是他的父母在欧洲参加颁奖典礼的情景，照片上的他俩都满面笑容。[71]《福布斯》的报道称萨克勒家族的资产共计140亿美元，但理查德说不清这个数字是否准确。他表示，从来没有人“坐下来……一项一项地盘点”[72]。

此类媒体报道——《福布斯》富豪榜——或许有些令人难堪，但萨克勒家族还能忍受。偶尔也会出现一些关于奥施康定的更具煽动性的报道，普渡的员工尽力确保萨克勒家族的名声不受这些报道的影响。媒体报道了一起涉及奥施康定的诉讼，事后，负责公共事务的高管劳尔·达马斯在一封内部电子邮件中总结说，“我对我们的工作成果很满意”，“几乎没怎么提到萨克勒家族，关于他们的内容很少，而且藏在文章最后”。[73]这就是普渡习以为常的现状。特蕾莎·萨克勒女爵依然可以出现在有香槟助兴的剪彩仪式上，说几句话，露出落落大方的微笑。玛德琳·萨克勒依然可以在电影节上亮相，就刑满释放人员的改造问题和城市贫民的困境发表尖锐的评论。萨克勒家族能够经受住关于普渡的负面报道，哪怕报道中可能会出现萨克勒家族的名字，只要出现的位置不显眼就不要紧。但这一切即将改变。

注释

[1] “Democrats Reap $91,000 from Charter Schools Advocate and His Family,” *Hartford Courant*, June 21, 2014.

[2] “Sackler Family Opioid Fortune Backed CT Charter Schools,” *New Haven (Conn.) Register*, March 9, 2019; 2017 Form 990 Tax Returns for the Bouncer Foundation.

[3] “The ‘Dangerous’ Filmmaking of Madeleine Sackler,” *Backstage*, July 8, 2014.

[4] “Q&A: Madeleine Sackler,” C-SPAN, June 24, 2010.

[5] 2010年奥斯卡奖入围短名单。

[6] “A Prison Film Made in Prison,” *New Yorker*, Jan. 29, 2018.

[7] 对杰弗里·怀特的采访。

[8] “Prison Film Made in Prison.”

[9] 玛德琳·萨克勒个人网站上的生平介绍。

[10] “OxyContin Heiress Madeleine Sackler Pays Cash on L.A.’s Eastside,” Dirt.com, Jan. 30, 2020.

[11] 马萨诸塞州起诉书。

[12] "Prison Film Made in Prison."

[13] "Indiana—Opioid-Involved Deaths and Related Harms," National Institute of Drug Abuse, April 2020.

[14] U.S. Opioid Prescribing Rate Maps for 2015, CDC website.

[15] 戴维・伯斯滕（印第安纳州惩教局）发给《纽约客》的电子邮件。

[16] 出处同上。

[17] "A 'Rare Case Where Racial Biases' Protected African-Americans," *New York Times*, Dec. 6, 2019.

[18] "Pence Reinstates Mandatory Minimum Prison Terms for Some Drug Crimes," *Times of Northwest Indiana*, March 21, 2016.

[19] "Quick Facts: Heroin Trafficking Offenses," U.S. Sentencing Commission.

[20] "Madeleine Sackler's Films Praised, but She Faces Scrutiny over Opioid Wealth," *Guardian*, May 2, 2018.

[21] 乔纳森・萨克勒 2014 年 1 月 2 日致凯西・沃尔什的信，B 级股东辩护词也收录了这封信。

[22] 扎克・帕尔曼 2015 年 12 月 9 日的电子邮件，引自马萨诸塞州起诉书。

[23] 特拉华州起诉书。

[24] 乔纳森・萨克勒 2014 年 1 月 2 日的电子邮件，引自马萨诸塞州起诉书。

[25] "Prison Film Made in Prison."

[26] "Prison Film Made in Prison"；"The Premiere of 'O.G.,' the Film Made Inside an Indiana Prison," *New Yorker*, April 24, 2018.

[27] 参见盖蒂图片社提供的"《监狱疑云》历程"活动照片，2019 年 2 月 23 日，HBO 在纽约的 Studio 525 举办了该活动。

[28] 杰弗里・怀特 2017 年 10 月 26 日致玛德琳・萨克勒的信。

[29] 对杰弗里・怀特的采访。

[30] The Raymond Sackler Family's Opposition to the Official Committee of Unsecured Creditors' Exceptions Motion, *In Re Purdue Pharma LP et al., Debtors*, U.S. Bankruptcy Court, Southern District of New York, Chapter 11, Case No. 19-23649 (RDD), Oct. 14, 2020.

[31] Moab Partners LP, U.S. Securities and Exchange Commission, Form D.

[32] 马萨诸塞州起诉书。

[33] "'We Didn't Cause the Crisis': David Sackler Pleads His Case on the Opioid Epidemic," *Vanity Fair*, June 19, 2019.

[34] "Cash Transfers of Value Analysis," Dec. 16, 2019, audit conducted by Alix Partners and submitted to the bankruptcy court in White Plains.

[35] 出处同上。

[36] 对坎普的采访。

[37] 在莫蒂默・D. A. 萨克勒 2017 年 7 月 16 日发给克里・舒尔科维奇的一封电子邮件中出现了这些谈话要点。

[38] 所有相关引文和细节均来自戴维·萨克勒 2016 年 6 月 12 日致理查德、贝丝和乔丝的信。
[39] “Inside the Room Where Tech Actually Vies for Military Jobs,” *Wired*, March 12, 2019; 克莱尔·萨克勒的个人网站。
[40] Deposition of Marianna Sackler, *In Re: Purdue Pharma LP et al., Debtors*, United States Bankruptcy Court, Southern District of New York, Case No. 19-2649 (RDD), September 2, 2020.
[41] 戴维·萨克勒 2016 年 6 月 12 日致理查德、贝丝和乔丝的信。
[42] Tuija Catalano to Rich Hillis of the San Francisco Planning Commission, re: 2921 Vallejo Street, Oct. 16, 2017（引用了玛丽安娜和她的丈夫詹姆斯·弗雷姆在一起财产纠纷案中的起诉状）。
[43] “Hedge Fund Tosses Family That Controls Maker of OxyContin,” *Wall Street Journal*, March 7, 2019; “On Hospitality with Jeff Lefcourt of the Smith and Jane,” OpenTable, April 2, 2016.
[44] “Homes Gossip,” *Evening Standard*, July 20, 2010.
[45] “How Family Fortune Bankrolls London Arts,” *Evening Standard*, March 19, 2018.
[46] 关于玛丽莎·萨克勒的详细信息来自《W》杂志 2014 年 5 月 19 日刊登的《玛丽莎·萨克勒：忙碌的蜜蜂》一文。对她说话方式的评价基于她发表的一些演讲，这些演讲可以在 YouTube 上找到。
[47] “New Serpentine Sackler Gallery Opens as Michael Bloomberg Steps In as Chairman,” *Evening Standard*, Sept. 25, 2013.
[48] 威斯敏斯特教堂的官网。
[49] “How Family Fortune Bankrolls London Arts.”
[50] 2011 年因为艺术与商业贡献被授予威尔士亲王奖章者：特蕾莎·萨克勒。
[51] 萌蒂制药大厦的地址是 14 Par La Ville Road, Hamilton HM 08, Bermuda。
[52] 对萨克勒家族的一名前财务顾问的采访。另见“The Sackler Files: How the Tax Haven of Bermuda Played Key Role in £10 Billion Family Fortune,” *Evening Standard*, May 11, 2018。
[53] “OxyContin Goes Global,” *Los Angeles Times*, Dec. 18, 2016.
[54] 出处同上。
[55] 出处同上。
[56] 出处同上。
[57] 给董事会的草案，见于理查德·萨克勒 2014 年 11 月 12 日致戴维·萨克勒的信。
[58] 乔纳森·萨克勒 2014 年 10 月 12 日发给理查德·萨克勒等人的电子邮件，引自司法部–萨克勒和解协议。
[59] “China Rises as Key Market for Leading Opioid Producer,” Nikkei Asian Review, Jan. 25, 2019.
[60] “OxyContin Goes Global.”
[61] “How Big Pharma Is Targeting India’s Booming Opioid Market,” *Guardian*, Aug. 27, 2019.
[62] “China Rises as Key Market for Leading Opioid Producer.”
[63] “Fake Doctors, Pilfered Medical Records Drive Oxy China Sales,” AP, Nov. 20, 2019.

[64] 出处同上。

[65] 出处同上。

[66] 出处同上。

[67] 出处同上。

[68] “OxyContin Goes Global.”

[69] 2013 年 3 月 21 日董事会关于遏制滥用策略的报告，引自马萨诸塞州起诉书。

[70] Report and Recommendations Concerning the Relationship of the Sackler Family and Purdue Pharma with Tufts University, Prepared by Yurko, Salvesen & Remz, PC, for Tufts University, Dec. 5, 2019（后文再次引用该文献时仅标注为“塔夫茨大学的报告”）。

[71] 理查德 · 萨克勒 2019 年的证词。

[72] 出处同上。

[73] 达马斯 2014 年 10 月 20 日的电子邮件，引自佛蒙特州起诉书。

第二十四章
这是个残酷的事实，不是吗

2015 年 8 月的一天，一架飞机降落在肯塔基州的路易斯维尔市，理查德·萨克勒在律师们的簇拥下从飞机里走了出来。因为八年前的一个案子，肯塔基州起诉了普渡制药，指控其进行欺诈营销。提起诉讼的是州总检察长格雷格·斯顿博，他的一名亲属死于过量服用奥施康定。整个地区都被这种药物摧毁了。

打这场官司时，普渡表现出了一如既往的强硬态度，竭力主张将案件移送到其他地方审理，理由是他们无法在肯塔基州派克县——该州打算在这个产煤的农村地区审理此案——得到公正的审判。为了证明这项提议的合理性，普渡托人研究了派克县的人口情况，并将研究报告提交给法院，作为对陪审团潜在偏见的说明。[1]普渡也许没有料到，这份报告还透露了另外一些信息。报告显示，派克县 29% 的居民称自己或家人认识服用奥施康定致死的人。十分之七的受访者形容奥施康定对他们社区的影响是“毁灭性的”。

一名法官裁定，普渡不得改变审理地点，看来该公司可能会被迫在派克县的法庭上打这场官司。提起诉讼的律师希望理查德·萨克勒出庭作证。在数百起与奥施康定滥用相关的案件中，这种情况从未发生过，尽管理查德的家族拥有普渡，而他本人曾是该公司的总裁和董事长。普渡的律师强烈反对让理查德飞到肯塔基州这样的地方宣誓作证，回答有关奥施康定的问题。[2]但最终，辩护团队无计可施，法官传唤理查德出庭作证。

理查德一直住在奥斯汀。这座城市多的是聪明富有的怪人，他几乎能融入其间。他和菲利普·博比特成了朋友，此人是个温文尔雅的法学教授，与他年龄相仿，也在非常优越的环境中长大。博比特的资历极为出众，正是这一点吸引了理查德：博比特曾为许多总统提供外交事务方面的建议；如今他在得克萨斯大学法学院、哥伦比亚大学和牛津大学任教，穿梭于各高等学府授课讲学；他还撰写了10部关于军事战略和宪法的巨著。博比特对泡泡纱西装和粗雪茄情有独钟，他喜欢一边吐着烟圈，一边讲述他那“有名的叔叔”林登·约翰逊令人怀念的轶事，针对重要的问题大发议论。[3]他正是理查德·萨克勒那种人。

“理查德是个古怪的家伙。”普渡的一名前员工说，他所描述的理查德似乎越来越沉溺于自己精心设计的另一个世界。“他的生活支离破碎，就像一本值得你阅读的书。”理论上讲，他把自己放逐到近2000英里外的得克萨斯州，可能会让普渡的领导层从他的疯狂干预中缓口气。2014年初，他们聘请马克·蒂姆尼出任首席执行官。蒂姆尼来自默克集团，这是第一次由外部人士——既不是萨克勒家族成员，也不是长期以来一直忠于萨克勒家族的拥护者——来管理普渡。蒂姆尼走马上任后立即宣布，他的目标之一就是改变普渡的企业文化。他意识到过去有些事情出了问题，他认为普渡之所以运转不畅，是因为它起初是家族企业。有个曾与蒂姆尼亲密共事的人说，他想“让它成为一家知名公司”——让它看起来更像默克集团。为此，他希望萨克勒家族减少对普渡的直接干预。但毫不夸张地说，这是一项具有挑战性的任务，因为普渡的行事风格一贯如此。事实很快就会证明，让萨克勒家族不去插手家族企业是不可能的。

在得克萨斯州，理查德总在收发电子邮件，哪怕离得很远，他仍能对普渡施加巨大的影响力。“我们的主要问题是未能实现美国产品线的多元化，把所有的赌注都押在奥施康定上，”2014年，他在给其他家族成员的一封电子邮件中写道，“可惜在公司赚大钱的那些年，股东们没有采用业界同行的惯常做法，而是把这些现金从公司取了出来。如今，不幸的是，奥施康定在美国的销量下降，我们的收入和自由现金流也随之减少。”尽管如此，理查德仍然满怀希望，矢志不渝。他写道，“60多年来，我们家族一直在享受公司带来的收入”，“雷蒙德这一派对整个行业的前景很乐观”，他相信“坚持不懈会有回报”。[4]

在普渡的问题上，理查德面临的挑战是如何说服莫蒂默那一派继续经营，并且把利润用于再投资。因为莫蒂默的继承人实在太多了，他们这个支系表现出一种明显的倾向——紧盯住定期分配的现金股利不放。理查德的儿子戴维在董事会的话语权越来越大，私下里，他向父亲和叔叔乔纳森抱怨，A 级股东试图从公司“掠夺”现金。[5] 他嘲笑了他们怪异的“官僚主义”作风，讽刺他们像机动车辆管理局一样决策效率低下。[6]

雷蒙德·萨克勒这时已经 95 岁了。但直到晚年，他仍然开着他的捷豹从菲尔德波因特广场的格林威治庄园前往斯坦福德的办公室。一想到这位年迈的统治者手握方向盘，在 95 号州际公路上穿行，普渡制药公司的安保队伍就深感不安，有时他们会派出两辆车护送雷蒙德——一辆在前，一辆在后——以确保他没有撞到人。公司里的一些人认为雷蒙德已经老态龙钟，他坐在办公桌后面，穿着西装打着领带，脸上挂着只有在蜡像馆里才能见到的笑容。他会给偶尔到来的访客一块饼干，但他似乎什么也没做。有些和萨克勒家族相识几十年的人对老一辈萨克勒颇为敬重，他们在私下说，普渡对阿片类药物不计后果的投入是理查德和年轻一代的主张，而雷蒙德——但凡他了解情况——永远不会支持这种做法。

但事实上，雷蒙德对普渡的动态了如指掌。在理查德飞往肯塔基州作证的前一年，他父亲给他发了一份关于普渡工作计划的备忘录，其中提到该公司打算促使患者服用更大剂量的阿片类药物并延长服药时间，以此来获取更多利润。备忘录承认，有些医生认为这可能不是患者的最佳选择，因此，普渡实施计划的前提就是消除医生的异议。“我们应该在你有空的时候讨论一下。”雷蒙德写道。[7] 麦肯锡公司的顾问在普渡董事会面前作了报告，指出萨克勒家族可以多拜访那些开出大量处方的医生，以扭转奥施康定利润下滑的局面——这场会议是由雷蒙德主持的。会后，麦肯锡公司的一名高管在电子邮件中写道，“房间里只有这个家族的人，包括公司元老雷蒙德博士”，并指出萨克勒家族对顾问们的提议“极为支持”。[8] 用麦肯锡团队另一名成员的话来说，萨克勒家族“大力支持‘快速推进’”[9]。

那天上午刚过 9 点，理查德来到路易斯维尔城郊，在多尔特-汤普森-谢泼德-金尼律师事务所的会议桌旁落座。他穿着不起眼的蓝西装和熨烫平整的白衬衫，领带上夹着一个佩戴式麦克风。理查德刚过完 70 岁生日，但他看上去仍然健康有活力。[10] 他在椅子上动来动去，小眼睛里流露出冷漠而狐疑的神情。[11] 战斗的准备已经做好了。米切尔·德纳姆是个年轻的检察官，也是肯塔基方面的律师之一，在他看来，他们已经为这场终极较量等待了太久，现在时机已经成熟了。他回忆说：

“我们和理查德·萨克勒正面相逢，此人的公司对阿片类药物的流行起到了推波助澜的作用。”[12]

询问会将由泰勒·汤普森主持，[13]他在路易斯维尔工作，是一名经验丰富的人身伤害索偿律师，他和蔼自信，讲话时带有浓郁的肯塔基口音。理查德眯着眼睛看向汤普森，脸上笼罩着居高临下的微妙神色。他不会让对方轻易获胜。

“2014 年 7 月 30 日，那时你是普渡制药的负责人吗？”汤普森问道。

“我不知道。”理查德回答。

汤普森拿出一份文件递给理查德。“那是你的名字吗？”

“是的。”

“文件的日期是 2014 年 7 月 30 日。上面写着，‘理查德·萨克勒博士的声明：我是普渡制药的董事’。”

“如果它是这么说的，”理查德耸耸肩说，“那就按它说的来吧。”

“我看到萨克勒家族大概拥有至少 69 家不同的公司，”汤普森继续问道，“这是真的吗？”

“如果你数过的话，”理查德说，“我不知道。”

汤普森并不指望这位制药大亨会是个好说话的证人。即便如此，他还是被理查德的语气吓了一跳。萨克勒家族的药物给肯塔基州带来了深重的灾难，但他们连一句道歉的话都没有。理查德甚至不愿**假装**同情。在汤普森看来，理查德试图通过他的回答、语气和肢体语言传达出这样一种总体印象：他是凌驾于这一切的。“自鸣得意的傻笑，满不在乎的态度，毫无悔意，”汤普森后来感叹道，“这让我想起了那些矿业公司，他们来到此地，搬山移岭，留下一片狼藉，然后继续前进。‘反正这不是我家后院，我可不在乎。’”[14]

“你有没有回过头去研究成瘾史？”汤普森问理查德。

“我又不是那种天天查文献的学生。”理查德回答说。

“你们把奥施康定投放到市场之前，有没有研究过它的滥用倾向？”

“我不知道。”

理查德的声音低沉而粗哑。他举止粗暴，满怀轻蔑。他试图贬低自己在公司的作用，他说他“只负责监管，不负责决策”。他声称自己“没有做过任何相关工作”，“我又不是销售人员”。但肯塔基州的律师从普渡获取的大量内部文件却给出了不同说法。于是，汤普森问起了理查德邮件中的内容，强调了他在奥施康定营销“闪电战”中所发挥的决定性作用，甚至引用了近20年前奥施康定上市时他在亚利桑那州韦格王姆酒店发表的演讲《1996年的暴风雪》。理查德翻看着自己从前的备忘录和声明，眼前的证据表明，他本人就是奥施康定营销活动的策划者和主谋——在弗吉尼亚州的联邦案件中，在普渡面临的其他无数场诉讼中，他从未遇到过这种情况。在某一刻，他的态度似乎有所松动，脸上浮现出一丝苦笑，神色茫然地追忆“这整个经历”，他被迫回顾了奥施康定上市的所有细节，“就像重温了我三分之一的人生”。

“我不后悔曾经设法激励我们的销售人员，”他挑衅地对汤普森说，“我想这就是我的使命。”“我认为这非常合理。”他接着说，并不为自己的语气感到“尴尬”。当被问及奥施康定营销中惯用的宣传语——这是一种“优先考虑并持续服用”的药物时，理查德说这句话不是他想出来的，但他又补充说，“我倒希望这是我的主意”。

“你是否认为普渡的营销过于激进？”

“我不这么认为。”

“你是否认为聘请3000名医生在你的演讲部工作会促使他们开具更多的奥施康定处方？”

“我不觉得这会有什么影响。”

作证过程中，理查德一直含糊其辞。面对汤普森的提问，他一次又一次地咕哝着，“我不知道”，“我不记得了”。

“你有没有跟踪调查过《重拾人生》视频中的参与者，看他们是真的重拾了他们的人生，还是最终对奥施康定形成了依赖？”汤普森问道。

理查德说他没有。但他坚持说，奥施康定是一种非常有效的止痛药。

“但它是否有效还取决于其他因素，比如滥用，”汤普森指出，“我的意思是，你可以杀掉一个人，消除他的疼痛。但那样做也算不得起效果，不是吗？”

“是的，”理查挤出一丝干巴巴的笑意，附和道，“我不认为死亡是有效的表现。”

在为庭审做准备时，米切尔·德纳姆发现了一张 1997 年派克维尔高中足球队的老照片。照片上接近一半的年轻人要么死于服药过量，要么对奥施康定上了瘾。“这会有很大的视觉冲击力。”他说。但德纳姆没有机会向陪审团出示这张照片，因为在案件进入庭审阶段之前，普渡支付了 2400 万美元的和解费。[15]

萨克勒家族为了化解这场官司费了不少力气。和解费比普渡最初提出的要高——该公司一开始只打算付给肯塔基州 50 万美元——但这完全不符合派克县的需求。在庭外和解的过程中，普渡没有承认任何不当行为。该公司坚决主张，支付和解费的关键条件之一是肯塔基州律师发掘收集的数百万页证据——包括泰勒·汤普森询问理查德·萨克勒的录像——永远不得向公众披露。这是普渡战略中的一个重要元素。全国各地审理不同案件的十几位法官最终都会同意类似的保密要求。[16]在肯塔基州，普渡指示检察官们“彻底销毁”所有文件。[17]

“这些人没上法庭的主要原因正在于此。”米切尔·德纳姆总结道。萨克勒家族一直倾向于化解官司，而不是在公开的法庭上为公司（或者更糟的是，为家族）的罪行辩护。德纳姆指出，如果案子真的进行到律师向陪审团出示证据的阶段，“所有这些文件最终都有可能成为公共记录”。普渡与肯塔基州庭外和解后，一家名为 STAT 的医学新闻网站发起了诉讼，要求公开理查德的证词。[18]州法官做出了有利于 STAT 的判决。[19]但普渡立即提出上诉。[20]在这份证词以前，萨克勒家族的成员还没有就奥施康定争议做过如此全面的评论。这个家族会竭尽全力阻止证词公之于众。

● ● ●

在斯坦福德的普渡总部，在那座由反光玻璃砌成的塔庙式办公楼里，人们渐渐意识到，公众监督正在变得无法避免。2013 年，《洛杉矶时报》曾刊登过一篇重要报道，讲述了普渡是如何发现那些狡猾的医生乱开处方的。该报披露，“在过去 10 年里，强效止痛药奥施康定的制造商建立了一个数据库，其中有数百名医生疑似把这种药物随随便便地开给瘾君子和药贩子，但这家制造商几乎没有提醒过执法机关或卫生部门。”[21]这份所谓的“零区”名单一直是被严加保守的机密，上面有 1800

多个名字。普渡为自己的行为辩护说，它保留这个数据库是为了让公司的销售代表远离名单上的医生，该公司还告诉洛杉矶时报社，它已经向执法机关报告了名单上8%的医生。不过，当谈到其他92%疑似违规开药的医生时，普渡表示自己没有义务采取行动。“我们没有能力从他们手中夺走处方笺。”普渡的律师罗宾·艾布拉姆斯说。

当然，在黑药坊被医学委员会或警方勒令关闭之前，普渡一直从它们开出的奥施康定假处方中获利，尽管普渡的管理人员声称他们要求销售代表远离这些机构，但一般说来，黑药坊是相当可靠的处方提供者。多德·戴维斯以前是路易斯安那州的销售代表，他指出，“我们**不需要**去拜访那些可疑的医生”，“不管怎样，生意总会来的”。[22]基思·汉弗莱斯是斯坦福大学心理学教授，曾在奥巴马政府担任医药政策顾问，他告诉洛杉矶时报社，这些医生是一座座“金矿”。“他们明知道有问题，却一直从中赚钱，”他继续说，“这真的很恶心。”[23]

当理查德·萨克勒前往肯塔基州时，普渡的公共事务部了解到这不是单篇报道；《洛杉矶时报》还准备推出一个系列，就好像曝光“零区”名单还不够有杀伤力似的。普渡的公共事务主管劳尔·达马斯给萨克勒家族发送了最新的工作计划——“设法减轻”系列报道的负面影响，“将《洛杉矶时报》不公正的报道边缘化”。[24]但普渡能做的并不多。一天，撰写报道的记者之一斯科特·格洛弗通过理查德·萨克勒的私人电话找到了他。理查德吓了一跳，赶紧挂断了电话。

理查德要求查看洛杉矶时报社与普渡的所有往来信件。[25]但萨克勒家族似乎处于一种刻意与外界脱节的状态，就连他们自己的员工也是这么认为的。理查德为“奥施康定”设置了谷歌快讯，以确保他收到有关这种药物的所有最新消息。不过，他一度向劳尔·达马斯抱怨说：“为什么所有和奥施康定有关的快讯都是负面消息，没有一个是正面消息？”[26]达马斯便自觉地重新设定了检索词，这样一来，理查德就只会收到讨他喜欢的新闻了。[27]

2016年，《洛杉矶时报》发布了另一条关于奥施康定的大新闻：20年来，奥施康定的卖点一直是每吃一次药效可以维持12小时，但事实上，这种止痛药的药效可能维持不了12小时。该报披露，普渡在奥施康定上市之前就知道这个问题，当时参加临床试验的患者抱怨说，他们吃药以后还不到12小时就疼痛复发了。然而，普渡试图掩盖这个问题，因为整个营销的前提就是患者每天只需服用两次奥施康定。报道指出，自奥施康定上市以来，“有 700 多万美国人滥用过奥施康定”。[28]

接下来，《洛杉矶时报》刊登了第三篇调查报道，如果说这篇报道有什么不同的话，那就是更具煽动性。它以“奥施康定走向全球”为题，描述了萨克勒家族如何借助萌蒂制药，转而在新兴市场提倡使用阿片类药物。“这完全是烟草巨头的套路，”前食品药品监督管理局专员戴维·凯斯勒对洛杉矶时报社说，“由于美国对奥施康定在本国的销售采取了限制措施，该公司开始向海外发展。”[29]

报道发表后，几名国会议员给世界卫生组织写了一封公开信，敦促对方协助制止奥施康定的扩散，并点名谴责萨克勒家族。“国际卫生界难得能够预见未来，”议员们写道，“普渡已经造成了无数美国家庭的悲剧，不要让它安然脱身，在其他地方寻找新的市场和新的受害者。”[30]

在销售奥施康定的 20 年跌宕起伏中，普渡一直表现出一种地堡心态，倾向于认为自己是被孤立和围攻的受害者。当负面舆论达到周期性高峰时，高级管理层会在全公司范围内发送电子邮件，安抚员工说他们再次遭到了“有失偏颇”的媒体报道和无良记者的诽谤，这些记者总是把普渡往最坏的方向想，而忽视了该公司正在做的所有伟大的事情。不过，《洛杉矶时报》的报道在普渡内部引发了异议，使得该公司面临着一个转折点。有的员工读到这些报道后很诧异。他们知道萌蒂制药正在向海外推销阿片类药物，但不知道它采用的正是让普渡在美国惹上麻烦的那些营销手段。一些员工要求普渡的律师斯图尔特·贝克对媒体的指控做出解释，贝克却对此嗤之以鼻。他声称，萌蒂制药没有违反其他国家的法律。所以他不觉得有什么问题。

年轻一代的高管与公司元老之间出现了分歧：前者与新任首席执行官马克·蒂姆尼一同上任，认为普渡要想继续生存下去，就迫切需要自我改革；后者为萨克勒家族工作了几十年，坚持认为普渡没什么可道歉的。在年轻一代的高管看来，普渡的运转机制严重失灵，早就过时了。“你不会从街上走进来，然后说：‘天啊！公司就该像这样经营！《哈佛商业评论》上的每一篇文章都是错的！’”一名前高管笑着说。若是换作一家上市公司，在 2007 年认罪之后，可能会进行真正的整顿，解雇一批人，并切实推进系统性改革。但在普渡，即便是创造了“假性成瘾”一词的戴维·哈多克斯，也依然身处高位。另一名年轻高管在谈到“假性成瘾”这个概念时表示：“这些年来，有大量患者的案例摆在面前，解决办法居然仅仅是‘给他们**更多的**阿片类药物’！我觉得不需要药理学博士学位，也能知道这是错误的。直到今天，这件事依然让我目瞪口呆。”

新领导班子中的一些成员震惊地发现，有的老员工在公司里工作了几十年，但他们除了忠于萨克勒家族，似乎并没有什么明显的才能。谁也说不准这些人整天都在**做**些什么。然而，他们似乎端着铁饭碗。在现实世界中，他们很可能找不到工作，但他们依然在拿工资，这只会让许多员工对萨克勒家族更加忠心耿耿。马克·蒂姆尼上任后，试图引入基于标准的评估程序，就像你可能会在普通公司里看到的那样。“很多人要离开了，”蒂姆尼在一楼礼堂的一次会议上宣布，“有些人会被解雇，其他人会自动离职。这很好。”

不过，如果蒂姆尼以为普渡的老员工（其中许多人与萨克勒家族有直接关系）会不战而退，听任他对公司进行改革，那他就想错了。一名参与过相关讨论的高管回忆说：“当时有两大阵营。”改革派普遍认为阿片类药物危机现在已经升级为一场灾难，继续销售阿片类药物、拒不采取和解姿态已经不再是一个可行的选择（如果说它曾经是的话）。自 1999 年以来，已有超过 16.5 万美国人因为滥用阿片类处方药而丧生。[31] 在美国，药物过量已经超过车祸，成为可预防性死亡的首要原因。[32] 2016 年 6 月，普渡的员工在向萨克勒家族做年中汇报时告诉他们，据调查，近一半的美国人认识对阿片类处方药上瘾的人。[33]

“普渡需要一种新的方法。”一些改革派高管提议。在一次会议上，他们做了以“新说法：适当使用”为主题的报告。[34] 普渡若是打破先例，开始倡导“适当”使用阿片类药物，这似乎就表明了萨克勒家族与现实的脱节有多么严重。无论如何，他们拒绝了这项提议。[35]

在富豪的生活中隐藏着一种不易察觉的危险，就是你身边难免围绕着唯唯诺诺的应声虫和阿谀奉承的马屁精。按理说，你应该能得到最明智的建议。但恰恰相反，你经常得到糟糕的建议，因为你的跟班只会告诉你他们认为你想听的话。这种情况的危险性在于，不管你是身价过亿的高管还是美国总统，你都会排斥不同意见，让人们觉得忠诚会得到最高的奖赏，到头来你会让眼下存在的问题变得更加严重。萨克勒家族引以为豪的是，他们也忠于那些对他们忠心耿耿的人。如果你站在萨克勒家族那一边，他们就会照顾你。在这种逻辑下，普渡形成了一个不成文的规矩，任何跳槽的员工都会被列入黑名单，终身不得回公司工作。也正因为如此，萨克勒家族被一群忠诚的拥护者包围着，听不到任何不同意见，这些人不仅认同萨克勒家族的观点，还把它当作颠扑不破的真理——普渡没有做错任何事，只不过受到了不公正的诽谤。萨克勒派的一名前高管回忆说："没有人对《洛杉矶时报》揭露的事情感到愤怒。大家都默不作声。"

马克·蒂姆尼主张在阿片类药物危机的问题上做一些让步。他聘请了前联邦检察官玛丽亚·巴顿担任新的法律总顾问，她也推动了企业文化的变革。巴顿提出，在公司图书馆里悬挂前任法律总顾问霍华德·尤德尔的肖像似乎不太合适，她的提议无异于对普渡传统观念的小小挑战。曾在小布什政府任职的劳尔·达马斯和另一名公共事务主管罗伯特·约瑟夫森（他曾为世界摔跤娱乐公司工作）建议萨克勒家族找到应对危机的办法。

然而，年轻高管们提出的改良措施遭到了普渡老员工的一致反对，这些老员工包括哈多克斯、律师斯图尔特·贝克、两名说客伯特·罗森和艾伦·马斯特，以及高管克雷格·兰道——他曾在普渡担任医疗总监等多个职务，如今专门负责该公司在加拿大的业务。改革派建议萨克勒家族成立一个基金会，协助解决阿片类药物危机，并将部分慈善捐赠用于成瘾治疗中心和其他补救措施。萨克勒家族拒绝了。[36]保守派的防御意识很强，在他们看来，任何为奥施康定收拾残局的慈善行为都有可能让人觉得普渡认错了。"如果你为了解决成瘾问题去做某件事，"那些忠诚的保守派告诉萨克勒家族，"那你就是在承认自己有罪。"

霍华德·尤德尔虽然死了，但他的鬼魂还活着。"这就是尤德尔的理念，"一名前高管说，"决不让步。"萨克勒家族甚至拒绝以他们的名义发表一般性声明，承认阿片类药物危机的存在，表达些许同情。普渡的员工准备了十几个版本的声明，催促萨克勒家族在其中一份上签字并发表。但萨克勒家族拒绝了。

反观"疼痛共同体"（这是理查德的说法）的其他分支，萨克勒家族的一些盟友开始表达另一种想法，这就使得萨克勒家族的沉默越发引人瞩目。"我在宣传疼痛管理，特别是阿片类药物治疗时，是否传达了错误的信息？我想我确实这么做了。”疼痛之王拉塞尔・波特诺伊博士在2012年说。波特诺伊现在承认，阿片类药物成瘾的风险其实比他想象的要高得多。事实上，它们可能并不是医治长期慢性疼痛的最佳疗法。在波特诺伊的职业生涯中，他发表过“无数”关于成瘾的演讲，如今他承认自己说的“都是不真实的”。他告诉《华尔街日报》，现实是“能证明阿片类药物有效的数据并不存在”。[37]为了让医生多开止痛药，普渡打造了一套经典话术，眼下，这套话术被波特诺伊拆穿了，而波特诺伊并不是唯一的反对者。林恩・韦伯斯特任职于普渡赞助的美国疼痛医学学会，他也表示，“只有1%的人可能会对阿片类药物上瘾的看法显然不合理”，“这是不真实的”。[38]

理查德不喜欢媒体的负面报道。“你看过关于我的报道吗？”2016年，他在给朋友的信中写道，“如果你看到了，你为什么不问我是怎么回事呢？没人给我发邮件和短信，也没人给我打电话，这很奇怪，就算是《环球报》刊登我的讣告，也不至于这么安静！”[39]但理查德没有挺身而出，公开为他的家族和公司辩护，而是采取了萨克勒家族的惯常做法——缄口不言，保持低调。这个家族私底下可能会义愤填膺，因为他们认定自己的行为是完全正义的，但这并不意味着他们愿意公然与普渡扯上关系。普渡的新一代“狗腿子”仍在施展亚瑟・萨克勒和他的弟弟们20世纪50年代设计的骗术，尽管每出现一篇新的报道，这种骗术就更加难以为继。有份新闻声明草稿称：“萨克勒家族的成员没有在家族信托控股的公司中发挥领导作用。”[40]但这看起来太假了，而且很容易被拆穿，所以普渡的员工换了另一种更稳妥的说法，即萨克勒家族的成员“没有担任管理职务”[41]。即便是这种新说法也依然具有误导性——萨克勒家族中有八人仍然是董事会成员，其中一些人疯狂插手公司管理。普渡的公关团队准备好声明以后，选择让萨克勒家族的一家境外公司来发布，因为新一轮质疑针对的是萌蒂制药在海外的所作所为，在美国没有人愿意为此负责。他们决定，“声明将由新加坡发出”[42]。

● ● ●

为了证明自己的行为是正当的，身陷奥施康定争议的萨克勒家族经常向自己和他人重复这样一个理由：这种药物获得了美国食品药品监督管理局的批准。食品药品监督管理局内部有些人认为，批准奥施康定以及普渡为其拟定的宣传语是个重大错误。2001 年，食品药品监督管理局官员辛西娅·麦考密克在一次会谈中告诉普渡，它所做的一些临床试验具有误导性，“不该出现在奥施康定的标签上”。她抱怨说，由于普渡宣称奥施康定“有助于缓解你的任何不适”，这种药物“悄然成为全民用药，尽管它并不适合所有人”。[43] 奥施康定获批时担任食品药品监督管理局局长的戴维·凯斯勒认为，始于奥施康定的阿片类药物“去污名化”是“现代医学的重大错误”之一。[44]

尽管食品药品监督管理局内部存在些许异议，但该机构多年来一直是普渡的可靠盟友。普渡的资深高管克雷格·兰道是萨克勒家族一手提拔的心腹，担任过医疗总监，他经常给食品药品监督管理局负责止痛药监管的官员打电话。“他会给对方打电话，”一名曾与兰道共事的员工回忆说。“这太不寻常了。你给产品监管部门的负责人打电话不可能仅仅是为了聊天。”这名员工认为，普渡“与食品药品监督管理局的这个部门存在非常不恰当的关系”。

普渡的一名代表极力否认这一说法，称“兰道博士在食品药品监督管理局的所有关系都是合乎规矩、恰如其分的。”然而，早在亚瑟·萨克勒和亨利·韦尔奇的时代，制药行业就千方百计让食品药品监督管理局的职员妥协。这种渎职行为并不总是涉及贿赂或其他一些明显的交换条件。对于那些受过高等教育、在食品药品监督管理局拿着公务员薪水的职员来说，他们只要知道自己离开体制时会有高薪工作和当顾问的机会（正如柯蒂斯·赖特在批准奥施康定以后的境遇）就足够了。

事实上，最终还是有一家联邦机构试图规范阿片类药物行业，它既不是食品药品监督管理局，也不是华盛顿的任何一家机构，而是亚特兰大的美国疾病控制与预防中心（简称“疾控中心”）。[45] 2011 年，疾控中心将席卷全国的成瘾和死亡危机描述为一种流行病。[46] 不少观察人士认为，造成这一公共卫生问题的一大原因在于，很多美国医生都是从制药公司那里了解到如何开处方药的。有鉴于此，疾控中心开始编写一套非强制性的用药指南，帮助医生判定何时开阿片类药物，希望借此减少过量开药的情况。该机构特意找来一批没有接受过制药行业资助的专家，成立了用药指南编写小组。

普渡立即警觉起来。“疾控中心不愿听取制药公司的意见。”普渡驻华盛顿的说客伯特·罗森在一封内部电子邮件中写道。他指出，编写用药指南的专家“必须没有接受过任何制药公司的资助”，这将使普渡更难发挥其影响力。罗森警告说，这些用药指南“是有约束性的”。一旦编写完成，它们可以代表“阿片类药物处方开具的国家法律标准”。[47]

“我们会处理这个问题。”戴维·哈多克斯回答说。[48]这些年来，由于人们对阿片类药物越来越担忧，普渡在幕后积极游说，反对在州或联邦层面采取任何可能影响其生意的措施。根据美联社和公共廉政中心的一项调查，2006 年至 2015 年，普渡和其他生产阿片类止痛药的制药公司花费了超过 7 亿美元在华盛顿哥伦比亚特区和全国 50 个州进行游说。[49]这些游说团体的总支出大约是枪支游说团体支出的 8 倍。[50]（相形之下，同时期的少数几个推动建立阿片类药物处方制约机制的团体仅花费了 400 万美元。[51]）一名曾任职于美国缉毒局的官员将游说团体对国会施加的影响描述为“卡脖子”[52]。普渡还反对在州一级采取关闭黑药坊的措施，认为这些措施可能会导致疼痛患者难以获得阿片类药物。[53]理查德·萨克勒曾亲自跟进事态发展，并与员工一起制定策略，以对抗政府遏制阿片类药物危机的举措。[54]

除了游说团体，普渡还寄希望于制药行业资助的一大批“伪草根”组织。罗森创立了疼痛护理论坛，就像他在 2005 年给霍华德·尤德尔的电子邮件中所说的那样，“为疼痛共同体提供了若干统一方向”[55]。这个论坛汇集了许多患者倡导组织及其赞助公司。现在它们得到了新的统一指示：抵制疾控中心的用药指南。

“据我们所知，治疗非致命性疾病的其他常规用药中，没有哪一种如此频繁地导致患者死亡。”疾控中心主任汤姆·弗里登在谈到阿片类药物时说。[56]他指出，更多的美国人因为受到了阿片类处方药影响，“随时可能”开始使用海洛因。[57]在弗里登看来，奥施康定新配方制剂实际上是相当危险的，因为它让人觉得这种药物是安全的（食品药品监督管理局再次强化了这种感觉）。“它的成瘾性并没有降低。人们认为它不那么容易上瘾，但普渡只不过是用它来转移注意力，”弗里登说，“这家公司非常清楚自己兜售的是什么东西，我觉得用‘兜售’这个词正合适。”[58]

用药指南草案劝告医生不要将阿片类药物作为“优先考虑并持续服用”的药物开给病人，而要把它当作尝试其他药物或物理治疗无效后的终极手段。[59]疾控中心还建议医生给急性疼痛患者开药时选择最小剂量和最短疗程。这或许是应对突发公共卫生事件的合理且相对温和的反应，却与普渡的策略——怂恿医生选择**更大**剂量和**更长**疗程——背道而驰。疾控中心的用药指南似乎对普渡和其他制药公司构成了威胁，因为哪怕这些建议是非强制性的，一旦被保险公司或医院采用，就可能会严重影响到它们的生意。于是，普渡与止痛药行业的竞争对手通力合作，火力全开。

戴维·哈多克斯与疾控中心争执已久。他在为该机构准备的一份意见书中辩称，阿片类药物流行病根本不存在。[60]疾病预防控制中心的官员或许喜欢发表“煽动性言论”，但哈多克斯不清楚“为什么这些特定的问题被认为是流行病”。他承认确实有一种流行病，但不是疾控中心一直谈论的那种。哈多克斯说，**真正**的流行病——实际上是“美国的头号公共卫生问题”——是未经治疗的疼痛。哈多克斯想知道，为什么慢性疼痛没有被描述成一种流行病？ 20 世纪 90 年代，普渡估计有 5000 万人患有未经确诊的慢性疼痛。哈多克斯认为，如今这个数字可能高达 1.16 亿。超过全国人口的三分之一！这怎么不是流行病？他补充说，未经治疗的疼痛“可能会造成与滥用和成瘾同样的后果，毁掉患者的生活，使其无法正常活动，甚至导致其死亡”。

用药指南草案刚公布时，疼痛护理论坛的成员对其进行了抨击，称这些建议没有切实的依据，并批评疾控中心没有公布为该机构提供建议的外部专家的名字。[61]其中一个成员组织华盛顿法律基金会声称，未披露这些名字的行为“明显违反”了联邦法律。另一个组织——综合疼痛管理学会——要求国会调查疾控中心。对理查德·萨克勒来说，重要的是要让大家以为这些游说集团与普渡无关。[62]后来，伯特·梅森在出庭作证时被问到是否参与了华盛顿法律基金会的干预行动，他说，“我不记得自己参与过”。当被问及普渡是否在其中发挥了作用时，他断然表示，“除了我说的这些，其他的我一概不知”。[63]（2016 年，也就是华盛顿法律基金会谴责疾控中心的那一年，它从普渡那里获得了比平时更多的捐款——20 万美元。[64]）

疼痛护理论坛制定了自己的一套“共识指南”，反对任何可能会对药物治疗造成“新障碍”的措施，并且准备了一份有 4000 人签名的请愿书，就“污名化”疼痛患者的危险发出了警告。[65]该组织的论点是，疾控中心召集的专家都抱有偏见。当然，提出此类指控的组织都是由大型制药公司赞助的。在多方责难下，疾控中心推迟了用药指南的发布，但它们最终还是在 2016 年发布了。用药指南建议，阿片类药物不应被视为“一线治疗方案”。“我们人类文明在没有奥施康定的情况下设法生存了 5 万年，”为疾控中心提供指导意见的医生刘易斯·纳尔逊说，“我认为我们会继续生存下去。”[66]

不过，有一种担忧也不无道理：随着新的用药指南发布，当局加强对处方医师的审查，医生们可能会矫枉过正，突然停止对那些阿片类药物成瘾的患者的治疗。这同样可能对公共卫生造成巨大的负面影响，将患者推向黑市，或是忽视慢性疼痛患者正当的医疗需求。无论是从政策还是医学的角度来看，这都是一个极其微妙的问题，而且大多数医生都没有接受过培训，不知道怎样逐步减少患者对阿片类药物的依赖，这就使得问题变得更加复杂。制药行业教会医生如何让患者服用阿片类药物，却没有教会医生如何让患者停药。[67]

● ● ●

2017 年，普渡制药首席执行官马克·蒂姆尼的聘用合同到期。萨克勒家族决定不再续签。“有人敦促这个家族做出改变，”一名曾与蒂姆尼共事的高管回忆说，“但最终，他们并不想改变。”保守派为蒂姆尼的下台欢呼雀跃，改革派的其余成员则开始计划离职。这一切所传达出的信息显而易见：只要试图在普渡推行改革，就很容易被边缘化或是遭到解雇。效忠者把他们的命运押在了萨克勒家族身上。有些被蒂姆尼赶出公司的人现在又回来了。这一时期任职于普渡的另一名员工说，公司的理念再一次得到了印证——忠诚是会受到奖赏的，“全体员工回顾了尤德尔、戈登海姆和弗里德曼的遭遇，然后说，‘萨克勒家族对他们很照顾’”。

萨克勒家族选择了加拿大公司的首席执行官克雷格·兰道接替蒂姆尼的位置。兰道的大部分职业生涯都在普渡度过，他被认为是萨克勒家族最忠诚的拥护者。作为医疗总监，他大力促成了奥施康定新配方制剂的研发。他绝不会挑战萨克勒家族的权威，也不会违背他们的意愿，要求他们道歉或是提供慈善捐赠。兰道也不打算像蒂姆尼那样，减少萨克勒家族对公司的直接干预。恰恰相反，当兰道为这份工作拟定商业计划书时，他似乎承认自己只是名义上的首席执行官，主要承担礼仪性职责。[68]他把普渡称作“萨克勒制药公司”。为了避免有人分不清是谁说了算，他把仍由萨克勒家族主导的普渡董事会描述为“事实上的首席执行官”。兰道承认，其他公司或许会因为法律成本太高、对声誉的损害太大而放弃阿片类药物。但对普渡来说，这反倒是个**机会**。兰道指出，阿片类药物交易给普渡带来了巨额财富和大量麻烦，在其他公司“放弃该领域”时，普渡不该摆脱对这项业务的依赖，谋求多元化发展，而是应该推行“专注于阿片类药物的策略”。

普渡就麦肯锡公司提出的开创性想法进行了讨论，后者的建议是，每当按医嘱服用奥施康定的患者出现药物过量的情况，或是对阿片类药物上了瘾，普渡就应该返还一定金额的退款。[69]退款金额最高可达到 1.4 万美元，但这些钱不会付给受到伤害的患者，而是流向大型连锁药店和保险公司，如 CVS 和安森保险，以鼓励药店继续销售奥施康定，保险公司继续为奥施康定埋单——哪怕这种药物可能存在致命的副作用。（普渡最终没有批准这个想法。）

兰道上任一个月后，雷蒙德·萨克勒去世了，享年 97 岁。“他生病的前一天还在工作。”理查德自豪地说。[70]普渡第一代掌门人中的最后一个也去世了。年轻一代的萨克勒似乎强烈地感觉到，他们会勇往直前，大胆反抗，击退那些试图制止萨克勒家族或阻碍其发展脚步的人。

注释

[1] Memorandum in Support of Purdue's Motion to Change Venue, *Commonwealth of Kentucky v. Purdue Pharma LP*, Pike Circuit Court, Division II, Civ. Action No. 07-CI-01303, June 10, 2013.

[2] 对米切尔·德纳姆和泰勒·汤普森的采访。

[3] “Professor Bobbitt,” *New York Observer*, Oct. 14, 2008.

[4] 给董事会的草案，见于理查德·萨克勒 2014 年 11 月 12 日致戴维·萨克勒的信。

[5] 戴维·萨克勒 2014 年 11 月 12 日致乔纳森和理查德·萨克勒的信。

[6] 戴维·萨克勒 2014 年 10 月 7 日致乔纳森和理查德·萨克勒的信，B 级股东辩护词也收录了这封信。

[7] 雷蒙德·萨克勒 2014 年 5 月 5 日致理查德、乔纳森和戴维·萨克勒的信。我掌握的原始文件并不包括信中所附的备忘录，但这份备忘录被收进了特拉华州和马萨诸塞州的起

诉书中。

[8] 阿纳布·加塔克 2013 年 8 月 23 日发给麦肯锡公司的同事们的电子邮件。

[9] 马丁·埃林 2013 年 8 月 24 日致罗伯·罗塞洛的电子邮件。

[10] 理查德生于 1945 年 3 月 10 日。

[11] 理查德 2015 年作证时的录像。

[12] 对德纳姆的采访。

[13] 除非另有说明，对理查德在肯塔基州作证的描述均来自理查德 2015 年作证时的文字记录和录像。

[14] 对汤普森的采访。

[15] "OxyContin Maker to Pay State $24 Million to Settle Claim It Marketed Powerful Painkiller Improperly," *Lexington (Ky.) Herald-Leader*, Dec. 23, 2015.

[16] "How Judges Added to the Grim Toll of Opioids," Reuters, June 25, 2019.

[17] Agreed Judgment and Stipulation of Dismissal with Prejudice, *Commonwealth of Kentucky v. Purdue Pharma et al.*, Civil Action No. 07-CI-01303, Commonwealth of Kentucky, Pike Circuit Court, Dec. 22, 2015.

[18] "STAT Goes to Court to Unseal Records of OxyContin Maker," STAT News, March 15, 2016.

[19] Order, *Boston Globe Life Sciences Media LLC, d/b/a STAT v. Purdue Pharma LP et al.*, Action No. 07-CI01303, Commonwealth of Kentucky, Pike Circuit Court, May 11, 2016.

[20] "Purdue Pharma Files Appeal of Decision to Unseal OxyContin Records," STAT News, May 17, 2016.

[21] "OxyContin Maker Closely Guards Its List of Suspect Doctors," *Los Angeles Times*, Aug. 11, 2013.

[22] 对戴维斯的采访。

[23] "OxyContin Maker Closely Guards Its List of Suspect Doctors."

[24] 达马斯 2014 年 6 月 30 日的电子邮件，引自马萨诸塞州起诉书。

[25] 斯科特·格洛弗 2014 年 8 月 14 日的电子邮件，引自马萨诸塞州起诉书。

[26] 理查德·萨克勒 2013 年 11 月 18 日致达马斯的信，引自马萨诸塞州起诉书。

[27] 达马斯 2013 年 11 月 18 日的电子邮件，引自马萨诸塞州起诉书。

[28] "'You Want a Description of Hell?': OxyContin's 12-Hour Problem," *Los Angeles Times*, May 5, 2016.

[29] "OxyContin Goes Global," *Los Angeles Times*, Dec. 18, 2016.

[30] 凯瑟琳·克拉克等人 2017 年 5 月 3 日致玛格丽特·陈博士的信。

[31] "CDC Guidelines for Prescribing Opioids for Chronic Pain—United States, 2016," CDC website, March 18, 2016.

[32] "OxyContin Maker Closely Guards Its List of Suspect Doctors."

[33] 2016 年 6 月 8 日的年中汇报，引自马萨诸塞州起诉书。

[34] 普渡 2017 年 6 月提交给董事会的年中会议共享文件，引自马萨诸塞州起诉书。

[35] 出处同上。

[36] 出处同上。

[37] "A Pain-Drug Champion Has Second Thoughts," *Wall Street Journal*, Dec. 17, 2012.

[38] 出处同上。

[39] 理查德·萨克勒 2016 年的电子邮件，引自 Amended Complaint, *State of Connecticut v. Purdue Pharma LP et al.*, No. X07 HHD-CV-19-6105325-S, Connecticut Superior Court, May 6, 2019.

[40] 罗伯特·约瑟夫森 2016 年 11 月 3 日的电子邮件，引自马萨诸塞州起诉书。

[41] 罗伯特·约瑟夫森 2016 年 11 月 28 日的电子邮件，引自马萨诸塞州起诉书。

[42] 罗伯特·约瑟夫森和劳尔·达马斯 2016 年 12 月 1 日的电子邮件，引自马萨诸塞州起诉书。

[43] 普渡制药代表和美国食品药品监督管理局 2001 年 4 月 23 日会议记录。

[44] "Former FDA Head: Opioid Epidemic One of the 'Great Mistakes of Modern Medicine,' " CBS News, May 9, 2016.

[45] 对汤姆·弗里登的采访。

[46] CDC, "Prescription Painkiller Overdoses at Epidemic Levels," press release, Nov. 1, 2011.

[47] 罗森 2015 年 9 月 9 日致普渡的同事们的信。

[48] 哈多克斯 2015 年 9 月 9 日致普渡的同事们的信。

[49] "Pro-painkiller Echo Chamber Shaped Policy amid Drug Epidemic," AP, Sept. 19, 2016.

[50] "Pharma Lobbying Held Deep Influence over Policies on Opioids," AP, Sept. 18, 2016.

[51] 出处同上。

[52] "Opioid Epidemic: Ex-DEA Official Says Congress Is Protecting Drug Makers," *Guardian*, Oct. 31, 2016.

[53] 戴维·哈多克斯 2012 年 1 月 11 日为疼痛护理论坛和美国疾病控制与预防中心起草的立场文件《疼痛、止痛药和公共政策》。

[54] 马萨诸塞州起诉书。

[55] 罗森 2005 年 1 月 7 日致尤德尔、艾伦·马斯特和帕梅拉·班尼特的信；罗森的证词。

[56] Thomas R. Frieden and Debra Houry, "Reducing the Risks of Relief—the CDC Opioid-Prescribing Guideline," *New England Journal of Medicine*, April 21, 2016.

[57] "New Vital Signs Report—Today's Heroin Epidemic," CDC Briefing, July 7, 2015.

[58] 对弗里登的采访。

[59] 美国疾病控制与预防中心针对慢性疼痛治疗拟定的阿片类药物开具指南。

[60] Haddox, "Pain, Analgesics, and Public Policy."

[61] "Pro-painkiller Echo Chamber Shaped Policy amid Drug Epidemic."

[62] Alan Must Deposition, *In Re National Prescription Opiate Litigation*, MDL No. 2804, Case No. 1:17-MD-2804, U.S. District Court, Northern District of Ohio, March 14, 2019（后文再次引用该文献时仅标注为“马斯特的证词”）。在证词所引用的一份文件中，理查德·萨克勒表示，“美国疼痛基金会被视为独立的机构”对其本身和普渡来说“都很重要”。

[63] 罗森的证词。

[64] 马斯特的证词。在回应事实核查问询时，普渡的一名代表坚持说，2016 年的捐款金额更高，“因为这些钱是用于 2016 年和 2017 年的”。

[65] “Pro-painkiller Echo Chamber Shaped Policy amid Drug Epidemic.”

[66] “Painkiller Politics,” AP, Dec. 18, 2015.

[67] 若想对这一困境进行细致缜密、切实可行的探索，可参见 Travis Rieder, *In Pain: A Bioethicist's Personal Struggle with Opioids* (New York: HarperCollins, 2019)。

[68] 兰道 2017 年 5 月 2 日的报告，引自马萨诸塞州起诉书。

[69] 普渡 2017 年 12 月的机密幻灯片《快速解决市场准入挑战的高影响力干预措施：开创性合约》。另见 “McKinsey Proposed Paying Pharmacy Companies Rebates for OxyContin Overdoses,” *New York Times*, December 1, 2020。

[70] 理查德·萨克勒 2019 年的证词。

第二十五章
贪婪神庙

2016年，南·戈尔丁[1]奔波于柏林、巴黎和纽约的公寓间。戈尔丁是个六十出头的小个子女人，她皮肤白皙，有一头红棕色的卷发，总是烟不离手。她从事摄影已有半个世纪，被认为是当世最重要的美国摄影家之一。她成长于华盛顿哥伦比亚特区近郊一个恪守规矩的中产阶级家庭。她的父母都出身贫寒，但她的父亲成功地进入了哈佛大学，当时很少有犹太学生被这所大学录取。“最重要的是，我父亲对哈佛很在意。”她曾评价说。他赢得了这项无懈可击的荣誉，被哈佛录取是“他一生中最重大的事情”。[2]

南11岁的时候，她18岁的姐姐芭芭拉在马里兰州银泉市附近卧轨自杀了。[3]南崇拜她的姐姐，但芭芭拉是个问题少女，她特立独行，动不动就发脾气。[4]她们的父母违背芭芭拉的意愿，先后把她送进了好几个精神病院。这些精神病院并不是克里德莫尔精神病治疗中心那样的公立医院，而是规模较小的私人医院，芭芭拉辗转于昏暗的病房之间，六年后选择了自杀。当警察来家中通知她的家人时，南无意中听到母亲说：“告诉孩子们这是一场意外。”[5]南悲痛欲绝，对父母充满怨恨，14岁那年，她离家出走了。[6]她在寄养家庭和公社生活过一段时间。她去了马萨诸塞州的一所嬉皮士学校上学，在那里，有人给了她一个相机，于是她开始摄影。她很擅长这件事。19岁时，她在剑桥的一家小画廊举办了自己的第一场展览。[7]

戈尔丁的摄影是对她父母世界观的断然拒斥，更确切地说，她选择以截然不同的方式来看待世界。在马里兰郊区那充斥着成功崇拜、令人窒息的生态系统中，芭芭拉的自杀正如她生活中的出格行为，一直是戈尔丁家族尴尬和耻辱的根源。在某种程度上，“大家对芭芭拉自杀的否认”促使南下定决心“制作一份无人能篡改的记录”。[8]无论她的人生多么不合常规，多么离经叛道，多么脆弱，她都不会混淆真相。她会揭露原原本本的人生。她开始在昏暗的卧室和肮脏的酒吧抓拍自己和朋友、情人以及朋友的情人的照片。她游走于社会边缘，在普罗文斯敦的变装皇后中间，在纽约的艺术家和性工作者中间，过着“披头族”的生活。她的照片往往会采用明亮的主色调，从不加修饰、令人不安的私密瞬间中捕捉主题。最重要的是，她的作品有一种令人振奋的坦率。在她最有名的照片《被殴打后一个月的南》中，她直勾勾地盯着镜头，嘴上涂着樱桃红的唇膏，眉毛用眉笔描过，左眼因为男友的殴打淤青发肿，没法完全睁开。

艾滋病危机爆发时，戈尔丁住在东村鲍厄里街的一套阁楼式公寓里。她有许多最亲密的朋友都是男同性恋，还有对她的艺术创作产生影响的人，他们一个接一个地死去。突然间，她发现自己在医院病房和临终安养院拍照。后来，她和戴维·沃纳洛维茨走得很近，沃纳洛维茨是个同性恋艺术家、活动家，与她的朋友兼导师、摄影师彼得·胡加尔关系密切。1987 年，胡加尔去世。这些年来，南一直受制于自己的恶习。自打她十几岁离家后，毒品在她生活的世界中司空见惯，20 世纪 70 年代，她开始服用海洛因。像很多吸食海洛因的人一样，她从中发现了某种魅力，直到她对此感到厌倦为止。多年来，她断断续续地吸食海洛因，但在 80 年代末，她彻底上了瘾。沃纳洛维茨也曾吸食海洛因，但他设法戒掉了。1988 年，戈尔丁进了戒毒所。

第二年，戈尔丁神智清醒地露面了，期待着和朋友们重聚。但当她回到纽约时，这座城市已经变了。死亡的步伐加快了。1989 年，她在市中心的画廊策划了一场影响深远的展览，名为“见证者：对抗我们的消逝”。此次展览展出的艺术品都是由生活受到艾滋病影响的人们创作的。展品目录中放入了沃纳洛维茨写的一篇文章，他在文中特别提到右翼政治机构拒绝为艾滋病毒研究提供资金，放任这种流行病不受控制地继续蔓延。美国政治领导人之所以一直袖手旁观，不采取任何干预措施，部分原因在于他们的道德偏见，认为男同性恋和静脉注射吸毒者大规模感染艾滋病纯属咎由自取——艾滋病实际上是一种生活方式的选择。展览中的一些艺术品出自已经逝世的朋友之手，比如胡加尔的自拍照。另一位艺术家、戈尔丁的朋友库基·穆勒在展览开幕前几天去世。[9]就好像一场大瘟疫席卷了戈尔丁的整个交际圈。三年后，沃纳洛维茨也去世了。

南·戈尔丁活了下来。但她有许多朋友已经不在人世了，他们从她亲手拍摄的照片中盯着她看，每当她想起他们，她总会产生一种幸存者的负罪感。她的作品吸引了新的崇拜者。博物馆为她举办了回顾展。她那些已故友人的照片最终会被挂在世界顶级画廊的墙上。2011 年，卢浮宫为戈尔丁开放了富丽堂皇的大厅，她可以利用闭馆时间，光着脚在宽阔的大理石画廊中漫步，给展出的艺术品拍照，她把卢浮宫所藏画作的照片与自己的摄影作品放置在一起。[10] 边缘生活的记录者如今已成为大师。

2014 年，戈尔丁在柏林期间患上了严重的左手腕肌腱炎，这给她带来了剧烈的疼痛。她去看医生，对方给她开了奥施康定。戈尔丁知道这种药物，也听说过它很容易上瘾。不过，吸食烈性毒品的亲身经历并没有让她变得更加谨慎，反而让她对奥施康定掉以轻心。我应付得来，她想。

她一开始服用奥施康定，就明白它为什么会引起争议了。奥施康定缓解了她手腕的疼痛；她觉得这种化学药品在隔绝疼痛之外，还隔绝了焦虑和不安。她说这种药物给人的感觉就像"你和世界之间的一层屏障"[11]。没过多久，她的服药频率就超出了正常范围。一天的药量从 2 片变成了 4 片，然后变成了 8 片，再后来是 16 片。为了满足自己的需求，她不得不找其他医生开药，囤积处方。她有钱；她拿到了一大笔拨款，用来研究新材料，还在筹备纽约现代艺术博物馆的一场展览。但她为了搜罗奥施康定费心费力，仿佛这是一份全职工作。她开始加工药片，然后吸食。她在纽约找到了一个乐于帮忙的药贩子，他会通过联邦快递把药寄给她。

三年过去了。她一直在工作，但她把自己关在公寓里，完全与世隔绝，除了能帮她搞到奥施康定的人，她几乎谁也不见。她会花好几天时间清点她收集的药片，下定决心，然后把它们加工成毒品。她之所以泥足深陷，并不是为了获得极致快感，而是出于对戒断反应的恐惧。当戒断反应出现时，她无法用言语来描述精神和身体上的痛苦。她浑身火辣辣地疼，就像被剥了皮一样。在这一时期，她画了一幅画，画的是一个穿着绿背心、看上去很凄惨的年轻人，他手臂上的疖子和伤口溃烂流脓。她把这幅画命名为"戒断反应 / 难以摆脱的困境"。在某个时候，她的医生发现她对奥施康定上了瘾，而她又很难从黑市上搞到足够的奥施康定，于是她重新开始吸食海洛因。一天晚上，她买了一批海洛因（她不知道那其实是芬太尼），结果她吸毒过量了。

她没有死，但这段经历把她吓坏了。2017 年，62 岁的戈尔丁又回到了戒毒所。她在马萨诸塞州郊外的高级诊所接受了戒毒治疗，这家诊所与麦克莱恩医院有关联。她知道自己很幸运，能够得到治疗；对阿片类药物上瘾的人中只有十分之一拥有治疗机会。[12] 她觉得自己很幸运，因为她财力充足，能够享受大多数人负担不起的高端护理；麦克莱恩的治疗项目每天要花费 2000 美元。[13] 她的医生就是在 80 年代帮她戒毒的那位。两个月后，戈尔丁成功地将药物从体内清除。在某种程度上，她重温了 30 年前从戒毒所出来的经历：在长期隐居后，磕磕绊绊地走回原先的生活轨道。但她现在觉得，她回到了一个被瘟疫摧毁的世界，就像 1989 年一样。与过量服用阿片类处方药相关的死亡人数已超过 20 万。[14] 根据疾控中心的最新数据，每天有 115 个美国人死于药物过量，他们服用的药物包括合法的阿片类处方药和非法的海洛因、芬太尼。[15] 2017 年秋天，当时戈尔丁还处于恢复期，有一天，她在《纽约客》上读到了一篇文章，讲的是差点儿害死她的那种药、制造那种药的公司，以及拥有该公司的家族。[16]

● ● ●

以前并不是没人写过萨克勒家族。巴里·迈耶和山姆·昆诺斯都在他们的书中详细介绍了萨克勒家族和普渡制药的历史。但直到那时，萨克勒家族往往只是故事的一部分——这个故事错综复杂，涉及奥施康定、普渡、疼痛科医生、患者，以及迅速扩散的阿片类药物危机。这并不奇怪，之前的报道在写法上也没有任何缺陷：但由于萨克勒家族行事诡秘，普渡又是一家私人控股公司，要想把萨克勒家族的罪行作为故事的重心来叙述，在那个时候是很困难的。

我在《纽约客》上发表的报道采用了不同的写法：直接聚焦于萨克勒家族，一方面强调他们对普渡的引导作用，另一方面凸显他们在慈善界清白无瑕的声誉与肮脏的敛财手段之间的反差。艾伦·弗朗西斯曾担任杜克大学医学院精神病学系主任，他在报道中说，“我在世界各地演讲用的房间，不知道有多少是以萨克勒家族的姓氏命名的"，"他们的姓氏广为人知，被视为善行和资本主义制度成果的缩影。但归根结底，他们赚取的财富是以数百万成瘾者的健康为代价的。令人震惊的是，他们竟然一直逍遥法外"。

《纽约客》那篇报道发表的同一周，《时尚先生》碰巧也刊登了一篇关于萨克勒家族的文章，作者是克里斯托弗·格拉策克，他写这篇文章的初衷与我极为相似。[17]普渡的一名前销售代表告诉格拉策克："我们奉命撒谎。何必对此遮遮掩掩呢？"斯坦福大学精神病学教授基思·汉弗莱斯说，"福特家族、休利特家族、帕卡德家族、强生家族——这些家族都以自家产品为豪，所以才会用家族姓氏来命名产品"，"萨克勒家族却隐瞒了他们与产品之间的关系"。

突然间，萨克勒家族面临着前所未有的严格审查。报道见刊后的那几周，亚瑟这一脉与莫蒂默、雷蒙德两个支系之间出现了裂痕，他们的分歧首次暴露在了公众面前。在撰写报道时，我曾试图让亚瑟的家人说出他们对普渡的看法，毕竟这家公司当年还是由亚瑟买给两个弟弟的。然而，对于萨克勒家族其他支系的商业决策，他们不愿公开发表任何意见，哪怕是最轻微的批评。

新一轮报道出现后，情况发生了变化。伊丽莎白·萨克勒曾出资在布鲁克林博物馆设立伊丽莎白·A. 萨克勒女权主义艺术中心，她的推特页面充斥着对唐纳德·特朗普背信弃义的感叹，还表达了她对"黑人的命也是命"运动的支持。她发表了一份姗姗来迟的声明，自称和堂亲们并不亲近。在接受 Hyperallergic 网站采访时，她说普渡在阿片类药物危机中所扮演的角色"让我感受到了道德层面的厌恶"[18]。她指出，她的父亲逝世于 1987 年，远在奥施康定上市之前，在那以后不久，她和兄弟姐妹把他们在普渡的三分之一股份卖给了两个叔叔。她坚持说，亚瑟的继承人没有从奥施康定中获益。

亚瑟的遗孀吉莉安·萨克勒还活着，她所居住的大平层公寓位于公园大道的一座新古典主义建筑内，公寓里摆满了绘画和雕塑。她也第一次公开发言，声称亚瑟"不会赞成大规模销售奥施康定"。她说，亚瑟两个弟弟的继承人"在道义上有责任帮忙解决危机，并且为他们犯下的错误赎罪"。伊丽莎白和吉莉安都认为亚瑟无可指摘。吉莉安表示，他"是一个了不起的人，做了很多好事，我为他感到骄傲"。[19]她递给记者们一份厚厚的简历，上面写着她在各种理事会担任的职务，以及她赞助过的基金会[20]——此等惊人之举也许只有亚瑟·M.萨克勒的遗孀才做得出。

亚瑟·萨克勒的后代因为奥施康定争议声名受损，到底公不公平呢？这是个有趣的问题。一方面，亚瑟确实在奥施康定上市前就去世了，在生命的最后时刻，他几乎不再和弟弟们说话，这是不争的事实。另一方面，正是在亚瑟创造的环境中，奥施康定才得以大行其道。他开辟了医药广告和营销的新时代，带头拉拢食品药品监督管理局，率先推进医学与商业的融合。与奥施康定相关的一连串事件，都可以从亚瑟·萨克勒的人生中寻得影踪。亚瑟的继承人陷入了他们自己造成的微妙困境。在亚瑟生前，像吉莉安和伊丽莎白这样的人保卫他的财产，美化关于他的记忆，不断列举（并且经常夸大）他的成就——在他死后更是如此。亚瑟生前认为，他弟弟创立的公司有他很大一份功劳，在他死后很长一段时间里，他的崇拜者们仍在附和这种看法。吉莉安·萨克勒的基金会自行出版了一部传记，将亚瑟塑造为圣人，这部传记宣称，“萨克勒建立了一个王朝”，因为他出钱帮弟弟们创业，普渡的成功在很大程度上归功于他。[21]吉莉安负责维护的Sackler.org网站上有一篇关于亚瑟生平的说明，讲述了他如何“开创基于事实的医药广告”，然后“买下了制药公司普渡·弗雷德里克，并创立了其他所有的家族企业”。[22]

2018年1月，南·戈尔丁在《艺术论坛》发表了一些新作品——她在柏林拍摄的一系列照片。她记录了自己沉迷奥施康定的那几年，拍下了药瓶和处方、经常用的吸食工具，还有她迷醉到极点时的自拍照。她将这些照片与她在世界各地的美术馆拍摄的新照片进行了对比，后者拍的都是写有萨克勒名字的简约的几何标识。戈尔丁在照片后面附上了她自己写的一篇文章。她写道，“我在阿片类药物危机中活了下来”，并回顾了早些年她在艾滋病危机期间采取的行动。“我不能袖手旁观，眼睁睁看着又一代人消失不见。”相反，她想号召人们奋起抵抗。“萨克勒家族靠着助长毒瘾发家致富，”她公开声称，“他们通过世界各地的博物馆和大学来洗白他们的黑心钱。”她说，是时候“让他们负责”了。[23]

戈尔丁发起的这场运动，将会使伊丽莎白·萨克勒陷入进退两难的境地。毕竟，她被视为进步分子、艺术赞助人和活动家。“我钦佩南·戈尔丁讲述自己故事的勇气，以及她采取行动的决心，”伊丽莎白在给《艺术论坛》的一封信中写道，“我坚定地站在艺术家和思想家这一边，他们的作品和声音必须被听到。”[24]

不过，戈尔丁很反感这家人讲的扯淡故事，她完全不接受他们的说辞。她说，亚瑟确实在奥施康定上市之前去世了，但“这种药物能够得到如此有效的推广，离不开他一手打造的广告模式”。他的钱是靠镇静剂赚来的！在戈尔丁看来，靠安定发家的萨克勒指责他们靠奥施康定发家的堂亲道德败坏，着实有些讽刺。“萨克勒兄弟踩着成千上万的尸体赚了几十亿，”戈尔丁说，“整个萨克勒家族都是邪恶的。”[25]

● ● ●

萨克勒家族看到新一轮报道后大发雷霆。《纽约客》上的某篇文章激怒了萨克勒家族的一些成员。这篇文章提到，“面对萎缩的市场和越来越多的抨击”，普渡并没有放弃寻找新顾客，并指出“2015 年 8 月，该公司不顾批评者的反对，获得了食品药品监督管理局的批准，向年仅 11 岁的儿童销售奥施康定”。

这是真的。普渡已经获得了食品药品监督管理局的批准，可以向青少年销售奥施康定，尽管长期以来一直有儿童死于过量服用奥施康定。但萨克勒家族辩称，这项批准并不是普渡**主动求来**的。相反，该公司只是依照食品药品监督管理局的规定，对奥施康定进行临床试验，看是否可以把它开给孩子。雷蒙德·萨克勒这一脉的律师汤姆·克莱尔给《纽约客》写了一封怒气冲冲的信，他在信中声称，普渡并没有“主动”开展这些试验，“这样做**只不过**是为了执行食品药品监督管理局的命令”（克莱尔特意强调了“只不过”这个词）。他还强调说，普渡已自愿承诺不会向儿童积极**推销**这种药物。[26]

萨克勒家族非常介意别人说他们试图向儿童推销奥施康定，他们的心理并不难理解。普渡没有将奥施康定明确定位为可供儿童服用的阿片类药物予以推广，而眼下他们正指望靠这个得到人们的夸奖。但撇开这个事实不谈，普渡启动儿童用药临床试验也不仅仅是为了迎合食品药品监督管理局。实际上，普渡的许多管理人员在公司内部文件中将“儿童用药”描述为他们极力追求的目标。2011 年 1 月，克雷格·兰道作为首席医疗官草拟了他当年的“目的和目标”，其中一项就是获得食品药品监督管理局批准，向儿童出售奥施康定。[27]

萨克勒家族对这段关于儿童用药的文字感到愤怒的真正原因要复杂得多。据当时在普渡工作的人说，该公司多年来一直希望通过儿童用药的资格认定。但这并不是为了满足食品药品监督管理局的要求，也不是因为萨克勒家族觉得儿童止痛药可以带来巨大的新市场。相反，从食品药品监督管理局获得儿童用药认证，只是另一种延长药物专利保护期的巧妙方式。根据《最佳儿童医药品法》和《儿科研究平等法》两项法律，国会授权食品药品监督管理局向制药公司提供一定的激励措施，前提是制药公司进行临床试验，观察他们的药物对儿童的疗效如何。截至当时，奥施康定已经享受了20年独家专利权——远远超过了大多数药物。这多亏了普渡绝顶聪明的律师。现在，要是他们能够获得儿童用药认证，他们就有可能再额外享受六个月的独家权利。萨克勒家族声称，他们进行临床试验是在履行法律规定的义务，但与其说他们是在履行义务，倒不如说他们是为了得到奖励。一名前高管指出，在2011年，多六个月的独家生产权可能“意味着超过10亿美元”的收入。既然如此，这名高管接着说，普渡下定决心要获得儿童用药认证，“就算公众影响很坏也是值得的”。早在2009年，就有一份预算报告从“对独占权的影响以及所创造的价值”的角度讨论了获得儿童用药认证的想法。[28]同年，小莫蒂默·萨克勒在一封电子邮件中提到了对奥施康定“专利悬崖”的担忧，想知道“儿童用药临床试验能否延长专利保护期”。[29]

普渡最终获得了儿童用药认证。但出于技术原因，他们延长独家权利的要求遭到了拒绝，这让他们很不高兴，而那些暗示萨克勒家族想要把阿片类药物卖给儿童的负面报道，似乎也很容易让他们动怒。他们真正想要的是额外六个月的垄断价格。哪怕面临着前所未有、铺天盖地的负面报道，萨克勒家族仍在想别的办法销售阿片类药物。《纽约客》的文章发表几周后，乔纳森·萨克勒建议普渡推出另一种阿片类药物，尽管负面报道将他的家族描述为贪婪的药品投机商，让他感到很恼火。[30]理查德依然要求普渡的员工向他汇报销售情况，以至于这些员工都不知道应该如何回应。“我觉得我们需要找到一个平衡点，”一名员工写信告诉另一名员工，“既要说清楚真实情况是怎样的……又不能把事关日后发展的坏消息一股脑儿说出来，那样做只会让事情看起来毫无希望。”[31]萨克勒家族坚持他们的策略，主张患者服用更大剂量的药物并延长服药时间。根据麦肯锡公司的建议，这种策略可以保障普渡的利润。然而，麦肯锡公司的建议违背了医学界的最新共识——更大剂量、更长疗程并不是治疗慢性疼痛的最佳方案。美国疾控中心在不久前宣布，“没有足够的证据”表明服用阿片类止痛药三个月以上的患者可以继续用这种药物来缓解疼痛。疾控中心还警告说，近四分之一长期服用阿片类止痛药的患者可能会上瘾。[32]

一些高管曾经让董事会意识到，普渡没能按照原定计划转型为一家综合性疼痛管理公司，所以他们需要推动公司业务的多元化发展。2014 年，凯西·萨克勒参与了“探戈计划”的相关讨论。根据这项新方案的设想，普渡现在可以顺势销售治疗阿片类药物成瘾的药物。理查德·萨克勒所在的发明团队曾经申请过治疗成瘾的方法的专利。[33]（他们的专利申请书将阿片类药物成瘾者描述为“瘾君子”，并且哀叹“这些瘾君子为了筹钱吸毒而从事毒品犯罪活动”。）有一份关于“探戈计划”的演示文稿称，“药物滥用和成瘾市场对普渡来说将是一个很好的选择，也是顺理成章的下一步”[34]。在某种程度上，“探戈计划”复制了普渡长期采用的商业模式。服用阿片类药物的一个副作用是便秘，多年来，普渡的销售代表一直在推销该公司值得信赖的泻药新来福，称其能够有效减轻奥施康定的副作用。那份关于“探戈计划”的演示文稿直言不讳地宣布，“疼痛治疗与成瘾有着天然的联系”，这种说法连萨克勒家族听了都会感到不安。[35]该演示文稿还指出：“对普渡来说，阿片类药物成瘾领域可能是一个令人振奋的切入点。”[36]

但最终，董事会投票否决了“探戈计划”。[37]这个结果在普渡并不新鲜。虽然该公司似乎意识到，他们需要开发或批准其他产品线，但每当普渡的员工向董事会展示他们考虑生产的非阿片类药物时，萨克勒家族都会询问它们可以带来多少收益。一名前高管回忆说：“我们曾努力实现业务的多元化。”他们考虑了治疗帕金森综合征、偏头痛和失眠的产品。“但董事会不感兴趣。利润率比不上阿片类药物。”这个门槛定得太高了——像奥施康定那么赚钱的药物很少有——所以萨克勒家族否决了一个又一个提议。“他们对研发非阿片类药物完全没有兴趣，”另一名前高管回忆说，“他们最大的兴趣就是尽可能多地销售奥施康定。”克雷格·兰道被任命为首席执行官后，嘴上说要开发其他产品线，但据这名高管说，事实上，“克雷格是个商人。克雷格谈论的无非是某一部分疼痛患者贡献的收益在公司营业额中占了多大比例。‘这占了我们营业额的 10%。’‘这占了我们营业额的 15%。’他从来不说‘患者’这个词，但他一直在谈论营业额”。

第三名前高管回忆了在萨克勒家族面前展示新的商业创意时所承受的压力：“参加萨克勒家族的董事会会议就像参加一场糟糕的感恩节晚宴，这个家族的两大阵营根本无法和睦相处。雷蒙德这一派的理查德要往东，莫蒂默那一派的凯西偏要往西。他们吵得不可开交，而你站在会议室前方，请求大家看第二张幻灯片。”但这是白费力气。他们“对开发其他产品线没有兴趣”，这名前高管回忆说。不管你提出的药物多么新奇，但“它不是奥施康定”。

对萨克勒家族来说，好消息是，哪怕《时尚先生》和《纽约客》刊文曝光，这些负面报道似乎也不会动摇这个家族的慈善关系或是他们在上流社会中的地位。在《时尚先生》和《纽约客》的爆料文章发表后，《纽约时报》联系了21家从萨克勒家族获得巨额捐款的文化机构，包括古根海姆博物馆、布鲁克林博物馆和大都会艺术博物馆。“但似乎很少有机构担心，他们接受的捐款与阿片类药物销售创造的家族财富密切相关。”该报这样写道。[38]没有一家博物馆或美术馆发表声明与萨克勒家族割席，表示他们将来会退还捐款或是拒绝接受萨克勒家族的捐赠。有些文化机构公开声援萨克勒家族。维多利亚与艾尔伯特博物馆的一名发言人告诉《纽约时报》，“萨克勒家族仍然是重要而宝贵的捐赠者”，她说着又补充道，博物馆的管理人员“感谢他们一如既往的支持”。牛津大学的态度也很坚定，宣布“没有重新考虑萨克勒家族及其信托的打算”[39]。

● ● ●

2018年3月一个寒冷的周六下午，南·戈尔丁走进大都会艺术博物馆。她从头到脚一身黑，脖子上围着一条长长的黑围巾，涂着鲜红的唇膏，深红色的头发飘垂在眼睛上方。一进博物馆，她就径直去了萨克勒侧厅。

她不是一个人来的。她来到了大厅，那里有一面巨大的倾斜式玻璃墙，可以看到公园。她混入了下午参观博物馆的人群中，与大约100人暗中沟通协调，这些人和她一样都是悄悄溜进来的。[40]下午4点，他们突然开始大喊：“贪婪神庙！奥施神庙！”[41]有人打出黑色横幅，上面写着“资助康复治疗”。

戈尔丁效仿她钦佩的20世纪80年代的艾滋病活动家，成立了一个组织。他们给这个组织取名为PAIN，意思是“处方药成瘾干预行动现在开始”（Prescription Addiction Intervention Now）。[42]之前他们一直在戈尔丁位于布鲁克林的公寓中碰头，策划一场壮观的行动。几十名抗议者高呼口号，几百人站在旁边呆望，用手机拍摄视频。一些事先得到消息的新闻摄影师也赶到现场拍照。戈尔丁决定在萨克勒家族的地盘——在艺术博物馆的高端环境中——向他们发起攻击。大都会艺术博物馆的永久馆藏中有一些戈尔丁的照片，现在她将利用她在那个世界的地位，以及她的独特身份——一个碰巧处于奥施康定成瘾恢复期的受人尊敬的艺术家——呼吁文化机构拒绝萨克勒家族的捐赠，并要求这个家族用他们的财富来资助成瘾治疗。

“我们是艺术家、活动家、成瘾者。”她站在两座威风凛凛的黑色石像之间宣告。与她并肩作战的几名活动家挂起了一条横幅，上面写着“萨克勒可耻”，现在戈尔丁正站在横幅前。“我们受够了。”她说。抗议者们站在巨大的倒影池周围，这里曾是许多盛大派对的中心位置。他们把手伸进包里，掏出橙色药瓶，然后把瓶子狠狠丢进了倒影池。“看看事实吧！”他们喊道，“看看数据吧！”

大都会艺术博物馆的安保人员冲了进来，试图安抚抗议者的情绪，让他们离开这里，但抗议者却倒在地上，进行“拟死示威”。他们在地上躺了几分钟，就像一具具尸体，以此象征奥施康定导致的死亡。随后他们起身走了出去，经过丹铎神庙，穿过大都会艺术博物馆宽阔的大理石大厅——这都是亚瑟、莫蒂默和雷蒙德辛辛苦苦打造出来的。他们挥舞着横幅，高呼口号，他们的声音响彻各个展厅。“萨克勒撒谎！上万人死亡！”当他们撤出博物馆，走下台阶时，南·戈尔丁转身喊道：“我们还会回来的！”

在萨克勒侧厅，近1000个橙色药瓶漂在倒影池中。它们虽然看起来不起眼，但称得上是一件小小的艺术品。每个药瓶都贴着专门设计的、看起来很逼真的防水标签。标签上写着：

> 奥施康定
> 萨克勒家族开给你的药。

注释

［1］除非另有注释，南·戈尔丁的相关资料均来自对她本人的多次采访。
［2］“Nan Goldin's Life in Progress,” *New Yorker*, June 27, 2016.
［3］Nan Goldin, *Soeurs, saintes et sibylles* (Paris: Regard, 2005).
［4］出处同上。
［5］出处同上。
［6］Stephen Westfall, “Nan Goldin,” *BOMB*, Oct. 1, 1991.
［7］出处同上。
［8］“Downtown Legend Richard Hell Interviews Nan Goldin About Art, Opioids, and the Sadness of Life on the Fringes,” Artnet News, Nov. 8, 2018；对戈尔丁的采访。
［9］“Nan Goldin on Art, Addiction, and Her Battle with the Sacklers,” *Financial Times*, Nov. 8, 2019.
［10］“A Voyeur Makes Herself at Home in the Louvre,” *New York Times*, Dec. 8, 2011.
［11］“Nan Goldin Survived an Overdose to Fight the Opioid Epidemic,” *T Magazine*, June 11, 2018.
［12］“Receipt of Services for Substance Use and Mental Health Issues Among Adults: Results from the 2016 National Survey on Drug Use and Health,” NSDUH Data Review, National Survey on Drug Use and Health, Sept. 2017.
［13］根据芬赛德 / 麦克莱恩医院网站上的信息，每日费用为 1985 美元，不接受保险或第三方报销。
［14］Pujah Seth et al., “Quantifying the Epidemic of Prescription Opioid Overdose Deaths,” *American Journal of Public Health* 108, no. 4 (April 2018).
［15］CDC, “Opioid Overdoses Treated in Emergency Departments,” press briefing, March 6, 2018.
［16］“Empire of Pain,” *New Yorker*, Oct. 23, 2017.
［17］“House of Pain,” *Esquire*, Oct. 16, 2017.
［18］“Elizabeth A. Sackler Supports Nan Goldin in Her Campaign Against OxyContin,” *Hyperallergic*, Jan. 22, 2018.
［19］“Meet the Sacklers,” *Guardian*, Feb. 13, 2018.
［20］“Joss and Jillian Sackler on OxyContin Scandal and Opioid Crisis Accusations,” *Town & Country*, May 16, 2019.
［21］Lopez, *Arthur M. Sackler*, 122.
［22］“Dr. Arthur M. Sackler, 1913–1987,” biography on www.sackler.org.
［23］Nan Goldin, “Pain/Sackler,” *Artforum*, Jan. 2018.
［24］伊丽莎白·萨克勒 2018 年 2 月致《艺术论坛》编辑的信。
［25］“‘Direct Action Is Our Only Hope’: Opioid Crisis Activist Nan Goldin on Why People Need to Go Offline to Fight for Their Beliefs,” Artnet News, Sept. 4, 2018.
［26］汤姆·克莱尔 2019 年 7 月 10 日致法比奥·贝尔托尼的信。普渡自己的文件充分证明了这种说法毫无诚意，这些文件显示，该公司对延长专利保护期更感兴趣，而不是无

私地“服从”美国食品药品监督管理局的要求。萨克勒家族的代表与双日出版社负责审核本书的律师谈话时，引用了《儿科研究平等法》，但当他们被追问普渡是否可以自行决定要不要花费数百万美元进行儿童用药临床试验，是否曾向食品药品监督管理局提出抗议，或是要求免除临床试验的义务，他们拒绝发表意见。事实上，普渡确实享有一定程度的自行决定权。其实在十多年前，当食品药品监督管理局**最初**要求普渡对奥施康定进行儿童用药临床试验时，该公司启动了试验，但后来半途而废了，理由是成本太高，也就是说，他们曾拒绝遵守食品药品监督管理局的规定。因此，若说普渡不得不遵守食品药品监督管理局的规定，并不符合史实。直到奥施康定专利即将到期，普渡才重新启动了这项试验。参见“After Delay, OxyContin's Use in Young is Under Study,” *New York Times*, July 6, 2012。

[27] 兰道 2011 年 1 月 5 日的电子邮件，该邮件描述了他当年的“目的和目标”，引自马萨诸塞州起诉书。

[28] 普渡制药合伙公司 2010 年预算报告，2009 年 11 月 2 日和 3 日公布。

[29] 莫蒂默·萨克勒 2009 年 9 月 28 日致爱德·马奥尼等人的信。

[30] 乔纳森·萨克勒 2017 年 11 月 21 日的电子邮件，引自马萨诸塞州起诉书。

[31] 保罗·马德罗斯 2018 年 4 月 10 日的电子邮件，引自马萨诸塞州起诉书。

[32] “Assessing Benefits and Harms of Opioid Therapy for Chronic Pain,” CDC website, Aug. 3, 2016.

[33] U.S. Patent No. 9, 861, 628 (“Buprenorphine-Wafer for Drug Substitution Therapy”), assigned to Rhodes Pharmaceuticals LP, April 22, 2016.

[34] 2014 年 9 月 12 日“探戈计划”演示文稿。

[35] 普渡 2014 年 9 月 12 日的演示文稿“BDC Meeting—Project Tango”。

[36] 2014 年 9 月 12 日“探戈计划”演示文稿。

[37] 戴维森·戈尔丁 2020 年 10 月 1 日发给《纽约客》的电子邮件。

[38] “Gifts Tied to Opioid Sales Invite a Question: Should Museums Vet Donors?” *New York Times*, Dec. 1, 2017.

[39] “How Family Fortune Bankrolls London Arts,” *Evening Standard*, March 19, 2018.

[40] 除非另有注释，关于大都会艺术博物馆抗议行动的描述均来自对戈尔丁、梅根·卡普勒和哈利·卡伦的多次采访。

[41] 抗议行动的录像片段。

[42] “Opioid Protest at Met Museum Targets Donors Connected to OxyContin,” *New York Times*, March 10, 2018.

第二十六章
战斗进行中

塔斯马尼亚岛距离澳洲大陆南海岸150英里，是世界上最偏远的地方之一。在该岛北部的韦斯特伯里，塔斯马尼亚生物碱工厂周围，一片片花茎修长的罂粟在微风中摇曳。[1]这些罂粟的花朵大多是粉红色，偶尔有几朵淡紫色或白色的。但它们不是普通的罂粟。它们是一种特殊的超级罂粟，经过基因改造后可以产出更高比例的蒂巴因——蒂巴因是一种生物碱，是羟考酮的关键化学前体。[2]在韦斯特伯里的工厂，收割下的罂粟被加工成浓缩提取物，空运到美国，在那里，麻醉原料可以被加工成羟考酮和其他阿片类药物。

阿片类药物的风靡，依赖于塔斯马尼亚岛的生产基地。虽然这座岛屿的面积只有西弗吉尼亚州那么大，但它生产了世界上85%的蒂巴因。[3]在20世纪90年代，普渡制药研发奥施康定时，制药巨头美国强生旗下的一家公司研发了这种新型罂粟。和普渡一样，美国强生最初是个家族企业。人们往往把这个品牌与创可贴、婴儿洗发水等有益健康的产品联系在一起。但美国强生在阿片类药物危机中也发挥了关键作用。塔斯马尼亚生物碱工厂正属于美国强生在当地的子公司，随着奥施康定的上市，这家工厂提高了产量。在1998年的一项协议中，该公司承诺为普渡提供麻醉原料，以便其生产“全球所需的”的奥施康定。[4]

事实证明，这是一个相当重大的承诺。随着需求激增，塔斯马尼亚生物碱工厂不得不鼓励当地农民——他们以前种植其他作物，如花菜或胡萝卜——转而种植罂粟。[5]这家工厂的激励措施与普渡激励销售代表的方式如出一辙，都是制定激励计划，赠送免费旅游和豪华轿车。罂粟种植热潮催生了奇异的经济景观：一个饱经风霜的塔斯马尼亚农民可能会顶着烈日，开着拖拉机在地里忙活一整天，然后钻进他那加大马力、装有气候控制系统的奔驰车，一路开回家。2013 年，罂粟种植热潮达到了顶峰，塔斯马尼亚岛有 7.4 万英亩的土地用于种植这种作物。美国强生塔斯马尼亚子公司的一名会计开玩笑说，罂粟的利润极其可观，你不妨加大激励力度，“给他们一架波音 747”——只要能让农民种植更多的罂粟，这就是值得的。[6]

在过去，美国缉毒局对合法入境的罂粟有数量限制。但蓬勃发展的阿片类药物行业坚持不懈地游说，要求提高进口罂粟的限额，久而久之，美国缉毒局终于照办了。抛开别的不论，阿片类药物危机就像一则寓言，展示了私营企业颠覆公共机构的惊人能力。美国食品药品监督管理局的内部人员被策反；国会议员被迫中立或者直接被巨额捐款收买；一些联邦检察官迫于华盛顿方面的施压选择了妥协，而另一些联邦检察官在企业职位的诱惑下服了软；州议员和疾控中心试图遏制乱开阿片类药物的现象，却遭到了百般阻挠。美国缉毒局也没能顶住压力，在阿片类药物行业持续不断的怂恿下，它的态度终于软化了。1994 年至 2015 年，美国缉毒局允许的羟考酮合法生产限额提高了 36 倍。[7] 司法部监察长后来在一份报告中批评美国缉毒局“对阿片类药物滥用现象的急剧增加反应迟缓”[8]。

当然，向美国缉毒局施压的不只普渡。这也是萨克勒家族进行自我辩护的核心论点。2016 年，美国强生出售了塔斯马尼亚生物碱工厂。医生在开阿片类药物时变得更加谨慎。彼时，许多美国人正在审视 20 年来阿片类药物泛滥所导致的大规模死亡，并四处寻找可以指责的对象。萨克勒家族申辩说，奥施康定的市场份额从未超过 4%，[9] 这听起来很像 1961 年亚瑟・萨克勒的论调，当时他在参议员小组面前坚称，麦克亚当斯公司其实只是个小公司。

萨克勒家族的说法不无道理。美国强生旗下公司杨森制药也有自己的阿片类药物——他喷他多片剂和芬太尼贴片多瑞吉，早在 2001 年，杨森制药就知道这些药物被滥用了。[10] 此外，远藤制药（该公司有羟吗啡酮）、马林克罗制药（该公司有罗西可酮）和梯瓦制药（该公司有芬太尼口腔贴片和芬太尼棒棒糖），还有其他的制药公司在销售阿片类药物。这是个拥挤不堪的领域。“我们不是唯一一家销售阿片类药物的公司。”戴维・萨克勒很恼火。他愤愤不平地说，“美国强生规模庞大”，而奥施康定只不过是“市场份额很小的小众产品”。[11]

萨克勒家族意识到他们被单独拎出来批评，这让他们大为沮丧。普渡的律师在法律文件中抱怨“当事人成了替罪羊”[12]。他们最大的竞争对手也陷入了诉讼的漩涡，但没有人专门针对远藤制药的首席执行官或是马林克罗制药的董事会撰写损害其形象的爆料文章。

尽管萨克勒家族和普渡为自己辩护时，总是着重强调普渡的规模很小，[13]但这种说辞在几个重要方面对人们进行了刻意误导。首先，市场占有率不一定能如实反映普渡在阿片类药物市场中的地位，因为这种统计方式将所有的药物合并计算，既不考虑剂量大小，也不考虑疗程长短。萨克勒家族之所以能够声称奥施康定的市场份额是4%，仅仅是因为其将所有阿片类处方药的类别，甚至包括泰诺和可待因等剂量较小、疗程较短的药物，都纳入计算。奥施康定是一种非常有效的药物。它的革命性在于——萨克勒家族对此骄傲不已——普渡可以利用它的创新机制将40毫克或80毫克的羟考酮浓缩在一片药中。而且奥施康定还是一种“优先考虑并持续服用”的药物。普渡的商业模式建立在疼痛患者每月服用奥施康定的基础之上，不少患者连续多年服用这种药物，某些患者甚至终身服用。普渡给这种药物定的价格很高，销售代表在公司的物质激励下极力促使患者“逐步加大”剂量，[14]这在很大程度上是因为剂量越大，公司的利润就越高。《华尔街日报》的一项调查显示，如果把每种药物的剂量强度考虑在内，奥施康定在羟考酮药物市场的占有率达到了27%，普渡实际上居于市场领先地位。[15]根据“为了人民”（ProPublica）新闻网发起的另一项调查，如果把药效的因素也算在内从而重新进行评估，那么在有些州，普渡在阿片类止痛药市场（不仅仅是羟考酮药物市场）的占有率高达30%。[16]

为了证明自己只是无足重轻的小角色，萨克勒家族和普渡将矛头指向了他们的老对手——仿制药生产商。[17]他们建议说，如果你想知道大部分阿片类处方药来自何方，你应该去仿制药生产商那里看看。“奥施康定所在的市场是由阿片类仿制药主导的。”普渡的一名发言人在2017年告诉《纽约客》。[18]他说，医生开出的绝大多数阿片类止痛药都是仿制药。但对于一些在普渡工作、熟悉萨克勒家族复杂的财产状况的人来说，这种论调似乎极其虚伪，因为萨克勒家族在普渡之外还秘密拥有另一家制药公司，它是美国最大的阿片类仿制药制造商之一。[19]

罗得制药位于罗得岛州考文垂镇的一条乡间小路上，四周戒备森严。[20]该公司似乎有意保持低调；几年来，公司网站一直在“建设中”。萨克勒家族与罗得制药的渊源（最终被《金融时报》曝光[21]）可以追溯到普渡在弗吉尼亚州的联邦诉讼中认罪之后的那段时间。认罪事件发生后过了四个月，萨克勒家族创立了罗得制药。普渡的一名前高级经理表示，萨克勒家族创立罗得制药就是为了准备一个“着陆点”，以防他们在奥施康定危机之后需要重新开始。[22]罗得制药成为美国第七大阿片类药物生产商，仅次于仿制药巨头梯瓦制药，遥遥领先于美国强生和远藤制药。[23]罗得制药生产了美施康定的仿制药，但也生产了速释型羟考酮，这种药物被广泛滥用。[24]普渡官网上有篇题为“关于奥施康定的常见误解”的文章抱怨说，“人们错误地认为所有的羟考酮滥用都与奥施康定有关”，该文指出速释型羟考酮同样负有责任，却没有承认萨克勒家族恰好生产了这两种药物的尴尬事实。

2010年奥施康定新配方制剂问世后，普渡的员工们意识到，如果公众发现普渡的关联公司罗得制药仍在忙着生产**不具备**抗篡改功能的速释型羟考酮，那么普渡就算把抗篡改阿片类药物的安全性吹上天，也不过是一句空话。在一封内部邮件中，普渡高管托德·鲍姆加特纳讨论了如何“保密”，以便掩盖公司的言行不一。[25]

多名萨克勒家族成员积极参与罗得制药的事务。[26]特蕾莎女爵和凯西在一个委员会任职。莫蒂默则是另一个委员会的成员。不过，有个长期供职于普渡、曾与萨克勒家族亲密共事的高管透露，参与度最高的家族成员还得数乔纳森。“乔纳森成了罗得仿制药的捍卫者，”这名高管说，“那是他的心肝宝贝。”

尽管萨克勒家族声称他们的市场份额相对较小，但他们的说法有个致命的缺陷：与他们有竞争关系的所有制药公司都是沿着普渡的足迹，走上推广强效阿片类药物的道路的。有个曾在普渡工作并参与了奥施康定研发的化学家表示，奥施康定是“出头鸟”。理查德·萨克勒和他的团队在20世纪90年代就意识到，他们面临的一大市场障碍在于，医疗机构普遍忌惮强效阿片类药物，于是，他们巧施妙计消除了障碍，为日后的发展扫清了道路。2001年，普渡亲口承认，该公司的宣传有助于实现“范式转变”。[27]普渡的竞争对手或许会取代它的市场地位。但他们是效仿者，而不是先驱。2002年，麦肯锡公司的一组顾问在给美国强生做报告时也承认了这一点。他们说，奥施康定“创造”了一个市场。[28]

● ● ●

在律师迈克·摩尔看来，普渡制药和萨克勒家族似乎是“罪魁祸首”[29]。摩尔说，他们“欺骗了美国食品药品监督管理局，声称奥施康定的药效可以维持12小时”。“他们谎称这种药物不具备成瘾性。他们所做的一切都是为了扩大阿片类药物市场，这样他们才能跳下去试水。其他一些公司看到水是暖的，就说，‘好吧，我们也可以跳下去’。”

摩尔60多岁，但看起来比实际年龄年轻，他很瘦，说话略带拖腔。他来自密西西比州，1988年至2004年曾担任该州总检察长。90年代，摩尔一直被视为民主党内极具潜力的人物，他是个南方的自由主义者，以恪守法律和秩序闻名，人们经常将他与比尔·克林顿相提并论，有些人认为，他以后可能会成为总统候选人。[30]作为总检察长，他擅长博得公众的关注，也擅长组建联盟，在幕后从事复杂的政治活动。摩尔自己也承认，他是个志向远大的人。[31]大量引用法条、辨别其中的细微差别并不是他的强项。但他有激情、活力和非凡的领袖气质，而且极富正义感。

1994年，摩尔决定联合其他律师向烟草巨头发起挑战。[32]他采用了一种非常规且有风险的法律策略，成为第一个起诉烟草公司的州检察官——这些烟草公司刻意淡化了吸烟对健康的危害，他试图让它们对此负责。他和他的盟友向烟草公司发起了一系列诉讼，实现了私人律师与各州的通力合作。巴里·迈耶为《纽约时报》报道过这场官司，最终，摩尔大获全胜。被告公司签署了美国历史上赔付金额最高的司法和解协议。摩尔、他的检察官同僚和原告律师迫使这些公司承认自己在吸烟的风险问题上撒了谎。他们拆除了广告牌，取缔了香烟自动售卖机，叫停了烟草公司赞助的体育赛事。他们禁用了标志性的卡通吉祥物骆驼老乔和万宝路牛仔。[33]他们还迫使这些公司支付了超过2000亿美元的罚款——此次罚款具有里程碑式的意义。[34]

2004年，摩尔辞去总检察长一职，自己开了一家律师事务所。在“深水地平线”漏油事故发生后，他帮助受害者从英国石油公司那里拿到了200亿美元的和解费。[35]他成了有名的“巨头杀手”，就连实力最强的企业巨头也是他的手下败将。他与世界上最优秀的律师交手，并且打赢了。他靠着胜诉分成赚了一大笔钱。导演迈克尔·曼想拍一部关于烟草诉讼的电影，也就是《惊曝内幕》，影片中大多数有现实原型的人物都是由诸如拉塞尔·克劳和阿尔·帕西诺这样的专业演员扮演，而迈克·摩尔扮演他自己。他看起来神气十足。

摩尔有个侄子对阿片类药物上了瘾。[36] 2006 年的一天晚上，这个侄子在与妻子争吵后中了枪（他对那天晚上的记忆很模糊，甚至分不清到底是他自己开的枪还是妻子开枪打他）。医生给他开了氨酚羟考酮片。他从此上了瘾，到了 2010 年，他开始在街上买芬太尼。摩尔竭尽所能帮助这个侄子，但他在戒毒所进进出出，先吸毒过量，再康复，然后又吸毒过量，周而复始。

早在 2007 年，摩尔就参与了不少针对普渡的民事案件，[37] 该公司最终同意支付 7500 万美元用以和解，但它不承认自己有任何不当行为，调查过程中产生的所有内部文件也被封存了。而今，摩尔找到和他联手发起烟草诉讼的老同事，商量能不能用当年的路数对付阿片类药物生产商。在摩尔看来，阿片类药物生产商和烟草巨头的相似之处显而易见。“他们都通过杀人获利。”他说。

但这引发了一个有趣的问题。萨克勒家族对于他们所从事的行业，一直抱有一种自由主义式的看法。[38] 这个家族生产了一种产品并把它投入市场。至于人们用那种产品做了什么，则与萨克勒家族毫不相干。普渡的批评者认为，这跟烟草巨头的情况非常相似：如果你在产品的风险问题上撒了谎，那么，当人们听信你的保证，因为使用这种产品而丢了性命，你应该承担一定的责任。不过，在其他人看来，若要将某种产品与阿片类药物进行类比，枪支远比香烟贴切。在美国，几乎不可能让枪械制造商为其产品造成的死亡负责。可以说，枪支甚至比成瘾性药物更容易导致恶劣的后果，这并不难预测。然而，枪械制造商（以及他们的律师和说客）一口咬定，他们不该为顾客使用产品的方式承担任何责任。枪械制造商认为，当某人受枪伤或死于枪击时，总有一个不负责任的人扣下扳机，因此，那些制造和销售枪支的人不该被追责。萨克勒家族也认为奥施康定不该担责。人们要是沦落到滥用药物和过量服药的地步，问题可能出在任何一个不负责任的当事人身上——开处方的医生、批发商、药剂师、药贩子、滥用者、上瘾者——而不是生产商。普渡没有责任。更不用说萨克勒家族了。

摩尔和一帮律师共同研究了以往针对普渡和其他阿片类药物制造商的全部诉

讼，这帮律师组成了一个松散的联盟，其中有好几人都是在烟草诉讼战中跟他合作过的老手。[39]他们回顾了2007年的弗吉尼亚州认罪事件，以及普渡为了避免庭审而达成和解（并封存证据）的其他所有案件。上述案件的结果似乎都不太令人满意，特别是考虑到奥施康定和其他阿片类药物对全国各地社区造成的有害影响，以及制药公司所获得的巨额利润。因此，摩尔和他的律师盟友发动了新一轮诉讼。这些诉讼的原告包括各州的总检察长，以及市、县和美洲原住民部落。他们同意汇集资源、共享信息和文件，不仅控告普渡，还要控告对阿片类药物危机负有重大责任的其他生产商、批发商和药店。“这些公司也许能打赢一场官司，但它们不可能赢50场。”摩尔说，“总会有个陪审团对它们做出美国历史上最严厉的判决。”

不久以后，针对普渡和其他公司的案件数量已经多到了必须并案处理的程度，也就是形成了所谓的跨地区诉讼。被告有好几个：普渡和美国强生、远藤制药等生产商；将阿片类药物批发给药店的大型药品分销商，如麦克森公司；以及连锁药店，如沃尔玛药店、沃尔格林药店和CVS药店。诉讼的案由是，普渡率先采用了欺骗性的营销策略，其他公司也依样照做。根据美国疾控中心的数据，阿片类药物危机每年给美国经济造成了近800亿美元的损失。[40]摩尔和他的律师盟友认为，如果美国纳税人要承担这笔费用，那么制药公司也得一起承担，似乎只有这样才是公平的。俄亥俄州联邦法官丹・亚伦・波尔斯特被指定监督这起跨地区诉讼，在2018年1月的一场法庭听证会上，他特别提到必须加快诉讼进程。“我们每年要失去5万多名公民，”他说，“仅仅是今天，在我们召开听证会的时候，就有150个美国人死亡。”[41]

在俄亥俄州审理此案再合适不过。2016年，该州有230万人（约占总人口的20%）持有阿片类药物处方。[42]全州一半寄养儿童的亲生父母都对阿片类药物上瘾。[43]死于药物过量的人数迅速增加，以至于存放尸体的空间严重不足，当地的验尸官不得不临时找地方寄存尸体。[44]没有一个州拥有足够的资金或资源来解决这个问题。鉴于问题的紧迫性和诉讼的复杂性，波尔斯特力劝各方尽快达成和解，而不是一场接一场地打官司，非得争个你死我活。普渡制药和其他被告公司也热切盼望避免庭审。

随着诉讼威胁加剧，普渡总部的管理人员与信使集团展开了合作，这是一家专为客户刺探敌情的小型公关公司。该集团计划先从“深入调查迈克·摩尔和他的现同事、前同事”入手，企图让州检察官在加入诉讼之前“三思而行”。[45]信使集团的一名高管表示，如果他们能够败坏摩尔的名声，其他正在考虑加入诉讼的检察官就有可能“踌躇不前”。该集团指出：“摩尔之流都是富有贪婪的出庭律师，通过起诉公司赚了数亿美元。”他们提议建立 LearJetLawyers.com 网站。“Learjet Lawyers 网站应该指明原告律师属于富人阶层，他们支持的是华尔街，而不是普通民众，”信使集团建议说，“这种描述将进一步损害他们的信誉，证实他们不是为普通人而战。”

当《华尔街日报》发表社论批评针对制药行业的诉讼，指出州检察长试图以牺牲制药行业为代价来“充实财政”，[46]普渡的高管们欢呼雀跃。信使集团的一名代表汇报说，这篇社论是他们与作者“合著”的。[47]

迈克·摩尔毫不掩饰自己想要钱。他曾把美国强生形容为“一只大口袋”[48]。也有人批评人身伤害索偿律师动机不纯——他们采用的是风险代理收费模式，打赢官司后能得到极高的报酬——这种质疑是完全合理的。但要抨击发起诉讼的几十名总检察长可没那么容易，他们和摩尔一样，声称这些诉讼的目的是获取急需的资金，用于建立治疗中心，资助成瘾研究，购买纳洛酮——阿片类药物过量可以用这种药物来解毒。

在 2018 年 2 月的一次采访中，摩尔提到，在所有案件中，“萨克勒家族都没有被列为”被告。[49]他们巧妙地营造出一种假象，让人们以为他们除了偶尔对董事会的决议投票表决外，几乎没有在家族企业中发挥作用，也正因为如此，他们得以置身事外。但摩尔指出，就在那时，律师们正努力想办法“刺破公司面纱，这样他们就能把股东告上法庭”。

● ● ●

萨克勒家族终于开始慌了。“我今天接到了玛丽·伍利的电话。”乔纳森告诉其他家族成员。他所说的玛丽·伍利是“科研美国”组织的负责人，萨克勒家族曾给这个组织捐了不少钱。就在七个月前，伍利还夸奖了乔纳森的父亲雷蒙德，称赞他

“敏锐的商业洞察力、和善的性格、非凡的慷慨和推进研究工作的决心”。她说，他的“精神是所有立志为公众利益服务的人的榜样”。[50]但现在，伍利告诉乔纳森，她的组织已经改变了主意。乔纳森写道：“显而易见，由于普渡和萨克勒家族身陷负面舆论，他们的理事会决定给雷蒙德和贝弗莉·萨克勒奖重新命名。”[51]“科研美国”之所以会做出这个决定，是因为有些获过雷蒙德和贝弗莉·萨克勒奖的人（“她不愿透露是谁”）感到很不安，他们不想和萨克勒的名字扯上关系，还询问能否在简历上用别的名字称呼这个奖项。

“显然，这会增加其他理事会的压力，促使它们也采取类似做法，”乔纳森警告说，说着又补充道，“我们应该做好准备。”[52]南伦敦画廊已经疏远了萨克勒家族，悄悄退还了一笔捐款。[53]奥斯卡金像奖得主马克·里朗斯曾担任伦敦环球剧院的艺术总监，他公开要求环球剧院今后不再接受萨克勒家族的捐款。[54]乔纳森告诉普渡的律师，他担心“多米诺骨牌效应”出现。[55]

萨克勒家族每周二上午 8 点召开一周一次的电话会议，与日益庞大的律师和公关团队讨论眼下的危机。每个家族成员似乎都安排了自己的手下参会，参会者的数量随之不断增加。要是莫蒂默在派对中遇到的人给他推荐了新顾问，这名新顾问就会突然出现在电话会议里。这一时期为萨克勒家族提供过咨询的一名顾问说：“突然间，有六家不同的公关公司给这台巨型‘收银机’打电话，表示‘只要每月给我 5 万美元，你想让我做什么都行’。”普渡发布了一些广告为自己辩护，广告词由乔纳森·萨克勒亲自撰写。

“问题是这个家族始终不肯承认自己的罪行。”萨克勒家族的顾问回忆说。普渡的法律总顾问玛丽亚·巴顿曾告诉他们：“除非这个**家族**出面表态，否则公司的一切努力都会被他们的沉默淹没。”萨克勒家族的一些人觉得，是时候公开发表声明了，但他们无法就声明的内容达成一致。萨克勒家族曾竭力确保理查德·萨克勒在肯塔基州的证词不会被公开，但这份证词的文字记录如今却出现在了 STAT 网站上。[56]各大媒体纷纷报道了理查德对奥施康定成瘾者的无情评论。媒体的曝光让莫蒂默和他的妻子杰奎琳尴尬不已，理查德的证词被公之于众，则让他们大为惊骇。[57]他们想让理查德就自己的言论公开忏悔。

2017 年《时尚先生》和《纽约客》刊登爆料文章前后，理查德时年 93 岁的母亲贝弗莉退出了董事会。哪怕是还在董事会的时候，她对公司事务的参与度也一直不高。一天，有个记者来到贝弗莉位于康涅狄格州的家中，向她问起普渡卷入的争议，她说："我对这家公司的看法是，他们一直很小心，避免伤害任何人。"[58]随着审查力度的加大，萨克勒家族的其他成员一个接一个地退出了董事会。[59]理查德率先退出。戴维紧随其后。接着是特蕾莎，最后是艾琳、乔纳森、凯西和莫蒂默。

● ● ●

南·戈尔丁建立了每周例会制度。她发起的PAIN组织每周三晚上在她的公寓开会。这是一个友好而多元化的联盟，吸纳了艺术家、活动家、戈尔丁的老朋友、正在康复的成瘾者，以及因为阿片类药物危机而失去至亲的人。PAIN的会议气氛随意，经常跑题，根本看不出这个组织正在策划一系列影响更大的示威活动。他们就像一个准军事组织，通过加密的手机应用程序交流，对他们的"行动"严格保密。他们统计了接受萨克勒资助的博物馆，列出了一份"打击名单"[60]。戈尔丁准备作战了。

2018年4月，戈尔丁现身华盛顿国家广场，进入了亚瑟·M.萨克勒画廊。[61]她带领着一群抗议者，在悬挂于天花板的漆木雕塑《猴子捞月》下方站定。亚瑟的家人仍然坚持认为他的名誉不该因为奥施康定而受到玷污，但南·戈尔丁无法苟同。"亚瑟的本事是卖药！"她喊道，"骗人上瘾就有钱赚！"她的追随者拿出橙色药瓶，其中一些贴着"安定"的标签，并把它们扔进了喷水池。

2019年2月的一个晚上，PAIN组织的成员们潜入了古根海姆博物馆——长期以来，莫蒂默·萨克勒一直担任这家博物馆的受托人。他们爬上博物馆中庭著名的螺旋坡道。随着一声令下，位于不同楼层的抗议者展开了印有黑色文字的血红色条幅：

> 萨克勒可耻
>
> 每天都有200人死去

移除他们的名字

PAIN组织的成员们从古根海姆博物馆最高处扔下几千张小纸条。这些小纸条就像游行时经常抛撒的纸带，它们悠悠地往下飘，在空中打着转儿，形成了一大片云。每个小纸条都是一张“处方”，其用意是让人联想到理查德·萨克勒在奥施康定上市时呼唤的“处方暴风雪”。

“是时候了，古根海姆！”戈尔丁大声喊道。她不是那种拥有与生俱来的感召力的演说家。她生性害羞，在公众场合发言时容易紧张；尽管手里拿着扩音器，她还是经常表现得局促不安，心烦意乱。她身上有一种幽灵般的气质，脆弱的气质。她刚刚戒毒两年。不管是成瘾者，还是那些因为阿片类药物危机痛失所爱的人，都在她心中唤起了深切的感情。PAIN组织的成员们往往像关怀母亲那样关怀戈尔丁，悉心照顾她。他们明显感觉到，戈尔丁本人的康复，就是一种以身作则的表率。

作为一名活动家，戈尔丁最有力的武器是她的眼睛。有人事先通知了《纽约时报》，于是一名摄影师出现在古根海姆博物馆，在一楼大厅选定了拍摄位置，然后在处方飘进圆形大厅时把镜头对准了天花板。这是一幅极不寻常的画面：白色的纸条飘过鲜红色的抗议条幅，在博物馆白色的大厅里忽隐忽现。戈尔丁和其他活动人士希望它看起来像一场真正的暴风雪，所以他们打印了8000张处方，以确保有足够的处方填满这个空间。《纽约时报》刊登戈尔丁的照片时，把它和一篇文章排在一起，文章的题目是“古根海姆博物馆因接受奥施康定家族的捐赠而成为抗议者的目标”。[62]

接下来的那个月，古根海姆博物馆宣布今后不再接受萨克勒家族的捐赠，[63]此前该博物馆已经与萨克勒家族合作了20年，从对方手中获得了900万美元捐款。同一周，伦敦国家肖像馆表示已经将130万美元捐款退还给萨克勒家族。[64]在国家肖像馆表态两天后，泰特美术馆宣布“以后不会再寻求或接受萨克勒家族的捐赠”[65]。

这正是乔纳森·萨克勒所担心的多米诺骨牌效应。接受过萨克勒家族资助的博物馆不会按照戈尔丁的要求，将萨克勒家族“除名”：泰特美术馆表示，“我们无意抹杀此前的慈善行为”[66]；古根海姆博物馆对外宣称，“合同”规定萨克勒艺术教育中心必须继续使用这个名字[67]。不过，文化机构一反常态地与萨克勒家族保持距离，显然是受到了戈尔丁的影响。戈尔丁不仅像考虑摄影构图那样策划每一次抗议活动，还大胆地运用了自己作为艺术界名人的影响力。在国家肖像馆做出决定之前，戈尔丁透露，该博物馆曾联系过她，希望她在那里办一场回顾展。“如果他们拿了萨克勒家族的钱，”她告诉《观察家报》，“我就不会办这场展览了。”[68]当戈尔丁得知国家肖像馆拒绝了萨克勒家族的捐赠时，她觉得自己做对了。“我为他们的勇气感到高兴。”她说。[69]

次月，伦敦萨克勒蛇形画廊为德国艺术家黑特·史德耶尔举办了个人展览，在展览的开幕式上，史德耶尔发表了一场令人惊讶的演讲。她说，“我想谈谈房间里的大象”，然后开始谴责萨克勒家族，并号召其他艺术家同心协力，促使博物馆与萨克勒家族解绑。她把艺术界与邪恶的赞助人之间的关系比作“与一个连环杀手的婚姻”。她说，当务之急是“离婚”。[70]萨克勒蛇形画廊立即宣布，虽然它是以萨克勒家族的姓氏命名的，但它“不打算继续”接受萨克勒家族的捐赠。[71]

● ● ●

这些抗议活动对抗议者本身也并非完全没有影响。梅根·卡普勒是戈尔丁在PAIN组织的亲密副手，一天晚上，卡普勒离开戈尔丁位于布鲁克林的公寓时，注意到有个中年男子坐在汽车驾驶座上盯着她。[72]卡普勒的家在布鲁克林的另一个地方，几天后，她出门遛狗，又看到了同一个男人。他们四目相对。卡普勒继续往前走。当她回头看向那个男人，他正在用手机给她拍照。

PAIN组织的成员们认为萨克勒家族肯定派了人跟踪他们，但这个人也有可能是从中介机构手里接了这一单，他们很难搞清楚他到底在为谁工作。几天后，他再次出现在戈尔丁家门前。这一次，PAIN组织的成员们出门拍下了他的照片。他不跟他们说话，但也没有躲起来。他倚车而立，脸上挂着得意的笑容，开始剪指甲。他是被派来监视他们还是恐吓他们的？在某种程度上，这无关紧要。他的出现反倒是一种肯定。他们的抗议活动起效了。当年5月，原萨克勒侧厅所在的大都会艺术博物馆宣布将“远离”它认为“不符合公众利益”的捐赠。[73]

戈尔丁偶然发现玛德琳·萨克勒的监狱纪录片《这是个残酷的事实，不是吗》将在翠贝卡电影节首映。她和几名同志约好一起去参加首映式。他们带着药瓶各自入场，坐在观众们中间。电影结束后本该有问答环节，但玛德琳明显很不安。她肯定意识到这里有一些不受欢迎的客人。很快，一名保安走近戈尔丁，护送她离开电影院。

“你们知道这部电影是谁拍的吗？”戈尔丁对外面的过路人说。她把药瓶递给好奇的陌生人，并指责这部纪录片是在“洗白名声”。[74]戈尔丁是这样评价玛德琳的：“她表现得像是一个社会活动家，但她的财富却是以几十万人上瘾为代价的。”[75]在戈尔丁看来，“拿了钱”却装聋作哑的萨克勒家族继承人都“难辞其咎”。[76]

当《卫报》记者询问玛德琳的家庭情况时，她回答说，她一直在“夜以继日地”拍摄电影，工作是她“唯一的关注点”。[77]她不想谈论她的家庭。由于奥施康定的存在，她变得极其富有，记者问她是否对此感到困扰，她却说：“到底有什么好困扰的？”

如果玛德琳有耐心表达她的看法，她大概会说人们应该专注于她的作品，而不是根据她的家族碰巧拥有的公司来对她做出评判。她说自己“从来没有在这家公司工作过，也没对公司施加过任何影响”。（《卫报》原本受邀参加电影节的庆祝活动，但在采访完玛德琳以后，这项邀请被撤回了。）

“萨克勒的名字已经成为阿片类药物危机的代名词，”南·戈尔丁说，“我想问玛德琳，这就是你想要的遗产吗？为什么不用你的姓氏、财富和影响力来解决危机，承担起责任呢？”[78]

● ● ●

普渡受到了重创。2018 年 2 月，该公司宣布将裁减一半的销售人员，并且不再向医生推销阿片类药物。[79]在外界看来，这似乎是个相当大的让步，但普渡内部已经估算过，由于奥施康定是一种“成熟”产品，即使没有销售团队，该公司仍将从所谓的“结转销售”中获得数亿美元的利润。[80]那年夏天，普渡更进一步，彻底解散了销售团队，并表示普渡“正在实施业务转型和多元化发展的重大举措，不会像以前一样仅仅专注于止痛药的业务”。[81]

然而，现在进行改革为时已晚。“疼痛之王”拉塞尔·波特诺伊以证人的身份加入了这场针对普渡和其他公司的跨地区诉讼，作为交换，他本人的被告身份得以撤销。[82]他承认，早在20世纪90年代末，他就意识到了“阿片类药物带来的严重后果”，尽管他在公开场合依然刻意淡化这些药物的风险。至于普渡，他说，即便是在这起跨地区诉讼的众多被告中，它的罪行也是相当引人瞩目的。他说，没有哪个公司像普渡那样“对阿片类药物进行过度营销，或是怂恿非适应证人群使用阿片类药物”。

但萨克勒家族面临的最大威胁出现在2019年1月，当时马萨诸塞州总检察长公布了一项法律控告。[83]尽管20年来有不少检察官起诉普渡，但他们从未做过这件事：将萨克勒家族的八名成员——理查德、贝弗莉、乔纳森、戴维、特蕾莎、凯西、莫蒂默和艾琳——告上法庭。

注释

[1] “Shake-up on Opium Island,” *New York Times*, July 20, 2014.

[2] “How an Island in the Antipodes Became the World’s Leading Supplier of Licit Opioids,” *Pacific Standard*, July 11, 2019.

[3] “Shake-up on Opium Island.”

[4] 迈克尔·B. 肯德金（特拉华州诺兰科公司）1998年10月15日致埃德·米格拉瑞斯（PF实验室）的信。

[5] “How Johnson & Johnson Companies Used a ‘Super Poppy’ to Make Narcotics for America’s Most Abused Opioid Pills,” *Washington Post*, March 26, 2020.

[6] 出处同上。

[7] 出处同上。

[8] “Review of the Drug Enforcement Administration’s Regulatory and Enforcement Efforts to Control the Diversion of Opioids,” Office of the Inspector General, U.S. Department of Justice, Sept. 2019.

[9] 汤姆·克莱尔2019年7月10日致法比奥·贝尔托尼的信。

[10] 史蒂文·佐洛2001年2月21日致戴维·多曼等人的信。

[11] “‘We Didn’t Cause the Crisis’: David Sackler Pleads His Case on the Opioid Epidemic,”

Vanity Fair, June 19, 2019.

[12] Purdue's Memorandum of Law in Support of Its Motion to Dismiss Amended Complaint, *Commonwealth of Massachusetts v. Purdue Pharma LP et al.*, Civil Action 1884-CV-01808 (BLS2), March 1, 2019.

[13] "Data Touted by OxyContin Maker to Fight Lawsuits Doesn't Tell the Whole Story," ProPublica, Sept. 9, 2019.

[14] 例如，在田纳西州，普渡对销售人员进行了培训，教他们"制定具体计划，有条不紊地督促医生开出更多的处方"。引自田纳西州起诉书。

[15] "Purdue Led Its Opioid Rivals in Pills More Prone to Abuse," *Wall Street Journal*, Sept. 19, 2019.

[16] "Data Touted by OxyContin Maker to Fight Lawsuits Doesn't Tell the Whole Story."

[17] "The Lawyer Who Beat Big Tobacco Takes On the Opioid Industry," *Bloomberg Businessweek*, Oct. 5, 2017.

[18] 罗伯特·约瑟夫森 2017 年 10 月 19 日发给《纽约客》的声明。

[19] 纽约州起诉书。

[20] "RI Is Home to Major Oxycodone Manufacturer and Marketing—State Is Suing Parent Company," GoLocal Prov, Sept. 11, 2018.

[21] 纽约州起诉书；"Billionaire Sackler Family Owns Second Opioid Drugmaker," *Financial Times*, Sept. 9, 2018。

[22] "How Purdue's 'One-Two' Punch Fuelled the Market for Opioids," *Financial Times*, Sept. 10, 2018.

[23] 出处同上。

[24] Deposition of Richard J. Fanelli, *In Re National Prescription Opiate Litigation*, MDL No. 2804, U.S. District Court for the Northern District of Ohio, Dec. 7, 2018（后文再次引用该文献时仅标注为"法内利的证词"）。

[25] 鲍姆加特纳发给理查德·法内利的电子邮件，引自法内利的证词。

[26] 纽约州起诉书。

[27] 凯斯勒的备忘录。

[28] 麦肯锡公司 2022 年 4 月 29 日为美国强生做的报告《多瑞吉疾病建模》。

[29] 对摩尔的采访。

[30] Carrick Mollenkamp et al., *The People vs. Big Tobacco* (New York: Bloomberg Press, 1998), 28.

[31] "Lawyer Who Beat Big Tobacco Takes On the Opioid Industry."

[32] Mollenkamp et al., p.30.

[33] "Tobacco Industry Still Has Many Advertising Weapons Available," *New York Times*, June 21, 1997.

[34] "Big Tobacco in the Balance," *Guardian*, May 6, 2000.

[35] "Mike Moore vs. the Opioid Industry," *60 Minutes*, June 30, 2019.

[36] "Lawyer Who Beat Big Tobacco Takes On the Opioid Industry."

[37] 出处同上。

[38] 出处同上。
[39] 对摩尔的采访。
[40] "CDC Foundation's New Business Pulse Focuses on Opioid Overdose Epidemic," CDC website, March 15, 2017.
[41] Transcript of Proceedings, *In Re National Prescription Opiate Litigation*, MDL No. 2804, Jan. 9, 2018.
[42] Complaint in *Ohio v. Purdue Pharma LP et al.*, Court of Common Pleas, Ohio, May 31, 2017.
[43] "Lawyer Who Beat Big Tobacco Takes On the Opioid Industry."
[44] "Amid Opioid Overdoses, Ohio Coroner's Office Runs Out of Room for Bodies," *New York Times*, Feb. 2, 2017.
[45] 马特·威尔（信使集团）2017 年 6 月 20 日发给乔西·马丁和基思·伍德（普渡制药）的《机密计划提议》。普渡的发言人否认其雇用了信使集团，但承认"第三方"可能"代表该公司"雇用了他们。
[46] "State AGs Target Painkiller Makers to Pad Their Budgets," *Wall Street Journal*, July 31, 2017；马特·威尔 2017 年 8 月 1 日发给艾伦·马斯特的电子邮件。
[47] 马特·威尔 2017 年 8 月 1 日发给艾伦·马斯特的电子邮件。
[48] "Litigation over America's Opioid Crisis Is Heating Up," NPR, July 25, 2019.
[49] "Meet the Sacklers," *Guardian*, Feb. 13, 2018.
[50] "科研美国"总裁兼首席执行官玛丽·伍利 2017 年 7 月 19 日发布的关于已故慈善家雷蒙德·萨克勒的声明。
[51] 玛丽·伍利和马克·罗森伯格（反对继续使用"雷蒙德和贝弗莉·萨克勒奖"这一名称的两名获奖者之一）都在接受我的采访时证实了该说法。
[52] 乔纳森·萨克勒 2018 年 2 月 26 日的电子邮件。
[53] "South London Gallery Returned Funding to Sackler Trust Last Year," *Art Newspaper*, March 22, 2019.
[54] "How Family Fortune Bankrolls London Arts," *Evening Standard*, March 19, 2018.
[55] 乔纳森·萨克勒 2018 年 3 月 5 日的电子邮件。
[56] "Purdue's Sackler Embraced Plan to Conceal OxyContin's Strength from Doctors, Sealed Deposition Shows," STAT, Feb. 21, 2019.
[57] "OxyContin Made the Sacklers Rich. Now It's Tearing Them Apart," *Wall Street Journal*, July 13, 2019.
[58] "New Jersey Is About to Hit Opioid Makers with a Major Lawsuit," NJ.com, Oct. 4, 2017.
[59] 马萨诸塞州起诉书。
[60] 对梅根·卡普勒的采访。
[61] "Nan Goldin Survived an Overdose to Fight the Opioid Epidemic," *T Magazine*, June 11, 2018.
[62] "Guggenheim Targeted by Protesters for Accepting Money from Family with OxyContin Ties," *New York Times*, Feb. 9, 2019.
[63] "Guggenheim Museum 'Does Not Plan to Accept Any Gifts' from the Sackler Family,"

Hyperallergic, March 22, 2019; "Guggenheim Museum Says It Won't Accept Gifts from Sackler Family," *New York Times*, March 22, 2019.

[64] "British Gallery Turns Down $1.3 Million Sackler Donation," *New York Times*, March 19, 2019.

[65] "Tate Galleries Will Refuse Sackler Money Because of Opioid Links," *New York Times*, March 21, 2019.

[66] 出处同上。

[67] "Guggenheim Museum Says It Won't Accept Gifts from Sackler Family."

[68] "Nan Goldin Threatens London Gallery Boycott over £1M Gift from Sackler Fund," *Observer*, Feb. 17, 2019.

[69] "British Gallery Turns Down $1.3 Million Sackler Donation."

[70] "'Like Being Married to a Serial Killer': Hito Steyerl Denounces Sackler Sponsorship of Museums," *Art Newspaper*, April 10, 2019.

[71] 出处同上。

[72] 对戈尔丁、卡普勒和哈利·卡伦的采访。

[73] "The Met Will Turn Down Sackler Money amid Fury over the Opioid Crisis," *New York Times*, May 15, 2019.

[74] 对卡普勒的采访。

[75] "Madeleine Sackler's Films Praised, but She Faces Scrutiny over Opioid-Linked Wealth," *Guardian*, May 2, 2018.

[76] 对戈尔丁的采访。

[77] "Madeleine Sackler's Films Praised, but She Faces Scrutiny over Opioid-Linked Wealth."

[78] 出处同上。

[79] "OxyContin Maker Purdue Pharma Stops Promoting Opioids, Cuts Sales Staff," Reuters, Feb. 10, 2018.

[80] The States' Notice of Public Health Information to Protect Purdue Patients, *In Re Chapter 11 Purdue Pharma LP et al.*, 1 Case No. 19-23649, U.S. Bankruptcy Court, Southern District of New York, Dec. 9, 2019.

[81] "OxyContin Maker Purdue Pharma Cuts Remaining Sales Force," Reuters, June 20, 2018.

[82] 波特诺伊的声明。

[83] 马萨诸塞州起诉书。

第二十七章 被列为被告

乔丝·萨克勒是理查德·萨克勒的儿媳，她嫁给了理查德的儿子戴维。[1]在一次相亲中，她遇到了未来的丈夫，此前她一直住在布鲁克林的公园坡。乔丝觉得戴维是个“搞金融的人”——严肃、守时，可能还有些传统，她自己却比较另类。身为加拿大外交官的女儿，她在日本上高中，少年时代的梦想是当间谍。不过，她没当成间谍，而是去了纽约市立大学语言学研究生院读书。雷蒙德·萨克勒还在世的时候，乔丝和戴维会在格林威治的家族庄园与他和贝弗莉共度周末。雷蒙德（他的孙子们管他叫“阿爷”[2]）给乔丝留下了深刻印象。她说，他是一位“备受尊敬的科学家和企业家”，“他在法国和英国受封为爵士”。雷蒙德会在这座俯瞰长岛海峡的豪宅里接待显赫的客人。在乔丝看来，他之所以备受尊敬，是因为人们对他怀有“发自内心的敬爱”。事实上，雷蒙德是如此富有影响力，以至于乔丝决定，在她完成研究生学业之前，应该保留自己婚前的名字雅斯琳·拉格尔斯，因为她不希望得到“优待”。她的毕业论文研究的是墨西哥贩毒集团的“毒品宣传”，以及这些毒品犯罪团伙如何设法“获得当地社区民众的支持”（她的原话）。[3]

提交毕业论文后，雅斯琳·拉格尔斯摇身一变成了乔丝·萨克勒。她一看就是亿万富豪的妻子——身材苗条，满头金发，非常性感，嘴唇微微噘起。但她坚持认为自己不是“花瓶”。她成立了一家专为爱喝酒的年轻富家女服务的俱乐部，用她的话来说，这是一个“仅对会员开放、由女性主导的集体，融艺术、葡萄酒、时尚和文化于一体”。[4]乔丝是一名训练有素的侍酒师（“二级”），她把这个团体叫做“Les Bouledogues Vigneronnes”，意即“酿酒斗牛犬”，简称“LBV”。[5]乔丝网站上的个人介绍（已被删除）是这样写的：“乔丝是一名接受过专业培训的威胁评估员，她的研究方向是墨西哥贩毒集团暴力威胁的风险评估。”[6]她还是“狂热的冒险者”，爱好“射击、攀岩和登山”，会说“英语、法语、西班牙语和波斯语”。

和玛德琳·萨克勒一样，乔丝也坚持认为，既然她本人不是普渡的董事会成员，她和这个制药帝国就没有实质性联系，她追逐梦想的能力自然也不该因此受到限制。但事实证明，她和普渡之间的联系是很难摆脱的。不巧的是，正当萨克勒家族面临着来自司法机关和媒体的新一轮审查时，乔丝决定实现她长期以来的雄心壮志——将 LBV 打造成时尚品牌。[7]她设计了一系列荧光色运动套装，灵感来自她对登山的热情。她发誓说，“我会全力以赴把它做成功”，并指出 LBV 有望成为“美国本土的下一个高级定制成衣品牌”。她在脸书上发帖称，这个项目是“我自己发起的女性行动，旨在促进女性赋权，与普渡无关”[8]。

玛德琳非常善于说服电影圈的人，让他们根据作品本身的价值来评判她的专业水平，而不去计较她从阿片类药物中获利的事实，但乔丝的日子却没那么好过。《纽约时报》的一名时尚记者表示对她的时装很感兴趣，但在她同意接受采访后，对方却提出了一连串有关她家庭的无礼问题。[9]乔丝在网上发了一条语气愤慨的帖子，将这次令人难堪的采访事故归结为性别问题，她写道：“别再谈论我生命中的男人是谁了，去看看那些该死的荧光色连帽衫。”[10]（《纽约时报》时尚作家马修·施奈尔私下里觉得这件事很好笑，他对一个朋友说，要是他真的关注衣服本身，那篇文章可能会不客气得多。）

乔丝的困境在于，如果按照罪责的大小将萨克勒家族的成员排列在同心圆靶上，那么她与靶心的距离近得令人不安。她的公公是奥施康定的缔造者。她的丈夫是萨克勒家族第三代中唯一的董事。乔丝·萨克勒的夫家始终保持沉默，但她偏偏要出头，这使得她的处境雪上加霜。她举办派对（“入场费每位 700 美元，LBV 供应酒水”）。[11]她和戴维花了 2200 万美元在贝莱尔全款购入了一套豪宅[12]，然后告诉人们，《TMZ》杂志和其他媒体对这笔交易的报道让他们很生气，尽管是他们自己选择了电视节目《百万美元豪宅》中的一位知名房地产经纪人来处理这笔交易。乔丝不断接受采访。“我 500% 支持我的家庭，”乔丝告诉《城镇与乡村》杂志，“我相信他们的清白会得到证实。但他们和 LBV 毫无关系。”[13]为了那篇报道，乔丝在格拉梅西公园的一家餐馆和记者见了面。“他们会后悔不该招惹语言学家，”她这样评价那些诋毁她的人，“他们已经后悔了。”在采访过程中，她甚至不需要记者鼓动，径自点了烤乳猪。这种玛丽·安托瓦内特式的作风夸张过了头（她到底是真心如此，还是在表演某种观念化的行为艺术?），似乎是为八卦版面量身定制的。没过多久，《纽约邮报》第六版就报道了乔丝每一句离谱言论。该报称她为“阿片类药物领域的麦克白夫人”。她给撰写报道的记者之一发了条短信作为回应，短信内容是个竖中指的表情符号。[14]

● ● ●

乔丝的麻烦主要来自一个名叫莫拉·希利的女人。希利 40 多岁，眼下正是她担任马萨诸塞州总检察长的第二个任期。她是美国首位公开自己同性恋身份的总检察长。[15]她在新罕布什尔州州界附近长大，是家里最大的孩子，她和她的四个弟弟妹妹都由单身母亲独自抚养。她曾效力于哈佛大学篮球队，然后在欧洲打了几年职业篮球。她个子不高——身高 5 英尺 4 英寸，一笑就露出两个酒窝，不拘小节——但她很不好对付，她经常说的俏皮话是，作为一个打职业篮球的小个子女人，她学会了如何“与大个子较量”。希利总喜欢这样开玩笑。但这不仅仅是一句玩笑话，也是一种警告。

阿片类药物对马萨诸塞州的影响尤其严重。2015 年，希利刚刚开启第一个任期，便立即着手调查阿片类药物危机，因为在竞选州总检察长的过程中，全州各地的民众总是向她诉说这些药物是如何摧毁他们的社区的。[16]在希利的竞选团队中，有个志愿者的儿子对阿片类药物产生了依赖。希利委派副总检察长乔安娜·利德盖特负责这项新调查，而利德盖特的熟人也曾过量服用阿片类药物。于是，希利和她的下属开始重点关注普渡。她手下的检察官桑迪·亚历山大首先去了法医办公室，索要马萨诸塞州自 2009 年以来死于阿片类药物过量的人的死亡证明。他把这些死者的名字跟那些按医嘱服用奥施康定的患者进行了比对。[17]普渡一直声称，所谓的“医源性成瘾”——患者按医嘱服药后对所服药物上了瘾——的例子几乎闻所未闻。但亚历山大证实，过去 10 年间，仅在马萨诸塞州，就有 671 人按医嘱服用奥施康定，随后死于与阿片类药物相关的过量服用。

2018年6月，希利在波士顿举行了一场新闻发布会。[18]当时有个组织旨在帮助那些因阿片类药物相关死亡而失去亲人的家庭，希利邀请了该组织的代表来参加这场发布会。在会上，她宣布自己不仅要起诉普渡制药，还要起诉曾在该公司董事会任职的八名萨克勒家族成员。她认为，公司不是自行运转的，而是由人来经营的。她想要公开指控对阿片类药物危机负有责任的人。“公众应该得到答案，”希利说，“这场诉讼的目的正在于此。”[19]几个月后，在圣诞节前夕，希利宣布她打算递交修订版的起诉书，这份文件将向公众提供一些答案。

普渡和萨克勒家族使出了他们惯用的招数。他们聘请了琼·卢基出任他们在当地的法律顾问，而卢基恰好是希利的朋友和导师，曾在希利的竞选活动中担任财务主席。希利认为这并非巧合。[20]在希利正式对萨克勒家族提出指控之前，玛丽·乔·怀特带着一组律师来到波士顿，打算向她解释这项指控的错误之处。不过，希利早年曾在威凯平和而德律师事务所（为普渡代理业务的老牌律所之一）执业，她对于此类私下接触公开表示过怀疑。怀特为其他女性法律从业者开辟了职业发展的新道路，希利对她早有耳闻，钦佩不已。“看到玛丽·乔·怀特这样的人在2007年给他们当代理律师，并且还会继续为他们代理诉讼业务，我感到很痛心，”希利说，“并不是说律师不能代理公司的诉讼业务，这是有价值的工作。可是给这家公司代理业务？为这些人效力？在我看来，这无异于给贩毒集团当代理律师。”当普渡打发律师来找希利时，希利没有亲自跟他们会面，而是派出了她的辩护律师。“我不想见他们，特别是考虑到他们中的有些人和我有私交，”她说，“我不想掺和进去。让他们跟我的律师聊吧。”

针对普渡和其他制药公司的跨地区诉讼挖出了大量秘密封存的文件，此前这些公司一直竭力阻止它们面世。主管这起诉讼的俄亥俄州联邦法官丹·亚伦·波尔斯特裁定，参与诉讼的检察官可以查看被封存的文件，但他们必须对公众保密。“我不认为这个国家会有哪个人对一大堆指责感兴趣，”波尔斯特声称，“人们并不关心取证、证据开示和审判。”[21]但现在，希利和她手下的检察官要求查看被封存的文件，他们收到了大约1200万份与普渡有关的文件。[22]

这些秘密封存的记录讲述了发生于普渡内部的奥施康定的故事，希利的团队发现，尽管萨克勒家族多年来一直在阿片类药物危机中成功隐身，但在普渡的私人文件中，他们插手的痕迹却**无处不在**。理查德在电子邮件中对营销人员进行了事无巨细的指导；凯西在电子邮件中讨论了“探戈计划”；莫蒂默在电子邮件中抱怨过他的支出；乔纳森在电子邮件中表达过疑问，他想知道普渡要怎么做才能阻止阿片类药物利润下滑；不止一名首席执行官在电子邮件中发牢骚说，萨克勒家族的不断干预使得他们无法履行自己作为首席执行官的职责。马萨诸塞州的检察官意识到，萨克勒家族不仅拥有普渡，他们还在经营这家公司。希利的团队修改了起诉书，把足以引发轰动的新材料加了进去。

然而，他们还没来得及公布起诉书，普渡的律师就出面请求马萨诸塞州负责此案的州法官珍妮特·桑德斯“封存”这份文件，不要把它公布出来。[23]在一场听证会上，普渡的一名律师指出，希利“精心挑选”了证据。但桑德斯法官援引了公共利益优先的原则，她表示：“在受理此类案件时，如果有人要求在诉讼文件公开前对其进行大量删节，我就会变得非常警觉。”[24]她做出了裁决，认为应该公布希利的起诉书原文。桑德斯法官指出，在她看来，普渡所表达的担忧——公布起诉书会“让个人难堪并引发公众的愤怒”——并不是封存起诉书的有力依据。她还援引了马萨诸塞州有过的不光彩的先例：在天主教牧师性侵儿童案件中，当地法院可耻地“封存”了起诉书。[25]

桑德斯法官的决定或许会让普渡感到震惊，几十年来，该公司总能说服法官将他们不宜公开的内部文件封存起来。俄亥俄州的波尔斯特法官比桑德斯法官好说话得多，因此，普渡的律师急忙向他求助，看他能否从中调停，不要让指控萨克勒家族的起诉书公之于众。[26]普渡的律师马克·谢弗在电话会议中对波尔斯特法官发牢骚：“我们没有把文件交给马萨诸塞州总检察长。”在之前的联邦诉讼中，普渡交出了这些内部文件，如今它们却被用于不同的诉讼中，派上了不同的用场。

“我也对马萨诸塞州总检察长不太满意。”波尔斯特法官抱怨道。[27]但他说，自己爱莫能助。如果马萨诸塞州的州法官下令公布起诉书全文，那么作为俄亥俄州的联邦法官，波尔斯特无权违抗这一指令。“我无法控制州法官的行为。”他说。

谢弗怒火中烧。他发誓说，要是起诉书被公开，他们第二天早上醒来就会看到“铺天盖地的新闻报道”。

他的感觉是对的。莫拉·希利认为，法律不仅是维护正义、追究责任的机制，它还有另一个功能：寻求真相。几十年来，普渡通过化解官司和封存记录，掩盖了所犯罪行的性质和恶劣程度。反观烟草巨头诉讼结束时，涉案记录并没有被封存或销毁。从烟草公司调取的1400万份文件被归档保存，成为历史学家、新闻记者和公共卫生专家不可或缺的资料。[28]希利在起诉书中罗列了大量从未披露的敏感信息，并试图将其公之于众，她希望借此建立一份无可争议的记录，说明这场历史性的成瘾危机是如何诞生的。

1月31日，希利公布了长达274页的起诉书。[29]这份文件指控萨克勒家族"做出的选择在很大程度上导致了阿片类药物的流行"。文件中充斥着会议记录、董事会报告和内部电子邮件，列出了一系列骇人听闻的腐败行为。普渡的工作人员曾经警告过萨克勒家族，公司的内部文件可能会在以后给他们造成困扰，[30]现在这一天已经到来了。希利根据萨克勒家族成员的电子邮件，绘制出该家族管理公司的指挥链。（这份起诉书还将普渡的八名现任和前任高管以及董事会成员列为被告，他们都不是萨克勒家族的成员。）起诉书生动详细地展示了理查德·萨克勒是如何妖魔化那些不幸对普渡的龙头产品上瘾的人的。根据起诉书的记录，理查德曾在电子邮件中询问有无可能将奥施康定作为非处方药在德国销售；当他得知普渡每周仅售出了价值2000万美元的奥施康定时，他在电子邮件中表达了自己的失望之情（"废话，胡扯"）。起诉书包含了大量实例，其中有不少是在最近发生的——萨克勒家族有意怂恿医生将更大剂量的阿片类药物开给病人并延长他们的服药时间，尽管医学界普遍认为这样做会大幅增加成瘾的风险（疾控中心的用药指南也持同一观点）。

起诉书中最惊人的细节在于，弗吉尼亚州认罪事件过后好几年，普渡的销售代表还在继续拜访可疑的医生。2010年，在马萨诸塞州和罗得岛州经营连锁诊所的法赛拉·马沙利医生被普渡的销售代表形容为"非常好的新目标"。当普渡得知马沙利正在接受罗得岛当局的调查时，该公司指示销售代表继续在马萨诸塞州拜访他。普渡的一名销售代表描述了2013年马沙利办公室的拥挤场景，病人们自带"可折叠沙滩椅，因为不管什么时候，他都有35名以上的病人在候诊"[31]。马沙利最终被吊销了行医执照，他承认了27项医疗欺诈指控，并被判处七年监禁。

起诉书称，2008年到2012年，马萨诸塞州开具奥施康定处方最多的医生是北安多弗的沃尔特·雅各布斯。[32]“他单独行医，”希利指出，“经常一周只工作三天。但在五年内，他开出的普渡阿片类药物超过 34.7 万片。”其中 20 万片是 80 毫克的奥施康定。普渡最终向雅各布斯提供了一份价值 5 万美元的付费演讲合作协议。这名医生响应了萨克勒家族的号召，为患者制定了更大剂量、更长疗程的用药方案。起诉书显示，雅各布斯还没被吊销行医执照时，曾让一名患者连续服用了两年奥施康定，他开的处方上写着**每天** 24 片 80 毫克片剂。

“普渡利用药瘾赚钱，”希利写道，“对患者来说，这是一场大屠杀。”[33]起诉书称，马萨诸塞州的死者“遍及各行各业，包括消防员、家庭主妇、木匠、卡车司机、护士、理发师、渔夫、服务员、学生、机械师、厨师、电工、炼铁工人、社会工作者、会计、艺术家、实验室技术员和调酒师”，“其中最年长的去世时 87 岁。最小的 16 岁开始服用普渡的阿片类药物，18 岁时死亡”。

马萨诸塞州披露的文件让萨克勒家族愤怒不已。在此之前，他们在公众眼中一直是个谜。这个家族或许会公开谈论他们的慈善事业，但他们从未在采访中谈论过家族企业，而普渡作为私人控股公司，一直让人摸不清底细。如今，卑琐的现实赤裸裸地呈现在人们面前。雷蒙德阵营的律师嘲笑希利的起诉书“装腔作势”[34]。莫蒂默阵营的代理律师玛丽·乔·怀特认为，这些指控“不准确，具有误导性”[35]。萨克勒家族整理了他们这一方递交给法院的文件，在文件中，他们抨击希利的起诉书“冗长啰嗦”，讥讽其为“几百页的诉讼垃圾”，并竭力劝说法官驳回此案。[36]萨克勒家族的律师声称，这个家族没有**指使**任何人做任何事。无论如何，马萨诸塞州的法院对他们没有管辖权。普渡所采取的行动或许影响到了马萨诸塞州，但它的业务对**每个**州都有影响。这种说法的言下之意是，普渡无处不在，却又不存在于任何地方。律师们认为，马萨诸塞州对萨克勒家族行使管辖权将侵犯宪法赋予他们的正当程序权利。

萨克勒家族坚称他们的话被断章取义了。不过，他们额外提供的上下文很难帮他们开脱罪责。希利的起诉书提到了理查德发表的“处方暴风雪”演讲，并将其作为普渡过度营销的证据，萨克勒家族的律师对此提出了异议，他们声称理查德使用这个意象，是在“暗指他**因为 1996 年那场有名的暴风雪**未能按时到达活动现场”（他们专门用了特殊字体表示强调，就好像这会对诉讼造成重大影响似的）。律师们还揪住了希利用来说明理查德微观管理倾向的一封电子邮件做文章。[37]希利引用了理查德和一名下属之间的对话，那天是周日，他要求这名员工在当天把一些具体数据发给他。理查德的律师声称："董事给员工发送这样一封邮件没什么不合适的。"这名饱受折磨的员工最后回复理查德"我已经尽我所能了"，并不是因为理查德一直在纠缠他，而是因为他"有家人来访"。律师补充的细节若说对案件事实有什么影响，也不过是让人更加相信理查德是个麻木不仁的监工。

萨克勒家族提出的撤诉动议遭到驳回。[38]莫拉·希利的总检察长办公室位于波士顿市中心一座摩天大楼的高层，眼下，她正满面笑容地在各个房间走动，挨个拥抱了桑迪·亚历山大、负责此案的首席检察官吉莲·费纳和其他工作人员。希利在 Instagram 上发布了一段庆祝视频。[39]马萨诸塞州的起诉书公布以后，纽约州总检察长莱蒂夏·詹姆斯也对普渡提起了诉讼，在起诉书中，她也将董事会的几名萨克勒家族成员列为被告。詹姆斯称奥施康定是这场危机的"根源"，并指出萨克勒家族分配给自己的现金股利"每年可达数亿美元"。[40]她的起诉书特意突出了一个有趣的因素。据詹姆斯说，萨克勒家族 2014 年就知道普渡正在被检方调查，最终可能会被重判。詹姆斯的起诉书称，萨克勒家族知道清算的日子即将来临，所以不遗余力地从普渡抽取资金，将其转移至海外，这样一来，美国当局就鞭长莫及了。

詹姆斯所说的都是真的。事实上，早在 2007 年，弗吉尼亚州认罪事件发生一周后，乔纳森·萨克勒就给理查德和戴维发过电子邮件，特别提到有个投资银行家曾经告诉他："你们家已经很有钱了。你最不希望发生的事情就是陷入贫困。"[41]

"你觉得这些法庭上正在发生什么？"戴维·萨克勒回信说，"我们现在有钱吗？能持续多久？"戴维认为，这只是时间问题，迟早会有某场诉讼"把这个家族卷进去"。他建议说，他们应该做的是"尽我们所能增加财富，努力创造额外收入。我们可能会很需要钱……虽然我们只能以现金形式持有这些财富"。于是萨克勒家族开始有计划地从普渡取出越来越多的钱。从 1997 年到 2007 年认罪，普渡仅仅向萨克勒家族发放了 1.26 亿美元现金。从 2008 年开始，它分配给萨克勒家族的现金股利高达数十亿美元。2014 年，乔纳森在写给莫蒂默的一封邮件中承认："我们已经从这家公司抽走了一大笔钱。"[42]詹姆斯认为，如果萨克勒家族因为担心最终会有某场诉讼"把这个家族卷进去"，从而故意从普渡抽取资金，并将其转移至海外，那么他们的行为就有可能构成欺诈。现在她想试着追回其中一部分资金。

萨克勒家族曾经从麦肯锡公司高薪聘请了一组顾问，这些顾问为萨克勒家族服务多年，帮助他们策划销售阿片类药物的新方案。现在，这些顾问开始担心了。其中一名叫马丁·埃林的顾问在给另一名顾问的信中写道，也许到了麦肯锡公司考虑“删除我们所有的文档和电子邮件”的时候了。[43]“好的。”他的同事阿纳布·加塔克回复说。[44]

就在詹姆斯提起诉讼的那个月，英国的萨克勒信托基金宣布将暂停进一步的慈善活动。特蕾莎女爵在一份声明中谴责了“这些美国本土的法律诉讼所引发的媒体关注”[45]。萨克勒家族的名声越来越坏了。“五年前，萨克勒家族被认为是纽约市最受尊敬、最慷慨的豪门之一，”《纽约邮报》评论道，“现在没有一家博物馆愿意接受他们的捐赠。”[46]

对萨克勒家族避如蛇蝎的不仅仅是博物馆界。乔纳森·萨克勒曾是特许学校系统“成就第一”的主要赞助者，如今该系统宣布“决定不再寻求萨克勒家族的资助”。[47]对冲基金希尔登资本管理公司曾投资过萨克勒家族的部分产业，现在该公司表示不愿再与萨克勒家族做生意。[48]希尔登的负责人布雷特·杰斐逊透露，与该公司关系密切的人遭遇了“和阿片类药物有关的悲剧”，并表示“我的良心让我终止了这段合作关系”。就连普渡的合作银行摩根大通，也与它断绝了关系。[49]

萨克勒家族的大多数人在成长过程中一直认为，他们的姓氏哪怕无法带来特权，至少也能让他们享有一定的声望，当他们一朝沦为社会败类，肯定会感觉很不安。然而，身败名裂的打击并没有引起他们对普渡及其罪行的反思。在WhatsApp的家族私聊中，莫蒂默·萨克勒的继承人们谈到，他们之所以会受此磨难，完全是因为社会舆论煽动了公众的敌对情绪。特蕾莎女爵抱怨说：“出庭律师在媒体上发起了抵制萨克勒家族的运动。”玛丽莎·萨克勒嘲笑南·戈尔丁的抗议是“噱头”。萨曼莎·萨克勒指出，当务之急是推出“另一个版本的故事”[50]。几个月来，莫蒂默·萨克勒的继承人们在短信中畅所欲言，但没有一个人表达过内心的疑虑，没有一个人针对家族的所作所为提出尖锐的问题。

莫蒂默和雷蒙德主导的两大阵营或许在很多事情上有分歧，但他们都坚信自己没有做错任何事。乔纳森·萨克勒在一封电子邮件中抱怨道：“媒体急于歪曲我们说过的任何话、做过的任何事，把它们描绘得荒唐而邪恶。”[51]乔纳森认为，普渡似乎已陷入广泛的美国“指责”文化中。他指出，“‘责任导向’导致了大规模监禁和庞大的公共支出”。乔纳森可能受到了女儿玛德琳电影的启发，从美国囚犯的困境和他们一家面临的审查之间找到了相似之处，尽管他们被审查的原因是通过销售阿片类药物获利数十亿美元。乔纳森写道：“侵权律师灵机一动，想出了如何将制药行业定位为最新的‘坏人’（最妙的是，这个行业还财力雄厚）。”他想知道，为什么没有人关注芬太尼——这种药物非常致命，而且销量正在上涨。也许普渡应该增设“演讲部计划”来帮自己做宣传。他说，重要的是要强调该公司是“**值得信赖的**”。

戴维·萨克勒同意乔纳森的观点。他认为，最根本的问题不在于普渡或萨克勒家族做了什么，而在于如何去讲这个**故事**。“我们没有很好地谈论它，”他说，“这是我最后悔的事。”[52]戴维认为，萨克勒家族有一个令人信服的故事要讲。他们不应该畏畏缩缩地防守，而是应该主动回击，说出自己的故事。

在莫蒂默看来，萨克勒家族似乎正在进行一场“战斗”。[53]他和乔纳森看法一致，认为部分问题在于“侵权索赔制度”。但更重要的是，他在给其他家族成员的电子邮件中指出，阿片类处方药“**不是**药物滥用、成瘾或者所谓的‘阿片类药物危机’的**原因**”。他接着说，“我认为我们在发送信息时，不该使用‘阿片类药物危机’甚至‘阿片类药物成瘾危机’这样的说法”。当时已经是2019年，莫蒂默·萨克勒居然还是这样描述阿片类药物流行病的，他的话很能说明问题。莫蒂默建议，他们应该换种说法，比如“药物滥用和成瘾”[54]。萨克勒家族私下仍然坚持他们一直信奉的理念——问题不在于药物本身，而在于滥用者。

莫蒂默曾写信给普渡的新任法律总顾问马克·凯塞尔曼、玛丽·乔·怀特和其他几人，要求他们提供一些统计数据，他觉得这些数据可能有助于支持萨克勒家族的论点。[55]他想知道是否有可能收集到那些服药过量的人（比如马萨诸塞州诉讼中提到的受害者）的信息，以便弄清楚他们有没有人寿保险。有人告诉他，这类保险通常会为“意外服药过量”理赔，但不会为自杀埋单。这引起了莫蒂默的思考。他写道：“我认为，我们完全可以这样假设，服药过量的人当中，有一部分其实是在自杀。”

莫蒂默也悄悄求助于纽约的权贵，希望得到他们的支持。他曾告诉普渡的高管，“我明天要去见迈克尔·布隆伯格”，并表示他们会讨论“当前舆论与真相之间的差别”。[56]萨克勒家族一直试图将争议的焦点转移到海洛因和芬太尼上去，也许布隆伯格能帮忙出出主意。他们在布隆伯格的办公室见了面，这位前市长向莫蒂默提供了信息发布方面的建议，认为他们一家应该列出10个谈话要点，以后就照着这些谈话要点发布信息。（会面结束后，莫蒂默把这个任务交给了普渡的公关人员，命令他们草拟一份清单供他审阅。）

这一时期，莫蒂默还在向另一个人示好，那就是乔治·索罗斯。莫蒂默想从这位拥有亿万资产的金融家和慈善家那里得到建议——他一度成为甚嚣尘上（而且往往是反犹主义）的阴谋论攻击的目标，这些阴谋论把他描绘成了一个势力遍及全球的幕后操纵者。也许索罗斯会从萨克勒家族的困境中看到自己过去的艰难经历，进而指导他们应对眼前的负面舆论风暴。莫蒂默向索罗斯的某个下属说明了自己的意图，请求对方为他安排一次和索罗斯本人的谈话。但索罗斯不肯接电话。

● ● ●

有段时间，戴维和乔丝决心卖掉他们在纽约东66街的公寓，搬到佛罗里达州去。[57]“我不是胆小鬼，”乔丝提到了她对登山的热爱，以证明自己所言不虚，“如果乔戈里峰吓不倒我，那么佛罗里达也别想把我吓倒。”[58]（她并没有登上过乔戈里峰。）“萨克勒家族正在逃离纽约。”八卦专栏大肆宣传道。[59]戴维夫妇花了740万美元在博卡拉顿附近买下一套豪宅。到了这个阶段，针对萨克勒家族的诉讼已经遍地开花，戴维和乔丝即将搬离的纽约市正在起诉萨克勒家族，他们打算迁入的棕榈滩县也在起诉这个家族。[60]

有件事可以说明萨克勒家族遭受的抨击猛烈到了何种程度：新泽西州的一名男子碰巧也叫戴维·萨克勒，多家媒体在报道萨克勒家族时用了他的照片，为此他起诉了这些媒体。诉状称，“被误认为戴维·萨克勒损害了他的名誉”，并提到这个戴维·萨克勒已经沦落到了用假名在餐馆订位的地步。[61]位于印第安纳州西拉法叶市的普渡大学也不甘示弱，该校发布了一份新闻稿，澄清了它“从未以任何形式与普渡制药有任何关联”。[62]

事情已经发展到了临界点。深夜节目主持人斯蒂芬·科尔伯特以萨克勒家族为主题，做了一期节目，他开玩笑说他们已经把希波克拉底誓言改成了“首要之务是不伤害患者，除非这种伤害能带来巨额利润”。他展示了一张理查德、乔纳森、雷蒙德和贝弗莉的照片，“看得出他们一点儿也不在乎”。[63]讽刺新闻节目《上周今夜秀》的主持人约翰·奥利弗也播出了一期关于萨克勒家族的节目。[64]奥利弗若有所思地说，萨克勒家族长期不露面“感觉是故意的”。他指出理查德·萨克勒从未接受过采访。但这起诉讼让“人们得以窥见理查德的参与度有多高”。奥利弗谈到了理查德提供给肯塔基州、后来遭到泄露的证词，他清晰地表达了一个微妙的观点：由于泄露的只有文字记录，没有视频，所以理查德的证词在晚间新闻中派不了多大用场。你要怎么把书面文字解释清楚呢？

《上周今夜秀》想出了一个极具创意的解决方案。奥利弗请来了许多知名演员，让他们把理查德的证词和信件都演成戏。演员迈克尔·基顿脸色阴沉、表情冷漠地再现了理查德收到某篇报道时的情景，该报道称，仅仅在一个州内，就有 59 人死于服药过量，理查德却回复说，“这还不算太糟”。布莱恩·克兰斯顿在《绝命毒师》中扮演过毒枭沃尔特·怀特，他重演了理查德在韦格王姆酒店的奥施康定发布会上发表的讲话。曾在《火线》中扮演奥马尔·利特尔的迈克尔·K. 威廉姆斯带来了第三场表演，他面无血色，整张脸痛苦地扭曲着。第四位演员理查德·坎德对理查德的回答进行了滑稽的模仿，被问及他的公司以及他个人的行为时，他多次回答“我不知道”。奥利弗告诉观众，他已经建立了一个网站，网址是 sacklergallery.com，在那里他们可以观看更多类似的片段。他说，他之所以选用这个网址，因为“他们喜欢用自己的姓氏来命名该死的美术馆”。

萨克勒家族事先得知了《上周今夜秀》正在准备这样一期节目。莫蒂默的妻子杰奎琳惊慌失措。萨克勒家族派出的代表找到了节目制作人，告诉对方杰奎琳愿意亲自与约翰·奥利弗见面，向他说明情况。但奥利弗通常不会见他这档节目所讨论的对象，他拒绝了萨克勒家族私下见面的提议。杰奎琳给萨克勒家族的其他人发了一封充满怒气的电子邮件。“这是我儿子最喜欢的节目，”她写道，“他每周都要和他所有的朋友一起观看。这种情况正在摧毁我们的工作、友谊、声誉以及我们在社会上发挥作用的能力。更糟糕的是，它给我的孩子带来了不幸。我儿子 9 月份还怎么申请高中呢？”[65]

杰奎琳也像她的丈夫和萨克勒家族的其他人一样，体会到了一种强烈的被迫害感，她确信自己和亲人正在遭受迫害，这让她愤愤不平。“早在奥施康定出现之前很久，问题就存在了，以后也会长期存在，但我们家族却充当着这个国家的出气筒，我受够这一切了，”她写道，“我还没有发现这家公司存在**任何**违法行为，就连不道德的行为都没有。”杰奎琳·萨克勒宣称，这种诋毁是“对每个男人、女人和孩子的惩罚，祸及整个家族的过去、现在和未来”，“孩子们的人生正在被摧毁”。

注释

[1] 除非另有注释，本段内容均引自《城镇与乡村》杂志 2019 年 5 月 16 日刊登的《身陷奥施康定丑闻及阿片类药物危机指控的乔丝和吉莉安·萨克勒》一文。

[2] 戴维·萨克勒 2015 年 6 月 12 日致理查德、贝丝和乔丝的信。

[3] Jaseleen Ruggles, “The Degree of Certainty System in Written Spanish in Mexico” (PhD diss., City University of New York, 2014).

[4] LBV 官网。

[5] “Joss and Jillian Sackler on OxyContin Scandal and Opioid Crisis Accusations.”

[6] LBV 官网上乔丝·萨克勒的个人介绍。

[7] “Last Sackler Standing,” *Air Mail*, Aug. 17, 2019.

[8] 乔丝·萨克勒在脸书上发布的致马修·施奈尔的公开信（已被删除）。

[9] “Uptown, Sackler Protests. Downtown, a Sackler Fashion Line,” *New York Times*, Feb. 19, 2019.

[10] 乔丝·萨克勒在脸书上发布的致马修·施奈尔的公开信（已被删除）。

[11] “Joss and Jillian Sackler on OxyContin Scandal and Opioid Crisis Accusations.”

[12] “OxyContin Heir David Sackler Scores Dope $22.5 Mil BelAir Mansion,” *TMZ*, March 8, 2018.

[13] “Joss and Jillian Sackler on OxyContin Scandal and Opioid Crisis Accusations.”

[14] “Joss Sackler Flips Off Page Six,” *New York Post*, Aug. 22, 2019.

[15] 对希利的采访；“Maura Healey Setting Her Course as Attorney General,” *Boston Globe*, Nov. 12, 2014; “Massachusetts AG Maura Healey May Send Your Gay Marriage Story to SCOTUS,” MSNBC, March 3, 2015。

[16] 对莫拉·希利和乔安娜·利德盖特的采访。

[17] 对亚历山大的采访；马萨诸塞州起诉书。

[18] "AG Healey Sues Purdue Pharma, Its Board Members and Executives for Illegally Marketing Opioids and Profiting from Opioid Epidemic," Office of Massachusetts Attorney General Maura Healey, June 12, 2018.

[19] 总检察长莫拉·希利 2018 年 6 月 12 日的新闻发布会。

[20] 对希利和乔安娜·利德盖特的采访。

[21] 参见 Jennifer D. Oliva, "Opioid Multidistrict Litigation Secrecy," *Ohio State Law Journal*, vol. 80 (2019)。

[22] 对桑迪·亚历山大的采访。

[23] Joint Motion to Impound Amended Complaint, Massachusetts v. Purdue Pharma Inc. et al., 1884-CV-01808, Dec. 3, 2018.

[24] Transcript of a hearing in *Massachusetts v. Purdue Pharma Inc. et al.*, 1884-CV-01808, Massachusetts Superior Court, Dec. 21, 2018.

[25] Memorandum of Decision and Order on Emergency Motion to Terminate Impoundment, *Massachusetts v. Purdue Pharma Inc. et al.*, Civ. No. 1884-01808-BLS2, Massachusetts Superior Court, Jan. 28, 2019.

[26] "How Judges Added to the Grim Toll of Opioids," Reuters, June 25, 2019.

[27] Transcript of Proceedings, *In Re National Prescription Opiate Litigation*, Civil Action Number 1:17MD02804, Jan. 30, 2019.

[28] 参见加利福尼亚大学旧金山分校图书馆建立的数字档案"烟草行业真相文件"，网址：www.industrydocuments.ucsf.edu。

[29] 马萨诸塞州起诉书。

[30] "同月，普渡的员工联系了理查德和乔纳森·萨克勒，因为他们担心，如果针对阿片类药物危机的调查扩大化，公司的'内部文件'可能会引发问题。"引自特拉华州起诉书。

[31] "Pain Doctor Who Prescribed Large Amounts of Oxycodone Pleads Guilty to Fraud," *Boston Globe*, March 15, 2017; Department of Justice, "Physician Sentenced to Prison for False Billing Scheme," press release, Feb. 6, 2019.

[32] 马萨诸塞州起诉书。

[33] 出处同上。

[34] Statement of the Raymond Sackler and Beacon Company in Support of the Debtors' Motion for a Preliminary Injunction, U.S. Bankruptcy Court, Southern District of New York, Chapter 11, Case No. 19-23649 (RDD), Oct. 8, 2019.

[35] "NYC Society Shuns Sackler Family over OxyContin Fortune," *New York Post*, May 11, 2019.

[36] Respondents Richard Sackler, MD's and Kathe Sackler, MD's Motion to Dismiss the Division's Notice of Agency Action and Citation, In the Matter of Purdue Pharma LP et al., DCP Legal File No. CP-2019-005, DCP Case No. 107102, April 9, 2019.

[37] Memorandum of Law in Support of the Individual Directors' Motion to Dismiss for Lack of Personal Jurisdiction, *Commonwealth of Massachusetts v. Purdue Pharma LP et al.*, Civil Action No. 1884-CV-01808(B), April 1, 2019.

[38] 马萨诸塞州法官珍妮特·桑德斯驳回了普渡制药的撤诉动议和另一项由萨克勒家族和其他董事提出的撤诉动议。Memorandum of Decision and Order on the Defendant Purdue's Motion to Dismiss, *Commonwealth of Massachusetts v. Purdue Pharma LP and Others*, Massachusetts Superior Court, Civil Action No. 1884CV01808, Sept. 16, 2019; Memorandum of Decision and Order on the Defendant Directors' and Executives' Rule 12(b)(2) Motion to Dismiss, *Commonwealth of Massachusetts v. Purdue Pharma LP and Others*, Massachusetts Superior Court, Civil Action No. 1884CV01808, Oct. 8, 2019.

[39] 对桑迪·亚历山大和费纳的采访；希利 2019 年 10 月 8 日在 Instagram 上发布的录像。

[40] 纽约州起诉书。

[41] 司法部–萨克勒和解协议。

[42] 乔纳森·萨克勒 2014 年 9 月 8 日致莫蒂默·D. A. 萨克勒的信，引自司法部–萨克勒和解协议。

[43] 马丁·埃林 2018 年 7 月 4 日发给阿纳布·加塔克的电子邮件。

[44] 阿纳布·加塔克 2018 年 7 月 4 日发给马丁·埃林的电子邮件。

[45] "Museums Cut Ties with Sacklers as Outrage over Opioid Crisis Grows," *New York Times*, March 25, 2019.

[46] "NYC Society Shuns Sackler Family over OxyContin Fortune."

[47] "Charter Network Says No to Further Donations from OpioidLinked Sackler Family," Chalkbeat.org, June 6, 2019.

[48] "Hedge Fund Tosses Family That Controls Maker of OxyContin," *Wall Street Journal*, March 7, 2019.

[49] "'We Didn't Cause the Crisis'：David Sackler Pleads His Case on the Opioid Epidemic," *Vanity Fair*, June 19, 2019.

[50] 这些内容摘自破产诉讼中的一份记录，内容是莫蒂默·萨克勒一家 2017 年 10 月至 2019 年 5 月期间在 WhatsApp 聊天群中的对话。

[51] 乔纳森·萨克勒 2019 年 2 月 17 日致戴维森·戈尔丁、泰德·威尔斯和大卫·伯尼克。

[52] "'We Didn't Cause the Crisis.'"

[53] 莫蒂默·D. A. 萨克勒 2018 年 11 月 11 日致克雷格·兰道等人的信。

[54] 莫蒂默·D. A. 萨克勒 2019 年 2 月 17 日致乔纳森·萨克勒等人的信。

[55] 小莫蒂默·萨克勒 2018 年 12 月 18 日致凯塞尔曼等人的信。

[56] "When the Billionaire Family Behind the Opioid Crisis Needed PR Help, They Turned to Mike Bloomberg," ProPublica, Feb. 27, 2020.

[57] "The Year Ended with Another Big Sale at 220 Central Park South," *New York Times*, Jan. 3, 2020.

[58] "Last Sackler Standing." 乔丝看起来确实是个颇有成绩的登山者，她曾登上过其他山峰，偶尔也戴着一顶写有"K2"（乔戈里峰）的棒球帽。2019 年夏天，她确实到达了乔戈里峰大本营，但她晕倒了，不得不回家，她认为自己是因为自身免疫性疾病才没能登上峰顶。出处同上。

[59] "Sacklers Fleeing NYC Following Family's OxyContin Scandal," *Page Six*, May 20, 2019.

[60] Memorandum of Law in Support of the Individual Directors' Motion to Dismiss for Lack of Personal Jurisdiction, *Commonwealth of Massachusetts v. Purdue Pharma LP et al.*, Civil Action No. 1884-CV-01808(B), April 1, 2019; "Sackler Family Company Pays $7 Million for Mansion near Boca Raton," *Palm Beach Post*, Oct. 25, 2019.

[61] "This David Sackler Wants the World to Know He' s Not That David Sackler," *Crain's*, June 3, 2019.

[62] "Purdue University Statement RE: Purdue Pharma," March 7, 2019.

[63] 2018 年 9 月 14 日《斯蒂芬·科尔伯特深夜秀》。节目中的脏话都被用"哔哔"声消音了，科尔伯特说脏话的时候你也看不到他的嘴，所以我得向你们这些检查尾注的"细节控"承认，他真正说出的话也许是"他妈的一点儿也不在乎"。作者未能联系到科尔伯特来核实这一点。

[64] Last Week Tonight with John Oliver, HBO, April 14, 2019.

[65] 杰奎琳·萨克勒 2019 年 4 月 10 日致莫拉·凯斯琳·莫纳亨等人的信。

第二十八章 凤凰

2019年8月的一天，戴维·萨克勒飞往克利夫兰，代表萨克勒家族与参加跨地区诉讼的众多检察官会谈。他带来了一项提案。戴维身材敦实，虎背熊腰，一头深棕色的头发，他继承了祖父雷蒙德的浅色眼睛和父亲理查德棱角分明的下巴，胡须中夹杂着点点灰白。他成了家族中处理诉讼事宜的主力。戴维比理查德更擅长社交，但他也像理查德一样毫无歉意。他很愤怒：对起诉他们家族的检察官和原告律师感到愤怒，对媒体感到愤怒，对拒绝接受萨克勒家族捐赠的博物馆感到愤怒。他觉得萨克勒家族的慷慨大方突然“变成了对我们不利的东西”。[1]

戴维坚持认为萨克勒家族没有做错任何事。[2]他总爱说，科学进步了。人们对上瘾的理解发生了变化。这是一项复杂的业务。制药行业非常**复杂**。萨克勒家族所做的一切都得到了美国食品药品监督管理局的批准。无论如何，他们所有的竞争对手也都做了同样的事。戴维觉得萨克勒家族应该更加坦率地讲述他们自己的故事。事实上，就在最近，他接受了《名利场》撰稿人——资深财经记者贝萨妮·麦克莱恩的采访。[3]萨克勒家族拥有普渡60年来，还是头一回有家族成员就该公司的问题接受真正意义上的采访。戴维向麦克莱恩倾诉了他们家族所遭受的“夸大其词的诽谤”和“无休止的谴责”。“我有三个小孩，”他说，“我4岁的孩子从幼儿园回到家，问我：‘为什么我的朋友们告诉我，我们家干的是杀人的勾当？’”

戴维使用了事先准备好的标准话术。针对萨克勒家族的诉讼有个前提——他们是普渡的实际负责人，而这“完全不符合事实”。普渡从麦肯锡公司聘请的顾问可能会私下得出结论：萨克勒家族“每周都会参与各级决策”[4]。现在戴维却声称，他在2012年至2018年任职于董事会，所做的不过是对“别人告诉我的信息”投票。普渡并不是真的由萨克勒家族**说了算**。“危机不是我们造成的。”他斩钉截铁地说。事实上，他愿意承认的最大过失是萨克勒家族未能纠正他们**是**罪魁祸首这一错误说法。他说，他现在出面表态，是为了“让我们家族更有人情味儿”。

不过，事情好像并没有朝着戴维预想的方向发展。麦克莱恩是个不好对付的记者。在她还是年轻记者时，她供职于《财富》杂志，撰写了第一篇质疑安然公司的重要报道，随后又继续记录了该公司的倒闭。[5]她不是那种会听信戴维一面之词的记者。她在文章中仔细考察了他的每一个论点，认真分析它们，然后解释了它们为什么是错误的。事实上，正如戴维所言，只有不到1%的患者对阿片类药物上瘾的观点并非某种科学共识。在他看来，指出普渡的决策得到了食品药品监督管理局的批准，等于忽视了该机构在制药巨头——特别是普渡——面前的妥协程度。当麦克莱恩问到针对普渡的诉讼时，戴维不屑地摆了摆手，表示这些控告可以归结为一句话，“哦，你根本不该推销这些东西，”对此他只能不耐烦地说，“我觉得这种讨论都是马后炮。”

当时的美国，几乎每个州都在起诉普渡。[6]有24个州与马萨诸塞州和纽约州一起，将萨克勒家族的成员告上了法庭。市、县、医院、学区和原住民部落发起了数千场诉讼。2019年夏初，当加利福尼亚州提起诉讼时，该州总检察长特别提到了戴维的父亲，称理查德“引发了灾难”。[7]同年早些时候，斯坦福德的另一批律师要求理查德出庭作证。[8]理查德看起来很老，不如以前有活力。但他似乎并没有改变看法。律师问他，在他将一种麻醉剂推向市场并声称它不容易被滥用之前，他是否感到自己有义务掌握足以证明这种说法的科学依据。他给出的回应是一段支离破碎的独白，仿佛戴维·马麦特写的台词：“我觉得，回首往事，你可以——生活中的每一次不幸，你都在问一个问题，如果你知道会发生什么，你会不会设法阻止它？答案是：当然。但我们没想到会发生这样的事。”

律师提到，普渡在销售奥施康定之前没有进行过成瘾或滥用倾向研究。理查德表示：“回过头再去看，也许这会是个好主意。也许它可以阻止一些……一些不幸。但这只是推测。我不知道。”[9]

就在理查德出庭作证的那个月，普渡与俄克拉荷马州达成了和解，同意向对方支付2.7亿美元，其中大部分将用于资助成瘾研究和治疗中心。[10]萨克勒家族可能觉得他们别无选择：开庭的日子已经定下来了，法庭上的证词将对普渡制药造成毁灭性打击，而且这场审判还要进行电视转播。此外，陪审团的决定是不可预测的。众所周知，当诉讼中的原告势单力薄、令人同情，被告却是企业大亨时，陪审员们往往会对被告做出异乎寻常的重判。尽管如此，萨克勒家族在一份声明中明确表示，俄克拉荷马州的和解协议可行性不高，无法作为“今后和解谈判的财务模式”。

“你说的是2000场官司，”玛丽·乔·怀特说，“把这些官司打完需要多久？”萨克勒家族不想一场一场地打官司，事实上，他们压根不想打官司。近四分之一个世纪以来，萨克勒家族靠着**庭外**和解的能力发展壮大。这个家族现在想要的是怀特所说的“总体解决方案”[11]。除非普渡能够抢先一步达成和解协议，否则他们10月还将在俄亥俄州面临另一场审判。[12]

于是，戴维·萨克勒被派往克利夫兰，代表萨克勒家族提出和解方案。[13]大约10名州总检察长聚集在市中心的联邦法院参加此次会谈。戴维和他的法律团队递交了他们的提案。这些州是分别提起诉讼的，但萨克勒家族提出的是一项总体解决方案，将所有诉讼中的所有原告都囊括进来。戴维和他的团队大致介绍了他们的想法：萨克勒家族将放弃对普渡的控制权，把公司转变为公益信托，此外，该家族将捐出一大笔钱，用于解决阿片类药物危机。[14]作为交换，萨克勒家族被控违反联邦法律的所有与奥施康定相关的行为，原告都不得继续追究其责任。这是一笔大买卖，是萨克勒家族单方面提出的协议，将一次性解决所有官司，让萨克勒家族安下心来，不必担忧自己的余生在诉讼中度过。戴维刚刚出示和解协议，其中的条款就被泄露给了媒体。这条新闻登上了各大媒体头条：“普渡制药开价100亿—120亿美元解决阿片类药物索赔。”

萨克勒家族开出的价码似乎相当可观——远远超过此前传闻中提到的金额。这也许还不足以（远远不够）彻底解决阿片类药物流行病，但它占了萨克勒家族现有财富的大部分。乍一看，萨克勒家族的报价似乎标志着马萨诸塞州的莫拉·希利、纽约州的莱蒂夏·詹姆斯、律师迈克·摩尔、众多原告及其律师取得了重大胜利。然而，随着和解协议的更多细节曝光，人们发现萨克勒家族的报价没那么简单，也远不如看上去可观。萨克勒家族的计划是宣布普渡破产，然后将其转变为“公益信托”。普渡的律师称，该信托将以实物形式捐赠价值40多亿美元的新药，用于治疗成瘾、消除服药过量的副作用。[15]此外，破产后的普渡将转型为公益信托，届时再从销售药品的收入中拨出30亿至40亿美元用于赔款。所以萨克勒家族需要支付的金额不是100亿美元（更别提120亿美元了），而是30亿美元。[16]就连这笔钱也不会从他们自己的口袋里掏出来。相反，萨克勒家族建议出售萌蒂制药，用所得金额来支付赔款。萌蒂制药是一家跨国制药公司，一直在海外开拓阿片类药物的新市场。作为让步，萨克勒家族表示，他们**或许**愿意再捐15亿美元，把他们的捐款总额提到45亿美元，但前提是他们出售萌蒂制药的成交价高于30亿美元。还有一个不涉及金钱的条款很值得注意。根据戴维·萨克勒所提协议中的条款，他们家族不会承认任何不当行为。

最初的新闻报道把戴维提出的和解方案描述得像是某种无条件投降。但在莫拉·希利和她的检察官们看来，这份和解协议存在严重缺陷。“它就是个笑话。”希利麾下的首席检察官吉莲·费纳说。[17]费纳指出，戴维提出的和解方案是建立在许多重大的不可预期条件的基础之上的。萨克勒家族的贪得无厌如今已是尽人皆知，除了出售萌蒂制药所能带来的收入外，他们不准备从自己的口袋里拿出一分钱，这一点颇耐人寻味。（相形之下，仅在2008年至2016年，该家族就从奥施康定的收益中抽取了近43亿美元，作为分配给股东的现金股利。[18]）此外，在一个更具象征意义的层面上，费纳惊讶地发现，尽管眼下的法律争议聚焦于奥施康定猖獗销售的危害性，但戴维·萨克勒提出的和解方案的主要内容是，在普渡转型为慈善信托后，原告将利用普渡源源不断的收益解决阿片类药物危机——也就是说，通过销售引发危机的药物来筹集解决此次危机的资金。这将产生一种扭曲的激励机制：接手普渡的各州突然发现自己在从事阿片类药物生意。“于是萨克勒家族就会赢得最终的胜利，”费纳的同事桑迪·亚历山大说，“如果各州接替他们的位置，利用相同的医生向相同的病人出售相同的药物，人们继续以相同的速度死亡，萨克勒家族就会把这当成一个很有说服力的免责理由。”[19]

纽约州总检察长莱蒂夏·詹姆斯直言不讳地嘲笑戴维的提议是“一种不折不扣的侮辱”[20]。对莫拉·希利来说，和解协议中未涉及认罪条款似乎意义重大。[21]这样一来，萨克勒家族就可以通过花钱摆平官司，息事宁人，就像他们过去一直做的那样。希利说："至关重要的是，这家公司及其高管和董事的所作所为必须大白于天下，他们必须为他们所造成的伤害道歉，任何人不得从违法行为中获利。"在克利夫兰谈判期间，希利和她的副手乔安娜·利德盖特在去电梯的路上遇到了戴维·萨克勒和他的随从。[22]戴维做了自我介绍，还说："很高兴你能来。"希利觉得他浑身散发出一股自以为是的神气，就好像他已经习惯了别人对他恭敬有加。

"嗯，戴维，"希利不客气地说，"你的家族伤害了很多人。"她和利德盖特没跟大卫握手，直接进了电梯。

针对萨克勒家族的提议，参与谈判的一些检察官提出了替代方案，要求萨克勒家族自己多出些钱。[23]他们希望萨克勒家族做出承诺，先付清追加的15亿美元，而不是等到萌蒂制药卖出更高的价钱后再支付这笔款项。但萨克勒家族寸步不让。[24]北卡罗来纳州总检察长乔希·斯坦与萨克勒家族进行了谈判，他表示："如果萨克勒能够保证我们的要求得到百分之百的执行，那么几乎所有的州都会同意这项协议。"不过，斯坦说萨克勒家族的态度是"要么接受，要么拉倒"。[25]

对于萨克勒家族的顽固态度，原告方的谈判代表公开表达了厌恶。"我认为他们是一群道貌岸然的亿万富豪，靠着撒谎和欺骗获取了巨额利润，"宾夕法尼亚州总检察长乔希·夏皮罗说，"我真心觉得，他们手上沾满了鲜血。"[26]

主持谈判的波尔斯特法官表示，他希望至少能有35个州同意和解。除非萨克勒家族能让各方签署和解协议，否则他们将面临秋季的俄亥俄州审判。不过，这个家族手中掌握着一个有力的筹码。由于普渡在奥施康定之后一直没有研发出其他成功产品，还要承担极其高昂的诉讼费用，再加上萨克勒家族一有机会就从公司**抽取**资金，普渡的账户几乎是空的。[27]据媒体报道，尽管普渡在过去20年里出售了价值350亿美元的奥施康定，但现在公司账上可能只剩下5亿美元现金。8月19日，普渡给以前的销售代表发了一封信，通知他们公司可能付不起他们的退休金了。[28]

萨克勒家族表示，如果各州不愿接受他们的慷慨提议，那么普渡就会在没有达成和解协议的情况下宣布破产。[29]这样做会给萨克勒家族带来巨大的短期优势：在一家公司申请破产后，受理破产申请的法官通常会中止所有针对该公司的诉讼，以便其进行破产重整。萨克勒家族不希望普渡在10月份接受审判。要是他们的和解方案无法让普渡避免庭审，破产可以做到这一点。如果普渡真的破产了，对该公司提起诉讼的各个州和其他实体将别无选择，只能在破产法庭上争夺其剩余资产。玛丽·乔·怀特警告说，现在把钱拿走，否则就只能“年复一年地支付律师费”了。[30]

怀特的话看似温和，内里却暗藏着威胁。在劝说原告签署和解协议时，普渡的律师告诉对方，普渡破产重整后，他们也许统共只能拿到 10 亿美元（接着还要以某种方式进行瓜分）。[31] 普渡确实没那么值钱了。自 1996 年以来，萨克勒家族一次又一次地延长了奥施康定的独家专利期限，以至于这种药物享有的专利时长远远超出了任何人的想象。但专利悬崖终于临近了：奥施康定新配方制剂的专利很快就要到期了。“派对结束了，”普渡的一名前高管表示，“对外的说法是，‘好吧，社会。你赢了’。但在我看来，这差不多就是我们一直以来的计划。”

9 月 8 日，媒体报道称双方谈判破裂。[32] 萨克勒家族拒绝拿出更多的钱，而且有太多的州检察官反对这笔交易。各州就如何付款给出了两项替代方案，但都遭到了萨克勒家族的拒绝，他们也拒绝提交其他替代提案。“因此，谈判陷入僵局，”原告方的谈判代表说，“我们预计普渡将立即申请破产保护。”

● ● ●

第二天，当关注此案的人们等着看普渡是否会宣布破产时，乔丝·萨克勒来到曼哈顿下城区的鲍厄里酒店，参加她的品牌 LBV2020 年春季系列的走秀。这场走秀被安排在纽约时装周上，乔丝为能够展示自家品牌的新款时装而备感兴奋。她聘请了曾为艾萨克·麦兹拉西和其他知名品牌工作的专业设计师伊丽莎白·肯尼迪。这两个女人是在乔丝举办的一场酒会上认识的，肯尼迪和乔丝签了约，答应为她设计系列时装。肯尼迪说：“乔丝和我试图创造一些令人耳目一新的东西。”肯尼迪毫无顾忌地接受了乔丝的钱，称这个品牌与奥施康定“没有任何关系”。[33] 乔丝穿着一件红色的无袖连衣裙，在两名私人保安的护送下来到了鲍厄里酒店。她的丈夫正煞费心机地处理着谈判，他在 35 个州的谈判代表面前提交了萨克勒家族的和解方案，力求使这项提案获得多数通过。对于发生在这些州的悲剧，他公开表达了忧虑和同情（在接受《名利场》的采访时，他坚称萨克勒家族对此感同身受，“怀有深切的同情"[34]），仿佛在测试这种新立场会获得怎样的收效。不过，乔丝才不打算让任何不和谐的声音干扰属于她的时刻。众多媒体和时尚界人士受邀观赏 LBV 的时装秀，邀请函将乔丝·萨克勒描述为"无畏的'凤凰'"[35]。她没有跟戴维一起接受《名利场》的采访，可能是因为萨克勒家族的顾问担心她会言语失当。但乔丝设法出现在了这篇报道的配图里；照片中的乔丝侧身站在丈夫旁边，显露出优美的轮廓，而戴维直视着镜头。乔丝在 Instagram 上发布了这张照片，并写道："我丈夫的话掷地有声。"[36]

在 LBV 的时装秀举办之前，《纽约邮报》第六版披露，"时尚人士们'缺席'乔丝·萨克勒的纽约时装周走秀"。[37] 但乔丝和她的员工（她有一名员工）一直在加班加点地劝说人们到场。她们联系了许多有影响力的年轻时尚人士，通过免费用车以及发型和化妆服务打动了他们——他们中的一些人从未听说过萨克勒家族的争议，更不用说乔丝本人了。在这样的场合，设计师们往往会邀请名人坐到前排，一来可以博取关注度，二来也含蓄地表达了名人对品牌的认可。乔丝希望请到的一位名人是歌手科特妮·洛芙，洛芙是小报竞相报道的对象、传说中的花边女王。乔丝的员工向洛芙发出了邀请，称乔丝和伊丽莎白·肯尼迪都是她的"铁杆粉丝"，她正是 LBV 推崇的那种"坚强而无畏"的女性。[38] 为了吸引洛芙到场，她们向洛芙提供了 10 万美元和一件"LBV 定制的、绣有 24K 金线的'凤凰'连衣裙"。

科特妮·洛芙对这种邀请并不陌生，10 万美元也算是耐着性子看完 20 分钟时装秀的合理报酬。但当洛芙发现乔丝·萨克勒的身份时，她大吃一惊。乔丝的工作人员在电子邮件中强调说："该品牌与普渡毫无关系……除了乔丝嫁入了这个家族。"[39] 但这看起来确实是一种关系！乔丝·萨克勒（在所有人中偏偏是她发起邀请）居然邀请科特妮·洛芙（在所有人中偏偏选中了她）参加她的时装秀，这件事的怪异之处在于，众所周知，洛芙本人与阿片类药物颇有渊源。科特·柯本是她的亡夫，也是她女儿的生父，柯本生前一直吸食海洛因成瘾。他于 1994 年自杀。洛芙自己也曾与毒瘾作斗争，她沉迷于海洛因，还有奥施康定。当乔丝邀请她去 LBV 的时装秀时，她戒毒还不满一年。这件事的讽刺意味简直让人难以想象。

正如南·戈尔丁刚戒毒时，把正义的怒火发泄在销售奥施康定、导致她服药成瘾的萨克勒家族身上，科特妮·洛芙也对乔丝·萨克勒发起了猛烈抨击。"我是这个星球上最有名的改过自新的瘾君子之一,”她告诉乔丝的宿敌《纽约邮报》第六版,“我身上到底有哪一点让乔丝·萨克勒觉得‘我会把自己卖给你’?”她嘲笑乔丝的葡萄酒俱乐部(以及它的“慈善部门”),批评她的时尚品牌。“奥施康定给我、我的许多朋友和其他几百万成瘾者带来了莫大的痛苦,在我们经受了这一切之后,乔丝·萨克勒的要求显得既无耻又唐突,”她明确表示,“虽然我戒了毒,但我永远都是阿片类药物成瘾者。”在采访的最后,洛芙说,不管是什么样的“24K 金线”,都无法掩盖萨克勒家族的道德污点。[40]

当音乐响起,模特们踩着“恨天高”在鲍厄里酒店外临时搭建的 T 台上来回踱步时,洛芙并没有到场。戴维·萨克勒也没有来。不过,乔丝的许多朋友和支持者都露面了,当记者问及奥施康定争议时,他们往往会用女性赋权的叙事话语来描述乔丝的事业。“这不公平,”一名出席者告诉《每日野兽报》,“她是个独立女性,人们在开口之前应该先认清这一点。她仅仅被看作一个男人的妻子。就她个人而言,能够经营一家公司非常了不起。”[41]这也是乔丝的观点。她在 Instagram 上和科特妮·洛芙互相攻击:“消停点儿 @ 科特妮·洛芙。我没有为普渡工作,从来没有。”还引用了这位歌手自己的歌词:“‘跟我们上床的人不能代表我们自己’,这不是你的原话吗?”[42]走秀结束后,乔丝在保安的簇拥下得意地微笑着。[43]“真是太成功了。”她说。

● ● ●

六天后,普渡制药申请破产。[44]美国破产法有个特点,公司可以在实际操作中挑选受理破产案件的法官。[45]前一年 3 月,也就是普渡申请破产的六个月前,该公司支付了 30 美元的费用,将接受诉讼文件的地址更改为纽约州怀特普莱恩斯市的一座无名办公楼。[46]怀特普莱恩斯有一家联邦法院,那里只有一位破产法官,名叫罗伯特·德雷恩。[47]在 2002 年被任命为法官之前,德雷恩曾在专注企业法律事务的宝维斯律师事务所担任合伙人。普渡经过精挑细选,最终选中了德雷恩。现在,萨克勒家族和普渡已经到了最后的摊牌阶段,而德雷恩将在这一阶段发挥巨大影响。

德雷恩可能会做的第一件事就是中止所有针对普渡的诉讼，直到破产程序完成后，诉讼才得以继续进行——这也是破产案件的常规操作。普渡眼看就能避免俄亥俄州的一系列审判。但在波士顿的一场匆忙组织的新闻发布会上，莫拉·希利恳请人们想一想，这家曾经实力雄厚的公司究竟是如何沦落到破产的地步的。“萨克勒家族成功地榨干了普渡的生命力，”她说，“年复一年，月复一月，他们抽走了数亿美元。”她说，如今普渡剩下的“基本上是一个空壳”。[48]

由于普渡对萨克勒家族不再有用，他们就让普渡宣告破产，然后带着他们从中提取的数十亿美元轻松离开，每思及此，希利毫不掩饰自己的愤慨。萨克勒家族的律师强调，他们提出的总体和解方案仍然有很大的商量余地。他们保证，如果各州接受他们的计划，萨克勒家族会做许多好事，但希利对此表示怀疑。她指出，“多年来，他们有足够的机会做一些建设性的事情”。事实却正好相反，“他们依然如故，每一步行动都在和我们作对”。她讥讽地说，萨克勒家族依然致力于“打造他们的品牌”。然而，这个家族长期以来精心维持的光辉形象已经崩塌了。“我们都知道萨克勒家族的成员是什么样的人。”希利总结道。

尽管如此，希利仍在努力团结各州盟友，共同抵制萨克勒家族的和解方案。[49]她所面临的挑战在于，不少总检察长认为，考虑到萨克勒家族的财富之巨和罪责之大，他们的报价实在太低，近乎侮辱，但他们同时也意识到，这毕竟是一大笔钱。许多受到阿片类药物流行病冲击、急需资源的州都忍不住想把能获得的赔偿拿到手。[50]俄亥俄州总检察长戴夫·约斯特说：“我觉得，这是我们能够达成的最划算的交易。”田纳西州总检察长赫伯特·斯莱特里对此表示赞同，他指出，该计划“将确保数十亿美元”用于解决阿片类药物流行病，并“使得萨克勒家族永远放弃他们在制药行业的商业利益”。

说来也怪，参与诉讼的州检察官之间出现了党派分歧。[51]红州检察官更倾向于同意萨克勒家族提出的交易，而蓝州检察官则想争取更多的利益。有些人推测，这可能是因为红州对应急资金的需求更加迫切，或者是因为不同的政治文化——共和党人更倾向于照顾企业的利益，民主党人却对社会财富的重新分配更为热衷。但另一个因素可能是，萨克勒家族在幕后积极运作。这个家族很早以前就认识到政治影响力是如何施展的，明白一个关系网强大的调停人具有怎样的价值。2006年，当他们需要消除重罪指控的威胁时，他们动用了前联邦检察官鲁迪·朱利安尼。如今，面对着一群愤怒的总检察长，他们又聘请了另一位调停人：来自阿拉巴马州的前美国参议员路德·斯特兰奇，他曾担任过州总检察长。在2017年之前，斯特兰奇一直是全国性组织共和党总检察长协会的主席。普渡曾向共和党总检察长协会和民主党总检察长协会提供巨额捐款，2014年至2018年，这两个组织总共从普渡那里获得了80万美元。[52]出人意料的是，普渡宣布破产之后，仍在向这两个组织提供资金，尽管几乎每个州的总检察长——无论是民主党人还是共和党人——都对他们提起了诉讼。[53]2019年夏天，共和党总检察长协会在西弗吉尼亚州举办了一场会议，路德·斯特兰奇作为萨克勒家族的特使出席了会议，亲自游说参会的共和党总检察长支持庭外和解。[54]

让事情进一步复杂化的是，原告律师如迈克·摩尔——虽说他曾代表地方政府对普渡提起诉讼，是那些试图追究萨克勒家族责任的人的重要盟友——似乎也倾向于接受和解。原告律师采用的是风险代理收费模式，律师费最高可以达到和解费的三分之一，这意味着他们有时会为了自己的利益，在几十亿美元的和解费被提上桌面时敲定协议，而不是冒险争取更有利、更公正的结果，最终却一无所获。这些律师还分别对其他制药公司、批发商和药店提起了诉讼，他们把普渡的案子看作大规模诉讼战的一部分。参与破产清算的一些律师怀疑，迈克·摩尔可能在暗中为萨克勒家族出谋划策，他们在克利夫兰提出的和解协议就有摩尔的手笔。经过妥协，各州会得到解决阿片类药物危机所急需的资金，萨克勒家族会得到他们可以接受的结果，原告律师会得到几亿美元的律师费。事实证明，律师们的怀疑是正确的：摩尔在后来的采访中承认，他与另一名原告律师德雷克·马丁一起为普渡“制定了这项协议”[55]。

● ● ●

民主党检察官面临的主要难点在于，尽管普渡在哭穷，但萨克勒家族依然是美国最富有的家族之一。[56]在希利的牵头下，不愿签署和解协议的州建立了联盟，该联盟在一份文件中写道，“当你的非法营销活动引发全国性危机时，你不应该把所得收益的大部分留在自己手中”，他们认为萨克勒家族的报价“没有达到他们应该支付的金额”。[57]

纽约州对萨克勒家族提起诉讼的前提是，这个家族抢劫了自己的公司。当普渡进入破产清算程序时，莱蒂夏·詹姆斯想要收集更多关于萨克勒家族财务状况的详细信息。萨克勒家族的财富分散在一个由数百家空壳公司、信托公司和有限责任公司组成的庞大的全球网络中，其中许多公司设立在避税天堂和严格执行银行保密法的司法管辖区。[58]他们的资产配置结构似乎故意被安排得很模糊，包括无数个匿名的公司实体，股权结构像俄罗斯套娃一样多层嵌套。2019 年 8 月，莱蒂夏·詹姆斯向与萨克勒家族有关联的 33 家金融机构和投资顾问发送了传票，要求对方提供涉案记录。[59]她提出了“欺诈性财产转让”的法理依据，认为萨克勒家族故意隐匿资产，使得潜在的债权人无法实现其债权。詹姆斯将传票发给了花旗银行、高盛集团和汇丰银行等大型机构，也发给了与萨克勒家族有关联的、在英属维尔京群岛和泽西岛等离岸避税天堂注册的小型控股公司。

萨克勒家族针对这些传票提出了抗议，声称它们构成了一种“骚扰”。[60]莫蒂默的发言人发表了声明，抨击詹姆斯的举动是“怀有敌意的总检察长办公室为了制造诽谤性新闻而进行的损人利己的尝试”。但一名法官批准了传票，几周内，莱蒂夏·詹姆斯获得了极具说服力的信息。一家金融机构的回应让她的办公室得以追踪到萨克勒家族通过电汇转移的大约 10 亿美元，其中包括莫蒂默本人汇入瑞士银行账户的资金。

当德雷恩法官叫停所有针对普渡的诉讼时，莫拉·希利认为，她和莱蒂夏·詹姆斯以及其他州检察官应该可以继续和萨克勒家族打官司。毕竟，这个家族并没有申请破产。北卡罗来纳州总检察长乔希·斯坦说，萨克勒家族“几乎榨干了普渡的钱，把仅剩一个空壳的公司推向破产”，“亿万富豪不但没有破产，反而赚得盆满钵满”。[61]但在 9 月 18 日，普渡对德雷恩法官发出了特别呼吁。[62]几十年来，萨克勒家族一直刻意与普渡撇清关系，如今他们的律师却辩称，任何针对普渡的诉讼都与萨克勒家族“密切相关”。萨克勒家族的法律团队表示，该家族目前还愿意执行他们在克利夫兰提出的和解协议。但是，如果德雷恩法官允许针对他们的法律诉讼继续进行，他们可能会被迫重新考虑，连 30 亿美元都“不愿”支付。

令莫拉·希利恼火的不仅仅是这种含蓄的威胁。萨克勒家族实际上在耍花招：如果绑定普渡对他们有利，他们就会与它同呼吸共命运，反之，他们则会与它保持距离。尽管他们拥有普渡并在董事会任职，但他们并不想承担应尽的责任，只想享受公司为他们提供的保护。如果普渡的破产重整程序包含对萨克勒家族成员个人财产的清算，那么他们确实可以请求免受阿片类药物相关诉讼，但他们作为自然人**并没有宣布破产**！相反，萨克勒家族试图利用破产法"逃避他们的个人责任"，希利和其他总检察长在递交给法院的案情摘要中写道。[63]"萨克勒家族希望破产法庭中止我们的诉讼，这样他们就可以保留从奥施康定中赚取的数十亿美元，安然脱身，不用负任何责任，"希利说，"这是不可接受的。"[64]

● ● ●

在以前的破产案件中，也有人耍过类似的花招。1985 年，弗吉尼亚州的制药企业罗宾斯公司申请破产。[65]该公司曾生产过一种名为"达尔康盾"的宫内节育器，后来被证明极其危险，导致了大量伤亡，并引发了几千起索赔诉讼，要求该公司赔偿数亿美元。[66]和普渡一样，罗宾斯公司也是个家族企业，有人指控罗宾斯家族的成员对自家产品的危险性心知肚明，并掩盖了相关证据。罗宾斯家族以慈善事业闻名；里士满大学的运动中心和商学院都是以该家族的姓氏命名的。越来越多的证据表明罗宾斯公司的产品对人体有害，该公司却坚持认为，达尔康盾"在正确使用的情况下"是安全有效的。[67]（面对达尔康盾会导致子宫感染的报道，该公司的律师试图抹黑受害女性，声称问题不在于这种节育器，而在于她们自己的"卫生习惯"和"滥交"行为。[68]）当罗宾斯公司宣布破产时，罗宾斯家族并没有破产。然而，破产法庭同意中止所有针对罗宾斯公司和家族的诉讼。[69]在马萨诸塞州，莫拉·希利手下的检察官桑迪·亚历山大发现了一本关于达尔康盾案的绝版书。他买了 10 本二手书，分发给他的同事——要是他们不得不出手对付怀特普莱恩斯的破产诉讼，他们可以参考书中的先例。这本书是《钻法律空子》。

巧的是，德雷恩法官以前至少处理过一次类似的问题。在 2014 年的一起破产案中，他曾批准没有宣告个人破产的第三方免受诉讼。[70]人们不禁会好奇，普渡当初之所以选择德雷恩，是不是因为他在这种情况下表现出的宽松态度。在一份递交给法院的文件中，雷蒙德阵营告诉德雷恩，如果他同意中止所有针对萨克勒家族的诉讼，该家族就有可能得到“喘息之机”，这样一来，他们才能完成与各州的交易。[71]在法院的听证会上，普渡的一名律师表示：“针对萨克勒家族的诉讼**就是**针对普渡的诉讼。”[72]

2019年10月11日，德雷恩法官站在了萨克勒家族这一边。他在法官席上承认，中止诉讼是一个“不同寻常”的举措，但他认为这是适当的。[73]律师们就这个问题争论了几个小时，在此期间，德雷恩多次对反对这项举措的律师表现出不耐烦。他允许萨克勒家族暂时免受阿片类药物相关诉讼，而且这一时限还有可能延长。普渡在一份声明中赞美了德雷恩的决定，声称这是“为了美国公众的最终利益”[74]。

注释

[1] “‘We Didn't Cause the Crisis’: David Sackler Pleads His Case on the Opioid Epidemic,” *Vanity Fair*, June 19, 2019.

[2] “Purdue Offers $10–12 Billion to Settle Opioid Claims,” NBC News, Aug. 27, 2019.

[3] “‘We Didn't Cause the Crisis.’”

[4] 乔纳森·凯恩2008年10月22日发给麦肯锡公司的同事的电子邮件。

[5] “Is Enron Overpriced?” *Fortune*, March 5, 2001.

[6] 根据普渡制药代表于2020年10月1日发出的事实核查邮件，29个州和华盛顿哥伦比亚特区最终将萨克勒家族的成员告上法庭。

[7] “Purdue Pharma: OxyContin Maker Faces Lawsuits from Nearly Every U.S. State,” *Guardian*, June 4, 2019.

[8] 理查德·萨克勒2019年的证词。

[9] 出处同上。

[10] “Purdue Pharma Begins Resolution of Opioid Cases with $270 Million Deal,” *Wall Street Journal*, March 26, 2019.

[11] “Sackler Family Want to Settle Opioids Lawsuits, Lawyer Says,” *Guardian*, April 25, 2019.

[12] “Exclusive: OxyContin Maker Prepares ‘Free-Fall’ Bankruptcy as Settlement Talks Stall,” Reuters, Sept. 3, 2019.

[13] “Purdue Offers $10–12 Billion to Settle Opioid Claims.”

［14］出处同上。

［15］“Purdue Pharma in Talks over Multibillion-Dollar Deal to Settle More Than 2000 Opioid Lawsuits,” *Washington Post*, Aug. 27, 2019.

［16］“Purdue Offers $10–12 Billion to Settle Opioid Claims.”

［17］对费纳的采访。

［18］“Purdue Pharma in Talks over Multibillion-Dollar Deal to Settle More Than 2000 Opioid Lawsuits.”

［19］对亚历山大的采访。

［20］“Attorney General James’ Statement on Opioid Discussions,” New York Attorney General’s Office, Sept. 11, 2019.

［21］“Purdue Pharma Tentatively Settles Thousands of Opioid Cases,” *New York Times*, Sept. 11, 2019.

［22］对莫拉·希利和乔安娜·利德盖特的采访。

［23］“Purdue Pharma Tentatively Settles Thousands of Opioid Cases,” *New York Times*, Sept. 11, 2019.

［24］“Email: Opioid Talks Fail, Purdue Bankruptcy Filing Expected,” AP, Sept. 8, 2019.

［25］“Luther Strange’s Role in the Purdue Pharma Opioid Settlement Embraced by GOP States,” AP, Sept. 14, 2019.

［26］“Email: Opioid Talks Fail, Purdue Bankruptcy Filing Expected.”

［27］“Exclusive: OxyContin Maker Prepares ‘Free-Fall’ Bankruptcy as Settlement Talks Stall.” 在普渡申请破产后，人们发现该公司实际上拥有 10 亿美元左右的现金。

［28］“Purdue Pharma in Talks over Multibillion-Dollar Deal to Settle More Than 2000 Opioid Lawsuits.”

［29］“Exclusive: OxyContin Maker Prepares ‘Free-Fall’ Bankruptcy as Settlement Talks Stall.”

［30］“Sackler Family Want to Settle Opioids Lawsuits, Lawyer Says.”

［31］“Exclusive: OxyContin Maker Prepares ‘Free-Fall’ Bankruptcy as Settlement Talks Stall.”

［32］“Email: Opioid Talks Fail, Purdue Bankruptcy Filing Expected.”

［33］“Can a Fashion Line Backed by Joss Sackler Ever Find Success Without Controversy?” Fashionista.com, Sept. 10, 2019.

［34］“‘We Didn’t Cause the Crisis.’ ”

［35］乔丝·萨克勒 2019 年 9 月 9 日邀请伊丽莎白·肯尼迪参加 LBV 走秀的邀请函。

［36］乔丝·萨克勒发布于 2019 年 6 月 19 日的 Instagram 帖子。

［37］“Fashionistas ‘Skipping’ Joss Sackler’s New York Fashion Week Show,” *New York Post*, Sept. 7, 2019.

［38］“OxyContin Heiress Offered Ex-opioid Addict Courtney Love $100K to Attend Fashion Show,” *Page Six*, Sept. 8, 2019.

［39］出处同上。

［40］出处同上。

［41］“Supporters Back Joss Sackler, OxyContin Heiress, as She Stages NYFW Show: ‘What

Scandal?' " *Daily Beast*, Sept. 9, 2019.

[42] 乔丝·萨克勒 2019 年 10 月 6 日发在 Instagram 上的帖子。

[43] "Security Detail Was Out in Force for LBV's Ready-to-Wear Debut," *Women's Wear Daily*, Sept. 9, 2019.

[44] Voluntary Petition for Non-individuals Filing for Bankruptcy by Purdue Pharma LP, U.S. Bankruptcy Court for the Southern District of New York, Sept. 15, 2019.

[45] "Purdue's Choice of NY Bankruptcy Court Part of Common Forum Shopping Strategy, Experts Say," *Washington Post*, Oct. 10, 2019.

[46] Certificate of Change, filed by Norton Rose Fulbright on behalf of Purdue Pharma Inc., New York State Department of State, March 1, 2019.

[47] "Purdue Pharma, Maker of OxyContin, Files for Bankruptcy," *New York Times*, Sept. 15, 2019.

[48] 马萨诸塞州总检察长 2019 年 9 月 16 日举行的新闻发布会。

[49] "Partisan Divide Grows over Opioid Settlement Plan," NPR, Oct. 20, 2019.

[50] "Purdue Pharma Tentatively Settles Thousands of Opioid Cases."

[51] "Partisan Divide Grows over Opioid Settlement Plan."

[52] "Opioid Firms Kept Donating to State AGs While Negotiating Settlements," NBC News, Sept. 9, 2019.

[53] "Purdue Pharma Made Political Contributions After Going Bankrupt," *Intercept*, July 7, 2020.

[54] "Partisan Divide Grows over Opioid Settlement Plan."

[55] 对摩尔的采访。

[56] "Purdue Pharma's Bankruptcy Plan Includes Special Protection for the Sackler Family," *Washington Post*, Sept. 18, 2019.

[57] The Non-consenting States' Voluntary Commitment and Limited Opposition in Response to Purdue's Motion to Extend the Preliminary Injunction, In Re Purdue Pharma LP et al., Debtors, U.S. Bankruptcy Court, Southern District of New York, Case No. 19-23649 (RDD), March 12, 2020.

[58] "A Pharmaceutical Fortune, Dispersed in a Global Labyrinth," AP, Aug. 29, 2019.

[59] "New York Subpoenas Banks and Financial Advisers for Sackler Records," *New York Times*, Aug. 15, 2019.

[60] "New York Uncovers $1 Billion in Sackler Family Wire Transfers," *New York Times*, Sept. 13, 2019.

[61] 乔希·斯坦 2019 年 10 月 4 日从北卡罗来纳州总检察长办公室发出的新闻稿。

[62] Memorandum of Law in Support of Motion for a Preliminary Injunction, Chapter 11, Case No. 19-23649, Sept. 18, 2019.

[63] The States' Coordinated Opposition to the Debtors' Motion for Prelimi nary Injunction of States' Law Enforcement Actions Against the Sacklers, In Re Purdue Pharma LP et al., Chapter 11, Case No. 19-23649 (RDD), U.S. Bankruptcy Court, Southern District of New York, Oct. 4, 2019（后文再次引用该文献时仅标注为"各州对初步禁令的联合抗议"）。

[64] 马萨诸塞州总检察长办公室 2019 年 10 月 4 日发出的新闻稿《希利敦促法院拒绝普渡

制药关于中止针对该公司及萨克勒家族的诉讼的请求》。

[65] "A. H. Robins Files Bankruptcy Petition," *Washington Post*, Aug. 22, 1985.

[66] Richard B. Sobol, *Bending the Law: The Story of the Dalkon Shield Bankruptcy* (Chicago: University of Chicago Press, 1991), x.

[67] 出处同上，第 11 页。

[68] 出处同上，第 13 页。

[69] 出处同上，第 64 页。

[70] "Purdue Bankruptcy Venue May Be Part of Strategy Seeking Favorable Ruling, Experts Say," *Washington Post*, Oct. 10, 2019.

[71] Statement of the Raymond Sackler and Beacon Company in Support of the Debtors' Motion for a Preliminary Injunction, U.S. Bankruptcy Court, Southern District of New York, Chapter 11, Case No. 19-23649 (RDD), Oct. 8, 2019.

[72] "Judge Grants Purdue Pharma, Sackler Family Pause in Civil Lawsuits," *Washington Post*, Oct. 11, 2019.

[73] Transcript in Purdue Pharma LP, Debtor, U.S. Bankruptcy Court, Southern District of New York, Case No. 19-23649 (RDD), Oct. 11, 2019; "Judge Grants Purdue Pharma, Sackler Family Pause in Civil Lawsuits."

[74] "Judge Grants Purdue Pharma, Sackler Family Pause in Civil Lawsuits."

第二十九章
除　名

2019年11月，也就是普渡制药宣布破产两个月后，一组经济学家发布了一项有趣的研究。[1]他们写道，“自20世纪90年代中期以来，与阿片类药物相关的过量死亡案例急剧增加，引发了美国历史上最严重的药物过量流行病”，不过，有关这场流行病“初始原因的实证证据还很有限”。他们希望以学术研究的严谨态度，厘清阿片类药物危机究竟是如何产生的。[2]关于这场危机的诱因，流传着许多不同的说法。人们普遍认同的一个重要因素是，美国医生的处方习惯发生了巨大变化，但很难查明这种变化是由什么引起的。近年来，一些观察人士开始提出，阿片类药物危机其实只是美国一系列更深层次的社会和经济问题的症状之一，自杀、与酒精相关的死亡人数也在上升，所有这些死亡事故都应该被归入更大的范畴——“绝望之死”[3]。

不过，这些经济学家——沃顿商学院的艾比·阿尔珀特、圣母大学的威廉·埃文斯和伊森·利伯，以及兰德公司的戴维·鲍威尔——对普渡制药所扮演的角色特别感兴趣。许多公共卫生专家、新闻记者和检察官（如莫拉·希利）推断，正是普渡的奥施康定营销活动引发了阿片类药物危机。经济学家想看看数据能否证明他们的推断。

但怎样才能做到这一点呢？有太多的社会、医疗和经济变量可能起了作用。怎样才能单独考察奥施康定的影响呢？经济学家对药品营销在阿片类药物危机中发挥的作用很好奇，当他们看到普渡的一些内部文件后（这些文件在诉讼中被公开了），他们发现了一个有趣的现象。早在1996年，普渡刚开始销售奥施康定，就注意到美国有几个州的市场很难打开。这些州执行了所谓的“三张表”程序：医生在开具包含《受管制物质法》附表二所列麻醉品的处方时，必须填写三张特定的处方表格。每张表格的副本都将提交给医生所在的州，这些州的相关机构由此建立了处方数据库，以便监控药品倒卖或其他违规行为。阿片类药物危机发生前的几十年，“三张表”程序就开始推广了；最早执行该程序的是加利福尼亚州，因为即便在当时，该州也担心会出现倒卖阿片类药物的情况。到了 2004 年，“三张表”程序终于被彻底废除。但在奥施康定上市的时候，受该程序限制的州有五个：加利福尼亚州、爱达荷州、伊利诺伊州、纽约州和得克萨斯州。

经济学家查阅普渡的文件时，发现文件中多次提到“三张表”程序。普渡认为该程序很碍事。焦点小组指出，在执行“三张表”程序的州，医生尽量避免给病人开阿片类药物，因为他们觉得填表很麻烦，而且他们“不想让政府有借口监视他们的活动”。工作人员报告说：“在执行‘三张表’程序的州，医生对奥施康定不感兴趣。”也正因为如此，奥施康定上市之初，普渡并没有在这些州大力推广，而是把营销资源集中到其他监管宽松的州，在那里，普渡的投入有望得到更高的回报。学者们断定，由于普渡在执行“三张表”程序的州采取了相对温和的营销策略（加之该程序对医生的影响），奥施康定上市后的几年里，这五个州的奥施康定供应量比平均供应量少了 50% 左右。

从这个数据集中似乎有望得出一些可靠的实证结论，足以说明奥施康定的影响。执行“三张表”程序的五个州在地理上毫无共同之处。其中有四个人口多的州，但也有一个人口少的州。它们的经济情况各不相同。换言之，能将这五个州联系在一起（并使它们区别于其他州）的只有“三张表”程序，相应地，奥施康定上市后的头几年，这五个州的奥施康定供应量比别的地方更少。那么，在阿片类药物危机中，这五个州的情况与美国其他州相比又如何呢？

在 1996 年之前，执行“三张表”程序的五个州的药物过量死亡增幅其实比美国其他州更大。但经济学家团队发现，在奥施康定上市后不久，情况突然出现了逆转。其他州的药物过量死亡人数远比这五个州增长速度快。学者们发现，由于这五个州受到了保护，因而药物过量死亡增幅“格外小”。事实上，即便“三张表”程序在几年后被废除，该程序“从一开始就遏制了奥施康定推广和使用，对这些州的药物过量死亡情况产生了长期影响”。相形之下，在奥施康定上市后的几年里较多使用这种药物的州“自 1996 年以来，药物过量死亡增幅几乎一年比一年大”。

其他研究已经注意到，2010 年奥施康定新配方制剂的推出导致了海洛因和芬太尼滥用现象加剧。但经济学家发现，在奥施康定上市时执行“三张表”程序的五个州，死于海洛因和芬太尼的人数增幅要小得多。事实上，哪怕是在 2019 年，在最初的“处方暴风雪”过去近四分之一个世纪后，这五个州因**各类**阿片类药物摄入过量致死的人数也是全国最少的。学者们总结说，这些差异无法用其他因素（比如不相关的药物管制政策或者经济方面的考虑）来解释。“我们的研究结果表明，过去 20 年里之所以会大规模涌现用药过量致死的现象，正是因为奥施康定的上市和推广。”

纽约州总检察长莱蒂夏·詹姆斯将奥施康定描述为阿片类药物泛滥的“根源”，戴维·萨克勒一想到詹姆斯的话就很气愤，因为奥施康定是他父亲理查德推出的。“你可以提出这个论点，”他会说，“但你必须证明它。”[4] 然而，这里有些东西看起来很像证据。萨克勒家族在私人邮件中抱怨说，他们所做的一切不过是出售了一种经过美国食品药品监督管理局批准的合法药物，大家却把海洛因和芬太尼摄入过量的现象怪到了他们头上。他们和普渡的公关专家商定了对策，试图改变话题，将争议的焦点转移到芬太尼上去。不过，根据兰德公司和南加利福尼亚大学两名经济学家的另一项研究，2010 年上市的新配方制剂或许减少了奥施康定滥用的行为，却使得“总体上的用药过量比例出现了增长”。[5] 普渡小心翼翼而又冷酷无情地培植了对阿片类药物的需求，造就了沉迷于阿片类药物的一代人。新配方制剂上市后，这种需求并没有消失：它只是找到了另一个供应来源。两名经济学家的论文指出，就连非法芬太尼的激增，“也是由芬太尼进入市场前几年的需求因素驱动的”，跟此前海洛因数量增加的原因一样。在奥施康定滥用率高的州，合成阿片类药物的滥用率高得离谱。这篇论文的作者总结说，新配方制剂引发的连锁反应在几年后仍没有消失。相反，它们随着市场的发展和创新愈演愈烈，导致了一场突发的公共卫生事件。

已知最早的关于潘多拉的记载出现在赫西俄德的诗歌中，这个希腊神话的本质其实是一则关于技术的寓言。[6] 普罗米修斯违抗众神的命令，从奥林匹斯山上偷走火种送给人类。火是一种变化不定的礼物，既能创造又能毁灭，但人类学会了控制它，它由此成为文明的基础。为了惩罚人类的犯上行为，众神派出了一个“美丽的恶魔”——潘多拉。据说她是第一个女人，她随身带着一个罐子[7]（有时也被翻译成“盒子”）。罐子里装的都是邪恶、疾病和其他可怕的东西，如“艰苦的劳作”和“致人死亡的瘟疫”。普罗米修斯曾警告人类要警惕任何来自神的礼物。但他们没有把普罗米修斯的警告放在心上，潘多拉打开了她的罐子。在这个故事的一些版本中，潘多拉似乎很恶毒，故意释放出一连串苦难。在其他的版本里，她天真无邪，最大的罪过就是好奇。萨克勒家族正试图逃避他们造成的历史性危机，有时他们看起来就像潘多拉，目瞪口呆地注视着自己的决定所带来的严重后果。他们告诉世人，也告诉自己，罐子里装满了祝福，是神的礼物。然后他们打开它，发现自己弄错了。

● ● ●

一天清晨，当普渡制药的员工来到第一斯坦福德广场上班时，发现办公楼前的人行道上出现了一座巨大的雕塑，而就在前一天，这里还空无一物。[8]那是一把巨大的钢勺。它重达800磅，勺柄向后弯曲，让人联想到普渡在推出奥施康定之前对其进行的“勺子和注射”测试。勺头被染了色，象征烧热的海洛因。这座雕塑是艺术家多米尼克·埃斯波西托的作品，奥施康定危机波及了埃斯波西托的私人生活：他的兄弟因为服用奥施康定走上了成瘾之路，最终沉迷于海洛因。埃斯波西托说：“这基本上就是我们家所遭受的苦难的象征。”他解释说，“每次我兄弟毒瘾复发”，他的母亲都会看到这种勺子。[9]斯坦福德当地一家美术馆的老板认为，将这座雕塑安置在普渡总部门前再合适不过。但有人报了警，他们以“妨碍自由通行”的罪名逮捕了美术馆老板。几个小时内，相关部门被召往第一斯坦福德广场，挪走了勺子。他们不得不带了一台推土机，用来搬运这座雕塑。

办公楼周围的安保措施近来加强了。[10]开到这里来的车辆有时会被搜查。抗议者开始出现，有时是一两个，有时是十几个。[11]母亲们经常会带着放大后的照片到这儿来，照片上是她们死去的孩子。她们看起来就像阿根廷的“失踪者之母”。一些人高喊着亲人的名字；其他人只是静静地伫立在原地，他们手握着真实而无法回避的证据，显示出不可动摇的尊严——南·戈尔丁曾反复提及一代人是如何消失的，这些沉默的抗议者极具说服力地证实了她的观点。

戈尔丁本人也出现在抗议现场，她戴着墨镜，举着“萨克勒可耻”的横幅。萨克勒家族不再来九楼办公了。随着破产诉讼的进行，他们终于或多或少地从公司的内部运作中抽身。但他们仍然拥有这座办公楼。这个家族热爱艺术，讽刺的是，反对他们的人当中恰好有一些艺术家。有个来自马萨诸塞州的男人名叫弗兰克·亨特利，他一度带着骷髅雕塑参加抗议，这件雕塑是他用 300 个药瓶和一个塑料头骨制成的。亨特利是一名画家兼墙纸设计师，1998 年他受了伤，医生给他开了奥施康定。雕塑用到的所有处方药瓶都是他自己的。“这就是我 15 年来的样子，”亨特利谈到这具骷髅时说，“这种药物每天都在控制我。”[12]

20 年来，在斯坦福德总部的玻璃大楼，随处可见普渡的标识——装饰有独特环形和下划线的“普渡”二字。不过，该公司最终决定还是谨慎为妙，把这些标识撤下来。[13] 该公司的行为说明他们从心底承认普渡的名字是可耻的，这让戈尔丁感到了些许满足。但她仍不罢休，她执意要看到萨克勒家族也像普渡一样名声扫地。在此期间，许多文化和教育机构开始重新考虑是否要使用道德上有瑕疵的赞助人的名字。2017 年，耶鲁大学校长宣布，该校以约翰·C. 卡尔霍恩的名字命名的那座住宿学院即将更名，因为卡尔霍恩的白人至上主义思想与耶鲁大学的“使命和价值观”存在根本冲突。[14] 在牛津大学，一位来自南非的“罗德学者”带头发起了移除塞西尔·罗德雕像的运动。[15]

2018 年，包括耶鲁大学在内的许多大学仍然接受了萨克勒家族的捐款，[16] 尽管针对该家族的诉讼和媒体审查愈演愈烈，其他机构纷纷与他们划清了界线。直到 2019 年，耶鲁大学才与萨克勒家族断绝关系，宣布不再接受该家族的任何捐赠。[17] 但这所大学不打算移除萨克勒的名字，因为它与过去的捐赠有关。哈佛大学也采取了类似的立场。总统候选人伊丽莎白·沃伦在进入美国参议院之前曾在哈佛大学任教，她敦促哈佛大学移除萨克勒的名字。[18] 但哈佛大学校长劳伦斯·巴科回应说，除名是“不妥当的”，因为亚瑟·萨克勒在奥施康定发明之前就资助该校成立了萨克勒博物馆。巴科指出，无论如何，“法律和合同义务”将阻止大学采取这样的举措。[19]

戈尔丁对眼前的结果并不满意。2019 年 7 月 1 日，她现身巴黎，在卢浮宫发起了抗议。[20] 卢浮宫的萨克勒侧厅是由莫蒂默·萨克勒一家资助设立的。侧厅有 12 个房间，里面摆满了令人惊叹的近东文物。在数百名游客和小饰品商贩的注视下，戈尔丁和大约 40 名支持者聚集在卢浮宫入口处的中央广场上。卢浮宫的庭院中央坐落着一座巨大的玻璃金字塔，戈尔丁步入金字塔旁边的喷水池，喊道："除名萨克勒！"萨克勒家族或许在法国拥有相当大的影响力，莫蒂默和雷蒙德都被授予了荣誉军团勋章。但戈尔丁本人的信誉也不容小觑。她拍摄的照片挂在卢浮宫里。法国政府曾授予她"法国艺术与文学司令勋章"。（为了好玩，她戴着这枚奖章参加了抗议活动。）在她领导的 PAIN 组织中，有些成员还发现卢浮宫情况特殊，他们也许可以借此取得突破。他们查阅了卢浮宫的规章制度，发现该博物馆有权在冠名权协议生效 20 年后废除它。[21] 萨克勒侧厅这个名字已经用了 20 多年了。在戈尔丁发起抗议后的两周内，卢浮宫馆长让-吕克·马蒂内宣布，该博物馆将"不再使用萨克勒的名字"[22]。卢浮宫声称，这一决定与普渡、奥施康定、南·戈尔丁的抗议都没有关系，只是一次例行的内部整顿。一名发言人坚称，这些展馆并没有将捐赠者"**除名**"，只是对原有名称进行了更新。[23] 但没有人相信卢浮宫的说辞。一夜之间，所有刻有"萨克勒东方文物侧厅"（Aile Sackler des Antiquités Orientales）字样的标牌，莫蒂默七个还在世的孩子——艾琳、凯西、莫蒂默、萨曼莎、玛丽莎、索菲、迈克尔——各自的名牌，都被从墙上摘了下来，卢浮宫网站上与萨克勒家族相关的内容也被删除了。"萨克勒家族想要得到南在艺术界拥有的一切，"与戈尔丁并肩作战的活动人士梅根·卡普勒说，"而她走进来说：'不。这是我的世界。你不能参与其中。'"[24]

● ● ●

亚瑟的遗孀吉莉安开始告诉人们，她不愿使用自己的姓氏。[25] 她很反感"'萨克勒家族'这个笼统称呼"，为了自保，她雇用了新闻界的代理人，指示他们向媒体发送措辞尖锐的信件，要求对方"解释清楚"，并对亚瑟和他弟弟们的名字"加以区分"。[26] 她捏造了一个新词——"奥施萨克勒"，希望它可以将亚瑟这一脉与雷蒙德、莫蒂默两家区分开来。然而，吉莉安和亚瑟的女儿伊丽莎白之流多年来一直对奥施康定导致的灾难装聋作哑，现在想要令人信服地占据道德制高点，可能已经太晚了。吉莉安承认，她的努力都是“白费心思”[27]。但她坚持认为，如果亚瑟还在世，他会出手阻止弟弟们过度营销奥施康定。[28]（“会有人相信这种说法吗？”南·戈尔丁问道，“这未免也太假了吧？”[29]）

亚瑟曾与大都会艺术博物馆过从甚密，吊了对方几年胃口，最终却把他的藏品捐给了史密森尼学会，条件是以他的名字为一座博物馆命名。如今，尽管吉莉安和伊丽莎白尽了最大的努力，史密森尼学会还是不动声色地疏远了萨克勒家族。[30]按照合同规定，史密森尼学会不得移除萨克勒的名字。于是它宣布了“重塑品牌”的决定，将萨克勒和弗利尔画廊更名为“国家亚洲艺术博物馆”。此后，史密森尼学会尽可能减少使用萨克勒这个名字，他们推出了一款新标识，至于“亚瑟·M. 萨克勒画廊”的原名，仅仅用不起眼的小字附在后面。亚瑟的儿子亚瑟·费利克斯拜访了他在康涅狄格州的堂哥理查德，痛斥他玷污了家族的名声。[31]吉莉安想知道她亡夫的声誉能否“恢复”。[32]

● ● ●

对萨克勒家族的遗产清算得最彻底的也许要数塔夫茨大学。萨克勒家族和塔夫茨大学之间的渊源可以追溯到 1980 年，那年亚瑟、莫蒂默和雷蒙德向该校捐赠了一笔巨款，条件是该校的生物医学科学研究生院将以萨克勒家族的姓氏命名。[33]双方签署的捐赠协议明确规定了萨克勒的名字将以何种方式出现在何处。三年后，亚瑟与塔夫茨大学签署了另一项协议，要求以他的名字命名医学院大楼。1986 年，亚瑟·M. 萨克勒健康交流中心成立，在为此举办的正式晚宴上，人们纷纷向亚瑟表示祝贺。当时，亚瑟把这个和他同名的中心比作“21 世纪的亚历山大图书馆”。[34]在过去的几十年里，萨克勒家族一直在向塔夫茨大学捐款，捐款总额约有 1500 万美元，并资助了癌症、神经科学和其他领域的研究。[35]2013 年，雷蒙德被授予荣誉博士学位。由于雷蒙德年事已高，他的学位授予仪式是在普渡办公室私下举行的。[36]“你拯救的生命不计其数，”塔夫茨大学校长安东尼·摩纳哥对雷蒙德说，

“你改变了世界。”为了纪念这一时刻，塔夫茨大学在学校的官方网站上发布了雷蒙德的生平事迹，详细介绍了他的诸多慈善贡献，但丝毫没有提及普渡。[37]

2007年，当普渡承认虚假标示的联邦指控时，塔夫茨大学没有人对此表示担忧。2015年，当山姆·昆诺斯出版《梦瘾》时，该校医学院悄悄决定将这本书从新生的阅读清单中删除。[38]事实上，直到2017年，《纽约客》和《时尚先生》几乎在同一时间刊登了爆料文章，人们才开始质疑塔夫茨大学与萨克勒家族之间的关系是否妥当。[39]医学院的学生表示，他们不愿在冠有萨克勒姓氏的大楼里上课，或是从萨克勒学院获得学位。有些学生开始组织起来，就像南·戈尔丁所做的那样，成立了一个名叫“除名萨克勒”的组织。医学院的一年级学生尼古拉斯·维尔迪尼在该校董事会面前慷慨陈词，他告诉他们，他的姐姐对阿片类药物上瘾，两年前死于海洛因过量。她年仅25岁，留下了两个女儿。[40]

莫拉·希利在控告萨克勒家族的起诉书中，特意提到了塔夫茨大学的例子，她认为萨克勒家族将罪恶之手伸向了该校。1999年到2017年间，理查德任职于该校医学院的顾问委员会。[41]萨克勒家族提供了所谓的“更有针对性的捐赠”，以设立全新的硕士项目——“疼痛、研究、教育和政策”。理查德与负责该项目的教授丹尼尔·卡尔博士关系融洽。“我们的持续合作是我关心的头等大事。”卡尔在2001年对理查德说。[42]当围绕奥施康定的争议出现时，卡尔让理查德放宽心，说他不应该责怪自己，而应该责怪“那些自己做下恶行却让我们代为受过的犯罪者”。2002年，卡尔身穿白色外套出现在《波士顿环球报》刊登的普渡广告中，称赞该公司对阿片类药物危机“采取了措施”。[43]卡尔负责的疼痛项目任命了一位新的兼职教授——戴维·哈多克斯，他把自己在塔夫茨大学的职务标榜为学术独立的标志。[44]在给塔夫茨大学的学生讲课时，哈多克斯使用了普渡发行的资料。[45]据《塔夫茨日报》报道，直到2010年，他授课的主题之一仍是“假性成瘾”。

在学生们的强烈抗议下，塔夫茨大学聘请了前联邦检察官唐纳德·斯特恩进行内部审查。2019年12月，审查完成后，摩纳哥校长和董事会主席向塔夫茨社区发送了一封电子邮件。他们写道：“我们的学生、教职工、校友和其他人每天都会像我们一样，受到萨克勒这个名字带来的负面影响。”[46]他们做出了激进的回应，宣布该校将取消萨克勒冠名，从五个场所和项目中移除这个名字。医学院院长哈里斯·伯曼说："我们的学生认为，走进一座写有萨克勒名字的大楼十分令人反感。"他解释说，他们发现这个名字"有悖于学校的使命和我们试图教给他们的东西"。伯曼接着说，有问题的不只是奥施康定，还有亚瑟的遗产。"萨克勒这个名字不能用，不管是亚瑟·萨克勒，还是萨克勒家族所有成员的名字。"他说。[47]

学生激进分子们欢呼雀跃。"老师和院长每天都教导我们，应该照顾病人，尊重病人，待人以礼，他们的办公室所在的大楼却是以萨克勒的名字命名的，这似乎很虚伪。"医学院学生玛丽·布里奇特·李说。她认为，塔夫茨大学采取这种明确的道德立场，可能会"为其他机构树立榜样"。[48]

也许正是因为害怕其他机构跟风，萨克勒家族极力抵制塔夫茨大学的举动。吉莉安觉得亚瑟"因为他弟弟和奥施萨克勒家族其他成员的行为受到指责"，对此她表示很愤怒。[49]奥施萨克勒家族的律师丹尼尔·康诺利则谴责塔夫茨大学的决定"在学术上是不诚实的"，并指出萨克勒家族"出于善意才慷慨解囊"。[50]康诺利威胁要起诉塔夫茨大学，要求对方"撤销"除名。萨克勒家族给塔夫茨大学写了一封信，指责该校违反协议。[51]萨克勒家族的行为生动地反映出他们虚荣成性，死不认错：这个家族准备好了自我贬低，试图将自己的名字硬塞回塔夫茨大学，尽管该校的全体学生非常明确地表示这样做在道德上令人厌恶。但塔夫茨大学的管理人员态度坚决，不为所动。

尼古拉斯·维尔迪尼在食堂听说了学校即将取消萨克勒冠名，他跑到外面，看见工人们移除了萨克勒的名字。他有点儿吃惊。在他周围，人们都在鼓掌。维尔迪尼想起了他的姐姐。感觉这"对她来说是一场巨大的胜利"。[52]

墙上有的地方本来写着萨克勒的名字，工人们就用滚筒刷了一层新油漆盖住。有的地方本来用黄铜镶着萨克勒的名字，他们就用锤子和凿子一个一个地把字母撬掉，最后只剩下幽灵的痕迹——萨克勒的名字待过的地方，如今只看得见模糊肮脏的轮廓。[53]

● ● ●

萨克勒家族或许已经沦为社会败类，但在怀特普莱恩斯，他们亲手挑选的破产法官罗伯特·德雷恩被证明是个绝佳的选择。宣告破产往往会让人联想到失败和耻辱，但对萨克勒家族来说，德雷恩的法庭却成了避风港。莱蒂夏·詹姆斯反对萨克勒家族“在本人不申请破产的情况下获得破产保护的好处”[54]，德雷恩却无视詹姆斯的反对，两次延长了萨克勒家族免受阿片类药物相关诉讼的期限。

身为破产法官，德雷恩似乎认为自己是个富有创造力的技术型官员、以效率为重的交易推手。他经常提到破产程序所产生的巨大开支——普渡、萨克勒家族和众多债权人雇用的几十名律师，都是按小时计费的——他试图简化程序，呼吁大家优先考虑阿片类药物危机受害者的需求，建议将普渡仍然拥有的有限价值用于帮助成瘾者，而不是用来养肥律师。

德雷恩对自己的工作抱有如此狭隘的认识，可想而知，他对更为宏大的正义和责任问题没什么兴趣，就好像这些理论概念与当前的谈判无关似的。州检察官和那些在阿片类药物危机中失去亲人的受害者的代理律师有时会让德雷恩感到沮丧，他们坚持要向普渡和萨克勒家族追责，对于他们的要求，德雷恩表现出了不耐烦。萨克勒家族提出的总体解决方案仍然有效。在一场听证会上，德雷恩表示，莫拉·希利和其他总检察长始终不同意萨克勒家族的方案是在“政治作秀”。德雷恩说，他们“迟迟不肯答应对所有人都有好处的结果”，其意图“几乎令人生厌”。[55]

在怀特普莱恩斯的破产诉讼中，引发争论的一大根源就是证据开示：州检察官和普渡债权人的代理律师是否有能力收集到有关该公司和萨克勒家族财务状况的信息。萨克勒家族还有多少钱？要是不知道“有多少钱被藏起来了”，你怎么能指望得到公正的解决方案呢？莱蒂夏·詹姆斯对此表示怀疑。[56]整个场面中隐含着一种荒谬感：德雷恩法官和所有破产律师自顾自地争论如何瓜分普渡制药的剩余财富——该公司现在持有的现金和资产总共约有 10 亿美元，而萨克勒家族手中掌握的财富远远多于普渡，他们却在一旁观望，显然家族财产没有受到丝毫影响。根据普渡一名专家的证词，萨克勒家族从该公司提取了高达 130 亿美元。[57]

一位法律学者在回顾此案时指出，破产专家有时的表现会让人觉得他们的专业领域是“司法系统中的瑞士军刀”[58]。德雷恩法官似乎坚定地认为，他的法庭极适于解决与普渡和萨克勒家族在阿片类药物危机中所扮演的角色有关的一切悬而未决的问题。[59]他也像受理此案的破产律师一样满口行话，说着“效率”“共识”“价值最大化”以及达成“协议”之类的冷冰冰的术语。当涉及证据开示的问题时，德雷恩告诫破产律师“密切关注”此案中**不是**破产律师的那些律师，确保他们明白这一点：从普渡或萨克勒家族收集到的任何信息都不应被视为“用于审判的证据”，而是应该被当作服务于和解的“尽职调查”结论。德雷恩其实并不相信审判。“它们不是吐真剂，不能还公众一个真相。”他轻蔑地说。他更喜欢“能够达成协议的谈判”。[60]

一些参与此案的律师对诉讼过程中明显的小圈子氛围感到困扰。萨克勒家族生活在精英圈层。他们聘请的律师曾就读于精英法学院，如今则任职于精英律所，那些与他们针锋相对的律师往往来自同样的精英机构，法官亦是如此。这滋生出“一种共谋的气氛”，起诉普渡的一名律师说。破产律师的圈子特别小，而且很排外。普渡制药的新任董事会主席是个重组专家，名叫史蒂夫·米勒，他与德雷恩法官相识多年。在 2008 年出版的一部回忆录中，他讲述了自己在德雷恩房间里小睡的趣事。[61]受害者赔偿专家肯尼斯·费恩伯格被任命为破产案的两名调解人之一，此前他曾为普渡工作，并领取了约 1200 万美元的报酬。[62]大家似乎都互相认识。一天晚上，马萨诸塞州总检察长办公室的首席检察官吉莲·费纳因为要参加一场听证会，在怀特普莱恩斯过夜。她以政府优惠价住进了丽思酒店。许多参与此案的律师都住在这儿；离法院只有几步路。费纳跟几名起诉普渡的检察官聊天，得知这些来自其他州的同僚打算与普渡的法律总顾问马克·凯塞尔曼共进晚餐。费纳没有和他们一起去。她独自在酒店的酒吧用餐。“只有我和我的原则。”她给朋友发短信说。[63]

南·戈尔丁和 PAIN 组织的活动人士对此大失所望，他们意识到针对萨克勒家族的诉讼可能会到此为止。这不仅仅是因为破产程序把达成有利的和解协议置于其他所有的价值标准之上；破产法过于专业和严密，如果不是律师，很难把握其中的奥妙。“我们现在是在按照他们的方式战斗，”PAIN 组织的活动人士哈利·卡伦抱怨说，“法院讲究用数字说话。一切都是**可折算**的。”[64]早些时候，该组织在法院的台阶上进行了“拟死示威”。但在 2020 年 3 月新冠肺炎疫情爆发后，德雷恩不再召开线下听证会，听证会转而以电话会议的形式进行，抗议者由此失去了行动的舞台。“这给了我们一记重锤，”卡伦说，“我们还怎么向他们追责呢？”戈尔丁积极介入诉讼程序，协助成立了一个由受害者组成的委员会，试图逼迫萨克勒家族在破产诉讼中承担更多的责任。他们起草了一份请愿书，要求为此案指派一名独立审查员，以便对德雷恩法官进行监督。[65]在几起备受瞩目的破产案件中也存在对公司严重不当行为的指控，如安然公司破产案和世通公司破产案，这些案件都配备了独立审查员。但德雷恩认为普渡破产案没这个必要。

那年夏天，《纽约时报》发表了一篇由记者杰拉尔德·波斯纳和破产学者拉尔夫·布鲁贝克撰写的专栏文章，文章认为萨克勒家族可能会“逍遥法外”，保住大部分财产，不会受到任何真正意义上的惩罚。[66]当一名律师在听证会上引用这篇文章时，德雷恩法官勃然大怒。“某个愚蠢的专栏作家写了什么并不重要。”他气急败坏地说。他奉劝在场的律师不要“购买或点击”像《纽约时报》这样的出版物，并表示他“不想再在这场诉讼中听到有人对我引用某些白痴记者或博主的话”。[67]

● ● ●

尽管德雷恩怒火中烧，但随着时间的推移，萨克勒家族逍遥法外的可能性似乎越来越大。这场破产诉讼面临着一个悬而未决的问题：美国司法部是否会向普渡或是萨克勒家族提出索赔要求。[68]过去几年，多个司法管辖区的联邦检察官一直在调查普渡，悄悄发送传票，收集证据。德雷恩法官设定了最后期限，要求所有自认为是普渡破产案“债权人”的索赔者在 7 月 30 日之前向法院提交索赔申请。超过 10 万人提交了个人索赔申请，声称普渡的阿片类药物毁掉了他们的生活，他们有权得到一些补偿。[69]保险公司也提交了索赔申请。其中有一家保险公司——联合健康集团——提交了一份令人震惊的文件，该文件透露，他们曾请人分析过有多少投保人在医生为其开了普渡的阿片类药物后，被诊断出对阿片类药物上瘾，得出的结论是“几十万”。[70]这就是所谓的“人们按医嘱服药不会上瘾”。

就在德雷恩设定的最后期限前，司法部提出了索赔要求，并公布了多项民事和刑事调查结果，调查显示，2010 年至 2018 年，普渡在明知道某些医生“滥开药物”的情况下仍然指派销售代表去拜访他们。[71]据称，普渡向医生支付回扣，鼓励他们多开处方；向一家电子病历公司支付回扣，要求它设置智能提醒，这样一来，电子病历系统就会在医生接诊时向他们推荐阿片类药物；向专项药房支付回扣，引诱它们提供其他药店拒绝配发的药物。司法官部官员宣称，所有这些行为都“须承担刑事责任”。

最令人恼火的是，司法部列出的不当行为与普渡2007年承认的不当行为大同小异。虽然细节发生了变化，但本质并无不同：普渡一直在通过欺骗手段推销自家生产的阿片类药物，丝毫不在意它们带来的危险。司法部提交的文件指出，如果上述任何一项指控成立，或者诉讼双方就这些指控达成和解，那么联邦政府本身也可能成为普渡的债权人。批评者在谈到2007年的认罪协议时表示，6亿美元的罚款不足以起到震慑作用。而普渡现在似乎成了**惯犯**，犯下了同种罪行。有鉴于此，一些观察人士想知道，联邦政府这回是否会向某些高管提出重罪指控。巧的是，在最近的另一起案件中，司法部真的这么做了：约翰·卡普尔曾担任英瑟斯制药公司首席执行官兼董事长，2020年1月，他因为宣传推广该公司生产的高风险阿片类药物——芬太尼舌下喷雾剂，被判处五年半监禁。[72] 普渡的首席执行官克雷格·兰道会是下一个吗?

兰道并没有获罪。事实证明，玛丽·乔·怀特和萨克勒家族聘请的其他律师已经与特朗普政府私下谈判了几个月。在司法部内部，负责汇总相关民事和刑事案件的一线检察官开始感受到来自政治领导层的巨大压力，对方命令他们在2020年11月总统大选之前结束对普渡和萨克勒家族的调查。[73] 特朗普政府高层已经做出决定，这个问题将以温和的方式迅速解决。司法部的一些职业检察官对政府的举动深感不满，他们甚至在秘密备忘录中记录了他们的反对意见，作为司法不公的证据予以保留。

大选前两周的一个上午，特朗普政府的司法部副部长杰弗里·罗森召开新闻发布会，根据对普渡和萨克勒家族的联邦调查，宣布了一项“总体决议”。[74] 罗森宣布，普渡承认了共谋欺诈美国、违反《食品、药品和化妆品法》，以及两项共谋违反联邦《反回扣法》的罪名。没有针对高管本人的指控。事实上，司法部的决议根本没有提及任何高管：仿佛这家公司是一辆无人驾驶汽车，可以自动运作。(普渡与司法部达成和解**以后**，两名前首席执行官约翰·斯图尔特和马克·蒂姆尼被要求就普渡破产案宣誓作证，但他俩都援引了美国宪法第五修正案赋予的不自证其罪的权利，拒绝回答讯问。[75]）罗森称，联邦政府判处普渡缴纳总额“超过 80 亿美元”的罚款。[76] 媒体一贯喜欢报道此类消息，在头条新闻中频频提及罚款金额。[77]

当然，任何关注普渡的人都知道，普渡的现金和资产总值只有 10 亿美元左右，没有人觉得萨克勒家族会为普渡的罚款埋单。因此，所谓的 80 亿美元罚款华而不实，就像萨克勒家族开出的 100 亿—120 亿美元和解费一样——这是一个没有任何实际意义的虚假数字，其存在的目的不过是供新闻转载。至于萨克勒家族，罗森宣布，他们已同意支付 2.25 亿美元，以解决针对其违反《虚假申报法》的另一项民事指控。据调查，在理查德、戴维、乔纳森、凯西和莫蒂默的“刻意诱导”下，“被开了不安全、无效、在医疗上非必要”的阿片类药物的患者“向联邦医疗保健福利计划提交了虚假和欺诈性的索赔申请”。[78] 但他们不会面对刑事指控。事实上，根据戴维·萨克勒的证词，司法部在结束调查时甚至没有传讯萨克勒家族的任何成员。当局对萨克勒家族非常恭敬，甚至没有人费心去讯问他们。[79]

当罗森在新闻发布会上接受提问时，一名记者指出，萨克勒家族被迫支付的 2.25 亿美元“只占了他们从公司拿走的 100 亿美元的 2% 多一点”，并问道：“你们为什么让他们留着这么多钱？”[80]

罗森回答说，在他看来，萨克勒家族付出了“非常高昂的代价”。

“你有没有试过没收那笔钱？”另一名记者问道。[81]

“没有哪条法律规定，如果你做错了事，我们就应该剥夺你的财产，”罗森辩解说，“法律不是这样运行的。”

为什么政府没有对萨克勒家族提起刑事诉讼？第三名记者问道。[82] 罗森拒绝回答。

● ● ●

巴里·迈耶在新闻发布会后表示：“2007 年的情况又重演了。”[83] 13 年前在弗吉尼亚州审理的普渡案中，检察官已经收集了大量足以定罪的证据，但萨克勒家族却派出了他们神通广大的律师，向司法部的政治领导层求助，破坏了诉讼。正如 2007 年的案件包含了一份充满详细指控的起诉备忘录，在当前的破产案中，也有一线检察官正义执法的痕迹。官方和解文件列举了普渡的销售代表拜访明显有问题的医生的具体例子，文件显示，其中有个医生被戏称为“毒品贩子”，“因为她会直接给每个病人按最大剂量开药”。[84]萨克勒家族的律师辩解说，该家族并不是因为担心日后遭到清算才从普渡提取资金，他们声称：“在 2017 年之前，任何头脑清醒的人都不会相信，普渡会面临大量与阿片类药物相关的诉讼或判决。”[85]但和解协议包含了萨克勒家族自 2007 年以来的电子邮件，他们在邮件中承认，未来的诉讼可能会“牵连到这个家族”，并讨论了提取资金的打算。[86]萨克勒家族或许同意支付 2.25 亿美元的罚款，但他们拒绝承认自己行为不当，哪怕他们的公司已经承认了重罪指控。

莫拉·希利在接受微软全国广播公司采访时表示：“这么多年过去，司法部终于有了第二次机会拨乱反正——但司法部又一次放过了他们。”“没有人会进监狱。没有正义可言。萨克勒家族没有认罪。”她继续说道。这项和解只不过是“让一家已经破产的公司认了罪”。[87]

希利手下的吉莲·费纳和桑迪·亚历山大得到了德雷恩法官的批准，有权要求萨克勒家族的成员提供证词。[88]费纳在 8 月传讯了戴维·萨克勒，但其余的讯问——针对凯西、莫蒂默和理查德的——一直排到了 11 月，即大选结束后。费纳和亚历山大希望联邦政府不要在萨克勒家族作证期间与他们达成任何和解。毕竟，如果有确凿的新证据出现呢？但从某个时候起，司法部的律师不再到场听取萨克勒家族的证词了。希利发誓说，“我跟普渡和萨克勒家族的较量还没有结束”，并表示还要接着传讯萨克勒家族，哪怕他们已经与司法部达成了和解。[89]“我们将继续在法庭上坚持我们州的指控。”[90]

然而，希利和其他州总检察长仍然受制于德雷恩法官的决定，他们对普渡发起的诉讼都被叫停了。德雷恩谈到了自己打算如何解决普渡破产案，他明确表示，他真正想做的是把禁止起诉萨克勒家族的临时禁令变成永久性禁令。当萨克勒家族在肯塔基州和俄克拉荷马州达成庭外和解时，对方保证以后不会再追究萨克勒家族的责任。[91]萨克勒家族愿意花钱摆平官司，但前提是他们能得到绝对的保证，不会有后顾之忧。2019 年，戴维·萨克勒在克利夫兰提出了和解协议，根据协议条款，萨克勒家族将支付 30 亿美元并放弃对普渡的控制权，但条件是彻底免除他们的民事和刑事责任。[92] 萨克勒家族可不想在担惊受怕中度过余生。德雷恩法官执着于破产资产的保值，他似乎对萨克勒家族的想法颇为认同。在 2020 年 2 月的一场早期听证会上，德雷恩提出，实现“真正和平”的唯一途径是“第三方豁免”（他的原话），这一裁决不仅将使普渡在日后免受阿片类药物相关诉讼，还将使萨克勒家族免受阿片类药物相关诉讼。[93] 考虑到还有 20 多个州准备等普渡破产案一结束就恢复对萨克勒家族的诉讼，德雷恩提出的其实是个有争议的问题，他表示，他之所以早早提出这个问题，是因为在美国的一些地区，联邦破产法官无权禁止州政府对第三方——比如普渡破产案的第三方萨克勒家族，他们甚至没有在德雷恩的法庭上宣布破产——提起诉讼。德雷恩说，判例法正在发生变化。

普渡的一名律师马歇尔·休伯纳向法官保证，他所在的达维律师事务所正在“用电子显微镜”追踪以往的判例。

“你需要做的可能不仅仅是追踪，”德雷恩说，奇怪的是，他的话听起来居然像是法律建议，“你可能需要提交‘法庭之友’意见书，以对抗一些……”他的声音渐渐低了下去。“好了，我就讲到这里吧。”

休伯纳表现出了德雷恩可能缺乏的自知之明，他说，“我不知道这个世界是否欢迎普渡的‘法庭之友’意见书”，说着又补充道，“但我们必须仔细考虑这个建议”。

当年 3 月，反对萨克勒家族和解条款的州向法院提交了一份文件，他们在文件中明确指出，法律体系提供的这种豁免待遇是富人的专属特权，“向公众传达了有关我们法院公平性的错误信息”[94]。

不过，第三方豁免也是有先例的。罗宾斯公司因为销售危险的节育器达尔康盾被迫宣告破产，该公司的所有者罗宾斯家族最终达成的正是这样一笔交易。[95] 在破产诉讼期间，法官中止了针对罗宾斯家族的所有诉讼（尽管罗宾斯家族并没有宣布破产），并主持了一项和解，根据和解协议，罗宾斯家族要支付 1000 万美元。随后，法官永久免除了罗宾斯家族和他们公司的责任，使其免受达尔康盾相关诉讼。当达尔康盾的受害者到法院申诉时，她们却被法警强行赶走。破产程序结束后，罗宾斯公司被美国家庭用品公司收购。罗宾斯家族从这笔交易中得到了 3.85 亿美元。现在几乎可以肯定的是，萨克勒家族最终将支付数十亿美元，但带走的钱要多得多。他们将避开针对他们的所有指控。他们永远不会承认自己的罪行。

在2020年的最终听证会上，德雷恩法官正在通过电话会议和参与此案的律师讨论程序动议的常规细节，忽然被一个男人的声音打断了。“我叫蒂姆·克莱默，”他说，“我有几件事想说。”

“你是在代表某人吗？”德雷恩问道，“你在这个案子中是怎样的角色？”

“我的未婚妻死了，”克雷默说，“我的角色是，她女儿的监护人。”普渡和萨克勒家族“对不起我的继女”，他说，“因为他们生产的药物杀死了我的未婚妻”。

“好的，是这样的，克雷默先生，今天要讨论的是宽限债务人提交破产重整计划的时间的动议，”他说，“嗯，我想我能理解你的困惑，尤其是考虑到你不是律师，但这项动议真的跟你或你儿媳在本案中的主张没有直接关系，也无法解决你们的诉求。”克雷默代表的是他的继女，而不是儿媳，但没关系；他还有机会在晚些时候向普渡提出索赔要求，德雷恩说。无论他现在想说什么，都不属于这场听证会的议程。

“哦，”克雷默以一种处于他这种情境的人特有的抱歉语气说，“那我该挂掉电话吗？还是继续留在线上？”

“随你的便，先生，”德雷恩说，“你不必一直在线。”克雷默主动表示，他会把自己的话筒静音，“只听听你们会说些什么”。

听证会继续进行，但没过多久，又有人插话了。“法官大人？打扰一下。”一个女人说。她介绍自己叫金伯莉·克拉夫奇克，并表示她想说几句话，以“纪念我的兄弟”。她强忍住啜泣，声音有些哽咽。她说，她给法官写了一封信。她问道：“您愿意让我念一下这封信吗？或者说几句纪念他的话？”

“唔，女士，我……”德雷恩顿住了。电话里沉默了很久。“我得说，女士……”他又顿住了。在主持普渡破产案的一年多时间里，德雷恩会时不时地对阿片类药物危机的众多受害者说几句空话，他们存在于法庭之外的某个地方，就像一个抽象概念。德雷恩经常随口提起阿片类药物危机受害者经受的苦难，但现在，当他们闯入诉讼程序要求发言，德雷恩面对着活生生的受害者，似乎感到了不安，他急切地想退回到法律那令人宽慰的模糊地带。“我会按照事先安排好的议程来主持听证会，”他说，“确实有几十万人因为阿片类药物失去了挚爱的家人。”他又停顿了一下。[96]

“我……呃……我觉得眼前不是说这些的恰当场合。”克拉夫奇克试图插话，但德雷恩还在接着说。他向她保证，像她这样的家庭所遭受的伤害和痛苦是“我首要考虑的问题”，对“律师和财务人员”来说也是如此。但“我们确实不能在听证会上做不符合法律程序的事”，他总结道。“所以我不会让你再继续谈论这个问题了。”他说，他不会因为克拉夫奇克认为自己可能有机会发言而责怪她。“这完全可以理解。我不是在责怪你。你又不是律师。”

“对不起，”她说，“在某些时候，我想要倾诉。他是我的最后一个家人，我们全家都受到了这场流行病的影响，受到了普渡制药背后那个家族的影响。所以我真的很想谈谈这件事给我造成的痛苦，如今我在这世上孑然一身，再也没有家人了。”

● ● ●

理查德·卡皮特和理查德·萨克勒从哥伦比亚大学毕业后，都去了医学院继续深造，在他们分别后的几十年里，偶尔还会再联系。卡皮特成了一名精神病专家，在美国食品药品监督管理局工作了许多年。他怀着极大的兴趣，甚至是敬畏，看着他以前的室友成为奥施康定的幕后推手。这个曾经与他如此亲密的人后来推出了一种改变制药行业的药物，从此成为亿万富豪，而这种药物引发了一场成瘾和死亡的危机——想到这儿，他仍然觉得不可思议。卡皮特总会被理查德身上的热情打动。这种热情如此大胆，如此富有感染力，但从根本上来说，也是如此的鲁莽。理查德有个特点让卡皮特记忆犹新，他说，理查德是一个“得意忘形的人”。“我经常跟着他有样学样。我也像他一样得意忘形。我觉得可以用‘推销员’来形容他，但这个词并没有真正抓住他的精髓。”[97]他狂妄自大，不计后果，对自己认定的事深信不疑。如果说理查德和他的伯父亚瑟有什么共同点的话——除了同样的姓氏、营销天赋和不可遏制的野心——那就是即使面对相反的证据，他依然固执己见，容不得别人质疑，相应地，他也能自我欺骗，盲目相信自己的美德。

普渡制药宣布破产几周后，贝弗莉·萨克勒去世了。她是老一辈萨克勒——不包括亚瑟和莫蒂默年轻得多的第三任妻子吉莉安和特蕾莎——中的最后一个。在雷蒙德去世之前，贝弗莉经常到斯坦福德参加普渡的活动，与员工们交谈。他们觉得她既热情又迷人。她仍然戴着1944年雷蒙德在婚礼上给她的那只朴素的金戒指。她和雷蒙德当时没什么钱，她告诉人们，那只戒指是他们唯一买得起的。

当破产诉讼进行到某个阶段时，理查德·萨克勒搬回了他父母家——那座位于格林威治的菲尔德波因特广场的豪宅，从室内可以俯瞰长岛海峡。那个地方又大又冷清，自从他父母去世后，几乎没什么变化。乔纳森和他的妻子玛丽就住在附近，但乔纳森一直在与癌症作斗争，2020年夏天，他也去世了。他的讣告与他父亲和伯父们的讣告明显不同。这些讣告都重点报道了奥施康定，几乎没有提到他的慈善事业。[98]

理查德现在基本上是孤身一人。他和他的孩子们保持着密切联系，但由于破产诉讼的前提是萨克勒家族与普渡正式分离，突然间，他没法继续做他平生最爱做的事情——事无巨细地管理公司。他很痛苦，也很沮丧，就像替补运动员一样，眼睁睁地看着其他制药公司竞相研发治疗新冠肺炎的药物，却无法动用普渡的剩余资金与他们一争高下，他甚至无法资助此类研究，因为现在没人想要他的钱。除了他聘请的许多顾问外，他的朋友所剩无几。当他和人们谈论他的难处时，他坚持说奥施康定是一种安全的产品，并且一口咬定按医嘱服用这种药物的患者“极少”上瘾（所有相反的证据都是扯淡）。萨克勒家族依然声称，就**遏制**阿片类药物危机而言，很少有人做得像他们那样多。理查德的一名律师将2010年奥施康定新配方制剂的推出描述为普渡和萨克勒家族在这方面采取的“耗资最大且最具影响力”的措施。[99]但在2020年9月，食品药品监督管理局公布了十年研究结果，并提到了奥施康定成瘾者转而使用海洛因和其他药物的趋势，认为新配方制剂未能在总体上“减少阿片类药物服用过量的情况”。食品药品监督管理局没有像其他研究那样断定新配方制剂实际上**导致**了海洛因危机。但在分析了现有的全部数据后，该机构表示，“尚不清楚”奥施康定新配方制剂是否创造了“公共卫生净效益”。[100]

在司法部决议敲定后的第二天，曾授予理查德学位的纽约大学医学院宣布，计划将萨克勒的名字从该校生物医学科学研究所“和其他冠名项目”中移除。[101]塔夫茨大学不再是唯一一家彻底移除这个名字的机构，其他机构的考量也在发生变化，而且这种变化几乎是实时发生的。在纽约大学宣布其决定的第二天，大都会艺术博物馆表示，著名的萨克勒侧厅——丹铎神庙所在地，也是南·戈尔丁首次抗议的地点——的名称现在正式“接受审查”。[102] 三天后，哈佛宣布成立了一个“更名”委员会，指出装饰校园建筑的一些姓氏与“如今会让我们社区许多成员感到憎恶”的行为有关，并表示将在适当的时候做出整改。[103]

在过去一年的大部分时间里，南·戈尔丁和她在 PAIN 组织的盟友们都因为普渡破产案和新冠病毒大流行感到束手无策，但现在他们活力倍增，满怀希望。他们会加大抗议力度，在大学，在古根海姆博物馆，特别是在大都会艺术博物馆。他们决心继续战斗，直到看到萨克勒的名字被移除。

● ● ●

在 2020 年的最后几周，萨克勒家族突然面临着某种形式的清算。美国国会众议院监督和改革委员会宣布将举行一场关于“普渡制药和萨克勒家族在阿片类药物流行病中所扮演的角色”的听证会，并邀请理查德、凯西、莫蒂默和戴维参加。[104] 虽然司法部和联邦破产法院放了萨克勒家族一马，但至少国会有可能对他们追责。对国会议员来说，1994 年的标志性时刻有望重现，当时，七大烟草公司的负责人被传唤到国会作证，议员们对他们进行了轮番盘问，问他们对香烟的成瘾性知道多少，是在什么时候知道的。

在众议院监督和改革委员会的邀请函发出一周后，萨克勒家族的律师才给予了礼貌的回复：感谢贵方提供的机会；我们恐难从命。萨克勒家族的法律团队在暗中极力游说，希望委员会取消听证会，或者像过去一样，让公司代表而不是萨克勒家族的代表来发言。但委员会主席、纽约州议员卡罗琳·马洛尼在 12 月 8 日致信称，如果萨克勒家族不愿接受她的邀请，那么她不得不传唤他们。

九天后，听证会召开。由于新冠病毒肆虐，听证会以远程会议的形式举行。那天早上，戴维·萨克勒穿着深色西装，坐在一个看上去像借来的办公室一样毫无特色、反光强烈的空间里，举起右手向委员会宣誓，保证自己将要提供的证词全部属实。当萨克勒家族意识到他们必须安排一些家族成员参加听证会时，他们进行了协商，最后派出了戴维和凯西，以及普渡的克雷格·兰道。60 年前，当参议员基福弗召开国会听证会时，费利克斯·马蒂–伊瓦涅斯为了避免作证声称自己有病，比尔·弗罗里奇则表示他远在德国，无法到场。如今，据知情者透露，莫蒂默·萨克勒的律师说他来不了听证会，因为他那时在“亚洲的一个偏远地区”。即便是在管理普渡时，理查德·萨克勒也一直喜欢让别人代表他发言。面对毫不留情的公开审问——审问的重点很可能是他本人的行为和言论——他没有挺身而出，为自己辩白，而是让他的儿子代表他发言。

“我想传达我的家族对于阿片类药物危机所怀有的深切哀伤。”戴维开口说。[105]他刮掉了胡子，梳着学生时代的发型，所以，尽管他已经40岁了，但看上去比实际年龄年轻。“你们从媒体听说的有关萨克勒家族的情况几乎可以肯定是错误的，而且严重歪曲了事实。”

在戴维作证之前，众议院监督和改革委员会邀请了许多人讲述奥施康定对他们的人生造成的可怕影响。芭芭拉·范鲁扬是一位来自加利福尼亚州的母亲，她讲到她的儿子帕特里克在2004年服用了一片奥施康定后停止了呼吸。“第一年，我每天早上醒来都希望自己也死掉，”她说，“丧子之痛不是一个过程。它是你终生都无法摆脱的灵魂重负。我认为普渡和萨克勒家族应该为此负责。”南·戈尔丁出现了，她身后书架的显眼位置摆着一本巴里·迈耶的书。“我的毒瘾破坏了我与朋友和家人的关系，几乎结束了我的职业生涯，”她说，“现在，我试着为50万再也不能说话的人发声。”

对戴维来说，这可能是一次相当新奇的经历——和那些被他家生产的药物毁掉人生的人面对面，被迫倾听他们的心声。“对于奥施康定在成瘾和死亡中扮演的角色，我深感抱歉，”他说，“虽然我相信尚未公布的完整记录将表明这个家族和董事会的行为合乎法律和道德，但我在道义上负有很大责任，因为我相信，尽管我们怀着最好的意图，尽了最大的努力，但我们的产品奥施康定被认为与滥用和成瘾有关。”

戴维的说辞都是经过精心策划的。萨克勒家族会表现出同情，甚至悲伤，但不会承认自己的罪行。戴维说：“我依靠普渡的管理层来掌握医学动态，并确保公司遵守所有法律法规。”他使用了律师惯用的句法，不断提到奥施康定“被认为与成瘾有关”。但是议员们并不买账。“当你说它‘被认为与成瘾有关’时，你用的是被动语态，”马里兰州议员杰米·拉斯金说，“这在某种程度上意味着你和你的家人并没有意识到究竟发生了什么。”

克莱·希金斯在竞选国会议员之前曾是路易斯安那州的一名警察，他指出，“街上”的每个人都知道奥施康定会让人上瘾。**萨克勒家族**怎么会不知道呢？北达科他州议员凯利·阿姆斯特朗说，在这个问题上，任何貌似合理的推诿都很难令人信服。“只用看看你们的资产负债表”，萨克勒家族就能找到这场迅速扩散的全国性危机的依据。

议员们一个接一个地攻击戴维。“我们这个委员会分属两党，在很多问题上存在分歧，”众议院监督和改革委员会核心成员、来自肯塔基州的詹姆斯·科默说，“但我想我们一致认为，普渡制药和你们家族的行为令人作呕。”

好笑的是，戴维有时好像脱离了现实，不仅不了解阿片类药物危机的细节，对美国生活中的真实日常也毫无概念。议员们问他是否去过阿巴拉契亚并评估过奥施康定对该地区的影响，他回答说他**去过**那里，但不是出于“实地调查”的目的，而是和乔丝一起度假。伊利诺伊州议员拉贾·克里希纳穆尔蒂把一张照片投在屏幕上，照片上是戴维和乔丝2018年买下的洛杉矶豪宅。“这是你在加州贝莱尔的房子，对吗？”

“不是的，”戴维说，“我没在那里住过一晚。”

戴维当时觉得这肯定算不了什么罪过。毕竟，这只是一处投资性房产。但是克里希纳穆尔蒂很困惑。这房子到底是不是你的？

“信托公司代我持有它，”戴维解释说，说着又补充道，“作为一项投资性房产。”

“哦，那是**信托公司**的。”克里希纳穆尔蒂说。当然了。信托公司。“是的，萨克勒先生，**信托公司**买下了它。2200万美元现金一次性付清。”克里希纳穆尔蒂说，许多美国人对奥施康定上瘾。“我认为，先生，你和你的家人都对金钱上瘾。”

● ● ●

当凯西·萨克勒露面时，她看起来又老又憔悴。其中可能有作秀的成分；她最近为破产案作证时，一直用放大镜阅读摆在她面前的文件。她事先准备好了要讲的话，但在进入正题之前，她出人意料地谈起了私事。“没有什么比失去孩子更悲惨的了。”她说。“虽然每个家庭的悲剧都是独一无二的，但我知道这种痛苦有多深。我的弟弟罗伯特死于精神疾病和自杀，”她说，“我通过亲身经历了解到，我们的亲人不应该因为他们的精神疾病或毒瘾而受到责备。”

这是一个令人惊讶的转变。自 1975 年以来，萨克勒家族从未公开谈论过鲍比之死，而且也从未谈论过他的人生。但现在，凯西却选择曝光鲍比的情况。凯西之所以这么做，可能是因为她在作证前几周得知，鲍比死亡的细节很快就会被本书披露出来。无论凯西自曝家丑是为了博得支持，还是真的为了表达同情，她都没有达到目的。在凯西其余的证词中，她采用了和戴维一样含糊其词的迂回表达。她说，奥施康定“被认为与如此深重的人类苦难有关”，一想到这里，她就“感到痛苦”。

佛蒙特州议员彼得·韦尔奇提到了墨西哥毒枭“矮子”乔奎因·古兹曼，他最近在纽约联邦法院被定罪。“矮子被判终身监禁，并处以 120 亿美元的罚金，”韦尔奇指出，“萨克勒家族因为普渡被判三项重罪，但没有人会入狱，而且这个家族依然拥有几十亿美元。”

“对不起，”凯西说，她突然变得激动起来，甚至有些暴躁，“**萨克勒家族**没有被判重罪。被判重罪的是**普渡制药**。我是个独立的个体。”凯西说，事实上，她对家族企业不是很满意。“在普渡工作的一些人触犯了法律，这让我感到愤怒。”她接着说，并承认这种情况已经发生过不止一次。“从 2007 年起，我就对这种情况感到愤怒。现在，2020 年，我依然对它感到愤怒。”

马洛尼问凯西，她是否会为“你在阿片类药物危机中所扮演的角色”道歉，不是那种“看到你难过我很抱歉”的泛泛的道歉，而是发自内心的道歉。

“我一直在纠结这个问题，”凯西开口说，“我试图弄清楚：就我当时的知识水平——而不是像现在一样知道会发生什么——我有没有可能采取不同的做法？”但她经过考虑得出的结论是：“不可能。我的做法不会有任何不同。”

戴维说过他想让他的家族“更有人情味儿”，但萨克勒家族存在这样一个问题：和许多人不同，他们似乎没有从周遭世界发生的事情中吸取教训。他们经过排练，可以模拟人类的同理心，但他们似乎无法理解自己在故事中扮演的角色，也不会真正良心发现。他们讨厌在一出戏中扮演反派，但他们的冥顽不灵使得他们非常适合这个角色。他们是不会改变的。

那天早上的听证会呈现出一种不可否认的仪式感。既然这个社会无法让萨克勒家族承担责任，那就让他们遭受仪式性的羞辱。在凯西和戴维看来，整场听证会就像一出戏：议员们表现出愤怒，就像他俩表现出同情一样。但归根结底，这个过程也是一种民主的表现：奥施康定给这么多社区造成了破坏，现在，这些社区的代表聚集在一起，像某些可怕的希腊歌队那样，表达他们共有的愤慨。

来自田纳西州的资深议员吉姆·库珀也是委员会成员之一，他所在的州饱受奥施康定蹂躏。他举止文雅，说起话来字斟句酌，语速缓慢，声调抑扬顿挫，颇有教授的派头。谈及萨克勒家族坚决否认他们的所作所为，库珀说："我记得厄普顿·辛克莱曾经写道，对全靠'不懂事'领薪的人，是不容易要他'懂事'的。"他用柔和而从容的声音接着说："看你们作证让我感到很气愤。我不知道在美国还有哪个家族比你们家族更邪恶。"

● ● ●

2020年的新冠大流行和随之而来的经济崩溃加剧了阿片类药物危机，由于社交隔离和经济压力导致人们药瘾复发，美国许多地区的药物过量死亡率飙升。[106]在戴维和乔丝逃离纽约后不久，莫蒂默和杰奎琳悄悄达成了场外交易，以3800万美元的价格卖掉了他们在东75街的联排别墅。[107]有传言称，他们将搬到伦敦——这座城市一直深受财富来路不正的寡头们青睐。对他们来说，伦敦或许是个更合适的活动场所。

莫拉·希利特意定期与因阿片类药物失去亲人的家庭交谈。他们经常感到极大的愤慨，但他们中的许多人告诉她，他们想要的不是钱，而是真相。在向破产法庭提交的一份文件中，各州预计解决阿片类药物危机的总成本超过2万亿美元。[108]希利说："我们试图把故事讲出来，这笔账迟早要算清。"收集证据并讲述故事——真实的故事，完整的故事，长期以来被遮蔽的故事——自有其价值。希利指出："我们永远无法筹集到足够的钱来弥补这场由萨克勒家族招致的危机所造成的损失。"[109]再多的钱也不够。但与此同时，她接着说，萨克勒家族花再多的钱也无法抹去他们作恶的历史。近一个世纪前，在经济大萧条最严重的时候，艾萨克·萨克勒告诉他的三个儿子，要是你失去了一笔财富，总能再赚回一笔。要是你失去了好名声，你可就再也无法挽回了。莫拉·希利得出的结论和艾萨克·萨克勒非常相似："他们的名声买不回来了。"

司法部决议的奇怪之处在于，它支持萨克勒家族将普渡转变为一家所谓的公益公司，该公司将继续销售阿片类药物，但会把收益分配给各州，以便它们解决阿片类药物危机。公众评论没有提到的是，萨克勒家族提议将普渡转变为慈善信托，这一点颇具讽刺意味。早在20世纪40年代，在纽约一个飘着雪花的街角，亚瑟、莫蒂默和雷蒙德与他们最好的朋友比尔·弗罗里奇达成了协议。他们将密切合作，他们的资产不分彼此。他们将共享公司，互相支持，这样一来，他们的所有产业就会聚力融合，发挥整体大于部分之和的优势。最后一人去世后，他们的所有资产都将转变为慈善信托基金。

将近60年前，律师理查德·莱瑟根据他们的口头约定起草了正式协议。如今，当莱瑟看到萨克勒家族为了逃避诉讼，许下与这份协议如出一辙的承诺，作为给起诉方的"甜头"，他十分愤怒。"制定这份协议不是为了让理查德·萨克勒发财，"莱瑟说，"制定它是为了给人类一份礼物。是为了造福公众。"[110]

1947年，当理查德·萨克勒还是个蹒跚学步的孩子时，他的父亲和伯父们成立了萨克勒家族最早的家族基金会之一，"以纪念艾萨克·萨克勒，作为他的儿子们对一个大爱无边、兴趣广泛、视野开阔的人的致敬"。三兄弟写道，他们的目标是"实现他所珍视的理想"，并"帮助减轻人类的痛苦"。[111]

注释

[1] Abby E. Alpert et al., "Origins of the Opioid Crisis and Its Enduring Impacts" (National Bureau of Economic Research Working Paper 26500, Nov. 2019).

[2] 对作者之一、兰德公司的戴维·鲍威尔的采访。

[3] 参见"The Media Gets the Opioid Crisis Wrong.Here Is the Truth," *Washington Post*, Sept. 12, 2017; "The Age of American Despair," *New York Times*, Sept. 7, 2019; Anne Case and Angus

Deaton, *Deaths of Despair and the Future of American Capitalism* (Princeton, N.J.: Princeton University Press, 2020)。

[4] "'We Didn't Cause the Crisis' : David Sackler Pleads His Case on the Opioid Epidemic," *Vanity Fair*, Aug. 2019.

[5] David Powell and Rosalie Liccardo Pacula, "The Evolving Consequences of OxyContin Reformulation on Drug Overdoses" (National Bureau of Economic Research Working Paper, April 2020).

[6] Dora Panofsky and Erwin Panofsky, *Pandora's Box: The Changing Aspects of a Mythical Symbol* (Princeton, N.J.: Princeton University Press, 1991), 7.

[7] Hesiod, *Works and Days*, 91–92, in *Hesiod*: Theogony and Works and Days, trans. M. L. West (Oxford: Oxford University Press, 1999).

[8] 对多米尼克·埃斯波西托的采访。

[9] "Protesters Place Giant Heroin Spoon Outside Stamford's Purdue Pharma," *Stamford Advocate*, June 22, 2018.

[10] "Hedge Fund Tosses Family That Controls Maker of OxyContin," *Wall Street Journal*, March 7, 2019.

[11] "Hundreds Protest Outside Purdue Stamford HQ ," *Stamford Advocate*, Aug. 21, 2018.

[12] "OxyContin Maker Purdue Pharma Takes Down Signs at Stamford HQ ," *Stamford Advocate*, May 13, 2019.

[13] 出处同上。

[14] "Yale Changes Calhoun College's Name to Honor Grace Murray Hopper," *Yale Daily News*, Feb. 11, 2017.

[15] "Rhodes Must Fall Activist Accepts £40,000 Rhodes Scholarship to Study at Oxford University," *Independent*, Jan. 24, 2017.

[16] "Prestigious Universities Around the World Accepted More Than $60M from OxyContin Family," AP, Oct. 3, 2019.

[17] "Yale Won't Accept Sackler Donations," *Yale Daily News*, Sept. 25, 2019.

[18] "Elizabeth Warren, Unveiling Opioid Plan, Says Sackler Name Should Come Off Harvard Buildings," *New York Times*, May 8, 2019.

[19] "Tufts Removes Sackler Name over Opioids: 'Our Students Find It Objectionable,' " *New York Times*, Dec. 5, 2019.

[20] 对戈尔丁和梅根·卡普勒的采访；"Artist Nan Goldin Protests Against Sackler Wing at the Louvre," *Guardian*, July 1, 2019。

[21] 对戈尔丁和卡普勒的采访。

[22] "Louvre Removes Sackler Name from Museum Wing amid Protests," *Guardian*, July 17, 2019.

[23] "The Louvre Museum Has Removed the Sackler Name from Its Walls and Website Following Protests by Nan Goldin's Activist Army," Artnet News, July 17, 2019.

[24] 对卡普勒的采访。

[25] "Joss and Jillian Sackler on OxyContin Scandal and Opioid Crisis Accusations," *Town &*

Country, May 16, 2019.

[26] "Stop Blaming My Late Husband, Arthur Sackler, for the Opioid Crisis," *Washington Post*, April 11, 2019; "The Other Sackler," *Washington Post*, Nov. 27, 2019.

[27] "Other Sackler."

[28] 出处同上。

[29] 出处同上。

[30] "Don't Call It the Freer/Sackler. Call It the National Museum of Asian Art," *Washington Post*, Dec. 4, 2019.

[31] "OxyContin Made the Sacklers Rich. Now It's Tearing Them Apart," *Wall Street Journal*, July 13, 2019.

[32] "Other Sackler."

[33] 塔夫茨大学的报告。

[34] "A Historical Opening for Tufts' New Sackler Center," *Tufts Criterion* (Winter 1986).

[35] "'We Owe Much to the Sackler Family': How Gifts to a Top Medical School Advanced the Interests of Purdue Pharma," STAT, April 9, 2019.

[36] "The Secretive Family Making Billions from the Opioid Crisis," *Esquire*, Oct. 16, 2017.

[37] "'We Owe Much to the Sackler Family.' "

[38] 塔夫茨大学的报告。

[39] 出处同上。

[40] 对维尔迪尼的采访；Obituary of Katelyn Marie Hart, Conway Cahill-Brodeur Funeral Home。

[41] "'We Owe Much to the Sackler Family.' "

[42] 塔夫茨大学的报告。

[43] "Inside the Purdue Pharma-Tufts Relationship," *Tufts Daily*, May 19, 2019.

[44] 塔夫茨大学的报告。

[45] "Inside the Purdue Pharma-Tufts Relationship."

[46] 彼得·R. 多兰和安东尼·P. 摩纳哥 2019 年 12 月 5 日发给塔夫茨社区的电子邮件。

[47] "Tufts Removes Sackler Name over Opioids."

[48] 出处同上。

[49] 出处同上。

[50] 出处同上。

[51] "Sackler Family Members Fight Removal of Name at Tufts, Calling It a 'Breach,' " *New York Times*, Dec. 19, 2019.

[52] 对维尔迪尼的采访。

[53] "Tufts Has Purged the Sackler Name. Who Will Do It Next?" *Boston Magazine*, Dec. 6, 2019.

[54] 莱蒂夏·詹姆斯 2020 年 4 月 7 日的声明。

[55] Hearing transcript, *Purdue Pharma LP, Debtor*, U.S. Bankruptcy Court, Southern District of New York, Case No. 19-23649 (RDD), March 18, 2020.

[56] 莱蒂夏·詹姆斯 2020 年 5 月 13 日的声明。

[57] 艾睿铂咨询公司杰西·德尔孔蒂的证词，引自各州对初步禁令的联合抗议。在 B 级股东辩护词中，雷蒙德·萨克勒一脉给出了更保守（但依然相当可观！）的估算结果，即 2008 年至 2017 年间从普渡抽取了 103 亿美元。

[58] 梅丽莎·B. 雅各比教授（@melissabjacoby）2020 年 10 月 7 日发在推特上的帖子。

[59] 听证会记录，*Purdue Pharma LP, Debtor*, U.S. Bankruptcy Court, Southern District of New York, Case No. 19-23649 (RDD), Aug. 26, 2020。另参见 7 月 23 日听证会记录，德雷恩表达了同样的意见。

[60] Hearing transcript, *Purdue Pharma LP, Debtor*, U.S. Bankruptcy Court, Southern District of New York, Case No. 19-23649 (RDD), Sept. 30, 2020.

[61] Steve Miller, *The Turnaround Kid: What I Learned Rescuing America's Most Troubled Companies* (New York: Harper Business, 2008), 223.

[62] "Purdue Pharma Paid Kenneth Feinberg Millions Before Seeking to Hire Him as Mediator," *Wall Street Journal*, Feb. 28, 2020.

[63] 对吉莲·费纳的采访。

[64] 对卡伦的采访。

[65] 请愿网站 Change.org 的请愿书《我们要求普渡和萨克勒家族承担责任并提高透明度》。2019 年，几位法学教授在联名信中响应了这一提议。参见乔纳森·利普森 2019 年 11 月 5 日致威廉·哈林顿的信。

[66] "The Sacklers Could Get Away with It," *New York Times*, July 22, 2020.

[67] Hearing transcript, *Purdue Pharma LP, Debtor*, U.S. Bankruptcy Court, Southern District of New York, Case No. 19-23649 (RDD), July 23, 2020.

[68] "Purdue Pharma in Talks with Justice Department to Resolve Criminal, Civil Probes," *Wall Street Journal*, Sept. 6, 2019.

[69] Personal Injury Claim Summary (Claims processed as of 12/7/2020), *Purdue Pharma LP, Debtor*, U.S. Bankruptcy Court, Southern District of New York, Case No. 19-23649 (RDD), July 30, 2020.

[70] Attachment to Proof of Claim, United HealthCare Services Inc., filed in *Purdue Pharma LP, Debtor*, U.S. Bankruptcy Court, Southern District of New York, Case No. 19-23649 (RDD), July 30, 2020.

[71] Proof of Claim, U.S. Department of Justice, filed in *Purdue Pharma LP, Debtor*, U.S. Bankruptcy Court, Southern District of New York, Case No. 19-23649 (RDD), July 30, 2020.

[72] 美国马萨诸塞州地区联邦检察官 2020 年 1 月 23 日发出的新闻稿《英瑟斯制药公司创始人、前董事长被判入狱 66 个月》。

[73] "The Sackler Family's Plan to Keep Its Billions," *New Yorker*, Oct. 4, 2020.

[74] 司法部 2020 年 10 月 21 日的新闻发布会；2020 年 10 月 20 日司法部与普渡制药达成的认罪协议。

[75] Deposition of John Stewart, *In Re: Purdue Pharma LP et al., Debtors*, United States Bankruptcy Court, Southern District of New York, Case No. 19-2649 (RDD), Oct. 27, 2020; Deposition of Mark Timney, *In Re: Purdue Pharma LP et al., Debtors*, United States Bankruptcy Court,

Southern District of New York, Case No. 19-2649 (RDD), Oct. 30, 2020.

[76] 司法部 2020 年 10 月 21 日的新闻发布会；司法部 2020 年 10 月 21 日发出的新闻稿《司法部公布关于阿片类药物制造商普渡制药的刑事和民事调查的总体决议以及与萨克勒家族的民事和解协议》。

[77] "OxyContin Maker Purdue Pharma to Plead to 3 Criminal Charges in $8 Billion Settlement," AP, Oct. 21, 2020; "OxyContin Maker Purdue Pharma Reaches $8 Billion Settlement in Opioid Crisis Probe," *Forbes*, Oct. 21, 2020.

[78] 司法部–萨克勒和解协议。

[79] Deposition of David Sackler, *In Re: Purdue Pharma LP et al., Debtors*, United States Bankruptcy Court, Southern District of New York, Case No. 19-2649 (RDD), Aug. 28, 2020.

[80] 该记者是来自《金融时报》的卡希姆・舒伯。

[81] 该记者是汉娜・库赫勒，同样来自《金融时报》。

[82] 该记者是来自彭博新闻社的杰夫・菲利。

[83] 对迈耶的采访。

[84] 司法部–萨克勒和解协议。

[85] B 级股东辩护词。

[86] 戴维・萨克勒 2007 年 5 月 17 日致乔纳森和理查德・萨克勒的信，引自司法部–萨克勒和解协议。萨克勒家族和他们的律师依然坚持说（尽管他们的说法缺乏说服力），该家族没有料到他们会在 2017 年前面临大规模诉讼。但后来被解密的其他内部文件显示，事实并非如此。参见 "Sackler Family Debated Lawsuit Risk While Taking Billions From Purdue," *Wall Street Journal*, Dec. 22, 2020。

[87] 微软全国广播公司节目《蕾切尔・玛多秀》2020 年 10 月 23 日对希利的采访。

[88] 对费纳和亚历山大的采访。

[89] 莫拉・希利 2020 年 10 月 21 日发在推特上的帖子。

[90] 微软全国广播公司节目《蕾切尔・玛多秀》2020 年 10 月 23 日对希利的采访。

[91] Settlement Agreement and General Release, *Commonwealth of Kentucky v. Purdue Pharma, LP et al.*, Pike Circuit Court, Division II, Civil Action No. 07-CI-01303, Dec. 22, 2015; Consent Judgment as to the Purdue Defendants, *State of Oklahoma v. Purdue Pharma, LP, et al.*, District Court of Cleveland County, Case No. CJ-2017-816, March 26, 2019.

[92] 戴维・萨克勒提出的全面和解协议的条款摘要。

[93] Hearing transcript, *Purdue Pharma LP, Debtor*, U.S. Bankruptcy Court, Southern District of New York, Case No. 19-23649 (RDD), Feb. 21, 2020.

[94] The Nonconsenting States' Voluntary Commitment and Limited Opposition in Response to Purdue's Motion to Extend the Preliminary Injunction, *In Re Purdue Pharma LP et al., Debtors*, U.S. Bankruptcy Court, Southern District of New York, Case No. 19-23649 (RDD), March 12, 2020.

[95] Sobol, p.180.

[96] Transcript in *Purdue Pharma LP, Debtor*, U.S. Bankruptcy Court, Southern District of New York, Case No. 19-23649 (RDD), Dec. 15, 2020.（官方记录没有提到德雷恩讲话时的长时

间停顿；我也接入了这场线上听证会，听到了现场版。）

[97] 对卡皮特的采访。

[98] "Jonathan Sackler, Coowner of Purdue Pharma, Dies," AP, July 6, 2020; "Jonathan Sackler, Joint Owner of Opioid Maker Purdue Pharma, Dies Aged 65," *Guardian*, July 6, 2020.

[99] 汤姆·克莱尔 2019 年 7 月 10 日致法比奥·贝尔托尼的信。

[100] OxyContin "Abuse Deterrent Formulation (ADF)," FDA Briefing Document, Joint Meeting of the Drug Safety and Risk Management (DSaRM) Advisory Committee and Anesthetic and Analgesic Drug Products Advisory Committee (AADPAC), Sept. 10–11, 2020.

[101] 罗伯特·I. 格罗斯曼 2020 年 10 月 22 日发给纽约大学兰贡社区的电子邮件。

[102] "After Purdue Pharma Reached a $225 Million Settlement with US Authorities, the Met Says the Name of Its Sackler Wing Is 'Under Review,' " Artnet News, Oct. 23, 2020.

[103] "Charge to the Committee to Articulate Principles on Renaming," Office of the President, Harvard University, Oct. 26, 2020.

[104] Memorandum re. Hearing on "The Role of Purdue Pharma and the Sackler Family in the Opioid Epidemic," Committee on Oversight and Reform, U.S. House of Representatives, Dec. 14, 2020.

[105] "The Role of Purdue Pharma and the Sackler Family in the Opioid Epidemic," Hearing before the House Oversight And Reform Committee of the U.S. House of Representatives, Dec. 17, 2020.

[106] "The Opioid Crisis, Already Serious, Has Intensified During Coronavirus Pandemic," *Wall Street Journal*, Sept. 8, 2020; " 'The Drug Became His Friend' : Pandemic Drives Hike in Opioid Deaths," *New York Times*, Sept. 29, 2020.

[107] "Israel Englander Buys Sackler Townhouse for $38M," Real Deal, Jan. 7, 2020.

[108] Attachment to Consolidated Proof of Claim of States, Territories, and Other Governmental Entities, *Purdue Pharma LP, et al, Debtors*, United States Bankruptcy Court, Southern District of New York, Case No. 19-23649 (RDD), July 30, 2020.

[109] 对希利的采访。

[110] 对莱瑟的采访。

[111] Sackler Foundation filing, 1947, quoted in Martin L. Friedman, of Chapman, Wolfsohn, and Friedman (attorneys for Purdue Frederick and Mortimer and Raymond Sackler), to Senator Estes Kefauver, Nov. 28, 1961, Kefauver Files.

后 记

2020年夏天的一个下午，也就是在我撰写本书期间，我和妻儿一起出门办事。我们正要上车时，有个邻居走了过来，她家离我家只隔几栋房子。“我不想吓到你，”她说，“但是街那头有个开SUV的家伙整天坐在那儿，我想他一直在监视你家。”

我住在纽约市郊一条安静的居民街上，来路不明的车辆没道理会停在那儿，这着实令人不安。我们谢过邻居，挤进车里，沿着街道往前开，直接经过那辆SUV，这时我们看到坐在驾驶座上的是一个50岁左右的魁梧男人。当我们经过时，他马上装作在看手机。我们想要出其不意，就先把车开远，兜了个圈子以后又折回来。那个男人肯定一看到我们离开就下了车，因为我们这回开近时，他正站在后保险杠旁边活动腿脚。他穿着人字拖。我们拍下了他的照片。

那次相遇让我上小学的儿子们心烦意乱，但我们尽量对其加以利用。我们买了望远镜，孩子们日夜守在窗口，看那个男人是否还会回来。我们再也没有见过那个男人，虽然他至少回来过一次：另一个之前注意到他的邻居告诉我们，那个男人又监视了我家一整天。这次他开的是另一辆车——一辆轿车。但人绝对是同一个。他似乎喜欢把车停在树阴下遮阳。8月，一场猛烈的热带风暴袭击了纽约，风速达到每小时70英里。我家最后停了电。雨过天晴，我和孩子们走出家门，小心翼翼地避开掉落在地上的电线。我们沿街走去，看到那棵遮阳的树被暴风雨连根拔起。我希望那个男人现在回这儿来，看到他的树被硬生生地从地面拔起，进而怀疑是否有某种更高的力量在向他暗示什么。但就算他真的回来了，我们也没看到他。

当然，这名不速之客最早出现时，我首先联想到的是南·戈尔丁和那个在她家门口盯梢的私家侦探——他不仅监视她位于布鲁克林的寓所，还跟踪与她并肩作战的活动人士梅根·卡普勒。戈尔丁没有确凿的证据表明那个人受雇于萨克勒家族。这种事很难证明。律师事务所或危机管理专家等中间商往往会把此类业务外包给私家侦探，这样一来，真正的雇主就可以假装对侦探的行为一无所知。通常情况下，连侦探本人都不知道真正的雇主是何许人也。不过，既然戈尔丁、卡普勒和我都有同样的经历，这似乎不仅仅是巧合。我向普渡制药问起盯梢的事，对方一口咬定对此事毫不知情。[1]我也向萨克勒家族提出了同样的问题，出面回应的家族代表没有像普渡一样断然否认，而是拒绝置评。[2]那名侦探在我家附近盯梢时，我因为受到新冠疫情的影响，一直在居家隔离。我想知道，侦探通过监视一个足不出户的作家能掌握到什么信息。后来我突然想明白了，这样做十有八九不是为了掌握信息，而是为了恐吓。

我是在撰写其他报道时偶然注意到萨克勒家族的，2016 年，我开始专注于这个新选题。此前几年，我一直在报道墨西哥和美国之间的非法毒品贸易。我特意将墨西哥贩毒集团作为企业来理解，而不仅仅把它们当作犯罪组织。我写了一篇长文——有点儿像商学院对贩毒集团的个案研究——探讨锡那罗亚贩毒集团如何成为合法商品企业的黑暗镜像。[3]在进行此项研究时，我注意到贩毒集团纷纷对海洛因表现出了前所未有的重视。我顺着线索查到了奥施康定。贩毒集团自发出售成瘾性产品，导致服用者死亡，它们受到谴责是理所应当的。但我惊讶地发现，奥施康定生产商背后的家族是个显赫的慈善王朝，似乎拥有清白无瑕的声誉。我读了山姆·昆诺斯的《梦瘾》，接着又读了巴里·迈耶的《止痛毒丸》，还有《洛杉矶时报》关于普渡的调查报道。我对萨克勒这个名字很熟悉。这个名字在我印象中是慈善事业的代名词。在阅读阿片类药物危机的相关资料之前，我对萨克勒家族的商业活动一无所知。

接下来一年的大部分时间里，我都在做调查，撰写 2017 年发表在《纽约客》上的那篇报道。我渐渐了解到带领萨克勒家族发家的三兄弟引人入胜的传奇经历，了解到普渡是如何在理查德·萨克勒的领导下销售奥施康定的，我突然发现，后来发生的一切都能从亚瑟·萨克勒的职业生涯中寻得脉络。那个时候，萨克勒家族还从来没有公开谈论过自己在阿片类药物危机中扮演的角色。我想知道他们会怎么说。我向萨克勒家族提出了采访的请求，却碰了一鼻子灰。

身为一名记者，你撰写的大多数报道都不会引起反响。它们记录现实，却很少改变现实。但《纽约客》的那篇报道确实产生了影响，而且是以我没有预料到的方式。我收到了几百封读者来信——他们之所以会注意到那篇关于萨克勒家族的报道，是因为他们本人或是他们认识的人有过阿片类药物成瘾的经历。这些读者中也有南·戈尔丁，我从远处看着她发起了一场运动。

当时，我觉得写一本关于萨克勒家族的书简直是天方夜谭，因为这个家族太神秘了，而普渡作为一家私人控股公司，始终让人摸不清底细。但我开始收到大量来信，写信的人或是在普渡工作过，或是认识萨克勒家族，或是想要说出自己的故事。2019 年 1 月，莫拉·希利公布了她为马萨诸塞州的案子拟定的起诉书，其中有许多萨克勒家族的私人信件。

● ● ●

关于阿片类药物危机的好书有很多。但我想要讲述的是一个与众不同的故事。我想要讲述一个家族王朝三代人的传奇经历，以及他们是如何改变世界的。我想要讲述一个关于野心、慈善、犯罪与有罪不罚、制度性腐败、权力和贪婪的故事。也正因为如此，对于这场公共卫生危机的某些方面，如成瘾科学、治疗和缓解阿片类药物成瘾者病痛的最佳方案，本书没有给予足够的关注。疼痛和适当的疼痛管理是个非常复杂的议题，虽然本书对大规模销售用于中度疼痛的阿片类药物提出了严厉批评，但它并没有详细探讨难度更大的问题——阿片类药物对重度慢性疼痛长期治疗的价值，目前人们对这个问题争论得很激烈。许多给我写信的读者患有慢性疼痛，他们担心我对普渡罪行的调查报道会让阿片类药物和依赖这些药物生存的患者蒙受污名，这样一来，他们正当的用药需求可能无法得到满足。我无意让那些服用奥施康定和其他阿片类药物的人蒙受污名，不管他们是出于合法的治疗目的，还是非法服用。话虽如此，正如我希望本书所展示的那样，普渡制药和萨克勒家族几十年来一直把疼痛患者的利益当作自身贪婪的遮羞布，我认为，事到如今，再因为这些理由放过他们将是一个错误。

我在整本书中始终明确一点，存在欺诈营销行为的不只有奥施康定，它也不是唯一一种被广泛滥用的阿片类药物。我之所以重点关注普渡，绝不是在暗示其他制药公司不该为这场危机承担重大责任。这句话也适用于美国食品药品监督管理局、开处方的医生、分销阿片类药物的批发商、按照处方配药的药店。不少机构和个人都对阿片类药物危机负有责任。不过，我确实同意许多医生、政府官员、检察官和学者的观点——普渡作为推广阿片类药物的先驱发挥了非同寻常的作用。

萨克勒家族的三个支系都不希望本书出版。我曾多次向亚瑟的遗孀和孩子们提出采访请求，但都遭到了拒绝，莫蒂默一脉也拒不接受我的采访。雷蒙德一脉的反应更加激烈，他们摆出了敌对姿态，雇用了一个名叫汤姆·克莱尔的律师，此人在弗吉尼亚州开了一家小型律师事务所，专门威胁记者，试图在报道发表前将其"扼杀"。[4] 2019 年夏天，还没等我动笔写书，克莱尔的第一波攻击就来了，他给《纽约客》发了一封长达 15 页、单倍行距的信，指责我对他的客户抱有"深深的偏见"，并要求我对两年前发表的文章进行一系列修改。[5] 克莱尔坚称，阿片类药物危机是由"从中国和墨西哥走私到美国的非法芬太尼"造成的。为了回应克莱尔的批评，《纽约客》聘请了一名事实核查员重新核对了这篇文章。但事实核查员没有在文章中发现任何事实错误，《纽约客》也没有对文章做出任何修改。随后，克莱尔直接写信告诉我，萨克勒家族正在考虑"潜在的诉讼"，并正式通知我不要因为预料到自己会吃官司就故意销毁"证据"。克莱尔在所有信件上都标注了"**保密、非公开、不得发表或透露写信者身份**"的字样，这显示了他的勇气，尽管任何对新闻工作略知一二的人都知道，他提出的条件必须经过我的同意，单方面的声明毫无意义，哪怕他用的是粗体字。

在接下来的 18 个月里，克莱尔给《纽约客》和本书的出版商双日出版社发了几十封信和电子邮件。当我了解到亚瑟·萨克勒如何利用他那精明强干的律师克拉克·克利福德对付基福弗的委员会，萨克勒家族的法律顾问霍华德·尤德尔如何把《纽约时报》玩弄于股掌之中，普渡和萨克勒家族如何利用玛丽·乔·怀特破坏了 2007 年和 2020 年的联邦调查的时候，我惊讶地发现，萨克勒家族一直在使用同样的招数。我娶了一个律师。我的很多好朋友都是律师。我自己也上过法学院。但我万万没想到某些看似正派的律师居然如此唯利是图（你也许会说我很天真），甘愿给从事非法交易的大亨们为奴作婢。马萨诸塞州副总检察长乔安娜·利德盖特曾经引用过她从法学院教授那里听来的一句话："人人都有权聘请律师，但这名律师不一定非得是你。"[6]

2020年秋天普渡认罪后，纽约大学立即宣布了取消萨克勒冠名的决定，萨克勒家族的律师之一丹尼尔·康诺利随后表示："普渡的文件一旦公布，就会显示出该公司的发展历程，证明在董事会任职的萨克勒家族成员的行为始终合乎道德和法律。"[7]我觉得这种态度很反常。目前披露的文件对萨克勒家族非常不利；如果该家族手里有**其他**文件，能够证明他们无罪，并给出故事的另一个版本，那他们还在等什么呢？我写信给汤姆·克莱尔，告诉他我很想看看那些文件，以便把它们纳入本书中。他回复说，因为他的客户不相信我会"负责任地使用"这些证据，所以他们不想让我"优先获取新资料"。[8]

我采访了几十名普渡前员工——销售代表、医生、科学家、高管，在此过程中，我注意到有一个主题贯穿了他们的叙述，那就是集体否认的迷雾。奥施康定上市后的头几年，普渡（以及萨克勒家族）声称只有滥用这种药物的人才会上瘾，只有少数几个误入歧途的销售代表对其进行了虚假宣传，而该公司之所以销售这种药物，完全是出于帮助疼痛患者的无私愿望。如果你仔细审视事实，你就会发现他们的说法站不住脚，就像亚瑟在谈到他负责推广的药物时所说的那些话一样经不起推敲。然而，普渡的许多人似乎一直相信他们的说法，几十年来始终处于一种自欺欺人的状态。"我们都是帮凶。为了挣钱对真相视而不见，"1987年至2005年在普渡担任区域客户经理的尼古拉斯·普林帕斯告诉我，"我们过了很久才认清事实。这也许是因为我们的贪婪。"[9]但还有许多前员工——不管他们对萨克勒家族是爱是恨——连这点都不愿承认。

值得注意的是，奥施康定事件中没有来自普渡内部的"吹哨人"。这可能是因为每当有人试图揭露真相时，普渡总会尽最大的努力打击他们，就像公司律师对佛罗里达州销售代表凯伦·怀特所做的那样——她曾向普渡提起诉讼，但在2005年输掉了官司。不过，我开始觉得，这也跟普渡集体否认的氛围脱不了干系。我和在普渡工作过的聪明人一聊就是几个小时，他们可以承认企业文化中的种种弊端，对相关特点做出敏锐的观察，但只要谈到奥施康定在阿片类药物危机中发挥的作用，他们就会拼命辩解。哪怕眼前摆着大量证据，哪怕普渡承认了重罪指控，哪怕面对着几千起诉讼、接踵而至的调查、不计其数的死亡，他们依然在重复关于滥用和上瘾、海洛因和芬太尼的陈词滥调。我想知道他们中的一些人是否觉得正视自己的帮凶身份太令人沮丧，是人类的良心所无法承受的。

● ● ●

一天，我驱车前往靠近长岛尽头的阿默甘西特村，去见一个男人，姑且叫他杰夫吧。我们在一家餐厅见面，他告诉我他曾与毒瘾作斗争。十年前，当他还是青少年时，他就开始滥用阿片类药物。他回忆说，它们“无处不在”。他特别喜欢奥施康定，因为它能够提供合法的快感。他会破坏掉奥施康定的缓释机制，然后吸食。他没有注射。“在我成长的过程中，我总是告诉自己，‘我决不会在胳膊上扎针’。”他说。

杰夫以一种柔和而坚定的语气讲述了他此后十年的生活：他一直在滥用止痛药，遇到一个女人，与她相爱，并带领她接触阿片类药物。一天，他的药贩子手头没药了，便对他说：“我按 20 美元的价格卖给你一袋海洛因吧。”杰夫原本不想买，但后来他出现了戒断反应，于是他答应了药贩子的提议。起初，他和女友吸食海洛因。“但你会逐渐产生耐受性，就像吃药一样。”他说。后来他们开始注射海洛因。他们结婚时处在毒品带来的快感中。杰夫的妻子生了一个男孩，他天生依赖阿片类药物。“医生通过逐渐减少吗啡用量的方式帮他戒毒。”杰夫说。

杰夫在戒毒所待了很长时间，他戒毒了，一年多没有复吸。他的孩子很健康，他的妻子也不再吸毒了。回首往事，杰夫说，他觉得自己年轻时做出了吸食奥施康定的冲动决定，这才走上了不归路。“都是因为这种药物，”他说，“我才掀起了一场毁灭性的飓风。”

我们付了午饭钱，走出餐厅，沿着绿树成荫的小路漫步，小路两旁都是豪宅。阿默甘西特是许多纽约富裕家庭的避暑胜地。在杰夫吸毒最严重的那些年，他曾在这一带做工。我请他带我看看他服务过的某处房产，于是，我们来到一条安静的路上，在一座大别墅的入口处停住了脚步，别墅的大部分都隐藏在茂密的灌木丛后。这是莫蒂默和杰奎琳的避暑别墅。事实上，杰夫为他们工作的时候，就知道他们家族企业的情况。他注意到了其中的讽刺意味。一直以来，萨克勒家族对奥施康定造成的破坏视若无睹，因为这些破坏并没有发生在他们的后院。但杰夫就在他们的后院。“说不清有多少次，我坐在工作卡车上吸食药粉，就在那座别墅里。”他说。

我们来到一扇装饰性的木门前，门外有个院子，一棵高大挺拔的垂柳占了院子的大半空间。当我欣赏这棵树时，杰夫表示，它对保洁人员来说是件“麻烦事”。他解释说，每当起风时，树枝就会折断，散落在草坪上。“但这个地方必须完美无缺，”他说，“地上不能有一片叶子。”所以保洁人员会定期打扫，把乱糟糟的地面清理干净。

注释

[1] 普渡制药 2020 年 12 月 14 日对事实核查问询的回应。

[2] 雷蒙德和莫蒂默两家 2020 年 12 月 18 日对事实核查问询的回应。我曾问过这两家人是否了解奉命监视南·戈尔丁、梅根·卡普勒或我本人的调查员的情况，此次监视活动是否由萨克勒家族或者受雇于他们的机构授意。萨克勒家族在回复我的时候，明确否认了其他几个问题，却没有对这个问题做出回应（在我看来，这种回避相当刻意）。

[3] “How a Mexican Drug Cartel Makes Its Billions,” *New York Times Magazine*, June 17, 2012.

[4] “New York Times, NBC, and ‘60 Minutes’ Bigwigs Hired These Media Assassins to Fight #MeToo Stories,” *Daily Beast*, July 20, 2018.

[5] 克莱尔 2019 年 7 月 10 日致法比奥·贝尔托尼的信。

[6] 对利德盖特的采访。

[7] “NYU to Remove Sackler Name Following Purdue Pharma Deal,” AP, Oct. 22, 2020.

[8] 克莱尔 2020 年 10 月 29 日致作者的信。

[9] 对普林帕斯的采访。

致 谢

我首先要感谢所有在过去两年里慷慨地抽出时间与我交谈的人，感谢所有给予我信赖、允许我讲述他们的故事的人。要感谢的人太多了，无法一一列出他们的姓名，更何况有些人的名字我根本不能透露。但你们知道我指的是谁。谢谢你们！也感谢档案馆的工作人员，我查到的所有档案都列在了注释中。感谢国际调查记者同盟允许我大量查阅被曝光的银行信息，其中包括萨克勒家族的账户详情。感谢新闻自由记者委员会的凯蒂·汤森和她的同事们，他们介入了普渡破产案，披露了相关的法律文件，其中包含一些足以揭示真相的证据。

本书最初是《纽约客》上的一篇报道。与我共事多年的编辑丹尼尔·扎莱夫斯基教会了我很多讲故事的技巧，像往常一样，我向他致以深深的谢意。感谢 E. 塔米·金和尼古拉斯·尼亚尔霍斯为我核对最初的那篇报道，感谢监督核对（以及复核）工作的彼得·坎比，还有法比奥·贝尔托尼。我也要感谢戴维·雷姆尼克，他摆平了很多困难，最重要的是，他是个好老板。感谢多萝西·威肯登、亨利·芬德、帕姆·麦卡锡、戴尔德丽·弗利-门德尔松、迈克·罗、戴维·罗德、琳娜·费尔德曼·埃米森、肖恩·莱弗里、亚历山大·巴拉施、阿韦·卡里略、纳塔利娅·拉贝，以及我在《纽约客》的其他所有同事。感谢我的朋友菲利普·蒙哥马利，他震撼人心的专题摄影报道《流行病中的面孔》与我的报道一同在《纽约客》上刊出。

我感到非常幸运能和双日出版社的比尔·托马斯联手推出又一部新作，早在2006年，比尔就冒险签下了我的《蛇头》一书。比尔从我们的初步讨论中看出了本书应有的样貌，一路走来，他始终是个坚定的盟友和极具洞察力的对话者。非常感谢我在双日出版社的律师丹尼尔·诺瓦克，他的精力十分充沛，不知怎的，他既能做到对细节近乎神经质的把控，同时又表现得悠然自得、从容不迫。我还要感谢迈克尔·戈德史密斯（他真的很棒），感谢托德·道蒂、安克·施泰内克、玛丽亚·马西、英格丽·斯特纳、莉迪娅·比希勒、凯西·胡里根、哈里·道金斯、约翰·丰塔纳，以及双日出版社的其他所有人。西娅·特拉夫帮忙处理了照片。奥利弗·芒迪设计了漂亮的封面。基蒙·德·格雷夫在最后期限前为了注释的问题争论不休。朱莉·泰特以惊人的专注、细心和愉悦心情对本书进行了事实核查。如果书中还有任何错误，那都是我自己的问题。

蒂娜·本内特是我的经纪人，她陪伴了我将近二十年，我对她的感激之情难以言表。感谢 WME 公司的特雷西·费舍尔、斯韦特兰娜·卡茨、玛蒂尔达·福布斯·沃森、埃里克·西蒙诺夫、本·戴维斯、安娜·德鲁瓦和克里斯蒂娜·李。我还要感谢拉维·米尔坎达尼和他在骑马斗牛士出版社的同事们。

出于各种原因，感谢蕾切尔·阿维夫、乔尔·洛弗尔、拉菲·哈卡多里安、安德鲁·马兰茨、亨利·莫洛夫斯基、戴维·格兰、泰勒·福加特、迈卡·豪瑟、维多利亚·比尔、菲尔·基夫、吉姆·基夫、劳拉·珀特拉斯、丹尼尔·戈尔曼、斯拉维亚·塔德帕利、山姆·罗森、戴维·德容、娜奥米·弗里、尼克·鲍姆加登、巴特·格尔曼、蒂姆·韦纳、保罗·德马科、詹妮弗·金斯利、保利娜·罗德里格斯、彼得·史密斯、保利娜·皮克、斯科特·波多尔斯基、戴维·尤尔林克、安德鲁·科洛德内、埃德·比什、戴维·费恩、戴维·西格尔、拉丽莎·麦克法夸尔、吉莉安·芬尼莫尔、埃文·休斯、莉莉·布利特、埃德·康伦、马克·罗森堡、奥丽娅娜·霍利、马克·鲍姆贝克、安迪·加尔克、杰森·伯恩斯、戴夫·帕克、诺亚·哈普斯特、迈卡·费兹曼-布卢、威尔·赫廷格、埃里克·纽曼、亚历克斯·吉布尼、斯韦特兰娜·齐尔、约翰·乔丹、杰德·利平斯基、迈克·奎因、萨拉·马尔贡、萨拉·斯蒂尔曼、埃德·西泽、茜拉·科尔哈特卡、本·陶布、吉迪恩·刘易斯-克劳斯，赛·斯里斯坎达拉贾，以及迈克尔·瓦希德·汉纳和迈克尔·施坦德-奥尔巴克——我的孩子们管他们叫“迈克尔们”。此外还要特别感谢亚历克斯·戈多伊。

在写作本书的过程中，我思考了很多关于家庭的问题：维系一个家庭靠的是什么？是什么让一个家庭分崩离析？家族姓氏的传承又意味着什么？这段经历让我深感庆幸，能够出生在现在的家庭里。感谢我的父母詹妮弗·拉登和弗兰克·基夫，他们给了我无尽的支持，并且是我一生的榜样。感谢我的岳父岳母塔德乌什和埃娃。特别感谢我的妹妹比阿特丽斯和弟弟特里斯特拉姆。虽然我们相距遥远，有着各自的事业和小家庭，但我之所以能成为今天的我，是因为我们一起度过的童年，我对你们和你们的小家庭怀有无比的爱和钦佩。谨以此书献给你们。

本书的写作是在新冠疫情期间进行的，当时我和妻子贾斯蒂娜以及我们的儿子卢西恩和费利克斯都在居家隔离。说来也怪，通过观察我的孩子们如何在灾难面前做出即时调整，我对适应能力有了新的认识。总的来说，我们很幸运，考虑到其他人的经历，新冠大流行对我们的小小考验简直不值一提。但孩子们的适应能力鼓舞了我。它在我需要的时候给了我希望。

贾斯蒂娜告诫我，这篇致谢“最好写得好一点儿”，事实上，这个例子正好说明了我爱她哪一点——她冷静睿智，在大事上立场坚定，对小事直言不讳地提出质疑。能和贾斯蒂娜一起欢笑，同饮一杯酒，相携度过人生，共同抚养两个孩子，我最大的愿望莫过于此。我依然觉得这是一种不可多得的幸福。

关于资料来源的说明

萨克勒家族不肯配合我为了写作本书所做的调查工作。萨克勒家族的重要人物都不同意接受采访。我曾多次要求采访理查德·萨克勒和戴维·萨克勒，但律师汤姆·克莱尔回复我说："除非基夫先生承认（并纠正）他之前为《纽约客》撰写的报道中的错误……否则我们没有理由相信基夫先生会在采访中公正地对待我的客户。"萨克勒家族的人普遍质疑我这篇报道的前提，并运用他们毫无说服力的标准话术对其进行了逐条反驳。报道中提到普渡将奥施康定用于儿童的细节，这似乎让他们格外不安，他们要求我发表更正声明，罔顾事实地声称他们没有主动开辟儿童用药业务，仅仅在遵照食品药品监督管理局的指令行事。我就算再想和克莱尔的客户直接对话，也不打算接受这样的条件。

尽管克莱尔告诉我萨克勒家族不愿接受我的采访，但他提议说我应该跟萨克勒家族的律师和公关人员会面，把我计划写在书中的内容详细告知他们，他们也可以多讲些我以前报道中的"谬误"。我当然愿意听听他们怎么说，但克莱尔的想法后来好像又变了，我的出版商提出要安排一次会面，但等了几个月都没有得到答复。克莱尔在发给我的一封电子邮件中写道，由于我拒绝修改那篇发表在《纽约客》上的报道，萨克勒家族"不得不"以"这种方式（通过文字和律师）"与我打交道。

我在写作本书时，给萨克勒家族的雷蒙德和莫蒂默这两个支系分别发送了详细的问询清单。克莱尔坚持说，他的客户需要充裕的时间来回应事实核查问询。所以我给了他们一个月的时间。

就在一个月的期限快到的时候，克莱尔安排萨克勒家族的一名代理律师和雷蒙德、莫蒂默这两个支系的公关代表为双日出版社负责审核文稿的内部律师做了情况介绍。这些发言者都不愿透露姓名，但他们展示了一份 PPT 文档，声称奥施康定在阿片类药物市场中只占了很小的一部分，按医嘱服用奥施康定的患者极少上瘾，普渡董事会的萨克勒家族成员没有对公司管理起到任何实质性影响。

我的信源之一是曾在普渡任职的高管，他一度告诉我，该公司的部分问题在于它和食品药品监督管理局的关系。这名高管说："多年来，食品药品监督管理局同样不承认自己的失察。"有很长一段时间，该机构对普渡的阿片类药物放任不管。但斯坦福德总部的态度是，只要公司得到了食品药品监督管理局的批准，它的行为就一定没问题，这名高管接着说。多年来，这种逻辑"给了普渡太多安慰"。萨克勒家族的代表发言时，一次又一次把食品药品监督管理局搬出来说事。迈克尔·弗里德曼和保罗·戈登海姆被指责在作证时谎称美施康定没有遭到大量滥用，为了证明这种指责是错误的，萨克勒家族的代表援引了食品药品监督管理局的一名官员在 2002 年提供的证词，其内容与弗里德曼和戈登海姆的说法大致相同。但美施康定毕竟是普渡生产的，食品药品监督管理局不一定比普渡更清楚美施康定被滥用的程度，而且这名官员在 2002 年作证时，完全有可能依赖的是普渡高管早些时候的宣誓证词。普渡内部的电子邮件表明，这种药物确实被广泛滥用，而且公司"一直从各地"收到有关滥用情况的报告，萨克勒家族的公关人员和代理律师都无法对此做出解释。萨克勒家族的律师为双日出版社介绍情况时声称，奥施康定在 12 小时的释药周期内始终有效——尽管存在大量相反的证据——因为食品药品监督管理局批准普渡的药品标签就是这么写的。

在我与萨克勒家族约定的期限的最后一天，克莱尔通知我，萨克勒家族的两个支系正在共同研究如何回复我的事实核查问询——但他们需要更多时间。当时我以为自己收到的回复会很长，已经准备好要把萨克勒家族对相关事实的评论和否认放进本书的正文。然而，克莱尔五天后发给我的正式回复只有一页半。该回复指出，我仍然"没有纠正关于萨克勒家族的第一篇报道中的谬误"，并声称我的事实核查问询"充斥着基于虚假前提的错误论断：从萨克勒家族的商业交易、政治背景、房屋、研究、董事会会议期间的行为（包括不当使用药物的不实说法）到董事会成员、对药物研发的介入，还有一些显然是在开玩笑或者讲的是从未在普渡工作过的人的电子邮件，以及关于奥施康定效力的说法和其他谬误"。其中，"不当使用药物的不实说法”似乎特指理查德·萨克勒在同事面前服用奥施康定的传闻，尽管根据我听说的那个版本，这件事并不是发生在董事会会议上。事实上，“大量的谬误”让萨克勒家族“无法确信本书会在总体上准确地呈现事实”，因此，他们决定全面抵制事实核查程序，而不是逐条否认我提出的许多具体论断。我发给他们的待核查事实共有 100 多条，涉及萨克勒家族的两个支系和普渡制药。我给了他们足够的时间。但最终他们选择不予回应。

尽管如此，本书基本上是建立在萨克勒家族自己的话的基础上的。由于普渡几十年来一直官司缠身，萨克勒家族后来也被卷入了诉讼，本书最重要的资料来源是数万页法庭文件：证词、宣誓书、案情摘要、起诉书、法庭记录，以及数百封电子邮件、备忘录和其他作为证据披露的机密材料。书中引用的所有材料都在注释中标明了出处。起诉备忘录或起诉书本质上是指控性文件，但我没有听信州和联邦政府的指控，而是依赖于他们发掘的证据，并利用这些证据讲述了我自己的故事。在许多问题上，我对证据的解释不同于州检察长的解释，同样的，它与普渡和萨克勒家族在各种辩护词中给出的解释也存在相当大的差异。

在引用电子邮件或信件时，我采取了多种形式，为了清晰起见，我想在此进行详细说明。在某些情况下，我手头有我所引用的电子邮件或信件的全文，因为这些材料曾作为证据在法庭上出示，或是被泄露给了我。其他时候，我没能找到我所引用的内容的全文，但这些内容在法律文件中出现过；遇到这种情况，我会注明原始出处（只要它是确定的），然后加上“引自马萨诸塞州起诉书”或类似的话，以表明我依据的是法院文件中的描述，但我自己并没有原始文件。

这是一部叙事性非虚构作品：没有一个细节是虚构或想象的；有时我会写到别人的想法或感觉，但这些想法或感觉都是他们向我或其他人描述过的，再不然就是认识他们的人披露的。我在讲述两个事例时使用了假名：霍华德·尤德尔的法律秘书，我称她为玛莎·韦斯特，以及后记中被我叫做杰夫的人。在写作本书的过程中，我对学者和记者们开创性的工作心存感激，他们探索了这个故事的不同方面，特别是约翰·利尔、斯科特·波多尔斯基、戴维·赫茨伯格、安德烈亚·托恩、理查德·哈里斯、亚当·坦纳、巴里·迈耶、山姆·昆诺斯、戴维·阿姆斯特朗、克里斯托弗·格拉策克、贝丝·梅西、克里斯·麦格雷尔、贝萨妮·麦克莱恩、杰拉尔德·波斯纳，以及《洛杉矶时报》的报道团队：丽莎·吉瑞安、斯科特·格洛弗和哈里特·瑞安。

我采访了200多人，其中很多人要么在普渡或其他地方为萨克勒家族工作过，要么和萨克勒家族有社交往来，要么调查过萨克勒家族。相当一部分受访者愿意实名发表他们的谈话内容。但也有许多信源，出于这样或那样的原因，只有在我不透露他们姓名的情况下才同意接受采访。实名信源一一列在了注释中；匿名信源提供的信息则没有注明出处。本书的注释全面而完整，因此，如果你在文本中看到一段引文或论断，却没有在正文后面找到相应的注释，这意味着它来自某个匿名信源。在两年的时间里，我对不少信源进行了多次采访，我查证了他们回忆的往事——与其他信源提供的信息交叉比对，寻找佐证材料，考察人们对相关事实的记忆。此外，本书还经过了独立的事实核查，核查人员知道每个信源的真实身份，并对照访谈记录检查了每一段引文和论断，在很多情况下，为了核实这些匿名信源，他们还对其进行了额外采访。

本书的第一部在很大程度上参考了玛丽埃塔·卢策1997年自费出版的回忆录。这部回忆录只印刷了225本；我在网上买了一本。卢策的观点带有强烈的主观色彩，我设法通过采访当时认识亚瑟及其家人的人来证实她的说法。我还参考了亚瑟·M.萨克勒的传记，这部传记是亚瑟的一名忠实追随者撰写的，2012年由亚瑟·M.萨克勒艺术、科学和人文基金会出版。尽管它把亚瑟塑造成一个几乎只存在于神话中的英雄，但它还是很有帮助的。我在费城医师学会查阅了亚瑟发表在《医学论坛报》上的专栏文章，这些文章提供了更多细节以及亚瑟本人的想法。萨克勒兄弟非常注重保密，不会把他们的信件留给任何档案馆，但他们的许多朋友就这样做了，所以我得以从他们的同事和密友捐赠的文件中收集到相关的书信和其他史料。我去了十几个档案馆查资料，这些档案馆在注释中均有说明，但特别值得一提的是耶鲁大学收藏的费利克斯·马蒂-伊瓦涅斯档案，它们对于了解萨克勒兄弟和比尔·弗罗里奇、感受他们在20世纪60年代的生活至关重要。

美国国家档案馆保存了基福弗调查的大量文件——总共大约有40箱，如果我没记错的话，我是第一个查阅这些文件的研究者。关于亚瑟和他的弟弟们的许多新信息就是在基福弗调查的文件中找到的。我在长岛的一家法院翻遍了与亚瑟遗产之争相关的大量记录，包括萨克勒家族成员的证词、家庭会议的记录，以及其他充满生动细节的文件。

在写第二部的时候，我有幸结识了理查德·萨克勒的大学室友理查德·卡皮特，还有两位来自罗斯林的朋友，其中一位给我看了萨克勒在大学时写的信。我还采访了数十名普渡前员工，他们在普渡工作的时间段覆盖了 20 世纪 60 年代以来的每一个十年。法院文件发挥了重要作用：理查德·萨克勒的两份证词，共计近 800 页；凯西·萨克勒的证词；普渡其他员工的十几份证词；还有大量的内部邮件和其他文件。其中一些文件是在法院诉讼程序中披露的，其他文件则是由认为应该将其公开的人泄露给我的。

第二部快写完的时候，一天晚上，我在家里的邮箱中发现了一个信封。信封上没有寄信人地址，只有一个 U 盘和一张纸条，纸条上抄录了《了不起的盖茨比》中的一句话："他们是漫不经心的人……他们砸碎了东西，毁掉了人，然后又退回到自己的金钱中去，退回到麻木不仁，或者不管什么将他们维系在一起的东西中去，让别人去收拾他们的烂摊子。"这个 U 盘里有数千页证词和司法文件，以及针对普渡的多起诉讼中产生的内部记录。我还援引《信息自由法》起诉了食品药品监督管理局，迫使该机构交出数千页内部记录。我的努力并没有取得预期的成效——食品药品监督管理局告诉我柯蒂斯·赖特的电子邮件可能"找不到了"(！)——尽管如此，这些文件还是说明了该机构批准奥施康定的前因后果。

弗吉尼亚州西区的里克·芒卡斯尔曾经整理了一份起诉备忘录提交给司法部，这份文件是极为关键的资料来源。我希望有朝一日这份文件将被完整地公开。我本想亲自披露文件的全部内容，但把它分享给我的人提出了条件，阻止我这样做（至少目前不能）。保罗·戈登海姆的律师在发给我的一封电子邮件中声称，戈登海姆向国会作证时没有在奥施康定的问题上撒谎，他所说的一切都"没有误导性，可以证明是准确真实的"。我发现他的说法毫无说服力，我在注释中详细说明了原因。（我也花了很大力气联系迈克尔·弗里德曼，但没有成功。）

为了写第三部，我采访了许多曾在普渡工作或是以其他身份认识萨克勒家族的人。在采访过程中，我发现有一类员工对萨克勒家族来说可能几乎是隐形的——从门卫、管家到瑜伽教练和行政助理——但他们往往处于观察雇主的有利位置，能够以一种独特的、极其亲密的视角来打量雇主。我还从萨克勒家族的一些成员那里获得了大量私人电子邮件，这些邮件没有在诉讼中公开，但被发给了我。破产诉讼期间，莫蒂默·萨克勒的继承人在 Whats App 上的私人聊天记录得以披露，这份记录长达 48 页，为我们提供了迷人的视角，让我们了解到萨克勒家族的一些成员是如何制定策略来回应我在《纽约客》上的报道，以及他们不久后陷入的更广泛的争议。

作为一名记者，我非常看重文件，因为我认为一沓文件有时比一次采访更有价值。但这是我做过的第一个涉及太多文件的项目。我感觉自己就像为起诉普渡做准备时的弗吉尼亚州阿宾登镇检察官：被堆积如山的文件压垮了。即便如此，我所能接触到的只是最终将被公开的文件的一小部分。经过怀特普莱恩斯的破产诉讼，普渡的文件总量可能会达到数千万页。果真如此的话，本书将很难为这些人物和事件下定论。但我希望它可以向未来的记者和研究人员提供一张路线图，以便他们深入研究最终将被公开的海量文件，并激励他们将这个重要故事的全部真相公之于众。

译名对照表

"矮子"乔奎因·古兹曼，Joaquín "El Chapo" Guzmán
"大金枪鱼"托尼·阿卡多，Tony Big Tuna Accardo
"法老王图坦卡蒙的宝藏"，*The Treasures of King Tut*
"塔基"帕纳约蒂斯·西奥多阿克普罗斯，Panagiotis "Taki" Theodoracopulos
"油腻大拇哥"杰克·古兹克，Jake Greasy Thumb Guzik
《60 分钟》，*60 Minutes*
《奥兰多哨兵报》，*The Orlando Sentinel*
《白杨树》，*Poplars*
《百万美元豪宅》，Million Dollar Listing
《拜金一族》，*Glengarry Glen Ross*
《波士顿环球报》，*Boston Globe*
《布鲁克林鹰报》，*Brooklyn Eagle*
《财富》，*Fortune*
《彩票》，*The Lottery*
《城镇与乡村》，*Town & Country*
《戴维营协议》，Camp David Accords
《地面铺装周刊》，*Floor Covering Weekly*
《狄克·崔西》，*Dick Tracy*
《毒枭》，*Narcos*
《儿科研究平等法》，Pediatric Research Equity Act
《反回扣法》，Anti-kickback Statute
《费城问询报》，*The Philadelphia Inquirer*
《分析毒理学杂志》，*Journal of Analytical Toxicology*
《福布斯》，*Forbes*
《公民凯恩》，*Citizen Kane*
《观察家报》，*The Observer*
《广告时代》，*Advertising Age*
《哈佛商业评论》，*Harvard Business Review*
《哈珀斯和女王》，*Harpers & Queen*
《哈特福德新闻报》，*Hartford Courant*
《荷兰人》，*The Dutchman*
《猴子捞月》，*Monkeys Grasp for the Moon*
《华尔街日报》，*The Wall Street Journal*
《华盛顿邮报》，*The Washington Post*
《化学周刊》，*Chemical Week*
《火线》，*The Wire*
《记录报》，*The Record*
《继承之战》，*Succession*
《监狱疑云》，*O.G.*
《焦虑时代》，*The Age of Anxiety*
《教父》，*The Godfather*
《金融时报》，*Financial Times*
《惊曝内幕》，*The Insider*
《绝命毒师》，*Breaking Bad*
《卡萨布兰卡》，*Casablanca*
《抗生素药物与临床疗法》，*Antibiotic Medicine and Clinical Therapy*
《抗生素与化疗》，*Antibiotics and Chemotherapy*
《科利尔杂志》，Collier's magazine
《了不起的盖茨比》，*The Great Gatsby*
《蕾切尔·玛多秀》，*The Rachel Maddow Show*
《临床与实验精神生物学杂志》，*Journal of Clinical and Experimental Psychobiology*
《临终关怀》，*Care of The Dying*
《领导力》，*Leadership*
《泰晤士报》，*London Times*
《洛杉矶时报》，*Los Angeles Times*
《每日野兽报》，*Daily Beast*
《美好家园》，*Better Homes and Gardens*
《梦瘾》，*Dreamland*
《密尔沃基哨兵报》，*Milwaukee Journal Sentinel*
《名利场》，*Vanity Fair*
《纽约客》，*The New Yorker*
《纽约时报》，*The New York Times/The Times*
《纽约先驱论坛报》，*New York Herald Tribune*

《纽约邮报》, *New York Post*
《纽约邮报》第六版, *Page Six*
《商业周刊》, *Business Week*
《上周今夜秀》, *Last Week Tonight*
《生活》杂志, *Life* magazine
《圣路易斯邮报》, *St. Louis Post-Dispatch*
《石板》, *Slate*
《时代》周刊, *Time* magazine
《时尚芭莎》, *Harper's Bazaar*
《时尚先生》, *Esquire*
《食品、药品和化妆品法》, Food, Drug, and Cosmetic Act
《史密森尼世界》, Smithsonian World
《塔尔萨世界报》, *Tulsa World*
《塔夫茨日报》, *The Tufts Daily*
《疼痛管理》, *The Management of Pain*
《止痛毒丸:"神奇"药物的成瘾与死亡之路》, *Pain Killer: A "Wonder" Drug's Trail of Addiction and Death*
《卫报》, *The Guardian*
《新闻周刊》, *Newsweek*
《新英格兰医学杂志》, *The New England Journal of Medicine*
《信息自由法》, Freedom of Information Act
《星期六评论》, *Saturday Review*
《星期日泰晤士报》, *The Sunday Times*
《虚假申报法》, False Claims Act
《鸦片史》, *Opium: A History*
《亚当斯一家》, *The Addams Family*
《亚里士多德对着荷马的头像作冥想》, Aristotle Contemplating a Bust of Homer
《耶路撒冷邮报》, *The Jerusalem Post*
《医学公报》, *Medical Bulletin*
《医学论坛报》, *Medical Tribune*
《医学论坛报国际版》, *Medical Tribune International*
《艺术论坛》, *Artforum*
《艺术新闻》, *ARTnews*
《远离伤痛:退伍军人及其家人的疼痛管理生存指南》, *Exit Wounds: A Survival Guide to Pain Management for Returning Veterans and Their Families*
《这是个残酷的事实,不是吗?》, *It's a Hard Truth, Ain't It*
《中国医学论坛报》, *China Medical Tribune*
《钻法律空子》, *Bending the Law*
《最佳儿童医药品法》, Best Pharmaceuticals for Children Act
E. 塔米·金, E. Tammy Kim
F. 彼得·波尔, F. Peter Boer
F. 司各特, F. Scott
G.K. 切斯特顿, G. K. Chesterton
J.P. 摩根, J. P. Morgan
J. 卡特·布朗, J. Carter Brown
J. 卡提格纳, J. Kartiganer
L.W. 弗罗里奇公司, L. W. Frohlich
M.M. 维勒, M. M. Weller
MD 出版公司, MD Publications
PF 实验室, PF Laboratories
S. 狄龙·里普利, S. Dillon Ripley
W.T. 格兰特, W. T. Grant
阿卜杜勒·萨维, Abdel el Sawy
阿道夫·希特勒, Adolf Hitler
阿道罗公司, Adolor
阿德莱·史蒂文森, Adlai Stevenson
阿尔·帕西诺, Al Pacino
阿尔·西格尔, Al Siegal
阿尔克迈翁, Alcmaeon
阿伦·伯尔, Aaron Burr
阿伦·斯佩克特, Arlen Specter
阿纳布·加塔克, Arnab Ghatak
阿司匹林羟考酮片, Percodan
阿特拉斯, Atlas
埃德·比什, Ed Bisch
埃德·西泽, Ed Caesar
埃德·康伦, Ed Conlon
埃德·科赫, Ed Koch
埃德·米格拉瑞斯, Ed Miglarese
埃迪, Eddie

保罗·加利科，Paul Gallico
保罗·加利翁吉，Paul Ghalioungui
保罗·科普兰，Paul Coplan
保罗·兰德·迪克森，Paul Rand Dixon
保罗·马德罗斯，Paul Madeiros
保罗·麦克纳尔蒂，Paul McNulty
保罗·佩尔蒂埃，Paul Pelletier
保罗·辛格，Paul Singer
鲍勃·琼斯，Bob Jones
鲍厄里酒店，Bowery Hotel
北塔，North Tower
贝蒂·福特，Betty Ford
贝弗莉·费尔德曼，Beverly Feldman
贝拉克·奥巴马，Barack Obama
贝萨妮·麦克莱恩，Bethany McLean
贝丝·布雷斯曼/贝丝·萨克勒，Beth Bressman/Beth Sackler
贝丝·梅西，Beth Macy
贝斯以色列医疗中心，Beth Israel Medical Center
本·戴维斯，Ben Davis
本·陶布，Ben Taub
苯环己哌啶，PCP
比阿特丽斯，Beatrice
比尔·波拉克，Bill Pollack
比尔·德拉蒙德，Bill Drummond
比尔·克林顿，Bill Clinton
比尔·托马斯，Bill Thomas
比尔·韦伯社区服务奖，Bill Webber Award for Community Service
彼得·R. 多兰，Peter R. Dolan
彼得·胡加尔，Peter Hujar
彼得·坎比，Peter Canby
彼得·马里诺，Peter Marino
彼得·史密斯，Peter Smith
彼得·韦尔奇，Peter Welch
必妥碘，Betadine
别克路霸，Buick Roadmaster
波姬·小丝，Brooke Shields
波莫纳学院，Pomona College
波士顿大学医学中心，Boston University Medical Center
波伊德·霍布鲁克，Boyd Holbrook
伯恩斯坦，Bernstein
伯纳德·马拉默德，Bernard Malamud
伯特·罗森，Burt Rosen
伯特·温斯坦，Bert Weinstein
布拉德·皮特，Brad Pitt
布拉克，Braque
布莱恩，Brian
布莱恩·克兰斯顿，Bryan Cranston
布兰迪斯大学，Brandeis
布雷特·杰斐逊，Brett Jefferson
布鲁克·阿斯特，Brooke Astor
布鲁克林博物馆，Brooklyn Museum
布鲁克林学院，Brooklyn College
布鲁克林药学院，Brooklyn College of Pharmacy
布鲁克林州立医院，Brooklyn State Hospital
布洛芬，Motrin
布希家族，Busches
茶碱缓释片，Uniphyl
查德本·派克律师事务所，Chadbourne & Parke
查尔斯·奥莱克，Charles Olech
查尔斯·布洛迪，Charles Brody
查尔斯·福伦·马吉姆，Charles Follen McKim
查尔斯·梅，Charles May
查尔斯·亚当斯，Charles Addams
查尔斯·辉瑞公司，Chas. Pfizer & Company
成就第一，Achievement First
橙剂，Agent Orange
楚帛书，Ch'u Manuscript
特里斯特拉姆，Tristram
翠贝卡电影节，Tribeca Film Festival
达达尼昂，d'Artagnan
达尔康盾，Dalkon Shield
达维律师事务所，Davis Polk
大屠杀纪念馆，Holocaust Museum
戴维·阿姆斯特朗，David Armstrong

菲尔·基夫，Phil Keefe
菲尔·科伊施，Phil Keusch
菲尔布鲁克艺术中心，Philbrook Art Center
菲尔德波因特广场，Field Point Circle
菲利普·博比特，Philip Bobbitt
菲利普·德·蒙特贝罗，Philippe de Montebello
菲利普·蒙哥马利，Philip Montgomery
翡翠，Jade
费城医师学会，College of Physicians in Philadelphia
费利克斯，Felix
费利克斯·邦菲斯，Félix Bonfils
费利克斯·马蒂-伊瓦涅斯，Félix Martí-Ibáñez
芬赛德，Fernside
芬太尼，Fentanyl
芬太尼棒棒糖，Actiq
芬太尼口腔贴片，Fentora
芬太尼舌下喷雾剂，Subsys
蜂路，Beespace
弗吉尼亚·伍尔夫，Virginia Woolf
弗兰克·伯杰，Frank Berger
弗兰克·亨特利，Frank Huntley
弗兰克·基夫，Frank Keefe
弗兰克·斯特拉，Frank Stella
弗兰克·杨，Frank Young
弗朗西斯·X. 克莱斯，Francis X. Clines
弗朗辛·肖，Francine Shaw
弗雷德里卡，Frederika
弗里克收藏馆，Frick Collection
佛格艺术博物馆，Fogg
福莱国际传播咨询公司，Fleishman-Hillard
福特家族，Fords
盖蒂图片社，Getty Images
高盛集团，Goldman Sachs
哥伦比亚大学医学院，Columbia Medical School
哥伦布大道，Columbus Avenue
格拉梅西公园，Gramercy Park
格拉斯哥大学安德森医学院，Anderson College of Medicine in Glasgow
格雷甘油汤力水，Gray's Glycerine Tonic
格雷格·斯顿博，Greg Stumbo
格雷森·柯克，Grayson Kirk
格林威治医院，Greenwich Hospital
格伦·克洛斯，Glenn Close
格特劳德·维默尔 / 格丽，Gertraud Wimmer/Geri
公共公民健康研究小组，Public Citizen's Health Research Group
公共廉政中心，Center for Public Integrity
公园大道，Park Avenue
公园西村，Park West Village
共和党总检察长协会，Republican Attorneys General Association/ RAGA
古根海姆博物馆，Guggenheim Museum
滚石乐队，Rolling Stones
国际调查记者同盟，International Consortium of Investigative Journalists
国家广场，National Mall
国家剧院，National Theatre
国家美术馆，National Gallery
国家肖像馆，National Portrait Gallery
国立非洲艺术博物馆，National Museum of African Art
国立亚洲艺术博物馆，National Museum of Asian Art
哈拉·埃斯特罗夫·马拉诺，Hara Estroff Marano
哈里斯·伯曼，Harris Berman
哈里特·瑞安，Harriet Ryan
哈利·杜鲁门，Harry Truman
哈利·亨德森，Harry Henderson
哈利·卡伦，Harry Cullen
哈利·拉伯特，Harry LaBurt
哈利·泽伦科，Harry Zelenko
哈林顿，Harrington
哈特福德医院，Hartford Hospital
海伦·哈伯曼，Helen Haberman

海因茨·莱曼，Heinz Lehmann
海因里希·德雷瑟，Heinrich Dreser
汉密尔顿·赖特，Hamilton Wright
汉娜·库赫勒，Hannah Kuchler
河滨教堂，riverside chapel
赫伯特·斯莱特里，Herbert Slatery
赫舍尔·吉克，Hershel Jick
赫西俄德，Hesiod
黑特·史德耶尔，Hito Steyerl
亨利·芬德，Henry Finder
亨利·克莱·弗里克，Henry Clay Frick
亨利·莫洛夫斯基，Henry Molofsky
亨利·韦尔奇，Henry Welch
华尔道夫酒店，Waldorf Astoria
华莱士实验室，Wallace Laboratories
华盛顿法律基金会，Washington Legal Foundation
环球剧院，Globe Theatre
皇宫剧院，Palace Theatre
皇后区总医院，Queens General Hospital
皇家艺术学院，Royal College of Art
辉瑞，Pfizer
活力研究所，Vitality Institute
霍夫曼-罗氏公司，Hofmann-LaRoche
霍华德·夏皮罗，Howard Shapiro
霍华德·尤德尔，Howard Udell
霍华德·尤德尔纪念图书馆，Howard Udell Memorial Library
霍莉·威尔，Holly Will
机动车辆管理局，DMV
基思·汉弗莱斯，Keith Humphreys
基思·伍德，Keith Wood
吉迪恩·刘易斯-克劳斯，Gideon Lewis-Kraus
吉迪恩·纳丘米，Gideon Nachumi
吉尔·斯科勒克，Jill Skolek
吉莉安·芬尼莫尔，Jillian Fennimore
吉莉安·塔利/吉莉安·萨克勒/吉莲·萨克勒/吉尔，Jillian Tully/ Jillian Sackler/ Gillian Sackler/ Jill
吉莲·费纳，Gillian Feiner
吉米·卡特，Jimmy Carter
吉姆·基夫，Jim Keefe
吉姆·库珀，Jim Cooper
吉姆·朗，Jim Lang
吉姆·斯皮德，Jim Speed
纪念斯隆-凯特琳癌症中心，Memorial Sloan Kettering
济慈，Keats
加里·里奇，Gary Ritchie
佳士得拍卖行，Christie's
贾斯蒂娜，Justyna
杰德·利平斯基，Jed Lipinski
杰夫，Jeff
杰夫·菲利，Jef Feeley
杰弗里，Jeffrey
杰弗里·怀特，Jeffrey Wright
杰弗里·罗森，Jeffrey Rosen
杰弗里·尤德尔，Jeffrey Udell
杰姬·肯尼迪，Jackie Kennedy
杰克·阿布拉莫夫，Jack Abramoff
杰克·奥格登，Jack Ogden
杰克·华纳，Jack Warner
杰克·克劳利，Jack Crowley
杰奎琳·皮尤，Jacqueline Pugh
杰拉尔德·波斯纳，Gerald Posner
杰罗姆·罗马戈萨，Jerome Romagosa
杰米·达尔林普尔，Jamie Dalrymple
杰米·拉斯金，Jamie Raskin
杰森·伯恩斯，Jason Burns
杰森·布莱尔，Jayson Blair
杰西·德尔孔蒂，Jesse DelConte
杰伊·盖茨比，Jay Gatsby
杰伊·麦克洛斯基，Jay McCloskey
杰伊·韦特劳弗，Jay Wettlaufer
杰迈玛汗，Jemima Khan
金伯莉·克拉夫奇克，Kimberly Krawczyk
锯木厂河路，Saw Mill River Road
卡德博士，Dr. Kade
哈里·道金斯，Khari Dawkins

卡利克斯托·里维拉, Calixto Rivera
卡罗尔·内海塞尔, Carol Neiheisel
卡罗尔·萨克勒, Carol Sackler
卡罗琳·马洛尼, Caroline Maloney
卡洛斯·布兰科, Carlos Blanco
卡内基家族, Carnegies
卡内基音乐厅, Carnegie Hall
卡希姆·舒伯, Kadhim Shubber
凯蒂·汤森, Katie Townsend
凯利·阿姆斯特朗, Kelly Armstrong
凯伦·怀特, Karen White
凯瑟琳·弗利, Kathleen Foley
凯瑟琳·克拉克, Katherine Clark
凯文·麦金托什, Kevin McIntosh
凯西·胡里根, Kathy Hourigan
凯西·珂勒惠支, Käthe Kollwitz
凯西·萨克勒, Kathe Sackler
凯西·沃尔什, Kathey Walsh
康定斯基, Kandinsky
柯蒂斯·赖特, Curtis Wright
柯克·奥格罗斯基, Kirk Ogrosky
科德角, Cape Cod
科尔图瑞有限公司, Colturae Inc.
科赫综合癌症研究所, Koch Institute for Integrative Cancer Research
科妮莉亚·亨尼施, Cornelia Hentzsch
科特·柯本, Kurt Cobain
科特妮·洛芙, Courtney Love
科文顿–柏灵律师事务所, Covington & Burling
科研美国, Research!America
可待因, Codeine
克拉克·克利福德, Clark Cliford
克拉克大学, Clark University
克莱尔, Clare
克雷·希金斯, Clay Higgins
克雷格·兰道, Craig Landau
克里·舒尔科维奇, Kerry Sulkowicz
克里德莫尔精神病治疗中心, Creedmoor Psychiatric Center
克里德莫尔医院, Creedmoor Hospital
克里斯蒂娜·李, Christina Lee
克里斯托弗·格拉泽克, Christopher Glazek
克里斯托弗街, Christopher Street
克利夫, Cliff
克罗顿, Croton
克罗尔公司, Kroll
肯尼·基思, Kenny Keith
肯尼迪中心, Kennedy Center
肯尼斯·费恩伯格, Kenneth Feinberg
库伯联盟学院, Cooper Union
库尔特, Kurt
库基·穆勒, Cookie Mueller
拉尔夫·布鲁贝克, Ralph Brubaker
拉尔夫·纳德, Ralph Nader
拉菲·哈卡多里安, Raffi Khatchadourian,
拉贾·克里希纳穆尔蒂, Raja Krishnamoorthi
拉蔻儿·薇芝, Raquel Welch
拉里·威尔逊, Larry Wilson
拉丽莎·麦克法夸尔, Larissa MacFarquhar,
拉曼·辛格, Raman Singh
拉什·林堡, Rush Limbaugh
拉维·米尔坎达尼, Ravi Mirchandani
莱蒂夏·詹姆斯, Letitia James
莱纳斯·鲍林, Linus Pauling
兰德公司, Rand
兰迪·拉姆塞耶, Randy Ramseyer
兰尼·布鲁斯, Lenny Bruce
蓝色洞穴, Grotta Azzurra
蓝色海岸, Cote D'Azur
劳埃德·C. 米勒, Lloyd C. Miller
劳尔·达马斯, Raul Damas
劳拉·珀特拉斯, Laura Poitras
劳伦, Lauren
劳伦斯·巴科, Lawrence Bacow
老布什, George H. W. Bush
雷克医疗, Lake Medical
雷曼画廊, Lehman gallery
雷曼兄弟银行, Lehman Brothers

罗伯特·德雷恩，Robert Drain
罗伯托·芬奇，Roberto Finzi
罗代尔出版社，Rodale
罗德制药，Rhodes Pharmaceuticals
罗格斯大学，Rutgers
罗纳德·D. 莱文，Ronald D. Levine
罗纳德·坦帕斯，Ronald Tempas
罗氏制药，Roche
拉塞尔·波特诺伊，Russell Portenoy
拉塞尔·加斯迪亚，Russell Gasdia
拉塞尔·克劳，Russell Crowe
罗西可酮，Roxicodone
洛克菲勒侧厅，Rockefeller wing
洛克菲勒大学，Rockefeller University
洛克菲勒家族，Rockefellers
洛克庞特有限公司，Rock Point Ltd.
洛克斯莱斯特，Rooksnest
洛克斯莱斯特风险投资公司，Rooks Nest Ventures
洛佩兹，Lopez
洛氏纪念图书馆，Low Memorial Library
骆驼老乔，Joe Camel
氯丙嗪，Thorazine
妈妈燕麦，Mother's Oats
麻省理工学院，MIT
麻省总医院，Massachusetts General Hospital
马丁·埃林，Martin Elling
马丁·布思，Martin Booth
马克·F. 波梅兰茨，Mark F. Pomerantz
马克·阿方索，Mark Alfonso
马克·鲍姆贝克，Mark Bomback
马克·蒂姆尼，Mark Timney
马克·凯塞尔曼，Marc Kesselman
马克·里朗斯，Mark Rylance
马克·罗森堡，Mark Rosenberg
马克·夏加尔，Marc Chagall
马克·谢弗，Mark Cheffo
马拉拉基金会，Malala Fund
马林克罗制药，Mallinckrodt
马特·威尔，Matt Well
马歇尔·休伯纳，Marshall Huebner
马修·施奈尔，Matthew Schneier
玛德琳·萨克勒，Madeleine Sackler
玛蒂尔达·福布斯·沃森，Matilda Forbes Watson
玛格丽特·陈，Margaret Chan
玛格丽特·米德尔顿，Margaret Middleton
玛吉·尤斯平，Margie Yospin
玛丽·T. 耶利克，Mary T. Yelenick
玛丽·安托瓦内特，Marie Antoinette
玛丽·布里奇特·李，Mary Bridget Lee
玛丽·科森，Mary Corson
玛丽·卢，Mary Lou
玛丽·乔·怀特，Mary Jo White
玛丽埃塔·卢策，Marietta Lutze
玛丽安·斯科勒克·佩雷斯，Marianne Skolek Perez
玛丽安娜，Marianna
玛丽卡，Marika
玛丽莎，Marissa
玛丽亚·巴顿，Maria Barton
玛丽亚·马西，Maria Massey
玛莎·葛兰姆，Martha Graham
玛莎·华盛顿酒店，Martha Washington Inn
玛莎·韦斯特，Martha West
迈尔斯，Miles
迈卡·费兹曼-布卢，Micah Fitzerman-Blue
迈卡·豪瑟，Micah Hauser
迈克·布隆伯格，Mike Bloomberg
迈克·卡伦，Mike Cullen
迈克·奎因，Mike Quinn
迈克·罗，Mike Luo
迈克·摩尔，Mike Moore
迈克·彭斯，Mike Pence
迈克·英瑙拉托，Mike Innaurato
迈克尔，Michael
迈克尔·B. 肯德金，Michael B. Kindergan
迈克尔·K. 威廉姆斯，Michael K. Williams

米克·贾格尔，Mick Jagger
米里亚姆，Miriam
米里亚姆·肯特，Miriam Kent
米罗·比奇，Milo Beach
米奇·曼托，Mickey Mantle
米切尔·德纳姆，Mitchel Denham
米歇尔·林格勒，Michele Ringler
眠尔通，Miltown
摩根大通，JP Morgan
莫蒂默·大卫·阿尔方斯·萨克勒/小莫蒂默，Mortimer David Alfons Sackler/ Mortimer junior
莫蒂默·萨克勒，Mortimer Sackler
莫拉·凯斯琳·莫纳亨，Maura Kathleen Monaghan
莫拉·希利，Maura Healey
默克集团，Mercks
缪丽尔·拉扎勒斯/缪丽尔·萨克勒，Muriel Lazarus/ Muriel Sackler
纳尔逊·A. 洛克菲勒，Nelson A. Rockefeller
纳洛酮，Naloxone
纳普实验室，Napp Laboratories
娜奥米·弗里，Naomi Fry
纳塔利娅·拉贝，Natalie Raabe
南·戈尔丁，Nan Goldin
南伦敦画廊，South London Gallery
南希·坎普，Nancy Camp
南希·施韦克特，Nancy Swikert
尼尔·阿姆斯特朗，Neil Armstrong
尼古拉斯·尼亚尔霍斯，Nicolas Niarchos
尼古拉斯·普林帕斯，Nicholas Primpas
尼古拉斯·维尔迪尼，Nicholas Verdini
尼克·鲍姆加登，Nick Paumgarten
纽约大学医学院，NYU Medical School
纽约市立大学，City University of New York
纽约医院，New York Hospital
纽约州立大学布法罗分校，SUNY Buffalo
诺顿罗氏律师事务所，Norton Rose Fulbright
诺曼·梅勒，Norman Mailer
诺亚·哈普斯特，Noah Harpster
帕卡德家族，Packards
帕克–伯内特拍卖行，Parke-Bernet
帕梅拉·班尼特，Pamela Bennett
帕梅拉·泰勒，Pamela Taylor
帕姆·麦卡锡，Pam McCarthy
帕塞伊克河，Passaic River
帕特里克，Patrick
帕特里夏·卡恩斯，Patricia Carnes
帕特森·凯利，Patterson Kelley
派克维尔高中，Pikeville High School
派瑞霉素酏剂，Paremycin Elixir
庞蒂亚克大奖赛，Pontiac Grand Prix
佩林·H. 朗，Perrin H. Long
彭博新闻社，Bloomberg News
彭德尔顿惩教所，Pendleton Correctional Facility
皮埃尔酒店，Pierre hotel
皮奥，Pihor
皮德斯，Pedesi
皮拉内西，Piranesi
珀杜农场，Perdue Farms
珀西·比希·雪莱，Percy Bysshe Shelley
普渡·弗雷德里克，Purdue Frederick
普渡·弗雷德里克研究中心，Purdue Frederick Research Center
普渡大学，Purdue University
普渡制药，Purdue Pharma
普林斯，Prince
普罗米修斯，Prometheus
基蒙·德·格雷夫，Kimon de Greef
骑马斗牛士出版社，Picador
契斯特菲尔德香烟，Chesterfield cigarettes
茜拉·科尔哈特卡，Sheelah Kolhatkar
强生家族，Johnsons
羟考酮，oxycodone
羟吗啡酮，Opana
乔·拜登，Joe Biden
乔·法穆拉罗，Joe Famularo

乔安娜·利德盖特，Joanna Lydgate
乔尔·洛弗尔，Joel Lovell
乔纳森·戈尔茨坦，Jonathan Goldstein
乔纳森·凯恩，Jonathan Cain
乔纳森·利普森，Jonathan Lipson
乔纳森·萨克勒 / 乔恩，Jonathan Sackler/ Jon
乔西·马丁，Josie Martin
乔希·斯坦，Josh Stein
乔希·夏皮罗，Josh Shapiro
乔治·华盛顿大学，George Washington
乔治·索罗斯，George Soros
切斯特广场，Chester Square
青年收藏家协会，Young Collectors Council
琼·卢基，Joan Lukey
邱园，Kew Gardens
拳王阿里，Muhammad Ali
让-吕克·马蒂内，Jean-Luc Martinez
里克·芒卡斯尔，Rick Mountcastle
萨德尔河，Saddle River
萨克勒博物馆，Sackler Museum
萨克勒工作室，Sackler Studios
萨克勒馆，Sackler Room
萨克勒和弗利尔画廊，Sackler and Freer galleries
萨克勒画廊，Sackler Gallery
萨克勒教育中心，Sackler Education Centre
萨克勒楼，Sackler Building
萨克勒桥，Sackler Crossing
萨克勒生物医学和营养研究中心，Sackler Center for Biomedicine and Nutrition Research
萨克勒生物医学科学研究生院，Sackler School of Graduate Biomedical Sciences
萨克勒生物医学科学研究所，Sackler Institute of Graduate Biomedical Sciences
萨克勒厅，Sackler Hall
萨克勒图书馆，Sackler Library
萨克勒信托基金，Sackler Trust
萨克勒医学院，Sackler School of Medicine
萨克勒艺术教育中心，Sackler Center for Arts Education
萨克勒展馆，Sackler Pavilion
萨克勒展厅，Sackler Exhibition Hall
萨克勒自动扶梯，Sackler Escalator
萨曼莎，Samantha
萨默塞特·毛姆，Somerset Maugham
塞费里诺·佩雷斯，Ceferino Perez
塞缪尔·泰勒·柯勒律治，Samuel Taylor Coleridge
塞西尔·罗德，Cecil Rhodes
塞西尔·诺克斯，Cecil Knox
赛·斯里斯坎达拉贾，Sai Sriskandarajah
赛克勒考古与艺术博物馆，Sackler Museum of Art and Archaeology/ Arthur M. Sackler Museum of Art and Archaeology
新来福，Senokot
桑德斯剧院，Sanders Theatre
桑迪·亚历山大，Sandy Alexander
桑树街，Mulberry Street
萨拉·马尔贡，Sarah Margon
萨拉·斯蒂尔曼，Sarah Stillman
萨莉·萨特尔，Sally Satel
莎士比亚，Shakespeare
山姆·昆诺斯，Sam Quinones
山姆·罗森，Sam Rosen
萨克勒蛇形画廊，Serpentine Sackler
圣奥诺雷路，Rue Saint-Honoré
圣罗兰，Yves Saint Laurent
圣玛丽广场，St. Mary's Place
施贵宝，E. R. Squibb
史蒂夫·米勒，Steve Miller
史蒂夫·泰瑞尔，Steve Tyrrell
史蒂文·梅，Steven May
史蒂文·墨菲，Steven Murphy
史蒂文·托尔曼，Steven Tolman
史蒂文·佐洛，Steve Zollo
史克公司，Smith, Kline & French
史密森尼学会，Smithsonian
史密斯，the Smith

世界摔角娱乐公司，World Wrestling Entertainment
世通公司，WorldCom
双日出版社，Doubleday
斯蒂芬·科尔伯特，Stephen Colbert
斯蒂芬·赛德，Stephen Seid
斯科特·波多尔斯基，Scott Podolsky
斯科特·格洛弗，Scott Glover
斯科特·克拉克·伍利，Scott Clark Woolley
斯拉维亚·塔德帕利，Sravya Tadepalli
斯塔滕岛渡轮，Staten Island Ferry
斯坦利·伯格曼，Stanley Bergman
斯坦利·萨尔曼，Stanley Salmen
斯图尔特·贝克，Stuart Baker
斯韦特兰娜·卡茨，Svetlana Katz
斯韦特兰娜·齐尔，Svetlana Zill
苏豪广场，Soho Square
苏珊·沙克，Susan Shack
索尔·查内莱斯，Sol Chaneles
索菲·格林伯格，Sophie Greenberg
索福克勒斯，Sophocles
塔德乌什，Tadeusz
塔夫茨大学，Tufts
太平洋高地，Pacific Heights
泰德·肯尼迪，Ted Kennedy
泰德·威尔斯，Ted Wells
泰勒·福加特，Tyler Foggatt
泰勒·汤普森，Tyler Thompson
泰诺，Tylenol
泰特美术馆，The Tate Gallery
泰特现代美术馆，Tate Modern
汤姆·弗雷德海姆，Tom Freudenheim
汤姆·弗里登，Tom Frieden
汤姆·黑根，Tom Hagen
汤姆·克莱尔，Tom Clare
唐·彼得森，Don Petersen
唐纳德·斯特恩，Donald Stern
唐纳德·特朗普，Donald Trump
陶氏化学公司，Dow Chemical
特拉华州诺兰科公司，Noramco of Delaware Inc.
特拉维夫大学，Tel Aviv
特雷霍特，Terre Haute
特雷西·费舍尔，Tracy Fisher
特蕾莎·罗琳，Theresa Rowling
特勤局，the Secret Service
疼痛护理论坛，Pain Care Forum
梯瓦制药，Teva
天使尘，angel dust
通用电气，General Electric
土霉素，Terramycin
托德·鲍姆加特纳，Todd Baumgartner
托德·道蒂，Todd Doughty
托马斯·霍温，Thomas Hoving
托马斯·杰斐逊，Thomas Jefferson
托马斯·劳顿，Thomas Lawton
托尼·多诺弗里奥，Tony D'Onofrio
万宝路牛仔，Marlboro Man
威尔·赫廷格，Will Hettinger
威凯平和而德律师事务所，Wilmer Cutler Pickering Hale and Dorr
威拉德酒店，Willard
威廉·G. 卡斯塔尼奥利，William G. Castagnoli
威廉·埃文斯，William Evans
威廉·道格拉斯·麦克亚当斯，William Douglas McAdams
威廉·哈林顿，William Harrington
威廉·柯比，William Kirby
威廉姆·奥多诺霍，William O'Donoghue
威廉与玛丽学院，William & Mary
威瑞森电信，Verizon
威斯敏斯特教堂，Westminster Abbey
微软全国广播公司，MSNBC
韦格王姆酒店，Wigwam
维多利亚·比尔，Victoria Beale
维多利亚与艾尔伯特博物馆，Victoria and Albert Museum
维柯丁，Vicodin

伊甸奥拉克酒店，Hotel Eden au Lac
伊甸豪海角酒店，Hôtel du Cap-Eden-Roc
伊恩·德雅尔丁，Ian Dejardin
伊拉斯谟霍尔高中，Erasmus Hall High School
伊丽莎白·A. 萨克勒女权主义艺术中心，Elizabeth A. Sackler Center for Feminist Art
伊丽莎白·伯纳德，Elizabeth Bernard
伊丽莎白·肯尼迪，Elizabeth Kennedy
伊丽莎白·萨克勒，Elizabeth Sackler
伊丽莎白·沃伦，Elizabeth Warren
伊森·利伯，Ethan Lieber
伊万卡·特朗普，Ivanka Trump
伊西斯，Isis
伊扎克·帕尔曼，Itzhak Perlman
医师产品公司，Physicians Products
医学广播电视协会，Medical Radio and Television Institute
医药广告名人堂，Medical Advertising Hall of Fame
银山医院，Silver Hill Hospital
印第安纳州惩教局，Indiana Department of Public Correction
英格丽·褒曼，Ingrid Bergman
英格丽·斯特纳，Ingrid Sterner
英国石油公司，BP
英瑟斯制药公司，Insys
远藤制药，Endo
约翰·C. 卡尔霍恩，John C. Calhoun
约翰·D. 洛克菲勒，John D. Rockefeller
约翰·J. 博尼卡，John J. Bonica
约翰·塔尔博特，John Talbott
约翰·W. 汤普森，John W. Thompson
约翰·奥利弗，John Oliver
约翰·布莱尔，John Blair
约翰·布朗利，John Brownlee
约翰·布洛克，John Bullock
约翰·范·奥菲杰森/范诺，Johan van Ophuijsen/Van O
约翰·丰塔纳，John Fontana
约翰·杰伊，John Jay
约翰·卡利尔，John Kallir
约翰·卡普尔，John Kapoor
约翰·坎贝尔，John Campbell
约翰·利尔，John Lear
约翰·麦基恩，John McKeen
约翰·乔丹，John Jordan
约翰·斯图尔特，John Stewart
约翰·泰勒·约翰斯顿，John Taylor Johnston
约翰·韦辛顿，John Wethington
约翰尼·沙利文，Johnny Sullivan
约瑟夫·哈格·阿伦森有限责任公司，Joseph Hage Aaronson LLC
约瑟夫·柯金斯，Joseph Coggins
约瑟夫·诺布尔，Joseph Noble
约瑟夫·乔特，Joseph Choate
泽尔达·菲茨杰拉德，Zelda Fitzgerald
扎金，Zakin
扎克·帕尔曼，Zach Perlman
詹姆斯·H. 康诺弗，James H. Conover
詹姆斯·赛明顿，James McK. Symington
詹姆斯·P. 琼斯，James P. Jones
詹姆斯·弗雷姆，James Frame
詹姆斯·格林伍德，James Greenwood
詹姆斯·科米，James Comey
詹姆斯·科默，James Comer
詹姆斯·斯特林，James Stirling
詹娜·马拉默德·史密斯，Janna Malamud Smith
詹妮弗·金斯利，Jennifer Kinsley
詹妮弗·拉登，Jennifer Radden
长岛大学布鲁克林药学院，Brooklyn College of Pharmacy, Long Island University
长岛海湾，Long Island Sound
珍妮特·桑德斯，Janet Sanders
朱迪丝·沙赫特，Judith Schachter
朱莉·泰特，Julie Tate
综合疼痛管理学会，Academy of Integrative Pain Management
组胺，histamine

图书在版编目(CIP)数据

疼痛帝国：萨克勒家族秘史 /（美）帕特里克·拉登·基夫著；沈瑞欣译. — 上海：格致出版社：上海人民出版社，2024.4
ISBN 978-7-5432-3534-2

Ⅰ. ①疼… Ⅱ. ①帕… ②沈… Ⅲ. ①家族-史料-美国 Ⅳ. ①K837.120.9

中国国家版本馆 CIP 数据核字(2024)第 012926 号

责任编辑 裴乾坤
装帧设计 钟 颖

疼痛帝国——萨克勒家族秘史
[美]帕特里克·拉登·基夫 著
沈瑞欣 译

出　　版 格致出版社
上海人民出版社
(201101 上海市闵行区号景路 159 弄 C 座)
发　　行 上海人民出版社发行中心
印　　刷 上海新华印刷有限公司
开　　本 720×1000 1/16
印　　张 32.5
插　　页 2
字　　数 515,000
版　　次 2024 年 4 月第 1 版
印　　次 2024 年 4 月第 1 次印刷
ISBN 978-7-5432-3534-2/I·240
定　　价 138.00 元

Empire of Pain: The Secret History of the Sackler Dynasty

Patrick Radden Keefe

Published by Doubleday, a division of Penguin Random House LLC, New York.

上海市版权局著作权合同登记号：图字 09-2023-0233